Simon Price / Peter Thonemann

Die Geburt des klassischen Europa

Eine Geschichte der Antike
von Troja bis Augustinus

Aus dem Englischen
von Cornelius Hartz

Die Deutsche Nationalbibliothek verzeichnet diese Publikation in der Deutschen Nationalbibliografie; detaillierte bibliografische Daten sind im Internet über http://dnb.dnb.de abrufbar.

Die Originalausgabe erschien 2010 unter dem Titel „The Birth of Classical Europe. A History from Troy to Augustine" bei Allan Lane und 2011 bei Penguin Books Ltd, London;
© Simon Price, Peter Thonemann, 2010 (the authors have asserted their moral rights); all rights reserved

wbg Theiss ist ein Imprint der wbg.
© 2018 by wbg (Wissenschaftliche Buchgesellschaft), Darmstadt
Die Herausgabe des Werkes wurde durch die Vereinsmitglieder der wbg ermöglicht.
Übersetzung: Cornelius Hartz, Hamburg
Lektorat: Melanie Kattanek, Hemmingen
Layout und Satz: Verlagsbüro Wais & Partner, Stuttgart
Umschlagabbildung: Stierspringer-Fresko, Palast von Knossos, Kreta, ca. 1500 v. Chr.; Archäologisches Landesmuseum, Athen: ww.bridgeman-images.com
Umschlaggestaltung: Harald Braun, Helmstedt
Gedruckt auf säurefreiem und alterungsbeständigem Papier
Printed in Germany

Besuchen Sie uns im Internet: www.wbg-wissenverbindet.de

ISBN 978-3-8062-3822-8

Elektronisch sind folgende Ausgaben erhältlich:
eBook (PDF): 978-3-8062-3865-5
eBook (epub): 978-3-8062-3866-2

Die Geburt des
klassischen Europa

Inhalt

Einführung

Im Oktober 2005 wurde vor dem Sitz des Europäischen Parlaments in Straßburg eine gewaltige Skulptur aus Stahl, Bronze und Glas enthüllt. Die Plastik, die die Stadt Agios Nikolaos auf Kreta dem Europäischen Parlament gestiftet hatte, stellt die mythische Prinzessin Europa in Bronze auf dem Rücken eines Stiers aus Stahl und Glas dar. Vor langer, langer Zeit (so erzählt uns der Mythos) verliebte sich der Gott Zeus in ein hübsches Mädchen namens Europa. Um sie für sich zu gewinnen, verwandelte er sich in einen prächtigen Stier und trug sie auf seinem Rücken über das Meer bis zur Insel Kreta. Manchen Berichten zufolge war einer ihrer drei Söhne ein gewisser Minos, der König von Kreta wurde. Die Straßburger Skulptur ist ein elegantes Symbol der Bedeutung Kretas für die europäische Geschichte: Da Prinzessin Europa dem europäischen Kontinent später ihren Namen lieh, markiert die minoische Zivilisation auf Kreta den eigentlichen Beginn der europäischen Geschichte.

Dem Betrachter des Straßburger Standbilds von Europa mit dem Stier wird eine eindeutige Definition des „klassischen" Europa dargeboten – einer nach einer Figur aus der griechischen Mythologie benannten Region, deren Sohn Minos der ersten großen Zivilisation dieser Region seinen Namen lieh. Diese harmlose moderne Interpretation der Geschichte ist natürlich nicht ganz abwegig, doch verdient es der Europa-Mythos, dass man ihn ein wenig näher untersucht. Denn das Straßburger Europa-Standbild ist denkbar weit entfernt von den griechischen und den römischen Versionen der Geschichte.

Der Mythos von Europa und dem Stier war im alten Griechenland wohlbekannt. Die Entführung der Europa wird bereits im frühesten überlieferten Werk der griechischen Literatur, Homers *Ilias*, erwähnt und findet sich besonders häufig in der bildenden Kunst der Griechen wieder, auf Vasenbildern genauso wie in der Bildhauerei. Er ist ein hervorragendes Beispiel für einen panhellenischen Mythos, eine Geschichte, die in unterschiedlichen Teilen der griechischen Welt bekannt war und aus unterschiedlichen Gründen erzählt wurde. Die bekannteste lokale Variante der Geschichte stammt wiederum von Kreta. Zwischen dem 5. und dem 3. Jahrhundert v. Chr. prägten mehrere kretische Städte Münzen, die Europa zeigten.

Manchmal sieht man sie auf dem Rücken des Stiers, manchmal aber auch unter einer Platane liegen, wo sie und Zeus dem Mythos nach zum ersten Mal miteinander schliefen. Die Stadt Gortyn war besonders erfolgreich darin, die Geschichte für sich zu beanspruchen, und ein Baum dort wurde zu einem bekannten Wahrzeichen. Noch in römischer Zeit feierte man diese Platane, die niemals ihre Blätter verlor, und man begann sie zu „klonen", indem man Setzlinge von ihr in anderen Teilen Kretas anpflanzte. Man könnte auch sagen: Indem die Gortyner diesen berühmten panhellenischen Mythos für sich beanspruchten, sicherten sie sich im größeren Kontext der griechischen Welt einen besonderen Platz. Hier in Gortyn war es gewesen, unter diesem Baum, dass Zeus mit Europa Minos und dessen Brüder gezeugt hatte, hier und nirgendwo anders. Allerdings muss man diese Behauptung zweifellos im Kontext der langjährigen Rivalität von Gortyn mit den benachbarten Städten Knossos und Phaistos sehen. Wenn Gortyn der Ort war, wo Zeus und Europa ihre Leidenschaft ausgelebt hatten, dann hatten Knossos und Phaistos notwendigerweise das Nachsehen. Dieser Umstand zeigt aber noch etwas anderes: Für die alten Griechen waren solche Mythen durchaus keine erfundenen Märchen, sondern historische Berichte aus einer fernen Vergangenheit, die sich durchaus geographisch und zeitlich verorten ließen. Bei den Fremdenführern von Gortyn steht die hiesige Version des Mythos immer noch hoch im Kurs, und sie zeigen den Touristen nach wie vor den (eindrucksvoll großen) Baum, unter dem Europa einst in Zeus' Armen lag.

Der Europa-Mythos erfreute sich auch unter römischen Schriftstellern großer Beliebtheit. In seinen *Metamorphosen* erzählt der Dichter Ovid, wie Europa, die Tochter des Königs von Tyros in Phönizien, mit ihren Freundinnen am Strand spielt. Zeus hat sich in sie verliebt und will sie verführen. Daher verwandelt er sich in einen prächtigen Stier und schließt sich einer Bullenherde an, die nahe dem Meer grast. Europa findet Gefallen an dem schönen Tier, und kurze Zeit später klettert sie schon auf seinen Rücken. Dann trägt der Stier die verängstigte junge Frau über das Meer nach Kreta und verwandelt sich in seine eigentliche Gestalt zurück. Ovids Version der Erzählung unterscheidet sich deutlich von den lokalen Mythen von Gortyn, Knossos und Phaistos: Sie hat einen fast schon „schwebenden", entwurzelten Charakter – Ovids Mythos ist an keinem bestimmten Ort auf Kreta angesiedelt, sondern stellt lediglich eine elegante (und anspielungsreiche) Episode in der Abfolge von Verwandlungsmythen dar, aus denen seine *Metamorphosen* bestehen. Und gerade weil dieser Mythos – wie viele andere – bei Ovid so entwurzelt ist, erlangte genau diese Adaption ab der Renaissance kanonischen Status. Es ist die Version von Ovid, die den Gemälden von Künstlern wie Tizian und Rembrandt zugrunde liegt.

Jener Dreh, der dafür sorgte, dass die Geschichte von Europa und dem Stier überhaupt zum europäischen Gründungsmythos taugt, ist noch relativ jung. In der Antike besaß der Mythos diese Bedeutung noch nicht. Die Region Europa wurde in der Antike kaum jemals personifiziert; erst seit dem 19. Jahrhundert wird der Kontinent regelmäßig durch eine junge Frau auf einem Stier symbolisiert. Eine Verbindung zwischen der minoischen Kultur Kretas und den kulturellen Ursprüngen Europas herzustellen, ist ebenfalls eine moderne Marotte – für die alten Griechen war Minos einer von mehreren frühen Herrschern Kretas, nicht mehr und nicht weniger; auf keinen Fall galt er bei ihnen als der Begründer ihrer Zivilisation. Auch wenn sich das Straßburger Standbild von Europa und dem Stier auf eine Geschichte bezieht, die mindestens bis ins 8. Jahrhundert v. Chr. zurückreicht, ist ihre kulturelle Bedeutung viel enger mit den politischen Verhältnissen des frühen 21. Jahrhunderts verbunden.

In diesem Buch wollen wir die Geschichte des klassischen Europa von der sogenannten minoischen Kultur Kretas bis zur Endphase des Römischen Reichs nachzeichnen, also von der Mitte des 2. Jahrtausends v. Chr. bis zum beginnenden 5. Jahrhundert n. Chr. Obwohl sich das geographische Gebiet, das wir dabei betrachten, von Schottland bis zum Nil-Tal und von der portugiesischen Atlantikküste bis zu den Bergen Armeniens erstreckt, ist unser Ziel weniger eine vollständige Geschichte des gesamten Gebietes, das wir heute „Europa" nennen. Im Zentrum unserer Darstellung stehen die antiken Völker des nördlichen Mittelmeerraums – die Griechen und die Römer. Das ist indes nichts, wofür wir uns entschuldigen müssten: Es waren nun einmal die Bewohner der Ägäis, des südlichen Balkan und der Apennin-Halbinsel, die in jener Zeit die wichtigsten langfristigen Entwicklungen veranlassten und immer weiter vorantrieben. Die neun Kapitel unseres Buches sind chronologisch aufgebaut, denn jede Analyse der Geschichte muss mit einem Verständnis der Abfolge der Geschehnisse Hand in Hand gehen. Generell haben wir versucht, Verallgemeinerungen à la „die Griechen sahen das so", die „Römer sahen das so" zu vermeiden – so etwas wie einen antiken Mythos des europäischen Kontinents hat es nie gegeben. Selbst ganz allgemeine Ideen und Konzepte wurzelten immer in ganz bestimmten Umständen und speziellen Ereignissen.

Wer Geschichte erzählt, muss naturgemäß irgendwo beginnen. Wir wollen allerdings ein wenig früher ansetzen als die meisten anderen Darstellungen über die klassische Welt. (In der tabellarischen Übersicht am Ende des Buches findet sich eine kurze Zusammenfassung der wichtigsten Daten.) Wir beginnen mit der Epoche der minoischen Paläste auf Kreta und der mykenischen Paläste auf dem griechischen Festland, nehmen die Beziehungen dieser Völker zu ihren Nachbarn in der östlichen Ägäis und darüber hinaus unter die Lupe und richten ein besonderes Augenmerk auf Troja im Nordwesten Kleinasiens. In den Kapiteln 2 und 3 erweitern wir unseren Horizont nach Westen, um uns mit dem restlichen Mittelmeer zu befassen. Wir untersuchen die unruhige Zeit nach dem Zusammenbruch der Palastkultur (die sogenannten Dunklen Jahrhunderte) und beobachten die Entstehung der ersten griechischen und italischen Stadtstaaten. Kapitel 4 und 5 verfolgen die Geschichte der Griechen von der Klassik bis zum Hellenismus, als sich die Kultur der griechischen Stadtstaaten weit jenseits der Ägäis bis ins Herz Asiens ausbreitete. In Kapitel 6 und 7 kehren wir auf die italische Halbinsel zurück, werden Zeuge der Gründung der Römischen Republik, des unaufhaltsamen Wachstums des Römischen Reichs und schließlich des Zusammenbruchs der republikanischen Institutionen am Übergang zum Kaisertum. Kapitel 8 bietet eine eingehende Analyse des römischen Kaiserreichs und seiner Mechanismen. Abschließend untersuchen wir in Kapitel 9, wie sich im 4. Jahrhundert n. Chr. das politische System des Römischen Reichs veränderte, wie das Christentum an Einfluss gewann und wie sich die Einstellung gegenüber der „klassischen" Kultur veränderte. Mit dem hl. Augustinus, der die christliche Kultur mit dem „klassischen" Erbe Roms zu versöhnen versuchte, endet das Buch – ein durchaus passender Abschluss.

Somit beschäftigt sich dieses Buch immer wieder mit anderen geographischen Regionen. Jedes Kapitel beginnt mit einer kurzen Darstellung von Thema und Kontext und mit einem Überblick, in welcher Region wir uns dabei bewegen. Der Hauptteil des Kapitels untersucht die charakteristischen Eigenschaften des „Staates" in der jeweiligen Epoche. Handelte es sich um einen Palaststaat, einen Stadtstaat, eine Monarchie? Wie groß war dieser Staat? Hatte das Gebiet ein einzelnes politisches Zentrum oder mehrere? Wie sah es mit der Siedlungshierarchie aus? Was für Verbindungen gab es zwischen dem untersuchten Gebiet und der Außenwelt? Die offensichtlichen Fixpunkte der griechischen und römischen Geschichte (Knossos, Sparta, Athen, Makedonien, Rom) werden wir dabei gebührend behandeln, aber im Laufe des Buches werden auch eine Reihe andere, weniger bekannte Orte auftauchen: Städte wie Massilia (heute Marseille), Karthago und Milet und Regionen wie Sphakia im Südwesten Kretas, Lykien im Südwesten der Türkei und die Insel Zypern.

Auch wenn unsere Darstellung annähernd chronologisch gegliedert ist, versuchen wir, mit unserem Buch ein wenig mehr zu bieten als lediglich eine Nacherzählung der Geschehnisse in der antiken Welt – wir stellen drei Motive in den Mittelpunkt, die wir in dem jeweiligen Kontext untersuchen:

Das erste und übergreifende Motiv ist *Erinnerung*. Dieses Buch bietet (unter anderem) eine Untersuchung der Erinnerungskultur in der Antike, die keine einfache Grenze zwischen „wahrer" und „falscher" Erinnerung an Geschehenes ziehen soll. Geschichte ist immer ein Akt des Erinnerns, ein Versuch des Historikers, die Erinnerung an die Vergangenheit zu bewahren, indem er sie aufschreibt – so der griechische Historiker Herodot im ersten Satz seines Geschichtswerks. Sicherlich gibt es auch andere Motivationen, sich mit Geschichte zu befassen, aber diese ist eine ganz grundlegende; es ist unsere moralische Pflicht, uns an die Vergangenheit zu erinnern und andere daran zu hindern, die Vergangenheit für fragwürdige Zwecke umzuschreiben. Dennoch kann (oder sollte) kein Historiker behaupten, der Hüter einer objektiven Wahrheit zu sein. Zumindest zum Teil ist Geschichte immer ein künstliches Konstrukt, das Produkt intellektueller, sozialer und politischer Einflüsse. Das bedeutet nicht, dass „Erinnerung" und „Geschichte" dasselbe sind. Die Geschichte behauptet, die Wahrheit abzubilden, und versucht, diese Behauptung möglichst akribisch zu belegen. Die Geschichte stellt vergangene Ereignisse ganz anders dar als die Erinnerung. Dennoch gibt es durchaus Ähnlichkeiten zwischen Erinnerung und Geschichte. Weder die Erinnerung noch die Geschichte sind in der Lage, über vergangene Ereignisse objektiv zu berichten: Beide schaffen ihre eigene Version der Vergangenheit, und beide sind Produkte ihrer Zeit. Sich mit der Erinnerungskultur früherer Völker zu beschäftigen, ist deshalb so aufschlussreich, weil es uns viel darüber verrät, wie diese die Welt sahen, und uns dem Denken dieser Völker zu nähern, kann uns wiederum helfen, anachronistische Interpretationen einer Epoche zu vermeiden. Auf diese Weise können wir nachvollziehen, wie Entscheidungen der Menschen mit ihrer jeweiligen Wahrnehmung der Vergangenheit zusammenhängen.

Wie wir sehen werden, nahmen die alten Griechen und Römer die Vergangenheit ganz anders wahr, als es ein moderner Historiker tut. Zum Beispiel wissen wir (oder glauben zumindest zu wissen), dass auf das Ende der mykenischen Kultur in Griechenland um 1200 v. Chr. herum vier sogenannte „Dunkle Jahrhunderte" folgten. Die ersten griechischen Stadtstaaten, die im 8. Jahrhundert v. Chr. entstanden, hatten nichts mehr mit der Kultur und den Institutionen der mykenischen Paläste gemein; die Griechen des 8. Jahrhunderts begannen quasi „bei null". Dennoch gab es bei den Griechen keine kollektive Erinnerung an diese „Dunklen Jahrhunderte": Im 7. und 6. Jahrhundert v. Chr. glaubten die Griechen, ihre damaligen Stadtstaaten seien die direkten Nachfolger der Palaststaaten der fernen Vergangenheit (zum Beispiel der Zeit des Krieges um Troja). Wir wissen heute, dass die Griechen da mit ziemlicher Sicherheit falsch lagen: Ihre Vorstellung einer Kontinuität zwischen dem „heroischen Zeitalter" und der Gegenwart war keine echte historische Chronologie, sondern Wunschdenken. Nichtsdestoweniger muss man auch ein solches Wunschdenken ernst nehmen: Dass sich die Griechen Gedanken über ihre Vergangenheit machten, war von zentraler Bedeutung für die Art und Weise, wie sie sich selbst definierten (ganz gleich, ob der Schluss, zu dem sie dabei kamen, faktisch richtig war oder nicht). Der Motor der Entwicklung der griechischen Gesellschaft zwischen dem 7. und dem 4. Jahrhundert v. Chr. war nicht das, was *wir* heute über ihre frühe Geschichte wissen, sondern das, was *sie* damals darüber zu wissen *glaubten*. Daher soll es in diesem Buch immer auch um die Frage gehen, welchen Bezug die Menschen in der Antike zu ihrer eigenen Vergangenheit herstellten – und wie dies ihnen dabei half, sich selbst und ihren Status in der Welt zu definieren.

Das Motiv *Erinnerung* lässt sich aber auch noch in anderer Hinsicht untersuchen. Während wir zu zeigen versuchen, wie die alten Griechen und Römer mit ihrer Vergangenheit umgingen, werfen wir auch einen Blick darauf, wie man in jüngerer Zeit mit dem Erbe der Antike verfahren ist. Zum Beispiel ist die umstrittene kulturelle Identität Makedoniens im 4. Jahrhundert (war es nun griechisch oder nicht?) untrennbar mit der aktuellen politischen Kontroverse über die kulturelle Identität dieser Region und dem Namen der ehemaligen jugoslawischen Republik Mazedonien verbunden. Warum spielen so viele Dramen von Shakespeare im alten Rom? Und was hat Stalingrad mit Sparta zu tun? Um den Lesefluss nicht allzu sehr zu unterbrechen, werden Beispiele wie diese als Infokästen präsentiert. Wie wir mit der Antike umgehen (so fragwürdig es manchmal auch ist), ist Teil des Beziehungsgeflechts, das uns heute mit dem „klassischen Europa" verbindet.

Ein weiterer Aspekt des Motivs der Erinnerung ist, dass heute bestimmte Momente, Orte oder Monumente als „klassisch" gelten. Für moderne Historiker ist ein solcher herausragender Moment das „klassische Athen", also das Athen des 5. und 4. Jahrhunderts v. Chr. Aber wann kam man darauf, es als „klassisch" zu bezeichnen – und warum? Galt es schon in der Antike als „klassisch"? Und bei wem? Seit dem Mittelalter gilt Vergil als „klassischer" Autor par excellence (immerhin geleitet er Dante in der *Göttlichen Komödie* durch die Hölle). Doch war das auch schon im Römischen Reich der Fall?

Das zweite Motiv dieses Buches ist die Frage einer *gemeinsamen Identität*. Der Umgang mit der Vergangenheit ist eine Möglichkeit, gemeinsame Identitäten zu definieren, aber er ist nicht die einzige. Wir untersuchen, wie sich der Blick der Völker des antiken Europa auf sich selbst veränderte – wie sie sich in bürgerlicher, ethnischer, regionaler, kultureller und linguistischer Hinsicht definierten. Insbesondere wollen wir dabei die kulturellen Identitäten der vielen verschiedenen Völker des Römischen Reichs unter die Lupe nehmen, unter anderem der Griechen, der Juden und der Christen. Haben die Römer versucht, ihren Untertanen eine spezifisch römische Identität zu verpassen? Und ist es ihnen gelungen? Zweifellos übernahmen sie zahlreiche römische Sitten und Errungenschaften, ein Prozess, den wir im Allgemein als „Romanisierung" bezeichnen, doch dieser Prozess lief in verschiedenen Teilen des Imperiums ganz unterschiedlich ab. Wie wir sehen werden, führte die „Romanisierung" der weströmischen Provinzen in den ersten drei Jahrhunderten n. Chr. dazu, dass das historische Gedächtnis dort weitgehend ausgelöscht wurde; aus den Bewohnern des römischen Gallien oder Britannien wurden buchstäblich „Völker ohne Geschichte". Ganz anders in den östlichen Provinzen des Reichs: Dort wurde die Erinnerung an die klassisch-griechische Vergangenheit auch in der Kaiserzeit noch wachgehalten und vom römischen Staat sogar aktiv gefördert. Bei anderen Minderheiten gründete die gemeinschaftliche Identität auf einer gemeinsamen religiösen Überzeugung; wir konzentrieren uns hier insbesondere auf die Juden und die Christen und werden sowohl ihre gegenseitige Sicht aufeinander berücksichtigen als auch ihre unterschiedliche Wahrnehmung der Vergangenheit und der Welt, in der sie lebten.

Das dritte Motiv des Buches ist räumlicher (und konzeptioneller) Natur. Wenn es beim Motiv *Erinnerung* zumindest teilweise um die wechselnden Definitionen des Begriffs „klassisch" geht, gehört zu diesem Motiv auch eine Analyse der wechselnden Vorstellungen davon, was *Europa* war. Im Hinblick auf die Erweiterung der Europäischen Union zwischen 2004 und 2013 (von vierzehn auf 28 Mitgliedstaaten) erscheinen die Außengrenzen dessen, was wir „Europa" nennen, doch recht fließend. Dennoch hängen insbesondere in Mittel- und Westeuropa viele Menschen einer Definition des Kontinents in den natürlichen Grenzen des „alten Europa" an, des Europas der Europäischen Union, wie sie früher einmal aussah. Doch auch dieses „alte Europa" ist kein natürliches, sondern ein historisches kulturelles Konstrukt. So werden wir an verschiedenen Stellen in diesem Buch untersuchen, wann und wie man „Europa" in der Antike definierte – von der ursprünglichen Negativdefinition als Gebiet, das sich von „Asien" (der von den Persern beherrschten Region östlich des Hellespont) unterschied, bis hin zu den Grenzen eines Römischen Reichs, das sich von Schottland bis zum Euphrat erstreckte. In dem Zeitraum, den dieses Buch behandelt, haben sich das Zentrum und die Zentren der „zivilisierten" Welt immer wieder verändert, und die Grenzen dieser Welt wurden ganz unterschiedlich definiert, wenn auch oft anhand naturgegebener Merkmale wie Meere, Flüsse und Berge.

Im gesamten Buch versuchen wir immer wieder, dem Leser einen Eindruck von der Größe von Siedlungen zu vermitteln, deren Ausmaß von Epoche zu Epoche und von Region zu Region sehr unterschiedlich war. Wo immer möglich, geben wir dabei präzise Flächen an und keine vagen bzw. beinahe bedeutungslosen Begriffe wie „klein" oder „groß". Wie in der modernen Archäologie üblich, rechnen wir dabei in Hektar (1 Hektar entspricht 10 000 Quadratmetern, also einem Quadrat mit einer Kantenlänge von 100 Metern). Hier ein paar Größenvergleiche, falls Sie Schwierigkeiten haben, sich vorzustellen, wie groß ein Hektar ist: Ein Fußballfeld ist ungefähr 1 Hektar groß, der Alexanderplatz in Berlin misst 8 Hektar, der New Yorker Central Park 349 Hektar, und die Grundfläche der Innenstadt von Paris innerhalb des Boulevard Périphérique beträgt 9470 Hektar.

Es gibt nach wie vor keine einheitliche Lösung für den Umgang mit antiken Namen. In diesem Buch erscheinen sie auf zweierlei Weise: Gebräuchliche Bezeichnungen wie „Athen", „Böotien", „Horaz" oder „Jupiter" haben wie üblich ihre etablierte eingedeutschte Form. Bei manchen Namen, die früher ebenfalls oft eingedeutscht oder (im Fall griechischer Bezeichnungen) latinisiert wurden, wird in der Forschungsliteratur inzwischen häufiger die Originalform benutzt, zum Beispiel „Athene" statt „Athena" oder „Ptolemaios" statt „Ptolemäus" – so auch hier. Unbekanntere Orte und Namen wie Keos oder Peparethos behalten ihre griechische Form. „Herakles" bezeichnet den griechischen Namen der Gottheit, „Herkules" heißt er im lateinischen Sprachraum.

1 Die Ägäis: Minoer, Mykener und Troer (ca. 1750–1100 v. Chr.)

Am Anfang der europäischen Geschichte stehen Troja und der Trojanische Krieg, den Homer in seinen Epen *Ilias* und *Odyssee* verewigt hat. Laut Homer begann der Krieg um Troja damit, dass der troische Thronfolger Paris Helena entführte, die Gemahlin von Menelaos, dem König von Sparta. Die *Ilias* erzählt die Geschichte vom Zorn des griechischen Kriegers Achilleus in Troja; die *Odyssee* schildert die Abenteuer von Odysseus auf seinem Heimweg von Troja zur Insel Ithaka. Beide Epen gelten heute als weitestgehend fiktiv, aber in der Antike (und darüber hinaus) maß man der Erinnerung an den Krieg um Troja ganz grundlegende Bedeutung bei. Er galt als Keimzelle der europäischen Geschichte, und nicht nur die Griechen und die Römer sahen in Ereignissen rund um den Trojanischen Krieg ihre Wurzeln. Bevor wir uns der späteren Bedeutung des Troja-Mythos zuwenden, müssen wir uns mit der Zeit beschäftigen, in der er angesiedelt ist: der Zeit der Palastkulturen auf Kreta und auf dem griechischen Festland.

Heinrich Schliemann kam 1822 im heutigen Mecklenburg-Vorpommern zur Welt. Er genoss kurzzeitig eine klassische Bildung, verließ die Schule aber noch vor dem Abitur, um eine Kaufmannslehre zu machen. Anschließend verdiente er auf verschiedene Weise Geld, unter anderem als Goldhändler während des Goldrauschs in Kalifornien. Später behauptete er, sein Vater habe ihm, als er klein war, Geschichten von Homer vorgelesen, und er habe bereits mit acht Jahren beschlossen, er werde irgendwann Troja ausgraben. Wahrscheinlich hat Schliemann sich das im

Nachhinein nur ausgedacht, wie er ja überhaupt eine lebhafte Phantasie hatte. Wie dem auch sei: Mit Ende dreißig oder Anfang vierzig hatte er genug Geld verdient, dass er nicht mehr zu arbeiten brauchte, und so reiste er zum Vergnügen durch die Welt. Im Jahr 1868, als er 46 Jahre alt war, besuchte er Griechenland und die Türkei, und im folgenden Jahr veröffentlichte er das Buch *Ithaka, der Peloponnes und Troja*, in dem er schrieb, die Stadt Troja habe sich auf dem Hügel Hisarlık in der Nordwesttürkei nahe der Mündung der Dardanellen befunden, im Gegensatz zu der vorherrschenden Forschermeinung, die Troja damals in der Nähe von Pınarbaşı lokalisierte. Er begründete dies zum Teil mit der Arbeit des britischen Archäologen Frank Calvert, der dort in den vergangenen fünf Jahren gegraben hatte. Schliemann war wild entschlossen, selbst in Hisarlık zu graben, und 1871 begann er unter sachkundiger Hilfe von Calvert mit den Ausgrabungen, die ihn berühmt machen sollten. Die Techniken, derer sich Schliemann bei der Ausgrabung bediente, waren selbst für seine Zeit dürftig: Er grub sich einfach einmal direkt durch alle neun Schichten nach unten. Die zweitunterste Schicht („Troja II") hielt er für das Troja Homers, die Stadt von König Priamos. 1874 brachte er das Buch *Trojanische Altertümer. Bericht über die Ausgrabungen in Troja* heraus und kehrte später noch mehrmals an den Fundort zurück, um dort zu graben. Obwohl man damals seine Vorgehensweise kritisierte und ihn beschuldigte, Beweise gefälscht zu haben oder doch zumindest sehr nachlässig beim Verzeichnen der Funde gewesen zu sein, gelang es Schliemann durch seine Arbeit und sein Buch, Hisarlık in der Phantasie der Menschen als den Standort von Homers Troja zu verankern. Schliemann grub auch an anderen homerischen Orten, so 1876 in Mykene auf der Peloponnes, der Stadt des Agamemnon, und auf der Insel Ithaka vor der Nordwestküste Griechenlands, wo er den Palast des Odysseus vermutete.

Trotz der schwerwiegenden Fehler, die Schliemanns Argumente und Befunde aufweisen, gehen auch zwei große Leistungen auf sein Konto. Zu Beginn des 19. Jahrhunderts waren die meisten Europäer der Überzeugung, dass der Krieg um Troja ein reiner Mythos ohne historische Grundlage war, während sogar gebildete Leute immer noch glaubten, dass der Schöpfungsbericht der Bibel wortwörtlich der Wahrheit entsprach. Im 17. Jahrhundert hatte Erzbischof Ussher ausgerechnet, dass Gott die Welt im Jahr 4004 v. Chr. erschaffen hatte, und in dieser allgemein anerkannten Weltsicht war für komplexe Gesellschaften in der Ägäis vor dem 5. Jahrhundert v. Chr. schlichtweg kein Platz. Wir können uns heute kaum vorstellen, dass man einmal glaubte, die Geschichte des Menschen und seiner Vorfahren reiche *nicht* mehrere Hunderttausend Jahre zurück – der Homo sapiens ist seit rund 130 000 Jahren bezeugt, unser entfernterer Vorfahre Homo habilis lebte vor etwa 2,5 Millionen Jahren. Mitte des 19. Jahrhunderts hatten Geologen bereits Belege dafür, dass die Welt viel älter war als viertausend Jahre, und Schliemann konnte ein für allemal beweisen, dass es in der Ägäis eine wichtige frühgeschichtliche Epoche gab, die mindestens tausend Jahre dauerte und die ihre eigenen komplexen Gesellschaften hatte – Gesellschaften, die große Monumente errichteten und Kontakt zu weit entfernten Völkern hatten. Seine zweite Leistung war ein wenig technischer: Er kam zu der Erkenntnis, dass Monumente allein nicht ausreichten, um die neu entdeckten Schichten zu datieren, und dass sich Keramik (als dauerhaftes Material, das dennoch in Beschaffenheit, Form und Muster wechselnden stilistischen Vorlieben unterworfen war) ideal dazu eignete, eine akkurate relative Chronologie einer Fundstätte zu erstellen. Bis heute dient die relative Datierung von Keramik um einige absolute Fixpunkte herum als Grundlage vieler archäologischer Chronologien.

Ein weiterer bemerkenswerter Forscher, der unseren Blick auf die frühe Ägäis geprägt hat, war Sir Arthur Evans, der für die Ausgrabung von Knossos auf Kreta verantwortlich war. Während sich Schliemann von seiner Homer-Lektüre leiten ließ, war Evans auf der Suche nach frühen Formen der Schrift. Arthur Evans (1851–1941) wurde in eine wohlhabende Familie hineingeboren; sein Vater war ein bedeutender Archäologe und Sammler. Nach dem Geschichtsstudium in Oxford reiste Evans viel in Nord- und Osteuropa herum. 1877 wurde er Balkan-Korrespondent für den *Manchester Guardian*. Als er im folgenden Jahr Margaret Freeman heiratete, ließen sie sich in Ragusa (heute Dubrovnik) an der dalmatinischen Küste häuslich nieder. 1883 fuhren sie nach Griechenland, wo sie Schliemann kennenlernten, der ihnen von seiner Arbeit in Mykene und anderen mykenischen Stätten erzählte. Als Evans 1884 Kurator des Oxforder Ashmolean Museum wurde, verkündete er, er habe sich zum Ziel gesetzt, den Blick der Archäologie über die klassische Zeit hinaus zu erweitern und eine größere Vielfalt antiker Funde zu sammeln und auszustellen.

1894 unternahm Evans seine folgenschwere erste Reise nach Kreta. Er interessierte sich für die frühen Schriftsysteme der Ägäis und war für das Ashmolean Museum auf der Suche nach entsprechenden Gemmen und Siegeln. Nach einem Besuch der Fundstätte Knossos erklärte er dem Archäologischen Rat von Kreta, er wolle das Areal kaufen und dort graben, da er hoffe, neue Beweise für eine frühe Schrift zu finden. Knossos war zu diesem Zeitpunkt bereits als ergiebige Ausgrabungsstätte bekannt. Im Jahr 1739 hatte der britische Reisende Richard Pococke die (spärlichen) noch stehenden Überreste entdeckt, und 1878 hatte Minos Kalokairinos aus dem nahe gelegenen Heraklion in einem Bereich, der später als Westflügel des Palasts identifiziert wurde, Gräben angelegt und verkündet, er habe die Überreste des antiken Labyrinths entdeckt, in dem einst der Minotaurus hauste. Auch Schliemann hatte in Knossos graben wollen und hatte dazu in den 1880er-Jahren mit den türkischen Behörden auf Kreta Kontakt aufgenommen. Er erhielt sogar eine Ausgrabungsgenehmigung, doch am Ende konnte er sich mit dem Besitzer des Grundstücks nicht auf einen Preis einigen.

In Evans' Fall verzögerte die politische Situation auf Kreta den Beginn seiner Arbeiten in Knossos. Die Kreter steckten mitten im Unabhängigkeitskrieg gegen die osmanischen Türken. 1898 verließen die Türken die Insel, und eine neue autonome Regierung wurde auf Kreta eingerichtet. Anfang 1900 hatte Evans das Gelände von Knossos erworben und sich eine Ausgrabungsgenehmigung besorgt. Am 23. März begann er mit der Arbeit. Zu diesem Zeitpunkt hatte er bereits anhand der bisherigen Funde erkannt, dass sich die Kultur des vorgeschichtlichen Kreta stark von der des mykenischen Festlands unterschied. Er hielt diese frühe kretische Zivilisation für dermaßen „nicht-hellenisch", dass er ihr einen neuen Namen gab: Nach Minos, dem König von Kreta und Sohn von Europa und Zeus, bezeichnete er sie als „minoische Kultur". Was Evans in Knossos fand, gab ihm Recht. Die elegante Architektur des monumentalen Bauwerks, das er den „Palast des Minos" nannte, die zahlreichen farbenfrohen Wandmalereien und Tonwaren und die mit einer später als „Linear B" bezeichneten Schrift versehenen Tafeln – all das war grundverschieden von allem, was man bisher kannte. Die Ausgrabungen dauerten fünf Jahre (1900–05), und die Ergebnisse wurden unter dem Titel *The Palace of Minos* in sechs wunderschön gestalteten Bänden (1921–26) veröffentlicht.

Natürlich ist es ein Leichtes, Evans im Nachhinein zu kritisieren, und er hat sich auch tatsächlich in einigen wichtigen Punkten geirrt. Er wollte einfach nicht einsehen, dass sich die Beziehung zwischen dem minoischen Kreta und dem mykenischen Festland irgendwann dahingehend verändert hatte, dass es mit der kulturellen Vorherrschaft der Minoer in der Ägäis irgendwann vorbei gewesen war und stattdessen die Mykener über Kreta geherrscht hatten. Und ihm unterliefen Fehler bei den Restaurierungsarbeiten, die er in Knossos durchführte; allerdings war eine Restaurierung an sich durchaus notwendig, nicht zuletzt deshalb, weil Evans äußerst ungewöhnliche mehrgeschossige Bauten entdeckt hatte, die für weitere Ausgrabungen (und für Besucher der Stätte) abgesichert werden mussten. Evans ist und bleibt die zentrale Figur der frühgeschichtlichen Archäologie auf Kreta, dank seiner Vision und seiner Entschlossenheit, die Ergebnisse seiner Arbeit der Öffentlichkeit zu präsentieren. 1941 starb er, tragischerweise in der irrigen Annahme, die Wehrmacht habe bei der Einnahme von Kreta Knossos zerstört; in Wirklichkeit hatten sich die Deutschen große Mühe gegeben, das Gelände zu schützen – die herausragende historische Bedeutung von Knossos war in ganz Europa bekannt.

Knossos und das übrige Kreta sollen den Ausgangspunkt für dieses Buch bilden, genauer gesagt: das Kreta der sogenannten Neupalastzeit, die um 1750 v. Chr. begann. Nach einer Epoche beträchtlichen Wohlstands und großer Erfolge zwischen dem 17. und dem beginnenden 15. Jahrhundert wurden zahlreiche Orte auf der Insel um 1430 v. Chr. herum gewaltsam zerstört. Etwa um diese Zeit kamen die ersten Mykener vom griechischen Festland nach Kreta. Man darf allerdings nicht annehmen, dass die Mykener direkt nach ihrer Ankunft die Insel eroberten. Vielmehr scheinen sich die Neuankömmlinge einer Strategie bedient zu haben, die auf eine Kombination aus gewaltsamen Übergriffen, Anpassung und Kooperation mit den bestehenden minoischen Eliten setzte. Im ausgehenden 15. und im 14. Jahrhundert entwickelte sich Knossos zum wichtigsten administrativen Zentrum der Insel, mit einer neuen Amtssprache (Griechisch). Die mykenische Zeit auf dem Festland und auf Kreta war zunächst von großem Wohlstand geprägt, doch gegen 1100 v. Chr. (am Ende dieses Kapitels) bekam das organisatorische Konstrukt der Palastkultur auf dem Festland und auf Kreta Risse; es kam zu weitreichenden sozialen und politischen Veränderungen. In der Neupalastzeit hatten noch alle Straßen nach Knossos geführt, um 1100 v. Chr. herum war das nicht mehr der Fall. Die Einheit der ägäischen Welt war dahin.

Man darf die Bedeutung der Palastkulturen auf Kreta und auf dem griechischen Festland Mitte des 2. Jahrtausends v. Chr. nicht überbewerten. Der minoische und der mykenische Palaststaat lagen am äußersten westlichen Rand einer Welt, in der ungleich mächtigere und fortschrittlichere Staaten das Sagen hatten – im Nahen Osten. Um 1500 v. Chr. herum gab dort Ägypten den Ton an. Das sogenannte Mittlere Reich (2116–1795 v. Chr.) wurde nach der Zweiten Zwischenzeit (1795–1540 v. Chr.) vom Neuen Reich (1550–1070 v. Chr.) abgelöst. Das Mittlere Reich war eine Epoche großer politischer Stabilität in Ägypten gewesen, mit einer sicheren Grenze zu Nubien (heute Äthiopien) im Süden.

Während der Zweiten Zwischenzeit wurde Ägypten von den Hyksos regiert, einer ausländischen Dynastie mit zahlreichen diplomatischen Kontakten und Handelsverbindungen, der es jedoch nicht gelang, das gesamte Land unter Kontrolle zu halten. Mit der Vertreibung der Hyksos-Dynastie und der Einrichtung des Neuen Reichs ca. 1550 v. Chr. wurde Ägypten wiedervereinigt. Es erstreckte sich nun über mehr als 1200 Kilometer Luftlinie, von Nubien im Süden bis nach Palästina im Nordosten.

Zur selben Zeit stritten im übrigen Nahen Osten mehrere Staaten um die Vorherrschaft. In den turbulenten Jahren der Usurpation durch die Hyksos-Dynastie in Ägypten hatten Zentral-Kleinasien (die heutige Türkei) und Mesopotamien ebenfalls eine Phase der Zerstörung und Anarchie erlebt. Ab etwa 1590 v. Chr. ging der Urbanismus über drei Generationen immer mehr zurück, bis er den niedrigsten Stand seit anderthalb Jahrtausenden erreichte. Die Menschen lebten immer mehr in kleinen, nicht abgesicherten Siedlungen ohne nennenswerte Organisation. Aus diesem Machtvakuum entstanden ab etwa 1500 v. Chr. drei große und relativ stabile Staaten. In Untermesopotamien gelang es den Kassiten, Babylonien zu übernehmen, das Gebiet am unteren Euphrat und Tigris. Ihre Dynastie regierte dieses Gebiet außergewöhnlich lang, etwa vierhundert Jahre. In Obermesopotamien entstand um 1400 v. Chr. herum ein assyrisches Königreich. Die Assyrer waren ursprünglich ein winziges Fürstentum mit einer Fläche von nur rund 50 Hektar rund um die Stadt Aššur gewesen; nun schwangen sie sich zu einer echten Supermacht im Nahen Osten auf. Die Assyrer drangen im Süden in das kassitische Königreich ein und erweiter-

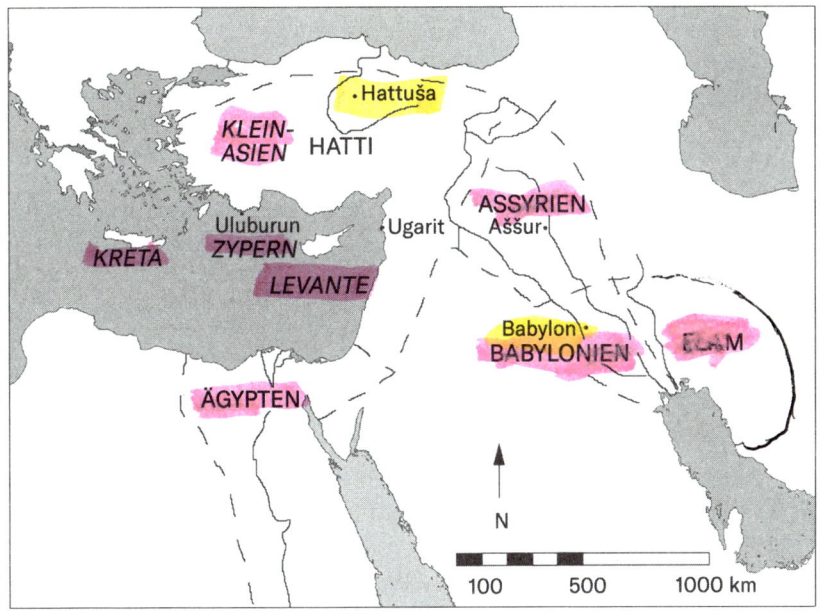

Karte 1. Die wichtigsten Staaten im Nahen Osten, ca. 1220 v. Chr.

ten ihr Territorium auch nach Norden und nach Westen (in seiner größten Ausdehnung maß es von Nord nach Süd etwa 700 Kilometer). Und schließlich erlangten die Hethiter in Zentralanatolien ihre frühere Macht zurück und erlebten ca. 1420–1200 v. Chr. eine neue Phase des Wohlstands. Dreh- und Angelpunkt ihres Reichs war die riesige Hauptstadt Ḫattuša (nahe dem heutigen Boğazköy) im Norden von Zentralanatolien. Während dieser Zeit vergrößerte sich das Stadtgebiet auf 180 Hektar. Eine monumentale Stadtmauer wurde errichtet, Palastkomplexe entstanden, und in der Oberstadt legte man einen speziellen religiösen Bezirk mit mindestens dreißig Tempeln an. Von hier aus kontrollierte der hethitische Staat Zentralanatolien, und um 1220 v. Chr. erstreckte sich sein Territorium von der ägäischen Küste Anatoliens im Westen bis zur Grenze des assyrischen Königreichs am Euphrat im Osten und der Grenze zu Ägypten in Palästina im Süden (rund 1000 Kilometer von Ost nach West und von Nord nach Süd). Die Hethiter waren in der zweiten Hälfte des 2. Jahrtausends v. Chr. einer der Hauptakteure im Nahen Osten und unterhielten rege diplomatische Beziehungen mit der ägäischen Welt.

Diese großen Reiche der zweiten Hälfte des 2. Jahrtausends v. Chr. besaßen diverse Institutionen, die uns heute ganz modern vorkommen. Ägypten, Babylonien und Assyrien waren Territorialstaaten, die von einem zentralen Ort aus regiert wurden. Ägypten war schon seit 1500 Jahren ein Territorialstaat; Babylonien und Assyrien waren ursprünglich unabhängige Städte gewesen, die ihre Autonomie verloren hatten und in einem neuen, größeren Staat aufgegangen waren. Das Königreich der Hethiter setzte mehr auf die Loyalität von Vasallenfürsten als auf eine komplette Eingliederung abhängiger Städte. Die herrschenden Dynastien legitimierten ihre Position, indem sie sich auf historische Präzedenzfälle beriefen und eigene dynastische Linien aufbauten. Diese Staaten bildeten ein gemeinsames internationales System und unterhielten umfangreiche wirtschaftliche und diplomatische Beziehungen. So besitzen wir beispielsweise Abschriften von 350 Briefen aus der Korrespondenz zwischen dem ägyptischen Pharao Echnaton (1353–1335 v. Chr.) und Herrschern außerhalb Ägyptens. Die meisten dieser sogenannten „Amarna-Briefe" schickte Echnaton seinen Vasallen in Syrien-Palästina, doch rund vierzig Stück gingen an Herrscher oder kamen von Herrschern, die der Pharao als ebenbürtig ansah – sie waren „Großkönige", die sich gegenseitig mit „Bruder" anredeten. Zu diesen Großkönigen zählten die Herrscher Babyloniens, Assyriens, der Hethiter und ein paar kleinerer Staaten, auf deren Gunst die Ägypter angewiesen waren. Zu den diplomatischen Vorgängen zählte, falls nötig, die Ausarbeitung von Verträgen zwischen den verschiedenen Staaten, in denen die exakten Grenzen zwischen ihnen festgelegt wurden. Im Inneren waren diese Gemeinwesen stark zentralisiert. Das Hauptaugenmerk lag stets auf dem König als wichtigstem Symbol des Staates. Die Bevölkerung war gegenüber dem König tributpflichtig, in Form von Steuern (zum Beispiel Vieh, Getreide oder Silber) und Arbeitskraft (bei öffentlichen Bauvorhaben oder beim Militär). Im assyrischen Königreich regelten Gesetze zahlreiche Aspekte des Privatlebens der Bürger. Wenn zum Beispiel eine Ehefrau beim Fremdgehen mit einem anderen Mann erwischt wurde, war dafür eine genaue Strafe festgelegt – so schufen die Assyrer einen allgemeinverbindlichen Rahmen, der private Zwistigkeiten oder Racheakte eindämmte. Verglichen mit diesen fortschrittlichen Staaten im Nahen Osten waren die mykenische und die minoische Palastkultur in der Ägäis doch recht unbedeutende Akteure.

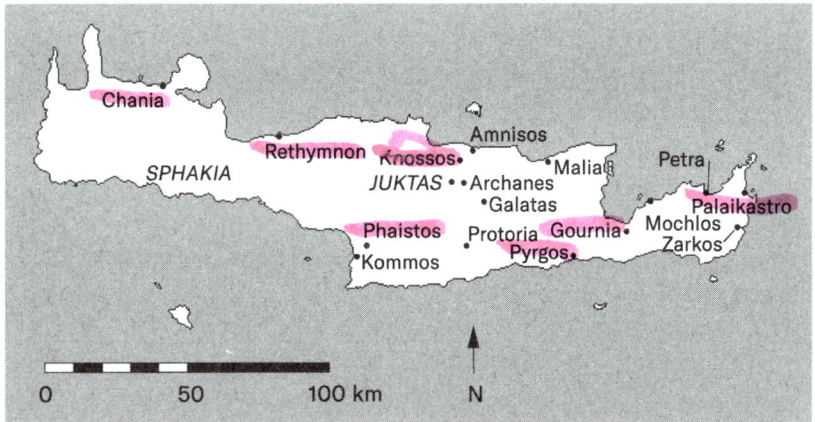

Karte 2. Kreta während der Neupalastzeit. Die möglichen Paläste heißen: Archanes, Galatas, Chania, Knossos, Kommos?, Malia, Palaikastro?, Petra, Phaistos, Protoria?, Rethymnon?, Zarkos.

Die ägäische Welt besteht aus Kreta im Süden, dem griechischen Festland mindestens bis Volos (im antiken Thessalien) sowie einigen Inseln der südlichen Ägäis. Kreta wurde von mindestens sieben Palästen beherrscht, von denen der von Evans ausgegrabene Palast von Knossos der berühmteste ist; tatsächlich war er neben Phaistos auch der größte. Dennoch kennen (oder vermuten) wir noch zehn weitere Paläste auf der Insel; sie sind auf Karte 2 eingezeichnet. Die genaue Zahl hängt nicht zuletzt davon ab, was genau man als Palast definiert.

Minos und Atlantis

Evans' Ausgrabungen in Knossos sorgten allerorten für ein großes Interesse an Minos. Evans selbst war der Ansicht, er habe mit seiner Arbeit bewiesen, dass der spätere griechische Mythos einen wahren Kern hatte: Minos war ein ganz realer Herrscher gewesen, dessen Palast später im Mythos zum Labyrinth umgedeutet worden war und auf dessen Sport, den Stiersprung, die Geschichte vom Minotaurus zurückging. In der *Times* wies 1909 ein Gelehrter auf Platons

23

Bericht über das versunkene Königreich Atlantis hin, ein mächtiges Reich im Atlantik, das eine erfolglose Expedition nach Europa und Asien unternahm und dem am Ende eine Naturkatastrophe den Garaus machte. Er war der Meinung, der Mythos von Atlantis könne auf missverstandene Berichte der Ägypter über das minoische Kreta zurückgehen. Diese Argumentation fanden viele Atlantis-Forscher durchaus verlockend: Spätere Archäologen versuchten, den Atlantis-Mythos mit dem Untergang der minoischen Kultur und dem Ausbruch des Vulkans auf Santorin in Verbindung zu bringen (zur Neudatierung dieses Vulkanausbruchs siehe S. 34). Manche identifizieren Atlantis sogar mit Troja. Im Jahr 2004 hat jemand Atlantis vor Zypern „entdeckt" und 2009 – dank *Google Earth* – im Atlantik, vor der Westküste Afrikas. Bedenkt man, wie beiläufig Platon die Geschichte von Atlantis erzählt hat, können einem diese ständigen Versuche, die „Wahrheit" hinter dem Mythos aufzudecken, schon ziemlich merkwürdig vorkommen.

Nicht zuletzt dank der Ausgrabungen in Knossos haben sich zahlreiche Künstler des 20. Jahrhunderts von den kretischen Mythen inspirieren lassen und die antiken Motive auf ausgesprochen moderne Weise behandelt. Beispielsweise schuf der deutsche Maler Lovis Corinth 1919/20 mehrere Bilder von Europa mit dem Stier, in denen er das damals sehr beliebte Motiv des sexuellen Erwachens einer jungen Frau erkundete. Pablo Picasso nahm sich einen anderen kretischen Mythos vor: den Minotaurus. In den 1930er-Jahren war er von diesem Thema geradezu besessen. Dazu angeregt hatte ihn neben dem Stierkampf in Spanien auch das in Knossos gefundene Stiersprung-Fresko. Picasso erforschte in einer Reihe von Zeichnungen und Drucken die Themen Sexualität und gewaltsamer Tod; seine Radierung *La Minotauromachie* (1935) gilt manchen Experten als das bedeutendste graphische Werk des 20. Jahrhunderts.

Die Fundstätte von Knossos liegt südöstlich von Heraklion, etwa 5 Kilometer von der Nordküste Kretas landeinwärts. Der Palast entstand Mitte des 2. Jahrtausends v. Chr.; zuvor hatten auf demselben Gelände bereits mehrere andere wichtige Bauten gestanden. Während des 3. Jahrtausends

v. Chr. hatten sich hier zahlreiche Menschen niedergelassen und unter anderem einen Gebäudekomplex mit derselben Ausrichtung wie die späteren Paläste errichtet. Der monumentale erste Palast wurde kurz nach 1900 v. Chr. gebaut, fiel jedoch um 1700 v. Chr. herum einem Erdbeben zum Opfer. Der zweite Palast entstand ca. 1700 v. Chr. und war in etwa so groß wie der erste Palast; er wurde ca. 1430 v. Chr. zerstört (siehe Abb. 1). Er diente als Schauplatz für diverse rituelle Aktivitäten von Männern wie auch von Frauen. Zu diesen Aktivitäten zählte wahrscheinlich auch der Stiersprung, ein Ritual, das für den Palast von großer Bedeutung war. Man näherte sich dem Palast von Nordwesten aus, über ein abgestuftes Gebäude, wo möglicherweise Besucher empfangen wurden. Von hier aus gelangte man in den Westhof, mit Blick auf die Westfassade des Palastes.

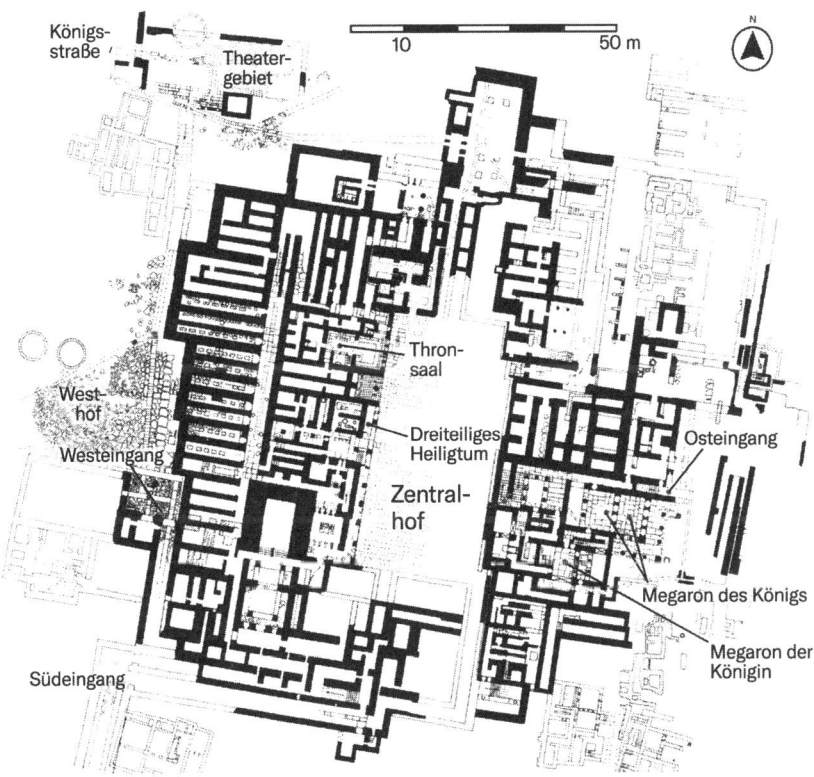

Abb. 1. Grundriss des Palasts von Knossos Mitte des 2. Jahrtausends v. Chr.

Vom Westhof führte ein Komplex mit zahlreichen Gängen und aufwendigen Fresken zum Zentralhof, einer 50 × 25 Meter großen Freifläche, die für zeremonielle Zwecke genutzt wurde. Innenhöfe dieser Art finden sich bei allen kretischen Palästen. Über einen Vorraum vor dem Zentralhof gelangte man in den Thronsaal; dort in der Nähe befanden sich ein Schrein (das Dreiteilige Heiligtum) und zwei Säulenkrypten, kleine dunkle Räume, von denen angenommen wurde, dass sie ebenfalls eine gewisse rituelle Bedeutung hatten (Tafel 1).

Die Wohnquartiere befanden sich im südöstlichen Teil des Palastes und verfügten über raffinierte architektonische Details, die für indirekte Beleuchtung und Belüftung sorgten, und über sanitäre Einrichtungen (siehe Abb. 2). Evans ging davon aus, dass Frauen und Männer getrennt voneinander untergebracht waren: Den Männern ordnete er einen größeren Komplex von Räumen zu, das sogenannte Megaron des Königs, den Frauen das kleinere Megaron der Königin. Diese modernen Bezeichnungen der Räumlichkeiten spiegeln heute noch Evans' Annahme in Bezug auf

Abb. 2. Palast von Knossos. Rekonstruktionszeichnung von Piet de Jong.

die Geschlechterverteilung wider, dabei gibt es überhaupt keine Hinweise auf getrennte Wohnräume. In Wirklichkeit wurde dieser ganze Teil des Palastes westlich des Zentralhofs wohl ebenfalls für zeremonielle Zwecke genutzt. Der Palast besaß auch große Lagerräume, in denen große krugähnliche Vorratsbehälter mit Wein und Olivenöl aufbewahrt wurden, und eine Werkstatt, die Luxusgefäße produzierte, wozu man eigens Gestein vom griechischen Festland importierte. Während der Neupalastzeit war der Palast von einem etwa 67 Hektar großen Siedlungsareal umgeben, dessen Wohnhäuser in Größe und Komplexität variierten; die größten von ihnen wiesen eine Vielzahl architektonischer Merkmale auf, die sich auch im Palast fanden.

Die rund zehn Paläste, die Mitte des 2. Jahrtausends v. Chr. auf Kreta existierten, bildeten ein Netzwerk politischer Zentren, das einen großen Teil der Insel abdeckte. All diese Paläste wiesen einige gemeinsame architektonische Merkmale auf und hatten ähnliche Funktionen. Auch wenn die anderen Paläste kleiner sind als Knossos und Phaistos, scheinen sie alle einen recht ähnlichen Status gehabt zu haben. Sie tauschten untereinander Waren und interagierten vermutlich auch auf andere Art und Weise miteinander. Unter den Palästen rangierte ein System untergeordneter Siedlungen, die die Paläste auf unterschiedliche Weise nachahmten. Die Stadt Gournia besaß eine Zeit lang ein großes Gebäude, das den Platz in der Mitte der Siedlung teilweise umschloss, sodass er an den Zentralhof eines Palastes erinnerte. Des Weiteren gab es auf der gesamten Insel zahlreiche „Villen" – freistehende Gebäude, die sich ebenfalls architektonische Elemente von den Palästen borgten. Sie waren weit weniger aufwendig gestaltet als die Paläste und besaßen nicht einmal einen kleinen Innenhof, doch die Steine, aus denen sie gebaut waren, waren im selben Stil geschnitten wie die der Paläste, und auch die Räume waren ähnlich gestaltet. Alle „Villen" und Paläste waren Teil ein und desselben politisch-ökonomischen Systems.

Dennoch umfasste dieses System nicht die ganze Insel. Die Paläste und „Villen" konzentrierten sich auf die Mitte und den Osten Kretas, mit einem Ausläufer die Nordküste entlang nach Westen bis Chania. Der Westen und Südwesten hatten an der von den Palästen organisierten Warenproduktion offenbar keinen Anteil. Ein gutes Beispiel dafür ist die Region rund um Sphakia im Südwesten der Insel, südlich von Chania. Dort gibt es kaum Spuren der Palastkultur. In den westlichen und zentralen Teilen der durch die Weißen Berge von der Nordküste abgeschnittenen Region erwiesen sich die Siedlungen sowohl vom Maßstab her als auch in puncto Artefakte als recht bescheiden. Nur im Osten von Sphakia mit seiner ausgedehnten Küstenebene, die über Verbindungen zu den Palästen Zentralkretas verfügte, lagen die Dinge anders (Tafel 19). Hier waren die Siedlungen größer und wiesen durchaus Elemente des architektonischen Repertoires der Paläste auf.

Auch auf dem griechischen Festland entstanden Paläste, allerdings später als auf Kreta. Von den vereinzelten Häuptlingstümern, wie sie zu Beginn des 2. Jahrtausends v. Chr. üblich waren, hin zu zentralisierten Staaten war es ein langer Weg. Über die architektonische Entwicklung der Paläste ist nur wenig bekannt, aber nicht lange nach 1400 v. Chr. gab es sie in Mykene, Tiryns, Pylos und Theben; diese richteten sich nach einem standardisierten Muster, welches sich von dem auf Kreta stark unterschied. In Pylos, der am besten erhaltenen Palast-Fundstätte auf dem Festland, war der Palast zwar nicht allzu groß (weniger als einen halben Hektar), aber von der Organisation her durchaus komplex (siehe Abb. 3). Der Palast, der dort im 14. Jahrhundert entstand, scheint die minoische Palastarchitektur nachgeahmt zu haben, aber der erhaltene Palast von Pylos, der auf 1300–1200 v. Chr. datiert, hatte mit den Palästen auf Kreta kaum etwas gemein. Man betrat ihn durch einen aufwendig gestalteten Eingangsbereich, der möglicherweise auf der einen Seite über ein Wachhaus verfügte und auf der anderen über einen Aktenraum, der dazu gedient haben könnte, ein- und ausgehende Waren zu erfassen. Von hier aus gelangte man über einen Innenhof und einen Vorraum in das Megaron – einen rechteckigen Raum mit vier um einen runden Herd herum angeordneten Säulen. Oberhalb des Herdes befand sich eine Art Obergaden, an einer Wand stand ein Thron. Solche Megara waren eines der prägenden Merkmale der Paläste auf dem griechischen Festland; auch die früheren Paläste von Mykene und Tiryns besaßen welche. Das mit grandiosen Fresken verzierte Megaron war der wichtigste Schauplatz für Zeremonien und war von Vorratskammern und Lagerräumen umgeben. Vom Innenhof aus gelangte man in ein Zimmer, das wie eine Miniaturversion des Haupt-Megarons wirkte und an das ein Schlafzimmer und ein Badezimmer grenzten. Gemeinschaftliche Feste fanden wahrscheinlich an zwei Orten statt: Die Elite feierte auf der

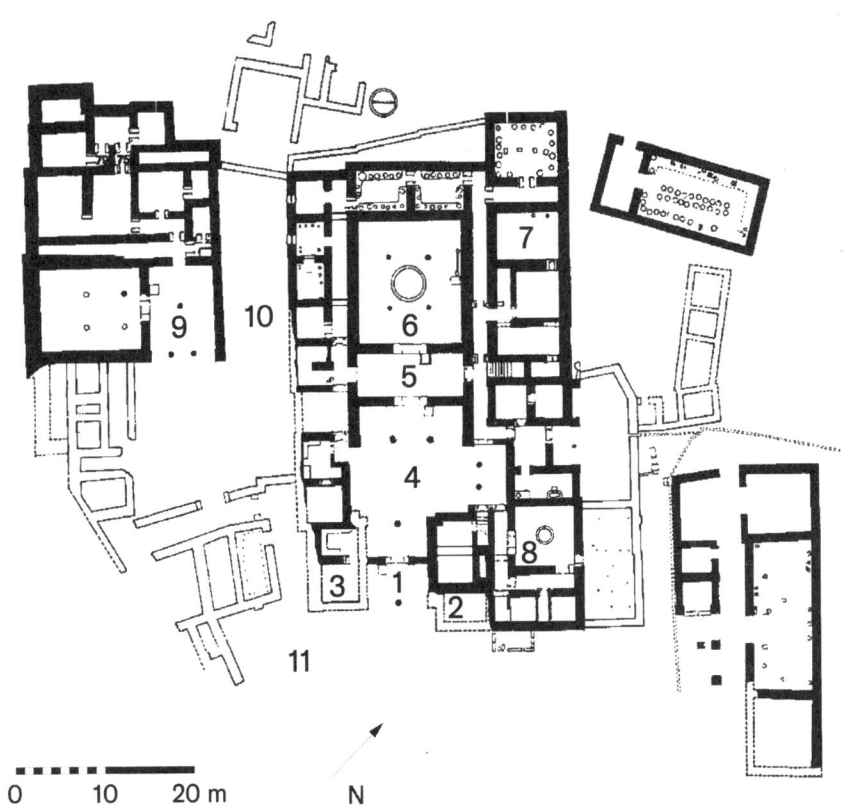

Abb. 3. Grundriss des Palasts in Pylos. Die dicken Linien markieren die Wände, die sicher bezeugt sind, die übrigen Linien bezeichnen die nicht gut erhaltenen Strukturen. 1: Tor, 2: Wachhaus, 3: Aktenzimmer, 4: Hof, 5: Vestibül, 6: Megaron, 7: Vorratskammern und Lagerräume, 8: kleineres Megaron, 9: Megaron im Südwestgebäude, 10: Hof für Festmähler, 11: Bereich für Festmähler.

Freifläche zwischen Südwesten und Hauptgebäude, wo sich ein weiteres Megaron anschloss; das gemeine Volk versammelte sich auf dem Gelände vor dem Palast.

Die Paläste von Mykene, Tiryns und Theben wurden auf flachen Hügeln errichtet, die aus der umgebenen Ebene aufragten, und sie waren von aufwendigen Befestigungsanlagen umgeben (Tafel 2). Es gab aber auch noch andere große befestigte Zitadellen wie Midea, Asine und Gla. Der Siedlungshügel von Gla war von extrem dicken Mauern eingefasst, die aus

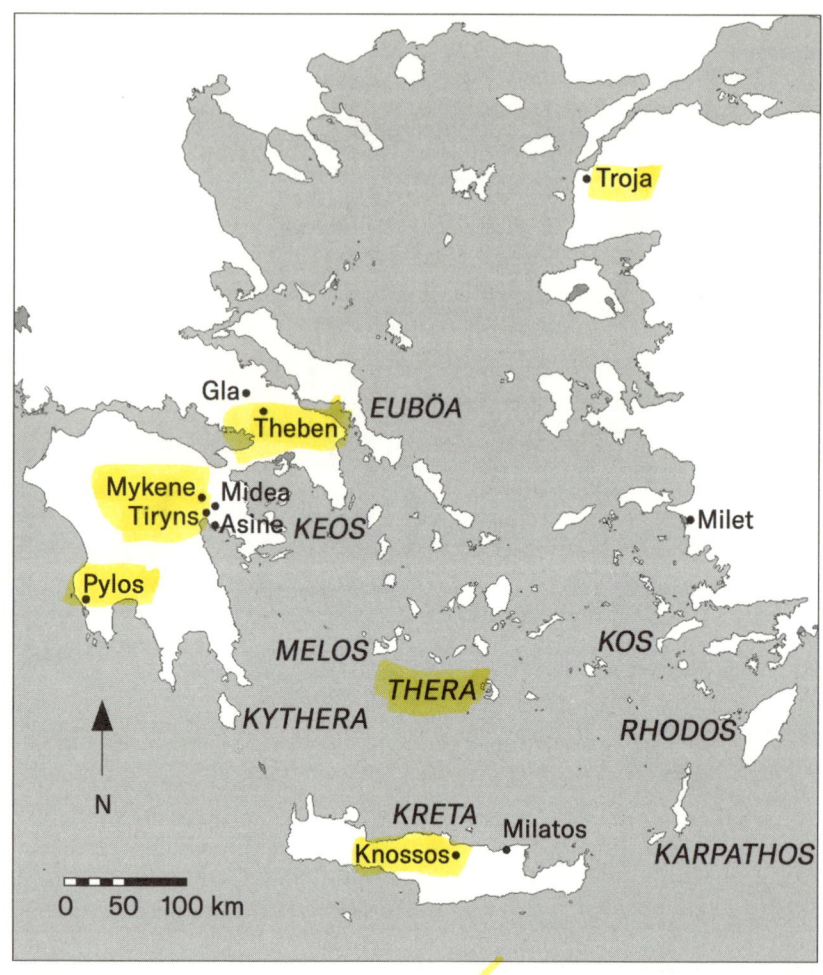

Karte 3. Die Ägäis um 1400 v. Chr.

gewaltigen Steinen bestanden. Diese Mauern umschlossen eine Fläche von 24 Hektar – Gla war damit die größte mykenische Festung. In der Mitte befand sich eine 4 Hektar große Einfriedung mit mehreren weit voneinander entfernten Gebäuden.

Für uns markieren die Paläste auf Kreta und dem griechischen Festland Mitte des 2. Jahrtausends v. Chr. den Beginn der griechischen Geschichte. Doch die Minoer und Mykener sahen sich nicht als Teil einer „jungen" Kultur – im Gegenteil: Sie wähnten sich am Ende eines langen Kontinuums, das weit in die vorgeschichtliche Vergangenheit zurückreichte. Besonders interessant sind in diesem Zusammenhang die aufwendigen Wandmalereien im Palast von Pylos. Das Megaron im Südwesten schmückten Szenen mit Kriegern in mykenischer Rüstung, die in Tierfelle gekleidete Männer besiegen. Obwohl die Rüstungen (Helme, Schwerter und Beinschienen) ein übliches Gestaltungselement solcher Darstellungen von Kriegern sind, scheinen die Szenen keine zeitgenössischen darzustellen. Einige von ihnen tragen Helme mit Wildschweinhauern, die zu jener Zeit bereits äußerst altmodisch waren; die mykenischen Krieger haben zudem allesamt einen nackten Oberkörper, und die Kleidung ihrer Gegner ist alles andere als realistisch – die hier verewigte Schlacht fand somit wahrscheinlich in einer weit entfernten, „heroischen" Vergangenheit statt. Im Megaron im Hauptteil des Palasts ist das noch auffälliger: Hier zeigen die Fresken an den Wänden riesige Tiere und Menschen, und zu beiden Seiten des Throns finden sich heraldische Löwen und Greifen; das eine Ende des Megarons zierte eine Bankettszene im Freien mit mindestens vier an Tischen sitzenden Männern, und die Wand von der Vorhalle bis zum Megaron schmückte eine Prozession von Männern und Frauen, die einen Stier zum Opferplatz führen. Die dominierende Figur in der Bankettszene war ein Barde mit Lyra, auf einem vielfarbigen Felsen sitzend und vielleicht vergangene Heldentaten besingend (Tafel 3). Die Fresken des Megarons in Pylos hatten für den damaligen Betrachter ganz eindeutig eine bestimmte narrative Bedeutung. Wir wissen nicht, ob diese Fresken spezifische oder eher generische Szenen darstellten, aber man kann sich gut vorstellen, wie hier das Publikum den Liedern eines Barden lauschte, der von der eigenen heroischen Vergangenheit der Mykener berichtete.

Welche Bedeutung die mykenische Gesellschaft der Vergangenheit beimaß, zeichnet sich besonders deutlich an den bemerkenswerten Schachtgräbern des Grabkreises A in Mykene ab (Tafel 2). Diese Gräber wurden 1876 von Schliemann entdeckt, der ihren geradezu phantastischen Inhalt umgehend als „typisch mykenisch" deklarierte. Bei fünf der Bestattungen fanden sich goldene Masken und unglaublich wertvolle Grabbeigaben. Überglücklich sandte Schliemann ein Telegramm an den König von Griechenland: „Mit außergewöhnlicher Freude melde ich Eurer Majestät, daß ich die Gräber entdeckt habe, welche die Tradition als die Agamemnons, der Kassandra, Eurymedons und ihrer Kameraden bezeichnet, getötet während der Mahlzeit durch Klytämnestra und ihren Liebhaber Ägisthos." Heute wissen wir, dass diese Gräber auf ca. 1700–1600 v. Chr. datieren und somit viel älter sind als der in Mykene ausgegrabene Palast – und auch viel älter als der Zeitraum, in den man konventionellerweise den Trojanischen Krieg einordnet. Aber nach 1300 v. Chr., als die Festungsmauer nach Südwesten verlängert wurde, wodurch die Fläche der Akropolis um mehr als ein Drittel wuchs, und das Löwentor entstand, wurde Grabkreis A eine Sonderbehandlung zuteil: Andere Teile des umliegenden Gräberfelds wurden überbaut, aber die sechs Schachtgräber blieben erhalten. Zudem wurde eine massive neue Stützmauer errichtet, möglicherweise auf einem Fundament, das aus derselben Zeit stammt wie die ursprünglichen Gräber und das ein viel höheres Bodenniveau schuf. Um diese Stützmauer herum errichtete man eine kunstvolle kreisförmige Brüstungsmauer, die man von dem neuen Löwentor aus betrat. Im Inneren wurden einige der ursprünglichen Grabsteine auf das neue Bodenniveau gebracht und neu ausgerichtet. Auf diese Weise präsentierten sich die Machthaber, die nach 1300 v. Chr. in Mykene regierten, als rechtmäßige Erben der in den viel älteren Schachtgräbern bestatteten Herrscher.

Die Paläste auf dem griechischen Festland standen im Mittelpunkt komplexer lokaler Systeme. Sie waren von Siedlungen umgeben, die so groß waren wie kleine Städte: Bei Pylos bedeckte die zugehörige Siedlung eine Fläche von rund 20 Hektar, in Mykene waren es 32 Hektar. Wie auf Kreta war die Palastkultur auch auf dem Festland ein multizentrisches System. Die einzelnen Paläste ähnelten einander, doch anscheinend war keiner vom anderen abhängig. In jedem Palast gab es einen Obersten, den *ánax*, der vermutlich sowohl bei der internen Entscheidungsfindung als auch bei den diplomatischen Beziehungen den Ton angab. Dem *ánax* direkt untergeordnet war der „Anführer des Volkes", und unterhalb von diesem rangierten „Adlige", „Gefährten", „Beamte" sowie die „Bürgermeister" und „Vizebürgermeister" der einzelnen Bezirke des Staates. Einige dieser Beamten gehörten der Palastverwaltung an, andere der Verwaltung des Gebietes, das der jeweilige Palast kontrollierte. Zu jenen lokalen Beamten zählten auch die *basileîs*: Ihre Autorität beruhte möglicherweise auf verwandtschaftlichen Beziehungen und war älter als das Palastsystem; wahrscheinlich überlebten sie aus diesem Grund auch den Zusammenbruch des Palastsystems (anders als die anderen Beamten). Die *basileîs* waren für die Überwachung der örtlichen Handwerksbetriebe zuständig. Da sie bei einer Gelegenheit direkt neben dem „Anführer des Volkes" aufgelistet wurden, müssen sie mehr als bloße Vorarbeiter gewesen sein; nach dem Palastsystem gewann der Titel *basileús* so sehr an Bedeutung, dass er so viel wie „Adliger" und sogar „König" bedeutete (siehe S. 61).

Wir besitzen keine genauen Informationen über die politische und militärische Rollenverteilung innerhalb dieser Hierarchie, aber sicherlich verfügte der Staat in wirtschaftlichen Angelegenheiten über eine beträchtliche Autorität. Im Gegensatz zu den minoischen Palästen lagerten die Paläste auf dem Festland ihre Waren nicht an einem zentralen Ort, sondern erfassten und verzeichneten lediglich die anderswo hergestellten landwirtschaftlichen Güter. Die Produktion landwirtschaftlicher Grundnahrungsmittel kontrollierten die Paläste nicht, wohl aber die Produktion einiger ausgewählter Güter wie Flachs für die Leinenindustrie; bei solchen Waren wurde die gewerbsmäßige Herstellung eng überwacht. Der Staat war in erster Linie für eine interne Umverteilung von Waren zuständig; besonders wertvolle und prestigeträchtige Waren wie parfümiertes Öl wurden exportiert und gegen Güter eingetauscht, die der Staat importieren musste, wie Metalle, Gewürze und Elfenbein. Auch wenn sie sich architektonisch von den kretischen Palästen unterschieden, erfüllten die Paläste auf dem Festland doch die gleichen Funktionen: Hier fanden Zeremonien statt, hier saß die Verwaltung, im Palast wurde die landwirtschaftliche Produktion erfasst, Luxusgüter wurden gelagert, und einige Produkte wurden an Ort und Stelle hergestellt.

Die Palastkultur bestimmte auch das Ausmaß, in dem die Eliten ihrer Vorfahren gedachten. Vor der Entwicklung der Paläste hatten lokale Eliten auf dem griechischen Festland beim Gedenken an ihre Toten ihren Reichtum und ihre Macht zur Schau gestellt. Die charakteristischen mykenischen Grabstätten waren die Tholos- und Kammergräber. Besonders beeindruckend sind die Tholoi, die vor allem auf der Peloponnes zu finden sind. Sie bestanden aus kreisförmigen überwölbten Kammern, die von der Form her an Bienenstöcke erinnerten (daher auch der Name: *thólos* bedeutet „Bienenstock"). Ein gutes Beispiel ist das sogenannte „Schatzhaus des Atreus" in Mykene, dessen Eingangsfassade sich heute im British Museum in London befindet. Während der Neupalastzeit sank die Zahl der verwendeten Tholoi, bis sie fast nur noch in der direkten Umgebung der Paläste zu finden waren – es scheint, als hätten die dortigen Eliten ihre Ressourcen immer mehr auf die Palastanlagen konzentriert. Auf Kreta besitzen wir aus der Neupalastzeit (im Gegensatz zu den vorangegangenen und nachfolgenden Epochen) nur sehr wenig Hinweise auf Bestattungen. Vielleicht waren die Paläste innerhalb der Gesellschaft eine so dominante Einrichtung, dass für das Gedenken der Toten einzelner Familien kein Platz mehr war.

Die Beziehung zwischen Kreta und dem griechischen Festland ist aber nicht nur eine Frage von Ähnlichkeiten und Unterschieden. Um 1430 v. Chr. herum wurden viele minoische Stätten auf Kreta und auf den Inseln nördlich von Kreta zerstört, wenn auch nicht notwendigerweise alle zur gleichen Zeit. Es hat zahlreiche Versuche gegeben, dieses Phänomen zu erklären. Ganz beliebt war früher die Hypothese, auf den Vulkanausbruch auf Santorin (dem antiken Thera) sei ein riesiger Tsunami gefolgt, der diese Orte vernichtet habe. In historischer Hinsicht war diese Behauptung niemals plausibel (warum haben die Kreter die Schäden nicht repariert?), und manche Seismologen glauben überhaupt nicht an die Tsunami-Theorie (wie hätte der nordwestliche Teil von Santorin, als er ins Meer stürzte, einen Tsunami in Richtung Südosten auslösen können?). Ohnehin verortet die neueste Datierung, die man mithilfe der Radiokarbon-Analyse eines Stückes Olivenholz angestellt hat, den Vulkanausbruch ganz sicher auf das ausgehende 17. Jahrhundert v. Chr. – rund zweihundert Jahre vor der Zerstörung der Paläste.

Die zweite beliebte Erklärung für die Zerstörungen um 1430 v. Chr. ist eine Eroberung der Insel durch mykenische Invasoren vom Festland. Immerhin scheinen ganz zielgerichtet Stätten oder Teile von Stätten angegriffen worden zu sein, die mit der Palastverwaltung in Zusammenhang standen; zum Beispiel wurde in Pyrgos die Villa niedergebrannt, nicht aber die angrenzende Stadt. Außerdem gibt es Hinweise auf furchtbare Gewalttaten. Bei Mochlos wurden einige Leichname nicht bestattet, und in Knossos scheinen die Bewohner, möglicherweise im Zuge einer Belagerung, das Fleisch toter Kinder gegessen zu haben. Wir wissen immer noch nicht genau, wer hinter diesen Zerstörungen steckte, doch die gegenwärtige Forschungsmeinung hält eine mykenische Invasion für eine allzu einfache Erklärung. (Unter den Mykenern war Knossos für eine gewisse Zeit der dominante Palast auf Kreta, aber wahrscheinlich kooperierten die Mykener dabei mit den einheimischen minoischen Eliten.)

Knossos selbst entging der damaligen Zerstörungswelle nicht, doch im Gegensatz zu vielen anderen minoischen Palästen wurde es sofort wieder aufgebaut. Bald entwickelte sich der Palast in Knossos für die Mykener zum wichtigsten Verwaltungszentrum auf Kreta. Die neue Palastverwaltung kontrollierte mindestens vier geographische Regionen der Insel, und eine fünfte verband Knossos mit zwei großen Heiligtümern, zu denen wir später zurückkehren werden. Die vier Regionen erstreckten sich mindestens von Chania im Westen bis zum westlichen Rand der Lasithi-Hochebene im Osten der Insel. In den von Knossos verwalteten Gebieten blieben die Paläste und Villen als untergeordnete regionale Zentren bestehen. Beispielsweise wird der vormals unabhängige Palast von Phaistos auch in den Dokumenten von Knossos nach 1430 v. Chr. noch erwähnt, doch allem Anschein nach war er nicht mehr in der Lage, unabhängig zu operieren. Auch wenn manche Elemente eine gewisse Kontinuität aufweisen, erlebte die kretische Kultur und Kunst nach der Machtübernahme durch die Mykener insgesamt einen tiefgreifenden Wandel: Die Amtssprache änderte sich (wie wir gleich sehen werden), es wurden keine Gebäude mit zentralem Innenhof mehr gebaut, die charakteristischen architektonischen Merkmale der Paläste verschwanden, und eine ganze Palette an Luxusobjekten – wie Relieffresken, Stierkopf-Trinkgefäße und dreidimensionale Objekte aus Elfenbein – wurden nicht mehr hergestellt. Erst im 13. Jahrhundert (1300–1200 v. Chr.) endete die Vorherrschaft von Knossos auf Kreta, und die minoische Identität gewann wieder die Oberhand.

Die Paläste auf Kreta waren größer als die auf dem griechischen Festland, doch immer noch wesentlich kleiner als die Paläste, die Mitte des 2. Jahrtausends v. Chr. im Nahen Osten entstanden. Man vergleiche nur einmal Mykene und Knossos mit Ḫattuša: In Mykene maß die Fläche des Palastes 1 Hektar und die der umgebende Zitadelle knapp 4 Hektar, in Knossos bedeckte der Palast eine Fläche von 2 Hektar; der Palast von Ḫattuša war innerhalb der Befestigungsanlagen mindestens 180 Hektar groß. Dieser grundlegende Größenunterschied hatte erhebliche Auswirkungen auf den Grad der Komplexität der Palastsysteme auf Kreta und auf dem griechischen Festland: Im Gegensatz zu den Staaten im Nahen Osten verfügten sie weder über schriftlich ausformulierte Gesetzestexte, noch verwendeten sie ihre Schrift für so unterschiedliche und komplexe Kontexte, wie dies im alten Orient der Fall war. Aber eine Schrift gab es, und sie wurde – in begrenztem Umfang – durchaus auch benutzt.

Ihre Schrift entwickelten die Kreter kurz vor und während der Altpalastzeit. Die Idee dazu hatten sie wahrscheinlich aus dem Nahen Osten, aber die verwendeten Schriftzeichen waren eine lokale Erfindung. Die erste Schrift auf Kreta, die man irreführenderweise als „kretische Hieroglyphen" bezeichnet (irreführend, weil sie keinerlei Ähnlichkeit mit den ägyptischen Hieroglyphen hat), diente dazu, die Anzahl von Waren zu erfassen. In geographischer Hinsicht beschränkte sich die Verwendung der „kretischen Hieroglyphen" auf die Zentren Knossos und Malia. Während der Neupalastzeit entstand dann in Südkreta eine andere Schrift, die wir heute „Linearschrift A" (kurz: Linear A) nennen. Sie wurde bald überall auf der Insel und auch andernorts verwendet. Linear A war eine komplexere Schrift als die „kretischen Hieroglyphen": Sie hatte mehr Schriftzeichen, eine linearere Form (daher der Name) und unterschiedliche Zeichen für Silben, Dinge und Zahlen. Die Zeichen wurden in Tontafeln, Siegel und Töpferwaren geritzt. Auch diese Schrift diente hauptsächlich dazu, Waren zu notieren, aber nicht ausschließlich: Sie fand sich auch auf religiösen Gegenständen wieder, um festzuhalten, dass der Palast das Objekt geweiht hatte. Es ist nach wie vor unklar, ob es sich bei den „kretischen Hieroglyphen" und Linear A um zwei verschiedene Verschriftlichungen ein und derselben Sprache, um verschiedene Dialekte derselben Sprache oder sogar um zwei verschiedene Sprachen handelte. Doch um welche Sprache(n) es sich auch gehandelt haben mag, eines ist sicher: Griechisch war es nicht.

Mit der Ankunft der Mykener bekam Kreta auch ein neues Schriftsystem: die Linearschrift B, die mit großer Sicherheit auf Kreta entwickelt und ausschließlich für administrative Zwecke verwendet wurde. Es sind weitaus mehr Beispiele für Linear B auf Kreta erhalten als für Linear A, und sie stammen hauptsächlich aus Knossos, aber auch aus Chania im Westen. Die Mykener brachten die neue Schrift anschließend mit aufs griechische Festland. Tontafeln mit eingeritzter Linear B wurden in den Palästen von Pylos, Tiryns, Mykene und Theben gefunden, und aus Midea kennen wir Siegelabdrücke mit diesen Schriftzeichen. Wie auf Kreta wurde Linear B auch auf dem Festland ausschließlich zu Verwaltungszwecken eingesetzt.

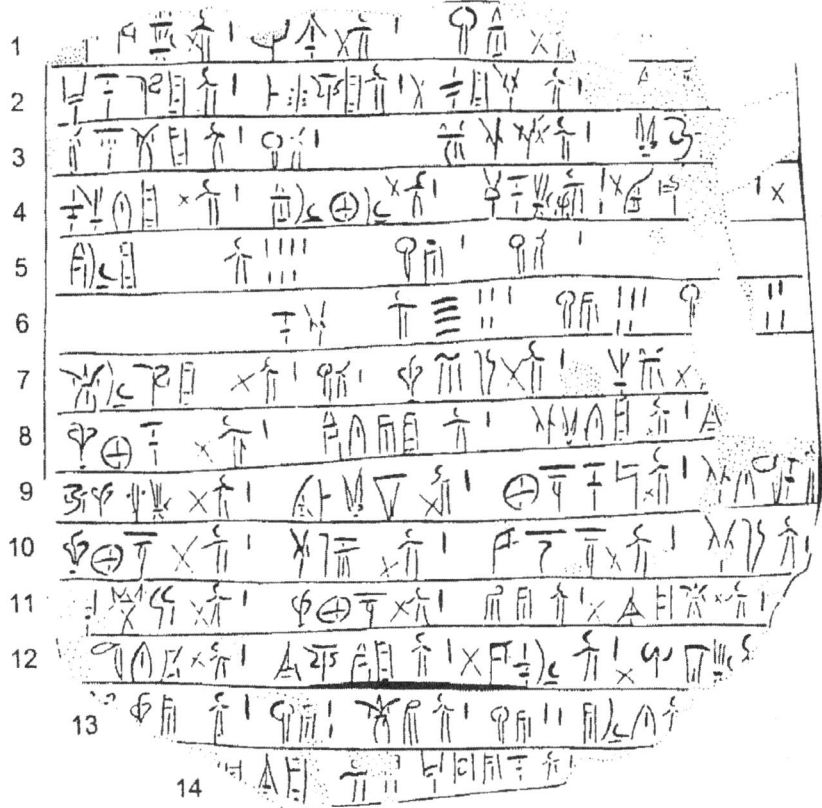

Abb. 4. Linear-B-Tafel aus Knossos (heute im Ashmolean Museum, Oxford; Ap 639).

Die Linearschrift B übernahm rund zwei Drittel ihrer Zeichen von der Linear A, vereinfachte sie jedoch und fügte viele neue Zeichen hinzu. Sie war eine komplexe Verwaltungsschrift und wurde fast ausschließlich auf Ton geschrieben, wobei man sie entweder in Tontafeln ritzte oder auf Transportbehälter pinselte. So ist eine Tafel aus Knossos erhalten, die Teile von zwei Listen von Frauen enthält, die in Knossos arbeiteten (siehe Abb. 4). Listen wie diese wurden angelegt, um auf dem Laufenden zu sein, wie viele Arbeitskräfte im Palast tätig waren, und um die Rationen zu berechnen, die nötig waren, um die Arbeiterinnen und Arbeiter zu versorgen – und die von ihnen abhängigen Kinder. In den Zeilen 4–6 am Ende der ersten Liste lesen wir Folgendes:

*Zeile 4: Frau aus Phaistos X FRAU 1. Philagra X FRAU 1. *18-to-no,*
Tochter FRAU 2 X. wi-so FRAU 1 X
Zeile 5: Frauen aus e-ra FRAU 7. Mädchen 1, Junge 1
Zeile 6: Insgesamt FRAU 45 Mädchen 5, Jungen 4

Die Listen haben eine ganz einfache Form: einen Namen, das Zeichen für FRAU und eine Zahl. Die Kreuze sind recht schwach und wurden erst hinzugefügt, nachdem die ungebrannte Tontafel getrocknet war; vermutlich war dies das Zeichen, mit dem der Palastbeamte oder Schreiber die jeweilige Frau oder Gruppe von Frauen bei Erscheinen abhakte. Die Frauen selbst sind auf unterschiedliche Art und Weise bezeichnet: Einige sind ganz individuell mit Namen aufgeführt, wie Philagra, andere werden einem Herkunftsort zugeordnet, wie die Frau aus Phaistos (im Süden Kretas) oder die sieben Frauen aus dem Ort Era (*e-ra*), der irgendwo im Zentrum der Insel lag. Manche Frauen hatten Kinder dabei, die vermutlich zu jung waren, um zu arbeiten. Aber eine Frau, *18-to-no*, hat eine Tochter, die alt genug ist, um zu den anderen erwachsenen Frauen gezählt zu werden („*18" bezeichnet übrigens ein Symbol, dessen phonetischer Wert noch nicht bestimmt werden konnte). Die eingerückte Zeile 6 gab die Gesamtzahl der ersten Liste an: 45 Frauen mit ihren Kindern (fünf Mädchen und vier Jungen). Der erhaltene Teil dieser Liste führt insgesamt nur rund zwanzig Frauen sowie ein Mädchen und zwei Jungen auf, somit ist klar, dass ein recht großes Stück von der Oberseite der Tafel fehlt. Diese akribische Art und Weise, Personen und Waren aufzulisten, ist ganz typisch für Linear-B-Tafeln.

Linear B ist die Verschriftlichung einer komplett anderen Sprache als derjenigen, die Linear A zugrunde lag. Vor dem Zweiten Weltkrieg konnten die Forscher Linear B noch nicht lesen, waren sich jedoch einig darin, dass die Sprache, die dahintersteckte, auf keinen Fall Griechisch war (heute hegt die Wissenschaft die gleiche Vermutung über die Linear A, diesmal allerdings aus gutem Grund). 1952 gelang es dem Briten Michael Ventris, der von Haus aus gar kein Archäologe, sondern Architekt und Sprachwissenschaftler war, die Linear B zu entziffern und zu beweisen, dass es sich dabei *doch* um eine Verschriftlichung der griechischen Sprache handelte. In dem eben zitierten Linear-B-Dokument kennen wir zum Beispiel fast jedes Wort auch aus der späteren Form der griechischen

Sprache: „Tochter" heißt *ty* (eine Abkürzung; später auf Griechisch: *thygáter*), „Mädchen" heißt *ko-wa* (später auf Griechisch: *kóre*) und „Junge" *ko-wo* (später auf Griechisch: *koûros*). Die eingeritzten Tontafeln und die bemalten Transportbehälter sind somit auf Griechisch beschriftet – mehr als vierhundert Jahre vor der nächsten Form der griechischen Schrift, die uns überliefert ist.

Die Erkenntnis, dass die Mykener auf dem Festland und auf Kreta die griechische Sprache verwendeten (und vermutlich auch sprachen), stellt eine wichtige Verbindung zwischen der Bronzezeit und der klassischen Antike her; dennoch kann man die Frage aufwerfen, wie viele Kreter damals überhaupt Griechisch lernten.

Die Linearschrift B verweist jedoch zugleich auf die Unterschiede zwischen der Palastkultur und dem, was folgte. Die Schrift diente zu jener Zeit überhaupt nur ganz speziellen Zwecken, und bei der Linear B war die Anwendung noch stärker eingeschränkt als bei der Linear A. Sie wurde eigens zur Erstellung von Listen entwickelt und niemals erweitert, um diskursivere (geschweige denn literarische) Texte zu schreiben. Sie wurde einzig und allein in den Palästen verwendet, und dort auch nur von den Angehörigen der bürokratischen Verwaltung. Die Schrift war nicht in der Gesellschaft verwurzelt, und genau deshalb verschwand sie wieder, als die Paläste untergingen.

Zudem war die Linear B kein Medium, dem die Menschen ihre Erinnerungen anvertrauten; wie in Pylos und Mykene hatte man auch auf Kreta andere Möglichkeiten, um die Vergangenheit wachzuhalten. Die Listen auf den Linear-B-Tafeln waren ebenfalls nicht für die Ewigkeit gedacht: Sie wurden in Tontafeln geritzt, die nicht gebrannt, sondern nur im Schatten getrocknet wurden, und sie wurden nicht länger als ein Jahr aufbewahrt, danach konnte man den Ton wiederverwenden; deshalb enthalten manche der Texte einen Saldovortrag aus dem Vorjahr. Solche Tontafeln haben die Zeiten nur überdauert, wenn sie versehentlich gebrannt wurden, beispielsweise weil das Gebäude, in dem sie lagerten, niederbrannte. In dieser Hinsicht unterscheiden sich die Linear-B-Tafeln von den Aufzeichnungen der Ägypter, Assyrer und Hethiter, die permanente Archive besaßen, in denen sie Verträge, Abschriften der königlichen Korrespondenz und historische Berichte über die Taten ihrer Könige aufbewahrten. Und bestimmte Texte präsentierte man im Nahen Osten sogar an prominenten Orten der Öffentlichkeit – so etwas wäre im mykenischen Kreta oder Griechenland undenkbar gewesen.

Auch wenn die Paläste auf Kreta und auf dem griechischen Festland ab einem bestimmten Zeitpunkt eine gemeinsame Verwaltungspraxis besaßen und dieselbe Sprache verwendeten, entwickelten sie sich dennoch in unterschiedliche Richtungen. Es gab gemeinsame Sitten und Gebräuche und letztlich auch – im weitesten Sinn – eine geneinsame Identität, aber auch einige wichtige Unterschiede zwischen den beiden Kulturen. Diese Unterschiede treten am deutlichsten im Kontext religiöser Praktiken zutage. Auf Kreta scheinen während der Neupalastzeit die Paläste die Rituale organisiert zu haben. Mangels monumentaler Sakralbauten, wie sie im Nahen Osten üblich waren, konzentrierte sich der Kult hier zu jener Zeit in erster Linie auf die Paläste und die Gipfelheiligtümer. Mehrere Räume im Palast von Knossos sollen eine rituelle Funktion gehabt haben, doch für alle bis auf zwei ist das reine Spekulation – nur der sogenannte Dreiteilige Schrein (siehe Abb. 5) und der Schrein der Doppeläxte dienten mit Sicherheit kultischen Zwecken. Dass sich die meisten Gegenstände, die man zur

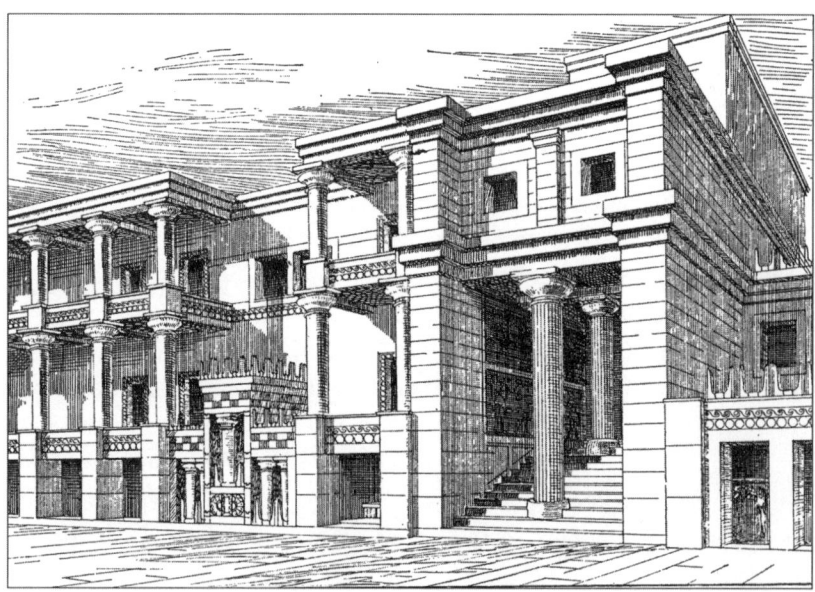

Abb. 5. Knossos: Rekonstruktionszeichnung des Dreigeteilten Schreins an der Westseite des Zentralhofs.

Ausübung des Kultes verwendete, problemlos von A nach B transportieren ließen, könnte bedeuten, dass es nur wenige festgelegte Orte für die Ausübung der Religion gab und daher auch so wenige Beispiele religiöser Architektur. Die zweite wichtige Komponente im religiösen System der Palastkultur waren Gipfelheiligtümer und heilige Höhlen. Die Gipfelheiligtümer waren jeweils in Sichtweite voneinander auf den Gipfeln mittelhoher Hügel angelegt und bildeten eine Hierarchie lokaler und regionaler Heiligtümer. Auf Knossos war das Gipfelheiligtum auf dem niedrigeren der beiden Bergrücken des Juchtas von besonderer Bedeutung. Vom Palast aus bot sich ein schöner Blick nach Süden auf die Gipfel am Ende des Tals, in dem sich Knossos befindet. Eine 6 Kilometer lange minoische Straße führte die Gläubigen durch das Tal und den Juchtas hinauf. Dem Heiligtum näherte man sich über eine große Rampe. Es war von einer eindrucksvollen Ringmauer umgeben und bestand aus offenen Terrassen, einem Altar, Tischen für Opfergaben und ein paar schmucklosen in den Hang hineingebauten Räumen. Eine weitere wichtige Kultstätte für Knossos war die Höhle von Eileithyia in Amnisos, 5 Kilometer nordöstlich von Knossos. Auch dort wurden Rituale abgehalten und Opfer dargebracht. Dass die Opfergaben in Amnisos und anderen Höhlen denen in den Gipfelheiligtümern ähnelten, unterstreicht die Einheit des religiösen Systems der Palastkultur.

Das religiöse System auf dem Festland unterschied sich von dem auf Kreta in mehreren Punkten. Die Mykener borgten sich einige religiöse Symbole von Kreta, hatten aber keine Gipfel- oder Höhlenheiligtümer und auch keine anderen externen Kultstätten, die mit den Palästen in Verbindung standen. In den Palastanlagen selbst war die religiöse Architektur, wie auf Kreta auch, recht bescheiden. In Mykene wurde der Großteil des kultischen Zentrums südlich von Grabkreis A unmittelbar nach dem Bau der neuen Befestigungsmauer errichtet. Es bestand aus einem Komplex architektonisch unauffälliger Räume, die jedoch im Inneren ganz eindeutige rituelle Merkmale aufwiesen. Zum Beispiel besaß ein Schrein ein niedriges rechteckiges Podest in der Mitte, das möglicherweise für Trankopfer gedacht war (siehe Abb. 6). Auf einer erhöhten Plattform am anderen Ende des Raumes stand eine Statue, die wahrscheinlich eine weibliche Gottheit darstellte, mit einem kleinen Opfertisch davor. Auf der linken Seite erlaubte ein Fenster einen Blick auf freigelegtes Naturgestein,

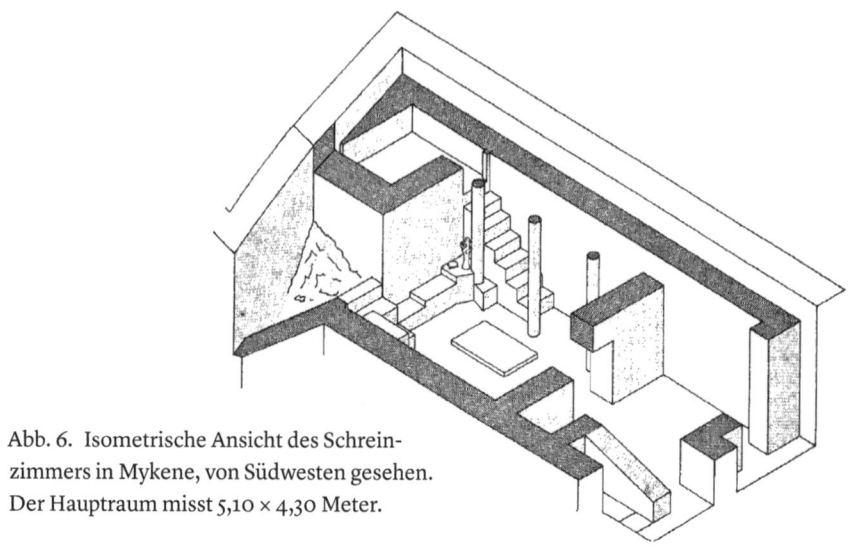

Abb. 6. Isometrische Ansicht des Schrein-
zimmers in Mykene, von Südwesten gesehen.
Der Hauptraum misst 5,10 × 4,30 Meter.

das sehr wichtig gewesen sein muss und den Kult mit diesem speziellen
Standort verband. Rechts führte eine Treppe zu einem Raum im Oberge-
schoss, in dem zahlreiche Tonfiguren aufbewahrt wurden, die vermutlich
Gläubige darstellen sollten. Zu diesem Komplex mit Figuren einer Göttin
und der sie anbetenden Menschen gab es auf Kreta keinerlei Parallelen.

Von den auf Kreta und auf dem Festland verehrten Göttern kennen wir
nur dann die Namen, wenn sie in erhaltenen Linear-B-Texten auftauchen,
und nur in wenigen Fällen sind wir in der Lage, den Namen einer Gottheit
mit einem bestimmten Ort in Verbindung zu setzen. Die Linear-B-Tafeln
nennen einige Götter, die wir aus späteren Epochen kennen (wie Zeus,
Hera, Poseidon und Dionysos) und die auch in diesem Kontext eine große
Bedeutung gehabt haben könnten. Es tauchen aber auch die Namen anderer Gottheiten auf den Tafeln auf, die später nicht mehr angebetet wurden,
wie Potnia („Herrin") und Diwia (das weibliche Pendant zu Zeus). Welche Gottheiten man verehrte, variierte von Palast zu Palast. Für Pylos zum
Beispiel verzeichnet eine Linear-B-Tafel die religiösen Rituale für einen
bestimmten Monat, und sie nennt den Ort, wo die Zeremonien stattfanden, und die Opfergaben, die dargeboten wurden; außerdem sind dort das
am Ritus beteiligte Personal und die Gottheiten, für die die Opfergaben
gedacht waren, aufgeführt. Insgesamt listet die Tafel acht Menschen auf,
bei denen es sich um „Sakristane" gehandelt haben könnte, sowie drei-

zehn Goldgefäße, wahrscheinlich Trinkgefäße, die als Familienerbstücke weitergegeben wurden und alljährlich bei den religiösen Riten zum Einsatz kamen. Die entsprechenden Riten wurden im großen Kultbereich und in vier oder fünf weiteren Heiligtümern außerhalb von Pylos abgehalten. Potnia, für die der große Kultbereich vorgesehen war, ist auf dieser Tafel als Hauptgottheit genannt, doch neben ihr wurden noch weitere Gottheiten verehrt: die „Dame der Haarlocken" und die „einem Rind ähnliche Dame" im Heiligtum von Poseidon (einem der Hauptgötter in Pylos), Zeus, Hera, Drimios („Sohn des Zeus") und Hermes Areias, weniger bedeutende Gottheiten wie Iphimedia und Diwia sowie zwei niedere Wesen, der „dreimalige Held" und der „Haus-Meister". Offenbar gab es in Pylos eine äußerst komplexe Götterwelt mit Gottheiten von ganz unterschiedlicher Bedeutung, die in regelmäßigen Abständen Verehrung erfuhren.

Es liegt nahe, aus den bekannten Namen auf der Liste (Zeus, Hera, Poseidon und Hermes) und der Tatsache, dass es sowohl männliche und weibliche Gottheiten als auch männliche und weibliche Priester gab, zu schlussfolgern, dass es eine starke Kontinuität zwischen der Bronzezeit und dem späteren griechischen Pantheon gab. Doch dieser Versuchung zu erliegen, wäre ein Fehler. Wer die bronzezeitliche und die klassische Religion lediglich in bestimmten Punkten miteinander vergleicht, verliert leicht den Blick für die schwerwiegenden Unterschiede zwischen den religiösen Systemen der beiden Epochen. Diese Systeme waren in komplett unterschiedliche gesellschaftlich-politische Rahmenbedingungen eingebettet, und selbst dass sich einige Namen ähneln, bedeutet mitnichten, dass diese Gottheiten in beiden Epochen die gleiche Bedeutung besessen hätten. Allein der Begriff „Kontinuität" impliziert, dass diese Gottheiten einfach von Generation zu Generation weitergegeben wurden – und das stellt die Sachlage geradezu auf den Kopf. Vielmehr übernahmen spätere Generationen lediglich ein paar Namen und Praktiken, die sie aus der Vergangenheit kannten, und passten sie ihren eigenen Zwecken an. So entstand ein ganz neues religiöses System für eine veränderte Welt.

Einige moderne Forscher haben auf die Unterschiede zwischen den Kulturen der Minoer und der Mykener hingewiesen. Die minoische Zivilisation wird traditionell als betont friedlich charakterisiert und ohne gewaltsame innere Konflikte; demnach waren die Minoer ein sorgloses, glückliches und naturverbundenes Volk. Im Gegensatz dazu gelten die

Mykener als unzufriedene, kriegerische Menschen, die mit ihrer Invasion die friedliche Idylle auf Kreta zerstört haben. Doch eine solche Schwarzweißmalerei verstellt mitunter den Blick auf einen anderen Unterschied: Trotz all ihrer positiven Eigenschaften gelten die Minoer nach / wie vor weithin als fremdartiges Volk; sie sprachen kein Griechisch, während die griechischsprachigen Mykener oft als „frühe Europäer" angesehen werden. Tatsächlich ist diese Polarität zwischen den Minoern und den Mykenern weitgehend willkürlich und die alles überlagernde Einteilung in „europäisch" und „nicht-europäisch" wenig hilfreich. Die Minoer könnten durchaus eine indoeuropäische Sprache gesprochen haben (wir wissen es schlichtweg nicht). Und insbesondere was ihre Beziehungen zur Außenwelt, die Besiedlung von Gebieten jenseits des Meeres, ihre diplomatischen Kontakte und die Handelsgepflogenheiten betrifft, wiesen die Kulturen der Minoer und Mykener zahlreiche Gemeinsamkeiten auf. Diese drei miteinander verzahnten Kontexte zeigen, dass es unmöglich ist, eine klare Linie zwischen Kreta und dem Festland zu ziehen.

Die Kontakte zwischen Kreta und den Inseln nördlich von Kreta wurden während der Altpalastzeit intensiviert. Der Austausch zwischen beiden Regionen hatte erhebliche Auswirkungen auf die lokale Bevölkerung der ägäischen Inseln, deren Eliten versuchten, die Produkte nachzuahmen, die sie von Kreta her kannten. Den Handel erleichterten Siedlungen der Minoer, insbesondere auf den Inseln Thera, Melos und Keos. Während der Neupalastzeit nahm die Größe und Anzahl dieser Siedlungen deutlich zu. Nordwestlich von Kreta gab es mehrere bedeutende Standorte, so auf der Insel Kythera, die ein eigenes minoisches Gipfelheiligtum besaß, von dem aus man Kreta sehen konnte; außerdem auf Karpathos, Rhodos und Kos nordöstlich von Kreta sowie in Milet an der Küste Kleinasiens. In einigen Fällen ließen sich die Kreter in bereits existenten Ortschaften nieder und mischten sich unter das dortige Volk; manche Siedlungen waren jedoch komplette Neuschöpfungen in den bis dato unbewohnten Gegenden besiedelter Regionen. Der Standort Milet ist in diesem Zusammenhang von besonderem Interesse: In der Altpalastzeit ließ sich eine Handvoll kretischer Kaufleute in einer Ortschaft nieder, die sich dort befand, wo später die Stadt Milet entstand. In der Neupalastzeit gewannen die Minoer dann deutlich an Einfluss: Die materielle Kultur an diesem Standort war in jener Epoche überwiegend minoisch – 85 bis 95 Prozent der vor Ort produzierten Haushaltskeramik lässt sich einem minoischen Typus zuordnen, ein minoisches Heiligtum mit Lehmziegelaltar wurde errichtet, und die Einwohner schrieben in Linear A, die sie vor dem Brennen in ihre Töpferwaren einritzten. Ganz offensichtlich lebten dort in jener Zeit zahlreiche Minoer, und sie bildeten eine Kolonie mit einer spezifisch minoischen Organisation. Wahrscheinlich erhielt der Ort in jener Epoche auch den Namen „Miletos", weil die Siedler ihn mitbrachten – immerhin gab es auf Kreta eine Stadt namens Milatos.

Als die Mykener nach Kreta kamen, war es mit der Besiedlung der Ägäis durch die Minoer wieder vorbei. Von dieser Zeit an lässt sich auf den Inseln der südlichen Ägäis stattdessen ein deutlicher mykenischer Einfluss beobachten. In Milet und an mehreren vergleichbaren Orten wurde die minoische Siedlung zerstört und durch eine mykenische ersetzt. Die meiste Keramik, importierte wie auch lokal produzierte, glich dem, was in Mykene üblich war; vor allem aber orientierten sich die neu errichteten Häuser und die Gräber an mykenischen Vorbildern, und es gibt Hinweise auf mykenische Kultrituale. Von Milet aus nach Süden war die anatolische Küste von mykenischen Siedlungen übersät; sogar auf den vorgelagerten Inseln, insbesondere Rhodos, gab es welche.

Sowohl Kreta als auch das griechische Festland unterhielten während der gesamten Epoche, die wir in diesem Kapitel vorstellen, wichtige diplomatische und anderweitige Beziehungen zu den Staaten im Nahen Osten. Während der Alt- und der Neupalastzeit stand Kreta in engem Kontakt zu Ägypten. Im Königspalast von Tell el'Dab'a im Nil-Delta gefundene Wandmalereien aus der zweiten Hälfte des 16. Jahrhunderts v. Chr. erinnern in Stil, Technik und Thematik extrem an minoische Fresken. Mehrere eindeutig minoische Motive sind abgebildet, zum Beispiel junge Leute in minoischer Kleidung, die möglicherweise gerade den typisch kretischen Stiersprung ausüben. Ein solcher Import minoischer Ikonographie deutet auf eine enge Verbindung zwischen Kreta und Ägypten zu Beginn des ägyptischen Neuen Reichs hin. Auf zwei Adelsgräbern aus dem 15. Jahrhundert v. Chr. in Theben, der damaligen Hauptstadt von Ägypten, sind Männer namens „Keftiu" abgebildet, die minoische Kleidung tragen und Metall- oder Steingefäße minoischen Typs in Händen halten, darunter einen Trinkbecher in Form eines Stierkopfs. Bei diesen Leuten muss es sich um Botschafter von Kreta handeln, die den Ägyptern großzügige

Geschenke überreichten. Manche Forscher sind sogar der Ansicht, dass die Keftiu auf den früheren Wandbildern eher minoisch, auf den späteren eher mykenisch aussehen.

Auch die Hethiter unterhielten Beziehungen zu den Völkern der Ägäis. Ab dem 15. Jahrhundert v. Chr. stand der hethitische König mit den „Aḫḫijawa" in Verbindung; dieser Name bezeichnete ein benachbartes Volk im Westen. Früher gingen die Meinungen der Forscher stark auseinander, wer oder was die Aḫḫijawa waren, doch dank in jüngerer Zeit veröffentlichter hethitischer Texte wissen wir nun, dass die Aḫḫijawa nicht nur westlich der Hethiter lebten, sondern auch, dass man tatsächlich über das Meer fahren musste, um zu ihnen zu gelangen. Somit ist sicher, dass es sich bei ihnen um die „Achaier" handelte, wie Homer die Griechen nannte. Im 13. Jahrhundert v. Chr. erlangten die Aḫḫijawa für den hethitischen König eine gewisse Bedeutung. Ḫattušili III. (1267–1237 v. Chr.) versuchte, im unruhigen Westen Anatoliens für Ordnung zu sorgen – ein hethitischer Rebell mit Namen Pijamaradu war vor Ḫattušili nach Milawanda (Milet) geflohen, was außerhalb des Zuständigkeitsbereichs der Hethiter lag, aber indirekt dem König der Aḫḫijawa unterstand. Auf der Jagd nach Pijamaradu begab sich Ḫattušili nach Milawanda und forderte den örtlichen Herrscher auf, ihm den Rebellen zu überstellen. Doch Pijamaradu floh per Schiff und drang tiefer ins Territorium der Aḫḫijawa ein, und von dort aus überfiel er weiterhin Gebiete der Hethiter. Nach seinem fehlgeschlagenen Feldzug schrieb Ḫattušili an den König der Aḫḫijawa, sprach ihn als „Bruder" an und bat ihn um Hilfe dabei, Pijamaradu den Garaus zu machen. Bedenkt man, dass wir die mykenischen Palaststaaten als gleichberechtigte, miteinander konkurrierende Gemeinwesen betrachten, scheint es äußerst merkwürdig, dass Ḫattušili den Herrscher eines einzelnen solchen Staates für den „König der Aḫḫijawa" hielt. Mag sein, dass sich sein Brief an den Herrscher von Theben in Zentralgriechenland (nicht zu verwechseln mit Theben in Ägypten) richtete. Wie wir von Linear-B-Tafeln wissen, kontrollierte Theben nicht nur die umliegende Region in Zentralgriechenland, die man später als Böotien bezeichnete, sondern auch einen Großteil der Insel Euböa im Osten. (Auf diese Verbindung zu Böotien könnte die später in der Umgebung von Milet nachgewiesene, doch zunächst überraschende Häufung böotischer Ortsnamen zurückzuführen sein.) Dem Herrscher von Theben scheint es gelungen zu sein, Ḫattušili weiszumachen, er sei der König der Achaier. Ḫattušilis Nachfolger, Tudḫalija IV. (1237–1209 v. Chr.), unternahm ebenfalls Feldzüge nach Westanatolien: Er marschierte in Milawanda ein, zerstörte möglicherweise die Siedlung in Milet und installierte einen seiner Verbündeten als Lehnsherrn über dieses Gebiet. Tudḫalija nennt an einer Stelle die Herrscher, die er für gleichrangige Kollegen hielt: „Die Könige, die mit mir auf einer Stufe stehen, sind der König von Ägypten, der König von Babylon, der König von Assyrien und der König von Aḫḫijawa." Der Schreiber löschte den Hinweis auf den König von Aḫḫijawa später wieder, möglicherweise da der achaiische König nach dem Einmarsch Tudḫalijas in Westanatolien stark an Autorität einbüßte.

Mitte des 2. Jahrtausends v. Chr. waren die minoischen und mykenischen Siedlungen miteinander wie auch mit dem ägyptischen und dem hethitischen Königreich durch den Handel über das Meer verbunden. Von Kreta aus gab es drei Haupthandelsrouten: nach Nordwesten über Kythera zur südlichen Peloponnes, nach Norden über Thera, Melos und Keos zu den Kupfer- und Silberminen Attikas und nach Nordosten über Karpathos und Rhodos nach Anatolien und dann weiter ostwärts nach Zypern und in die Levante (die Region des heutigen Syrien, Libanon, Israel und Jordanien). Es ist kein Zufall, dass sich alle erwähnten minoischen Siedlungen auf einer dieser drei Routen befanden. Nachdem sich die Mykener auf Kreta niedergelassen hatten, übernahmen sie die Handelsrouten der Minoer. Die Hauptrouten änderten sich nach 1300 v. Chr., aber die Mykener unterhielten genau wie die Minoer wichtige Handelsverbindungen nach Anatolien, nach Zypern und in die Levante.

Wie dieser Handel damals genau aussah, verrät uns ein Schiff, das kurz vor 1300 v. Chr. vor Uluburun an der Südküste Anatoliens sank und von 1984 bis 1994 auf dem Meeresgrund ausgegraben wurde (Tafel 4). Das rund 16 Meter lange Schiff befand sich gerade auf dem Weg nach Westen, nachdem es in der Levante, möglicherweise in Ugarit, dem größten internationalen Handelspartner der Region, losgefahren war (nördlich des heutigen Latakia in Syrien). An Bord war eine äußerst wertvolle Fracht: mindestens 490 Barren Rohkupfer aus Zypern mit einem Gewicht von 10 Tonnen und eine weitere Tonne Zinn, das aus einem anderen Ort im Nahen Osten stammte. Auch wenn die Kupferbarren von schlechter Qualität waren, dünn und spröde, hätte man damit etwa 11 Tonnen Bronze herstellen können. Des Weiteren befanden sich 175 Barren Glas in Kobalt-blau, Türkis und Lavendel im Laderaum, die zu kostbaren Gegenständen verarbeitet werden sollten, 24 Stämme Ebenholz aus Ägypten, Elfenbein in Form von Elefanten- und Nilpferdstoßzähnen, als Ganzes oder in Teilen, als Rohmaterial sowie teilweise bereits in geschnitzter Form, Schild-krötenpanzer, wie sie als Resonanzkörper für Musikinstrumente verwendet wurden, Schalen von Straußeneiern und Schmuck aus der Gegend von Ugarit und aus Ägypten. Zur Ladung gehörten außerdem 149 Krüge, die möglicherweise ebenfalls aus Ugarit stammten und von denen einige mit Glasperlen gefüllt waren, andere mit Oliven, die meisten aber mit dem Harz von Terebinthen aus der Region westlich des Toten Meers, das wahrscheinlich als Räucherwerk diente. Kurz gesagt: Die Ladung stammte aus dem gesamten Nahen Osten – von Zypern, aus Ägypten und Nubien, aus Syrien und aus verschiedenen Teilen Mesopotamiens. Wahrscheinlich brachte das Schiff die kostbare Fracht auf Geheiß eines Herrschers im Osten in die Ägäis. An Bord fand man auch zwei gefaltete Schreibtafeln aus Holz, wie sie damals im Nahen Osten üblich waren, doch leider ohne eine Spur des Wachses, in das man damals die Schrift einritzte. Zwei Männer, die sich anhand ihrer Schwerter und anderer persönlicher Gegenstände als Mykener identifizieren ließen, waren an Bord und sollten die Fracht wahrscheinlich in eines der großen mykenischen Palastzentren bringen.

Die Waren, die uns bei dieser Momentaufnahme des Handels zwischen der Levante und der mykenischen Welt begegnen, entsprechen den Listen, die wir aus den Amarna-Briefen (siehe S. 22) kennen – Listen von Waren, die die Herrscher im Nahen Osten untereinander austauschten. Es fehlen lediglich die beiden wertvollsten Waren: Gold und Silber. Doch es war mitnichten so, dass sich die Mykener einfach nur von ihren mächtigeren Nachbarn im Osten beschenken ließen. Sie importierten Rohstoffe, die sie dann selbst zu Objekten verarbeiteten, wie sie ihrem lokalen Stil entsprachen und die ganz eigene Bedeutungen trugen. Außerdem werden die Mykener im Gegenzug ihrerseits Waren in den Nahen Osten geliefert haben. Wir wissen nicht genau, um welche Waren es sich dabei handelte, aber in Attika wurde Silber abgebaut, und Kreta war für die Produktion von Textilien aus Wolle bekannt. Die bereits erwähnten Wandgemälde in Ägypten zeigen Kreter, die in feine Wollstoffe gekleidet sind, und auf Linear-B-Tafeln finden sich Hinweise darauf, dass manche kretischen Wollprodukte speziell für den Export hergestellt wurden, genau wie parfümiertes Öl aus Pylos.

Die ägäischen Staaten trieben auch mit Ländern im Westen Handel, mit Sizilien, Italien und Sardinien. Es gab dort jedoch keine minoischen oder mykenischen Siedlungen, und anders als in der Ägäis scheint der Handel auch nicht direkt von den Palästen organisiert worden zu sein. Wahrscheinlich waren hier unabhängige Kaufleute am Werk. Im Zuge der Ausweitung der Interessenssphäre der Mykener wurden die minoischen Exportgüter in diesem Gebiet genau wie in der Ägäis weitgehend durch mykenische Produkte ersetzt. Dennoch unterhielt Kreta auch weiterhin Verbindungen zum Westen. Nach 1200 v. Chr. wurde in Chania hergestellte Keramik unter anderem bis nach Italien und Sardinien verkauft, und nach diversen Töpferwaren im italischen Stil zu urteilen, die auf Kreta produziert wurden, waren auch Bewohner der italischen Halbinsel nach Kreta übergesiedelt.

Das später so berühmte Troja lag am äußersten Rand der mykenischen Handelsbeziehungen. Da sich die von Schliemann ausgegrabene Stätte heute mehr als 5 Kilometer von der Küste entfernt befindet, fällt es einem nicht leicht, sich Troja als bedeutenden Partner im Seehandel vorzustellen. Doch topographische Untersuchungen der Halbinsel, auf der Troja liegt, haben ergeben, dass die Küstenlinie im 3. und 2. Jahrtausend v. Chr. viel weiter landeinwärts verlief als heute; das liegt an dem Schlick, den die Flüsse Simoeis und Skamander mitführen und der sich seither abgelagert hat. Im 2. Jahrtausend v. Chr. kontrollierte Troja eine große Bucht, in der der letzte Tiefwasserhafen lag, den Schiffe ansteuern konnten, bevor sie durch die Dardanellen fuhren, um ins Schwarze Meer zu gelangen. Daher entstand hier im 2. Jahrtausend ein wichtiges regionales Zentrum, das den Nordwesten Anatoliens und die nördlichen Inseln der Ägäis dominierte.

Trojas materielle Kultur war westanatolisch, wie uns der Stil der Häuser und die Kultbilder in den Toreingängen verraten sowie der einzige Schriftfund, ein Siegel mit Worten in Luwisch, einer weitverbreiteten lokalen Sprache. Troja befand sich an der Peripherie der ägäischen und der anatolischen Welt. Im 15. und 14. Jahrhundert v. Chr. wurden mykenische Töpferwaren offenbar aus der östlichen Ägäis nach Troja importiert und vor Ort imitiert, aber nur in sehr kleinen Mengen – lediglich 1 bis 2 Prozent der gesamten zeitgenössischen Keramik in Troja waren mykenischen

Ursprungs. Troja lag außerhalb des unmittelbaren Einflussbereichs der Hethiter. Der hethitische König Muwatalli II. (1295–1272 v.Chr.) musste einen Expeditionstrupp aussenden, um in einem Ort namens Wilusa die Ordnung wiederherzustellen, der offenbar von einem Rebellen besetzt worden war, der den Hethitern und ihren Vasallen Ärger bereitete. Da Wilusa offensichtlich in Nordwestanatolien lag und da Troja die einzige bedeutende archäologische Stätte in der Region ist, können wir davon ausgehen, dass Wilusa und Troja, das wir auch als Ilion (ursprünglich Wilion) kennen, identisch sind. Wilusa taucht auch in anderen hethitischen Texten aus dem 13. Jahrhundert v.Chr. auf, im Zusammenhang mit anderen Militäroperationen und Unruhen. An Letzteren scheinen auch der König von Aḫḫijawa beteiligt gewesen zu sein und der hartnäckige hethitische Rebell Pijamaradu.

Seit 1988, als man dort wieder zu graben begann, hat sich unser Wissen von der Bedeutung Trojas dramatisch verändert. (Der Hauptsponsor der Ausgrabungen, Daimler-Benz, hat einen UNESCO-Wettbewerb für die Einstufung der Ausgrabungsstätte als „europäisches Kulturerbe" gewonnen – man sieht, dass Ausgrabungen auch heute noch ihre eigene kulturelle Agenda haben, wie schon zu Schliemanns Zeiten.) Der Hügel, den Schliemann ausgegraben hat, bedeckt ein Areal von nicht einmal 2 Hektar Grundfläche, weshalb Skeptiker früher einwandten, dies sei als Schauplatz für einen zehnjährigen Trojanischen Krieg viel zu klein gewesen. Doch neuere archäologische Funde haben gezeigt, dass die Stadt viel größer war: Wie wir heute wissen, war Schliemanns Troja lediglich die Zitadelle einer viel größeren Siedlung, die in der Ebene unterhalb des Hügels lag und etwa 20 Hektar bedeckte (siehe Abb. 7). Diese Siedlung war von Befestigungsanlagen umgeben, die aus einer riesigen hölzernen Palisade bestand und einem 3,50 Meter breiten und 2 Meter tiefen Graben, der dazu diente, Streitwagenangriffe abzuwehren. Dank dieser neuen Erkenntnisse können wir davon ausgehen, dass Troja in derselben Liga spielte wie etwa Pylos auf dem griechischen Festland und der Handelsstaat Ugarit im Norden Syriens.

Aber bieten die Ausgrabungen von Troja auch genug Material, um die Annahme zu stützen, es habe tatsächlich einen Trojanischen Krieg gegeben? Schliemann glaubte, dass Troja II (also die zweite Schicht von unten im Siedlungshügel) von den Achaiern erobert wurde, doch dazu ist Troja II

Abb. 7. Rekonstruktion von Troja VI: Zitadelle mit Palastgebäuden und einem Teil der unteren Stadt.

viel zu alt. Heute ist klar, dass Troja VI bis VIIa auf die Zeit der mykenischen Staaten datieren. Trotz allem gehen in der modernen Forschung die Meinungen über die einzelnen Schichten und ihre Bedeutung stark auseinander, und allzu oft lassen sich die Forscher vom Wunsch leiten, den Schauplatz des Trojanischen Kriegs zu finden. Die konventionelle Deutung, die auf einer sorgfältigen Analyse im Jahr 1938 ausgegrabener Keramik basiert, sieht VIh und VIIa als zwei verschiedene Schichten. Die unterste Schicht von Troja VI (Troja VIh) fiel kurz vor 1300 v. Chr. weitreichenden Zerstörungen zum Opfer, doch die Stadt wurde anschließend schnell und mit improvisierten Mitteln wieder aufgebaut, ohne eine kulturell bedingte Pause. Die Schicht Troja VIIa bestand ungefähr neunzig Jahre, bevor sie kurz vor 1200 v. Chr. geplündert und niedergebrannt wurde. Die Erkenntnisse der Ausgrabungen von 1998 und 1999 ließen Zweifel an der konventionellen Deutung aufkommen. Alternativ könnten Troja VIh und VIIa zusammengehören; Troja VIh könnte Mitte des 13. Jahrhunderts v. Chr. durch eine feindliche Macht zerstört worden sein, und die Hinweise auf eine Zerstörung von Troja VIIa könnten in Wirklichkeit Spuren ritueller Aktivitäten sein.

War denn nun Troja VIh oder Troja VIIa die Stadt des Priamos, die am Ende des Trojanischen Krieges zerstört wurde? Diese Frage zu beantworten, fällt nicht leicht. Homer beflügelt unsere Phantasie auch heute noch in einem solchen Maß, dass die Menschen unbedingt glauben möchten, dass es einen Trojanischen Krieg gegeben hat. Genau das führt jedoch bei vielen dazu, dass sie sich weder damit beschäftigen, um was für ein Werk es sich bei der *Ilias* handelt, noch damit, was als echter, tragfähiger archäologischer Beweis für einen Trojanischen Krieg gelten kann. Die *Ilias* entstand fünfhundert Jahre nach den Ereignissen, die sie beschreibt, und sie ist ein durch und durch fiktives Werk, das in einer Welt spielt, die sich von der Welt, in der der Dichter lebte, stark unterschied. Keinesfalls darf man es als historiographisches Werk behandeln. Die Archäologie wiederum eignet sich weitaus besser dafür, langfristige Muster aufzudecken, als ganz bestimmte Ereignisse zu verorten (zumal solche, bei denen gar nicht sicher ist, ob sie überhaupt stattgefunden haben). Sich materiellen Funden und Textzeugnissen mit der gleichen Frage zu nähern, ist normalerweise wenig ratsam, besonders bei einem so wirkungsmächtigen literarischen Werk wie der *Ilias*. Was die konkrete Frage betrifft, ob Troja von achaiischen Truppen belagert und schließlich eingenommen wurde, so sind materielle Beweise dafür geradezu zwangsläufig mehrdeutig. Der konventionellen Sichtweise zufolge wurde Troja VIh kurz vor 1300 v. Chr. zerstört, zu der Zeit, als die Mykener die Ägäis dominierten. Manche Forscher gehen davon aus, dass die in der Grabungsschicht VIh freigelegte Stadt durch feindliche Übergriffe zerstört wurde, andere sind der Ansicht, dass das schiere Ausmaß der Zerstörung eher auf ein massives Erdbeben hindeutet. Wurden die Wände von Menschenhand niedergerissen oder war eine Naturkatastrophe verantwortlich? Sind die Rußablagerungen in Troja VIIa ein Zufallsprodukt, das Resultat kultischer Rituale oder ein Hinweis auf brandschatzende Krieger? Und wenn wirklich Letzteres der Fall ist – wer hat Troja VIh bzw. VIIa damals angegriffen? Laut *Ilias* waren es die Achaier, aber zeitgenössische Befunde legen nahe, dass auch die Hethiter ein beträchtliches Interesse an dieser Region hatten.

Allerdings findet sich in den hethitischen Palastarchiven (auch wenn sie zugegebenermaßen nur fragmentarisch erhalten sind) überhaupt kein Hinweis auf einen größeren Angriff der Achaier auf Troja, bei dem die Stadt zerstört worden wäre. Sie weisen vielmehr darauf hin, dass es zwischen den Hethitern und den Aḫḫijawa über einen langen Zeitraum hinweg Auseinandersetzungen um die Vorherrschaft in der Region rund um Troja gab. Hin und wieder kam es zu kleineren Übergriffen der Aḫḫijawa oder zu Scharmützeln mit anatolischen Truppen, die lokalen Befehlshabern unterstanden. Tatsächlich ist es kaum vorstellbar, dass zur Zeit der „Zerstörung" von Troja VIIa eine große Koalition mykenischer Streitkräfte Troja angegriffen hat, denn zu jener Zeit war das Palastsystem auf dem Festland bereits im Niedergang begriffen. Zwar könnte es eine weniger umfangreiche Invasion durch Krieger vom griechischen Festland gegeben haben, doch man kann nicht genug betonen, dass es keinerlei archäologische Belege für die Identität der Angreifer gibt, die Troja VIIa möglicherweise überfielen. Allerhöchstens kann man festhalten, dass solche kleineren Konflikte um Troja zur Entstehung der Mythen beigetragen haben könnten, auf denen die *Ilias* basiert. (Darauf werden wir in Kapitel 3 zurückkommen.) Gleichzeitig gibt es in der *Ilias* keinen Hinweis auf die Existenz der Hethiter, Milet ist dort keine mykenische, sondern eine karische Stadt, die von Bewohnern Südwestanatoliens regiert wird, die kein Griechisch sprechen, und die Schilderungen der Geographie Griechenlands zeigt, dass sich der Autor kaum mit der dortigen Lage während der Bronzezeit auskannte.

Ungefähr zur selben Zeit wie die angebliche Eroberung von Troja VIIa um 1200 v. Chr. ging das Palastsystem auf Kreta und auf dem griechischen Festland unter. Dafür gibt es drei verschiedene Erklärungen: Naturkatastrophen, Invasionen ausländischer Mächte und innenpolitische Unruhen. Das Problem ist seit jeher, dass Forscher dazu tendieren, sich darauf zu versteifen, für den Zusammenbruch der Palastkultur sei nur einer dieser drei Faktoren verantwortlich gewesen. Doch monokausale Erklärungen werden so komplexen Phänomenen nur selten gerecht. Nur ein Beispiel: Angenommen, dass es tatsächlich Erdbeben waren, die so große Schäden angerichtet haben, warum haben die Bewohner diese Schäden hinterher dann nicht einfach repariert? Tatsächlich müssen wir alle drei Erklärungen berücksichtigen, um den Zusammenbruch eines politischen Systems zu erklären, das über Jahrhunderte hinweg erfolgreich funktioniert hatte.

Was Kreta betrifft, so stritten sich die Gelehrten früher über das Datum der „endgültigen Zerstörung" von Knossos und insbesondere darüber, wann die Palastarchive vernichtet wurden, was aus den Dokumenten von Evans' erster Ausgrabung nicht ganz eindeutig hervorging. Heute ist man sich einig, dass die Verwaltung von Knossos, die Linear B verwendete, um 1350 v. Chr. am Ende war, was zugleich den Endpunkt der Epoche darstellt, in der die Mykener auf Kreta herrschten. Mit der Dominanz von Knossos auf Kreta war es damit vorbei, und die Insel wurde in der Folge von diversen Zentren aus regiert. In Chania benutzte man auch das 13. Jahrhundert v. Chr. über noch Linear B, doch ab ca. 1200 v. Chr. gab es auf Kreta keine Palastverwaltung mehr.

Auf dem Festland scheint es zu Beginn des 13. Jahrhunderts eine ganze Reihe von Erdbeben gegeben zu haben, die unter anderem Mykene, Tiryns und Theben beschädigten. Doch diese Erdbeben führten mitnichten dazu, dass die Paläste komplett zerstört wurden; vielmehr wurden in Mykene und Tiryns die Befestigungen mit Mauerwerk in einem neuen Stil ausgebaut, und auf der Akropolis von Mykene wurden neue Werkstätten und Lagerräume eingerichtet. Aus dieser Reaktion spricht vor allem der Wunsch nach einer weiteren Zentralisierung von Ressourcen und Personal angesichts wahrgenommener externer Bedrohungen.

In Mykene und in Tiryns gibt es mehrere Grabungsschichten, die von Zerstörungen Ende des 13. und zu Beginn des 12. Jahrhunderts v. Chr. zeugen, in Pylos immerhin eine. Erdbebenschäden sind nicht an allen Stätten auf dem Festland eindeutig nachgewiesen, und als einzige Erklärung für den Zusammenbruch der Palastkultur ist eine Naturkatastrophe ohnehin wenig glaubwürdig. Kriegerische Übergriffe von außen oder innen, auf die sich die Bewohner mit der Erweiterung der Befestigungsanlagen bereits in der vorigen Generation vorbereitet hatten, müssen hingegen eine ganz entscheidende Rolle gespielt haben. Invasoren ungeklärter Herkunft, die oft als „Seevölker" bezeichnet werden, sollen in jener Epoche in Ägypten, in der Levante und in Anatolien großen Schaden angerichtet haben, doch die ägäischen Inseln scheinen von dieser Invasion verschont geblieben zu sein, und auch auf dem griechischen Festland gibt es keinerlei Anzeichen für Angriffe der Seevölker; wir werden darauf noch in einem anderen Zusammenhang zurückkommen (siehe S. 71). Eine andere beliebte Erklärung für die Zerstörung der Paläste auf dem Festland ist eine Invasion durch die Dorer aus dem Norden. In der späteren griechischen Überlieferung (siehe S. 79) galt die angebliche „Dorische Wanderung" als einer der Wendepunkte in der Frühgeschichte Griechenlands, doch die entsprechenden Berichte haben kaum mehr historische Substanz als die Geschichte vom Krieg um Troja. So weit verbreitet die Zerstörungen sind, sie fanden keinesfalls gleichzeitig statt. Stattdessen sollte man von einer ganzen Reihe von Überfällen ausgehen, die zu einer allmählichen Verbreitung des dorischen Dialekts des Altgriechischen in der mykenischen Welt führte, welche sich über einen Zeitraum von mindestens einem Jahrhundert erstreckte. Die Palastsysteme, die wohl ohnehin bereits mit eigenen wirtschaftlichen Problemen zu kämpfen hatten, hielten diesem Druck auf Dauer nicht stand. Die Zentren kollabierten, die Megara der Paläste wurden nicht wieder aufgebaut; Kontakte ins entfernte Ausland wie jene, von denen das Schiffswrack von Uluburun zeugt, gingen verloren; das Verwaltungssystem brach zusammen und mit ihm das Schriftsystem der Paläste.

Immer wieder werden die Paläste auf Kreta und auf dem griechischen Festland zum Startpunkt der europäischen Zivilisation hochstilisiert. Doch auch wenn sie erfolgreiche und dauerhafte Institutionen von hoher Komplexität waren: Verglichen mit den zeitgenössischen Staatengebilden in Mesopotamien, Ägypten und Anatolien waren sie doch recht unbedeutend. Die eigentlichen Triebkräfte der Zivilisation im 2. Jahrtausend v. Chr. waren die Supermächte des Nahen Ostens. Als die Palastsysteme auf Kreta und auf dem Festland zusammenbrachen, blieb dabei so gut wie gar nichts übrig, das sie an die nachfolgenden Generationen weitergeben konnten. Wie wir im nächsten Kapitel sehen werden, war die Welt, die auf die Epoche der Palastkulturen folgte, in vielerlei Hinsicht schlichter, der Horizont war eingeschränkter. Dennoch sind die Palastkulturen für uns heute noch von großer Bedeutung, und zwar aus zwei Gründen: Erstens saßen in den Palästen auf Kreta und auf dem Festland Menschen, die eine frühe Form der griechischen Sprache verwendeten, wie sie heute noch von Griechen in aller Welt, von Athen bis Melbourne, gesprochen wird. Und zweitens war die Erinnerung an diese ferne Zeit für Griechen, Römer und mehrere andere Völker von extrem großer Bedeutung. Der Krieg um Troja und seine unmittelbaren Folgen bildeten den äußersten Horizont dessen, was sie als ihre eigene historische Vergangenheit wahrnahmen, und wurden damit zur Grundlage der Identität Europas.

2 Mittelmeer, Levante, Mittel- und Westeuropa in der frühen Eisenzeit (1100–800 v. Chr.)

Nach dem Ende der Palastkultur auf dem griechischen Festland (um 1200 v. Chr.) wurden viele Siedlungen und religiösen Stätten weiterhin genutzt, doch in der Ägäis begannen die sogenannten „Dunklen Jahrhunderte" der griechischen Geschichte – das politische System brach zusammen, die Verbindungen ins Ausland gingen verloren, und es kam zu umfassenden Völkerwanderungen. Der Begriff „Dunkle Jahrhunderte" ist heute ein wenig aus der Mode gekommen, da er, gemessen an dem, was wir inzwischen über diese Zeit wissen, doch recht negativ daherkommt. Stattdessen spricht man heute zumeist schlicht vom Übergang von der Bronze- zur Eisenzeit. In zeitlicher Hinsicht lässt sich dieser Übergang in verschiedenen Teilen der Mittelmeerwelt ganz unterschiedlich verorten (in Griechenland begann er ca. 1070 v. Chr.). Seine früheste Phase – diejenige, um die es in diesem Kapitel hauptsächlich gehen wird – nennt man die „frühe Eisenzeit". Die Welt der frühen Eisenzeit war, was ihre Organisation und die Verbindungen der Völker untereinander betrifft, viel weniger komplex als die vorangegangene Epoche, doch zum Ende hin lebten die internationalen Beziehungen, insbesondere zum Nahen Osten, wieder auf. Im Folgenden werden wir die Entwicklungen in der Ägäis, in Italien und Zentraleuropa in dieser Epoche behandeln und zu den Machtverschiebungen im Nahen Osten in Beziehung setzen.

Die Insel Euböa ist ein hervorragender Ausgangspunkt, um diese Zeit unter die Lupe zu nehmen. Die Ausgrabungsstätte Lefkandi liegt etwa

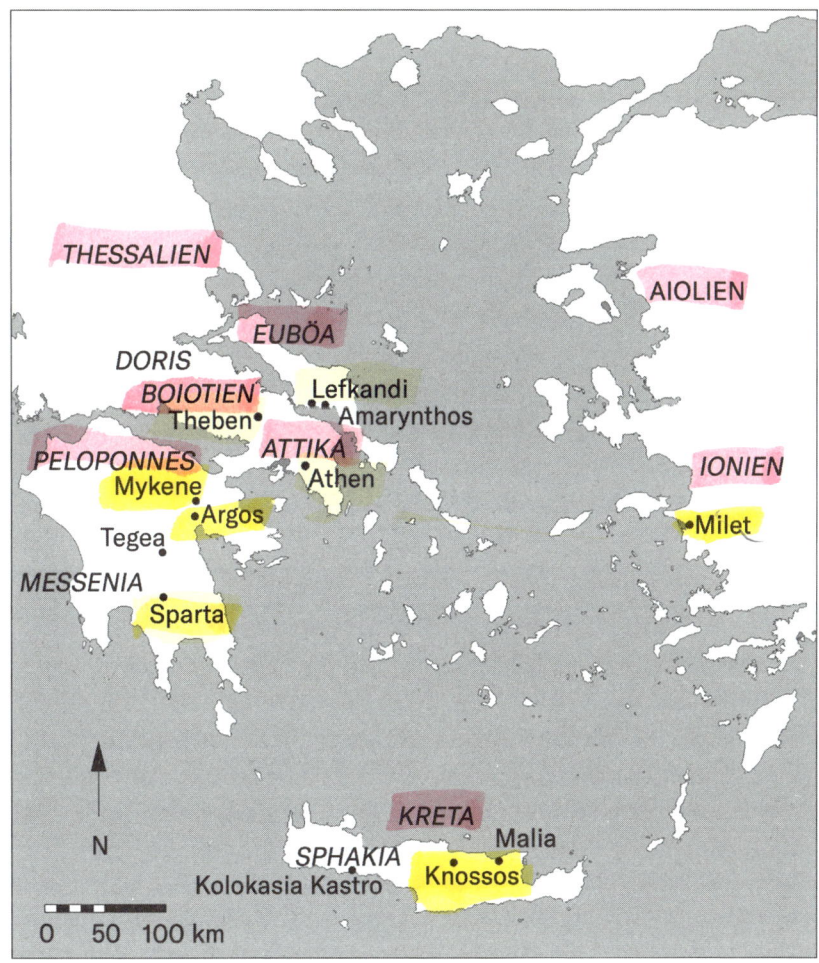

Karte 4. Die Ägais um 1100 v.Chr.

mittig an der Westküste Euböas – der Name ist der eines heutigen Dorfs dort; wie der Ort in der Antike hieß, wissen wir nicht. Ab mindestens 2400 v.Chr. gab es hier eine Siedlung, die während der Palastzeit unter den Einfluss des Palastes von Theben geriet; das rund 15 Kilometer östlich von Lefkandi gelegene Amarynthos taucht in den Linear-B-Tafeln aus Theben auf. Um 1200 v.Chr., als (nicht zuletzt in Theben) die Palastkultur zusammenbrach, erlebte Lefkandi einen Aufschwung. Im Laufe des 12. Jahrhunderts wurde der Ort mindestens zweimal gewaltsam zerstört,

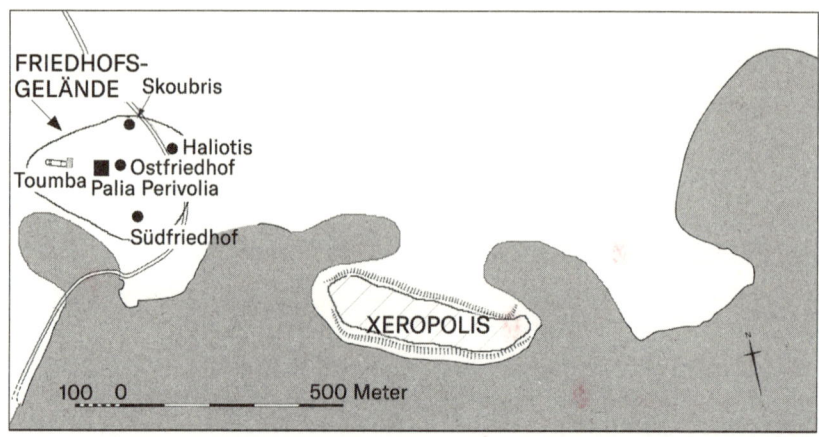

Karte 5. Lefkandi. Siedlung in Xeropolis (Mitte), Friedhofsgelände mit Toumba (links). Auch die moderne Straße ist eingezeichnet. Dargestellt ist der angenommene Verlauf der antiken Küstenlinie; man beachte, dass Xeropolis nur durch eine schmale Landenge mit dem Festland verbunden war und dass das Meer näher am Friedhof lag als heute.

beide Male jedoch rasch wieder aufgebaut. Die Grundstücke der großen, wohlhabenden Häuser auf einem kleinen ins Meer ragenden Hügel (der heute den Namen Xeropolis trägt) erstreckten sich über ungefähr 7 Hektar. In Lefkandi lebten auch in der frühen Eisenzeit Menschen, bis Ende des 8. Jahrhunderts v. Chr. Entscheidend ist aber, dass der Ort nach dem Zusammenbruch der Palastkultur, zwischen der Bronze- und der Eisenzeit, durchgehend bewohnt war.

Der Begriff „frühe Eisenzeit" ist für die Stätte in Lefkandi von besonderer Bedeutung. Hochrangige Mitglieder der Gesellschaft hatten Zugang zur neuen Eisentechnologie, in den Kriegergräbern hier hat man Schwerter und Speerspitzen aus Eisen gefunden. Bei Ausgrabungen in den Jahren 2006 bis 2008 entdeckte man ein großes Gebäude aus dem 12. Jahrhundert v. Chr. mit einer Grundfläche von ursprünglich 12 × 5,5 Metern, das noch im 12. Jahrhundert umgebaut wurde und danach mindestens 15 × 8 Meter groß war. Es muss das Wohnhaus einer der bedeutenderen Familien von Lefkandi gewesen sein. Die Ausgräber von 2006–08 legten auch einen Teil einer frühen komplexen Doppelmauer frei, die im 11. oder 10. Jahrhundert entstand; die Mauer scheint den Eingang zur Siedlung markiert zu haben, und davor wurden rituelle Objekte abgelegt.

Von großer Bedeutung sind auch die Friedhöfe, die die Bewohner von Lefkandi benutzten. Es ist relativ ungewöhnlich, dass man bei Ausgrabungen an ein und demselben Ort sowohl Wohnhäuser als auch Gräber findet, die aus der gleichen Epoche stammen; in Lefkandi kann man ganz hervorragend die Welt der Lebenden und der Toten untersuchen und direkt miteinander vergleichen. Die Friedhöfe liegen etwa 500 Meter westlich des Wohnviertels auf einem Hügel mit Blick auf die Siedlung auf dem Xeropolis. Auf einer Fläche von etwa 5 Hektar gibt es hier mindestens fünf verschiedene Gräberfelder mit insgesamt 193 Gräbern und 104 Feuerbestattungen. Die ersten Begräbnisse gab es hier zu Beginn der frühen Eisenzeit; dass auf dem Hügel keine früheren Gräber existieren, deutet – anders als die Befunde vom Xeropolis – darauf hin, dass die Siedlung in Lefkandi zu dieser Zeit radikale Veränderungen durchlief. Am aufwendigsten sind die sogenannten Toumba-Gräber (neugriechisch für „Hügel") ganz oben auf dem Hügel. Um 950 v. Chr. herum wurde das Areal der Toumba-Gräber eingeebnet, und in der Mitte grub man zwei Schächte, in denen dann ein Mann und eine Frau bestattet wurden (siehe Abb. 8). Der Leichnam des Mannes wurde zunächst auf einem Scheiterhaufen verbrannt, dann wurde seine Asche in ein spezielles Tuch gewickelt und in einen bronzenen Krug mit zwei Henkeln gegeben, ein äußerst wertvolles Objekt, das hundert Jahre zuvor aus Zypern impor-

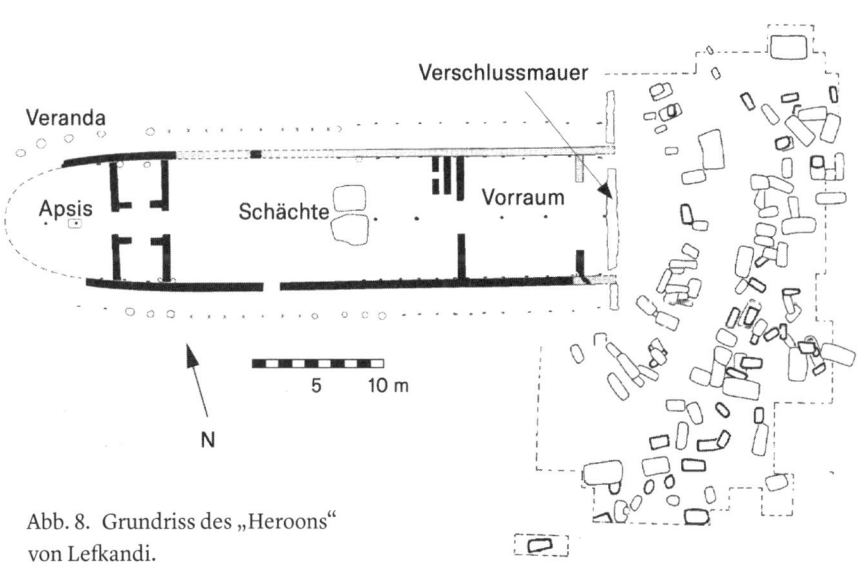

Abb. 8. Grundriss des „Heroons" von Lefkandi.

tiert worden war. Anschließend wurde der Krug zusammen mit mehreren Gegenständen aus Eisen sowie einem Schwert, einer Speerspitze und einem Schleifstein zum Schärfen der Waffen in einem der Schächte platziert. In dem daneben bestattete man den Leichnam einer Frau, wahrscheinlich der Ehefrau des Mannes, in einem hölzernen Sarg, mit wertvollem Goldschmuck; bei einem goldenen Anhänger handelte es sich um ein besonders exquisites Schmuckstück, das möglicherweise aus Syrien importiert worden war und aus der Zeit um 1700 v. Chr. herum stammt (Tafel 7). Neben dem Kopf der Frau lag ein eisernes Messer mit einem Griff aus Elfenbein. Dieses Messer, der Umstand, dass die beiden wahrscheinlich gleichzeitig begraben wurden, sowie die Tatsache, dass die Frau nicht eingeäschert worden war, deuten stark darauf hin, dass sie sich umbrachte oder getötet wurde, um gemeinsam mit ihrem Ehemann bestattet zu werden. Außerdem wurden vier Pferde geopfert und in einen separaten Schacht geworfen.

Diese Grabbeigaben unterschieden sich radikal von denen, die wir aus früheren Jahrhunderten kennen. In der späten Bronzezeit sahen Kriegergräber nicht viel anders aus als die anderer Verstorbener; in einigen Gräbern lagen Waffen, in einigen nicht. Ganz anders die Kriegergräber der frühen Eisenzeit: Beispiele wie die Toumba-Gräber zeigen, dass man die Krieger zu dieser Zeit mit wesentlich mehr Aufwand beisetzte als andere Zeitgenossen. In der früheisenzeitlichen Gesellschaft in Lefkandi waren die Krieger eine Eliteklasse. Getötete Pferde und vorsätzlich beschädigte Waffen, wie man sie in vielen Kriegergräbern der frühen Eisenzeit findet, demonstrieren in erster Linie, wie reich die Familie des Toten war – diese Leute konnten es sich leisten, äußerst wertvolle Güter zu beschädigen oder zu vernichten. Eine auffallende neue Facette der Toumba-Gräber ist auch die Beigabe seltener und wertvoller alter Objekte, die die Familie mit einer fernen Vergangenheit verbanden.

Zu guter Letzt waren die verschiedenen Bestattungsmodi für Männer und Frauen im Fall der Toumba-Gräber ein ganz neues Kennzeichen für Unterschiede zwischen den Geschlechtern; die aufwendige Bestattung der Frau ist ein bemerkenswerter Hinweis auf das hohe Ansehen von Frauen innerhalb der Familien der damaligen Elite. Auch das früheste einer Reihe von Gräbern mit wertvollen Beigaben in Athen, die auf die Zeit um 850 v. Chr. datieren, ist das einer Frau. Auf ihrem Scheiterhaufen waren Dutzende feinster Töpferwaren zerschlagen worden, und ihre Asche wurde zusammen mit edlem Schmuck in ein prächtiges Tongefäß gefüllt. Neben der Urne wurde eine Tontruhe aufgestellt, auf deren Deckel sich fünf Modelle von Getreidespeichern befanden – Symbole für den immensen Reichtum dieser Frau.

Der schiere Aufwand und der Wert der Erbstücke in den Toumba-Gräbern beweist, dass das hier bestattete Paar zu den führenden Figuren der damaligen Gemeinde gehörte. Über ihre Titel können wir nur Vermutungen anstellen, aber es ist durchaus verlockend, hier an den Begriff *basileûs* zu denken. In der mykenischen Zeit (siehe S. 33) waren *basileîs* noch lokale Verwaltungsbeamte, doch im 7. Jahrhundert v. Chr. wurde der Begriff bereits individuell oder kollektiv für „Adlige" verwendet. Und die Personen in den Toumba-Gräbern waren mit Sicherheit bedeutend genug, um diesen Titel zu tragen. Es gibt auffallende Parallelen zwischen den Toumba-Bestattungen und der später in Homers *Ilias* geschilderten Beisetzung des Patroklos (siehe S. 125): Auch dort werden Pferde getötet, der Mann wird eingeäschert, seine Asche wird in ein teures Tuch getan und anschließend in einem speziellen Metallgefäß platziert. Diese Parallelen und zugleich die Unterschiede zu den bronzezeitlichen Gräbern früherer Epochen illustrieren, wie viel Material Homer nicht etwa aus der Epoche der Paläste übernahm, sondern aus den „Dunklen Jahrhunderten" kurz vor seiner eigenen Zeit.

Den Status der in den Toumba-Gräbern Beigesetzten unterstreicht auch ein ganz ungewöhnliches Gebäude, das über den beiden Schachtgräbern errichtet wurde: eine gewaltige rechteckige Struktur (50 × 14 Meter) mit Lehmziegelwänden, die auf einer etwa 1,30 Meter hohen Basis aus Bruchsteinen ruhten. Das Gebäude bestand aus einem Vorbau, einem Vorraum, dem zentralen Raum mit den zwei Schächten, zwei kleineren Räumen zu beiden Seiten eines Durchgangs und einer Art Apsis. Darum herum verlief eine Veranda, wie die erhaltenen Löcher der Pfosten verraten, die einst das Dach trugen. Das ganze Gebäude wird einem Haus nachempfunden gewesen sein, aber es ist viel größer als alle zeitgenössischen Häuser, die wir aus Griechenland kennen und halb so lang wie die Hekatompedoi („Hundertfuß-Tempel") des 8. Jahrhunderts v. Chr. Tatsächlich ist es das größte Bauwerk, das in dem halben Jahrtausend zwischen 1200 und 700 v. Chr. in der griechischen Welt entstand. Trotz seiner Größe wurde dieser Bau wahrscheinlich nie benutzt und nicht allzu lang nach seiner Entstehung wieder weitgehend demontiert. Ein riesiger Erdhügel wurde über den Gräbern aufgeschüttet – zum Glück für die Archäologen, die später die Basis und die Lehmziegelwände des Gebäudes bis zu einer Höhe von 1,50 Metern ausgraben konnten.

Heute wird dieses außergewöhnliche Gebäude mitunter als „Heroon" oder Ort der Heldenopfer bezeichnet, doch es gibt keinerlei Anzeichen dafür, dass hier den Verstorbenen irgendwelche Opfergaben dargebracht wurden, weder im Gebäude, bevor es demontiert wurde, noch auf dem späteren Hügel. Der Hügel diente einfach als ein Kennzeichen einer bedeutenden Bestattung. Das Gebiet östlich des Hügels, vor dem Gebäude, diente die folgenden hundert Jahre über als Standort mehrerer Gräber außergewöhnlich wohlhabender Männer und Frauen (Tafel 8). Die später hier Bestatteten wollten sich offenbar als Nachkommen des ersten Paares präsentieren, das in den Toumba-Gräbern seine letzte Ruhe gefunden hatte, und damit klarstellen, dass sie selbst der führenden Familie von Lefkandi angehörten.

Die außergewöhnlichen Veränderungen in Lefkandi und anderswo in der griechischen Welt müssen wir im Zusammenhang mit der Welt des Nahen Ostens sehen. Die Mitte des 2. Jahrtausends v. Chr. im Nahen Osten eingeführten politischen Systeme erlitten damals einige erhebliche Störungen, und infolgedessen überlebten aus diesem Zeitraum nur sehr wenige schriftliche Texte. Wie bei der Linear B waren die Schriftsysteme und die Schreibkultur im Nahen Osten ganz eng an bestimmte politische Strukturen gebunden, und wenn diese Strukturen zusammenbrachen, ging die Schreibkultur ebenfalls unter.

Dass die Grenzen Ägyptens in jener Zeit relativ stabil waren, könnte einen zur Annahme verleiten, dass das auch für das Land insgesamt galt. Doch tatsächlich war Ägypten im 11. Jahrhundert v. Chr. geteilt und hatte gleichzeitig zwei Herrscher: den Pharao in Tanis nahe der Nil-Mündung und den Hohepriester von Theben in Mittelägypten. Es kam regelmäßig zu Übergriffen der Libyer aus dem Westen; sie eroberten sogar den ägyptischen Thron und stellten im fraglichen Zeitraum gleich zwei der miteinander konkurrierenden Dynastien. Die 350 Jahre nach dem Ende des Neuen Reichs, die Ägyptologen als Dritte Zwischenzeit bezeichnen (1070–712 v. Chr.), waren für den ägyptischen Staat eine schwierige Zeit.

Ägypten fehlte eine stabile Einheitsregierung, und im 11. Jahrhundert verlor der Staat die Kontrolle über seine Territorien in der Levante, auch wenn man in den Jahren zwischen 950 und 850 v. Chr. die Verbindungen zu der Region wiederherstellte. Die Epoche endete in Ägypten mit mehreren katastrophalen Bürgerkriegen, im Zuge derer die Nubier aus dem Süden die Macht im Land übernahmen.

Auch das hethitische Königreich in Zentralasien litt damals unter einer chronischen Instabilität. Obwohl die Hethiter in der zweiten Hälfte des 2. Jahrtausends v. Chr. einer der wichtigsten Akteure im Nahen Osten waren, brach ihr Königreich um 1200 v. Chr. herum vollständig zusammen. An seine Stelle traten vereinzelte Fürstentümer. Im südöstlichen Teil des früheren hethitischen Königreichs entstanden zahlreiche kleine Staaten, zum Beispiel in Karkemiš am Euphrat, einer riesigen, ummauerten Stadt mit einer Fläche von rund 110 Hektar. Die neuen Kleinstaaten wie der in Karkemiš sahen sich als legitime Erben der Hethiter und werden in der modernen Forschung als neo-hethitische Staaten bezeichnet. Ihre Herrscher entlehnten ihre Namen denen der früheren hethitischen Könige und

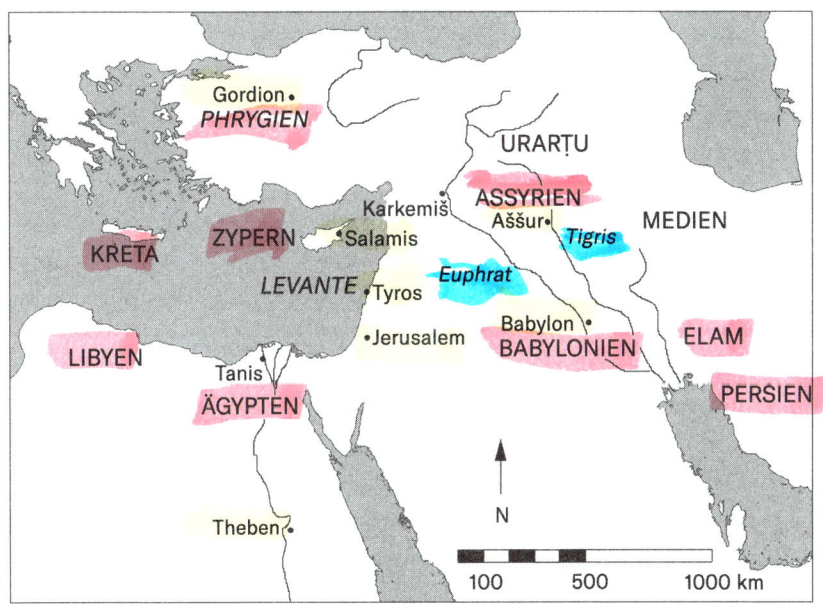

Karte 6. Der Nahe Osten zu Beginn des 1. Jahrtausends v. Chr.

behaupteten, die wahren Erben des alten Königreichs zu sein; einer gab sich selbst sogar den Titel „Großkönig" (so hatten die alten Könige der Hethiter geheißen). Für ihre öffentlichen Skulpturen verwendeten sie nach wie vor die überlieferte hethitische Ikonographie, und ihre Schrift war eine Weiterentwicklung der hethitischen Hieroglyphen (für die Sprache galt das allerdings nicht). Dass diese neuen Kleinstaaten, obwohl sie keine politische Einheit bildeten, dennoch sehr wohlhabend waren, lag zum Teil am äußerst profitablen Handel mit Metallen zwischen dem Königreich Uraṛtu (in der Gegend von Armenien) und den Mittelmeerstaaten.

Die zentrale Region des ehemaligen hethitischen Königreichs wurde zum neuen Königreich Phrygien mit der Hauptstadt Gordion (nahe dem heutigen Ankara). Im 8. Jahrhundert v. Chr. erstreckte sich der Einflussbereich der Phryger im Osten bis zur ehemaligen hethitischen Hauptstadt Ḫattuša. Der in assyrischen Texten des ausgehenden 8. Jahrhunderts auftauchende „König Mita von Muški" wurde in der späteren griechischen Mythologie zu König Midas, der sich wünschte, dass alles, was er berührte, zu Gold würde. Westlich von Phrygien entstand das Königreich Lydien mit der Hauptstadt Sardeis. Lydien scheint im 8. Jahrhundert v. Chr. noch recht unbedeutend gewesen zu sein; das änderte sich erst im 7. Jahrhundert, als eine dynamische neuen Herrscherdynastie auf den Plan trat, die schließlich alle griechischen Staaten im Westen Kleinasiens unterjochte. Später sollten die Lyder behaupten, sie seien die Vorfahren der Etrusker in Italien (siehe S. 90).

In Mesopotamien war der assyrische Staat, der im 2. Jahrtausend v. Chr. noch so einflussreich gewesen war, wiederholten Invasionen aus dem Westen und aus Babylonien im Süden ausgesetzt, die ihn drastisch schwächten. Für die hundert Jahre ab 1050 v. Chr. haben wir weder aus Assyrien noch aus Babylonien nennenswerte Textzeugen; ab Mitte des 10. Jahrhunderts jedoch erlangten die Assyrer die Kontrolle über Obermesopotamien zurück (siehe Karte 7). Dies markierte den Beginn des sogenannten Neuassyrischen Reichs (883–610 v. Chr.). Eine weitere Expansion der Assyrer nach Westen im 8. und 7. Jahrhundert hatte für die levantinischen Küstenstaaten erhebliche Konsequenzen (siehe S. 106 f.).

Nachdem das eingespielte Kräfteverhältnis zwischen Ägypten, den Hethitern und Assyrien zusammengebrochen war, blieb die Levante im 10. und 9. Jahrhundert weitgehend sich selbst überlassen. Die eisenzeit-

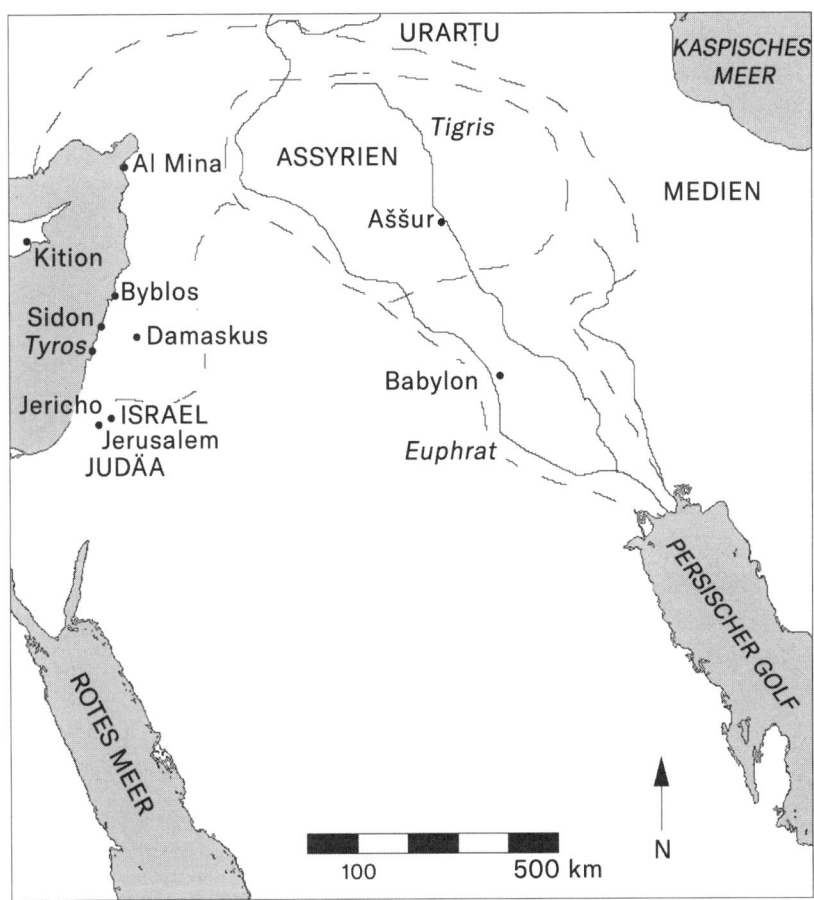

Karte 7. Der Nahe Osten im 9. und 8. Jahrhundert v. Chr. Die innere Grenze von Assyrien ist diejenige von Mitte des 9. Jahrhunderts v. Chr. Die äußere Grenze zeigt die Ausdehnung des Staates Ende des 8. Jahrhunderts v. Chr.

lichen Städte im heutigen Libanon wie Tyros, Sidon und Byblos waren die direkten Nachfolger früherer Städte aus der Bronzezeit. Sie lagen entweder direkt an der Mittelmeerküste oder auf Inseln vor der Küste und waren durch das hohe Libanon-Gebirge, das sich zwischen dem heutigen Hama im Norden bis zu den Golanhöhen im Süden erstreckt, von den politischen Umwälzungen abgeschirmt. Die Bewohner jener Region bezeichneten sich selbst als Kanaaniter, wie sie auch in der Bibel heißen, doch die Griechen nannten sie „Phönizier"; dieser Name war wahrscheinlich von *phoînix* abgeleitet, dem griechischen Wort für „Purpur", weil die Phönizier in der Antike die wichtigsten Produzenten des Purpurfarbstoffs waren, einem ganz wichtigen Statussymbol. Die moderne Forschung folgt den Griechen insofern, als sie den Begriff „Phönizier" für jene Kanaaniter verwendet, die im heutigen Libanon lebten und nicht von den Israeliten enteignet wurden (auch wenn dies eine doch recht künstliche Unterscheidung zwischen den „Kanaanitern" der Bronzezeit und den „Phöniziern" der Eisenzeit erzeugt). Im 10. und 9. Jahrhundert schwangen sich die Phönizier mit ihrer wichtigen Seefestung Tyros zu einer Großmacht auf, die Handelsverbindungen zu König Salomo in Israel im Süden und weiter bis ans Rote Meer unterhielt; im Laufe des 9. Jahrhunderts erweiterten sie ihre Interessenssphäre dann auch weiter nach Westen (siehe S. 92 f.).

In dieser Zeit entstand auch der Staat Israel. Obgleich Israel damals nur eines von mehreren Fürstentümern in der Levante war, die sich alle mehr schlecht als recht über Wasser hielten, hat die Geschichte von der Entstehung Israels doch eine ganz besondere Bedeutung für uns – schließlich bilden die langen Berichte über diesen Prozess, die in der Bibel wiedergegeben sind, einen der Grundpfeiler des kulturellen Erbes Europas.

Die biblischen Erzählungen sind ein wunderbares Beispiel dafür, wie ein kulturelles Gedächtnis entsteht. Die ersten fünf Bücher der Bibel, der sogenannte Pentateuch, erzählen die Geschichte von der Schöpfung der Welt über die Unterdrückung der Israeliten in Ägypten und ihren Auszug aus Ägypten unter Moses bis hin zur „vierzig Jahre" dauernden Wanderung durch die Wüste. Der Pentateuch endet damit, wie Mose vom Gipfel des Berges Nebo (im heutigen Jordanien) auf das Gelobte Land hinabblickt und stirbt. In den Büchern Josua, Richter, Samuel und Könige geht die Geschichte weiter, und gerade dort ist die Erzählung von besonderer Bedeutung. Der Vorgang, wie diese Texte kompiliert wurden, ist äußerst komplex, doch allgemein nimmt man an, dass eine erste Version der Geschichte um 620 v. Chr. entstand und eine zweite während des Exils der Israeliten in Babylon um 550 v. Chr. Insofern sind diese biblischen Bücher natürlich keine objektiven zeitgenössischen Berichte über die Entstehung des Staates Israel, sondern rückblickende Betrachtungen, die ganz spezielle theologische, politische und soziale Interessen verfolgen.

Die Eroberung von Kanaan, dem Gelobten Land, unter Josua, die üblicherweise auf ca. 1200 v. Chr. datiert wird, wirft besondere Probleme auf.

Die ersten zwölf Kapitel des Buches Josua erzählen davon, wie das Gelobte Land von Osten jenseits des Jordan aus durch einen einzigen Feldzug unter der Führung von Josua erobert wird. Die ersten Kapitel des Buches Richter gehen hingegen davon aus, dass die Eroberung auf das Konto mehrerer unterschiedlicher Stämme ging und nicht das Werk eines vereinten Stammes Israel war. Trotzdem stellen beide Erzählungen die Ankunft der Israeliten als militärische Eroberung dar.

Hundert Jahre Ausgrabungen haben eine Fülle von Material zutage gefördert, das für eine Bewertung der biblischen Erzählungen relevant sein könnte, doch die Interpretation dieses Materials ist äußerst umstritten. Die Schwierigkeiten ergeben sich teilweise aus der religiösen Agenda des jeweiligen Forschers, teilweise aber auch aus der Tatsache, dass es (wie wir im Fall des Trojanischen Krieges gesehen haben) an sich bereits problematisch ist, archäologische Befunde mit historischen Erzählungen abzugleichen. Die Archäologie kann uns ein klares Bild langfristiger kultureller Prozesse vermitteln; sie eignet sich weniger dazu, den Ablauf bestimmter Ereignisse zu beleuchten.

Obwohl die archäologischen Beweise laut einiger Historiker dafür sprechen, dass die in der Bibel geschilderten Eroberungen stattgefunden haben, werden in diesem Zusammenhang oft Dinge behauptet, die schwerlich zu verifizieren sind. Die berühmte Geschichte von den Mauern von Jericho, die Josua mit dem Schall von Hörnern zum Einsturz bringt, ist hier von besonderer Bedeutung, denn Jericho ist die erste Stadt, die Josua erobert haben soll, nachdem er den Jordan überquert hat. Bei Ausgrabungen in Jericho in den 1930er-Jahren entdeckten Archäologen dann auch tatsächlich eine große Mauer, die eingestürzt war; die Stadt war damals niedergebrannt. Den Ausgräbern war klar: Das musste die Mauer sein, die in der Bibel beschrieben wird. Dummerweise bewiesen weitere Ausgrabungen vor Ort in den 1950er-Jahren, dass die letzte Phase dieser Mauer auf 2350 v. Chr. datierte – mehr als tausend Jahre zu früh. Heute wissen wir, dass Jericho um 1200 v. Chr. herum, also zur Zeit der israelitischen Eroberung, offenbar ein relativ unbedeutender Ort war, der keine nennenswerten Verteidigungsanlagen besaß, geschweige denn eine große Festungsmauer. Für die Zeit zwischen dem ausgehenden 14. Jahrhundert v. Chr. und einer erneuten Besiedlung im 11./10. Jahrhundert v. Chr. besitzen wir keinerlei archäologische Zeugnisse aus Jericho – und das ist ausgerechnet die Zeit, in der die Israeliten die Region erobert haben sollen. In diesem Fall gibt es schlichtweg nichts, das die biblische Erzählung von Jericho und die archäologischen Befunde miteinander verbindet.

Bei mehreren benachbarten Städten in Kanaan, die Josua ebenfalls erobert haben soll, gibt es ganz ähnliche Probleme. Nehmen wir zum Beispiel 'Ai nordwestlich von Jericho, dessen Eroberung im Buch Josua besonders lebhaft erzählt wird. Der Ort ist inzwischen vollständig ausgegraben und recht gut erhalten. Er wurde im ausgehenden 3. Jahrtausend v. Chr. zerstört und blieb bis ca. 1150 v. Chr. unbewohnt, als auf den Ruinen der Siedlung aus dem 3. Jahrtausend ein bescheidenes Dorf entstand, das dann um 1050 v. Chr. herum wieder aufgegeben wurde. Im Buch Josua heißt es jedoch: „Dann brannte Josua 'Ai nieder und machte es für immer zu einem Trümmerhaufen und zu einem öden Platz; das ist es geblieben bis zum heutigen Tag." Diese Geschichte bezieht sich auf den Zustand des Ortes im 7. Jahrhundert v. Chr., als das Buch Josua entstand. In Wirklichkeit war die blühende Stadt, die Josua angeblich zerstört hatte, bereits seit tausend Jahren verlassen, als die Israeliten nach Kanaan kamen.

Die archäologischen Surveys in dieser Region ergaben ein ganz anderes Bild. Anstelle einer militärischen Eroberung durch eine einheitliche Streitmacht wurde die Gegend im 12. Jahrhundert nach und nach friedlich besiedelt – ein Prozess, der bis ins 11. Jahrhundert andauerte. Die frühesten israelitischen Siedlungen befanden sich in den weniger dicht besiedelten Bergen nördlich von Jerusalem. Die Region Juda im Süden wurde erst ab dem 10. Jahrhundert v. Chr. besiedelt. Falls alle Hinweise richtig gedeutet sind, dann haben die biblischen Erzählungen des 7. Jahrhunderts einen langsamen, friedlichen Prozess zu einem viel dramatischeren Geschehen umgedichtet, um zu betonen, wie wichtig es war, dass die Israeliten dem Willen Jahwes gehorchten.

Auf die erste Phase der israelitischen Besiedlung der Region, die in der Bibel „Zeit der Richter" genannt wird, folgte die Herrschaft Davids und danach die Salomos (wahrscheinlich ca. 1010–970 v. Chr. bzw. 970–930 v. Chr.). Die biblische Erzählung bietet ein stark idealisiertes Bild der Herrschaft der beiden Könige. Leider sind die archäologischen Befunde für das 10. Jahrhundert äußerst spärlich, und so haben wir nur wenige unabhängige Anhaltspunkte, um den Bericht der Bibel zu verifizieren. Obwohl manche Skeptiker die Existenz von David und Salomo infrage stellen, gibt es durchaus überzeugende Argumente dafür, dass die biblischen Berichte über diese Herrscher einen historischen Kern haben. Erstens taucht der Name David auf einer aramäischen Inschrift aus Tel Dan in Nordgaliläa auf, die von ca. 850 v. Chr. stammt und in der der König von Damaskus mit seinem Sieg über einen König aus dem „Hause Davids" (das heißt Juda) und einen König von Israel prahlt. Diese Inschrift unterstützt die Annahme, dass David der Gründer einer Dynastie in Juda war, dass er als König bestimmte Gebiete eroberte und dass es eine zweite Dynastie in Israel nördlich von Juda gab. Zweitens entspricht die Konstruktion des salomonischen Tempels, wie sie im 1. Buch der Könige beschrieben ist, einem Tempeltyp, der für die Levante zwischen 1300 und 800 v. Chr. archäologisch gut bezeugt ist, nicht jedoch für spätere Epochen. Drittens berichtet 1 Könige über die Zeit kurz nach dem Tod Salomos: „Im fünften Jahr des Königs Rehabeam zog Schischak, der König von Ägypten, gegen Jerusalem." Diese Invasion ist unabhängig von der Bibel in einer Inschrift des Pharaos Scheschonq I. (= „Schischak", 945–924 v. Chr.) im Tempelkomplex im ägyptischen Karnak belegt, die auf ca. 925 v. Chr. datiert. Dieser ägyptische Fund ist ein überzeugender Beleg für den biblischen Bericht und legt nahe, dass der Autor von 1 Könige Zugang zu authentischen historischen Aufzeichnungen des Königshauses hatte, die bis ins 10. Jahrhundert zurückreichten; dass der Autor, als er von David und Salomo zur folgenden Herrschaft von Rehabeam übergeht, plötzlich von der Legende zur Geschichte wechselt, wäre doch recht überraschend. Und viertens bezeichnet 1 Könige einen gewissen „Hiram, König von Tyros" (969–936 v. Chr.) als Zeitgenossen Salomos. Die Annahme, dass dieser Verweis authentisch ist, wird dadurch gestützt, dass in einer offenbar akkuraten späteren Königsliste für genau jene Zeit ein „König Hiram von Tyros" auftaucht.

Und was für ein Bild ergibt sich nun aus alldem? Sicher sein können wir natürlich nicht, aber zumindest die Eckpunkte der biblischen Erzählung für die Epoche ab David scheinen im Großen und Ganzen korrekt zu sein. David eroberte Jerusalem und machte es zur Hauptstadt eines neu organisierten Königreichs. Er brachte die Bundeslade dorthin, und wahrscheinlich unternahm er erste Schritte zum Bau eines Tempels, um den Jahwe-Kult unter der Schirmherrschaft des Königs zu zentralisieren. Sein Nachfolger Salomo errichtete dann auf einem Bergrücken 200 Meter nördlich der Stadt Davids den großen Tempel und einen gewaltigen Königspalast.

Wegen der späteren Nutzung des Ortes, wo einst der Tempel stand, sind die archäologischen Zeugnisse leider nicht sehr zahlreich; wenn es noch welche gibt, so liegen sie wahrscheinlich unter dem Felsendom begraben. Da der Bergrücken ziemlich schmal war, ließ Salomo für seine Gebäude zunächst eine massive rechteckige Plattform errichten. Die Größe der Plattform ist ziemlich gut bezeugt: Sie war mit mindestens 5 Hektar ungefähr genauso groß wie der Rest der damaligen Siedlung. Von der Gestaltung her ähnelte der Tempel früheren kanaanitischen Tempeln, doch war er viel größer und aufwendiger, und das erforderte eine enorme Zahl Arbeitskräfte. Wie bereits erwähnt, kooperierte Salomo mit den Phöniziern und nutzte deren Handelsrouten nach Süden, So konnte er phönizische Handwerker anwerben und das beste Holz (Zedern aus dem Libanon) für den Tempelbau kaufen. Ein Gebäude wie den Jerusalemer Tempel hatte es in der Region noch nie gegeben. Salomo soll gesagt haben: „Ich habe das Haus für den Namen Jahwes, des Gottes Israels, erbaut." Während frühere und spätere Tempel im Nahen Osten in der Regel bildliche Darstellungen der darin verehrten Gottheit beherbergten, diente der salomonische Tempel nur der Verherrlichung des „Namens Jahwes" – er enthielt kein Bildnis des Gottes.

Die biblischen Geschichten von David und Salomo dienten dazu, die Herrschaft dieser Könige im Nachhinein zu verherrlichen. Ihre endgültige Form erhielten sie erst, nachdem das Königreich kollabiert und der salomonische Tempel zerstört war. Wir dürfen nicht der Versuchung erliegen, anzunehmen, dass alle Aspekte des späteren Judentums bereits im 10. Jahrhundert v. Chr. etabliert waren. Schon die biblischen Berichte machen deutlich, dass dies nicht der Fall war. Einige wichtige religiöse Reformen werden König Joschija zugeschrieben, der im 7. Jahrhundert drastische Maßnahmen gegen andere konkurrierende Kulte ergriff und die Feier des Pessachfestes anordnete: „Ein solches Pessach war nämlich nicht gefeiert worden seit den Tagen der Richter, die Israel regierten, auch nicht in der ganzen Zeit der Könige von Israel und Juda." Aus diesem lapidaren Satz geht hervor, dass die Institutionen des Judentums das Resultat einer langwierigen Evolution waren und nicht auf die Reformbemühungen oder Offenbarungen einzelner Personen zurückgingen, auch wenn die meisten biblischen Texte das anders sehen möchten.

Es gibt heute diverse Erklärungen für die Turbulenzen im Nahen Osten, manche sind ganz global angelegt, andere eher spezifisch. Die traditionelle globale Erklärung lautet, dass die alten Supermächte um 1200 v. Chr. unter dem anhaltenden Druck der mysteriösen Seevölker zusammenbrachen – jener Eindringlinge, die wir am Ende des vorigen Kapitels kennengelernt haben und deren Invasion auch als mögliche Ursache für das Ende der Palastkultur auf Kreta und auf dem griechischen Festland gilt.

Wie die meisten monokausalen Erklärungen greift diese Annahme zu kurz. Die Seevölker selbst sind ausschließlich in ägyptischen Quellen über zwei königliche Feldzüge in den Jahren 1220 und 1186 v. Chr. bezeugt (Tafel 5). Einer dieser Texte behauptet: „Kein Land hielt ihren Waffen stand: Ḫatti (die Hethiter), Kode (Kilikien in der Südtürkei), Karkemiš (am Euphrat), Arzawa (westlich der Hethiter) und Alašija (Zypern)." Auf den ersten Blick erscheint einem das wie eine wunderbar eindeutige und spezifische Aufzählung, doch der Text ist so stark ideologisch gefärbt, dass man ihn kaum für bare Münze nehmen kann. Wahrscheinlich stellten die „Seevölker" überhaupt nur in den Augen der ägyptischen Pharaonen, die sich damit brüsten konnten, sie geschlagen zu haben, eine einheitliche Streitmacht dar. In Karkemiš finden sich in dieser Epoche keinerlei Anzeichen einer Zerstörung, weder durch die Seevölker noch durch irgendwen sonst; der dortige neo-hethitische Staat bewahrte ohne jegliche Unterbrechung die früheren hethitischen Traditionen. Zwar wurde Ḫattuša um 1200 v. Chr. herum zerstört, aber es gibt keine Anzeichen dafür, dass der Überfall auf das Konto der Seevölker ging; der Aggressor waren wohl eher die Kaškäer, ein obskures Volk aus den Bergen nördlich von Ḫattuša, das die Hethiter seit Langem immer wieder angriff.

Statt den Zusammenbruch der alten Ordnung im Nahen Osten den sagenumwobenen Seevölkern anzulasten, sollte man zuerst in jedem einzelnen Staat die dortigen sozialpolitischen Probleme unter die Lupe nehmen. Es gibt verschiedene Anzeichen für interne Probleme im Staat der Hethiter; offenbar kam es zu Auseinandersetzungen innerhalb der herrschenden Elite, und der König büßte an Autorität ein, als ihm seine Vasallenherrscher den Gehorsam verweigerten. Die lebenswichtige Getreideeinfuhr über einen Hafen an der Südostküste der Türkei wurde unterbrochen, und infolgedessen schickten die Hethiter eine Expedition aus, um die Kontrolle über Zypern zurückzugewinnen.

Der Orient wurde seit Langem von verschiedenen kleinen Gruppen heimgesucht, die plündernd durch die Gegend zogen, und zu jener Zeit nahmen die Überfälle offenbar noch zu, was wiederum die internen Probleme der Supermächte des Nahen Ostens verschärfte. Die Zahl der Überfälle von Piraten entlang der Küsten dürfte ebenfalls zugenommen haben. Andere Völker des südlichen Kleinasien scheinen sich im 13. und 12. Jahrhundert als Söldner für verschiedene Staaten verdingt zu haben, beispielsweise für Libyen, das mehrmals gegen Ägypten Krieg führte. Auch die Ägypter beschäftigten zeitweise solche Söldner. Eine dieser Gruppen, die Peleset, schickten die Ägypter als Besatzer nach Palästina. Als es mit dem ägyptischen Einfluss außerhalb Ägyptens wieder vorbei war, ließen sich die Peleset vor Ort an verschiedenen Standorten nieder. Dies war das kriegerische Volk, das seine östlichen Nachbarn und Rivalen, die Israeliten, als „Philister" bezeichneten.

Für die griechische Welt waren die gewaltsamen Umwälzungen, die den Nahen Osten um die Jahrtausendwende heimsuchten, in verschiedener Hinsicht von Bedeutung. Zunächst einmal finden sich hier diverse Analogien zu den Veränderungen, die damals in Griechenland im Gange waren. Einen Zusammenbruch zentralisierter Kontrollmechanismen können wir im gesamten Nahen Osten beobachten, aber wie dies genau vonstattenging, unterschied sich von Region zu Region. Während Ägypten diese unruhige Zeit einigermaßen unbeschadet überstand und Assyrien sein ehemaliges Territorium am Ende doch wieder für sich beanspruchen konnte, zerfiel das Hethiter-Reich in viele kleine Staaten unter der Herrschaft lokaler Dynastien. Gerade der Zusammenbruch des Hethiter-Reichs weist Parallelen zum Zusammenbruch der mykenischen Königreiche auf Kreta und auf dem griechischen Festland auf.

Die Umwälzungen im Nahen Osten hatten auch für die griechische Welt direkte Folgen. Die gut ausgebauten Handelsnetze, von denen das Schiffswrack von Uluburun zeugt, konnten nur Dank der Häfen im Nahen Osten funktionieren, die als stabile Umschlagplätze dienten. Mit der Zerstörung von Ugarit, woher das Schiff von Uluburun möglicherweise stammte, um 1200 v. Chr. herum war es mit diesem speziellen Handelsnetz vorbei; neue Handelsverbindungen ließen sich erst wieder aufbauen, als neue Häfen entstanden, in denen Waren umgeschlagen und verzollt werden konnten.

Auf den Zusammenbruch der Palastsysteme auf Kreta um 1350 v. Chr. und auf dem griechischen Festland um 1200 v. Chr. folgte eine Zeit der Flaute, doch diese war nicht überall in gleichem Maß spürbar. Auf Kreta schrumpften die meisten Siedlungen, aber manchen Orten wie Chania und Malia ging es weiterhin gut, und neue Häuser wurden gebaut. Es entstanden auch neue territoriale Einheiten mit Siedlungen etwas weiter ab vom Meer, an Standorten, die sich leicht verteidigen ließen. Bei Sphakia zum Beispiel wurde an einem steilen Hang die Ortschaft Kolokasia Kastro gegründet, mit steilen Klippen im Norden und massiven Felsen rundherum (Tafel 19). Das rund 600 Meter über dem Meeresspiegel gelegene Gelände bot einen wunderbaren Ausblick auf die Küstenebene im Süden und eine Schlucht im Norden. Chronologisch überschneidet sich Kolokasia Kastro mit dem nahegelegenen Patsianos Kephala, das auf einem sanften Sattel zwischen zwei Hügeln liegt und den früheren Ort ab ca. 800 v. Chr. ersetzte. Da Patsianos Kephala viel niedriger gelegen ist (ca. 250 Meter), waren die Bewohner in der Lage, die Ressourcen der Hügel, der Ebene und des Meeres besser zu nutzen.

Auch nachdem es auf Kreta mit der Aufsicht der Paläste über das religiöse Leben vorbei war, frequentierten viele Menschen auch weiterhin dieselben religiösen Einrichtungen. Einige Gipfelheiligtümer und Höhlen wurden bis in die Eisenzeit hinein genutzt. Dennoch sollte man in diesen Umstand nicht allzu viel hineininterpretieren. Dass eine bestimmte religiöse Stätte weiterhin genutzt wurde, bedeutet nicht notwendigerweise, dass die Menschen dort dasselbe glaubten wie ihre Vorgänger oder dass sie denselben religiösen Praktiken nachgingen. Da die Religion tief in gesellschaftliche und politische Strukturen eingebettet war, muss sie sich mit dem Zusammenbruch des Palastsystems zwangsläufig radikal verändert haben. Das muss aber nicht bedeuten, dass es einen kompletten Bruch mit der Vergangenheit gab. Wie wir in Kapitel 1 im Fall Pylos gesehen haben, ist an dieser Stelle vor allem wichtig, was die Menschen über die religiösen Rituale und Kultstätten der Vergangenheit noch wussten.

Besonders bezeichnend ist, dass die Ruinen der alten Paläste – nach wie vor markante Fixpunkte in der Landschaft Kretas – nicht etwa als Wohnstätten dienten, sondern für religiöse Zwecke verwendet wurden. In Knossos lag in der frühen Eisenzeit direkt westlich vom Palast eine Siedlung, der Palast selbst war Schauplatz verschiedener Kulte. In der Brunnenkammer wurde bis ins 9. Jahrhundert v. Chr. hinein ein Kult gefeiert, der zumindest teilweise auf einem bronzezeitlichen Kult im Schrein der Doppeläxte basierte. Spätestens im 8. Jahrhundert wurde südlich des Palastes ein neues Heiligtum errichtet, das der Göttin Demeter geweiht war. Da auch dieses Heiligtum neben einer Wasserquelle liegt, ist es durchaus möglich, dass es sich dabei um eine direkte Fortführung des Kultes in der Brunnenkammer handelte. In der südwestlichen Ecke des Zentralhofs von Knossos wurde spätestens im 8. Jahrhundert ein zweiter neuer Kult eingerichtet. Die Gläubigen waren sich der Vergangenheit der Stätte, die früher ein Palast gewesen war, mit Sicherheit bewusst; an anderer Stelle im Palast war auch im 8. Jahrhundert noch ein minoisches Stierfresko zu sehen.

Für die früheisenzeitlichen Heiligtümer in Knossos relevant sind auch die Veränderungen auf dem Gräberfeld nördlich vom Palast. Dieser wurde ab dem 11. Jahrhundert genutzt, und zunächst gab es dort viele unterschiedliche Formen von Gräbern. Ab Ende des 9. Jahrhunderts wurden dann einige Personen in Grabkammern bestattet, die wahrscheinlich aus der Bronzezeit stammten und somit wiederverwendet wurden. Die ersten dieser Bestattungen waren ziemlich pompös, dann folgten einige Jahrhunderte lang viele weitaus bescheidenere Gräber. Auch die Grabkeramik war von bronzezeitlichen Motiven inspiriert. Es sieht ganz so aus, als hätten einige Familien, die im 9. Jahrhundert in der lokalen Gesellschaft von Knossos eine herausragende Stellung genossen, die Verbindung zu den alten Stilen von Architektur und Keramik besonders betont. Es ist schwer zu sagen, was genau diese neuen Gesellschaften der Eisenzeit von ihren Vorgängern aus der Bronzezeit hielten, aber es fällt doch auf, wie sehr sie sich bemühten, ihre neue Welt mit den noch fassbaren Spuren der längst vergangenen Palastkultur in Verbindung zu bringen – durch rituelle Aktivitäten an den Standorten der alten Paläste und durch bestimmte Bestattungspraktiken für die Elite.

Auf dem griechischen Festland des 12. und angehenden 11. Jahrhunderts v. Chr. endete die mykenische Kultur der Bronzezeit nicht so plötzlich, sondern ging ganz allmählich zu Ende. Mykene und Tiryns wurden nach der Zerstörung ihrer Paläste nicht aufgegeben. Häuser wurden wieder aufgebaut, und es entstanden sogar einige neue große Gebäude, doch zu Beginn des 11. Jahrhunderts erhielten die Zitadellen eine neue Funktion: Dass man auf der Zitadelle in Mykene und der Akropolis in Athen

Gräber gefunden hat, deutet wahrscheinlich darauf hin, dass die Siedlungen auf den dortigen Hügeln endgültig aufgegeben wurden. Es ist auch ein Zeichen der Zeit, dass die Gräber nunmehr ganz einfache Gruben waren; die aufwendigen Kammergräber mit kostbaren Beigaben gehörten der Vergangenheit an. Begleitet wurde der allmähliche Niedergang der mykenischen Kultur von einem wachsenden kulturellen Regionalismus. Auf der Insel Euböa waren nach dem Zusammenbruch von Theben vier der fünf wichtigsten Siedlungen aus der Bronzezeit, die zuvor einen Großteil der Insel kontrolliert hatten, weiterhin bewohnt. Aus der Zeit ab etwa 1050 v. Chr. (frühe Eisenzeit) sind uns vierzehn Siedlungen bekannt. Die meisten davon waren relativ klein, aber wahrscheinlich von der Bronzezeit bis in die frühe Eisenzeit hinein ununterbrochen bewohnt. Offenbar war der Ort Lefkandi, den wir bereits kennengelernt haben, ein ganz typisches Beispiel für die wichtigeren Siedlungen auf Euböa. Lefkandi wurde mindestens zweimal zerstört und war dennoch vom Ende der mykenischen Welt bis ins 1. Jahrtausend v. Chr. hinein besiedelt.

Trotz allem zeichnet die Archäologie für die Jahrhunderte nach dem Niedergang der mykenischen Paläste doch ein recht deprimierendes Bild der griechischen Welt. Die Gesamtzahl der bewohnten Orte auf dem griechischen Festland sank im 12. Jahrhundert um zwei Drittel und im 11. Jahrhundert um weitere zwei Drittel. Dann war der Tiefpunkt erreicht, und es ging wieder bergauf: Im 10. Jahrhundert v. Chr. verdoppelte sich die Zahl der Siedlungen, und im 9./8. Jahrhundert verdoppelte sie sich noch einmal. Natürlich ist allein die Anzahl der Siedlungen wenig aussagekräftig: Die entscheidende Variable ist ihre Größe. Falls einzelne Siedlungen im 11. Jahrhundert größer waren als im Jahrhundert davor, so könnten in Griechenland ja insgesamt immer noch genauso viele Menschen gelebt haben. Tatsächlich waren die Siedlungen in der frühen Eisenzeit jedoch in der Regel sogar kleiner als in der Epoche davor und der danach. Einige Forscher haben bereits versucht, das Ausmaß des Bevölkerungsrückgangs in absoluten Zahlen ausdrücken, aber solche Schätzungen sind auf der Grundlage dessen, was wir derzeit wissen, verfrüht.

Immerhin ist klar, dass die Bevölkerungszahl gegen Ende der Bronzezeit schrumpfte und im Verlauf der frühen Eisenzeit wieder wuchs. Nicht nur die Anzahl der Siedlungen nahm ab, auch waren die Standorte selbst weniger komplex als zuvor. Vor allem auf Kreta gab es weiterhin Kernsiedlungen von 1 bis 4 Hektar Größe, aber auf dem griechischen Festland bestanden viele „Siedlungen" lediglich aus einer losen Ansammlung einer Handvoll Häuser ohne irgendwelche Anzeichen einer zentralisierten Organisation, ohne größere Gebäude aus Stein und ohne klar begrenzte öffentliche Räume.

Die Griechen scheinen die Erinnerung an diesen dramatischen Bevölkerungsrückgang noch lange wachgehalten zu haben. In dem Epos *Kypria* aus dem 7. Jahrhundert v. Chr., das die Geschichte des Trojanischen Kriegs bis zu dem Punkt erzählte, an dem Homers *Ilias* einsetzt, hat Zeus den Krieg, der so viele Opfer fordert, eigens herbeigeführt, um die herrschende Überbevölkerung einzudämmen. Man kann sich kaum vorstellen, dass bei diesem Motiv nicht die Erinnerung an den katastrophalen Bevölkerungsrückgang nach dem Ende der Palastkultur mitschwingt; für die zeitgenössischen Rezipienten der *Kypria* war die Welt kleiner und weniger glanzvoll als die der Zeit vor dem Krieg um Troja.

Dass Griechenland wieder zu alter Größe zurückfand, lag nicht zuletzt daran, dass die Griechen ihre alten Kontakte ins Ausland wiederherstellten. Während die Verbindungen über das Meer in der Bronzezeit hauptsächlich von den Palästen organisiert worden waren, war dafür ab sofort eine andere gesellschaftliche Klasse zuständig. Im 11. Jahrhundert stand Lefkandi wieder in Kontakt mit diversen Siedlungen in der Ägäis, und im 10. Jahrhundert war es Teil eines euböischen Handelsnetzwerks mit Verbindungen zu Orten in Zentralgriechenland, an der Küste Thessaliens und auf mehreren ägäischen Inseln. Als ab etwa 950 v. Chr. Bestrebungen aufkamen, sich wieder mit der Levante zu vernetzen, war Euböa ganz vorne mit dabei. Die Kontakte des Westens zur Levante waren im 11. Jahrhundert eingebrochen, doch im 10. Jahrhundert änderte sich dort die Lage, als die mächtige Stadt Tyros die Bühne betrat und sich zum neuen Handelszentrum aufschwang. Zwischen 950 und 900 v. Chr. tauchte in Tyros und anderswo in der Levante immer mehr Keramik aus Euböa auf, vor allem Trinkbecher und Gefäße mit zwei Henkeln (die wahrscheinlich zum Transport von Olivenöl dienten). Diese Funde könnten darauf hindeuten, dass sich vorübergehend Euböer in der Region aufhielten, eventuell auf der Suche nach prestigeträchtigen Handelsobjekten; die Frage, ob es Euböer oder Phönizier waren, die die Töpferwaren dorthin brachten, wird uns in Kapitel 3 noch beschäftigen. Ein ganz wichtiges Produkt, das von der Levante nach Euböa transportiert wurde, war das neue Metall Eisen. Die Schwerter und Speerspitzen, die man in den Gräbern in Lefkandi gefunden hat, wurden aus Eisen angefertigt, das wahrscheinlich von Zypern stammte und entweder direkt von dort nach Euböa eingeführt worden war oder über Zwischenhändler in Tyros.

Die Metallressourcen auf Zypern waren damals von großer Bedeutung. In der Bronzezeit, als Zypern noch Alašija hieß, hatte die Insel in den Osten und in den Westen Bronze exportiert; auch die bronzenen Gegenstände auf dem Schiff von Uluburun waren wahrscheinlich zyprischen Ursprungs. Der Zusammenbruch der großen Staaten gegen Ende des 13. Jahrhunderts und der damit einhergehende Kollaps der Absatzmärkte jenseits des Meeres führten dazu, dass diverse städtische Siedlungen auf Zypern im 12. Jahrhundert aufgegeben wurden. Dennoch ging es auf der Insel mit dem urbanen Leben relativ schnell wieder bergauf, insbesondere im Vergleich mit der langen Phase des Niedergangs in der Ägäis. Bereits im 11./10. Jahrhundert etablierte sich auf Zypern ein neues urbanes Siedlungsmuster, das für den Rest der klassischen Antike Bestand haben sollte.

Es kann gut sein, dass das Aufkommen dieses neuen Siedlungsmusters mit der Ankunft griechischsprachiger Siedler aus der Ägäis zusammenhing. In späteren Jahrhunderten erzählte man sich, Kriegshelden aus Troja hätten einst die verschiedenen Königreiche auf Zypern gegründet; so ging die Gründung der Stadt Salamis angeblich auf Teukros zurück, den Halbbruder des Ajax. Eine echte Besonderheit Zyperns war, dass hier nicht wie an so vielen anderen Orten mit dem Ende der Bronzezeit auch das Schriftsystem verloren ging. In der Bronzezeit verwendeten die Zyprer eine lokale Schrift, die von der minoischen Linear A abgeleitet war. Da diese Schrift auf Zypern jedoch offenbar nicht auf die Verwaltungsorgane der urbanen Zentren beschränkt war, könnte sie (anders als die Schriftsysteme der Paläste auf Kreta und dem griechischen Festland) den Niedergang der bronzezeitlichen Zentren auf Zypern überlebt haben. In der Eisenzeit verwendeten die Inselbewohner die sogenannte „kyprische Silbenschrift", die wahrscheinlich eine Weiterentwicklung der alten zyprischen Schrift war. Zwei verschiedene Sprachen wurden damit geschrieben: das neu aufkommende Griechisch und ein lokales Idiom, die sogenannte „eteokyprische Sprache". Auch nach der Erfindung des griechischen Alphabets im 8. Jahrhundert wurde diese Silbenschrift auf

Zypern für griechische Texte verwendet; sie lässt sich sogar noch für das 3. Jahrhundert v. Chr. nachweisen.

Die starke kulturelle Kontinuität, die sich in der Entwicklung des zyprischen Schriftsystems widerspiegelt, verweist auf die Widerstandsfähigkeit der eisenzeitlichen Gesellschaften auf Zypern. Dass sich so früh ein neues, stabiles Siedlungsmuster etablierte, lässt sich zumindest teilweise auf die Fähigkeit der Inselbewohner zurückführen, sich rasch umzustellen und von der Bronze- auf die Eisenproduktion zu verlegen. Die zyprischen Fürstentümer waren die ersten Staaten im Mittelmeerraum, die eine industrielle Eisenproduktion organisierten, und ihr Wohlstand war eng mit der neuen Technologie verknüpft. So waren es auch in erster Linie die reichen Bodenschätze Zyperns, die die Phönizier dazu veranlassten, hier in Kition (Larnaka) an der Südküste der Insel ihre erste Kolonie zu gründen (siehe S. 106).

Der späteren griechischen Überlieferung zufolge war die Zeit nach dem Krieg um Troja durch massive Migrationsbewegungen griechischsprachiger Völker rund um das ägäische Becken geprägt. So soll es in der Ägäis vier große Wanderungen gegeben haben: die der Äoler nach Osten über die gesamte Ägäis, die der Böoter nach Süden in das Gebiet, das später Böotien hieß, die der Dorer nach Süden auf die Peloponnes und die der Ionier nach Kleinasien. Im 5. Jahrhundert v. Chr. ging man davon aus, dass zuerst die Äoler migriert waren, gefolgt von den Böotern (sechzig Jahre nach dem Fall Trojas), den Dorern (achtzig Jahre nach dem Fall Trojas) und, kurz danach, von den Ioniern.

Diese großen Wanderungen stellten ein wichtiges Element des historischen Bewusstseins der späteren Griechen dar, und um sie herum entstand eine vielfältige mythologische Tradition. Die Böoter behaupteten, sie seien aus Thessalien in Nordgriechenland vertrieben worden und dann nach Süden in das Gebiet um Theben gezogen, das früher als „Land des Kadmos" bezeichnet wurde. Kadmos war der mythische Gründer von Theben, der in der frühen Heroenzeit eine Dynastie begründete, die bis nach dem Trojanischen Krieg bestand. Das Kuriose an Kadmos war jedoch, dass er angeblich ein Phönizier war, der von seinem Vater ausgesandt worden war, um nach seiner Schwester Europa zu suchen – ohne Erfolg, denn Zeus hatte sie ja nach Kreta entführt. Die Böoter behaupteten, das Territorium der

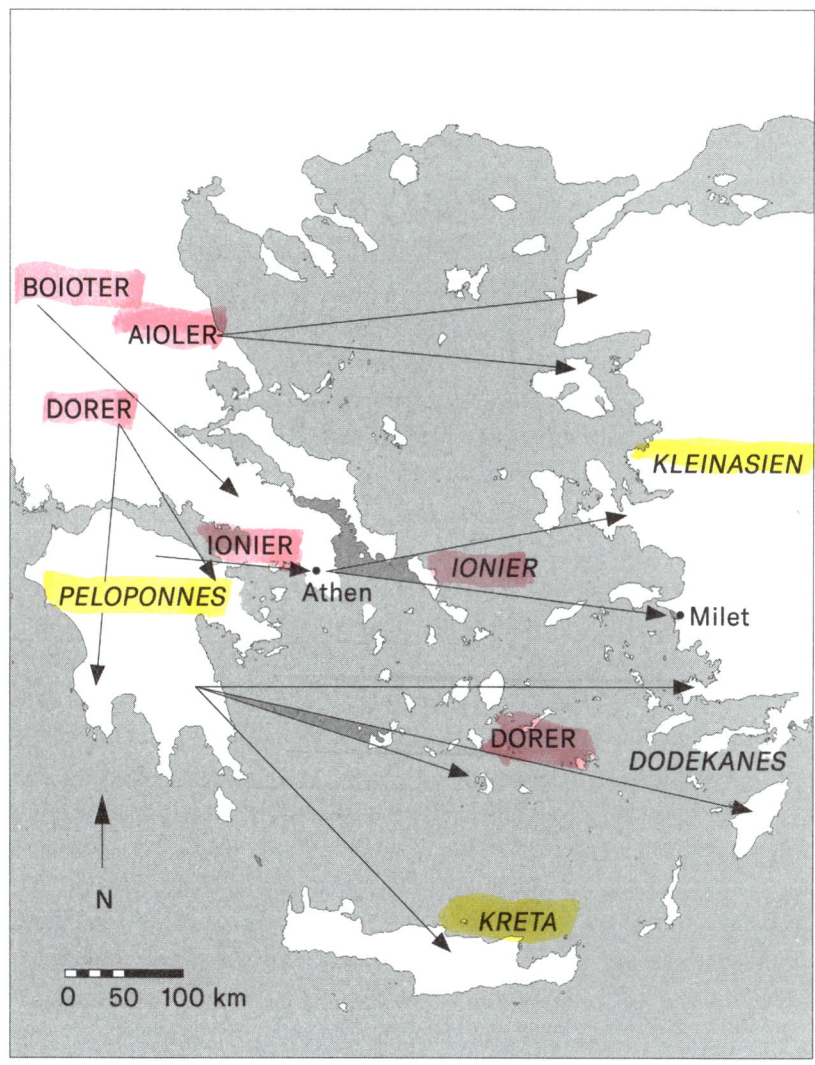

BOIOTER

AIOLER

DORER

KLEINASIEN

IONIER

PELOPONNES

Athen

IONIER

Milet

DORER

DODEKANES

N

KRETA

0   50   100 km

Karte 8. Migrationsbewegungen laut griechischer Überlieferung.

vertriebenen Nachfahren von Kadmos besiedelt zu haben, und im 5. Jahrhundert v. Chr. wurde diese Version der Ereignisse gemeinhin akzeptiert.

Die dorischen Bewohner der Peloponnes hielten sich ebenfalls für Einwanderer aus der Zeit nach dem Trojanischen Krieg. Es hieß, die Dorer stammten aus Nordgriechenland und seien in den Süden Griechenlands eingefallen, um den Söhnen des Herakles, den Herakleiden, ihre angestammte Heimat auf der Peloponnes zurückzugeben. Im 5. Jahrhundert v. Chr. galt diese Wanderung, wie die der Böoter, weitgehend als historisch; in den folgenden zwei Kapiteln werden wir untersuchen, wie man später mit dem Bericht über die dorische Invasion der Peloponnes umgegangen ist. Infolge der Unruhen und Konflikte, die die Invasion der Dorer mit sich brachten, sollen wiederum die Ionier aus ihrem ursprünglichen Territorium auf der nördlichen Peloponnes verdrängt worden sein. Dem bekanntesten Bericht zufolge ließen sich die Ionier zuerst in Attika nieder und zogen von dort aus unter der Führung der Söhne des attischen Königs Kodros weiter. Wie wir in Kapitel 4 sehen werden, diente diese Geschichte den Athenern des 5. Jahrhunderts v. Chr. als Grundlage dafür, in ihrer Stadt die „Mutterstadt" der Ionier zu sehen; aber es gab wahrscheinlich noch eine weitere, frühere Version der Ereignisse, in der sich die Ionier von der Peloponnes aus direkt nach Osten wandten und die Ägäis besiedelten, ohne Zwischenstopp in Attika.

Auf ihrer Wanderung nach Osten eroberten die Ionier, so erzählte man sich, an der Westküste Kleinasiens zwölf Städte. Die Gruppe, die von Neleus, einem von Kodros' Söhnen, angeführt wurde, nahm Milet ein. Die ionischen Eindringlinge töteten alle Männer, derer sie habhaft werden konnten, und heirateten deren Frauen und Töchter; diese Zwangsehen sollen Anlass für ein milesisches Gesetz gewesen sein, das es Frauen verbot, zusammen mit ihrem Ehemann bei Tisch zu sitzen oder ihn mit Namen anzusprechen. Noch im 2. Jahrhundert n. Chr. präsentierte man Touristen in Milet auf der linken Seite der Hauptstraße unweit des Südtors der Stadt das Grab des Neleus. Angeblich wurden die Inseln südlich von Ionien (die heutige Dodekanes) in etwa zur selben Zeit von den Dorern vom griechischen Festland kolonisiert, kurz nachdem die Herakleiden auf die Peloponnes zurückgekehrt waren.

Ob es diese Migrationsbewegungen tatsächlich gab, ist äußerst umstritten. Auch wenn viele Details dieser Wanderungen, wie sie von späteren griechischen Schriftstellern präsentiert wurden, keiner ernsthaften Prüfung standhalten, gibt es doch einige linguistische und archäologische Hinweise darauf, dass diese Berichte zumindest keine reine Phantasie sind. Moderne linguistische Analysen haben ergeben, dass es im 7. Jahrhundert v. Chr. drei große griechische Dialektgruppen in der Ägäis gab. Die sogenannten westgriechischen Dialekte konzentrierten sich auf Nordwest- und Zentralgriechenland, die Peloponnes, Kreta und die Dodekanes, die äolischen Dialekte waren in Thessalien, Böotien und im Nordwesten Kleinasiens zu Hause, und die attisch-ionischen Dialekte wurden von den Menschen in Attika, auf Euböa, den Inseln der zentralen Ägäis und entlang der Westküste Kleinasiens gesprochen. Die Verteilungsmuster dieser drei Dialektgruppen decken sich recht gut mit den überlieferten Migrationsbewegungen.

Ob die Verortung dieser Dialekte aber beweist, dass es die überlieferten Wanderungen wirklich gab, ist indes weniger klar. Da sich die Griechen durchaus bewusst waren, wo man welchen Dialekt sprach, ist gut möglich, dass manche späteren Berichte über diese Wanderungen auf der Verteilung der verschiedenen Dialekte basierten – und nicht umgekehrt. Es ist auch mitnichten so, dass ein solches linguistisches Verteilungsmuster zwangsläufig das Ergebnis umfassender Migrationen ist. Dialekte und Sprachen können sich bereits verändern, wenn eine relativ kleine Anzahl Menschen in ein Territorium einwandert. Dass in Ionien beispielsweise ein relativ einheitlicher Dialekt gesprochen wurde, ist daher nicht unbedingt auf eine Welle von Einwanderern zurückzuführen, die alle denselben Dialekt hatten; ebenso gut könnten dort irgendwann verschiedene lokale Mundarten zu einem neuen, einheitlichen Dialekt verschmolzen sein.

Doch trotz aller Vorbehalte sprachen die Menschen in Mittel- und Nordwestkleinasien in der klassischen Zeit zweifellos ganz anders als die der Bronzezeit. Ende des 2. Jahrtausends v. Chr. hatte die Bevölkerung in diesem Gebiet noch Luwisch gesprochen, eine nicht-griechische Sprache; um die Mitte des 1. Jahrtausends v. Chr. sprach man in derselben Region einen Dialekt des Griechischen. Es wäre schon recht seltsam, wenn dafür nicht irgendeine Form von Migration verantwortlich war.

Und was verraten uns die archäologischen Befunde? Wie wir gesehen haben, lässt sich der Zusammenbruch der mykenischen Staaten nicht auf Übergriffe dorischer Migranten zurückführen. Und es ist genauso schwierig nachzuweisen, dass die Dorer nach dem Zusammenbruch der Palastkultur in die Peloponnes eingedrungen seien und sich eine politisch bereits geschwächte Region einverleibt hätten. Anzahl und Größe der bewohnten Orte auf der Peloponnes nahmen damals ab, und die materielle

Kultur jener Zeit scheint keine fremden Elemente aufzuweisen, die aus dem Norden eingedrungen wären. Tatsächlich unterscheiden sich die Dorer in archäologischer Hinsicht nicht von „früheren" Völkern auf der Peloponnes. Doch auch diese Tatsache widerlegt die Annahme, die Dorer seien eingewandert, nicht; dass sich die frühen Israeliten in puncto archäologischer Zeugnisse kaum von den Kanaanitern unterscheiden lassen, beweist ja ebenfalls nicht, dass die biblischen Geschichten von einer Wanderung der Israeliten völlig aus der Luft gegriffen wären.

Für Ionien ist die Befundlage etwas besser. Nach dem Kollaps des mykenischen Palastsystems auf Kreta und auf dem griechischen Festland und dem zeitgleichen Machtverlust der Hethiter im Osten saßen die mykenischen Siedlungen in Mittel- und Südkleinasien sozusagen auf dem Präsentierteller. Milawanda (Milet) war von einem Vasallen des Hethiter-Königs Tudḫalija IV. regiert worden, der eine Befestigungsmauer errichtet hatte. Doch ab ca. 1200 v. Chr. war die Stadt auf sich selbst gestellt und mehr oder weniger ungeschützt. Spätestens um 1100 v. Chr. herum wurde sie zerstört, und es entstand eine neue Stadt. Keramik aus dem 11. Jahrhundert, die man auf den Ruinen der alten Festungsmauer gefunden hat, weist enge Verbindungen zu zeitgenössischen Töpferwaren aus der westlichen Ägäis auf. Auch im 10. Jahrhundert imitierte die Keramik aus Milet noch den westägäischen Stil, doch nun wurde sie aus Ton angefertigt, der vor Ort abgebaut wurde; das könnte darauf hindeuten, dass sich ausländische Handwerker in Milet niedergelassen hatten. Solche Ähnlichkeiten in den Stilen von Keramik sind natürlich für sich genommen kein Beweis dafür, dass Neleus und seine Männer tatsächlich eine große Expedition unternommen haben, die sie von Attika nach Milet führte. Doch sie deuten zumindest darauf hin, dass die spätere Überlieferung einen historischen Kern besaß.

Wenn wir die Ereignisse der Jahrhunderte nach dem Niedergang der Paläste auf dem Festland detailliert rekonstruieren wollen, helfen uns die Berichte über die angeblichen Wanderungen griechischer Volksstämme kaum. Diese Berichte entstanden viel später und aus bestimmten aktuellen Notwendigkeiten heraus. Doch wer behauptet, dass die Griechen einfach nur aus Eigennutz irgendwelche vergangenen Begebenheiten erfanden, um damit ihre gegenwärtige Identität zu definieren, der macht es sich allzu einfach. Die Auffassung der Griechen von der Abfolge der Ereignisse, die den Trojanischen Krieg und seine Folgen mit ihrer Gegenwart verbanden, beruhte letztlich auf realen – wenn auch recht verschwommenen – Erinnerungen an die ganz realen Verhältnisse in der Ägäis im 11. und 10. Jahrhundert v. Chr.

Der Wandel, den die Welt von der Bronze- zur Eisenzeit durchlief, nahm in den verschiedenen Regionen ganz unterschiedliche Formen an. In der Ägäis brach das Palastsystem zusammen, und viele Siedlungen wurden aufgegeben. Neue Siedlungen entstanden an anderen und oftmals weniger leicht zugänglichen Standorten. Der Begriff „Eisenzeit", mit dem wir diese neue Epoche heute bezeichnen, ist einem bedeutenden technologischen Wandel dieser Zeit entlehnt. Auch in der Neupalastzeit hatte man bereits hier und da Eisen verwendet, aber nur für besonders aufwendige Objekte, die als Geschenk überreicht wurden, und im Rahmen mancher religiöser Rituale. Im Laufe des 11. und 10. Jahrhunderts verbreitete sich die Technologie der Eisenverarbeitung in der gesamten Ägäis, wahrscheinlich von Zypern aus, und man entdeckte vielerorts ergiebige Eisenerzquellen. Ab ca. 900 v. Chr. löste das Eisen die Bronze als Rohstoff zur Herstellung von Gebrauchsgegenständen ab; stattdessen wurden nun die dekorativen Objekte aus Bronze gefertigt. Dieser technologische Wandel wurde zum Teil dadurch vorangetrieben, dass neue lokale Eliten das Sagen hatten, die ihren Status einer äußerst profitablen Nutzung der Eisentechnologie zu verdanken hatten.

Im zentralen und westlichen Mittelmeer und in Mittel- und Westeuropa ergibt sich ein etwas anderes Bild. Die neue Technologie verbreitete sich hier etwas später als im Osten und ohne so extreme Umwälzungen. In der Zeit von 1300 bis 700 v. Chr. nahmen die Siedlungen langsam an Zahl und Größe zu. Dass das um 2300 v. Chr. errichtete Monument Stonehenge im Süden Englands bis in die Eisenzeit hinein in Gebrauch blieb, ist geradezu symptomatisch für das Ausbleiben politischer Brüche in Westeuropa. In Löchern rund um das zentrale Bauwerk hat man lokale Keramik aus der späten Bronzezeit und der frühen Eisenzeit gefunden, und um 1100 v. Chr. herum wurden Gräben angelegt, um den Zugang zu diesem Monument um 2 Kilometer in Richtung des Avon zu verlängern. Natürlich bedeutet das nicht, dass hier die ganze Zeit über die gleichen Rituale stattfanden. Dennoch weisen die Aktivitäten in Stonehenge eine höhere Kon-

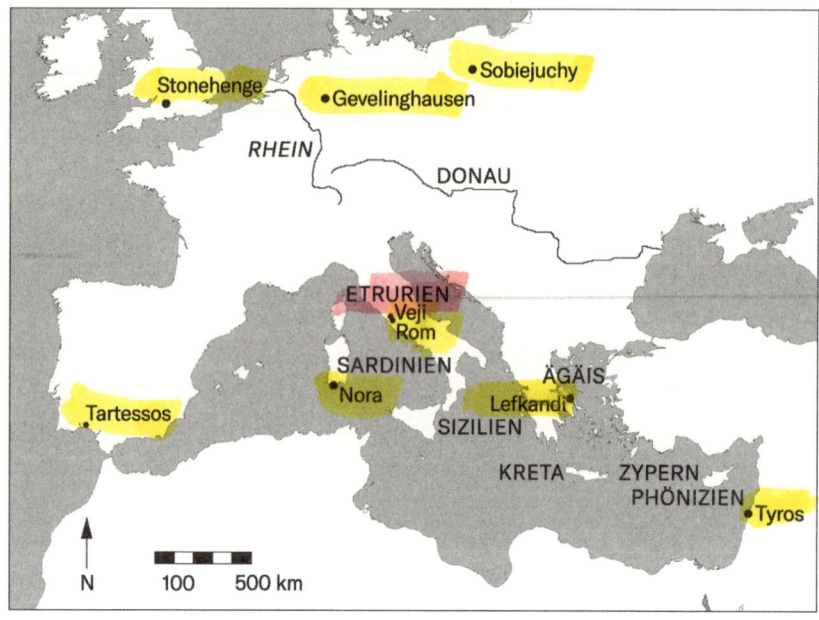

Karte 9. Der Mittelmeerraum und Mitteleuropa im 10. und 9. Jahrhundert v. Chr.

tinuität mit der bronzezeitlichen Vergangenheit auf als zum Beispiel die sporadische und partielle Nutzung der bronzezeitlichen Paläste auf Kreta während der Eisenzeit.

Das ausgedehnte Gebiet weiter südlich, das sich von Spanien bis Italien und von Frankreich bis Polen erstreckt, können wir in diesem Zusammenhang als Einheit ansehen und mit dem Begriff „Zentraleuropa" versehen (nicht zu verwechseln mit der modernen Region „Mitteleuropa", die in der Regel nicht Frankreich und die Beneluxstaaten mit einschließt). Auch wenn sich innerhalb dieses Gebiets regionale Variationen finden, gibt es doch insgesamt markante Unterschiede zwischen Zentraleuropa und den Gebieten im Westen (der Westküste von Iberien und Frankreich, den britischen Inseln und Irland) und im Norden (Skandinavien). Der erste gemeinsame Faktor sind die Bestattungspraktiken. Um 1300 v. Chr. herum gab es in Zentraleuropa eine allgemeine Verschiebung von der Erd- hin zur Feuerbestattung. Nachdem man den Toten eingeäschert hatte, sammelte man die Asche ein und gab sie in eine Urne, die man dann in einem speziellen Bereich des Gräberfelds vergrub. Die Feuerbestattung wurde nicht ausschließlich praktiziert (und in einigen Regionen überhaupt nicht), aber die Praxis der Urnenbestattung war so weit verbreitet, dass man dem gesamten Zeitraum von 1300 bis 700 v. Chr. den Namen „Urnenfelderkultur" gegeben hat.

In einigen Fällen, die über ganz Zentraleuropa verstreut sind, war der Ort, wo die Urne vergraben war, mit einem Erdhügel markiert, mitunter sogar mit einer kunstvoll errichteten Steinkammer; manche dieser Gräber enthielten reiche Grabbeigaben. Auf diese Weise bestattete man vermutlich Persönlichkeiten von großer lokaler Bedeutung, deren Andenken für ihre Nachkommen eine wichtige Rolle spielte (wie wir es in Lefkandi gesehen haben). Auch wenn es durchaus möglich ist, dass der Übergang von der Erd- zur Feuerbestattung einen Wandel in den Ansichten über den Tod bzw. das Leben nach dem Tod widerspiegelt, ist diese Annahme doch letztlich bloße Spekulation – im gut dokumentierten 2. und 3. Jahrhundert n. Chr. gab es eine gegenteilige Tendenz (von der Einäscherung hin zur Erdbestattung), die man nicht mit veränderten Glaubensgrundsätzen in Verbindung bringen kann. Das Aufkommen der Urnenbestattungen in Zentraleuropa könnte einfach nur eine Frage der Mode gewesen sein.

Der zweite wichtige Faktor, der diese Region einte, war die soziale Organisation der Lebenden. In ganz Zentraleuropa scheinen die einzelnen Gesellschaften von Kriegern angeführt worden zu sein. Welches Prestige diese Krieger genossen, lässt sich daran ermessen, dass man ihnen viele teure Bronzewaffen mit ins Grab legte oder ihnen zu Ehren in rituellen Lagerstätten aufbewahrte. Die besten Kämpfer genossen das höchste Prestige (auch wenn das nicht bedeutet, dass damals tatsächlich viel gekämpft wurde). Sie waren so hoch angesehen, dass einige der mit ihnen bestatteten Bronzewaffen offenbar rein zu dekorativen Zwecken angefertigt wurden. Möglicherweise kamen sie auch bei Paraden zum Einsatz: Ein kunstvoll gearbeiteter bronzener Brustpanzer gewährte bei einem Schwertstreich weniger Schutz als ein einfaches (und viel kostengünstigeres) Lederwams. Wir besitzen heute so viele Waffen aus jener Zeit, dass wir recht genau wissen, was in Zentraleuropa die Norm war und wo es regionale Abweichungen gab. Ein typischer Krieger war mit Bronzehelm, Brustpanzer, Beinschienen, Rundschild, einem Schwert und einem Speer mit bronzener Spitze ausgestattet. Regionale Varianten dieser Ausstattung finden sich in der Donauregion, in den nordwestlichen Alpen, in Westeuropa und

Norditalien; diese Varianten beziehen sich auf die exakte Form des Helms, auf das Design von Schwert und Speerspitze und auf die Verzierungen auf dem Schild und den Beinschienen. Dass sich in größeren Gebieten dieselben regionalen Varianten finden, bedeutet allerdings nicht, dass diese Gebiete einer einheitlichen politischen Macht unterstanden.

Auch in technologischer Hinsicht zeigt Zentraleuropa ein einheitliches Bild. Ein gutes Beispiel für den Technologietransfer innerhalb der Region ist die Glasproduktion. Die Herstellung von echtem Glas hat ihren Ursprung in der Levante, genau wie die 175 Zylinderbarren aus farbigem Glas, die im Schiffswrack von Uluburun gefunden wurden. Wenn in Europa zu jener Zeit Glas verwendet wurde, war es wahrscheinlich in Form solcher Barren importiert worden. In Europa wurde statt echtem Glas eine primitive Form von Glas hergestellt: die Fayence. Da Fayence bei viel niedrigeren Temperaturen gebrannt wird als Glas, ist die Herstellung viel einfacher. Bei Ausgrabungen in Norditalien hat man Fayenceperlen, Schmelztiegel mit Fayencespuren und teilweise geschmolzene Fayence gefunden. Wie die Analyse dieser italischen Fayence zeigt, wurde sie aus lokalen Materialien hergestellt und nicht etwa aus Rohmaterial, das man aus dem Osten importiert hatte. Die Technologie war deshalb so begehrt, weil man damit leuchtend farbige Objekte anfertigen konnte. Fayenceprodukte waren so attraktiv, dass die Technologie in ganz Europa Fuß fasste. Zu jenem Zeitpunkt diente sie zwar ausschließlich zur Herstellung farbiger Perlen, war aber dennoch äußerst weit verbreitet.

Die wichtigste Technologie zu jener Zeit war in Zentraleuropa die Herstellung von Bronze. Das Legieren von Kupfer und Zinn war um 1300 v. Chr. an sich nichts Neues, doch im ausgehenden 2. Jahrtausend v. Chr. gab es bedeutende technologische Verbesserungen und einen enormen Anstieg des Produktionsvolumens. Die Gussformen wurden komplexer, und das Wachsausschmelzverfahren kam auf. Letzteres erlaubte das Modellieren viel feinerer Details als bislang; viel später, in der Renaissance, wurde es von Bildhauern wie Benvenuto Cellini wiederentdeckt, der in seiner Autobiographie eine anschauliche Beschreibung dieses Verfahrens hinterlassen hat. In der Bronzeproduktion tätige Handwerker scheinen weit herumgekommen zu sein. Diverse Hortfunde mit zerbrochenen Bronzegegenständen zeugen davon, dass Wanderarbeiter Metall, das offenbar zum Einschmelzen bestimmt war, sorgfältig vergraben haben, um es später wieder zu bergen und neue Gegenstände daraus zu fertigen. Dass diese gut ausgebildeten Handwerker so mobil waren, erklärt auch, weshalb der Stil von Bronzeobjekten über große Entfernungen hinweg relativ homogen war. So kennen wir zum Beispiel zwei bronzene Urnen, die fast gleich groß sind, eine ganz ähnliche Form haben und Verzierungen aufweisen: Sie stammen aus demselben Repertoire – die eine eben aus Mittelitalien, die andere aus Westdeutschland, aus dem Sauerland (siehe Abb. 9). In Zentraleuropa ähnelten sich nicht nur die Bestattungspraktiken, sondern auch die Objekte, die bei einer Bestattung zum Einsatz kamen.

Die Elitekrieger, deren Bronzewaffen wir bereits kennengelernt haben, standen an der Spitze der sozialen Pyramide der Region. Ihr Reichtum und ihre Macht hingen davon ab, in welchem Maß sie in der Lage waren, in ihrem Territorium die Metallproduktion und den Güterverkehr zu kontrollieren. Sie herrschten über relativ kleine Gebiete von 150 bis 200 Kilometern Durchmesser und lebten dort in der größten Siedlung. Ihnen unterstanden Eliten, die in kleineren Siedlungen lebten und vielleicht 20 bis 25 Kilometer große Territorien übersahen, und unter jenen wiederum rangierten einzelne Höfe und vielleicht um die zwanzig bis sechzig kleine Weiler. Mit anderen Worten: Die Angehörigen der Urnenfelderkultur

Abb. 9. Bronzeurnen, links aus Gevelinghausen (Sauerland) und rechts aus Veji (Mittelitalien). Höhe: ca. 38 Zentimeter.

lebten in komplexen sozialen und politischen Strukturen, selbst wenn die einzelnen „Staaten" von der Größe her eher bescheiden ausfielen. Ab ca. 1100 v. Chr. begannen die Eliten, ihre Siedlungen zu befestigen – eine Entwicklung, die darauf hinweist, dass die Menschen ehrgeiziger und selbstbewusster wurden. In Südwestdeutschland beispielsweise waren die Siedlungen zu jener Zeit gleichmäßig entlang der Flusstäler verteilt, jeweils in 10 bis 15 Kilometern Abstand voneinander. Die Befestigungsmaßnahmen hatten durchaus nicht nur repräsentativen Charakter: Die meisten befestigten Siedlungen weisen Anzeichen dafür auf, dass sie irgendwann im Laufe ihrer Geschichte angegriffen wurden. Offenbar war es nun immer öfter nötig, sein Zuhause vor den Nachbarn zu schützen.

Ein gutes Beispiel für eine mittelgroße befestigte Siedlung ist Sobiejuchy im Norden Polens. Diese umfassend ausgegrabene Stätte weist Merkmale auf, die uns bei vielen mitteleuropäischen Stätten aus jener Zeit wiederbegegnen. Der Standort wurde vermutlich erst in der späten Bronzezeit besiedelt und war bis in die Eisenzeit hinein bewohnt. Die nur 6 Hektar große Siedlung lag auf einer Insel in einem See und war durch eine hölzerne Palisade bewehrt. Die Wirtschaft von Sobiejuchy war auf die Deckung des eigenen Bedarfs ausgerichtet. Dazu gehörte der intensive Anbau verschiedener Nutzpflanzen: Hirse, Weizen, Dinkel, Zweikorn, Bohnen, Linsen und Erbsen. Die Bewohner besaßen Pferde und hielten Schweine und Schafe; Wild und Fisch ergänzten den Speiseplan. Sobiejuchy ist, was die Tierhaltung betrifft und den Anbau von Nutzpflanzen, die eine größere Vielfalt aufwiesen als frühere Epochen, ein ganz typisches Beispiel für eine mitteleuropäische Siedlung. Die Häuser verfügten über effiziente Einrichtungen zum Lagern von Getreide. Webgewichte aus Keramik beweisen, dass vor Ort Kleidung angefertigt wurde, und Metallobjekte wurden in Sobiejuchy ebenfalls produziert. Innerhalb der Palisade standen zahlreiche Häuser; ihre Grundrisse lassen sich nicht mehr nachvollziehen, aber an einer Stätte ganz in der Nähe waren die Häuser ziemlich groß (9 × 8 Meter) und verfügten über ein oberes Stockwerk.

Der 500 Meter entfernte Friedhof von Sobiejuchy wurde ebenfalls ausgegraben; aus der Anzahl der Gräber lässt sich schätzen, dass der Ort etwa 600 Einwohner hatte. Damit war Sobiejuchy eine wesentlich größere Stätte, als dies zuvor in der Bronzezeit üblich gewesen war – ein Hinweis auf das allgemeine Bevölkerungswachstum in Zentraleuropa in der Urnenfelderzeit. Doch obwohl Sobiejuchy wuchs, blieb es – wie die meisten mitteleuropäischen Siedlungen der Urnenfelderzeit – auf Bedarfswirtschaft ausgerichtet; es wurden keine prestigeträchtigen Luxusgüter importiert, und die Haushaltskeramik sah ganz anders aus als jene aus zeitgenössischen Stätten, die nur 15 Kilometer entfernt waren. Sobiejuchy war reich an lokalen Ressourcen, doch die Siedlung weist keinerlei Anzeichen von Planung oder handwerklicher Spezialisierung auf, sodass es schwerfällt, Sobiejuchy als primitive Stadt anzusehen.

Auch in Nord- und Mittelitalien wuchsen damals die Siedlungen. Die Bezeichnungen, die man den Epochen in der mittelitalischen Region, die man später Etrurien nannte, gegeben hat, implizieren einen radikalen Wandel zu Beginn des 1. Jahrtausends v. Chr.: Die späte oder „finale" Bronzezeit (1300–900 v. Chr.) wurde abgelöst von der frühen Eisenzeit bzw. der Villanova-Kultur (900–700 v. Chr.), benannt nach dem Dorf Villanova in der Nähe von Bologna. In Wirklichkeit kann man hier genau wie in Zentraleuropa eine kontinuierliche Weiterentwicklung zwischen der Bronzezeit und der Eisenzeit beobachten. In der späten Bronzezeit waren die Siedlungen lediglich kleine Weiler an Standorten, die sich gut verteidigen ließen. Die durchschnittliche Größe dieser Weiler betrug gerade einmal 4 bis 5 Hektar. Im 9. und 8. Jahrhundert nahm die Zahl der Siedlungen zu, und im südlichen Etrurien wurden die größten Siedlungen immer größer.

Eine solche Siedlung war das auf einem Hügel gelegene Veji (heute Veio), von dessen Gräberfeld die bronzene Graburne stammt, die bereits erwähnt wurde. Archäologische Oberflächenbegehungen zeigen, dass der Hügel mit vereinzelten Weilern übersät war; diese Weiler wurden immer größer und erreichten bald eine in dieser Region bislang ungekannte Größe. Daraus entwickelte sich das große urbane Zentrum Veji, dessen Befestigungsmauern im 5. Jahrhundert v. Chr. eine Fläche von 190 Hektar umfassten. Das spätere Muster der Staaten, die wir im 7. und 6. Jahrhundert v. Chr. in diesem Gebiet vorfinden, hatte seinen Ursprung somit eindeutig in der frühen Eisenzeit; das Aufkommen zentralisierter Staaten in Norditalien scheint eine lokale Entwicklung gewesen zu sein, die vollkommen unabhängig war vom Aufkommen griechischer Stadtstaaten auf dem griechischen Festland und in Süditalien (mehr dazu im nächsten Kapitel).

Auf die Villanova-Kultur folgte in Mittelitalien ab 700 v. Chr. die Zeit der Etrusker. Diese neuzeitliche Terminologie impliziert, wie bereits bei der Unterscheidung zwischen der finalen Bronzezeit und der Villanova-Kultur, einen radikalen Bruch, möglicherweise sogar die Ankunft neuer Einwanderer. Über den Ursprung der Etrusker redeten sich bereits in der Antike die Experten die Köpfe heiß. Wir wissen nicht, was sich die Etrusker selbst über ihre Herkunft erzählten, doch im 5. Jahrhundert v. Chr. schrieb der griechische Historiker Herodot, die Etrusker hätten von den Lydern im Westen Kleinasiens abgestammt. Infolge einer anhaltenden Hungersnot, so Herodot, sei die Hälfte der Bevölkerung Lydiens unter der Führung eines gewissen Tyrrhenos in den Westen ausgewandert. Sie ließen sich in Mittelitalien nieder und nannten sich fortan nicht mehr Lyder, sondern Tyrrhener, nach ihrem Anführer.

Zwar fand die Geschichte, die Herodot erzählt, auch später noch ihre Befürworter; sie argumentierten, im 8. Jahrhundert v. Chr. hätten sich Migranten aus Kleinasien in Norditalien niedergelassen und dort Villanova-Siedlungen übernommen. Heute jedoch wissen wir, dass diese Erklärung nicht funktioniert. Die Sprache der Etrusker ist schwer einzuordnen. In Italien gab es nichts Vergleichbares, und ihr einziger „Verwandter" war die obskure prä-griechische Sprache der Ägäis-Insel Lemnos; doch wo auch immer sie ihren Ursprung hatte: in Lydien mit Sicherheit nicht. Was die Archäologie betrifft, so gibt es keinerlei Hinweise auf Zerstörungen oder gewaltsame Übergriffe gegen Ende der Villanova-Zeit – und ebenso wenig gibt es Anzeichen dafür, dass in Etrurien nach 700 v. Chr. andere Menschen lebten als vor 700 v. Chr. Heute gilt als gesichert, dass die Etrusker nicht aus dem Osten eingewandert sind, sondern dass sich die etruskische Kultur ganz organisch aus der Villanova-Kultur heraus entwickelt hat.

Während dieses langen Entwicklungsprozesses in Italien und Zentraleuropa bauten die weiter östlich angesiedelten Völker ihren Einfluss auf die Küstengebiete des zentralen und westlichen Mittelmeers weiter aus. Bereits während der Neupalastzeit hatten minoische und mykenische Händler ihr Betätigungsfeld nach Sizilien, Italien und Sardinien erweitert. Ein Beispiel dafür, was sie mit zurück in die Heimat brachten, ist ein Schwert aus dem Schiffswrack von Uluburun, das wahrscheinlich aus Sizilien oder Süditalien stammt. Nach der Neupalastzeit wurde im zentralen

Mittelmeerraum auch weiterhin Keramik im ägäischen Stil verwendet, aber eine wissenschaftliche Analyse des Tons, aus dem sie hergestellt wurde, hat ergeben, dass diese Keramik im 13. Jahrhundert in Süditalien produziert wurde. Nach dem Zusammenbruch der Palastkultur auf Kreta und auf dem griechischen Festland müssen sich Handwerker aus der Ägäis entweder zeitweise oder dauerhaft in Süditalien niedergelassen haben, um dort Keramik anzufertigen.

Inzwischen waren auch zyprische Kaufleute und Handwerker im zentralen Mittelmeer unterwegs; leider können wir nicht genau nachvollziehen, was sie da taten. Für das 13. und vor allem das 12. Jahrhundert lassen sich enge Kontakte zwischen Zypern und den Inseln Sizilien und Sardinien nachweisen, bei denen es vor allem um Metall und Metallverarbeitung ging. Auf Sizilien und Sardinien hat man in großer Zahl Kupferbarren aus jener Zeit gefunden – auf Sardinien an sage und schreibe 26 verschiedenen bronzezeitlichen Standorten. Eine Analyse der Bleiisotope im Kupfer hat ergeben, dass die Barren auf Sardinien aus Minen im Norden Zyperns stammen – und das, obwohl die Insel eigene Kupferquellen besaß. Darüber hinaus haben Archäologen auf Sardinien diverse Werkzeuge zur Metallbearbeitung wie Vorschlaghämmer, Zangen und Kohleschaufeln entdeckt, die ebenfalls zyprischen Ursprungs sind. Dennoch haben die auf Sardinien hergestellten Bronzefigurinen komplett lokalen Charakter und stellen Gestalten des täglichen Lebens dar – vor allem Krieger, aber auch Hirten, die Opfer darbringen, Ringer, Musiker und stillende Frauen.

Ungefähr zur selben Zeit, als die Metallurgie-Technologien aus dem Osten nach Sardinien importiert wurden, durchliefen die Siedlungen der Einheimischen einen dramatischen Wandel. Über 4000, möglicherweise sogar an die 7000 steinerne Turmbauten, sogenannte Nuraghen, entstanden auf der Insel. Die einfachsten von ihnen sind lediglich bis zu 18 Meter hohe Türme aus großen Steinblöcken, die nicht alle vor Ort abgebaut worden waren. Einige haben noch eine umgebende Außenmauer, und die meisten stehen im Zentrum größerer Siedlungen. In großen Teilen der Insel befinden sie sich keine 2 Kilometer voneinander entfernt. Die meisten Nuraghen scheinen in die zweite Hälfte des 2. Jahrtausends v. Chr. zu datieren, einige auch noch ins 1. Jahrtausend. Ihre Existenz impliziert, dass die Insel zu jener Zeit ein rasantes Bevölkerungswachstum erlebte – eine Tatsache, die, kombiniert mit dem Import der hochentwickelten zyprischen Metallurgie, darauf hindeutet, dass Sardinien in den letzten Jahrhunderten des 2. Jahrtausends v. Chr. ungewöhnlich reich war.

Auf Sardinien wie auch anderswo im Bereich des zentralen und westlichen Mittelmeers klafft zwischen den Handelskontakten mit den Zyprern im 13./12. Jahrhundert v. Chr. und der Zeit, als die Phönizier und Griechen hier im 8. Jahrhundert v. Chr. ihre ersten Siedlungen errichteten (mehr dazu im nächsten Kapitel), eine „Lücke" von vier Jahrhunderten. Erst in letzter Zeit rücken diese Jahrhunderte in der Forschung etwas weiter in den Fokus. Den Funden zyprischer Gewandfibeln auf Sizilien und Sardinien, in Italien und sogar auf der Iberischen Halbinsel nach zu urteilen, waren die Zyprer auch nach dem 12. Jahrhundert weiterhin im Westen aktiv; und dass sich die Phönizier im Westen schon lange betätigten, bevor sie dort im 8. Jahrhundert ihre ersten Siedlungen gründeten, ist nicht von der Hand zu weisen. Den Aufstieg der Phönizier in der frühen Eisenzeit und die anschließende Ausweitung ihrer Handelsinteressen nach Süden und Osten haben wir bereits erwähnt, als es um König Salomo ging. Im 10. und 9. Jahrhundert v. Chr. folgte eine konzertierte Expansion der phönizischen Handelsinteressen nach Westen. In Nora im Süden Sardiniens errichteten die Phönizier im 9. Jahrhundert einen Tempel für eine phönizische Gottheit, und ein phönizisches Grab bei Knossos aus dem 9./8. Jahrhundert enthielt neben Objekten, die ein phönizischer Juwelier angefertigt hatte, auch ein Tongefäß aus Sardinien.

Einige Phönizier erreichten wahrscheinlich bereits im 10. Jahrhundert das äußerste westliche Ende des Mittelmeers. Aus Huelva (dem antiken Tartessos) an der Atlantikküste von Südwestiberien stammt ein wunderbarer Hortfund: 400 Bronzeobjekte aus der Mitte des 10. Jahrhunderts v. Chr., darunter 92 Speerspitzen und 62 Speerenden, 78 Schwerter, 29 Dolche, 17 Pfeilspitzen, Fragmente von Helmen, 14 Knöpfe, 10 Ringe, 4 Fibeln und 5 Halsketten. All diese Objekte hat man in einer Flussmündung gefunden – wahrscheinlich war es die Ladung eines Schiffs, das dort gesunken ist; es könnte sich aber auch um ein Depot handeln, das rituellen Zwecken diente. Die meisten der Waffen wurden an der Atlantikküste angefertigt; die Schwerter gehören zu einem Typ, der bis nach Britannien verbreitet war, und eine der Speerspitzen stammt sogar aus Irland. Der Hortfund ist ein wunderbares Beispiel dafür, wie intensiv die damaligen kulturellen und wirtschaftlichen Beziehungen entlang der Atlantikküste waren.

Aber es sind auch einige Gegenstände aus dem östlichen Mittelmeer dabei: ein wahrscheinlich aus Assyrien stammender Bronzehelm und zwei verschiedene Typen von Gewandfibeln, von Zypern und aus der Levante. Der Hortfund von Huelva zeigt, dass es bereits im 10. Jahrhundert v. Chr. Kontakte zwischen dem östlichen Mittelmeer und dem Atlantik gab. Die Handelsverbindungen zwischen der Levante und Tartessos waren so gut ausgebaut, dass der Begriff „Tarschischflotte" (Tarschisch = Tartessos) im Alten Testament ein Synonym für „Handelsflotte" ist. Sowohl Hiram, der König von Tyros, als auch Salomo, der König von Jerusalem, benutzten für ihre Expeditionen auf dem Roten Meer solche Schiffe: „Einmal in drei Jahren kam die Tarschischflotte und brachte Gold, Silber, Elfenbein, Affen und Pfauen", heißt es im 1. Buch Könige.

In den ersten Jahrhunderten des 1. Jahrtausends v. Chr. unterschieden sich die Welten von Zentraleuropa, dem westlichen Mittelmeer, der Ägäis und der Levante recht stark voneinander. Schaut man aber genauer hin, so erkennt man, dass die Trennlinie weniger zwischen Ost und West verläuft als vielmehr zwischen den Ländern nördlich und jenen südlich der Alpen. Wohin man in der mediterranen Welt um 800 v. Chr. auch blickt, ob nach Phönizien, Zypern, dem griechischen Festland, Sardinien oder Norditalien: Überall finden sich Anzeichen dafür, dass diese Regionen einen wirtschaftlichen und politischen Aufschwung erlebten. So unterschiedlich die dortigen Gesellschaften auch waren, sie alle erlebten ein massives Bevölkerungswachstum und eine rasche Entwicklung neuer Technologien; außerdem lassen sich dort die ersten Anzeichen fortschrittlicher Staatengebilde erkennen. Nördlich der Alpen, in Zentraleuropa und darüber hinaus, gab es nichts Vergleichbares. Die Urnenfelderkultur der gemäßigten Breiten erlebte keinen solchen Aufschwung wie ihre Nachbarn im Süden, aus welchem Grund auch immer. Diese Behauptung lässt sich mitnichten den kulturellen Vorbehalten zweier Autoren anlasten, die sich vornehmlich mit griechischer und römischer Geschichte beschäftigen sie wird auch von Zentraleuropa-Spezialisten aus der Archäologie bestätigt. Der Aufschwung rund ums Mittelmeer ist nicht ganz einfach zu erklären, doch er muss (unter anderem) mit der erfolgreichen Intensivierung der Landwirtschaft im Zusammenhang stehen, die ein Bevölkerungswachstum überhaupt erst möglich machte, mit dem Aufkommen starker gemeinschaftlicher Bindungen und mit der Existenz durchsetzungsfähiger lokaler Anführer und umtriebiger Kaufleute, deren Aktivitäten die Entwicklungen in der Heimat noch verstärkten. Was auch immer die genauen Gründe sind: Dies war der Moment, in dem die Mittelmeeranrainer das Europa nördlich der Alpen hinter sich ließen. Das Zeitalter der mediterranen Stadtstaaten hatte begonnen.

3 Griechen, Phönizier und das westliche Mittelmeer (800–480 v. Chr.)

Zu Beginn des 8. Jahrhunderts v. Chr. entstand an der Westküste der Insel Euböa eine neue Stadt. Die ersten Siedler waren vermutlich Flüchtlinge aus Lefkandi, das damals aus uns unbekannten Gründen aufgegeben wurde. Die kleine Siedlung erstreckte sich von einem schönen Naturhafen bis hin zu einem gut zu verteidigenden, dem griechischen Festland zugewandten Akropolis-Felsen – und trug den Namen Eretria. Hier wurde um 720 v. Chr. herum einem örtlichen Fürsten eine außergewöhnlich prachtvolle Bestattung zuteil. Die Asche des Toten wurde in einem bronzenen Kessel platziert, auf dem als Deckel ein zweiter Kessel saß. Vier Schwerter und sechs Speere gab man ihm mit ins Grab. In den folgenden vierzig Jahren setzte man rund um diese erste Grabstätte fünfzehn weitere Mitglieder der Fürstenfamilie bei. Auch deren Gräber enthielten wertvolle Gegenstände wie Waffen und Goldschmuck. Eine solch ostentative Zurschaustellung von Reichtum findet sich für diese Zeit nirgendwo sonst in Griechenland. Um 680 v. Chr. herum war es mit der Bestattungsserie dann auf einmal wieder vorbei. Stattdessen wurde über den Gräbern ein riesiges dreieckiges Monument errichtet, das das aktive private Gräberfeld in eine öffentliche Kultstätte verwandelte. Die Herrscherdynastie von Eretria hatte die Gegenwart verlassen und war Teil ihrer eigenen Vergangenheit geworden. Die Zeit der *basileîs* war vorüber. Im 8. und 7. Jahrhundert v. Chr. verwandelten sich einzelne Gemeinden in der gesamten griechischen Welt langsam, aber sicher in „Bürgergemeinden", sogenannte Poleis.

Der Aufstieg dieser Poleis wird das zentrale Thema dieses Kapitels sein. Wir werden die Entstehung der Polis auf dem griechischen Festland im 8. Jahrhundert v. Chr. untersuchen und werden verfolgen, wie sich die Kultur der Griechen in dieser Zeit unter dem Einfluss Ägyptens und des Nahen Ostens veränderte. Wir werden sehen, wie sich diese kulturelle Revolution wiederum auf das zentrale und westliche Mittelmeer auswirkte, wo es im 8. und 7. Jahrhundert v. Chr. zu einer umfassenden Kolonisierung durch Griechen und durch Phönizier kam. Anschließend kehren wir in die Welt der griechischen Poleis zurück und wollen das wachsende Bewusstsein der Griechen für eine gemeinsame „hellenische" Identität im 6. Jahrhundert v. Chr. unter die Lupe nehmen. Das Kapitel schließt um die Wende zum 5. Jahrhundert v. Chr., als sich die griechischen Poleis mit einer neuen aufstrebenden Großmacht im Osten auseinandersetzen mussten: dem Perser-Reich.

Die Frage, was eine Polis eigentlich war, ist nicht ganz einfach zu beantworten. Im Wesentlichen bezeichnet der Begriff einen „Bürgerstaat", ein klar abgegrenztes Territorium, das von einer einzelnen politischen Gemeinschaft regiert wird. Das Schlüsselkonzept ist das der Gemeinschaft bzw. Körperschaft von *polítai*, also „Bürgern". Der Zeitraum von 800 bis 500 v. Chr. ist durch eine immer größere Beteiligung der gewöhnlichen Bürger an der Politik (wörtlich: „Polis-Angelegenheiten") gekennzeichnet, und 500 v. Chr. gab es wesentlich mehr gewöhnliche Bürger als noch 800 v. Chr. Insbesondere im 7. Jahrhundert v. Chr. scheint es in der gesamten griechischen Welt zu einem geradezu explosionsartigen Bevölkerungswachstum gekommen zu sein. Um 600 v. Chr. herum beklagte sich ein verärgerter Aristokrat, der Dichter Theognis von Megara, seine Polis werde „von Leuten regiert, die früher weder Gerechtigkeit noch Gesetze kannten, sondern zerfledderte Ziegenfelle um die Hüften trugen und vor den Toren der Polis lebten wie wilde Tiere". Man muss kaum betonen, dass die Klassenunterschiede zwischen den ziegenfelltragenden Massen und der zunehmend unzufriedenen Elite nicht über Nacht verschwanden. In der Zeit von 700 bis 500 v. Chr. wurde die gewöhnliche Polis wahrscheinlich – formal oder informell – von einer kleinen aristokratischen Elite einiger weniger wohlhabender Familien beherrscht. Doch die jungen Bürgerstaaten begannen bald, formelle Autoritätsstrukturen zu entwickeln, die den Herrschenden Befugnisse verliehen, wie sie die Stammeshäuptlinge in den „Dunklen Jahrhunderten" nie besessen hatten. Der Prozess der Aufteilung der Macht zwischen den Elitefamilien führte zur Ausbildung spezifischer politischer Ämter und Behörden. Im 7. Jahrhundert entstanden die ersten Gesetzesbücher, und die meisten davon dienten dazu, die Befugnisse der Magistraten zu definieren. In mehreren Stadtstaaten gelang es einer einzelnen Familie so, ihre Rivalen zumindest für eine gewisse Zeit von der Macht auszuschließen. In solchen Fällen nannte man die Regierung „Tyrannis"; negative Konnotationen entwickelte dieser Begriff erst Ende des 5. Jahrhunderts v. Chr. Schon in der Antike gab es die Auffassung, die Tyrannis habe einen wichtigen Schritt in Richtung einer echten demokratischen Regierung dargestellt, und da ist durchaus etwas dran: Schließlich waren die Tyrannen trotz allem weitgehend auf die Zustimmung und Unterstützung einer größeren politischen Gemeinschaft angewiesen.

Doch ganz unabhängig davon, wo man nun genau welche Regierungsform praktizierte: Die entscheidende Entwicklung in jener Epoche war das wachsende Gefühl der Zugehörigkeit zu einer bestimmten politischen Gemeinschaft. Um 500 v. Chr. nahm die Selbstidentifikation als Bürger

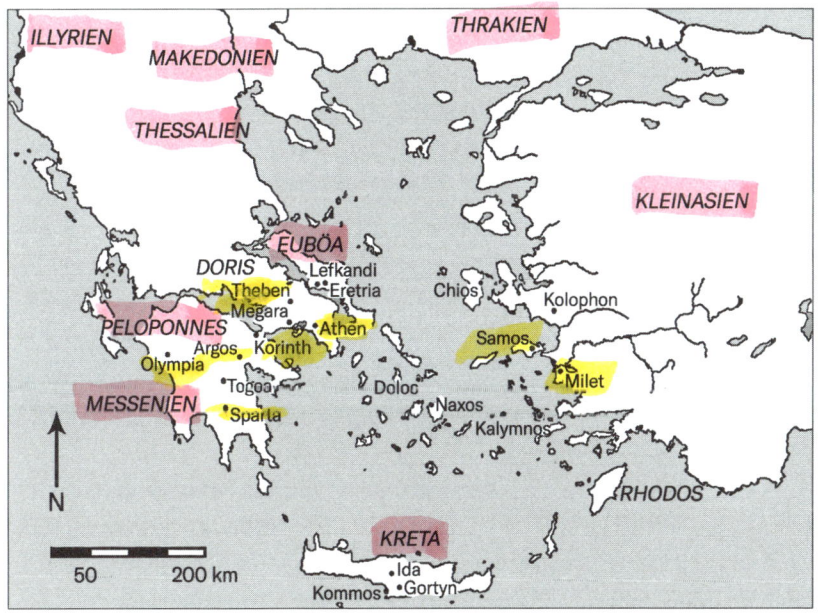

Karte 10. Die Ägäis um 700 v. Chr.

einer Polis für die sozialen Beziehungen der Griechen eine so zentrale Rolle ein, dass diese sogar Einzug in die griechische Namensgebung hielt. Von nun an trugen die Griechen einen Geburtsnamen, den Namen ihres Vaters und den Namen ihrer Polis, zum Beispiel: „Kleomenes, Sohn des Anaxandridas, Lakedaimonier".

Eine Vielzahl archäologischer Funde bestätigt den Aufstieg der Polis zur dominierenden Form sozialer Organisation in der griechischen Welt. Hier lassen sich zwei entscheidende Entwicklungen beobachten. Da ist einmal die Ausbreitung ländlicher Heiligtümer im 8. und 7. Jahrhundert in abgelegenen Gebieten, sei es am Rand einer Ebene, in den Bergen oder an der Küste. Solche Heiligtümer galten als gut sichtbare Marker, um ein politisches Territorium abzustecken und den Nachbarn gegenüber klarzustellen, dass man auf ein bestimmtes Stück Land Ansprüche anmeldete. Das lässt sich besonders gut am Fall von Korinth demonstrieren: Korinth liegt auf dem Isthmus, jenem schmalen Streifen Land, der die Peloponnes mit dem eigentlichen griechischen Festland verbindet (siehe Karte 11). In der frühen Eisenzeit war die Isthmus-Region nur dünn besiedelt und die Bewohner waren weit verstreut. Regelmäßige und dauerhafte Aktivitäten lassen sich nur für zwei Orte in der Region nachweisen: ein kleines Gemeinschaftsheiligtum in Isthmia und eine lose Kernsiedlung in Korinth. Zu Beginn des 8. Jahrhunderts wurde in Perachora, am äußersten nordöstlichen Rand des korinthischen Einflussbereichs, ein neues Heiligtum errichtet, das der Göttin Hera geweiht war. Es befand sich in extrem isolierter Lage auf einer zerklüfteten Halbinsel mit schlechter Wasserversorgung und nur einem ganz kleinen Hafen; doch seiner ungünstigen Lage zum Trotz entwickelte sich Perachora Anfang des 7. Jahrhunderts zu einem der reichsten Heiligtümer der griechischen Welt; aufwendige Votivgaben in Form von Gold, Schmuck, Skarabäen und Fayencen wurden hier gestiftet. Perachora galt gerade deshalb als attraktiv, *weil* es so weit vom Zentrum der Siedlung entfernt war – es zeigte jedem, der vorbeikam, wie weit die Macht der Korinther reichte.

Allein die Tatsache, dass diese kostspieligen Weihgeschenke existierten, ist ein wichtiger Hinweis darauf, dass sich die Haltung der aristokratischen Elite gegenüber ihrer Gemeinde damals veränderte (wie man es auch an den Gräbern von Eretria ablesen kann). Dass Quantität und Qualität der Votivgaben in den Heiligtümern im 8. Jahrhundert sprunghaft an-

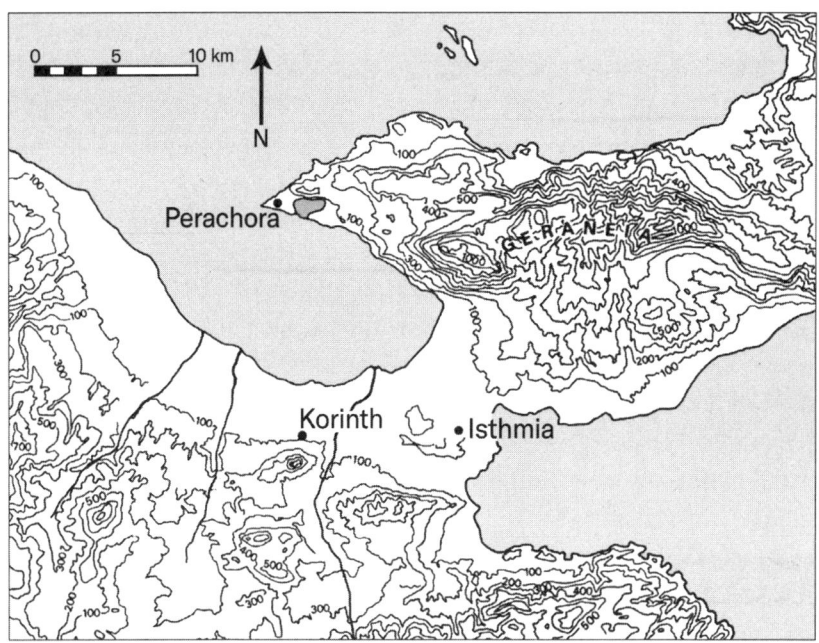

Karte 11. Korinth, Perachora und Isthmia.

stiegen, hängt mit einem entscheidenden Wandel in der Zurschaustellung privaten Vermögens zusammen. Hatte die Elite ihren Reichtum bislang ausschließlich in privaten Kontexten präsentiert, insbesondere im Rahmen von Bestattungen, so war er in den öffentlichen Heiligtümern nun für jeden sichtbar: in Form von Votivgaben. Im Heiligtum in Isthmia begann man im 8. Jahrhundert, bronzene Dreibeine, Waffen und Rüstungen niederzulegen; die Objekte wurden im Laufe der Zeit immer kostbarer – eine Entwicklung, die im 7. Jahrhundert im Bau des ersten monumentalen Tempels in Isthmia gipfelte, eines rechteckigen Bauwerks von 40 × 14 Metern Grundfläche mit Steinmauern und einem von hölzernen Säulen gestützten Ziegeldach. Allein der organisatorische Aufwand und die schiere Zahl der Arbeitskräfte, die damals nötig waren, um ein solches Gebäude zu errichten, sind ein recht zuverlässiger Hinweis auf die Existenz eines zentralisierten korinthischen Staates.

Die zweite Entwicklung rund um das Aufkommen der Poleis, die sich mit den Mitteln der Archäologie belegen lässt, aber ein wenig später datiert, ist die Entstehung klar definierter urbaner Räume. Im ausgehenden 8. Jahrhundert v. Chr. bestand Korinth aus einer Ansammlung von Weilern, die lose um den Akropolis-Felsen, den Tafelberg von Akrokorinth, verstreut waren und zwischen denen sich große unbebaute Bereiche und Flächen zum Anbau von Nutzpflanzen befanden. Für Athen zeigt sich im 8. Jahrhundert ein ganz ähnliches Bild (siehe Abb. 10). In beiden Fällen finden sich über das gesamte Siedlungsgebiet verstreut Bestattungen aus dem 8. Jahrhundert. Zu jener Zeit waren um die einzelnen Wohnkomplexe herum noch separate Friedhöfe angeordnet; diese verschwanden nach 700 v. Chr., als man die Toten nur noch in einer einzigen Zone außerhalb des bewohnten Gebietes bestattete. Die Lebenden und die Toten hatten nun je ihre eigenen Bereiche, die man strikt voneinander trennte. Außerdem taten sich die Bewohner der Weiler zusammen und wohnten gemeinsam in einem einzelnen Ballungsgebiet. Im Laufe des 7. und 6. Jahrhunderts bekamen unbebaute Areale innerhalb solcher Ballungsgebiete allmählich eine neue Funktion: Sie wurden zu Zentren, wo sich die Bürger der Gemeinde trafen und Handel trieben. So entstand Ende des 6. Jahrhunderts ein neuer öffentlicher Raum: die Agora („Versammlungs-

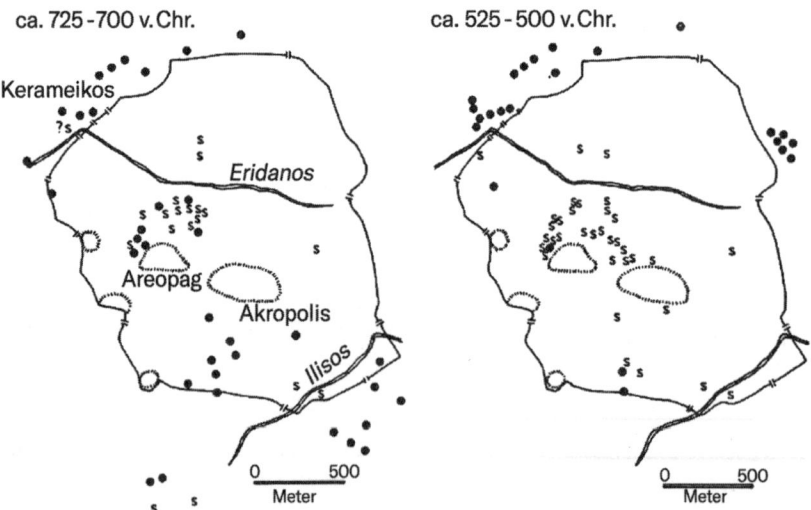

Abb. 10. Die Lage von Gräberfeldern (schwarze Punkte) und Wohnbereichen („S") in Athen, 725–700 und 525–500 v. Chr.

platz"), die deutlich von den Wohnbezirken abgegrenzt und öffentlichen Aufgaben vorbehalten war. Innerhalb des urbanen Raums gab es eine klare Trennung zwischen dem öffentlichen und dem privaten Bereich.

Diese Aufteilung von Siedlungen – in verschiedene Zonen, in getrennte Wohnviertel und Bestattungsareale sowie in private und öffentliche Räume – ist das wohl markanteste Anzeichen des Aufkommens einer einheitlichen politischen Gemeinschaft. In vielen Fällen (wahrscheinlich sogar in den meisten) führte diese Einteilung des Siedlungsraums in verschiedene Bereiche mit unterschiedlichen Funktionen am Ende zu einer vollständigen Urbanisierung: Die Bevölkerungsdichte wuchs, man baute um die Siedlung herum eine Mauer, und es bildete sich eine Marktwirtschaft heraus. Um 500 v.Chr. waren die meisten Bürgerstaaten zugleich Stadtstaaten mit einem einzelnen, dicht besiedelten urbanen Zentrum. Doch auch wenn die Verstädterung mit Sicherheit ein weit verbreitetes Phänomen war, so war sie doch keinesfalls eine notwendige und unvermeidbare Etappe beim Aufstieg der Poleis. So war das politische Zentrum Sparta im Süden der Peloponnes niemals mehr als eine lose Ansammlung nicht umfriedeter Dörfer; dennoch käme niemand auf die Idee, Sparta den Status als Polis abzusprechen. Immerhin nutzten die Dörfer, aus denen Sparta bestand, bereits im 7. Jahrhundert eine gemeinsame Agora, die in einem spartanischen Verfassungsdokument aus dem 7. Jahrhundert als „der Platz zwischen Babyka und Knakion" definiert wurde (einem Fluss und einer Brücke). Auch hier ist der zuverlässigste Hinweis auf eine politische Einheit die Trennung von privatem und öffentlichem Raum.

Eine grundlegende Veränderung in den Verhaltensmustern der Eliten haben wir bereits beobachtet: den Übergang von der Zurschaustellung von Reichtum in privaten Kontexten, insbesondere bei Bestattungen, hin zu öffentlich sichtbaren Investitionen in Heiligtümer und Tempel. In derselben Epoche trat noch eine weitere deutliche Verschiebung auf, und diese betraf die Art von Objekten, mit denen die Aristokraten assoziiert werden wollten. Im Laufe des 8. und 7. Jahrhunderts v.Chr. durchlief die materielle Kultur der griechischen Eliten unter dem Einfluss von Vorbildern aus Ägypten und dem Nahen Osten einen grundlegenden Wandel, der sich in fast jedem Aspekt der materiellen Kultur der Griechen ablesen lässt. Dieser Wandel war so bedeutsam, dass Archäologen diese Zeit als „orientalisierende Epoche" der griechischen Geschichte, Kunst und Kultur bezeichnen.

Die meiste hochwertige griechische Keramik vom 11. bis zum frühen 8. Jahrhundert v. Chr. war im sogenannten „geometrischen Stil" bemalt, der sich durch abstrakte Formen (Mäander, Zickzacklinien, Kreise) auszeichnete, auch wenn die figürliche Darstellung von Tieren und Menschen und sogar primitive narrative Szenen langsam häufiger wurden. Im 8. und angehenden 7. Jahrhundert wurde die geometrische Tradition kurzerhand aufgegeben und durch einen völlig neuen Stil ersetzt. Die Figuren waren nach wie vor schwarz, doch nun wurden ihnen erstmals mit einem scharfen Instrument physiognomische Details eingeritzt. So kam quasi aus dem Nichts ein völlig neues Repertoire naturalistischer Figuren auf: wilde Tiere, Monster und Fabelwesen, aber auch exotische Pflanzen wie Lotosblumen, die es in Griechenland in natura gar nicht gab (siehe Tafel 6). Dies war keine bloße Weiterentwicklung, sondern eine regelrechte Revolution. Die Technik wie auch die Bildsprache der neuen Vasentypen waren direkt Keramik- und Metallobjekten aus der Levante und dem Nahen Osten entlehnt. Der Einfluss nordsyrischer Kunstwerke aus Bronze lässt sich auf Kreta bereits im 8. und zu Beginn des 7. Jahrhunderts nachweisen, dank einer Reihe Schilde und Zimbeln, die man in der Höhle des Zeus auf dem Ida-Gebirge gefunden hat. Diese bronzenen Gegenstände waren mit Buckeln in Form von Tierköpfen und mit kreisförmigen Friesen verziert, die assyrische Jagdszenen zeigen; eventuell hat sie ein aus Syrien eingewanderter Handwerker angefertigt. Die meisten orientalisch anmutenden Bronzekunstwerke in Griechenland wurden aber zweifellos von Griechen angefertigt, die die Stile aus dem Osten imitierten. Im 7. und 6. Jahrhundert zählten bronzene Kessel mit gegossenen Greifen- und Löwenköpfen am oberen Rand zu den beliebtesten Votivgaben in griechischen Heiligtümern. Die ersten solchen Gegenstände importierte man sicherlich aus der Levante, doch bald produzierten die Griechen diese exotischen Objekte selbst in so großer Zahl, dass wir auf die Existenz spezialisierter griechischer Werkstätten schließen können, die zum Beispiel Dekorationsobjekte in Form von Greifen für die großen Heiligtümer in Olympia auf der Peloponnes und für den Hera-Tempel auf der ostgriechischen Insel Samos produzierten.

Inspiration kam nicht nur aus Syrien. Ab Mitte des 7. Jahrhunderts v. Chr. waren die griechischen Heiligtümer voll von Statuen stehender männlicher Figuren, stets nackt, den Blick nach vorne gerichtet und einen

Fuß leicht vorgeschoben. Diese lebens- oder überlebensgroßen Votivstatuen bezeichnet man als *koûroi*, und sie sind in der griechischen Kunst ohne jeden Präzedenzfall; laut einhelliger Forschungsmeinung handelt es sich um Imitationen zeitgenössischer ägyptischer Steinskulpturen. Möglicherweise sind auch die gewaltigen steinernen Tempel, die im 7. Jahrhundert v. Chr. zum ersten Mal in der griechischen Welt auftauchen, von ägyptischen Vorbildern abgeleitet – sicher ist das allerdings nicht.

Doch die wichtigsten griechischen Importe aus dem Osten kamen aus einer ganz anderen nahöstlichen Gegend: aus Phönizien, das im 10. und 9. Jahrhundert v. Chr. in der Levante eine wichtige Rolle spielte (wie im vorangegangenen Kapitel beschrieben). Das griechische Alphabet ist eine leicht modifizierte Variante der Schrift, die die Phönizier mindestens seit dem 12. Jahrhundert v. Chr. verwendeten. Die Namen der Buchstaben des griechischen Alphabets sind ebenfalls phönizischen Ursprungs; Alpha, Beta, Gamma entsprechend dem phönizischen Aleph, Beth, Gimel („Ochse", „Haus", „Stock"). Man darf davon ausgehen, dass die Phönizier ihren Buchstaben solche Namen gaben, um sie sich leichter einprägen zu können, wenn sie lesen und schreiben lernten; die Griechen behielten die Reihenfolge der Buchstaben bei, auch wenn die Namen der Buchstaben im griechischen Kontext keine Bedeutung mehr trugen und somit auch keine mnemonische Funktion mehr erfüllten.

Wann genau die Griechen das phönizische Alphabet adaptierten, ist nach wie vor umstritten; die vorherrschende Forschungsmeinung tendiert zum Beginn des 8. Jahrhunderts v. Chr. Das erste Beispiel für Schrift in dem neuen griechischen Alphabet stammt von 775 v. Chr.; aus der zweiten Hälfte des 8. Jahrhunderts v. Chr. gibt es bereits Dutzende Inschriften. Die innovative neue Technologie verbreitete sich rasend schnell. Griechische Inschriften aus dem 8. Jahrhundert wurden im syrischen Al Mina gefunden, in Komos auf Kreta, in der Dodekanes auf Rhodos und Kalymnos, auf den ägäischen Inseln Naxos und Euböa, in Athen und in der euböischen Kolonie Pithekoussai in der Bucht von Neapel. Die meisten dieser Texte sind ganz alltägliche Inschriften oder Widmungen des Besitzers des beschrifteten Objekts – „Ich bin der Trinkbecher des Korakos" und dergleichen. Die wohl bemerkenswertesten frühen griechischen Texte, die wir kennen, sind auf Hunderten beschrifteten Keramikscherben aus dem 7. und 6. Jahrhundert v. Chr. zu finden, aus einem Zeus-Heiligtum auf dem

Gipfel des Berges Hymettos südlich von Athen. Der Inhalt dieser kurzen Texte scheint auf den ersten Blick wenig mit ihrer Funktion als Votivgaben an Zeus zu tun zu haben: Nonsens-Inschriften, Alphabete, hin und wieder sogar die Namen anderer griechischer Gottheiten. Den Schlüssel zum Verständnis dieser Funde vom Hymettos liefert eine Scherbe, auf der der Name des Stifters steht, gefolgt von den Worten: *táde autós égrapse* („er selbst hat dies geschrieben“). In alphabetischer Schrift zu schreiben, war damals noch immer eine so seltene und prestigeträchtige Fertigkeit, dass selbst das kleinste Bisschen Schrift – und seien es die Buchstaben Alpha, Beta, Gamma – als würdige Opfergabe für einen Gott gelten konnte.

Orientalische Einflüsse lassen sich nicht nur in der bildenden Kunst und im Alphabet nachweisen, sondern auch in vielen frühen literarischen Texten und Mythen der Griechen. Das älteste überlieferte Werk der griechischen Literatur ist wahrscheinlich die *Theogonie* des Hesiod (ca. 700 v. Chr.), ein narratives Epos, das den Ursprung der Welt, die Genealogien der Götter und ihre erbitterten Auseinandersetzungen untereinander beschreibt. Viele Göttergeschichten, die die *Theogonie* erzählt, weisen auffallende Parallelen zur sogenannten Weisheitsliteratur der Hethiter, der Babylonier und anderer nahöstlicher Kulturen auf. Zum Beispiel beschreibt Hesiod, wie der Himmelsgott Uranos von seinem Sohn Kronos kastriert wird. Kronos zeugt mit seiner Frau Rhea sechs Kinder, aber aus Angst vor einer Prophezeiung, dass ihn eines seiner Kinder schließlich vom Thron stoßen werde, verschlingt er die ersten fünf gleich nach der Geburt. Das sechste Kind, den Donnergott Zeus, rettet Rhea, indem sie Kronos einen in Säuglingskleidung gehüllten Stein zu schlucken gibt. Als Zeus alt genug ist, besiegt er seinen Vater, und Kronos muss seine anderen Kinder (und den Stein) wieder ausspucken. Diesen Stein verehrte man dann später im Orakelschrein von Delphi. Die Kastration des Himmelsgottes, dessen Nachfolger, der die eigenen Söhne verschlingt, der verschluckte Stein, der später als Kultobjekt angebetet wird, der letztendliche Sieg des Donnergottes – all diese Elemente haben ihre Entsprechung in einem hethitischen theologischen Text aus dem 13. Jahrhundert v. Chr., dem *Königtum im Himmel*. In Ermangelung griechischer literarischer Texte vor Hesiod können wir leider nicht nachvollziehen, wann und wie der Ideenaustausch stattgefunden hat, aber die Richtung, in die dieser Austausch vonstattenging, ist dennoch unverkennbar.

Der Philosoph Platon schrieb im 4. Jahrhundert v. Chr.: „Wenn sich die Griechen etwas von den Nicht-Griechen leihen, dann bringen sie es erst zur Perfektion." Man muss Platons (verständlicher) Wertung dessen, was sich die Griechen bei anderen Kulturen ausborgten, nicht unbedingt zustimmen – griechische Greife sind ja nicht „perfekter" als assyrische. Doch in einem Punkt hat er Recht: Die Griechen waren mehr als bloße passive Rezipienten orientalischer Kultur. Auch wenn der Ursprung der *koûroi*-Statuen eindeutig in Ägypten liegt, unterscheiden sie sich in der Ausführung deutlich von ihren ägyptischen Vorbildern. In Ägypten trugen männliche Statuen immer mindestens einen Lendenschurz; die griechischen *koûroi* sind hingegen fast immer nackt. Männliche Nacktheit gab es in der ägyptischen Kunst nicht, sie war eine ganz originäre kulturelle Vorliebe der Griechen. Hier kann man gut nachvollziehen, wie die Griechen einen orientalischen Prototyp den eigenen gesellschaftlichen Erwartungen und dem eigenen Geschmack anpassten. Noch auffallender ist dieses Phänomen bei der griechischen Adaption weiblicher Monumentalstatuen. Lange Zeit hatten die Griechen recht starr wirkende weibliche Holzfiguren hergestellt, insbesondere als Kultbilder von Göttinnen. Mitte des 7. Jahrhunderts, in etwa zur selben Zeit wie die ersten *koûroi*, tauchten auch steinerne Standbilder von Frauen (*korai*) in griechischen Heiligtümern auf. Anders als die *koûroi* waren diese weiblichen Figuren immer vollständig bekleidet dargestellt (vgl. zum Beispiel Tafel 9 f.). Das wohl älteste erhaltene Exemplar dieser steinernen *kórai* ist eine lebensgroße Statue von der kleinen Insel Delos, die auf ca. 650 v. Chr. datiert. Eine in das Kleid der Statue geritzte Inschrift identifiziert eine gewisse Nikandre als ihre Stifterin: „Der, die weit fliegende Pfeile schießt (= der Göttin Artemis), weihte mich Nikandre, die herausragende Tochter des Deinodikes von Naxos, Schwester des Deinomenes, Ehefrau des Phraxos." Man weiß nicht recht, ob die Statue Artemis darstellen soll oder Nikandre, die in der Inschrift komplett über ihre männlichen Verwandten definiert wird – den Vater, den Bruder und den Ehemann. Interessant ist hier vor allem, wie die Griechen das neue Medium der Steinstatuen auf ganz kreative Weise an die griechische Tradition freistehender drapierter Holzfiguren anpassten (siehe Tafeln 9 f.).

Wie wir gesehen haben, hat im 8. und 7. Jahrhundert v. Chr. in der griechischen Kultur und Gesellschaft eine „orientalisierende Revolution" stattgefunden. Aus dieser Tatsache ergibt sich eine recht umstrittene Frage. Objekte und Ideen fliegen nicht einfach so durch die Luft; sie werden physisch von Menschen von A nach B gebracht. Von Menschen, die sich zwischen verschiedenen kulturellen Zonen bewegen. Die mit anderen Menschen Handel treiben, mit ihnen reden, essen, sie heiraten. Doch wie genau kamen die Griechen mit den Kulturen des Nahen Ostens und Ägyptens in Berührung? Wer brachte wem was mit und vor allem: von wo aus wohin?

Die moderne Archäologie weiß längst von der Schlüsselrolle der Phönizier. Phönizien bestand zu Beginn des 1. Jahrtausends v. Chr. aus mehreren unabhängigen Stadtkönigtümern an der Küste des heutigen Libanon. Die wichtigsten waren Sidon, Byblos und vor allem Tyros. Diese Städte hatten eine besonders gute strategische Lage zwischen den drei großen kulturellen Zonen des Nahen Ostens – Anatolien, Mesopotamien und Ägypten. Schon seit Mitte des 2. Jahrtausends v. Chr. hatten sich die Phönizier im Handelsverkehr zwischen den Großmächten als Zwischenhändler betätigt. Die hethitische Getreideversorgung lag weitgehend in phönizischen Händen, und die Ägypter – in ihrem Land gab es keine Wälder – waren auf die Holzimporte aus dem Libanon angewiesen. Zu Beginn des 9. Jahrhunderts v. Chr. waren die phönizischen Städte dann in den Einflussbereich des Neuassyrischen Reichs in Nordmesopotamien geraten, und die Assyrer verlangten einen stetigen Strom phönizischer Luxusgüter, insbesondere Elfenbein, Metallarbeiten und Textilien; assyrische Importe aus Ägypten wurden ebenfalls über Phönizien abgewickelt. Vor allem aber waren die Phönizier die wichtigsten Rohstofflieferanten für die assyrischen Könige, und der wichtigste dieser Rohstoffe war Eisen. Um der immensen Nachfrage nach Eisen gerecht zu werden, erweiterten die Phönizier ihren Handel über das Meer nach Westen. Die erste Anlaufstelle war die mineralienreiche Insel Zypern; Ende des 9. Jahrhunderts entstand mit Kition an der Südküste der Insel eine phönizische Siedlung mit einem monumentalen Tempel, der der phönizischen Göttin Astarte geweiht war. Von Zypern aus führte der wichtigste Schifffahrtsweg nach Westen nach Kreta, wo um 800 v. Chr. herum am Hafen von Kommos an der Südküste ein kleiner phönizischer Schrein errichtet wurde (siehe Abb. 11). Rund um das Heiligtum hat man zahlreiche Fragmente phönizischer Transportgefäße gefunden. Kommos war dennoch allem Anschein nach keine dauerhafte phönizische Siedlung, sondern lediglich einer von zahlreichen Versorgungs- und Handelsposten, die phönizische Schiffe auf dem Weg nach Westen in Richtung griechisches Festland oder Libyen frequentierten. Zu jener Zeit müssen die Phönizier bereits regelmäßig Kontakt mit griechischen Kaufleuten gehabt haben; wir wissen, dass spätestens im 7. Jahrhundert v. Chr. Schiffe aus Böotien in Zentralgriechenland den Hafen von Kommos angelaufen haben.

Die Bedeutung von Kreta und Zypern als Berührungspunkte zwischen der griechischen Welt und dem Nahen Osten bezweifelt heute niemand mehr. Doch ob die Griechen ihrerseits aktiv in die levantinische Welt vorgedrungen sind, ist stark umstritten. Im zweiten Viertel des 8. Jahrhunderts v. Chr. wurde in Al Mina an der Küste Nordsyriens, an der Mündung des Orontes, eine neue Siedlung gegründet. Praktisch die gesamte ausgegrabene Keramik aus der frühesten Phase dieser Siedlung (ca. 775–725 v. Chr.) stammt aus dem griechischen Raum, insbesondere aus Euböa; aus der zweiten Phase, die um 700 v. Chr. endete, ist etwa die Hälfte der Keramik euböisch, der Rest stammt aus Zypern und Syrien. Keramik aus anderen Teilen der griechischen Welt findet sich dort indes so gut wie gar

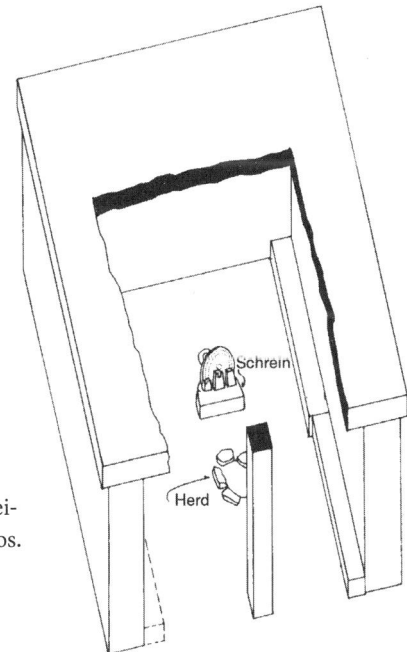

Abb. 11. Phönizischer Drei-Säulen-Schrein in Kommos.

nicht. Doch wer wohnte denn nun im 8. Jahrhundert in Al Mina? Sir Leonard Woolley, der die Stätte in den 1930er-Jahren ausgegraben hat, war der Auffassung, Al Mina sei eine griechische Siedlung gewesen, und bis in die 80er-Jahre hinein folgten ihm darin die meisten Archäologen. Sie verwiesen auf die überwältigende Menge an griechischer bzw. euböischer Keramik und auf die Tatsache, dass man an keinem anderen Ort an der levantinischen Küste so viel griechische Keramik gefunden hat. Das konnte nur eines bedeuten: Al Mina war ein „Außenposten" der Bewohner Euböas.

In den vergangenen dreißig Jahren sind jedoch immer mehr Archäologen ganz anderer Ansicht. Für sie ist der griechische Außenposten ein Mythos. Stattdessen weisen sie auf die nicht-griechischen Elemente in der Architektur des Ortes hin (Lehmziegel statt Stein) und auf das komplette Fehlen von Bestattungen oder kultischen Elementen im griechischen Stil. Vor allem aber besteht die euböische Keramik, die die Ausgräber fanden, fast ausschließlich aus Trinkgefäßen; von Kochtöpfen und Alltagsgeschirr, wie man es in einer griechischen Siedlung erwarten dürfte, gibt es keine Spur. Es ist also durchaus möglich, dass die griechischen Trinkgefäße von levantinischen – vermutlich phönizischen – Kaufleuten nach Al Mina gebracht wurden, die die auf Euböa produzierten Becher besonders schön fanden oder gut absetzen konnten. Wenn das stimmt, muss es in Al Mina überhaupt keine Griechen gegeben haben.

Mit archäologischen Befunden lässt sich diese Frage nicht befriedigend entscheiden. Wahrscheinlich wird es nie einen objektiven Beweis dafür geben, wer die euböische Keramik nach Al Mina gebracht und wer sie dort benutzt hat. Das heißt aber nicht, dass sich diese Frage nicht entscheiden lässt. Gegenwärtig hängt sich die Debatte an einer ganz grundsätzlichen Meinungsverschiedenheit auf: Waren solche Trinkgefäße aus Griechenland im Osten besonders begehrt oder nicht? Es kann gut sein, dass eine umfassende Studie der Typen und Mengen griechischer Keramik, die im 8. Jahrhundert in den Nahen Osten exportiert wurden, hier Klarheit schaffen kann. Dennoch hat die Debatte darüber, wie man die Siedlung in Al Mina interpretieren soll, noch weitere Implikationen; an ihr lassen sich zwei unvereinbare Ansichten über die Entwicklung der „orientalisierenden" Kultur in Griechenland im 8. und 7. Jahrhundert festmachen. Für die ältere Generation vor allem britischer und deutscher Archäologen stellt das euböische Al Mina den Punkt in der Geschichte dar, an dem die umtriebigen Griechen am Rand des Orients Fuß fassten, um sich die wertvollsten Fertigkeiten und Technologien der Kulturen des Nahen Ostens herauszupicken und zu adaptieren. Viele jüngere Forscher, vor allem aus den USA und Australien, sehen im levantinischen Al Mina in erster Linie ein Zeugnis für die Passivität der Griechen in ihrem Umgang mit der östlichen Kultur. Ihrer Meinung nach waren es nicht die Griechen, sondern die phönizischen Seefahrer, die die Zivilisation des Orients nach Griechenland brachten, als sie im 8. Jahrhundert bis weit in die Ägäis vordrangen und die griechischen Hafenstädte mit den materiellen und kulturellen Errungenschaften des Nahen Ostens überschwemmten.

Doch bei der ganzen Debatte geht es mitunter mehr um moderne Ideologie als um antike Keramik. Die Entwicklung der mediterranen Welt zu Beginn des 1. Jahrtausends v. Chr. betrachtete man früher fast ausschließlich aus griechischer Perspektive. Leider gibt es unter Historikern und Archäologen nach wie vor die höchst zweifelhafte Tendenz, die nicht-griechischen Völker des Mittelmeerraums – wie ein bekannter Archäologe es ausgedrückt hat – als „Menschen zu betrachten, die darauf warten, dass ihnen etwas Interessantes, sprich: Griechisches widerfährt". Das ist umso schlimmer, wenn man bedenkt, wie sehr die Darstellung der Phönizier als „bloße Kaufleute" im 19. und in der ersten Hälfte des 20. Jahrhunderts die Stereotypisierung semitischer Völker bedient hat. Doch den Beitrag der Phönizier zur europäischen Geschichte zu übertreiben, ist nicht weniger gefährlich. Auf Basis einer Art retrospektiver positiver Diskriminierung wurden den Phöniziern schon mehrfach bedeutende historische und künstlerische Entwicklungen des 8. und 7. Jahrhunderts zugeschrieben, wobei man die Griechen zu bloßen Mitläufern degradiert hat. Und auch das ist letztlich ein Beispiel für ideologisch geprägtes Wunschdenken.

Schwarze Athene

Die einflussreichste und zugleich umstrittenste Analyse der Beziehungen zwischen der griechischen Welt und ihren nicht-griechischen Nachbarn ist Martin Bernals Mammutwerk *Black Athena: The Afroasiatic Roots of Classical Civilization*, das zwischen 1987 und 2006 in drei

Bänden erschien (der erste Band wurde 1992 auch auf Deutsch veröffentlicht, unter dem Titel *Schwarze Athene: Die afroasiatischen Wurzeln der griechischen Antike*). Darin vertrat Bernal zwei wichtige Thesen: erstens, dass die griechische Kultur ihren Ursprung in Afrika, insbesondere in Ägypten habe, und zweitens, dass diese Tatsache seit dem 18. Jahrhundert im Westen von eurozentristischen oder schlicht rassistischen Forschern systematisch und absichtlich verheimlicht werde.

Bernals Behauptungen riefen leidenschaftliche bis zornige Reaktionen hervor, aus denen mitunter eine erstaunliche Arroganz sprach; ein Kritiker war der Ansicht, man könne „Bernals Argumentation ... getrost ignorieren, denn Bernal ist nun einmal Experte für chinesische Politik und kein Altertumswissenschaftler". Sicherlich kann man *Black Athena* einiges vorwerfen, von der Tatsache, wie sehr sich Bernal auf Ägypten als Urquelle der griechischen Kultur eingeschossen hat und dabei den Nahen Osten fast völlig außen vor lässt, bis hin zur Lobhudelei für so unseriöse Werke wie *Stolen Legacy: The Greeks were not the Authors of Greek Philosophy, but the People of North Africa, commonly called the Egyptians* von George James (1954). Immerhin muss man Bernal zugutehalten, dass er nie so weit ging wie James und andere Forscher, die behaupteten, Kleopatra oder Sokrates seien schwarz gewesen oder Aristoteles habe seine philosophischen Grundsätze von den Ägyptern gestohlen und sich dazu in der Bibliothek von Alexandria bedient (die erst mehrere Jahrzehnte nach Aristoteles' Tod entstand).

Bernals eigene Position wird besonders gut deutlich, wo er (im ersten Band von *Black Athena*) beiläufig auf jene Pharaonen zu sprechen kommt, „die man sinnvollerweise als schwarz bezeichnen kann". Warum so etwas „sinnvoll" (*useful*) sei, begründet Bernal wie folgt: „Der Rassenbegriff ist heutzutage zweifellos von größter Bedeutung. Daher bin ich der Meinung, dass die Tatsache, wie sehr ich den afrikanischen Ursprung der ägyptischen Zivilisation hervorhebe, für heutige Leser genauso von Bedeutung ist wie der Umstand, dass man einige ihrer Herrscher ‚sinnvollerweise als schwarz bezeichnen kann'. Ich möchte damit einer fortgesetzten kulturellen Diskriminierung afrikanischer Völker entgegenwirken, die dadurch zustande kommt, dass implizit vorausgesetzt oder sogar explizit behauptet wird, es habe nie eine wirklich bedeutende ‚afrikanische' Kultur gegeben, die etwas zur Weltgeschichte beigetragen habe, und die ‚Schwarzen' seien immer nur Sklaven gewesen." Das ist zumindest von der Überlegung her durchaus nachvollziehbar; ob es der beste Ansatz ist, die Vergangenheit zu erforschen, möge der Leser entscheiden.

Die „Orientalisierung" des 8. und 7. Jahrhunderts v. Chr. bildet zugleich die Kulisse für eine weitere bedeutende historische Entwicklung: die gleichzeitige Eroberung des westlichen Mittelmeerraums durch die Griechen und die Phönizier. Seit dem 11. Jahrhundert hatte es nur sporadische Kontakte zwischen der östlichen und der westlichen Hälfte des Mittelmeers gegeben; das änderte sich in der ersten Hälfte des 8. Jahrhunderts, als Griechen und Phönizier in immer größerer Zahl nach Westen segelten und an den Küsten des westlichen Mittelmeers Hunderte neuer Siedlungen gründeten. Einer der frühesten westlichen Außenposten war die um 770 v. Chr. entstandene Siedlung Pithekoussai auf der Insel Ischia in der Bucht von Neapel. Die Lage von Pithekoussai – auf einer kleinen Insel vor der Küste des Festlands – ist typisch für die ersten griechischen und phönizischen Siedlungen im Westen; ein weiteres Beispiel ist Sulki auf der Insel Sant'Antioco vor der Küste Sardiniens. Die Lage spiegelt die primäre Rolle dieser frühen Siedlungen im Westen wider: Sie dienten als Handelshäfen und als Tor zu den indigenen Völkern auf dem Festland, mit denen die Neuankömmlinge Handel treiben konnten.

In dieser ersten Phase der Kolonisation des westlichen Mittelmeers kann man nur schwerlich eine klare Grenze zwischen den Aktivitäten der Griechen und denen der Phönizier ziehen. Pithekoussai war in erster Linie eine Kolonie euböischer Griechen, doch es lebten dort auch viele Korinther, Phönizier und einheimische Italiker. Zweifellos war es genau dieser multikulturelle Charakter, der dafür sorgte, dass Orte wie Pithekoussai bei neuen Entwicklungen (wie der Schrift) oft ganz vorne dabei waren. Später kolonisierten die Griechen und die Phönizier dann unterschiedliche Gebiete: Griechische Kolonien entstanden überwiegend in Süditalien und im Osten Siziliens, während sich die Phönizier hauptsächlich in Spanien und Nordafrika niederließen. Interessanterweise gab es, was das Aussehen und die Funktionen der neuen Siedlungen betrifft, deutliche Unterschie-

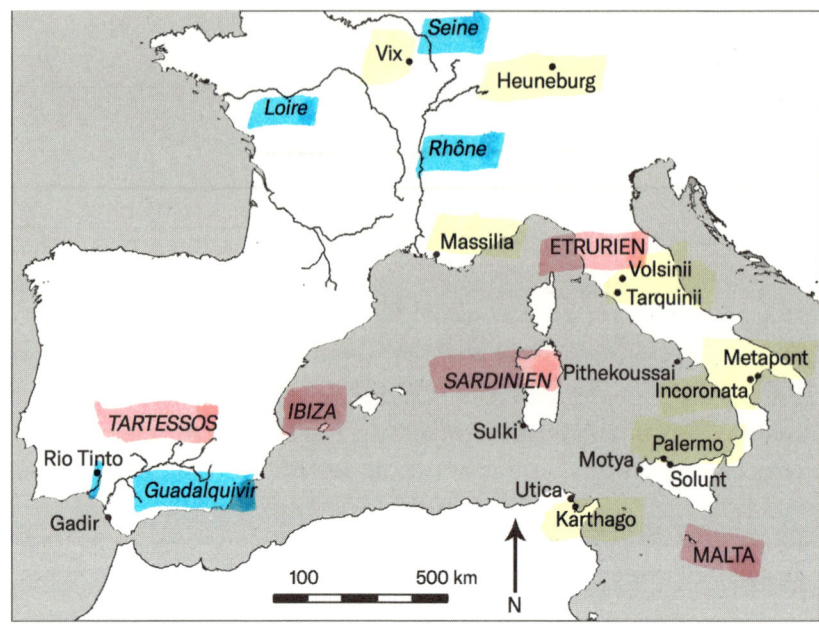

Karte 12. Der westliche Mittelmeerraum um 650 v. Chr.

de zwischen den beiden Kulturen. Ein paar konkrete Beispiele können das
sehr schön verdeutlichen.

Es scheint, als hätten die Phönizier bereits im 10. und 9. Jahrhundert
v. Chr. Kontakte ins westliche Mittelmeer unterhalten, doch erst zu Beginn des 8. Jahrhunderts begannen phönizische Händler, sich im Westen
dauerhaft niederzulassen. Dann allerdings ging alles rasend schnell: An
der Wende vom 9. zum 8. Jahrhundert gründeten die Phönizier Siedlungen
in Tunesien (Karthago und Utica), im Westen von Sizilien (Mozia, Paler-
mo, Solunt), auf Malta, Sardinien, Ibiza und an der andalusischen Küste.
Alle phönizischen Neugründungen im westlichen Mittelmeer waren so
angelegt, dass sie bereits vorhandene Handelsrouten nutzen und Gebiete erschließen konnten, wo Überschüsse produziert wurden. Die große
Kolonie Gadir (die Römer nannten sie später Gades, wovon sich der heutige Name Cádiz ableitet) ist ein ausgezeichnetes Beispiel dafür, was die
Phönizier im Westen wollten. Gadir liegt auf einer Insel vor der Südküste
Andalusiens, kurz vor der Meerenge von Gibraltar. Dort auf dem Festland
lag die Region, die die Griechen „Tartessos" nannten und die im Wesentli-

chen aus dem Flusstal des Guadalquivir und der heutigen Provinz Huelva bestand. Hier stießen die Phönizier auf ein spätbronzezeitliches Volk, das bislang kaum jemals mit anderen mediterranen Völkern in Kontakt gekommen war. Die einheimischen Tartesser kontrollierten jedoch eines der wichtigsten Abbaugebiete für Edelmetall überhaupt: die Minen am Rio Tinto in der Provinz Huelva mit ihren reichhaltigen Vorkommen an Kupfer, Silber, Gold, Blei und Eisen. Im 10. und 9. Jahrhundert v. Chr. scheinen die Einheimischen dort kaum mehr als ein wenig Kupfer abgebaut zu haben, doch als im 8. Jahrhundert die phönizischen Siedler in die Gegend kamen, brachten sie eine neue Technologie zum Schmelzen von Silber mit, die den metallurgischen Techniken der Iberer weit überlegen war. Und was mindestens genauso wichtig war: Daheim am östlichen Rand des Mittelmeers hatten sie einen Markt, der bereits auf Massenprodukte aus Edelmetall wartete. Mitte des 8. Jahrhunderts erlebten die Aktivitäten in den Minen der Regionen Huelva und Guadalquivir einen massiven Aufschwung – zu diesem Zeitpunkt stiegen die Eliten von Tartessos in großem Stil in den Export von Silber und anderen Metallen ein. Für den Transport sorgten ihre neuen phönizischen Handelspartner.

Man darf aber auch nicht vergessen, was in Gadir *nicht* geschah. Auch wenn die phönizische Siedlung zweifellos wohlhabend war, so war sie doch nie mehr als ein Handelsposten vor der Küste Südandalusiens; politischen Einfluss hatte die Stadt nicht. Wir haben keinen Hinweis darauf, dass die Phönizier jemals versucht hätten, sich die Ressourcen der Tartesser einfach so anzueignen oder Gebiete auf dem Festland zu annektieren und zu bewirtschaften. Stattdessen expandierte Gadir in Richtung Norden und Süden, durch Tochterkolonien an den Atlantikküsten Portugals und Marokkos, die den Phöniziern den Zugriff auf ein weiteres wichtiges Handelsnetz verschafften: den Zinnhandel im Ostatlantik. Die phönizische Besiedlung des westlichen Mittelmeerraums hat man als „maritime Urbanisierung" bezeichnet. Auch wenn die westlichen Kolonien irgendwann autark wurden, waren Orte wie Gadir komplett von den Handelsrouten abhängig, die sie wie Nabelschnüre mit ihren phönizischen Mutterstädten im östlichen Mittelmeer verbanden.

Die Griechen verhielten sich auf Sizilien und in Süditalien ganz anders. Die Kolonie Metapont am Golf von Tarent im Südosten Italiens ist ein extremes, aber nicht ganz untypisches Beispiel. An diesem Abschnitt der süditalischen Küste lebte ursprünglich ein indigenes italisches Volk, das die Griechen als Oinotrier kannte. In der ersten Hälfte des 7. Jahrhunderts v. Chr. war die wichtigste Siedlung in der Region der auf einem Hügel etwa 8 Kilometer landeinwärts gelegene kleine Ort Incoronata. Dort lebte eine Mischung aus einheimischen Oinotriern und einer kleinen Gruppe „vorkolonialer" griechischer Siedler. Um 630 v. Chr. herum ließ sich eine große Gruppe Achaier aus dem Nordosten der Peloponnes an der Küste von Metapont nieder. Incoronata wurde aufgegeben; als dort eine Generation später wieder Menschen wohnten, war von den einheimischen Italikern keine Spur mehr. Kurz nach der Ankunft der Griechen in Metapont war in San Biagio, 7 Kilometer nordwestlich des neuen urbanen Zentrums, ein griechisches Heiligtum entstanden – ganz in der Nähe des kürzlich aufgegebenen Incoronata. Es ist durchaus möglich, dass die neuen Siedler mit dem Bau dieses Heiligtums (nach dem Vorbild abgelegener religiöser Zentren auf dem griechischen Festland wie Perachora) ihren Anspruch auf das gesamte Gebiet zwischen Metapont und San Biagio bekräftigen wollten. Bald wurde das Gebiet in rechteckige Agrarparzellen aufgeteilt; die Einführung von Fruchtfolgen und neuen Anbautechniken steigerte die landwirtschaftliche Produktivität der Region. Es scheint, als hätten die Gründer von Metapont die einheimische italische Bevölkerung vertrieben und sich auf aggressive Weise große Ländereien angeeignet und bewirtschaftet, die später in Parzellen aufgeteilt und an neue griechische Siedler verteilt wurden. Diese Siedler waren von Anfang an darauf aus, autark zu leben. Sie hatten kein Interesse daran, gute Beziehungen zu ihren italischen Nachbarn zu unterhalten. Vergleicht man diese Situation mit der in der phönizischen Siedlung Gadir, könnte das Bild nicht unterschiedlicher sein.

Allerdings waren längst nicht alle griechischen Siedlungen im Westen vom Gedanken an Landgewinn geleitet. Das vielleicht beste Beispiel für eine griechische Kolonie, die florierte, weil sie mit ihren nicht-griechischen Nachbarn Handel trieb, ist Massilia (heute Marseille), das ca. 600 v. Chr. von Griechen aus dem Westen Kleinasiens an einem wunderbaren Naturhafen in der Nähe der Mündung der Rhône gegründet wurde (siehe Karte 13). Südfrankreich war die letzte Region des westlichen Mittelmeerraums, die von Siedlern aus dem Osten erschlossen wurde. Im 7. Jahrhundert v. Chr. hatten die Etrusker am Golfe du Lion eine Handvoll Handelsposten

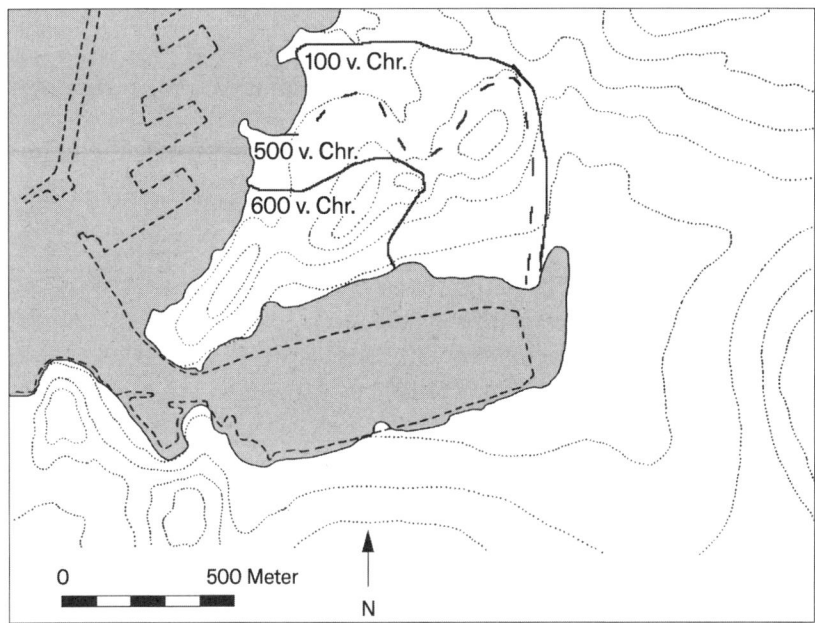

Karte 13. Besiedlung der Gegend von Massilia um 600, 500 und 100 v. Chr. Die Siedlung erstreckte sich an den Hängen nördlich des prächtigen Naturhafens; gestrichelte Linien innerhalb dieses Hafens und im Westen markieren die moderne Küstenlinie.

gegründet, über die sie ihren Wein in die Provence, das Languedoc und das Rhône-Tal exportierten, doch griechische oder phönizische Kolonien gab es in dieser Gegend vor der Gründung von Massilia keine. Die ersten fünfzig Jahre lang scheinen sich die griechischen Siedler in Massilia damit begnügt zu haben, sich auf der bestehenden Handelsroute zwischen Etrurien und Provence/Languedoc als Zwischenhändler zu betätigen. Währenddessen verwandelten die Massilioten die Küstenebene rund um die Siedlung in eine landwirtschaftliche Enklave und führten den Weinbau in der Region ein. Sobald die Weinproduktion der Massilioten ein gewisses Niveau erreicht hatte, war es für sie ein Leichtes, den Preis der etruskischen Importweine zu unterbieten. Ab ca. 540 v. Chr. kam die Einfuhr etruskischer Weinkrüge nach Südfrankreich abrupt zum Stillstand; ab sofort gab es dort fast nur noch Weinkrüge eines neuen Stils, und diese wurden vor Ort in Massilia hergestellt. Schon bald verkauften die Massilioten ihren Wein bis weit nach Norden – über den Rhône-Korridor zwischen

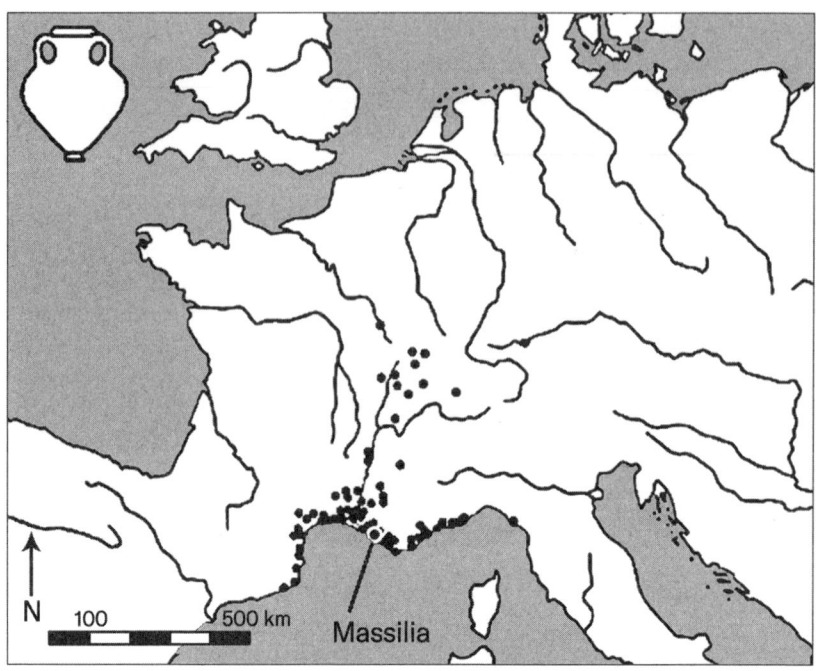

Karte 14. Verbreitung von Weinkrügen aus Massilia, ca. 560–500 v. Chr.

dem Zentralmassiv und den Alpen gelangte er in Länder, die zuvor kaum Kontakt mit den Kulturen des Mittelmeers gehabt hatten (siehe Karte 14).

Bis jetzt haben wir uns auf die Unterschiede zwischen der phönizischen und der griechischen Kolonisierung des Westens konzentriert, nun soll es um deren allgemeine Auswirkungen auf den Verlauf der europäischen Geschichte gehen. Wie wir bereits gesehen haben, erfuhr die griechische Gesellschaft im 8. und 7. Jahrhundert unter dem Einfluss der ägyptischen und vorderasiatischen Kunst und Technologie einen grundlegenden Wandel. Ähnliches gilt für die indigenen Zivilisationen und Eliten Westeuropas, die durch den Einfluss der Phönizier und der Griechen ihrerseits die orientalisierende Kultur des östlichen Mittelmeeres adaptierten. Die Eliten des iberischen Tartessos profitierten enorm vom Export ihrer Edelmetalle durch die Phönizier, und so scheint es fast logisch, dass sich die örtlichen Fürsten auch die Kultur der Phönizier aneigneten. Die riesigen fürstlichen Grabhügel im Guadalquivir-Tal zeigten schon bald einen starken Einfluss phönizischer Bestattungsriten, und in den Gräbern fanden sich immer mehr wertvolle Luxusgüter phönizischen Ursprungs (Bronzen, Elfenbein und Goldschmuck). Im 5. Jahrhundert v. Chr. entstand entlang der spanischen Mittelmeerküste unter dem Einfluss der Phönizier und der Griechen eine neue, komplexe urbane Kultur (siehe Tafel 17). In Kapitel 6 werden wir darauf zurückkommen, wie stark sich die Welt der Iberer im 5. und 4. Jahrhundert veränderte.

Im „griechischen" Südfrankreich hatte die Öffnung der Handelsroute von Massilia ins Rhône-Tal noch deutlichere Folgen. Als die Urnenfelderkultur (siehe S. 84–89) zu Ende ging, bildete die gesamte Region nördlich der Alpen – vom heutigen Burgund im Westen bis zur Tschechischen Republik im Osten – einen stabilen und relativ homogenen eisenzeitlichen Kulturkreis, den Archäologen als Hallstatt-Kultur bezeichnen (nach

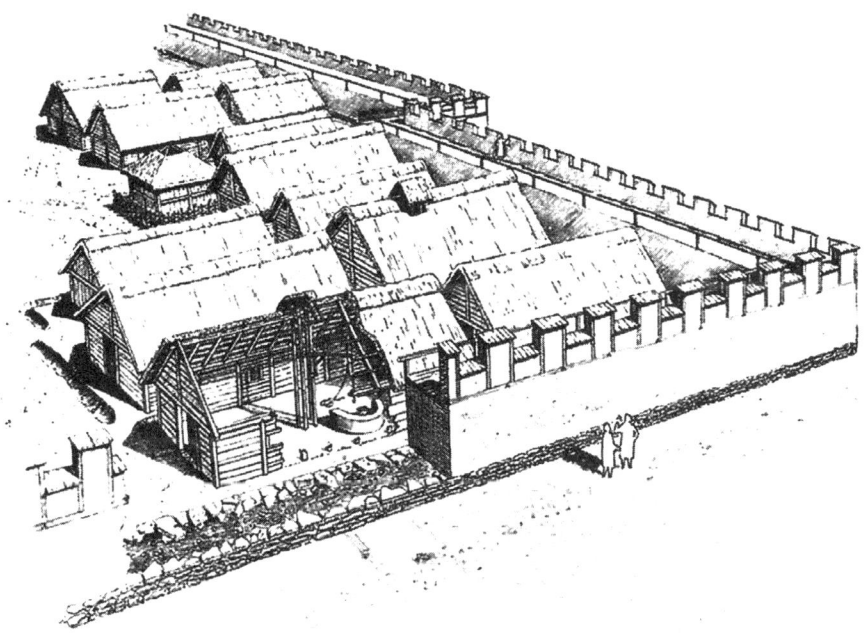

Abb. 12. Die Südostecke der Heuneburg mit Befestigungsanlagen aus Lehmziegeln im „griechischen" Stil. Man beachte, wie eng innerhalb der umgebenden Mauern die Häuser beieinander stehen.

einem Ort im Salzkammergut). Im 6. Jahrhundert v. Chr., als über den Rhône-Korridor mehr und mehr mediterrane Luxuswaren nach Norden gelangten, erlebte die westliche Hälfte der Hallstatt-Zone einen außergewöhnlichen Wandel. Die neue Elite, die dort entstand, residierte in befestigten Städten, die nach griechischem Vorbild auf Bergkuppen oder Hügeln angelegt wurden. Sie hob sich vor allem durch den auffälligen Konsum griechischer Luxusgüter von ihren Zeitgenossen vor Ort ab. Die am gründlichsten ausgegrabene Fürstenresidenz der Hallstatt-Zeit ist die Heuneburg an der Donau bei Ulm. Zu Beginn des 6. Jahrhunderts v. Chr. wurde sie wieder aufgebaut und erhielt nicht nur einen neuen, durchgeplanten Grundriss, sondern auch eine Befestigungsmauer aus sonnengetrockneten Lehmziegeln (siehe Abb. 12). Diese „Stadtmauer" scheint ein griechischer oder etruskischer Architekt konstruiert zu haben. Sie ist im Europa nördlich der Alpen einzigartig.

Die Bewohner sprachen oft und gerne dem Wein aus Massilia zu, und passenderweise importierten sie dafür auch griechische Trinkgefäße. Doch die Eliten der Hallstatt-Zeit waren, was das anging, durchaus flexibel – in einigen Fällen scheinen sie aus der griechischen Keramik Met statt Wein getrunken zu haben. Eine der westlichsten Fürstenresidenzen der Hallstatt-Kultur befand sich in Vix bei Châtillon-sur-Seine, rund 300 Kilometer westlich der Heuneburg. Dort wurde um 500 v. Chr. herum in einem riesigen Grabhügel eine Fürstin bestattet (siehe Tafel 13). Die Verstorbene war, wie in der Hallstatt-Kultur üblich, auf einem Wagen platziert und trug um den Hals einen fein gearbeiteten goldenen Torques aus lokaler Produktion. Die auffälligsten Grabbeigaben waren allerdings ein riesiger bronzener Krater – ein traditionelles griechisches Gefäß zum Mischen von Wein –, der wahrscheinlich aus einer der griechischen Städte Süditaliens stammte, und ein paar hochwertige attische Trinkgefäße.

Die Blütezeit jener Stammeshäuptlinge der westlichen Hallstatt-Zone, die sich dadurch von ihren Zeitgenossen unterschieden, dass sie ganz selbstbewusst die griechische Kultur adaptierten, war nicht von allzu langer Dauer. Gerade einmal zwei Generationen nach der Bestattung der Fürstin von Vix wurde ganz in der Nähe eine riesige quadratische Einfriedung mit 25 Metern Kantenlänge angelegt, die die Grabstätte eines weiteren Fürstenpaars markierte. Am Eingang standen zwei steinerne Statuen, eine von einem männlichen Krieger, die andere von einer sitzenden Frau mit einem Torques um den Hals. Doch schon kurz nachdem die Statuen aufgestellt worden waren, schlug ihnen jemand die Köpfe ab und zerstörte die Grabkammer; es war die letzte Fürstenbestattung in Vix. Wie wir in Kapitel 5 sehen werden, kam es damals im keltischen Mittel- und Nordeuropa zu Unruhen; die dortige Bevölkerung begehrte gegen die neuen Fürstenstaaten der westlichen Hallstatt-Zone auf – ein Vorgang, der für den Verlauf der Geschichte rund ums Mittelmeer im 4. und 3. Jahrhundert v. Chr. weitreichende Folgen haben sollte.

Auf die indigenen Völker der Apennin-Halbinsel hatte die Ankunft der Griechen im westlichen Mittelmeer ähnlich tiefgreifende und weitreichende Auswirkungen. Im 9. und 8. Jahrhundert kam es zu einem dramatischen Wachstum der Siedlungen in Mittel- und Norditalien (siehe S. 89 f.). Insbesondere im Süden von Etrurien kann man diesen Prozess nachvollziehen, wo fünf große urbane Zentren entstanden: Caere, Tarquinii, Veji, Volsinii und Vulci. Ende des 9. Jahrhunderts war jede dieser Siedlungen bereits zwischen 100 und 200 Hektar groß. Erstaunlicherweise scheint es an der Westküste Italiens nördlich der Bucht von Neapel keine griechischen oder phönizischen Kolonien gegeben zu haben – es ist der längste Küstenabschnitt im westlichen Mittelmeer, der von der griechisch-phönizischen Kolonisierung unberührt blieb. Ein naheliegender Gedanke ist, dass Etrurien aufgrund dieser ungewöhnlich frühen Urbanisierung für griechische und phönizische Siedler nicht mehr interessant war.

Nachdem die Griechen Mitte des 8. Jahrhunderts v. Chr. in der Bucht von Neapel zwei Kolonien gegründet hatten (Pithekoussai und Cumae), intensivierte sich der Kontakt zwischen den Etruskern und der griechischen Welt. Ab 750 v. Chr. gaben immer mehr Etrusker ihren Toten griechische Keramik mit ins Grab, und gegen Ende des 8. Jahrhunderts begannen etruskische Töpfer, hochwertige Nachahmungen korinthischer Gefäße im geometrischen Stil anzufertigen. Ein besonders aufwendig bestücktes Etrusker-Grab aus Tarquinii (heute Tarquinia), das zwischen 700 und 675 v. Chr. datiert, enthält zudem eine große Auswahl ägyptischer Luxusimporte, unter anderem eine wunderschöne Fayence-Vase, die den Namen des Pharaos Bokenranf (717–712 v. Chr.) trägt. Offensichtlich hatten die Etrusker keine Zeit verloren, die Handelsnetze des östlichen Mittelmeeres für sich zu erschließen. Die Etrusker übernahmen das neue griechisch-phönizische Alphabet; die frühesten Inschriften in der Muttersprache der Etrusker stammen aus der Zeit um 700 v. Chr. herum, nur zwei Generationen nach der frühesten erhaltenen Inschrift in Griechenland.

Um 600 v. Chr. trat die etruskische Gesellschaft in eine neue Phase ein. In Tarquinii entstanden die ersten großen Steinbauten, darunter ein großer Tempel und eine 8 Kilometer lange Befestigungsmauer sowie ein ausgeklügeltes Wasserverteilungssystem. Gleichzeitig gründeten die Tarquinier an der Küste eine neue Hafenstadt, Gravisca, die ihnen als Handelsposten und Kontaktpunkt für die griechischen Handelsschiffe diente. Im 6. Jahrhundert erlebte der Import von Keramik vom griechischen Festland einen neuen Höhepunkt. Zwischen 580 und 475 importierten die Etrusker Unmengen attischer Vasen im schwarzfigurigen und rotfigurigen Stil, die teilweise eigens für den etruskischen Markt hergestellt worden waren. Erstaunlich viele solcher Vasen sind völlig intakt erhalten geblieben, weil sie der Elite als Grabbeigaben dienten. Die Gräber der Etrusker sahen im 6. Jahrhundert indes völlig anders aus als alles, was wir vom griechischen Festland kennen. Sie hatten die Form monumentaler Steinkammern, deren Inneres oft kunstvolle Wandmalereien zierten. In Volsinii (heute Orvieto) ist die Nekropole in einem exakten Gitterschema angelegt; schmale Gassen führten zwischen den steinernen Grabkammern hindurch, die alle gleich aussahen und jeweils mit dem Namen des Bestatteten beschriftet waren. Eine so ostentativ egalitäre Art und Weise, die Toten zu bestatten, scheint es in keiner anderen etrurischen Stadt gegeben zu haben.

„Etruskische" Vasen

Bemalte Keramik aus der Antike zog zu Beginn des 18. Jahrhunderts verstärkt das Interesse italienischer und britischer Antiquitätenhändler und Sammler auf sich. Die meisten Vasen, die man damals erwerben konnte, stammten aus Gräbern in Etrurien und Süditalien, und man ging automatisch davon aus, dass sie auch in Etrurien hergestellt worden waren. Der einflussreichste britische Sammler war Sir William Hamilton (1730–1803), ab 1764 als britischer Gesandter für den Hof von Neapel tätig. 1766 gab Hamilton einen aufwendigen Katalog seiner Sammlung etruskischer, griechischer und römischer Altertümer in

Auftrag und verkündete, das vierbändige Werk eigne sich ideal dazu, „sachkundige Sammlungen von Werken über die Kunst zu vervollständigen und zugleich auf angenehme wie auf nützlich-lehrreiche Weise den Bücherschrank eines Mannes von Welt zu zieren". William Hamiltons „etruskische" Sammlung hatte im 18. Jahrhundert einen enormen Einfluss auf den Geschmack der Briten; insbesondere die einfachen Kompositionen und beschaulichen Motive, die Hamilton bevorzugte, prägten den britischen Neoklassizismus, der damals noch in den Kinderschuhen steckte. Im Jahr 1769 eröffnete Josiah Wedgwood in Staffordshire eine Keramikfabrik, die er, inspiriert von Hamiltons Sammlung geschmackvoller „etruskischer" Vasen, „Etruria" taufte. Die sechs Vasen, die am Tag der Eröffnung der neuen Fabrik hergestellt wurden, waren einer rotfigurigen Vase aus Hamiltons Sammlung nachempfunden, die Herakles im Garten der Hesperiden zeigte; alle Vasen trugen die kühne Inschrift: ARTES ETRURIAE RENASCUNTUR – „Die Künste Etruriens sind wiedergeboren."

Dabei wurde die Annahme, dass die „etruskischen" Vasen in Etrurien hergestellt wurden, bereits im 18. Jahrhundert angezweifelt: Falls es sich wirklich um lokal produzierte Vasen handelte, warum waren sie dann allesamt in griechischer Sprache beschriftet? Heute nimmt man an, dass die meisten in Etrurien ausgegrabenen Vasen in Athen hergestellt wurden, im Töpferviertel Kerameikos. Dennoch waren die „etruskischen" Vasen für die Zeitgenossen im 18. Jahrhundert, was ihren künstlerischen Wert betraf, über jeden Zweifel erhaben. Hamilton ließ seinen aufwendigen Katalog in erster Linie produzieren, um den Marktwert seiner eigenen Vasensammlung zu steigern (was ihm auch durchaus gelang: Später verkaufte er sie für eine astronomische Summe an das British Museum). Und natürlich behauptete er, „etruskische" Vasen seien in der Antike wertvolle und hochgeschätzte Kunstobjekte gewesen. Das darf man allerdings getrost bezweifeln: Die höchste belegte Kaufsumme für eine bemalte Vase aus Athen betrug 3 Drachmen – weniger als die Hälfte dessen, was zur selben Zeit eine gebrauchte Leiter kostete (8 Drachmen). Und mit Figuren bemalte Vasen waren nur etwa ein Drittel teurer als solche in schlichtem Schwarz. Dennoch sind bemalte Krüge und Teller aus dem 6. und 5. Jahrhundert

v. Chr. nach wie vor bei vielen Privatsammlern beliebt und gelten als Artefakte von hohem künstlerischen Wert. Und das schlägt sich auch im Preis nieder: Im Dezember 1993 wurde eine einzelne etruskische Vase aus dem 6. Jahrhundert v. Chr. bei Sotheby's für über 2 Millionen Pfund versteigert.

Die Reaktion der Etrusker auf die Ankunft der Griechen unterschied sich stark von der Reaktion der Einwohner Iberiens und der westlichen Hallstatt-Zone nördlich der Alpen. Zwar übernahmen die Etrusker viele Aspekte der materiellen Kultur der Griechen, doch ihr Umgang mit dem, was sie aus dieser Kultur übernahmen, war viel kreativer und innovativer. Auch wenn die etruskische Urbanisierung im 6. Jahrhundert v. Chr. nur durch den Zufluss von Reichtum und neuen Technologien aus der griechischen Welt möglich war, verlief sie doch völlig unabhängig vom griechischen Polis-Modell. Als sich die Etrusker in den größeren Kontext der mediterranen Welt einschalteten, um vom Handelsnetz zu profitieren, das griechische und phönizische Kaufleute aufgebaut hatten, brachte ihnen das enorme wirtschaftliche und gesellschaftliche Vorteile, ohne dass sie ihre ganz spezielle etruskische Kultur dafür aufgaben.

Ob aus Gravisca oder Vix, Incoronata oder Tartessos: Die Zeit zwischen dem 8. und dem 6. Jahrhundert v. Chr. war zweifellos eine entscheidende Phase in der Entwicklung Europas. Die regionalen Kulturen entwickelten sich weiter (und florierten teilweise, wie im Fall von Etrurien, auf geradezu spektakuläre Weise), aber vor allem kennzeichnet diese Epoche eine ständig wachsende Vernetzung zwischen den einzelnen Kulturen. Die Existenz der griechisch-phönizischen Diaspora im Westen ließ den gesamten Mittelmeerraum zu einem einzigen makroökonomischen System werden, dessen Kultur immer homogener wurde. So entstand ein Wirtschaftsraum, der sich von Tyros bis Gadir und von Massilia bis Euböa erstreckte. Ägyptische Fayence war in Tarquinii und Perachora genauso beliebt wie in Ninive und Karthago. Um 500 v. Chr. herum bildete die mediterrane Welt zum allerersten Mal eine echte kulturelle Einheit.

Zu Beginn des 8. Jahrhunderts v. Chr. hatten die Griechen damit begonnen, eine alphabetische Schrift zu verwenden. Die frühesten überlieferten

Schriftstücke sind nicht besonders informativ, aber eine kurze Inschrift auf einem Trinkbecher aus dem ausgehenden 8. Jahrhundert gewährt uns einen bemerkenswerten Einblick in die Art und Weise, wie die ersten Griechen, die den Westen besiedelten, ihre Vergangenheit wahrnahmen. Der Text stammt aus der allerersten griechischen Siedlung im Westen: Pithekoussai auf der Insel Ischia in der Bucht von Neapel, dem von Euböern gegründeten Handelszentrum. Hier wurde um 730 v. Chr. herum ein etwa zwölfjähriger Junge beerdigt, dem man eine ganze Reihe griechischer Trinkgefäße mit ins Grab legte, unter anderem einen kleinen Trinkbecher, der aus Ostgriechenland, möglicherweise von Rhodos, stammte. Der Becher trug eine dreizeilige Versinschrift in euböischer Schrift (siehe Abb. 13): „Ich bin der Becher des Nestor, aus dem man gut trinken kann. / Wer stets aus diesem Kelch trinkt, den wird sofort / Das Verlangen der schönbekränzten Aphrodite ergreifen." Diese drei Verse, die auf ganz elegante Weise auf den Mix von Wein, Poesie und Sex anspielen, der die Symposien (Gelage) der frühgriechischen Aristokraten kennzeichnete, sind zugleich unser frühester indirekter Beweis für die Existenz einer mündlichen Überlieferung über den Trojanischen Krieg. Zu jener gehörte nämlich ein Held namens Nestor, König von Pylos, der zusammen mit der achaiischen Armee gegen Troja zog. Mit im Gepäck hatte er ein Trinkgefäß mit goldenen Nieten und goldenen Tauben am Ansatz der Griffe; es war so groß und schwer, dass ein gewöhnlicher Mann es kaum vom Tisch heben konnte, wenn es voll war. Dass der kleine Tonbecher aus Pithekoussai behauptete,

Abb. 13. Griechische Verse auf dem „Nestorbecher" (Pithekoussai, ca. 730 v. Chr.).
Alle drei Zeilen sind von rechts nach links geschrieben.

der mythische „Nestorbecher" zu sein, war also ein Witz, doch über diesen Witz schmunzeln konnte natürlich nur, wer die mythischen Hintergründe kannte. Wir dürfen also davon ausgehen, dass die kultivierten Weintrinker von Pithekoussai die mündliche Überlieferung über den Trojanischen Krieg kannten – eine mündliche Überlieferung, die eine Generation später in Gestalt der Epen *Ilias* und *Odyssee* ihre endgültige Form erreichte.

Die *Ilias* und die *Odyssee*, zwei narrative Epen aus der in der Bronzezeit angesiedelten heroischen Vergangenheit (siehe Kapitel 1), waren in der neuen alphabetischen, griechischen Schrift verfasst. Die *Ilias*, die rund 16 000 Verse zählt, berichtet von den Ereignissen einiger weniger dramatischer Wochen im zehnten Jahr der Belagerung Trojas durch die Griechen, die im Tod und in der Beerdigung des troischen Helden Hektor gipfeln. Die *Odyssee*, 12 000 Verse lang und strukturell teilweise der *Ilias* nachempfunden, beschreibt die Rückkehr eines der Helden des Trojanischen Krieges, Odysseus, ins heimatliche Ithaka, die zu einer zehnjährigen Irrfahrt wird. Obwohl sich beide Epen vordergründig auf ein ganz bestimmtes Motiv konzentrieren – der erste Vers der *Ilias* verkündet, in ihr werde es um den „Zorn des Achilleus" gehen, und mehr als ein Viertel des Werks spielt an einem einzigen Tag –, entfalten die *Ilias* und die *Odyssee* ein gewaltiges und überzeugendes Panorama des gesamten heroischen Zeitalters, mithilfe ausgedehnter Vergleiche, Rückblenden und von den Protagonisten erzählter Geschichten innerhalb der Geschichte.

Die Welt, die *Ilias* und *Odyssee* beschreiben, ist hinsichtlich sowohl der gesellschaftlichen Struktur als auch der materiellen Kultur eine komplexe Mischung verschiedener Epochen. Manchmal wähnt man sich in der Bronzezeit, mitunter spiegeln die Epen aber auch ganz eindeutig die Gegebenheiten des 9. und 8. Jahrhunderts v. Chr. wider. Zum Beispiel wird mehrfach erwähnt, wie Kleidung aus Wolle und Leinen mit parfümiertem Öl behandelt werden, damit sie duftet und glänzt – eine Praxis, die in der griechischen Eisenzeit längst nicht mehr existierte, in mykenischen Linear-B-Texten aber gut bezeugt ist. In einigen Fällen sind Elemente verschiedener Epochen eng miteinander verwoben, so im 23. Gesang der *Ilias*, als Achilleus, der Sohn des Peleus, Leichenspiele für seinen gefallenen Gefährten Patroklos veranstaltet, bei denen die Teilnehmer der einzelnen Disziplinen diverse Luxusobjekte gewinnen können. Einer dieser Preise ist ein großes, unbearbeitetes Stück Eisen:

Jetzo trug der Peleide die rohgegossene Kugel,
Welche vordem geworfen Eëtions mächtige Stärke;
Aber jenen erschlug der mutige Renner Achilleus,
Und entführt' in Schiffen mit anderer Habe die Kugel.
Aufrecht stand der Peleid', und redete vor den Argeiern:
Kommt hervor, wer begehrt auch diesen Kampf zu versuchen!
Wenn er auch weit umher fruchttragende Äcker beherrschet,
Hat er daran zu fünf umrollender Jahre Vollendung
Reichen Gebrauch: denn nimmer ihm darf aus Mangel des Eisens
Weder Hirt noch Pflüger zur Stadt gehn, sondern er reicht ihm.

Zu Beginn dieser Passage ist die „rohgegossene Kugel" aus Eisen für sich genommen bereits ein Prestigeobjekt mit einem hohen Materialwert; am Ende dient sie dann nur noch als Rohmaterial zur Herstellung von Gebrauchsgütern: Der Gewinner soll das Eisen einschmelzen und gießen oder Werkzeuge daraus hämmern. Die Eisenzeit, also die Epoche, in der die Technologie aufkam, um solche Werkzeuge aus Eisen herzustellen, begann in Griechenland erst um 1000 v. Chr. Die ersten vier Verse dieser Passage scheinen eine Haltung gegenüber dem Metall Eisen abzubilden, die auf die späte Bronzezeit (1600–1070 v. Chr.) verweist, die letzten vier Verse setzen die Existenz der technologischen Innovationen der frühen Eisenzeit (1070–900 v. Chr.) voraus.

Derek Walcotts *Omeros*

Im September 1990 veröffentlichte der karibische Schriftsteller und spätere Literaturnobelpreisträger Derek Walcott *Omeros*, ein episches Gedicht von ebensolcher Länge, das auf seiner Heimatinsel St. Lucia spielt. Kaum ein anderes modernes dichterisches Werk demonstriert so deutlich, wie sehr Homer Literaten auch heute noch als Quelle und Inspiration dient. Die Protagonisten Achille, Hector, Helen und Philoctete erleben in der Welt des Autors, zwischen den Fischerbooten und Cafés der Karibik, Homers Geschichten noch einmal neu. Der Fischer Philoctete kann aufgrund einer Verletzung am Schienbein, die ihm ein rostiger Anker zugefügt hat und die nicht heilen will, nicht aufs Meer hinausfahren. Die schöne Hausangestellte Helen verlässt ihren Geliebten Achille für dessen Freund Hector, einen ehemaligen Fischer, der inzwischen Taxi fährt. Als Hector bei einem Autounfall stirbt, kehrt Helen, die inzwischen von einem der beiden Männer schwanger ist, zu Achille zurück; Philoctetes Wunde heilt schließlich, als sich eine weise Frau seiner annimmt, Ma Kilman, die Geschäftsführerin des Cafés *No Pain*.

Auch wenn Walcott sich Namen, Attribute und Handlungsweisen seiner Figuren bei Homer borgt, so tut er dies doch auf erstaunlich einfallsreiche und anmutige Weise. Das Ergebnis ist viel mehr als eine bloße Kopie seines Vorbilds:

> *Warum siehst du Helen nicht,*
> *wie die Sonne sie sah, ohne den Schatten Homers,*
> *wie sie, ganz allein, am Strand die Plastiksandalen schwingen lässt,*
> *so frisch wie der Seewind?*

In einer Schlüsselszene hat Achille einen Sonnenstich erlitten und stellt sich vor, wie er in den Kongo zurückkehrt, wo er im Dorf seiner Vorfahren unter anderem auf seinen Vater Afolabe trifft. Die Episode spielt auf Odysseus' Reise in die Unterwelt in der *Odyssee* an, wo Odysseus die Geister seiner Mutter Antikleia und seiner im Trojanischen Krieg gefallenen Kameraden begegnen. Als Achille sich mit seinen afrikanischen Vorfahren unterhält, wird ihm klar, dass er selbst ein Geist ist: Sein Vater kann sich weder an den eigentlichen Namen seines Sohnes erinnern, noch versteht er dessen „homerischen" Namen, Achille.

> *Langsam erfasste ihn die Trauer darüber, zu Hause zu sein,*
> *eine Trauer, wie sie die Geister bei Morgengrauen für ihre Gräber empfinden,*
> *weil sich die Zukunft in ihm umgekehrt hat.*

Die Vision endet mit einem Überfall auf das Dorf. Achille muss zusehen, wie seine Vorfahren in Ketten abgeführt werden, um über den Atlantik in die Karibik verschifft zu werden, wo sie als Sklaven dienen werden. Achille ist für immer von seiner afrikanischen Vergangenheit abgeschnitten, aber in der kulturellen Tradition der Europäer, für die Homer steht, fühlt er sich, so impliziert Walcott, ebenso wenig zu Hause.

Am Ende des Gedichts beobachtet der Erzähler eine Seeschwalbe, die zwischen „beiden Seiten dieses Textes" hin und her schwankt – dem Vorbild Homer und der Realität der entwurzelten Fischer von St. Lucia:

Ihr Flügelschlag trägt diese Inseln nach Afrika,
sie hat den Mittelatlantischen Rücken überbrückt,
den Riss in der Seele geflickt.

Es ist die Art und Weise, wie der Autor diesen „Riss in der Seele" literarisch umzusetzen vermag, die Walcotts Hommage an Homer so eindringlich macht.

Diese verschiedenen Schichten implizieren, dass die *Ilias* und die *Odyssee* in ihrer überlieferten Form das Endprodukt einer mehrere Jahrhunderte währenden Entwicklung sind. Offenbar stehen diese Gedichte am Ende einer langen Tradition mündlich tradierter Literatur, die bis ins 2. Jahrtausend v. Chr. zurückreichte. Jahrhundertelang müssen Generationen von Dichtern den Trojanischen Krieg und die Irrfahrten des Odysseus besungen haben. Die Lieder, die sie zu Gehör brachten, lernten die Dichter nicht wortwörtlich auswendig, doch vollständig improvisiert waren sie auch nicht: Sie bedienten sich bei einem großen und flexibel einsetzbaren Repertoire formelhafter Elemente – von einzelnen Beinamen („helläugige Athene") über komplette Verse („Ihm antwortete drauf der erfindungsreiche Odysseus ...") bis hin zu ganzen formelhaften Szenen (Gelage, Bewaffnung, Todeskampf). Man darf annehmen, dass im Laufe der Zeit immer mehr formelhafte Elemente hinzukamen. Auf diese Weise konnten die materielle Kultur und die Werte früherer Gesellschaften in diesem Repertoire ihre Spuren hinterlassen und sich ablagern wie die Jahresringe in einem Baumstamm.

Irgendwann zwischen 700 und 650 v. Chr. erhielten diese flexiblen und immer wieder aufs Neue weiterentwickelten mündlich überlieferten Gedichte dann eine feste, unveränderliche Form: Wir wissen, dass die Griechen im ausgehenden 7. und im 6. Jahrhundert v. Chr. nur noch eine einzige, kanonische Form beider Epen kannten. Kurz: Die Gedichte wurden niedergeschrieben. Für diese endgültigen Fassungen muss eine Einzelperson verantwortlich gewesen sein und keine Redaktion. Die Frage, wie viel von der unbestrittenen emotionalen Kraft und poetischen Schönheit dieser Epen dem letztendlichen Redaktor zu verdanken ist und wie viel der anonymen mündlichen Überlieferung, bei der er sich bediente, ist eine Frage, die einen mitten in das Wesen künstlerischer Inspiration führt: Können mehrere aufeinanderfolgende Generationen mündlicher Dichter, die das Werk ihrer Vorgänger immer wieder aufs Neue überarbeiteten und erweiterten, für eine so großartige, bewegende Darstellung verantwortlich sein wie für jene des Achilleus in der *Ilias*? Oder muss es nicht doch ein einzelner begabter Literat gewesen sein, der die formelhaften Elemente der mündlichen Tradition übernahm und diesen rohen Klumpen aus Bronze und Eisen in Gold verwandelt hat?

Ende des 6. Jahrhunderts v. Chr. war die Frage, wer denn nun der Urheber von *Ilias* und *Odyssee* war, eine Angelegenheit von großem öffentlichen Interesse. Eine der lautesten Stimmen, die die Urheberschaft für sich beanspruchten, kam von einem Verein von Rhapsoden („Sänger zusammengesetzter Verse") aus Chios, die sich *homerídai* nannten, was ursprünglich wohl lediglich „Sänger bei der Versammlung" bedeutete (vom griechischen Wort *homáris* für „Versammlung"). Jetzt, im 6. Jahrhundert v. Chr., behaupteten die *homerídai* jedoch, sie seien die Nachfahren eines blinden Dichters namens Homer, der einst auf Chios gelebt habe und die *Ilias*, die *Odyssee* sowie mehrere kürzere Hymnen auf griechische Gottheiten geschrieben habe. Auch wenn später mehr als ein Dutzend Städte die Verbindung zu Chios bestritten und stattdessen behaupteten, sie seien Homers Geburtsort, blieb doch der Name hängen.

Ab jener Zeit war Homer (wie wir ihn von nun an wohl nennen müssen) aus dem kulturellen Kanon der Griechen nicht mehr wegzudenken. Ende des 6. Jahrhunderts beklagte sich der Philosoph Xenophanes von Kolophon, alle seine Zeitgenossen hätten Homers irrige Vorstellungen von den Göttern übernommen, da *Ilias* und *Odyssee* die Grundlage aller Bildung darstellten. Ab ca. 520 v. Chr. gehörte die Rezitation der homerischen Epen zum festen Bestandteil eines wichtigen attischen Festes: der Großen Panathenäen. Dummerweise kam Athen darin, von einer kurzen

Erwähnung im Katalog der griechischen Flotte im zweiten Buch der *Ilias* abgesehen, quasi gar nicht vor. Dieses Versäumnis machte man dadurch wett, dass Homers Text ein paar Verse hinzugedichtet wurden, die den Kult des Erechtheus auf der Athener Akropolis schilderten, Menestheus, den Anführer der Athener im Trojanischen Krieg, priesen und behaupteten, Soldaten von Salamis hätten Seite an Seite mit dem attischen Kontingent gekämpft. Dieser letzte Zusatz ist besonders bezeichnend: Im 8. und 7. Jahrhundert hatte die Insel Salamis zuerst zu dem größeren Inselstaat Ägina gehört und dann zu den Nachbarn der Athener, den Megariern; erst Mitte des 6. Jahrhunderts wurde Salamis in den attischen Staat eingegliedert. Zu einer Zeit, als ihr Anspruch auf Salamis bestenfalls umstritten war, konnten die Athener so behaupten, die Insulaner hätten bereits im Trojanischen Krieg an ihrer Seite gekämpft.

Homer für nationalistische Zwecke zu instrumentalisieren, war für die Bürgerstaaten, die auf dem griechischen Festland entstanden waren, ein wichtiges Werkzeug, um sich eine gemeinsame Basis in Form einer gemeinsamen Vergangenheit zu schaffen. Zu Beginn dieses Kapitels haben wir uns mit den frühesten Stadien der Entstehung der Poleis auf dem griechischen Festland befasst. Wie wir gesehen haben, war eines der Anzeichen für die neue Polis-Identität in Eretria zu Beginn des 7. Jahrhunderts die Umwandlung eines üppigen privaten Grabkomplexes in eine öffentliche Kultstätte. Selbst als die Könige der „Dunklen Jahrhunderte" längst einer fernen Vergangenheit angehörten, bemühten sich die Bewohner von Eretria, die Erinnerung an ihre früheren Herrscher zu bewahren; sie wurde zu einem Element ihrer gemeinsamen bürgerlichen Identität. Einen ähnlichen Prozess öffentlicher „Erinnerung" beobachten wir in dieser Zeit auch in anderen Teilen der griechischen Welt. Ende des 8. Jahrhunderts wurden in den alten mykenischen Grabkammern und Tholos-Gräbern wieder vermehrt Opfergaben platziert, insbesondere in Attika und im Süden und Osten der Peloponnes. In mehreren Fällen können wir davon ausgehen, dass nicht nur einzelne Personen, sondern ganze Gemeinden die Ruhestätten ihrer Vorfahren ehrten. Als die Korinther ca. 625 v. Chr. bei Bauarbeiten auf der Agora ihrer Stadt eine im Grunde recht gewöhnliche Gruppe „geometrischer" Gräber entdeckten, bauten sie sofort eine heilige Einfriedung um die Gräber herum und machten sie zum Herzstück eines Kultes (siehe Abb. 14). Die Entstehung solcher kommunaler Heroenkulte

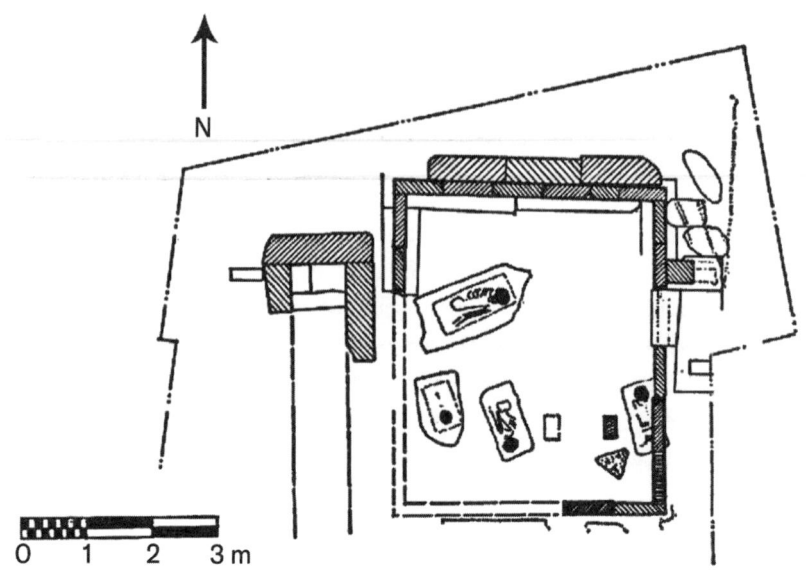

Abb. 14. Heiliger Bezirk („Heldenschrein") rund um „geometrische" Gräber auf der Agora von Korinth, ca. 625 v. Chr.

ist ein frühes Anzeichen für die Existenz einer kollektiven Polis-Identität: Solche anonymen Heroen galten nun als Vorfahren nicht mehr einzelner elitärer Familien, sondern der gesamten politischen Gemeinschaft.

In einigen wenigen Fällen brachte man Überreste aus der Bronzezeit mit Gestalten aus der mythischen Vergangenheit in Verbindung. Besonders interessant ist der Fall von Sparta im äußersten Süden der Peloponnes. Ende des 8. Jahrhunderts v. Chr. brachte man dem mykenischen Palast von Therapne in der Nähe von Sparta, dessen Ruinen fast fünfhundert Jahre lang unberührt in der Landschaft gelegen hatten, erstmals wieder kleine Weihgaben dar, die zunächst direkt auf und zwischen den verfallenen Mauern platziert wurden. Mitte des 7. Jahrhunderts wurde in Therapne dann ein monumentaler steinerner Heroenschrein für Helena und Menelaos errichtet, deren Trennung den Trojanischen Krieg ausgelöst hatte. Offenbar hielten die Spartaner des 8. und 7. Jahrhunderts die Ruinen des mykenischen Therapne für die Überreste des Palasts des Heros Menelaos.

Auf den ersten Blick scheint es fast paradox, dass die Spartaner überhaupt an einer solchen Verbindung zu Menelaos und Helena interessiert waren: Menelaos war der Enkel des Pelops, des mythischen Helden, der der Peloponnes (wörtlich „Insel des Pelops") seinen Namen geliehen hatte, und allgemein nahm man an, dass es die Spartaner gewesen waren, die die Familie des Pelops ausgelöscht hatten. Laut dem spartanischen Dichter Tyrtaios, der im 7. Jahrhundert v. Chr. die Geschichte Spartas aufzeichnete, stammten die Spartaner ursprünglich aus Erineos in der zentralgriechischen Region Doris. In der Generation nach dem Trojanischen Krieg baten die Herakleiden (die Nachfahren des Herakles) die Dorer, ihnen dabei zu helfen, ihren angestammten Platz als Herrscher der Peloponnes wieder einzunehmen. Den Dorern gelang es, so der Mythos, die Peloponnes zu erobern; sie töteten oder vertrieben den letzten Pelopiden-König von Sparta, Tisamenos, den Sohn des Orestes, und installierten an dessen Stelle die Herakleiden als Herrscher. Die Könige von Sparta galten als direkte Nachfahren der Herakleiden, die übrigen Spartaner als Nachkommen ihrer damaligen dorischen Anhänger.

Ob diese Geschichte eine reale „Dorische Wanderung" in der späten Bronzezeit widerspiegelt (siehe S. 78–83) oder nicht – klar ist, dass sich die Spartaner kollektiv als Einwanderer sahen, die nach dem Trojanischen Krieg auf die Peloponnes gekommen waren. Und dennoch identifizierten sich die Spartaner auch ganz eindeutig mit den alten, prä-dorischen Dynastien der Peloponnes: Mitte des 6. Jahrhunderts v. Chr. entdeckte ein spartanischer Besucher in der zentralpeloponnesischen Stadt Tegea zufällig das Grabmal des Orestes, des Sohns Agamemnons, und überführte dessen Gebeine prompt nach Sparta. Und im selben Jahrhundert fanden spartanische „Archäologen" in Helike ganz im Norden der Peloponnes die sterblichen Überreste von Orestes' Sohn Tisamenos. Indem die Spartaner die Gebeine von Angehörigen ihrer mythischen Vorgängerdynastie nach Sparta zurückbrachten, wiesen sie nachdrücklich darauf hin, dass es zwischen der prä-dorischen Pelopiden-Dynastie und ihrer eigenen politischen Gemeinschaft eine gewisse Kontinuität gab.

Interessant ist daran vor allem, dass die Spartaner damit zwei alternative Möglichkeiten hatten, ihre gemeinschaftliche Identität zu definieren. Je nach Kontext betonten sie entweder ihre spezifisch spartanische Identität als Bewohner einer bestimmten Gegend auf der Peloponnes oder ihre

Identität als dorische Einwanderer. Als Einwohner von Sparta waren sie die rechtmäßigen Erben der Pelopiden-Könige aus der heroischen Vergangenheit und opferten den dorther stammenden Helden des Trojanischen Kriegs wie Menelaos und Orestes. Als Dorer waren sie Teil einer größeren ethnischen Gruppe jenseits der Grenzen der Peloponnes; wie ernst sie ihre verwandtschaftlichen Beziehungen zu den Dorern in Zentralgriechenland nahmen, lässt sich daran ermessen, dass die Spartaner im Jahr 457 v. Chr. eine große Expedition nach Doris schickten, um ihre Verwandten vor deren aggressiven Nachbarn aus Phokis zu schützen. Ethnische und territoriale Identitäten mussten einander nicht ausschließen.

Doch ein Aspekt kollektiver Identität fehlte den Spartanern – sie sahen sich als Spartaner und als Dorer, aber offenbar nicht als Hellenen, als „Griechen". Auch in den homerischen Epen findet sich noch kein positives Konzept einer griechischen Identität. Der geographische Begriff „Hellas" meint bei Homer lediglich eine winzige Region im Tal des Flusses Spercheios in Zentralgriechenland, und die Achaier unterscheiden sich in der *Ilias* weder in ethnischer noch in sprachlicher Hinsicht besonders von den Troern. Erst Anfang des 6. Jahrhunderts lassen sich erste Anzeichen eines hellenischen Selbstbewusstseins erkennen. Ein anonymes Epos aus dem frühen 6. Jahrhundert, die *Eoien*, verkündete, die verschiedenen in Griechenland lebenden Volksstämme – Dorer, Äoler, Ionier, Achaier – stammten allesamt von einem mythischen König namens Hellen ab. Doch der eindeutigste Beweis für das Aufkommen einer „panhellenischen" Identität findet sich im Bereich der „internationalen" Leichtathletik.

Der Zeus-Tempel in Olympia im äußersten Westen der Peloponnes war das wichtigste überregionale Heiligtum Griechenlands. Olympia wuchs nur langsam – da das Heiligtum nicht einer einzelnen Polis unterstand, fühlte sich zunächst auch niemand dafür zuständig, besonders viel in den Standort zu investieren und monumentale Bauten zu errichten. Ab dem 8. Jahrhundert v. Chr. wurden in Olympia regelmäßig sportliche Wettkämpfe ausgetragen, wie sich an der steigenden Zahl bronzener Dreifüße ablesen lässt, die hier geweiht wurden (falls ihre Interpretation als Weihgeschenke der Olympioniken korrekt ist). Bei den Spielen scheinen zunächst nur lokale Aristokraten miteinander konkurriert zu haben, doch schon bald kamen die Teilnehmer von weiter her. Zu Beginn des 6. Jahrhunderts gab es dann fast zur gleichen Zeit drei wichtige Entwicklungen.

Erstens wurden zwischen 582 und 573 v. Chr. drei neue überregionale Sportfeste initiiert, die Pythischen Spiele in Delphi, die Nemeischen Spiele in Kleonai und die Isthmischen Spiele am Isthmus von Korinth. Ein formeller vierjähriger Zyklus wurde eingeführt: Die Olympischen Spiele fanden im ersten Jahr statt, die Pythischen Spiele im dritten Jahr und die Isthmischen und die Nemeischen Spiele sowohl in Jahr zwei als auch in Jahr vier. Zur gleichen Zeit wurden die Olympischen Spiele wahrscheinlich auch neu organisiert und erhielten einen offizielleren Rahmen. Zweitens erfuhr das Wesen der Teilnahme an den Olympischen Spielen eine subtile Veränderung: Hatten die Sportler bis dahin um individuellen Ruhm und um die Anerkennung anderer Aristokraten ihrer Heimatstadt und der benachbarten Städte gekämpft, traten die Athleten ab dem frühen 6. Jahrhundert immer öfter im Namen ihrer Heimatstadt an. Die gesamte Polis begann, sich für das Abschneiden ihrer Sportler bei den Olympischen Spielen zu interessieren; spätestens Anfang des 5. Jahrhunderts v. Chr. war die Teilnahme an den Spielen auf Griechen beschränkt. Drittens entstanden zu Beginn des 6. Jahrhunderts in Olympia die ersten Monumentalbauten. Auf den ersten steinernen Tempel, der der Göttin Hera geweiht war, folgten aufwendige steinerne Schatzhäuser, die von den Städten Sybaris, Metapont, Gela, Sikyon, Epidamnos, Selinus, Kyrene und Megara finanziert wurden und die diversen olympischen Weihgeschenke jener Städte beherbergten. Die gleichzeitige Entscheidung mehrerer griechischer Städte, massiv in Olympia zu investieren, spiegelt das wachsende Wir-Gefühl dieser Städte wider, als Teil einer griechischen Welt, die sich von Sizilien bis zur Westküste Kleinasiens erstreckte.

Es ist schwer zu sagen, inwieweit dieses wachsende „Wir-Gefühl" der Griechen dadurch beeinflusst wurde, dass am östlichen Rand der griechischen Welt eine neue Großmacht mit den Säbeln zu rasseln begann. Im späten 7. und 6. Jahrhundert v. Chr. hatte sich die politische Ordnung im Nahen Osten grundlegend verändert. Zwischen 616 und 608 v. Chr. eroberte ein Bündnis von Babyloniern und Medern, einer halbnomadischen Stammesgruppe aus dem Nordwesten des Iran, das Assyrische Reich. Das assyrische Territorium im Fruchtbaren Halbmond übernahm Babylon, während die Meder im Westen des Iran und in Ostanatolien eine recht fragile Hegemonie pflegten. Einer der westiranischen Stämme, die nun zum Einflussbereich der Meder gehörten, waren die Perser, eine ursprünglich ziemlich obskure Ansammlung von Nomadenstämmen, die im Gebiet der heutigen Provinz Fars im Südwesten des Iran lebten. 550 v. Chr. rebellierte der Perser-König Kyros erfolgreich gegen die Herrschaft der Meder und eroberte noch im selben Jahr Ekbatana, die medische Hauptstadt. Die Perser expandierten in einem erstaunlichen Tempo. 547 v. Chr. eroberten sie die anatolische Halbinsel und damit auch die griechischen Stadtstaaten an der Westküste. Im Jahr 539 fiel das kurzlebige neubabylonische Königreich, und Ende der 530er-Jahre hatten die Perser die Grenzen ihres Reichs bis in den Osten des Iran und nach Afghanistan erweitert. Nach dem Tod von König Kyros – er fiel im Kampf gegen Nomadenstämme in der zentralasiatischen Steppe – marschierte dessen Sohn Kambyses mit einer kombinierten Land- und Seestreitmacht in Ägypten ein. Um 525 v. Chr. herum reichte das Perser-Reich vom Nil bis an den Hindukusch. Kambyses' Nachfolger Dareios war ein Usurpator aus einem anderen persischen Adelsgeschlecht, dem der Achämeniden, das bis zum Untergang des Perser-Reichs im Jahr 330 v. Chr. die Könige stellen sollte. Während seiner langen Herrschaft (522–486 v. Chr.) erweiterte Dareios die Grenzen des Reichs noch einmal nach Osten und nach Westen: Er eroberte das Indus-Tal und einen Großteil des heutigen Bulgarien (das antike Thrakien).

Der Großkönig der Perser trug den Titel „König der Länder, die alle Stämme enthalten". Die Perser behaupteten nie, dass ihr Reich irgendetwas anderes wäre als ein verwirrendes Kaleidoskop ganz unterschiedlicher kultureller Gruppen. Sie unternahmen auch keinerlei Versuche, ihren Untertanen eine einheitliche Kultur oder ein einheitliches Regierungssystem aufzuzwingen. Das Reich war in eine Reihe von Provinzen bzw. Satrapien unterteilt, die von persischen Satrapen, für gewöhnlich Angehörigen des Großkönigs, regiert wurden. Die alltäglichen Verwaltungsvorgänge und Regierungsgeschäfte delegierten die Satrapen an bereits existierende lokale Eliten, die durch den gegenseitigen Austausch von Geschenken an den Satrapenhof gebunden waren. Solange diese lokalen Eliten, die in den griechischen Städten Kleinasiens in Form von Tyrannen-Dynastien herrschten, regelmäßig ihren Tribut entrichteten, mischten sich die Satrapen kaum in die Angelegenheiten der Einheimischen ein.

Eine der besten bildlichen Darstellungen des kulturellen Pluralismus, der dem Konzept des Persischen Reichs innewohnte, stammt aus Dareios' Königspalast in Persepolis im Südwesten des Iran (nahe der heutigen

Abb. 15. Ausländische Delegationen auf den Apadana-Reliefs in Persepolis. Oben: Parther präsentieren Gefäße und ein baktrisches Kamel; unten: Inder bringen Streitäxte, ein Maultier und Gefäße mit Gewürzen oder Goldstaub.

Großstadt Schiras). Das zentrale Gebäude im Palastkomplex von Persepolis war eine große Säulenhalle, die sogenannte Apadana, die zumeist als Audienzsaal interpretiert wird, in dem der König ausländische Delegationen empfing. Zum Nord- und Ostportal der Apadana führten lange, flache Treppenaufgänge empor, die mit Reliefplatten geschmückt waren. Jedes dieser Reliefs zeigte eine Delegation von einem der 24 Völker, die der König regierte, und jede dieser Delegationen trug ihre lokale Tracht und brachte etwas Charakteristisches aus ihrer Heimat als Tribut mit: Die parthischen Botschafter hatten ein baktrisches Kamel dabei (das wichtigste Transportmittel der zentralasiatischen Steppe), während die Inder kleine Gefäße in Händen halten, wie sie wahrscheinlich mit Gewürzen oder Goldstaub gefüllt waren (siehe Abb. 15). Unterhalb jeder der vier Ecken der Apadana hatte man silbern und golden beschriftete Tafeln vergraben, die die äußersten Winkel von Dareios' Reich nannten: Von den Skythen der zentralasiatischen Steppe reichte es bis nach Äthiopien und von Indien bis zu den Lydern im Westen Kleinasiens. Bei diesen Tafeln befanden sich symbolische Horte mit Luxusgütern aus jeder dieser vier Gegenden, auch

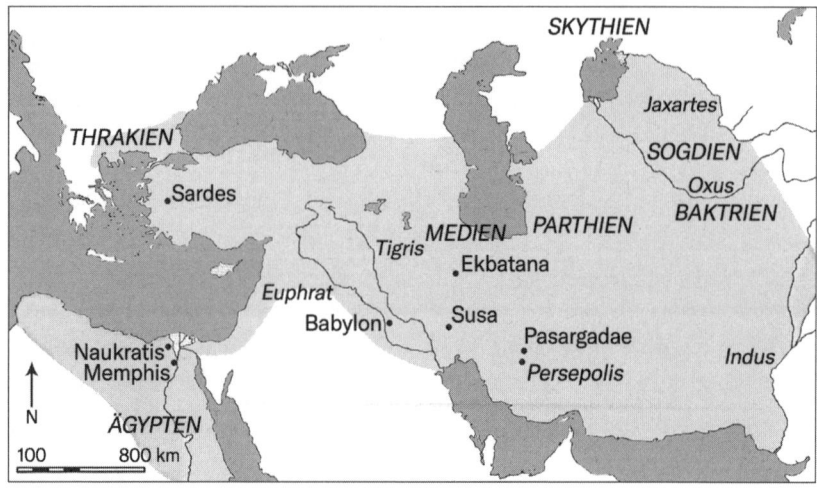

Karte 15. Das Perser-Reich um 500 v. Chr.

wenn nur jener aus dem äußersten Nordwesten des Imperiums (eine Handvoll Silber- und Goldmünzen aus Lydien und Ionien) die Zeiten überdauert hat.

Die Apadana von Persepolis symbolisierte die Vision einer universellen persischen Völkergemeinschaft – einer Welt, die aus verschiedenen Kulturen mit unterschiedlichen Bräuchen bestand und in deren Zentrum sich der Großkönig befand, der alle diese Kulturen vereinte. Sogar direkt im Herzen des Perser-Reichs, im Iran und in Mesopotamien, spiegelten die Kunst und Architektur diese Vielfalt ganz bewusst wider. Die königlichen Paläste waren Hybridbauten, bei denen die unterschiedlichen Stile und Techniken der verschiedenen Kulturen des Reichs zum Einsatz kamen. Eine lange Gebäudeinschrift aus Susa im Süden Mesopotamiens betonte ganz stolz, von wie weit her die Fachhandwerker kamen, die am Bau von Dareios' Palast in Susa beteiligt waren: „Die Steinmetze, die mit Stein arbeiteten, waren Ionier und Lyder. Die Goldschmiede, die mit Gold arbeiteten, waren Meder und Ägypter. Die Männer, die mit gebrannten Ziegeln arbeiteten, waren Babylonier." Doch nicht alle Untertanen des Großkönigs schätzten seinen Hang zur Multikulturalität.

Die ionischen Griechen-Städte im Westen Kleinasiens wurden von den Persern nicht etwa wirtschaftlich ausgebeutet, im Gegenteil: Sie blühten unter der Fremdherrschaft geradezu auf. Seit dem 7. Jahrhundert v. Chr. pflegten die Ionier Handelsbeziehungen mit der ägyptischen Saïten-Dynastie, die sie über einen ionischen Handelsposten in Naukratis im Nil-Delta abwickelten. Der Handel mit Luxusgütern war für die Ionier ein äußerst lukratives Unterfangen, und er erhielt zusätzlichen Aufschwung, als Ägypten 525 v. Chr. ins Perser-Reich eingegliedert wurde. Doch trotz aller wirtschaftlichen Vorteile waren die tyrannischen Regime in Ionien, die von den Persern gestützt wurden, beim Volk alles andere als beliebt; das lag nicht zuletzt daran, dass einige der ionischen Städte in Kleinasien vor der Eroberung durch die Perser eine demokratische Verfassung gehabt hatten. 499 v. Chr. revoltierten die ionischen Griechen mit Unterstützung der Stadtstaaten Athen und Eretria. Der Aufstand erfasste bald auch Zypern, und noch im ersten Jahr der Revolte eroberten die Aufständischen Sardes, die persische Satrapenhauptstadt im Westen. Doch als Dareios daraufhin seine phönizische Kriegsflotte mobilisierte, hatten die Griechen keine Chance. Im Jahr 494 wurde der ionische Aufstand komplett niedergeschlagen, und alle Städte, die revoltiert hatten, sahen sich furchtbaren Repressalien ausgesetzt. Milet, der Stolz der ostgriechischen Welt und die bevölkerungsreichste Stadt Ioniens, wurde dem Erdboden gleichgemacht, alle Frauen und Kinder wurden versklavt, und die überlebenden Männer wurden an den Persischen Golf deportiert.

Als Nächstes waren die griechischen Verbündeten der Ionier an der Reihe. 490 v. Chr. überfielen die Perser mit ihrer Flotte die Stadt Eretria und steckten sie in Brand; immerhin gelang es im Anschluss den Athenern, die Perser zu besiegen, als diese in der Küstenebene von Marathon an Land gingen. Doch dieser eine Sieg der Griechen konnte das Unvermeidliche nicht verhindern, sondern nur hinauszögern. In den folgenden Jahren legten die Perser entlang der Nordküste der Ägäis eine breite Militärstraße an, von Thrakien nach Westen bis an die Grenzen des griechischen Festlands. Im Jahr 481 v. Chr. gab Dareios' Nachfolger Xerxes schließlich den Befehl aus, im Osten Kleinasiens eine gewaltige Armee aufzustellen.

Mitte des 6. Jahrhunderts hatte der Dichter Phokylides von Milet mit Genugtuung auf das untergegangene Reich der Assyrer zurückgeblickt und geschrieben: „Eine kleine und gut regierte Polis, die auf einem Felsen thront, ist größer als das sinnlose Ninive." Jetzt wurde diese Maxime zum ersten Mal auf die Probe gestellt.

4 Griechenland, Europa und Asien (480–334 v. Chr.)

Zwischen der Ägäis und dem Marmarameer verläuft eine schmale Meerenge, die an manchen Stellen kaum mehr als einen Kilometer breit ist. Diesen schmalen Streifen Wasser, der die Halbinsel Gelibolu von der türkischen Landmasse trennt, bezeichneten die Griechen als Hellespont. An der engsten Stelle der Meerenge, wo sich Europa und Asien beinahe berühren, lagen die griechischen Städte Sestos und Abydos. Die Griechen erzählten sich, einst habe Leander, ein junger Mann aus Abydos, die Aphrodite-Priesterin Hero aus Sestos geliebt. Jede Nacht schwamm Leander über die Meerenge von Abydos nach Sestos, geleitet von einer Lampe, die Hero in ihrem Turm für ihn entzündete. Eines Nachts jedoch kam ein Sturm auf, und Heros Lampe erlosch. Leander konnte sich im Meer nicht mehr orientieren und ertrank, und Hero stürzte sich in ihrer Trauer vom Turm.

Byron am Hellespont

Am 3. Mai 1810 durchschwamm der 22-jährige Lord Byron den Hellespont zwischen Sestos und Abydos. Er wollte wissen, wie es Leander bei seinen nächtlichen Besuchen bei Hero ergangen war. Eine Stunde und zehn Minuten brauchte Byron, und der Kampf gegen die Strömungen ermüdete ihn dermaßen, dass er sich fragte, „wie weit es mit

Leanders Manneskraft nach einem solchen Ausflug ins Paradies wohl noch her war". Byron befand sich zu jener Zeit auf einer anderthalbjährigen Reise durch Griechenland und die Türkei; seit rund sieben Monaten war er bereits vor Ort. In *Don Juan* erinnerte sich Byron daran, wie sehr ihn als jungen Mann die Tatsache beschäftigt hatte, dass sich Griechenland in der Hand der Osmanen befand:

Die Berge schaun auf Marathon,
Und Marathon schaut auf die See:
Da stand ich einst und träumte schon,
Dass Hellas aus dem Grab ersteh.

Marathon war ein hervorragender Aufhänger für Byron, um sich über die Freiheit der Griechen Gedanken zu machen: 490 v. Chr. hatten die Athener bei Marathon erfolgreich den ersten Angriff der Perser auf Griechenland abgewehrt – ein Vorbote der noch bedeutenderen Siege von 480 (Salamis) und 479 (Plataiai). John Stuart Mill behauptete sogar, dass die Schlacht bei Marathon „ein bedeutenderes Ereignis in der englischen Geschichte ist als die Schlacht bei Hastings". Als 1821 der griechische Unabhängigkeitskrieg ausbrach, schlug sich Byron auf die Seite der Griechen und reiste im Januar 1824 persönlich nach Mesolongi an der Adria, dem Zentrum des griechischen Widerstands gegen die Osmanen.

Auf den ersten Blick wirkt Byrons Beitrag zum griechischen Unabhängigkeitskrieg wenig beeindruckend. Während seines 3,5-monatigen Aufenthalts in Mesolongi im Jahr 1824 wurde er nie Zeuge tatsächlicher Kampfhandlungen, und in Sachen militärischer Führung hatte er kaum mehr aufzuweisen als den vergeblichen Versuch, eine private Armee auf die Beine zu stellen, um die osmanische Festung von Lepanto im Golf von Korinth anzugreifen. (Ein Plan mit betont romantischen Assoziationen: 1571 hatten eine spanische, eine venezianische und eine genuesische Flotte in Lepanto den ersten entscheidenden Sieg zur See über die Osmanen davongetragen.) Als Maskottchen oder Talisman war Byron für die Griechen indes von allergrößter Bedeutung: Er war damals der berühmteste Dichter Europas, und als er im April 1824 in Mesolongi einem Fieber erlag, war der Freiheitskampf der Griechen auf einmal in Europa in aller Munde. Keine Schreckenstat der Türken hatte das vermocht. Und so gilt Byron heute noch als griechischer Nationalheld: Es gibt in Griechenland kaum eine Stadt, in der keine Straße nach ihm benannt ist.

An einem Wintertag Ende 479 v. Chr. wurde am europäischen Ufer des Hellespont ein Perser ans Kreuz genagelt. Die Meerenge zu seinen Füßen war voll von griechischen Kriegsschiffen, die gerade von der Befreiung von Sestos, der wichtigsten Garnisonsstadt der Perser in der Region, zurückkehrten. Die Kreuzigung des Artayktes, des glücklosen persischen Statthalters von Sestos, war in erster Linie ein symbolischer Akt. Zwei Jahre zuvor hatte der Perser-König Xerxes eine riesige Armee über eben jene Meerenge geführt. Sein Ziel: die gesamte griechische Halbinsel zu annektieren und dem Perser-Reich einzuverleiben. Damit sein Heer über den Hellespont setzen konnte, ließ der Großkönig die beiden Ufer mithilfe einer Schiffbrücke verbinden. Als Xerxes in Europa einmarschierte, erteilte Artayktes den Griechen eine denkwürdige Lektion in Sachen persischer Macht, indem er das Grab eines griechischen Fürsten plünderte, der es einst gewagt hatte, in das Territorium einzudringen, das jetzt dem Großkönig gehörte. Dieser Grieche war der Held Protesilaos, und sein Grab befand sich in Elaios an der Spitze der Halbinsel Gallipoli. Laut Homer war Protesilaos das erste Opfer des Trojanischen Kriegs – er wurde sofort getötet, als er an der Küste der Troas an Land ging.

Xerxes' Einmarsch in Griechenland war ein erniedrigender Fehlschlag. Im Spätsommer 480 v. Chr. brachten 310 griechische Schiffe unter der Federführung Athens der persischen Kriegsflotte (die wahrscheinlich doppelt so viele Schiffe zählte) in einer heftigen Schlacht vor der Insel Salamis eine vernichtende Niederlage bei. Im Jahr darauf traf Xerxes' Landarmee in der Schlacht von Plataiai auf eine riesige griechische Streitmacht (einer Koalition verschiedener Volksstämme mit etwa 40 000 Fußsoldaten) und wurde entscheidend geschlagen. Noch vor Xerxes' Niederlage in Griechenland war eine alliierte griechische Flotte nach Osten gesegelt, um den Schauplatz des Kriegs in das Territorium des Aggressors zu verlagern: in den Westen Kleinasiens. Am Tag der Schlacht von Plataiai besiegten die Griechen in den Ausläufern des Vorgebirges Mykale nördlich von Milet das persische Heer und gaben den griechischen Untertanen der Perser in Ionien ihre Unabhängigkeit zurück. Anschließend segelte die griechische Flotte nach Norden zum Hellespont, um Xerxes' Schiffsbrücke zu zerstören, nur um festzustellen, dass das gar nicht mehr nötig war. Die Brücke war bereits auseinandergebrochen. Nach der Einnahme der Stadt Sestos und der brutalen Hinrichtung ihres persischen Statthalters fand man den Streitwagen des Großkönigs in einem Feld nahe der Meerenge auf der Seite liegen. Kein persischer Herrscher würde es jemals wieder wagen, einen so großen militärischen Feldzug in den Westen zu starten.

Die Hinrichtung des Artayktes verlieh den Perserkriegen ein betont düsteres Ende. Sein Kreuz oberhalb der Meerenge, wo die Schiffsbrücken gelegen hatten, war ein stummer Zeuge der Hybris des Großkönigs, jenes Mannes, der doch tatsächlich versucht hatte, zwei Kontinente miteinander zu vereinen. Protesilaos war gerächt. Als sich die Griechen über ihren außerordentlichen Sieg über die Perser Gedanken machten, bei dem sich zum ersten Mal so viele griechische Staaten gegen einen gemeinsamen Feind zusammengetan hatten, wurden die Parallelen zum Trojanischen

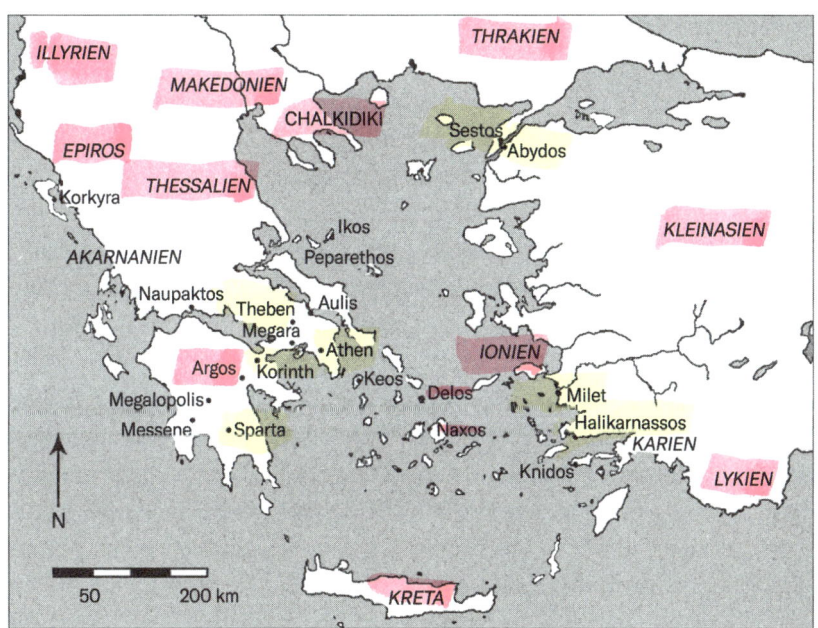

Karte 16. Die Ägäis im 5. und 4. Jahrhundert v. Chr.

141

Krieg immer augenfälliger. Beide Male hatte eine alliierte griechische Streitmacht gegen Nicht-Griechen gekämpft, und beide Male hatten die Griechen gesiegt, einmal in Troja und einmal mitten in Griechenland.

Es wird niemanden überraschen, dass die Griechen zu jener Zeit die Vorstellung verinnerlichten, die Welt bestehe aus zwei entgegengesetzten Hälften. Zu Beginn des 5. Jahrhunderts wagte Hekataios von Milet den ersten Versuch eines universellen Geographiewerks; es trug den Titel *Periegesis* („Reiseführer") und war in zwei Bücher aufgeteilt, das erste über „Europa", das zweite über „Asien". Hekataios stellte sich die bewohnte Welt als kreisförmige Scheibe vor, die außen ein Ozean umgab. Diese Scheibe war in zwei gleich große Hälften geteilt, Europa und Asien, die ein einzelner Streifen Wasser (in Form des Mittelmeers und des Schwarzen Meers) trennte und die der Hellespont miteinander verband. Im Jahr 449 v. Chr., als die Athener den persischen See- und Landstreitkräften auf Zypern erneut eine vernichtende Niederlage beibrachten, behauptete das attische Siegesmonument, „seit der Ozean Europa und Asien voneinander getrennt hat", habe es keinen so großen Sieg mehr gegeben. Zwei Jahre später begannen die Athener mit der Arbeit an einer riesigen neuen Schatzkammer im Parthenon-Tempel auf der Akropolis, der der Göttin Athene geweiht war. Die Metopenreliefs an den vier Seiten des Tempels (von denen sich heute vierzehn im British Museum in London befinden) zeigten Griechen im Kampf gegen Amazonen, Griechen im Kampf gegen Troer, olympische Götter im Kampf gegen Giganten und griechische Lapithen im Kampf gegen Kentauren (siehe Tafel 12). Die Botschaft war unmissverständlich. Griechenland befand sich auf einer Seite einer großen kulturellen Kluft, die Ordnung und Chaos trennte, Zivilisation und Barbarei, Mann und Frau, West und Ost. Eine anonyme ärztliche Abhandlung von Ende des 5. Jahrhunderts mit dem Titel *Über die Umwelt* – sie wurde später dem Arzt Hippokrates zugeschrieben – wies ausdrücklich darauf hin, dass sich Europäer und Asiaten in biologischer Hinsicht voneinander unterschieden: Da Asien ein milderes Klima als Europa habe, mit weniger extremen Temperaturen, seien seine Bewohner verweichlichter und sanftmütiger als die Europäer. Allein dass sie in Asien lebten, mache sie schwächer, weniger mutig und anfälliger für autoritäre Regierungsformen. Bald legten sich die Griechen für alle jene Menschen, die das Pech hatten, in der asiatischen Hälfte der Welt zu leben, einen einheitlichen Begriff zu: *bárbaroi*, „Barbaren".

Der Grieche, der diesen primitiven ethnischen Dualismus am nachhaltigsten infrage stellte, stammte – wie nicht anders zu erwarten – von der Westküste Kleinasiens. „Hier legt Herodot von Halikarnassos dar, was er erforscht hat, damit das, was die Menschen geleistet haben, nicht in Vergessenheit gerät, und die großen und bewundernswürdigen Taten, von denen manche die Griechen, manche die Barbaren vollbracht haben, nicht ungerühmt seien. Und er legt auch dar, wieso sie einander bekriegt haben." Mit diesen Worten beginnen Herodots „Erkundungen" (das griechische Wort dafür lautet *historíai*) der Ursachen der Perserkriege. Mitte des 5. Jahrhunderts v. Chr. bereiste Herodot nahezu die gesamte mediterrane Welt sowie die westliche Hälfte des Perser-Reichs. Mündlich überlieferte Berichte vergangener Ereignisse und seine eigenen Beobachtungen über erhaltene Monumente, Naturereignisse und lokale Bräuche kombinierte er zu einem Prosatext von beispielloser Länge und nie gekannter intellektueller Tiefe und Aussagekraft. Herodots *Historien*, die in den 420er-Jahren v. Chr. ihre endgültige Form erhielten, wollten viel mehr als einfach nur beschreiben, wie sich die Feindseligkeiten zwischen Griechenland und Persien entwickelt hatten. Zwar endet das Werk mit einer ebenso detaillierten wie spannenden Schilderung von Xerxes' Einmarsch in Griechenland, aber ein Großteil der ersten Hälfte der *Historien* besteht aus langen ethnographischen Essays über die Geschichte und Bräuche der verschiedenen „Barbaren" am Rand der griechischen Welt – der Lyder, Perser, Babylonier, Ägypter, Skythen und Libyer. Für den heutigen Leser mögen diese Essays wie Abschweifungen von Herodots eigentlichem Thema wirken, tatsächlich aber sind sie von zentraler Bedeutung. Im Laufe seiner ausgedehnten ethnographischen Beschreibung Ägyptens merkt Herodot ganz beiläufig an, die Ägypter würden jeden als „Barbar" bezeichnen, der ihre Sprache nicht spreche. Anders als den meisten seiner Zeitgenossen war sich Herodot also sehr wohl bewusst, dass „Barbar" ein relativer Begriff war. Eines seiner wichtigsten Anliegen bei der Durchführung seiner „Erkundungen" war der Kampf gegen einen unreflektierten Eurozentrismus, der alle Nicht-Griechen ganz generisch als *bárbaroi* abstempelte. Doch in dieser Hinsicht stand Herodot auch später allein auf weiter Flur. Kein anderer griechischer oder römischer Autor sollte sich jemals wieder mit solcher Sympathie und so tiefgreifenden Erkenntnissen den außereuropäischen Völkern widmen.

Herodot und die Irokesen

Im Jahr 1724 veröffentlichte der Jesuitenpater Joseph-François Lafitau aus Bordeaux die umfangreiche zweibändige Schrift *Die Sitten der amerikanischen Wilden im Vergleich zu den Sitten der Frühzeit*. Das Werk basierte auf seinen Beobachtungen aus den Jahren 1712–17, als er als Missionar bei den Irokesen in Caughnawaga nahe Montreal am Sankt-Lorenz-Strom lebte. Lafitau war keineswegs der Erste, der sich an einer Ethnologie der „Wilden" der Neuen Welt versuchte. Dass er heute dennoch als einer der Väter der modernen Ethnologie gilt, hat er in erster Linie Herodot zu verdanken.

In seinem Bericht über die Bräuche der Lykier an der Südküste Kleinasiens erwähnt Herodot, dass deren Lebensweise jener der Einwohner Kretas gleiche, woher die Lykier, wie er folgerte, stammen müssten: „Ihnen ist eine Sitte zu eigen, die sich nirgends sonst auf der Welt findet: Sie nehmen ihre Namen von den Müttern und nicht von den Vätern. Angenommen, jemand fragt seinen Nachbarn, wer er sei, so wird er sich stets in Bezug auf die Herkunft seiner Mutter definieren – das heißt, er wird alle Mütter auf der Seite seiner Mutter aufzählen. Wenn eine Bürgerin und ein männlicher Sklave zusammen als Paar leben, gelten ihre Nachkommen als legitim; die Kinder eines männlichen Bürgers hingegen, selbst eines solchen von höchstem Rang, die jener mit einer Ausländerin oder einer Konkubine zeugt, erhalten das Bürgerrecht nicht." Lafitau beobachtete, dass auch die Irokesen eine matrilineare Gesellschaftsform hatten: Die Erbfolge wurde durch die weibliche Linie bestimmt, und auch in den Entscheidungsprozessen der Irokesen spielten die Frauen eine auffallend prominente Rolle. Daher vermutete Lafitau, dass die Irokesen, wie die Lykier, ursprünglich von (hypothetischen) vorgriechischen Bewohnern der Ägäis abstammten, deren Gesellschaft, wie Lafitau argumentierte, anders als die der klassischen Griechen matriarchalisch geprägt gewesen sei.

So fehlgeleitet seine Argumentation auch war, Lafitau verdankte ihr seinen Ruf als Begründer der vergleichenden Ethnologie. Frühere Ethnographen gingen wie selbstverständlich davon aus, dass die nordamerikanischen Ureinwohner die Nachfahren älterer, fortschrittlicherer europäischer Gesellschaften waren; die Bräuche der „Wilden" der Neuen Welt waren für sie nichts weiter als pervertierte Zerrbilder uralter religiöser Bräuche der Juden und Christen. Lafitau lehnte es ab, den Gesellschaften des christlichen Europa automatisch eine kulturelle Überlegenheit zu attestieren. Stattdessen beschrieb er die gesellschaftlichen Strukturen der Irokesen mit seinem eigenen Vokabular; er verglich die Irokesen-Kultur mit den frühesten europäischen Gesellschaften, die er kannte, denjenigen der klassischen Ägäis, und zog daraus seine Schlüsse über die Bräuche von Zivilisationen, die wir heute als „frühgeschichtliche Gesellschaften" bezeichnen würden. Für die Methodik der Ethnologie war dieses Konzept der „wechselseitigen Erhellung" ein großer Schritt nach vorne; letztendlich haben wir ihn dem Einfluss von Herodots hellsichtigen und teilnahmsvollen Beschreibungen der nicht-griechischen Völker seiner Zeit zu verdanken.

Als Xerxes' Heer in Griechenland eingefallen war, hatten sich die einzelnen griechischen Staaten für eine Seite entscheiden müssen – eine Entscheidung, deren Konsequenzen manche noch lange später zu spüren bekamen. Insbesondere Theben konnte das Stigma, in Plataiai auf der Seite der Perser gekämpft zu haben, niemals ganz abschütteln; die Thebaner waren für immer als „Mederfreunde" gebrandmarkt (die Griechen machten sich nur selten die Mühe, zwischen Persern und Medern zu unterscheiden). Nach der Befreiung der griechischen Städte in Ionien im Jahr 479 v. Chr. schlugen die Peloponnesier vor, die Bevölkerung kurzerhand auszutauschen: Die Ionier sollten auf das griechische Festland ziehen und die Städte derjenigen Griechen übernehmen, die 480/479 auf der falschen Seite gekämpft hatten, und im Gegenzug würde man die „Mederfreunde" nach Kleinasien schicken, als Untertanen des Großkönigs. Die Athener jedoch waren entschieden dagegen, die ionischen Städte aufzugeben; sie fanden, so Herodot, die Peloponnesier hätten „kein Recht, über das Schicksal attischer Kolonisten zu entscheiden". Wie wir sehen werden, war diese Behauptung über die Herkunft der Ionier keineswegs so unschuldig, wie sie vielleicht klingen mag.

Der Krieg gegen Persien ging unter der Führung der Athener weiter, die dazu ein neues Flottenbündnis ins Leben riefen: den Attischen Seebund. Die Gründungsmitglieder dieses Bundes waren jene Staaten, die im Zuge der persischen Aggression am meisten zu verlieren hatten: die griechischen Städte im Westen Kleinasiens und am Hellespont und die Bewohner der Inseln der zentralen und östlichen Ägäis. Die Mitglieder des Attischen Seebunds leisteten Tribut in Form von Schiffen oder, falls sie dies vorzogen, Geld. Das Bündnis hatte von Anfang an eine Art doppelte Identität: Einerseits diente es ganz pragmatisch dazu, die Ionier vor den Persern zu beschützen; Tributzahlungen in Silber finanzierten angeblich ganz gezielt anti-persische Operationen in der östlichen Ägäis. Andererseits sollte der Attische Seebund die alten Beziehungen zwischen Athen und den Ioniern wiederaufleben lassen. Da man annahm, dass die Ionier von Attika aus in die östliche Ägäis eingewandert waren (siehe S. 78–83), galten die Athener und die Ionier als alte mythische Vettern. Bezeichnenderweise befand sich die Schatzkammer der Liga auf der heiligen Insel Delos. Man glaubte, dass die ionischen Inseln auf Delos in uralter Zeit ein großes gemeinsames Fest gefeiert hatten, wie es im homerischen Hymnus an Apollon aus dem 6. Jahrhundert v. Chr. besungen wird. Die Insel galt als Geburtsort von Apollon, dem mythischen Vorfahr aller ionischen Völker. Die gemeinsame Identität aller Ionier war von vornherein ein wichtiger Bestandteil der Ideologie des Attischen Seebunds.

Falls einige der Bündnismitglieder davon ausgegangen waren, dass die Teilnahme am Attischen Seebund eine freiwillige Angelegenheit war, so wurden sie bald eines Besseren belehrt. Der erste Staat, der versuchte, aus dem Seebund wieder auszutreten, die Insel Naxos, wurde im Handumdrehen von einer attischen Flotte belagert und, wie der attische Historiker Thukydides schreibt, „versklavt". Während die Perser von den Küsten der Ägäis immer weiter zurückgedrängt wurden, traten mehr und mehr Staaten dem Attischen Seebund bei, darunter einige, deren Bewohner gar keine Ionier, ja nicht einmal Griechen waren, sondern Karer, Lykier, Thraker. Spätestens 454 v. Chr. wurde die Schatzkammer des Seebunds von Delos nach Athen verlegt. Der Krieg der Athener gegen Persien war spätestens 449 v. Chr. effektiv vorbei, als beide Parteien einen formellen Friedensvertrag unterzeichneten. Doch das hielt Athen nicht davon ab, auch weiterhin die jährlichen Silbertribute zu kassieren. Um diese Zeit herum ging Athen dazu über, seine Alliierten als „jene Städte" zu bezeichnen, „die die Athener beherrschen".

In der 75-jährigen Geschichte des Attischen Reichs – nichts anderes war der Attische Seebund – entwickelten die Athener einen raffinierten ideologischen Überbau, mit dem sie ihre Dominanz über weite Teile der griechischen Welt rechtfertigten. „Wir hier entstammen unserem eigenen Boden", schrieb der attische Tragiker Euripides im *Erechtheus*, „doch die anderen Städte bestehen aus Fremden, zusammengewürfelt von da und von dort." Die Athener behaupteten, sie seien das einzige griechische Volk, das seit Menschengedenken in der gleichen Gegend lebte – eine ganz bewusste Spitze gegen die Peloponnesier, die dorischen Einwanderer aus Zentralgriechenland. Die Athener argumentierten, vor langer Zeit habe eine Athenerin mit dem Gott Apollon den mythischen Ion gezeugt, den Stammvater aller Ionier. Da war es nur folgerichtig, in den ionischen Städten attische Kolonien zu sehen.

Den Ion-Mythos wusste die angebliche Mutterstadt der ostgriechischen Welt voll und ganz auszunutzen. Athen ließ sich von seinen vermeintlichen Kolonien regelmäßig religiöse Opfer darbringen; so mussten sie alle vier Jahre anlässlich der Panathenäen, des „Fests für alle Athener", als Zeichen ihrer Dankbarkeit eine Kuh und eine Rüstung in die Hauptstadt schicken. In den 420er-Jahren v.Chr. sandten die Athener in die gesamte griechische Welt Boten aus, die alle Städte daran erinnern sollten, dass es ein Athener mit Namen Triptolemos gewesen war, der der Menschheit das Getreide gebracht hatte. Im gleichen Atemzug wurden die tributpflichtigen Staaten angewiesen, ein Zehntel ihrer jährlichen Getreideernte nach Athen zu schicken; die übrigen Griechen waren „eingeladen, aber nicht verpflichtet", dasselbe zu tun. Es ist kaum anzunehmen, dass diese „Einladung" in Sparta auf große Begeisterung stieß.

Grundlage der attischen Ideologie war die Annahme, dass alle tributpflichtigen Staaten Kolonien von Athen waren. Die überwältigende Mehrheit war natürlich nichts dergleichen. Mehrere dieser Staaten in Thrakien und an der Südwestküste Kleinasiens waren ja, wie erwähnt, nicht einmal griechisch. Interessant ist am Mythos der attischen Kolonisation aber vor allem, dass die Athener offenbar das Bedürfnis verspürten, ihre imperialistischen Bestrebungen mithilfe von Mythen zu rechtfertigen, die in einer fernen Vergangenheit angesiedelt waren. Diese Methode, aktuelle territoriale Ansprüche mit der mythischen Vergangenheit zu begründen, kann man während jener Zeit auch in anderen Teilen der griechischen Welt beobachten. Die Landschaft Argolis in der östlichen Peloponnes teilten sich Anfang des 5. Jahrhunderts v. Chr. mindestens vier Poleis: Argos im Westen der argivischen Ebene und Mykene, Tiryns und Midea im Osten. Die letzten drei teilten sich ein der Göttin Hera geweihtes Heiligtum, das Heraion, das sich ebenfalls im Osten der Ebene befand und zu dem von Mykene aus ein heiliger Pfad führte. Zu Beginn der 460er-Jahre zerstörte das aggressive, auf Expansion bedachte Argos alle drei Nachbarstädte und baute einen neuen heiligen Pfad, der das Heraion direkt mit Argos verband. Um zu rechtfertigen, dass es die ganze Argolis seinem eigenen Territorium einverleibt hatte, propagierte Argos eine neue Version des Mythos von der Rückkehr der Söhne des Herakles auf die Peloponnes (siehe S. 79 f.). Laut den Argivern teilten die vier überlebenden Nachkommen des Herakles die Peloponnes, nachdem sie sie zurückerobert hatten, untereinander auf: Kresphontes erhielt Messenien, Sparta ging an die beiden Söhne des Aristodemos, und Temenos erhielt die Argolis. Als die Argiver die Städte im Osten der Argolis zerstörten, taten sie also nichts anderes, als das Gebiet, das Temenos zugefallen war, in seiner ursprünglichen Form wiederherzustellen. Das Heraion gebührte von alters her ihnen.

Mitte des 5. Jahrhunderts wurde die Ägäis im Großen und Ganzen von Athen kontrolliert. Diese Tatsache schreit geradezu nach einer Erklärung – solche Reiche entstehen ja nicht zufällig. Einerseits war die massive Dominanz der attischen Marine dafür verantwortlich: Im Jahrzehnt, das der Invasion der Perser vorausgegangen war, hatten die Athener in nie gekanntem Maß Schiffe gebaut. Die Kriegsflotte umfasste bis zu 300 Triremen und stellte damit die Flotten aller anderen griechischen Stadtstaaten bei Weitem in den Schatten. Doch allein die massive Seepräsenz reicht als Erklärung für die Dominanz Athens nicht aus. Wie der Blick auf eine beliebige Karte des Mittelmeers verrät, ist die Ägäis mit ihren zahllosen winzigen Inseln und felsigen Halbinseln eine der am stärksten fragmentierten Gegenden Europas – ein Umstand, der auch zu einer extremen politischen Fragmentierung führte. Berechnungen zufolge bestand die griechische Welt im Jahr 400 v. Chr. aus mindestens 862 unabhängigen Poleis, und die

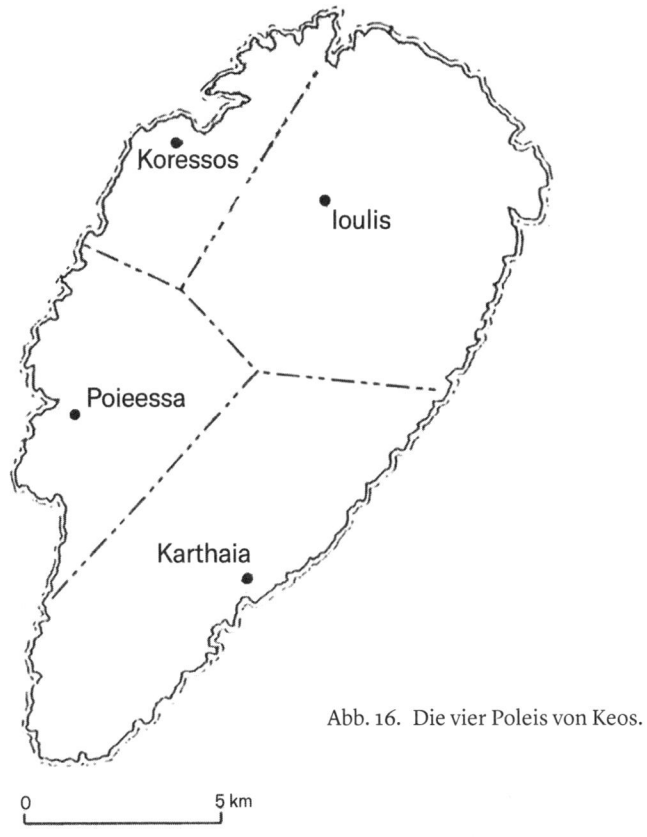

Abb. 16. Die vier Poleis von Keos.

0   5 km

meisten davon befanden sich in der Ägäis und den angrenzenden Regionen. Natürlich war die überwiegende Mehrheit dieser Stadtstaaten extrem klein; dass eine Polis mehr als 10 000 Einwohner zählte, kam kaum vor.

Ein gutes Beispiel ist die Insel Keos (heute Kea), die zu den westlichen Kykladen gehört und im Altertum schätzungsweise 4000 bis 6700 Einwohner zählte, die sich auf nicht weniger als vier Poleis verteilten (siehe Abb. 16). Keos war eine typische kleine Ägäis-Insel, die nur wenige Kilometer Meer von den nächsten Nachbarinseln trennten. Es gab regen Kontakt und Austausch zwischen diesen dicht beieinander liegenden Poleis – politische Zersplitterung bedeutet ja nicht zwangsläufig Isolation, im Gegenteil: Die kleinteilige Geographie der ägäischen Inselwelt schuf ideale

Bedingungen für eine wirtschaftliche Spezialisierung der einzelnen Poleis. Solange sie genug Getreide produzierte, um ihre Bewohner zu ernähren, konnte sich eine kleine Insel wie Keos ansonsten problemlos auf den Handel beispielsweise mit Eicheln oder die Produktion von rotem Ocker konzentrieren; Olivenöl oder Bimsstein konnte man schließlich von den Nachbarn importieren. Peparethos und Ikos, zwei kleine Inseln der Nördlichen Sporaden, produzierten genug hochwertigen Wein, dass sie damit einen beträchtlichen Markt bedienen konnten, der bis zum Schwarzen Meer reichte. Im 5. Jahrhundert v. Chr. waren diese spezialisierten lokalen Netzwerke so gut entwickelt, dass in der Ägäis wahrscheinlich so viele Menschen lebten wie erst im 20. Jahrhundert wieder. Zum Vergleich: Die höchste für Keos registrierte Einwohnerzahl in der Neuzeit war 4900 (bei der Volkszählung von 1896); heute hat die Insel rund 2400 ständige Bewohner.

Doch so wohlhabend das Handelsnetzwerk der Ägäis auch war, so zerbrechlich war das Gefüge – ein Umstand, den Athen rücksichtslos ausnutzte. Denn als in der Ägäis auf einmal ein einziger großer Staat das Sagen hatte, erwies sich die extreme Zersplitterung der kleineren Poleis als katastrophaler Nachteil. Wir wissen von mindestens 248 verschiedenen Staaten, die Athen irgendwann im Laufe des 5. Jahrhunderts Tribut entrichteten. Die meisten davon waren winzige Gemeinwesen wie die erwähnten vier Städte auf Keos, denen bewusst war, dass sie der attischen Flotte im Zweifelsfall nichts entgegenzusetzen hatten. Andersherum konnten sich die Athener bei einem bereits perfekt ausgebauten Produktions- und Vertriebsnetz an Waren und natürlichen Ressourcen bedienen. Für das im 4. Jahrhundert v. Chr. wiederbelebte Attische Seereich ist ein aggressives Athener Monopol auf roten Ocker von Keos bezeugt; ein ähnliches Monopol entwickelte Athen für Holzimporte von den Küsten der Nordägäis. Und ein Bündnisvertrag mit dem makedonischen König Perdikkas, der wahrscheinlich auf die 430er- oder 420er-Jahre v. Chr. datiert, legte fest, dass in Makedonien produzierte Rudergriffe ausschließlich nach Athen exportiert werden durften.

Das Attische Seereich des 5. Jahrhunderts war komplexer und fortschrittlicher als alle anderen Staaten, die in Europa zu jener Zeit existierten. Angeblich waren siebenhundert attische Beamte dauerhaft andernorts stationiert – falls das stimmt, waren es mehr als viermal so viele, wie das Römische Reich später aussenden sollte, um sämtliche Provinzen zu verwalten. Es existieren mehrere Abschriften einer Verordnung, die in jeder tributpflichtigen Stadt veröffentlicht wurde und die im ganzen Reich die Verwendung einheitlicher Münzen, Gewicht- und Maßeinheiten vorschrieb. Dabei verdient ein Aspekt des Verwaltungsapparats besondere Aufmerksamkeit: Ab 454 v. Chr. ritzten die Athener ihre Finanzdokumente in Steintafeln ein.

Jedes Jahr floss ein Sechzigstel der Tributzahlungen aller verbündeten Staaten als *aparché* (Weihgabe) in die Tempelkasse der Göttin Athene; diese jährlichen Zahlungen wurden auf monumentalen Steintafeln auf der Akropolis festgehalten, die heute zumeist (ein wenig irreführend) als „Athener Tributlisten" bezeichnet werden. Außerdem gingen die Athener dazu über, Tempelinventare, öffentliche Baubudgets und Liegenschaftsverkäufe sowie Listen gefallener Soldaten in Stein festzuhalten. Athen war der erste Staat in der griechischen Welt, der einen so ausgeprägten Hang zur Dokumentation entwickelte. Für den modernen Historiker ist dieser Umstand natürlich von unschätzbarem Wert. Es kam zu einer regelrechten Explosion dokumentarischer Zeugnisse, dank derer sich die Wirtschaftsgeschichte des klassischen Athen minutiös untersuchen lässt. Alle anderen Stadtstaaten erscheinen einem in dieser Hinsicht auf fast lächerliche Weise rückständig. Aus Sparta, der anderen griechischen Großmacht, sind aus dem 5. Jahrhundert lediglich eine Handvoll Inschriften erhalten. Eine davon hält fest, dass einer seiner freiwilligen Alliierten die Beiträge zum spartanischen Kriegsfonds in Form von Rosinen bezahlte; es scheint, als sei die örtliche Wirtschaft kaum weniger primitiv gewesen als Spartas Dokumentation.

Ende der 450er-Jahre v. Chr. gab Athen das Geld, das es von den „Städten, die die Athener beherrschen", kassierte, bereits unverhohlen für rein attische Projekte aus. In den 440er-Jahren wurde ein umfassendes Bauprogramm auf der Athener Akropolis initiiert (siehe Abb. 17). Heute sind die Besucher vor allem vom Parthenon beeindruckt, dem spektakulären Tempel der Stadtgöttin Athene, der als Schatzkammer des Attischen Seebunds diente. Doch für die Athener waren damals die Propyläen, das monumentale Tor zur Akropolis, das größere Wunderwerk. Anders als der Parthenon waren die Propyläen ein weltliches Gebäude ohne spezielle Funktion, und so prachtvoll und gewaltig dieses Gebäude auch war: Es war dennoch nur ein Torbau. Und die Tatsache, dass man so viel Geld

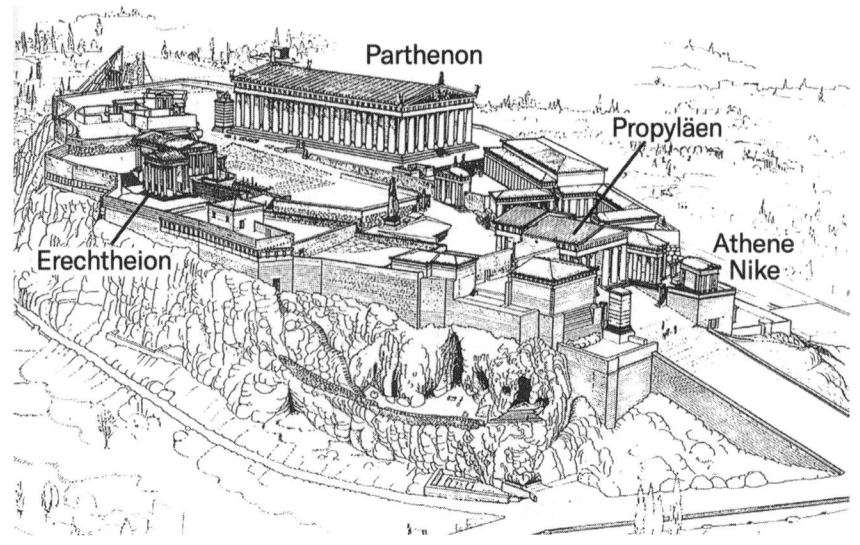

Abb. 17. Die Akropolis von Athen.

ausgab, nur um ein Tor zu errichten, sagte einiges über den Reichtum und die Macht Athens aus.

Vor allem aber schuf das viele Geld, das nun nach Athen strömte, die Voraussetzungen für eine politische Revolution innerhalb des attischen Staates. Im 6. Jahrhundert war Athen ein lockerer föderaler Bund, und der Großteil der attischen Halbinsel war vom städtischen Zentrum de facto unabhängig. Etwa drei Viertel der Einwohner Attikas lebten außerhalb der Stadt in Dörfern und Weilern, die man als „Demen" bezeichnet. Manche dieser Demen, wie das Köhlerstädtchen Acharnai im Norden Attikas, waren so groß, dass sie selbst schon kleine Poleis hätten sein können. Im letzten Jahrzehnt des 6. Jahrhunderts erfuhr die attische Verfassung eine grundlegende Veränderung, die den umliegenden Demen erstmalig ein Stimmrecht in der Regierung der zentralen Polis verlieh. Nach der neuen Verfassung, die der aristokratische Politiker Kleisthenes entwarf, wurden alle wichtigen Entscheidungen von einer Versammlung getroffen, die allen erwachsenen männlichen Bürgern Attikas offenstand (einschließlich der Bewohner der umliegenden Demen). Die Tagesordnung für die Versammlung, die nur ein- bis zweimal im Monat stattfand, erstellte eine neu gegründete Ratsversammlung mit 500 Vollzeit-Mitgliedern, die Boule. Jedem Demos wurde im Verhältnis zu seiner Bevölkerung eine feste jährliche Quote gewählter Ratsmitglieder zugeteilt: Der größte Demos, Acharnai, sandte jedes Jahr 22 Ratsmitglieder, während die ganz kleinen Dörfer sich abwechseln mussten und nur alle zwei Jahre ein Ratsmitglied nach Athen schickten.

Die Akropolis von Athen

Die Athener Akropolis dominieren heute vier große Bauwerke, die ganz dramatisch auf dem nackten Fels emporragen: der Parthenon, das Erechtheion, die Propyläen und der Tempel der Athene Nike. Sie wurden allesamt zwischen 447 und 407 v. Chr. erbaut. Es ist verlockend anzunehmen, die Akropolis sähe heute noch genauso aus wie Ende des 5. Jahrhunderts v. Chr. Die Wahrheit ist: Die Akropolis, die wir heute besuchen, ist im Großen und Ganzen eine Neuerfindung der 1830er-Jahre. Zu Beginn des 19. Jahrhunderts befand sich auf dem Akropolis-Felsen ein dicht besiedeltes Garnisonsdorf. Alle antiken Monumente waren mit mittelalterlichen und neuzeitlichen Gebäuden überbaut: Die Überreste des Parthenon beherbergten eine kleine Moschee aus dem 18. Jahrhundert, die ihrerseits auf den Ruinen einer größeren Moschee aus den 1460er-Jahren stand, einer umgewandelten byzantinischen Kirche. Als sich Griechenland der osmanischen Fremdherrschaft wieder entledigt hatte, beschlossen die Athener, ihre Akropolis in der ursprünglichen klassischen Form „wiederherzustellen", als Symbol für die wiedergewonnene nationale Identität des griechischen Staates. So wurde in den folgenden fünfzig Jahren alles, was jünger als das 5. Jahrhundert v. Chr. war, planmäßig von der Akropolis entfernt. Das immer noch bewohnte Dorf, die Überreste der Parthenon-Moschee und ein florentinischer Turm aus dem 14. Jahrhundert, der in eine Ecke der Propyläen hineingebaut worden war – alles wurde abgerissen. In den 1890er-Jahren konnte der Ausgrabungsleiter voller Stolz behaupten, man habe „die Akropolis in die zivilisierte Welt zurückgebracht und von allen barbarischen Beifügungen gereinigt – ein prächtiges Denkmal für den Genius der Griechen". Allerdings kann man den heutigen Zustand der Athener Akropolis auch ganz anders werten: als einen ganz außergewöhnlichen Akt kultureller Selbstverleugnung. Beim Versuch, eine Verbindung zwischen dem modernen griechischen Staat und der klassischen Vergangenheit herzustellen, tilgten die Griechen im 19. Jahrhundert kurzerhand zwei Jahrtausende unter makedonischer, römischer, byzantinischer, fränkisch-florentinischer und türkischer Fremdherrschaft.

All das steht in krassem Gegensatz zum Verhalten der Athener im 5. Jahrhundert. Als die berühmten Monumente auf der Akropolis errichtet wurden, gaben sich die Architekten große Mühe, bereits existierende Gebäude nicht zu zerstören. So wurde beim Bau der Propyläen eigens eine Ecke ausgelassen, damit ein kurzer Abschnitt der alten mykenischen Festungsmauer am westlichen Ende der Akropolis erhalten bleiben konnte (siehe Abb. 18). Obwohl dieser Mauerabschnitt von den neu errichteten Propyläen komplett verdeckt wurde, konnten die Athener die Vorstellung, dieses bescheidene Zeugnis ihrer heroischen Vergangenheit zu zerstören, offenbar einfach nicht ertragen. Der 440 v. Chr. errichtete Tempel der Athene Nike ist ein weiteres Beispiel: Er ruht auf einem gewaltigen, mit glatten Marmorquadern verkleideten Fundament, und im Inneren dieses Fundaments befindet sich ein ebenfalls Athene geweihter Altar aus dem 6. Jahrhundert, der ganz sorgfältig an seinem ursprünglichen Standort bewahrt wurde.

Kleisthenes' Verfassung schuf zum ersten Mal einen wirklich repräsentativen Rahmen für die politischen Aktivitäten in Athen. Die politische Beteiligung ärmerer attischer Bürger war in den ersten fünfzig Jahren der neuen Verfassung allerdings stark eingeschränkt, da der Staat seine Beamten noch nicht bezahlte. Da es sich die allermeisten Athener nicht leisten konnten, sich ein ganzes Jahr ohne Bezahlung als Ratsmitglied zu betätigen, blieb die Politik in den Händen einer relativ kleinen Anzahl wohlhabender Familien. Erst ab Mitte des 5. Jahrhunderts wurden die Einnahmen des Seebunds umgelegt, um Tagesgehälter für Gemeinderäte, Beamte und schließlich Ratsmitglieder zu finanzieren. Zur gleichen Zeit gab es aber noch eine andere, geradezu erstaunliche Neuerung: Staatsbeamte und Ratsmitglieder wurden nun nicht mehr gewählt, sondern wurden unter allen Athener Bürgern per Los bestimmt, und ihre Amtszeit war stets auf ein Jahr beschränkt. Folglich gehörte vermutlich mehr als die Hälfte aller Athener über dreißig Jahre mindestens einmal der Boule an.

Das schiere Ausmaß politischer Teilhabe, wie wir es in der radikalen attischen Demokratie vorfinden, war und ist in der Weltgeschichte einmalig. Doch in vielerlei Hinsicht war die attische Verfassung viel eingeschränkter als jede moderne europäische Demokratie. Frauen spielten in der Politik schon deshalb überhaupt keine Rolle, weil sie nicht das volle Bürgerrecht besaßen und nur für familienrechtliche Zwecke offiziell als attische Bürger galten (was nicht ganz unwichtig war, denn das volle Bürgerrecht bekam ein Mann nur, wenn *beide* Elternteile bereits attische Bürger waren). Vor dem Gesetz wurden Frauen jedes Alters wie Minderjährige behandelt – sie durften kein Eigentum besitzen und sich nicht selbst vor Gericht vertreten. Wenn ein Mann starb, ohne männliche Erben zu hinterlassen, mussten seine Töchter laut Gesetz umgehend ihre nächs-

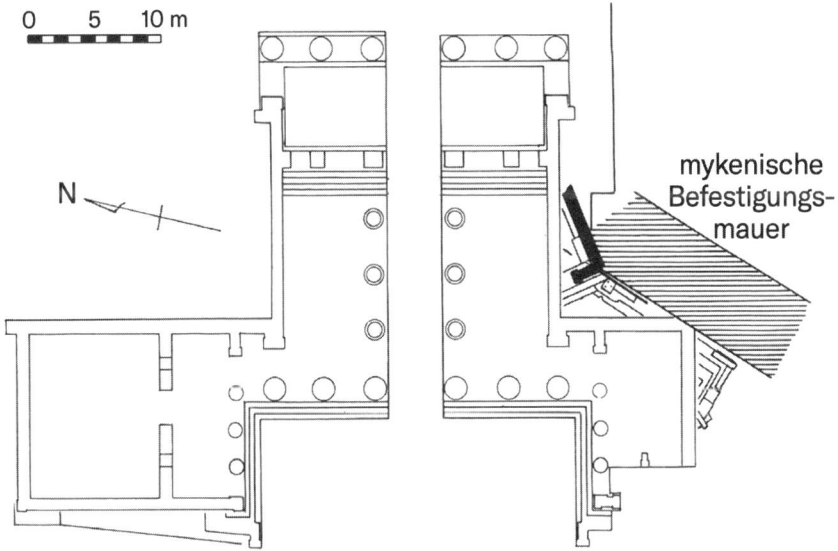

Abb. 18. Die Propyläen. Am Südwestflügel des Torhauses fehlt eine Ecke – dort verlief ein Abschnitt der mykenischen Befestigungsmauer.

ten männlichen Verwandten heiraten, damit das Vermögen der Sippe des Vaters erhalten blieb. Am besten blieb die Frau ohnehin immer daheim. Zwar gelang es kaum einem attischen Haushalt, seine Frauen rund um die Uhr zu Hause einzusperren – jede Tochter war eine zusätzliche Hilfskraft –, aber wie der Philosoph Aristoteles im 4. Jahrhundert in seiner *Politik* anmerkt, könne nichts und niemand die Ehefrauen der armen Leute daran hindern, das Haus zu verlassen. Dennoch ist das Ideal, das hier zum Ausdruck kommt, höchst bezeichnend. Aus der attischen Literatur und Vasenmalerei geht eindeutig hervor, dass die ideale Athenerin schweigsam und gehorsam war, gut nähen konnte und einen hellen Teint hatte, weil sie ihr Leben in dauerhafter Abgeschiedenheit verbrachte und nie die Sonne sah. Die selbstbewussten Heldinnen der attischen Tragödie – Medea, Antigone, Klytämnestra – sorgten gerade deshalb für Aufsehen, weil sie gegen diese Normen verstießen.

Auf den ersten Blick scheint aber auch die offizielle attische Religion zumindest in Teilen von der Norm abgewichen zu sein: Die wichtigste Gottheit der Stadt Athen, Athene Polias, war weiblich, und gemäß der üblichen religiösen Praxis in Griechenland war für sie daher eine Priesterin mit weiblichem Personal zuständig. Außerdem fand in Athen wie auch in anderen griechischen Städten jedes Jahr ein großes religiöses Fest statt, an dem nur Frauen teilnehmen durften: die Thesmophorien. Das Fest hatte seine eigenen weiblichen Beamten, und obwohl Frauen offiziell nicht als Demos-Mitglieder anerkannt waren, wurden die einzelnen attischen Demen bei den Thesmophorien von Ehefrauen der Demos-Bewohner vertreten. Und im Demeter-Heiligtum von Athen versammelten sich Frauen, die dort offenbar sogar eigene Versammlungen abhielten, bei denen es ähnlich zuging wie bei den Versammlungen der Männer. Allerdings wird es sich bei den Thesmophorien wohl eher um ein Fest gehandelt haben, bei dem man vorsätzlich die Rollen tauschte – ähnlich der Saturnalien in Rom, wo die Sklaven einen Tag lang von ihren Herren bedient wurden. Im Rahmen der Thesmophorien durften die Frauen ausnahmsweise drei Tage lang tun, was sonst den Männern vorbehalten war; sobald das Fest vorüber war, übernahmen alle wieder ihre angestammten Geschlechterrollen.

Erstaunlicherweise erging es den Frauen im klassischen Athen sogar erheblich schlechter als denen in den meisten anderen Teilen der griechischen Welt. Laut einem Gesetz aus Gortyn auf Kreta aus dem 5. Jahrhundert v. Chr. zum Beispiel durften die dortigen Bürgerinnen Eigentum besitzen und erben, sie konnten relativ frei entscheiden, wen sie heirateten, durften sich scheiden lassen und sogar mit einem männlichen Sklaven Kinder zeugen – und diese galten sogar als freie Bürger. Auch in Sparta genossen die Frauen diverse Rechte und eine gewisse soziale Freiheit, die attische Beobachter regelrecht entsetzte; im ausgehenden 4. Jahrhundert gehörten in Sparta angeblich zwei Fünftel aller Grundstücke Frauen.

Dass ausgerechnet der egalitärste Staat der griechischen Welt zugleich derjenige war, der am meisten die Frauen diskriminierte, erscheint paradox. Die Erklärung könnte darin zu finden sein, dass die radikale Demokratie dem Bürgerrecht einen ungewöhnlich hohen Stellenwert beimaß. In den meisten griechischen Poleis wie auch im Athen des 6. Jahrhunderts (und überhaupt in den meisten Gesellschaften in der Weltgeschichte) bestimmte der wirtschaftliche bzw. finanzielle Status den sozialen Status einer Person. Mit der Öffnung der politischen Ämter für alle erwachsenen Athener blieb als einzig bedeutender Statusunterschied derjenige zwischen Bürger und Nichtbürger. Während die Kluft zwischen Arm und Reich vor allem aufgrund der Zuteilung öffentlicher Ämter schrumpfte, wuchs die Kluft zwischen Bürgern und Nichtbürgern. Somit waren all jene, die vom Bürgerrecht ausgeschlossen waren, automatisch schlechter gestellt, als sie es in einer weniger demokratischen Gesellschaft gewesen wären – und dazu zählten nun einmal auch die Frauen. Außerdem scheint die Zahl der Sklaven, die in Athen lebten, im 5. Jahrhundert v. Chr. dramatisch angestiegen zu sein, da es auf einmal als unschicklich für einen Bürger galt, im Auftrag eines anderen Bürgers bezahlte Arbeit zu verrichten.

Die attische Demokratie erscheint uns immer noch als radikal neue und progressive Staatsform, doch ein Athener hätte das weit von sich gewiesen: In so ziemlich jedem Zusammenhang betonten die Athener, sie handelten *katà tà pátria*, „nach altem Brauch"; nach attischer Denkweise waren Reformen etwas, das es grundsätzlich zu vermeiden galt. Paradoxerweise ließ sich der Erfolg der Reformen des Kleisthenes gerade daran ermessen, dass der Name dieses Mannes sofort wieder aus dem kollektiven Gedächtnis verschwand. Sobald das neue Regierungssystem erfolgreich eingeführt war, behaupteten die Athener, es handele sich keineswegs um politische Reformen, sondern vielmehr um uralte Elemente ihrer angestammten Verfassung. Spätestens Mitte des 5. Jahrhunderts schrieb man die Einbeziehung der ländlichen Demen in den attischen Staat dem Helden Theseus zu, der nicht nur den Minotaurus getötet, sondern auch Attika erobert hatte und dessen die Athener nun mit einem neuen „Fest der Vereinigung" gedachten, der Synoikia.

Ein noch deutlicheres Beispiel dafür, wie Athen seine neue Verfassung nachträglich auf die ferne Vergangenheit projizierte, ist der Fall der zehn eponymen Heroen. Im Rahmen von Kleisthenes' Reformen wurden die Athener in zehn neue Phylen („Stämme") aufgeteilt, die jeweils den Namen eines mythischen attischen Nationalhelden erhielten, wie Kekrops, Akamas oder Ajax. Die Einteilung dieser Phylen war komplett artifiziell. Jede bestand aus drei Ansammlungen von Dörfern – einem an der Küste, einem im Binnenland und einem in der Ebene von Athen. Trotzdem dauerte es gar nicht lange, bis die Phylen und ihre mythischen Namensgeber im religiösen Leben Athens eine zentrale Rolle einnahmen. Auf der Athener Agora wurden Statuen der zehn eponymen Heroen aufgestellt, man brachte ihnen regelmäßig Opfer dar und gedachte ihrer als mythische Gründer und Vorfahren der jeweiligen Phyle. Offenbar hatte in Athen niemand etwas dagegen einzuwenden, diese brandneuen politischen Einheiten so zu behandeln, als wären ihre Mitglieder seit Menschengedenken Angehörige ein und desselben Stammes. Andersherum war jede Praxis, die man einigermaßen plausibel als „althergebracht" bezeichnen konnte, gegen demokratische Reformen vollkommen immun. Als im Jahr 440 v.Chr. neue Priesterämter eingerichtet wurden, wie das der Priesterin des Athene-Nike-Kultes, wurden die Inhaber dieser Ämter streng nach demokratischen Grundsätzen ernannt (sprich: unter allen attischen Bürgern ausgelost). Wir kennen jedoch keinen einzigen Fall, bei dem man solche Prinzipien bei einem bereits bestehenden Kult angewendet hätte. Das wichtigste religiöse Amt in Athen, die Priesterin der Athene Polias (die mit Abstand prominenteste und mächtigste Frau im klassischen Athen), wurde noch im 2. Jahrhundert n.Chr. aus den Mitgliedern eines einzigen aristokratischen Clans, der Eteoboutadai, rekrutiert.

Am aufschlussreichsten für diese Geisteshaltung der Athener war aber möglicherweise, wie schnell sie dazu übergingen, die Einführung der kleisthenischen Demokratie Ende des 6. Jahrhunderts mit dem Fall der Tyrannis der Peisistratiden gleichzusetzen. Seit Mitte des 6. Jahrhunderts v.Chr. hatte die Familie der Peisistratiden das politische Leben in Athen gelenkt; sie hatte in allen öffentlichen Angelegenheiten die Finger im Spiel gehabt und sichergestellt, dass die wichtigen Magistraturen Jahr für Jahr von ihren Freunden und Angehörigen besetzt wurden. Im Jahr 514 v. Chr. wurde ein Mitglied des Peisistratiden-Clans, Hipparchos, der Bruder des Tyrannen Hippias, infolge einer privaten Auseinandersetzung von seinen zwei attischen Geliebten, Harmodios und Aristogeiton, ermordet. Vier Jahre später, im Jahr 510 v. Chr., wurde im Zuge eines Überfalls der Spartaner auf Attika dann auch der Tyrann Hippias gestürzt. Seine Verfassungsreformen brachte Kleisthenes allerdings erst 508 oder 507 auf den Weg. Für die Athener des 5. Jahrhunderts waren die Umstände, die zur Abschaffung der Tyrannis und zur Einführung einer repräsentativen Regierung führten, viel zu unheroisch: Die Tyrannen waren von den Spartanern vertrieben worden, und die neue Verfassung – die die Athener für die wiedereingeführte Verfassung ihrer „Ahnen" hielten – war das Werk eines doch recht glanzlosen aristokratischen Politikers. Also machte man aus den beiden Geliebten Harmodios und Aristogeiton flugs Tyrannenmörder mit revolutionären Absichten. Nicht etwa die Spartaner, nein, diese zwei mutigen Männer waren es, die in Athen die Tyrannis beendet und so die traditionelle attische Demokratie wiederhergestellt hatten. Die beiden erhielten nicht nur ihren eigenen Heldenkult, ihnen wurde auch die einzigartige Ehre zuteil, mit Bronzestatuen auf der attischen Agora verewigt zu werden – einzigartig deshalb, weil es während der gesamten klassischen Zeit die einzigen Statuen auf der Agora waren, die reale Athener darstellten (siehe Tafel 11). In einem beliebten Trinklied aus dem 5. Jahrhundert heißt es: „Ich werde mein Schwert mit Myrte umkränzt tragen, so wie Harmodios und Aristogeiton, als sie den Tyrannen erschlugen und in Athen die Gleichheit vor dem Gesetz wiederherstellten." Obwohl Thukydides den attischen „Tyrannenmord" bereits Ende des 5. Jahrhunderts als Fälschung entlarvte, sollte sich der populäre Mythos noch Jahrhunderte später als einflussreich erweisen (siehe S. 279–281).

Die Beziehungen zwischen Athen und seinen Nachbarn auf dem griechischen Festland wurden im Laufe des 5. Jahrhunderts immer angespannter. Die Beziehungen zu Sparta waren durch einen denkwürdigen diplomatischen Zwischenfall im Jahr 462 v. Chr. sogar geradezu irreparabel beschädigt. Im 8. Jahrhundert v. Chr. hatten die Spartaner Messenien erobert, die

Region westlich des Taygetos-Gebirges im Südwesten der Peloponnes. Die bisherigen Einwohner von Messenien wurden unterworfen; sie bezeichnete man in der Folge kollektiv als *heílotes* (Heloten, wörtlich: „Gefangene"). Der Wohlstand Spartas beruhte größtenteils auf der rücksichtslosen Ausbeutung der Heloten, denen die Spartaner einmal jährlich rituell den Krieg erklärten. Im Anschluss an ein verheerendes Erdbeben in Sparta Anfang der 460er-Jahre v. Chr. rebellierten die Heloten, und einen Großteil des folgenden Jahrzehnts führten die Spartaner einen harten Guerillakrieg gegen ihre ehemaligen Sklaven. Im Jahr 462 bat Sparta Athen gegen die Rebellen um Hilfe. Die Athener schickten auch tatsächlich ein großes Heer nach Messenien, aber als die Soldaten dort eintrafen, änderten die Spartaner plötzlich ihre Meinung und schickten die Athener ohne Erklärung wieder nach Hause – offenbar fürchteten sie, die Athener könnten auf die Idee kommen, die Heloten zu unterstützen. Das war natürlich eine grobe Beleidigung. Ganz folgerichtig brach Athen sofort alle Beziehungen zu Sparta ab und ging ein Bündnis mit Argos ein, Spartas Hauptfeind auf der Peloponnes (auf Argos werden wir später noch zurückkommen). Als Spartas Krieg gegen die Heloten schließlich ein Ende fand, nahm Athen sich der überlebenden Rebellen an und siedelte sie in Naupaktos an, einer attischen Kolonie an der Nordküste des Golfs von Korinth. Naupaktos war den Spartanern ein echter Dorn im Auge; die Tatsache, dass die Heloten dort Unterschlupf gefunden hatten, sollte jahrzehntelang Spartas Ressentiments gegen Athen schüren.

Leonidas in Stalingrad

Das Ethos des klassischen Sparta stieß in der Nazizeit auf großes Interesse. Hitler bewunderte den Brauch der Spartaner, biologisch „minderwertige" Nachkommen zu töten, um die eigene „Rasse" rein zu halten. Nur 6000 Spartaner hätten – so behauptete er – über 350 000 Heloten geherrscht (zwei Zahlen, die komplett aus der Luft gegriffen waren), und das deutsche Volk sei dazu bestimmt, dasselbe zu tun.

Als Xerxes' Armee 480 v. Chr. südwärts durch Zentralgriechenland fegte, unternahm ein Heer von 300 Spartanern mit König Leonidas

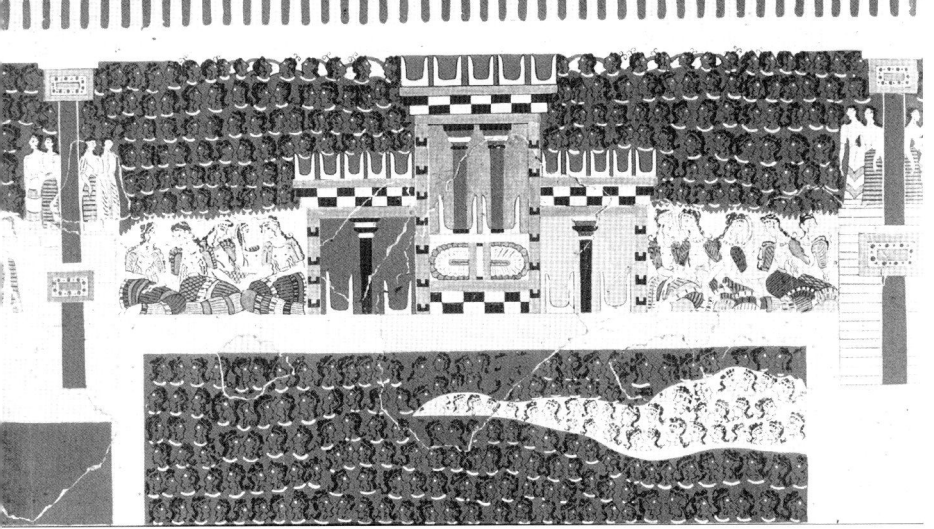

Tafel 1. Fresko aus Knossos, ca. 1600 v. Chr.; Dreiteiliges Heiligtum in der Mitte, daneben sitzende Frauen, darüber und darunter Menschenmengen bei einer Zeremonie oder einem Spektakel.

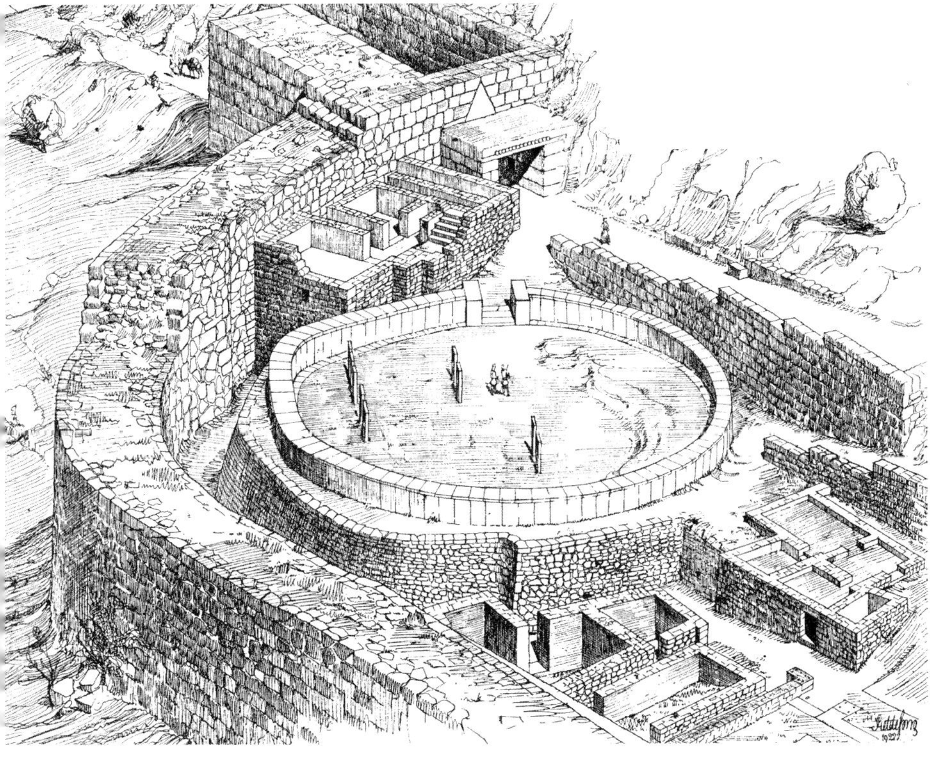

Tafel 2. Gräberrund A in Mykene im 13. Jahrhundert v. Chr.; die aufrechten Steine markieren die Gräber; Zeichnung: Piet de Jong.

Tafel 3. Fresko aus
dem Palast von Pylos.
Höhe: 0,61 Meter.

Tafel 4. Ein Taucher inspi-
ziert Bronzebarren am
Schiffswrack von Uluburun.

Tafel 5. Zeichnung eines Abschnitts des Reliefs von Pharao Ramses III. beim Kampf gegen die Seevölker. Höhe (des dargestellten Abschnitts): 4,22 Meter.

Tafel 6. Macmillan-Aryballos (Parfumflasche), British Museum (Inv.-Nr. GR 1889.4-18.1). Höhe: 6,8 Zentimeter.

Tafel 9. Kore im Peplos, Akropolis-Museum, Athen (Inv.-Nr. 679). Höhe: 1,20 Meter.

Tafel 10. Abguss der Kore im Peplos, Museum of Classical Archaeology, Cambridge.

Tafel 7. Goldener Anhänger aus dem Grab einer Frau in der Toumba, Lefkandi; Erbstück aus Syrien von ca. 1700 v. Chr., bei der Bestattung 750 Jahre alt. Durchmesser der Scheibe ca. 3,5 Zentimeter.

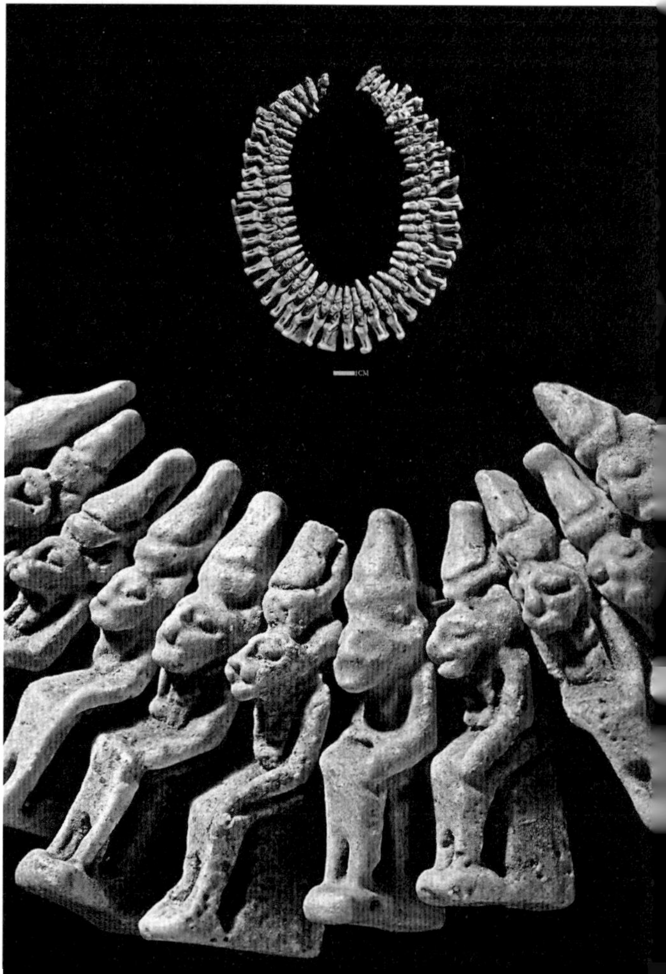

Tafel 8. Halskette einer Fayence-Figurine aus einem Grab in Lefkandi, ca. 900 v. Chr.; unten ein Detail der Kette: sitzende Göttin mit Löwenkopf und der Doppelkrone von Ägypten. Es handelt sich um einen phönizischen Synkretismus von zwei ägyptischen Göttinnen: Isis und Hathor.

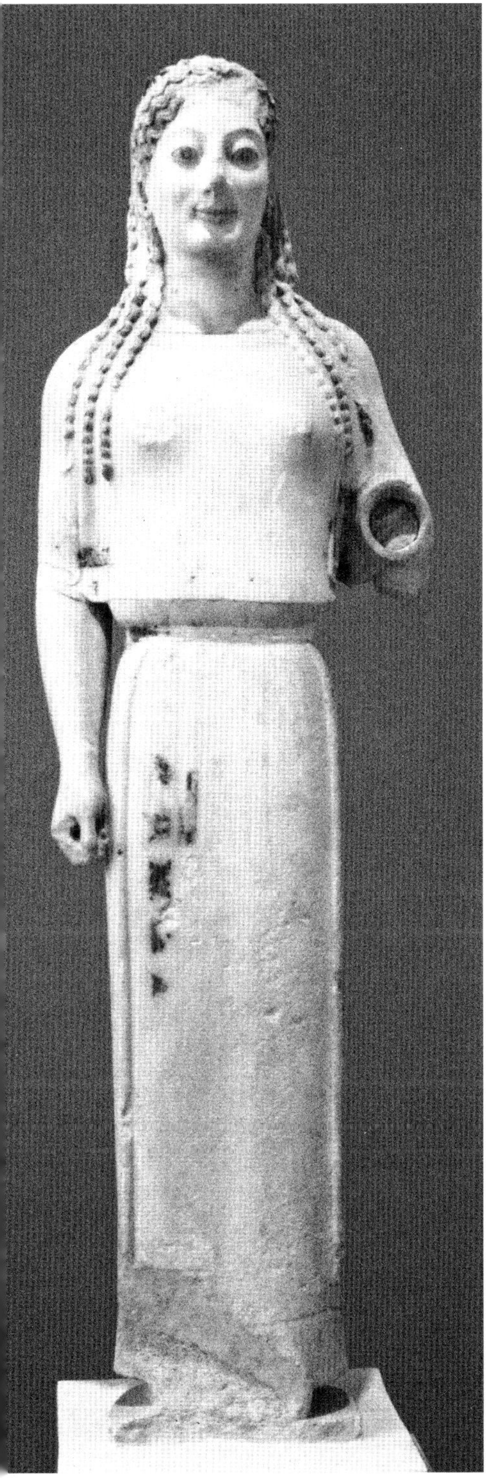

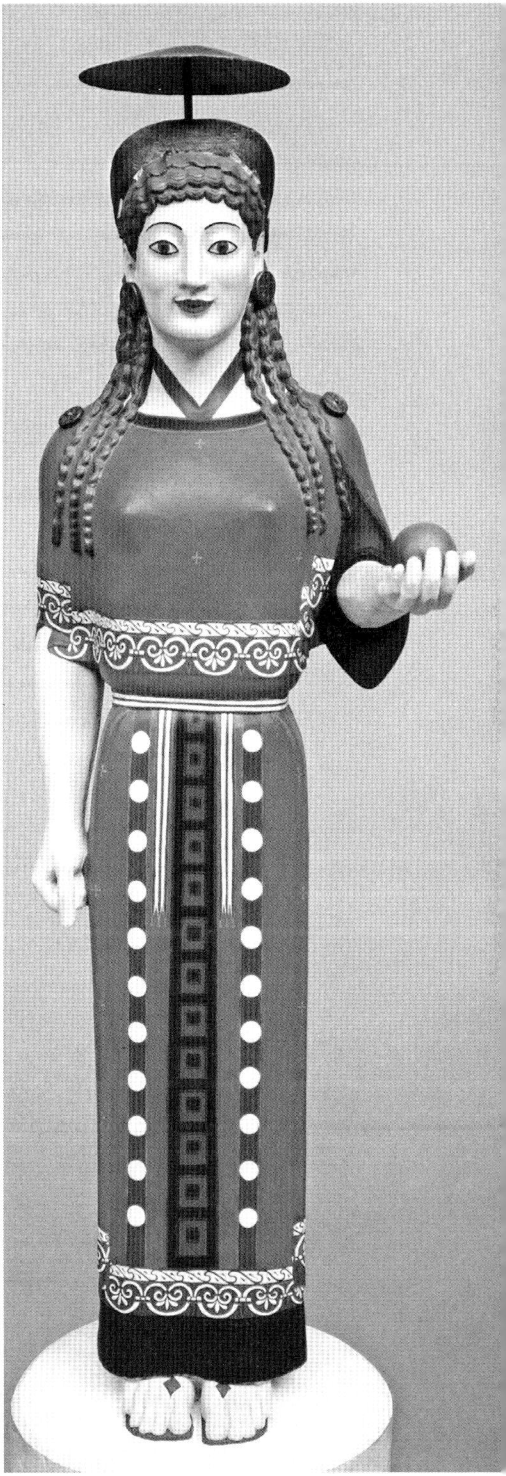

Tafel 13. Rekonstruktion der fürstlichen Grabstätte von Vix. Die Fürstin wurde in einem Wagen (rechts rekonstruiert) mit großzügigen importierten Beigaben beigesetzt. Der Bronze-Krater (links) ist 1,64 Meter hoch.

Tafel 14. Bibracte (Mont Beuvray) aus der Luft.

Tafe l 11. Die Tyrannenmörder Harmodios und Aristogeiton. Diese Rekonstruktion basiert auf einer römischen Marmorkopie der Original-Statuengruppe aus Bronze. Università di Roma: Museo dei Gessi. Höhe: 1,95 Meter.

Tafel 12. Kampfszene aus der Kentauromachie. Metope Nr. 27 von der Südseite des Parthenon, British Museum, London. Höhe: 1,20 Meter.

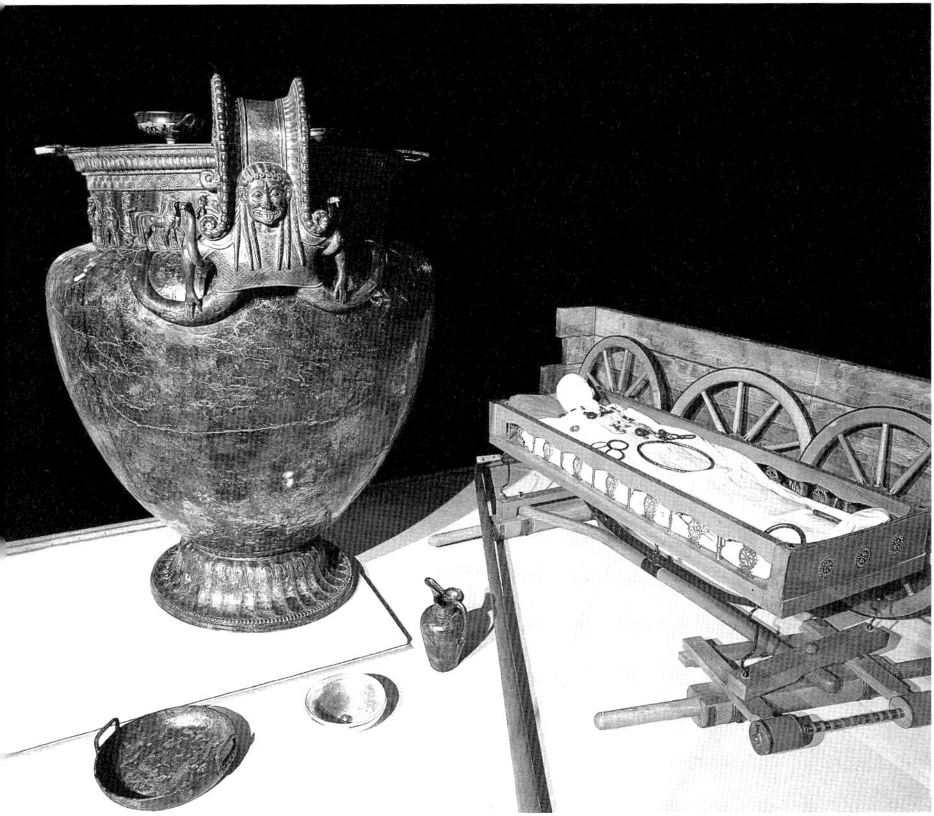

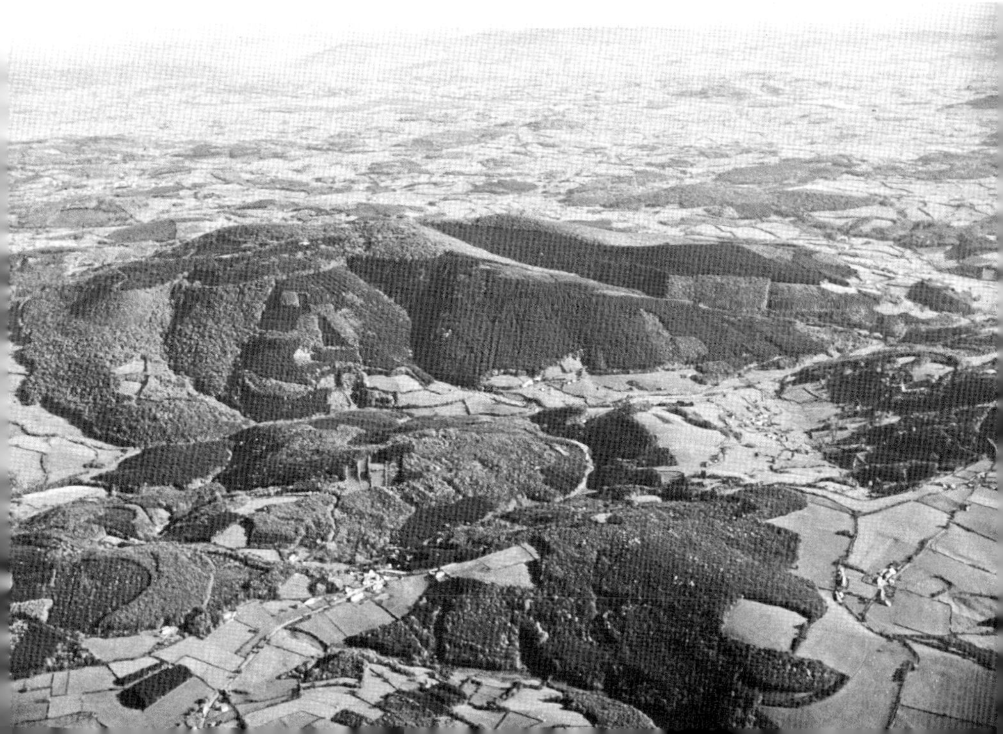

Tafel 15. Keltischer Schild aus der Themse bei Battersea. British Museum (Inv.-Nr. P&EE 1857.7-15.1). Höhe: 0,78 Meter.

Tafel 16. Statue eines sterbenden Galliers, Kapitolinische Museen, Rom (Inv.-Nr. 747). Länge: 1,85 Meter.

an der Spitze den ebenso heldenhaften wie aussichtslosen Versuch, den Feind am Thermopylen-Pass aufzuhalten. Am 30. Januar 1943, als die 6. Armee der Wehrmacht in Stalingrad eingekesselt war, verglich Hermann Göring in einer mitreißenden Rede, über die man bald im ganzen Deutschen Reich redete, die deutschen Soldaten explizit mit Leonidas' Heer. Dabei griff Göring das bekannte Epigramm des Simonides über die 300 spartanischen Soldaten auf, die bei den Thermopylen den Tod fanden (in Schillers berühmter Übersetzung: „Wanderer, kommst du nach Sparta, verkündige dorten, du habest / Uns hier liegen gesehn, wie das Gesetz es befahl"). Er wollte wohl andeuten, dass die – inzwischen unvermeidliche – deutsche Niederlage in Stalingrad in Zukunft auf ähnliche Weise besungen werden würde. Freilich wandelte er Simonides' Text zu diesem Zweck ein wenig ab: „Kommst du nach Deutschland, so berichte, du habest uns in Stalingrad liegen gesehen, wie das Gesetz, das heißt, das Gesetz der Sicherheit unseres Volkes, es befohlen hat." Sehr zu seinem Leidwesen war die Reaktion der deutschen „300" in Stalingrad alles andere als heroisch: General Paulus hatte wenig Lust, wie Leonidas sein Leben zu lassen. Am 1. Februar kapitulierte er und übergab die halb erfrorenen Überlebenden der 6. Armee den Russen.

Eine der ergreifendsten Reaktionen auf die Pervertierung der spartanischen Ideologie durch die Nazis ist Heinrich Bölls 1950 erschienene Kurzgeschichte „Wanderer, kommst du nach Spa ...": In den letzten Kriegsmonaten wird ein verwundeter junger Wehrmachtssoldat in ein behelfsmäßiges Feldlazarett nahe der Front gebracht. Das Lazarett erinnert ihn verdächtig an das Gymnasium von Bendorf, das er vor Kurzem noch besucht hat. Im Zeichensaal, der zum OP umfunktioniert worden ist, sieht er an der Tafel die Worte: „Wanderer, kommst du nach Spa". Das verstümmelte Zitat hat er erst drei Monate zuvor selbst dort hinterlassen, zum Ärger des Zeichenlehrers. Als er endlich den Beweis hat, wo er sich befindet, wird er sich auch über seine eigene Situation klar: Er hat beide Arme und ein Bein verloren. Die zynische Nazi-Parole, bei der das Wort „Sparta" in der Mitte abgeschnitten ist, symbolisiert seinen furchtbar verstümmelten Körper.

Im Jahr 431 v. Chr. brach zwischen Athen und Sparta Krieg aus. Die meisten Zeitgenossen waren der Ansicht, den Krieg hätte eine Handelsblockade ausgelöst, die die Athener ihrem kleinen Nachbarstaat Megara auferlegt hatten. Die eigentliche Ursache des Krieges war allerdings, dass in Sparta und insbesondere in Korinth die Angst wuchs, dass Athen zu mächtig wurde. In den 430er-Jahren v. Chr. hatte Athen seine Einflusssphäre auf die Adria und Süditalien erweitert, eine Region, in der traditionell Korinth das Sagen hatte. Athens Bündnisse mit Korkyra (Korfu), Akarnanien (an der Mündung des Golfs von Korinth), Rhegium in Süditalien und mit dem sizilianischen Leontinoi stellten eine kaum verhohlene Bedrohung korinthischer Interessen im Westen dar. Als Athen dann auch noch das Städtchen Potidaia belagerte, eine korinthische Kolonie in der Nordägäis, war das der Tropfen, der das Fass zum Überlaufen brachte.

Der Peloponnesische Krieg (431–404 v. Chr.) wurde an erstaunlich vielen verschiedenen Fronten ausgetragen, von Sizilien bis zum Hellespont. Der Wendepunkt des Krieges war Athens Versuch, Sizilien zu erobern (415–413 v. Chr.) – ein katastrophaler Fehlschlag für die Athener: Trotz der unzähligen Soldaten und Schiffe, die sie nach Westen sandten, erlitten sie eine herbe Niederlage. Athen kämpfte zwar noch fast zehn Jahre weiter, aber als sich die persischen Satrapen im Westen Kleinasiens auf der Seite der Spartaner in den Krieg einschalteten, war eine Niederlage nur noch eine Frage der Zeit. 404 v. Chr. war Athen gezwungen, zu kapitulieren.

Das erklärte Ziel der Spartaner, „Freiheit für die Griechen" (was de facto die Auflösung des Attischen Seebunds bedeutete), hatte ihnen in den ersten Jahren des Peloponnesischen Krieges von vielen Seiten Beifall eingebracht, doch spätestens im Jahr 404 war jedem klar, dass es leere Worte waren. Die Perser begründeten ihre Unterstützung für Sparta ausdrücklich damit, dass die griechischen Städte Kleinasiens, die seit den Perserkriegen unter attischer Kontrolle standen, ins Perser-Reich zurückkehren sollten. Nach der Niederlage Athens kündigten die Spartaner jedoch all ihre Absprachen mit den Persern auf und organisierten einen großen Feldzug nach Kleinasien, um die ionischen Städte zu retten und damit ihren Ruf als Befreier der Griechen wiederherzustellen. Ganz offensichtlich hatte die Idee eines Feldzugs gegen die Barbaren nichts von ihrem ideologischen Reiz eingebüßt. 396 v. Chr. brachte König Agesilaos von Sparta, bevor er mit seinem Heer nach Asien übersetzte, in Aulis ein Opfer dar, genau wie

Agamemnon es getan hatte, bevor die achaiische Flotte in den Trojanischen Krieg aufgebrochen war. Nach ein paar kleineren Erfolgen wurde Sparta jedoch in der Seeschlacht von Knidos von der persischen Flotte besiegt. Die Niederlage war besonders demütigend, weil der Flottenkommandant der Perser ein Athener war: Konon, der in Persien im Exil lebte. Das Scheitern der Spartaner in Asien wurde 386 v. Chr. durch einen Friedensvertrag mit dem Großkönig zementiert, in dem die Städte im Westen Kleinasiens erstmals ausdrücklich Persien zuerkannt wurden.

Der Königsfrieden von 386 garantierte zudem die Autonomie aller griechischen Staaten auf dem Festland und in der Ägäis. Mit dem brüchigen Waffenstillstand auf dem griechischen Festland, der auf den Friedensvertrag folgte, war es allerdings schnell wieder vorbei, als Sparta völlig grundlos Theben angriff, die damalige Großmacht in Zentralgriechenland. Theben war in der Bronzezeit eine bedeutende mykenische Siedlung gewesen (siehe S. 28–30). Im 4. Jahrhundert v. Chr. konnte man auf der Akropolis von Theben noch immer Überreste des mykenischen Palastes sehen, den die Einheimischen für den Palast des Kadmos hielten, des mythischen Königs von Phönizien, der angeblich Theben gegründet hatte und nach dem auch die Akropolis, die Kadmeia, benannt war. Die größte klassische Siedlung Thebens lag in der Böotischen Ebene zu Füßen der Akropolis. Die Kadmeia selbst, das Herz der Stadt, bestand hauptsächlich aus Tempeln und Verwaltungsgebäuden, von denen viele ganz bewusst so platziert waren, dass sie die Überreste des mykenischen Palastes nicht störten. Während die Frauen von Theben 382 v. Chr. die Thesmophorien feierten, waren alle Männer, wie es Brauch war, von der Kadmeia verbannt, und genau diesen Umstand nutzte der spartanische General Phoibidas, um die Kadmeia einzunehmen und eine pro-spartanische Marionettenregierung zu installieren, die Theben in einen Satellitenstaat Spartas verwandelte. Phoibidas' Aktion schockierte die gesamte griechische Welt und nahm Sparta das letzte Bisschen an moralischer Autorität, das es noch besessen hatte. Mit dem Überfall auf die Kadmeia hatten die Spartaner nicht nur eine gut befestigte Zitadelle in Besitz genommen und damit gegen den geltenden Waffenstillstand verstoßen – sie hatten ohne jeden Anlass einen heiligen Bezirk entweiht. Und was das Ganze noch schlimmer machte: Phoibidas musste gewusst haben, dass in Theben gerade die Thesmophorien im Gang waren. Dass er das religiöse

Fest nutzte, um zuzuschlagen, ließ die eklatante Gottlosigkeit der Spartaner nur umso deutlicher zutage treten.

Spartas Dominanz auf dem griechischen Festland endete 371 v. Chr., als eine spartanische Armee unter Epameinondas in der Schlacht bei Leuktra von den Thebanern vernichtend geschlagen wurde. Nach dieser militärischen Demütigung Spartas befreiten die Thebaner Messenien, die alte Heimat der Heloten, von der spartanischen Fremdherrschaft. Mit Unterstützung Thebens gründeten die Einwohner auf dem Berg Ithome, dem Zentrum des erfolglosen Aufstands der Heloten in den 460er-Jahren, die neue Polis Messene. Die neue Stadt erhielt eine massive Festungsmauer, die 9 Kilometer lang war und zu den eindrucksvollsten Befestigungsanlagen auf dem griechischen Festland zählte. Offenbar gingen die Bewohner nicht davon aus, dass Sparta seine Heloten kampflos aufgeben würde. Archäologen haben nachgewiesen, dass es zu jener Zeit zu einem signifikanten Bevölkerungswachstum kam. Dieses lässt sich nur dadurch erklären, dass Einwanderer aus dem Ausland nach Messene kamen. Sicherlich waren Nachfahren jener Heloten darunter, die Mitte des 5. Jahrhunderts von den Athenern in Naupaktos angesiedelt worden waren; andere Einwanderer behaupteten, von den Einwohnern Messeniens abzustammen, die im 8. Jahrhundert, als Sparta ihre Heimat erobert hatte, von der Peloponnes geflohen waren und sich in der Diaspora auf Sizilien und in Süditalien niedergelassen hatten – eine Behauptung, die sich schwerlich beweisen ließ.

Die neue Polis Messene ist ein faszinierendes Beispiel dafür, wie sich eine geschlossene Gemeinschaft aktiv eine eigene kollektive Erinnerung und eine eigene Geschichte schuf. Die Befreiung durch die Thebaner 370/369 v. Chr. und die Heimkehr der (angeblichen) Ex-Messenier aus der Diaspora wurde zur Wiederherstellung eines messenischen Staates hochstilisiert, wie er existiert habe, bevor Sparta die Region erobert hatte. Das Problem ist nur: Es gibt keinerlei Grund zur Annahme, dass es einen solchen Staat jemals gegeben hatte. Dass die Spartaner Messenien im 8. Jahrhundert v. Chr. erobert hatten, stimmt zwar, doch es gibt keine Anzeichen dafür, dass die Messenier im 8. Jahrhundert ein einheitliches Volk mit einer gemeinsamen Identität, geschweige denn einer unabhängigen Polis gewesen wären. Als im 4. Jahrhundert v. Chr. die Polis Messene gegründet wurde, entsprang die prä-spartanische Vergangenheit, aus der die Stadt ihre Traditionen und Legenden bastelte, nahezu komplett der Phantasie ihrer Bewohner.

Der neue messenische Stadtstaat wurde in fünf Phylen aufgeteilt, benannt nach Helden, die von Herakles abstammten: Hyllos, Kleolaios, Aristomachos, Kresphontes und Daiphontes. Die Behauptung der Messener, von den Söhnen des Herakles (den Herakleiden) abzustammen, bediente sich bei derselben mythologischen Tradition, wie sie bereits Argos zu Beginn des 5. Jahrhunderts herangezogen hatte, um seine Eroberungen im Osten der Peloponnes zu rechtfertigen. Genau wie die Argiver im vorherigen Jahrhundert wollten auch die Messener ihren neuen Staat legitimieren, indem sie sich als Erben einer der drei Regionen auf der Peloponnes präsentierten, die einst den Herakleiden gehört hatten. Praktischerweise entdeckten die Messener einige physische Überreste aus der fernen Vergangenheit, die ihre Version der Geschichte zu bestätigen schienen. Mitte des 4. Jahrhunderts kam es in der Region Pylos im Westen von Messenien zu einer explosionsartigen Zunahme religiöser Opfergaben in mykenischen Gräbern aus der Bronzezeit. Da diese Gräber ganz offensichtlich aus der Zeit vor der spartanischen Eroberung stammten, mussten dort ja zwangsläufig die Ur-Messenier bestattet sein. Bald kamen Geschichten von messenischen Helden auf, die gegen die Herrschaft der Spartaner aufbegehrt hatten. Der imaginäre Guerillakrieger Aristomenes von Messene wurde sogar zum Protagonisten eines Heldenepos, der *Messeniaka* des Rhianos von Bene.

Natürlich bestritten die Spartaner das alles aufs Schärfste. Sie weigerten sich konsequent, Messene als legitimen Staat anzuerkennen. Messenien war Spartaner-Land – die Söhne Spartas hatten es von ihren Vorfahren geerbt, und nun war es vorübergehend von einer Stadt der Sklaven besetzt. Doch der politischen Realität konnten die Spartaner wenig entgegensetzen. Noch mehr als die Niederlage des Epameinondas bei Leuktra markierte der Verlust von Messenien das Ende von Sparta als Großmacht. Zu allem Überfluss taten sich Anfang der 360er-Jahre mehrere Städte in Arkadien in der Mitte der Peloponnes, wo ein ebenso zersplittertes wie rückständiges Volk hauste, zusammen und gründeten an der Nordgrenze des spartanischen Territoriums (wiederum mit Unterstützung der Thebaner) eine neue Hauptstadt für ihr Bündnis: Megalepolis, die „große Stadt". Somit war Sparta buchstäblich von feindlichen Mächten umzingelt. Die Thebaner erklärten die Befreiung von Messene und die Gründung von

Megalepolis zu Bestandteilen eines umfassenden Programms zur Befreiung der Griechen. „Unter meiner Führung wurde Sparta seines Glanzes beraubt, und das heilige Messene hat endlich seine Kinder empfangen. Dank thebanischer Waffen ist Megalepolis von Mauern umgeben, und ganz Griechenland genießt seine selbstbestimmte Freiheit", behauptete die Inschrift auf der Basis einer Statue des Epameinondas in Theben.

Dass sich die Bewohner der Polis Messene Mitte des 4. Jahrhunderts einfach so eine eigene Geschichte zulegten, verrät uns eine Menge darüber, wie die Griechen im 5. und 4. Jahrhundert mit ihrer Vergangenheit umgingen. Die Mythen, mit denen die Messener über die Herkunft ihres Volkes berichteten, waren nicht neu. Im Gegenteil, die Rückkehr der Herakleiden auf die Peloponnes war einer der wenigen Fixpunkte auf der universellen Landkarte der Vergangenheit der Griechen. Die überall verbreiteten Genealogien und Heldengeschichten jener Epoche, die wir heute als Bronzezeit bezeichnen, dienten Städten wie Messene dazu, ihren Platz in der griechischen Welt zu behaupten und ihre Beziehungen zu den Nachbarstaaten zu beschreiben und zu erklären. Dabei waren diese Geschichten flexibel genug, um neuen politischen Gegebenheiten und Ereignissen – wie eben der Gründung der Polis von Messene – Rechnung zu tragen.

Wie wir gesehen haben, war einer der entscheidenden Wendepunkte in der politischen Geschichte des 5. Jahrhunderts v. Chr. die Entscheidung der Athener, ihr Bündnis mit Sparta fahren zu lassen und sich mit der Stadt Argos im Osten der Peloponnes zu verbünden. Drei Jahre später, im Jahr 458 v. Chr., präsentierte der Dichter Aischylos beim Tragödienwettstreit im Rahmen des Athener Dionysien-Fests seine *Orestie*. Die Trilogie erzählt davon, wie Agamemnon aus dem Trojanischen Krieg in seine Heimat Argos zurückkehrt und von seiner Frau Klytämnestra getötet wird, die ihrerseits daraufhin von ihrem Sohn Orestes getötet wird – eine Geschichte, die jeder Grieche kannte, außer dass die meisten Agamemnons Palast wohl eher in Mykene als in Argos verortet hätten. Und Aischylos weicht noch in einem anderen Punkt vom bekannten Mythos ab: Als Nächstes flieht bei ihm Orestes nach Athen, wo man ihn vor das Strafgericht auf dem Areopag stellt. Er wird freigesprochen und gelobt, zwischen Athen und seiner Heimatstadt Argos werde nun ewige Freundschaft herrschen. Hier erhielt eine ganz alte Geschichte eine neue Wendung, um die neue politische Allianz zwischen den beiden Stadtstaaten zu erklären und zu festigen.

Die Entwicklung der Geschichtsschreibung, die mit Herodot ihren Anfang nahm, stand stets im Kontext solcher Adaptionen der Vergangenheit. Herodot ist sich durchaus bewusst, dass es zwischen der mythischen Vorzeit Griechenlands und der historischen Vergangenheit einen Unterschied gibt, doch es fällt ihm schwer, genau auszudrücken, worin dieser Unterschied besteht. An einer Stelle erzählt er, Polykrates, der ca. 535–522 v. Chr. als Tyrann die Insel Samos regierte, sei „der erste der uns bekannten Griechen" gewesen, „der den Plan hatte, über das Meer zu herrschen – mit Ausnahme von Minos von Knossos und allen vor ihm, die über das Meer herrschten. Doch von der sogenannten menschlichen Rasse war Polykrates der erste." Offenbar weiß Herodot, dass Minos irgendwie nicht zählt, kann aber nicht genau erklären, warum. Besteht der Unterschied zwischen Polykrates und Minos nur darin, dass es über den einen mehr zuverlässige Zeugnisse gibt als über den anderen (eine von Herodots Quellen war ein Spartaner, dessen Großvater gegen Polykrates gekämpft hatte), oder ist da noch etwas anderes im Spiel? Dass Herodot hier nicht so recht weiter weiß, ist äußerst aufschlussreich. Für uns lässt sich das Problem ganz leicht lösen: Wir bezeichnen Polykrates kurzerhand als „historische" und Minos als „mythische" Figur. Ein Grieche des 5. oder 4. Jahrhunderts v. Chr. hätte mit dieser Unterscheidung nichts anfangen können. Mythos und Geschichte bildeten für ihn ein Kontinuum; da Minos vor so langer Zeit gelebt hatte, war es schwierig, gesicherte Fakten über den König von Kreta zusammenzutragen, doch niemand bezweifelte ernsthaft, dass es ihn tatsächlich gegeben hatte.

Eines der Probleme dabei war, dass die Griechen keine Mittel besaßen, um festzustellen, wie lange ein bestimmtes Ereignis zurücklag. Jeder Stadtstaat hatte seinen eigenen Kalender, und von Ort zu Ort definierte man das Jahr auf unterschiedliche Weise. Die Athener benannten die Jahre nach dem jeweiligen obersten Regierungsbeamten, dem Archonten („das Jahr der Amtszeit des Archonten XY"), doch selbst die Athener verwendeten ihre Archonten-Jahre nur selten dazu, bestimmte vergangene Ereignisse zu datieren – welcher Athener hatte schon genau im Kopf, wann welcher Archon geherrscht hatte? Im 5. Jahrhundert v. Chr. gab es die ersten Versuche, eine universelle Chronologie der Vergangenheit zu erstellen: In den 420er-Jahren v. Chr. erstellte Hellanikos von Lesbos die erste Universalgeschichte in chronologischer Reihenfolge. Als Basis diente ihm die Abfolge der Hera-Priesterinnen in Argos – keine allzu naheliegende Wahl als Grundlage einer Chronologie, denn genau wie die attischen Archonten waren die Priesterinnen von Argos außerhalb ihrer Polis kaum von Bedeutung. Wahrscheinlich glaubte Hellanikos, die Listen der argivischen Priesterinnen reichten weiter zurück und seien verlässlicher als die Beamtenlisten, die die anderen Städte verwendeten. Dennoch fand Hellanikos' System keine allzu weite Verbreitung, und von Thukydides wurde es sogar heftig kritisiert. Erst im 3. Jahrhundert v. Chr. setzte sich eine allgemeingültige Form der Datierung vergangener Ereignisse durch – nach Olympiaden.

Historische Begebenheiten ordnete man normalerweise in Bezug auf ein bedeutendes Ereignis ein: „eine Generation vor den Perserkriegen" hieß es oder „drei Generationen nach der Rückkehr der Herakleiden auf die Peloponnes". Die Mythen rund um den Krieg um Troja spielten hier eine ganz entscheidende Rolle, denn sie dienten als erster universeller Bezugspunkt. Kaum ein Grieche hätte sagen können, wie viele Jahrhunderte vergangen waren, seit Troja gefallen war. Aber das war auch gar nicht der Punkt. Der Trojanische Krieg diente als Fixpunkt, an dem man andere Ereignisse der Vergangenheit festmachen konnte: Die Athener konnten ganz genau angeben, dass ihr Bündnis mit Argos auf die Generation nach dem Fall von Troja zurückging, und die Messener konnten sich eine Geschichte zulegen, die bis zur zweiten Generation nach dem Fall Trojas zurückreichte, als die Herakleiden in ihre Heimat zurückkehrten. Der mythische Ursprung von Messene war kein Märchen nach dem Motto: „Es war einmal ..." Indem die Messener ihre frühe Geschichte zum Trojanischen Krieg in Beziehung setzten, konnten sie sie in einen allgemeingültigen zeitlichen Horizont einordnen.

In den letzten beiden Kapiteln haben wir die Entwicklung der griechischen Polis von ihrem Ursprung im 8. Jahrhundert bis Mitte des 4. Jahrhunderts v. Chr. verfolgt. Die Kultur der griechischen Stadtstaaten war für den europäischen Kontext etwas vollkommen Neues; sie war die erste echte urbane Kultur auf dem europäischen Festland. Zwischen 40 und 90 Prozent der Gesamtbevölkerung (ca. 1200 Einwohner) der kleinen Polis Koressos auf Keos lebten innerhalb der Stadtmauern. Die Gesamtbevölkerung des klassischen Böotien schätzt man auf 165 000 bis 200 000 Einwohner, und rund 100 000 davon (also mindestens 50 Prozent) lebten in den städtischen Zentren der Region. Das ist ein unglaublich hoher Anteil. Im Jahr 1700 betrug die städtische Bevölkerung in ganz Europa nur noch etwa 12 Prozent der Gesamtbevölkerung; selbst in den Niederlanden, einer der am stärksten urbanisierten Gegenden auf dem europäischen Kontinent, lebten lediglich 40 Prozent der Menschen in Städten. Auch wenn dieser Vergleich strengen wissenschaftlichen Kriterien nicht ganz standhält, nicht zuletzt weil sich die Historiker uneins sind, wie groß eine Siedlung sein muss, bevor man sie als „Stadt" bezeichnen darf: Die Tatsache, dass die Griechen des 5. und 4. Jahrhunderts im Großen und Ganzen Stadtbewohner waren, wird niemand bestreiten.

Charakteristischer für den größeren europäischen Kontext zu jener Zeit waren da die nördlichen Nachbarn der Griechen: die Illyrer, Thraker und Makedonen. Die Illyrer bewohnten ein großes Gebiet auf dem westlichen Balkan, das in etwa dem heutigen Albanien, Bosnien und Kroatien entsprach. Die obere Adria kannten die Griechen damals kaum; viele glaubten beispielsweise, in die Adria flösse ein Nebenarm der Donau, über den man bis zum Schwarzen Meer segeln könne. Illyrien war eine der wenigen Regionen in Europa, in denen der Einfluss der Griechen in jener Epoche sogar zurückgegangen zu sein scheint. Von Mitte des 6. bis Mitte des 5. Jahrhunderts v. Chr. waren Keramik und Schmuck aus Griechenland verbreitete Grabbeigaben der illyrischen Elite; danach finden sich solche Objekte in den Gräbern kaum noch. Im Laufe des 5. Jahrhunderts entstanden hier und da schmucklose Bergfestungen, die wahrscheinlich den Dörflern aus dem umliegenden Tiefland als Zufluchtsort dienten, doch Anzeichen für wirkliche urbane Siedlungen gibt es erst aus der frühhellenistischen Zeit (an der Wende vom 4. zum 3. Jahrhundert v. Chr.). Alles in allem blieben die Illyrer von den Entwicklungen, die nur wenige Hundert Kilometer südlich von ihnen stattfanden, offenbar völlig unberührt.

In Thrakien, einem riesigen ans Schwarze Meer grenzenden Abschnitt des östlichen Balkan, lagen die Dinge etwas anders. Südthrakien, das in etwa dem heutigen Bulgarien entsprach, wurde zu Beginn des 5. Jahrhunderts v. Chr. vereinigt und fortan von einer einzigen Königsdynastie beherrscht, den Odrysen. Diese kooperierten ganz bereitwillig mit ihren griechischen Nachbarn. Im Herzen von Thrakien entstanden in der Folge unter königlichem Schutz mehrere griechische Handelsposten wie die gut ausgegrabene Stätte Pistros am Oberlauf der Mariza (im Altertum hieß der Fluss Hebros). Was den Umgang mit den Thrakern betrifft, so konnte man als Grieche, wie Thukydides schreibt, „so gut wie gar nichts erreichen, wenn man ihnen nicht zuallererst Geschenke machte". Ganz folgerichtig gelangten ab Mitte des 5. Jahrhunderts v. Chr. enorme Mengen griechischer Luxusgüter nach Thrakien, insbesondere prestigeträchtige Objekte aus Edelmetall. Die Thraker wiederum imitierten die Kunststile der Griechen und wandelten sie ab, indem sie sie mit skythischen und persischen Elementen kombinierten. So entstand eine ganz neue lokale Kultur von erstaunlicher Originalität. Dennoch wäre es grundfalsch zu behaupten, Thrakien sei zu jener Zeit „hellenisiert" worden. Die gesellschaftliche Struktur des Königreichs der Odrysen scheinen der Import und die kreative Nachahmung griechischer Luxusgüter kaum beeinflusst zu haben. Anzeichen für eine Urbanisierung finden sich, genau wie in Illyrien, bis in die frühhellenistische Zeit hinein kaum. Ein typisches thrakisches Dorf um 400 v. Chr., wie es der griechische Historiker Xenophon beschrieb, bestand aus diversen Holzhütten mit einem eingezäunten Bereich für Nutzvieh ringsherum. Die thrakischen Aristokraten nahmen sich von den Griechen, was sie haben wollten, aber ohne vom kulturellen Dunstkreis Griechenlands absorbiert zu werden.

Westlich von Thrakien, wo Griechenland endet und der Balkan beginnt, lag das Königreich Makedonien. Die Region war zweigeteilt: Das untere Makedonien war eine riesige Küstenebene um den Thermaischen Golf im äußersten Nordwesten der Ägäis, das obere Makedonien bestand aus diversen unwirtlichen Hochplateaus, die sich nach Westen bis in den Balkan hinein erstrecken und an das Territorium der Illyrer angrenzten. Die Kultur der alten Makedonen unterschied sich in vielerlei Hinsicht von der ihrer griechischen Nachbarn im Süden. Zum Beispiel bauten die Makedonen keine monumentalen Tempel – die Aristokraten gaben ihr Vermögen lieber für aufwendige Bestattungen aus. Gewaltige Hügelgräber aus dem 5. und 4. Jahrhundert v. Chr. prägen die makedonische Landschaft, und in den Gräbern hat man erstaunliche Mengen an Gefäßen und Schmuck aus Edelmetall gefunden. „Kriegerbestattungen", bei denen die Verstorbenen mitsamt Waffen und Rüstung beigesetzt wurden, praktizierte man in Griechenland schon seit dem 7. Jahrhundert nicht mehr; in Makedonien war diese Praxis noch bis in hellenistische Zeit gang und gäbe. Solche Details erinnern eher an die Kultur der keltischen Elite in Mittel- und Nordeuropa (siehe S. 199) als an die damalige Kultur der Griechen.

Die Kontroverse darüber, ob die Makedonen nun Griechen waren oder nicht, hat eine lange Geschichte. Wie wir im vorigen Kapitel gesehen haben, wurde die Teilnahme an den panhellenischen Spielen in Olympia und anderswo im 7. und 6. Jahrhundert v. Chr. zum entscheidenden gemeinsamen Merkmal griechischer Identität. Als König Alexander I. von Makedonien kurz vor den Perserkriegen ebenfalls an den Olympischen Spielen teilnehmen wollte, wendeten seine Mitbewerber ein, er sei doch überhaupt kein Grieche. Doch Alexander argumentierte, das Königshaus von Makedonien (interessanterweise jedoch nicht das makedonische Volk) stamme ursprünglich aus Argos, und so durfte er schließlich doch teilnehmen. Mit Erfolg: Beim 200-Meter-Lauf kam er gemeinsam mit einem Konkurrenten als Erster ins Ziel. Dennoch wird auch aus dieser Episode deutlich, dass die Makedonen für die meisten Griechen zwar nicht unbedingt Barbaren waren, aber definitiv nicht zu den Hellenen gehörten. Alexander bekam später den Beinamen „Philhellene" verpasst, „Freund der Griechen" – eine eher zweifelhafte Ehre.

Inzwischen scheint gesichert, dass die Makedonen einen kruden nordgriechischen Dialekt sprachen, den kaum ein Nicht-Makedone verstand; den Namen Philipp sprach man zum Beispiel wie „Bilipp" aus. Doch was die hellenische Welt des 5. und 4. Jahrhunderts v. Chr. verband, war weniger die Sprache, als vielmehr die gemeinsame Kultur. Anders ausgedrückt: Dass jemand Griechisch sprach, war weniger wichtig, als dass er sich griechisch verhielt. Es war ein wenig wie heute mit den Briten, die den Niederländern oder den Deutschen in kultureller Hinsicht viel näher stehen als den US-Amerikanern, obwohl jene die gleiche Sprache sprechen wie sie. Und die makedonische Kultur unterschied sich, wie wir gesehen haben, ganz radikal von der ihrer griechischen Nachbarn. Die Makedonen wurden von einem König regiert und waren nicht in Stadtstaaten organisiert, sondern in Ethnien bzw. Stämmen. Wer reich war, finanzierte keine Heiligtümer, sondern leistete sich eine fürstliche Bestattung. Angesichts solch großer kultureller Unterschiede ist es kaum verwunderlich, dass sowohl Makedonen als auch Griechen der Ansicht waren, bei ihnen handele es sich um zwei verschiedene Völker.

Die ehemalige jugoslawische Republik Mazedonien

Die Frage nach der ethnischen Zugehörigkeit der antiken Makedonen ist untrennbar mit der heutigen Politik auf dem Balkan verbunden. Unter osmanischer Herrschaft (vom 14. bis zum Anfang des 20. Jahrhunderts) war das Gebiet des antiken Makedonien von vielen verschiedenen ethnischen Gruppen besiedelt: Neben Griechen, Türken, Albanern und Slawen lebten dort auch zahlreiche Juden und Sinti und Roma. 1913 teilten Griechenland, Bulgarien und Serbien (das spätere Jugoslawien) dieses Gebiet untereinander auf. Sowohl Bulgarien als auch Griechenland verfolgten schon bald eine Politik der aufgezwungenen ethnisch-sprachlichen Gleichförmigkeit. Die Griechen leugneten schlichtweg die Existenz einer separaten mazedonischen Volksgruppe; weder in der Antike noch in der Neuzeit habe es so etwas gegeben. Bei den antiken Makedonen wie auch den neuzeitlichen Mazedoniern handele es sich um Griechen, nichts weiter. In Jugoslawien lagen die Dinge derweil ganz anders: 1944 richtete Tito innerhalb der jugoslawischen Föderation die Föderative Volksrepublik Mazedonien ein, mit einer eigenen mazedonischen Sprache (die mit anderen slawischen Sprachen verwandt ist, sich aber dennoch von diesen unterscheidet) und einer Mazedonisch-Orthodoxen Kirche. Für die Griechen war dieses „jugoslawische Mazedonien" ein Widerspruch in sich; schließlich lebten dort Slawen, und die konnte man aus ihrer Sicht unmöglich als Mazedonen bezeichnen.

Mit dem Zerfall Jugoslawiens 1991 kam die „mazedonische Frage" erneut auf den Tisch und wurde kontroverser diskutiert denn je. Am 17. November 1991 erklärte die Republik Mazedonien ihre Unabhängigkeit von Jugoslawien. Eine schnelle Anerkennung Mazedoniens als unabhängiger Staat durch die Europäische Gemeinschaft und die Vereinten Nationen wurde jedoch durch die Griechen ausgebremst, die Einwände gegen den Namen des Landes hatten. Sie argumentierten, die EG dürfe keine ehemalige jugoslawische Republik anerkennen, die einen Namen verwende, der Gebietsansprüche gegenüber einem benachbarten EG-Staat impliziere. Das erklärte Ziel mancher mazedonischer Nationalisten, die von Griechenland vorübergehend „besetzten" Teile Mazedoniens zu „befreien", half da sicherlich auch nicht wirklich weiter. 1993 wurde ein Kompromiss ausgehandelt: Alle beteiligten Parteien, darunter die EG und die UNO, würden die Republik Mazedonien vorläufig als „ehemalige jugoslawische Republik Mazedonien" (international: *The former Yugoslav Republic of Macedonia*, kurz FYROM) bezeichnen. Verwirrenderweise beinhaltete die Vereinbarung die Einschränkung, dies sei nicht als offizieller Name des Landes zu verstehen, sondern lediglich als vorübergehende Bezeichnung, bis der Streit beigelegt sei. Was die Angelegenheit noch komplizierter machte, war die Tatsache, dass die Mitglieder der UN-Generalversammlung im Sitzungssaal in alphabetischer Reihenfolge sitzen. Griechenland erhob Einspruch dagegen, dass die Vertreter der ehemaligen jugoslawischen Republik Mazedonien unter „M" platziert würden; schließlich impliziere dies, Mazedonien sei der „echte" Name des Landes. Die Republik Mazedonien wiederum weigerte sich, unter „F" oder „Y" zu sitzen. Als Kompromiss sitzen die mazedonischen Delegierten bei den Vereinten Nationen seither unter „T" für „The", zwischen Thailand und Timor.

Offenbar ist nun endlich ein Ende der Auseinandersetzungen in Sicht: Die Regierungen in Athen und Skopje haben sich im Mai/Juni 2018 auf einen neuen Namen für die Republik Mazedonien geeinigt: Republik Nord-Mazedonien (Severna Makedonija) soll das Land bald heißen. Die sofortigen Massenproteste seitens der dortigen Bevölkerung lassen jedoch vermuten, dass das letzte Wort noch nicht gesprochen ist, zumal noch ein Referendum aussteht.

359 v. Chr. kam im unteren Makedonien Philipp II. an die Macht. Zu Philipps größten Leistungen zählte die dauerhafte Eingliederung der semi-unabhängigen Fürstentümer des oberen Makedonien in sein eigenes Königreich im Tiefland. Später erinnerte Philipps Sohn, Alexander der Große, die Bewohner der Bergregion daran, was sie gewesen waren, bevor sein Vater sie in sein Königreich aufgenommen hatte: „hilflose Nomaden, in Tierhäute gekleidet, die in den Bergen ein paar Stück Vieh weideten"; Philipp hatte ihnen neue Kleidung geschenkt, sie von den Bergen hinunter

ins Tiefland gebracht und dort damit begonnen, Stadtbewohner nach griechischem Vorbild aus ihnen zu machen. Die benachbarten Volksstämme auf dem zentralen und westlichen Balkan, die Epiroten, Illyrer und Paionier, wurden teils durch gezielte Heiratspolitik, teils durch militärische Gewalt in den makedonischen Einflussbereich inkorporiert. Als Nächstes schaute Philipp nach Osten, wo die griechischen Städte auf der Halbinsel Chalkidiki und an der thrakischen Küste über umfangreiche landwirtschaftliche Ressourcen und Bodenschätze verfügten. Zwischen 357 und 348 wurden diese Städte entweder in Philipps Königreich eingegliedert (Amphipolis, Pydna, Potidaia) oder kurzerhand vernichtet (Olynth). Gleichzeitig gelang es Philipp, die Konflikte zwischen den griechischen Stadtstaaten im Süden zu seinem Vorteil zu nutzen. Philipp schaltete sich in eine langwierige Auseinandersetzung um die Vorherrschaft in Zentralgriechenland ein, die Phokis und Theben zwischen 355 und 346 v. Chr. untereinander ausfochten, und sorgte für eine Wende zu seinem Vorteil. Schon 353 hatten die Thessalier Makedonien um Unterstützung gegen Phokis gebeten und sich damit de facto Philipp unterworfen; 346 wurde der phokische Staat aufgelöst, und Philipp blieb als letzter großer Akteur auf dem zentralgriechischen Festland übrig. Im Spätsommer 338 v. Chr. schlug der Makedone in der Schlacht von Chaironeia schließlich auch noch die vereinten Streitkräfte von Athen und Theben. Mit der politischen Unabhängigkeit der Stadtstaaten auf dem griechischen Festland war es nun vorbei – Makedonien beherrschte ab sofort die gesamte südliche Balkan-Halbinsel. Innerhalb von zwanzig Jahren war Makedonien von einem kaum bedeutenden Staat am nördlichen Rand der griechischen Welt zur größten Macht im östlichen Mittelmeer aufgestiegen.

Anders als man vielleicht hätte vermuten können, bekamen die Bewohner der griechischen Städte die Tatsache, dass sie nun Makedonien unterworfen waren, im Grunde kaum zu spüren. Wie schon sein Vorfahr Alexander I. beschloss Philipp, die kulturellen Unterschiede zwischen den Griechen und den Makedonen herunterzuspielen (oder zumindest jene zwischen den Griechen und dem makedonischen Königshaus). Bezeichnenderweise erinnerten mehrere Silber- und Goldmünzen, die Philipp prägen ließ, an seine Siege bei den Olympischen Spielen, wo er 356 und 348 das Vier- bzw. Zweispänner-Wagenrennen gewann; wie schon Alexander I. nutzte Philipp die Teilnahme an den Olympischen Spielen, um zu signalisieren, dass er sich der griechischen Kultur zugehörig fühlte. Statt etwa die griechischen Staaten durch makedonische Statthalter regieren zu lassen, rief Philipp einen allgemeinen Frieden aus, für dessen Einhaltung ein Bündnis griechischer Staaten zuständig war, die sich regelmäßig in Korinth trafen. Das Amt des Hegemonen oder „Anführers" dieses Korinthischen Bundes war natürlich Philipp und seinen Nachkommen vorbehalten – nur wenn die Makedonen das Sagen hatten, war die Einheit der griechischen Welt gewährleistet. Der attische Redner Isokrates hatte bereits 346 v. Chr. in seiner Rede *An Philipp* den europäischen Charakter von Philipps Reich betont (Philipp sei der „größte aller Könige Europas"); durch diesen Kunstgriff konnte Isokrates die Interessen Philipps mit denen der Griechen gleichsetzen, ohne behaupten zu müssen, dass Philipp Grieche sei. Es ist kein Zufall, dass Philipp seine jüngste Tochter, die kurz nach seinem Sieg bei Chaironeia zur Welt kam, Europa nannte. (Philipp war sich bewusst, welchen propagandistischen Wert ein gut gewählter Name hatte: Im Jahr 351 hatte er einer anderen Tochter den Namen Thessalonike – „Sieg in Thessalien" – gegeben, kurz nachdem er Thessalien der makedonischen Einflusssphäre einverleibt hatte.)

Als Philipp 336 v. Chr. einer Hofintrige zum Opfer fiel, folgte ihm sein ältester Sohn Alexander III. („der Große") auf den Thron. Er setzte die Politik des kulturellen Hellenismus fort. Als Theben 335 v. Chr. gegen die makedonische Herrschaft aufbegehrte, zerstörte Alexander die Stadt und verkaufte die Überlebenden in die Sklaverei. Offiziell handelte es sich bei dieser Strafaktion um eine nachträgliche Vergeltung dafür, dass sich die Thebaner während der Perserkriege auf die Seite des Feindes geschlagen hatten. Das Haus des panhellenischen Dichters Pindar, der ein Loblied auf Alexanders Vorfahr Alexander I., den Philhellenen, geschrieben hatte, blieb demonstrativ verschont. Etwa zur gleichen Zeit gründete Alexander die Stadt Plataiai neu, wo es 479 zur entscheidenden Schlacht gegen Xerxes' Truppen gekommen war; 373 hatte Theben Plataiai zerstört. Langsam wurde auch dem Letzten klar, in welche Richtung die Gedanken des jungen Königs gingen. Schon Philipp hatte einen gesamteuropäischen Feldzug gegen das Perser-Reich erwogen, und zu der Zeit, als er starb, war bereits eine Vorhut von Makedonen und griechischen Verbündeten unter der panhellenischen Schirmherrschaft des Korinthisches Bundes damit beschäftigt, persische Gebiete im Westen Kleinasiens zu verwüsten.

Thukydides bemerkt am Anfang seines Geschichtswerks *Der Peloponnesische Krieg*, Homer verwende nirgends den Begriff *bárbaros*, „weil sich die Griechen meiner Meinung nach noch keinen gemeinsamen Namen zugelegt hatten, anhand dessen sie sich von den Barbaren unterschieden". Das ist eine ganz scharfsinnige Beobachtung. In der *Ilias* finden sich kaum ethnische oder kulturelle Unterschiede zwischen Achaiern und Troern. Thukydides hatte den entscheidenden Punkt erfasst: Das Konzept des „Barbarischen" funktionierte nur, wenn man ihm ein Konzept des „Griechischen" gegenüberstellen konnte. Erst ab dem Moment, als sich die Griechen als *ein* Volk mit gemeinsamen Eigenschaften definierten – gemeinsamen Tempeln, einer gemeinsamen Sprache, einer gemeinsamen Herkunft –, gelang es ihnen, die anderen Völker als „Nicht-Griechen" wahrzunehmen. Übrigens zeigt Homer auch kein Bewusstsein für eine Aufteilung der Welt in zwei getrennte Kontinente. Noch im homerischen Hymnus an Apollon aus dem 6. Jahrhundert meint „Europa" einfach nur das griechische Festland nördlich des Isthmus, ohne die geographisch-politischen Konnotationen, mit denen der Begriff im 5. und 4. Jahrhundert aufgeladen wurde. Im Zuge der kriegerischen Auseinandersetzungen mit den persischen Barbaren bildete sich in den 150 Jahren zwischen Plataiai und Chaironeia eine gemeinsame griechische Identität heraus, die auch der Grenze zwischen Europa und Asien eine immense kulturelle Bedeutung verlieh. Doch erst jetzt, mit dem Aufstieg Makedoniens zur dominanten Macht in der griechischen Welt, war ein Europäer zum ersten Mal mehr als nur ein Grieche. Aufgrund ihrer Bestrebungen, die Kulturkreise der Griechen und der Makedonen miteinander zu verbinden, können wir Philipp und Alexander mit Fug und Recht als die ersten bewusst *europäischen* Herrscher bezeichnen.

Im Jahr 334 v. Chr. brach Alexander mit seinem Heer von Makedonien aus nach Osten auf. Kurz bevor er den Hellespont, die Meerenge zwischen Europa und Asien, überquerte, machte er Halt, um am Grab des Protesilaos in Elaious ein Opfer darzubringen. Und genau wie Protesilaos betrat Alexander, als sein Schiff am Ufer der Troas anlegte, als Erster seiner Mannschaft asiatischen Boden. Schon bald sollten die beiden Kontinente enger zusammenrücken als je zuvor.

5 Alexander der Große und die hellenistische Welt (334–146 v. Chr.)

Die 18. Sure des Koran berichtet von einer rätselhaften Figur namens Dhū l-Qarnain, „der mit den zwei Hörnern". Es heißt, Allah habe Dhū l-Qarnain Macht über die Erde gegeben, damit er bis an die äußersten Grenzen der Welt reisen konnte, nach Osten wie nach Westen. Die späteren islamischen Gelehrten sahen die Figur von Dhū l-Qarnain größtenteils als Allegorie auf al-Iskandar, Alexander den Großen. Die beiden Hörner standen demnach für Alexanders Herrschaft über die beiden Hälften der Welt: Rūm (Europa) und Persien. Al-Iskandars Eroberungen im Altertum galten als Vorboten der Geschehnisse im 7. und 8. Jahrhundert, als die Araber ein islamisches Reich schufen, das vom Atlantik bis Indien reichte. In Cádiz hinter der Meerenge von Gibraltar, wo sich Mittelmeer und Atlantik treffen, baute al-Iskandar einen Leuchtturm, der Schiffen signalisierte, dass ab hier kein sicherer Schiffsverkehr mehr möglich war. Und im hohen Norden, am Rand der zentralasiatischen Steppe, errichtete er eine große eiserne Mauer, um die unreinen Völker Gog und Magog fernzuhalten. Alexander hatte ein für allemal festgelegt, wo die Grenzen der zivilisierten Welt verliefen.

Das geographische Ausmaß von Alexanders Eroberungen war in der Tat erstaunlich. Zwischen 334 und 330 v. Chr. überrannte Alexander der Große die Halbinsel Kleinasien, Syrien, Ägypten sowie Mesopotamien und den Westiran, die Kerngebiete Persiens. In gleich zwei großen Schlachten, bei Issos und bei Gaugamela, besiegte er den letzten König der Achämeniden, Dareios III.; das Ende der persischen Weltordnung be-

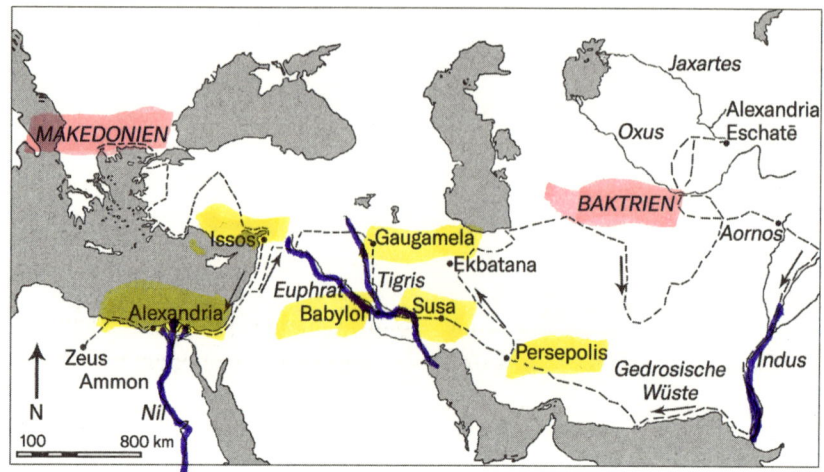

Karte 17. Die Feldzüge Alexanders des Großen, 334–323 v. Chr.

ging Alexander, indem er im Winter 331/330 v. Chr. feierlich die Paläste von Xerxes in Persepolis niederbrennen ließ. Bezeichnenderweise entließ er nach der Eroberung der vier persischen Königshauptstädte (Babylon und Susa in Südmesopotamien, Persepolis und Ekbatana im Westen Irans) die griechischen Kontingente aus seiner Armee. Der Rachefeldzug für die Invasion der Perser in Griechenland, den Alexander angeblich im Auftrag des Korinthischen Bundes unternommen hatte, war vorbei. Doch Alexander zog weiter nach Osten und verfolgte den flüchtenden Dareios III. durch den Norden des Iran. Nachdem Dareios von seinen eigenen Höflingen ermordet worden war, wurde Alexander vom persischen Thronanwärter Bessos in einen langwierigen, zermürbenden Guerillakrieg verwickelt, der ihn in die Satrapien Baktrien und Sogdien führte (im heutigen Afghanistan, Usbekistan und Tadschikistan). Die große Isolation seines Königshofs, der in der schier endlosen zentralasiatischen Steppe persische Rebellen jagte, die flüchtig waren wie Geister, befeuerten Alexanders wachsende Paranoia und seinen Größenwahn; schwer durchschaubare Verschwörungen und Attentatspläne gegen den König beantwortete er, indem er im Schnellverfahren Verdächtige hinrichten ließ. Und zum ersten Mal erwartete Alexander, dass sein Hof und seine Untertanen ihn als Gott verehrten.

Alexander der Große und die Osmanen

Im Jahr 1453 eroberten die osmanischen Armeen von Mehmed dem Eroberer die Stadt Konstantinopel – die tausendjährige Geschichte von Byzanz, des „neuen Rom", war vorüber. Wie mehrere lateinische Autoren berichten, die Zeugen der Belagerung Konstantinopels waren oder Mehmed später persönlich kennenlernten, legte der Eroberer ein großes Interesse an der Geschichte Alexanders des Großen an den Tag: „Genau wie damals Alexander wollte er als Herr der Erde und all ihrer Völker gelten; allein aus diesem Grund las er fast täglich in den Werken des Arrian, der einen sorgfältigen Bericht über Alexander zusammengestellt hatte."

Der Gedanke, dass ein türkischer Sultan im 15. Jahrhundert Arrians *Anabasis* (das ausführlichste erhaltene griechische Geschichtswerk über Alexander, verfasst im 2. Jahrhundert n. Chr.) las, mag auf den ersten Blick fast widersinnig erscheinen. Doch die Abschriften von Arrians *Anabasis* und Homers *Ilias*, die Mehmed nach dem Fall von Konstantinopel persönlich in Auftrag gab, werden heute noch in der kaiserlichen Bibliothek des Topkapı-Palastes in Istanbul aufbewahrt. Mehmeds Hofhistoriker Kritoboulos von Imbros, ein Grieche, der Mitte der 1460er-Jahre eine hagiographische Biographie seines Dienstherrn zu Papier brachte, berichtet seinen griechischen Lesern von einer Karriere, die, wie er behauptete, „der von Alexander von Makedonien in nichts nachsteht". Zweifellos ließ sich Kritoboulos von der Bewunderung des Sultans für Alexander den Großen leiten, als er Mehmed den Eroberer als neuen Alexander präsentierte, dem es (durch die Eroberung von Konstantinopel) gelungen war, Europa und Asien wieder zu vereinen. Mehmed gefiel der Gedanke, dass er Alexanders Feldzüge in umgekehrter Reihenfolge wiederholte. Kritoboulos erzählt, wie Mehmed 1462 während seines Feldzugs gegen die Insel Lesbos an den Ruinen Trojas vorbeikam, genau wie Alexander im Sommer 334 v. Chr. Er bat darum, dass man ihm die Gräber von Achilleus, Ajax und den anderen Helden zeige, pries sie für ihre Taten und beglückwünschte sie, dass sie einen so großartigen Dichter wie Homer gefunden hatten, um ihrer zu gedenken. Dann schüttelte Mehmed kurz den Kopf, als er darüber nachdachte, wie Gott es nach so vielen Generationen schließlich ausgerechnet ihm erlaubt hatte, den Fall Trojas zu rächen und die Feinde der Troer zu bestrafen. Mit der Eroberung Konstantinopels hatten die Griechen endlich die gerechte Strafe dafür erhalten, dass sie „uns Menschen in Asien" jahrhundertelang ungerecht behandelt hatten.

Im Frühjahr 327 wandte sich Alexander nach Süden, und später im selben Jahr führte er seine Armee über den Hindukusch nach Indien. Schon Ende des 6. Jahrhunderts v. Chr. hatte Dareios I. Indien ins Perser-Reich eingliedern wollen, doch seine Eroberungen waren wohl nicht von Dauer, denn in den Ländern jenseits des Chaiber-Passes gibt es praktisch keine archäologischen Befunde, die eine Präsenz der Perser belegen könnten. Zum ersten Mal eroberte Alexander Gebiete jenseits der Grenzen des Perser-Reichs. Doch die Invasion Indiens war möglicherweise nicht ganz so ein Sprung ins Unbekannte, wie es vielleicht scheinen mag. Alexander war einem geographischen Missverständnis aufgesessen und glaubte, der Indische Ozean sei ein Binnensee und der Indus fließe in den Oberlauf des Nils. Als er den Punjab erreichte, dachte er, man könne einfach stromabwärts zum Mittelmeer zurücksegeln. Dass es am Indus Lotosblumen und Krokodile gab, schien diese Annahme zu bestätigen. Griechische Botaniker waren seit dem 5. Jahrhundert v. Chr. überzeugt, dass bestimmte Pflanzen und Tiere nur in bestimmten Teilen der Welt zu finden seien, und Lotos und Krokodile verortete man nun einmal am Nil. Als schließlich klar wurde, wie fern der Heimat sie in Wirklichkeit bereits waren, kam es zu einer Meuterei, und Alexanders makedonische Truppen weigerten sich, noch weiter nach Osten zu marschieren. Auf der langen Reise zurück in den Westen, den Indus hinunter und durch die Gedrosische Wüste (im heutigen Belutschistan), kam es immer wieder zu rücksichtslosen und grundlosen Massakern an der einheimischen Bevölkerung. Im Sommer 323 v. Chr., mitten in den Vorbereitungen für einen Angriff seiner Flotte auf die Arabische Halbinsel, starb Alexander, der König der Welt, in Babylon nach einem heftigen Besäufnis mit seinen makedonischen Gefährten.

Da Alexander so früh starb, können wir kaum beurteilen, wie weit er eigentlich hatte gehen wollen. Arrian, der Autor des ausführlichsten erhaltenen Geschichtswerks über die makedonischen Eroberungen, war davon überzeugt, dass das Reich, das Alexander vorschwebte, überhaupt keine geographischen Grenzen hatte; selbst wenn er neben Asien noch ganz Europa bis hin zu den britischen Inseln erobert hätte, er wäre niemals zufrieden gewesen. Gegen diese Annahme spricht allerdings der tatsächliche Verlauf von Alexanders Eroberungen im Osten. Mit Ausnahme der indischen Provinzen (die innerhalb einer Generation wieder aufgegeben wurden) versuchte Alexander zu keinem Zeitpunkt, die Grenzen seines Reichs weiter auszudehnen, als das persische Territorium reichte. Im Nordosten rückte Alexander nur so weit vor, wie Kyros auf seinen Feldzügen gelangt war: bis an den Syrdarja (im heutigen Tadschikistan). Dass er eine Stadt namens Alexandria Eschate, „das am weitesten entfernte Alexandria", gründete (wahrscheinlich das heutige Chudschand), deutet an, dass er nicht weiter nach Norden ziehen wollte. Im Großen und Ganzen entsprach das riesige Reich, das Alexander hinterließ, ziemlich genau dem, was er zu erobern beabsichtigt hatte. Die Satrapien, die alten persischen Provinzen, blieben bestehen, nur dass dort ab sofort statt Persern Makedonen als Provinzgouverneure eingesetzt wurden. Die Perser hatten geglaubt, dass ihr Reich die gesamte bewohnbare Welt umfasste – weiter nördlich war es zu kalt, weiter südlich zu heiß, als dass dort noch Menschen hätten leben können. Es scheint, als sei Alexander der gleichen Meinung gewesen. Alexanders Reich war nicht mehr und nicht weniger als die *oikouméne*, die „bewohnte Welt", wie sie seine persischen Vorgänger definiert hatten.

Zu keinem Zeitpunkt stießen die Makedonen in gänzlich unbekanntes Terrain vor. All ihre Eroberungen fanden innerhalb der Grenzen einer Welt statt, die bereits die griechischen Heroen der fernen Vergangenheit bereist hatten. Im Winter 332/331 v. Chr. begab sich Alexander tief in die libysche Wüste hinein, um das Orakel des Zeus Ammon zu befragen, genau wie es einst zwei seiner angeblichen Vorfahren, Herakles und Perseus, getan hatten. Wo der überlieferte griechische Mythenschatz für Alexanders Feldzüge keine Präzedenzfälle lieferte, da erfand man solche eben. Als Alexander in den Stammesgebieten des späteren Pakistan die Bergfestung Aornos stürmte, von der die Einheimischen glaubten, nicht einmal ein Gott sei in der Lage, sie einzunehmen, wandelte man die dort kursierenden Geschichten kurzerhand dahingehend ab, dass Herakles einst versucht hatte, die Festung zu erobern, und es ihm nicht gelungen war. Dass in den Bergen nördlich des Chaiber-Passes Efeu wuchs, eine Pflanze, die die Griechen mit dem Gott Dionysos assoziierten, bestärkte Alexander in der Annahme, er wandele in Dionysos' Fußstapfen. Da es aber bislang keine mythologische Überlieferung gab, die Dionysos mit Indien in Verbindung brachte, mussten sich die Makedonen selbst etwas ausdenken. Und so fügten sie dem Lebenslauf des Gottes eine neue Episode hinzu, die erzählte, wie Dionysos vor langer, langer Zeit den Subkontinent erobert und den indischen Barbaren die Zivilisation und das Rechtswesen gebracht hatte. Dieser Interpretation nach stellte Alexander lediglich einen uralten Status quo wieder her: die griechisch-makedonische Herrschaft über eine Gesellschaft, die ihre Existenz überhaupt erst den Eroberungen des Dionysos verdankte. Als die Makedonen Ende 325 v. Chr. schließlich die Gedrosische Wüste durchquert hatten, feierten sie die erfolgreiche Rückeroberung Indiens mit wochenlangen Trinkgelagen zu Ehren des Gottes, bei denen Alexander höchstpersönlich in die Rolle des Dionysos schlüpfte. So kam es, dass selbst die Expedition nach Indien, der chaotischste und entlegenste Feldzug, den je ein antiker Feldherr unternahm, am Ende der vertrauten Sphäre der mythischen Geographie der Griechen und Makedonen einverleibt wurde.

Alexander folgten sein geisteskranker Halbbruder Arrhidaios und sein eigener ungeborener Sohn, der spätere Alexander IV., auf den Thron. Da von Anfang an klar war, dass keiner von beiden in der Lage war, Alexanders Reich zu regieren, musste jemand anderes die Regierungsgeschäfte übernehmen. Leider hatte Alexanders fatale Abneigung, seine Macht mit anderen zu teilen, dafür gesorgt, dass es keinen naheliegenden Kandidaten für einen solchen Posten gab. Das Jahrzehnt unmittelbar nach Alexanders Tod war durch gewaltsame Konflikte zwischen diversen selbsternannten Regenten der Könige gekennzeichnet, doch keiner von ihnen besaß genügend Autorität, um das riesige Reich zusammenzuhalten. Arrhidaios wurde 317 von Alexanders Mutter Olympias ermordet, die es anscheinend selbst auf den makedonischen Thron abgesehen hatte; der junge Alexander IV. wurde im Jahr 310 ohne viel Aufhebens ebenfalls getötet.

Zu diesem Zeitpunkt hatte sich bereits herauskristallisiert, dass die einflussreichsten politischen Akteure die makedonischen Statthalter der alten persischen Satrapien waren. Die meisten dieser Statthalter waren Veteranen von Alexanders Feldzügen, und sie konnten auf gewaltige finanzielle und militärische Ressourcen zurückgreifen, die sie von ihren persischen Vorgängern übernommen hatten. Der umtriebigste dieser Satrapen war der Statthalter von Phrygien in Zentralasien: Antigonos Monophthalmos („der Einäugige"), ein Mann aus der Generation Philipps. Als er sich 306 v.Chr. zum König erklärte, hatte Antigonos bereits ein riesiges Territorium in Kleinasien und Syrien erobert. Sein Reich war von vier weiteren Großmächten umringt: Ptolemaios in Ägypten, Seleukos in Babylon und den Gebieten ganz im Osten, Lysimachos in Thrakien und Kassander in Makedonien. 301 v.Chr. starb Antigonos auf dem Schlachtfeld, und sein kurzlebiges Reich wurde zwischen den anderen Dynasten aufgeteilt. Dennoch gelang es seinem Sohn Demetrios Poliorketes („der Städtebelagerer"), ein beeindruckendes Königreich aufzubauen, diesmal allerdings in Makedonien und auf dem griechischen Festland. Als Lysimachos' thrakisches Reich im Jahr 281 v.Chr. vom bereits 77-jährigen Seleukos überrannt wurde, kristallisierten sich die Machtverhältnisse heraus, die das kommende Jahrhundert bestimmen sollten: Die Ptolemäer herrschten in Ägypten und der Levante, die Seleukiden in Asien und die Nachkommen des Antigonos in Makedonien.

Die dynastische Legitimität dieser neuen Königreiche stand jedoch, gelinde gesagt, auf wackeligen Beinen. Keine der drei Dynastien, die aus

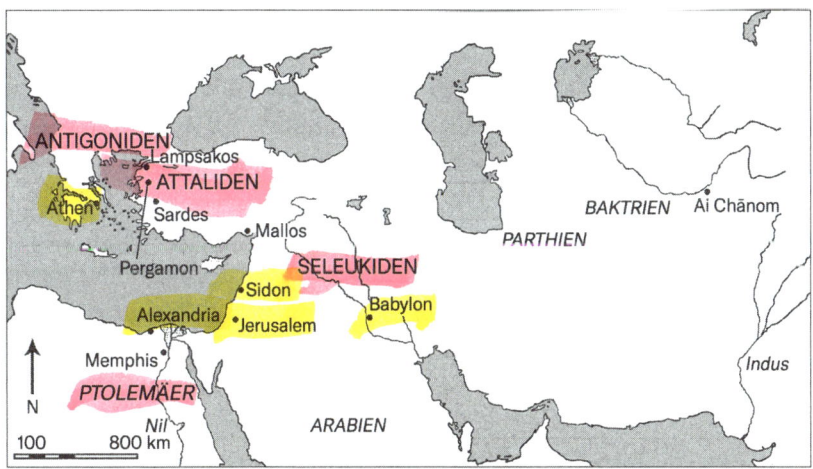

Karte 18. Die hellenistischen Königreiche im 3. Jahrhundert v.Chr.

den Kriegen um Alexanders Nachfolge als Sieger hervorgegangen waren, war direkt mit Alexander verwandt, und so mussten sie ihren Anspruch auf einen Anteil am Reich des großen Eroberers mit anderen Mitteln rechtfertigen. Ptolemaios war anscheinend ein Jugendfreund Alexanders gewesen, und er verbreitete ganz eifrig das Gerücht, er sei ein unehelicher Sohn Philipps II. und damit Alexanders Halbbruder. Obendrein besaß Ptolemaios das wichtigste „Relikt" Alexanders: seine sterblichen Überreste. Ptolemaios' Agenten hatten kurzerhand den Leichenzug des Königs auf dem Heimweg nach Makedonien überfallen und den einbalsamierten Leichnam Alexanders in die ptolemäische Hauptstadt Alexandria mitgenommen, wo er seither in einem gläsernen Sarg zu sehen war. Da die anderen Dynasten keine so intimen Beziehungen zu Alexander vorweisen konnten, setzten sie alles daran, zumindest sein Aussehen zu kopieren. Im gesamten früheren Alexander-Reich präsentierten sich die Könige über Jahrhunderte hinweg glattrasiert, mit nach oben gerichtetem Blick, wallenden Locken, Stirnlocke und verschiedenen göttlichen Attributen – genau wie einst Alexander (siehe Tafel 31a). Alexander der Große war das ewige Vorbild, das Ideal, an dem sich alle seine Nachfolger messen lassen mussten.

Wer die Königreiche von Alexanders Nachfolgern im Rahmen einer Geschichte des klassischen Europa behandelt, der scheint den Begriff „Europa" sehr großzügig auszulegen, denn immerhin befand sich der größte Teil von Alexanders Reich in Asien; die Königsstädte des Seleukiden-Reichs lagen im heutigen Syrien und im Irak, und auf seinen Märschen kam der Eroberer fast bis nach China. Der eigentliche Grund, warum Seleukiden und Ptolemäer einen Platz in der europäischen Geschichte verdienen, ist die wichtige Rolle, die sie bei der Verbreitung der griechischen Kultur unter den nicht-griechischen Einwohnern des ehemaligen Perser-Reichs spielten. Dieser Prozess der „Hellenisierung" hat einer gesamten historischen Epoche seinen Namen gegeben: Seit Ende des 19. Jahrhunderts bezeichnet man die drei Jahrhunderte nach Alexanders Tod als hellenistische Zeit bzw. Hellenismus. Es war eine Epoche, in der es nicht darum ging, griechisch zu *sein*, sondern darum, griechisch zu *werden*.

Als das Perser-Reich fiel, hatte die Hellenisierung des Ostens längst begonnen. Schon im 5. und 4. Jahrhundert v. Chr. war die Kultur der Nicht-Griechen im Westen und Süden Kleinasiens in hohem Maß von der ihrer griechischen Nachbarn beeinflusst. Die lykischen Dynasten beispielsweise beschäftigten für ihre aufwendigen Grabmonumente griechische Bildhauer. Das Nereiden-Monument von Xanthos (ca. 400–380 v. Chr.), das heute im British Museum steht, ist ein ganz typischer Fall. Es handelt sich dabei wahrscheinlich um das Grab eines lykischen Dynasten namens Arbinas, der einer perserfreundlichen Familie angehörte, die im Westen Lykiens ein kleines Lehnsgut besaß. Trotz Arbinas' politischer Sympathien sind sowohl die Architektur des Nereiden-Monuments als auch die Skulpturen daran durch und durch griechisch. Die weitschweifigen Inschriften, die seine militärischen Erfolge aufzählen, ließ Arbinas sowohl in lykischer als auch in griechischer Sprache anfertigen. Selbst dieser pro-persische Dynast wollte sich seinen Untertanen in kultureller Hinsicht als Grieche präsentieren.

Nach Alexanders Eroberungen nahm die Hellenisierung von Asien an Fahrt auf. Zwischen 332 v. Chr., als Alexander an der Mittelmeerküste Ägyptens die Stadt Alexandria gründete, und Mitte des 3. Jahrhunderts v. Chr. entstanden in der ganzen *oikoumené*, von Ägypten bis Afghanistan, Hunderte neuer griechischer Städte. Eine der bekanntesten ist die griechische Kolonie Ai Khanoum in der Nähe von Masar-e Scharif an der heutigen afghanisch-tadschikischen Grenze, die in den 1960er- und 70er-Jahren von französischen Archäologen ausgegraben wurde (siehe Abb. 19). Hier, im Herzen des antiken Baktrien, konnten die hellenistischen Siedler in einem griechischen Gymnasion Sport treiben und vom Mittelmeer importiertes Olivenöl verwenden. In Ai Khanoum wurden Papyrusfragmente eines unbekannten philosophischen Werks des Aristoteles ausgegraben. In einem griechischen Theater wurden unter der Sonne Baktriens Tragödien des attischen Dramatikers Sophokles aufgeführt. Den Heldenschrein des Stadtgründers Kineas im Herzen der Stadt zierten Inschriften mit moralischen Leitlinien für die griechischen Kolonisten, die aus dem Orakel in Delphi stammten: „Als Kind sei brav, als junger Mann sei selbstbeherrscht, im mittleren Alter sei gerecht, als alter Mann sei ein guter Berater, am Ende deines Lebens sei frei von Sorgen." Ai Khanoum war eine so gute Kopie einer klassischen griechischen Polis, dass man sich immer wieder in Erinnerung rufen muss, dass wir es hier nicht mit einem unabhängigen Bürgerstaat wie dem Athen oder Messene des 4. Jahrhunderts zu tun haben, sondern mit einem winzigen Zahnrad im gewaltigen Mo-

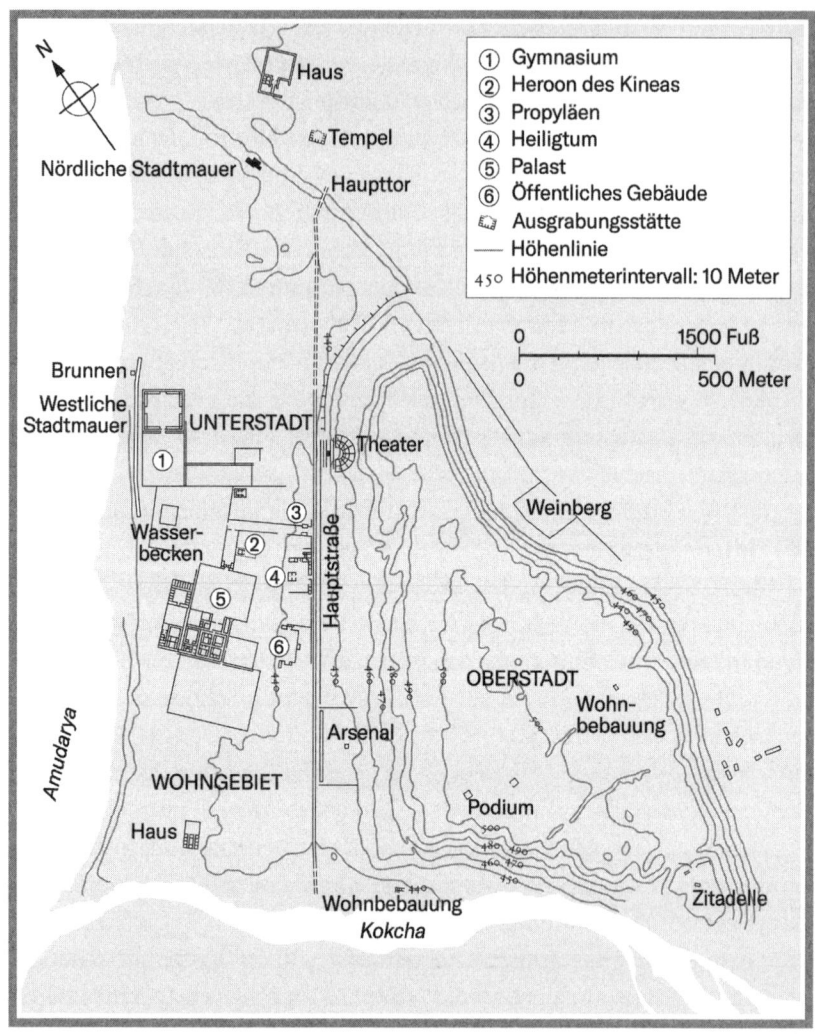

Abb. 19. Plan von Ai Khanoum.

tor einer makedonischen Militärdiktatur, die sich von der Ägäis bis nach Kandahar erstreckte. Die Landschaft um Ai Khanoum herum wurde nicht von freien griechischen Bürgern bewirtschaftet, sondern von baktrischen Leibeigenen mit Namen wie Oxyboakes und Atrosoke, die in einem Palast ihre Steuern abliefern mussten, der sich nach persischer Bauart über die gesamte Stadtmitte erstreckte; von hier aus wanderte das Geld westwärts nach Syrien und Mesopotamien, um die riesigen Armeen der Seleukiden zu finanzieren. Was auch immer Hellenisierung genau bedeutete, auf keinen Fall hieß es, dass Oxyboakes seine Volksvertreter wählen durfte.

In Alexanders ehemaligem Reich gab es eine relativ strikte Trennung zwischen der griechisch-makedonischen Führungsschicht und ihren nicht-griechischen Untertanen. Zweisprachige Ägypter, Perser oder Syrer konnten es vielleicht zum Sachbearbeiter, Buchhalter oder Steuereintreiber bringen, doch von den vielen Tausend königlichen Beamten, Höflingen und hochrangigen Offizieren der Ptolemäer und Seleukiden waren nicht einmal 3 Prozent keine Griechen oder Makedonen. Mitte der 250er-Jahre v. Chr. erhielt ein griechischer Geschäftsmann und Kamelhändler in Ägypten namens Zenon einen Brief von einem seiner ägyptischen Mittelsmännern; dieser beschwerte sich, seine unmittelbaren Vorgesetzten hätten ihn misshandelt, hungern lassen und ihm sein Gehalt vorenthalten, „weil ich kein Griechisch spreche".

Die Hellenisierung von Nicht-Griechen in der *oikouméne* war also keineswegs ein politischer Grundsatz der Herrschenden. Die Transformation lokaler Kulturen wurde vielmehr von unten vorangetrieben. In einer Welt, in der griechisch zu sein bedeutete, Macht zu haben, legten viele Menschen alles daran, sich die griechische Kultur mit allem Drumherum – so gut sie konnten – anzueignen. Wie wir im vorigen Kapitel gesehen haben, spielte der kreative Umgang mit Mythen aus der fernen Vergangenheit der Griechen bei der Gründung des Stadtstaats Messene eine zentrale Rolle. Dieser kreative Umgang mit der Geschichte bekam jetzt eine neue Dringlichkeit. Zu Beginn seines Feldzugs hatte Alexander angekündigt, die griechischen Städte in Kleinasien würden Steuerfreiheit und (begrenzte) politische Autonomie genießen. Als Alexander dann im Spätsommer 333 v. Chr. in Mallos eintraf, einer obskuren kilikischen Stadt an der Südküste Kleinasiens, die in kultureller Hinsicht überhaupt nichts Griechisches zu bieten hatte, da hatte man sich dort bereits eine passende Geschichte zurechtgelegt: Bei einer ihrer lokalen kilikischen Gottheiten, so behaupteten die Einwohner, handele es sich um niemand Geringeren als den mythischen Helden Amphilochos von Argos, der außerdem in grauer Vorzeit die Stadt gegründet habe. Somit waren die Einwohner von Mallos, wie auch immer sie inzwischen aussehen mochten, Nachfahren der Argiver. Dieser Schachzug war schon deshalb so clever, weil die makedonischen Könige ja ebenfalls behaupteten, von einem Argiver abzustammen: von Herakles. Alexander ließ sich davon so beeindrucken, dass er Mallos sofort den Status einer griechischen Stadt verlieh, inklusive voller Steuerbefreiung. Die Botschaft war klar: Wer von Griechen abstammte, wurde bevorzugt behandelt.

Wie zu erwarten, entdeckten ab Ende des 4. Jahrhunderts v. Chr. von Lydien bis Syrien Hunderte westasiatischer Städte urplötzlich griechische Götter und Heroen in ihrem Stammbaum. Einige Orte hatten dabei von vornherein Glück: Laut einer griechischen Version des Mythos von Europa und dem Stier waren Europa und Kadmos die Kinder von Agenor, dem König der phönizischen Stadt Sidon. Nachdem Zeus Europa entführt hatte, brach Kadmos von Phönizien aus nach Westen auf, um seine Schwester zu suchen, und ließ sich schließlich in Griechenland nieder, wo er in Böotien die Stadt Theben gründete. Vor dem 3. Jahrhundert v. Chr. war diese Geschichte allerdings kaum einem Phönizier bekannt: Europa, Kadmos und Agenor waren rein griechische Sagengestalten, die in der phönizischen Mythologie überhaupt nicht vorkamen. Als den Sidoniern nun plötzlich klar wurde, dass sie in der grauen Vorzeit der Griechen längst einen festen Platz hatten, da griffen sie den Mythos ganz enthusiastisch auf. Ab dem frühen 2. Jahrhundert v. Chr. tauchten auf den Münzen von Sidon Darstellungen von Europa mit dem Stier auf. Um 200 v. Chr. herum siegte ein Sidonier bei den Nemeischen Spielen – was an sich bereits höchst bedeutend war, schließlich durften an den panhellenischen Spielen ausschließlich Griechen teilnehmen; er verkündete, seine Heimatstadt sei das „Haus der Söhne des Agenor", und sprach von der Freude, die Theben, „die heilige Stadt des Kadmos", angesichts des Erfolgs ihrer phönizischen Mutterstadt bei den Spielen empfinde. Sidon lernte schnell dazu: Das Siegermonument versah man mit einer Inschrift in tadellosen elegischen Distichen; es ist die früheste griechische Inschrift, die wir aus Sidon kennen. Andere nicht-griechische Städte hatten es nicht ganz so einfach, sich eine neue, griechische Vergangenheit anzudichten. Die Bewohner des Städtchens Harpagion im Nordwesten Kleinasiens bestritten vehement, irgendetwas mit den Persern zu tun zu haben – dabei war ihr Ort nach einem persischen General namens Harpagos benannt. Stattdessen behaupteten sie auf einmal, bei ihnen habe einst der berühmte mythische Raub (*harpagé*) des Ganymed durch Zeus stattgefunden, und so sei Harpagion zu seinem Namen gekommen.

Hellenismus in Kleinasien

Im 19. Jahrhundert lebten in Kleinasien unter der Herrschaft der Osmanen etwa eine Million Griechen, die etwa 8 Prozent der Gesamtbevölkerung ausmachten. Der größte Teil der griechischen Bevölkerung war im äußersten Westen der Halbinsel angesiedelt, kleinere griechische Orte gab es in Kappadokien und an der Küste des Schwarzen Meers. Zu Beginn des 19. Jahrhunderts lebten die kleinasiatischen Griechen in kleinen Gemeinden, sogenannten *koinótites*, die relativ wenig miteinander zu tun hatten – an einer kollektiven Identität war ihnen nicht wirklich gelegen. Das änderte sich allerdings rapide, als in den 1830er-Jahren auf der gegenüberliegenden Seite der Ägäis ein unabhängiger griechischer Staat entstand. In den Provinzstädten Kleinasiens entstanden immer mehr griechische literarische Zirkel und Schulen, die das Bildungssystem des jungen griechischen Staates kopierten. In Sinasos im Herzen Kappadokiens standen griechische Geschichte, Kirchengeschichte, Xenophon, Isokrates, Demosthenes und Platon auf dem Lehrplan; das Osmanische Reich kam im Unterricht im Grunde gar nicht vor. Die Betonung der Kultur des alten Griechenland war der entscheidende Faktor, der bei den Griechen in Kleinasien eine neue griechische Nationalidentität entstehen ließ.

Im Zuge dessen wurde auch die Lokalgeschichte der griechischen Städte Kleinasiens im Altertum wieder interessant. Die Fachzeitschriften *Mouseion* und *Nea Smyrne*, die in den 1870er- und 80er-Jahren in Smyrna herausgegebenen wurden, publizierten Hunderte griechischer Inschriften aus der Antike, die Ärzte und Schulmeister in den Kleinstädten Kleinasiens entdeckten und eifrig kopierten. Von den meisten dieser lokalen griechischen Antiquare – wie Dr. N. Limnaios aus Artaki oder G. Sarantidis aus Alaşehir – kennen wir heute kaum mehr als den Namen. In den Ruinen der Kirche St. Johannes in Alaşehir kann man heute noch den Grabstein sehen, den Sarantidis für seine Tochter Efthalia aufstellen ließ, die nur ein Jahr alt wurde. Die Grabinschrift endet mit den Worten: „Geboren am 24. Mai 1878, gestorben am 18. Juni 1879 in Philadelpheia". Abgesehen von der Tatsache, dass er viele Inschriften kopiert hat, ist im Grunde alles, was wir über G. Sarantidis wissen, dass er seine kleine Tochter verlor und dass er seine Heimatstadt Alaşehir als „Philadelpheia" bezeichnete – der antike griechische Name dieses Ortes war seit vierhundert Jahren nicht mehr verwendet worden.

Am Ende hatte die neuentdeckte nationale Identität der Griechen in Kleinasien allerdings tragische Folgen. Als gegen Ende des Ersten Weltkriegs das Osmanische Reich implodierte, besetzte die griechische Armee (mit moralischer Unterstützung des britischen Premierministers David Lloyd George) zuerst das Gebiet rund um Smyrna und schließlich einen Großteil der westlichen Hälfte Kleinasiens. Das Ziel der Griechen – die *megáli idéa*, die „große Idee", wie sie es nannten – war die Errichtung eines großgriechischen Staates, der alle „historisch griechischen" Territorien rund um die Ägäis umfasste. Nach zwei blutigen Kriegsjahren (1920–22) wurden die Griechen von der Halbinsel vertrieben. 1923 beschlossen Griechenland und die Türkei einen allgemeinen Bevölkerungsaustausch; mehr als eine Million griechisch-orthodoxer Bewohner des Osmanischen Reichs, die meisten davon aus dem Westen Kleinasiens, wurden nach Griechenland umgesiedelt. Als die letzten Griechen die Region verließen, ging somit eine 3500-jährige Ära zu Ende.

Doch die nicht-griechischen Stadtstaaten in Phönizien und im Westen Kleinasiens „entdeckten" nicht nur ihre griechische Vergangenheit, sie übernahmen auch voller Begeisterung viele Insignien des bürgerlichen Alltags der Griechen. Charakteristische griechische Institutionen und öffentliche Gebäude waren im Nahen Osten weit verbreitet – man baute Theater und Bouleuterien, verwendete Silber- und Bronzemünzen, trieb Leichtathletik und übernahm die griechische Gymnasion-Kultur. Einige besonders umtriebige Lokalhistoriker wie Berossos in Babylon und Manetho in Ägypten verfassten Geschichtswerke über ihre Heimatländer in griechischer Sprache; in den überlieferten Fragmenten von Manetho finden sich Elemente aus historischen Überlieferungen der Ägypter (Königslisten, Prophezeiungen, Autobiographien von Priestern), die der Autor ganz geschickt in eine Erzählung im griechischen Stil einflocht. Eines der großen Anliegen Manethos war es, die doch recht fehlerhafte Darstellung der ägyptischen Geschichte beim griechischen Historiker Herodot zu korrigieren. Anderen gelang es, Herodots Werk zum eigenen Vorteil zu nutzen: Mitte der 220er-Jahre v. Chr. schickte Sardes, die ehemalige Hauptstadt der achämenidischen Provinz Lydien, eine Gesandtschaft nach Delphi, die um die Anerkennung der Stadt als griechische Polis ersuchen sollte. Die Gesandten führten die uralten Verbindungen ihrer Stadt zu Delphi ins Feld und beriefen sich dabei anscheinend auf das erste Buch von Herodots *Historien*, in dem sich ein langer Bericht über die herzlichen Beziehungen zwischen dem lydischen König Kroisos aus dem 6. Jahrhundert und dem Orakel von Delphi findet. Offenbar hat der Stadt Sardes ihre herausragende Position in Herodots Werk den Weg in den privilegierten Club der Griechen geebnet.

Nicht alle Bewohner des Nahen Ostens hatten es so einfach, ihre lokale Kultur jener der neuen Herrscher anzupassen. Ende der 170er-Jahre v. Chr. bat eine Gruppe Jerusalemer Griechenfreunde den Seleukiden-König Antiochos IV. Epiphanes um Erlaubnis, ihre Stadt zur griechischen Polis umbauen und im Herzen der Stadt ein Gymnasion einrichten zu dürfen. Es gibt keinen direkten Hinweis darauf, dass diese Leute die Absicht hatten, die jüdische Religion zu reformieren oder „zu hellenisieren", doch einige Jahre später, im Jahr 167 v. Chr., beschloss Antiochos IV., das Judentum gewaltsam zu unterdrücken. Den Juden wurden alle religiösen Praktiken untersagt, auf Beschneidung stand die Todesstrafe, und auf dem großen Hauptaltar für Brandopfer im Jerusalemer Tempel wurde ein Altar für Zeus Olympios errichtet. Warum Antiochos eine Zwangshellenisierung Jerusalems durchsetzen wollte, ist vollkommen unklar; wie wir gesehen haben, hatten die meisten hellenistischen Monarchen kein Problem damit, dass ihre nicht-griechischen Untertanen genau das blieben: Nicht-Griechen. Tatsächlich wird aus den späteren Ereignissen in Judäa nur allzu deutlich, warum Antiochos' Vorgänger davon abgesehen hatten, ihren Untertanen ihre eigenen kulturellen Normen aufzuzwingen. Die Juden leisteten so erbitterten Widerstand, dass der Tempelkult binnen drei Jahren wiederhergestellt war; ab den 140er-Jahren war Judäa de facto unabhängig von der Seleukiden-Herrschaft.

Das apokryphe biblische Buch Daniel, das in den ersten Jahren des jüdischen Widerstands Mitte der 160er-Jahre entstand, gibt uns einen guten Eindruck davon, wie die Juden versuchten, ihren Kampf gegen Antiochos zu legitimieren, indem sie sich auf die jüdische Vergangenheit beriefen. Das Buch Daniel gibt sich als prophetischer Text aus dem 6. Jahrhundert v. Chr. aus, der die Visionen des Propheten Daniel in den letzten Tagen der Gefangenschaft der Juden in Babylon und in den ersten Jahren des Perser-Reichs wiedergibt. In einer von Daniels Visionen wird ein Widder (der König der Meder und Perser, Dareios III.) von einem Ziegenbock aus dem Westen besiegt (dem König von Griechenland, Alexander dem Großen). Dabei zerbricht dem Ziegenbock das große Horn, und an seiner Stelle wachsen vier neue Hörner (die vier hellenistischen Königreiche: das der Seleukiden, das der Ptolemäer, das der Antigoniden und vermutlich das der Attaliden in Pergamon). Aus einem dieser Hörner wiederum wächst ein weiteres kleines Horn (Antiochos IV.), das den Tempel zerstören, die täglichen Opfer verhindern und das „Gräuel der Verwüstung" (den „heidnischen" Altar in Jerusalem) bringen wird. Die Herrschaft dieses Königs, so prophezeit Daniel, wird erst mit dem Tag des Jüngsten Gerichts und der Ankunft des Königreichs Gottes ein Ende haben – ein deutlicher Hinweis darauf, dass das Buch Daniel vor dem Ende der Herrschaft von Antiochos verfasst wurde. Es ist faszinierend, wie die Juden des 2. Jahrhunderts v. Chr. versuchten, die Geschichte der hellenistischen Königreiche und ihre Verfolgung unter Antiochos IV. in ihre eigene ferne Vergangenheit einzubauen. Die religiöse Krise der 160er-Jahre v. Chr. erhielt noch einmal eine ganz andere Bedeutung, als die Juden „entdeckten", dass einer ihrer Propheten diese Krise bereits im babylonischen Exil im 6. Jahrhundert vorhergesagt hatte.

Ähnliche Schriften machten zur gleichen Zeit in Ägypten die Runde. Ein besonders bemerkenswerter Text aus dem ausgehenden 2. Jahrhundert v. Chr., das sogenannte „Töpferorakel", ist die angebliche Prophezeiung eines Töpfers für Pharao Amenophis (einen von vier Pharaonen dieses Namens, die im 2. Jahrtausend v. Chr. herrschten). Das Orakel prophezeite, die Stadtgottheit von Alexandria werde die Stadt verlassen und sich nach Memphis begeben, der alten Hauptstadt von Unterägypten, „und die von Fremden gegründete Stadt wird verlassen sein". Die Aufgabe von Alexandria werde das Ende der „Zeit der Übel" markieren, „wenn eine Horde Fremder wie fallende Blätter über Ägypten hereinbricht". Der Töpfer war allzu optimistisch: Die Griechen wurden nicht aus Ägypten vertrieben, und Alexandria ist heute noch bewohnt. Dennoch war das Töpferorakel ein Schlüsseltext für den tief verwurzelten lokalen Widerstand gegen die makedonische und später gegen die römische Fremdherrschaft in Ägypten; es zirkulierte sogar noch im 3. Jahrhundert n. Chr.

Es ist eine bemerkenswerte Tatsache, dass in der gesamten hellenistischen Welt die Kultur und die Institutionen der griechischen Polis obsiegten und nicht die makedonische Kultur von Alexanders Heimat. Selbst der makedonische Dialekt der griechischen Sprache starb in hellenistischer Zeit aus, genau wie auch die meisten anderen regionalen Dialekte des Griechischen. An ihre Stelle trat ein universelles Standardgriechisch, die sogenannte *koinê* oder „gemeinsame Sprache", die auf dem alten Dialekt Athens und Ioniens basierte. Obwohl die politischen Zentren der Welt inzwischen in Mesopotamien, Ägypten und Makedonien lagen, büßten die alten Stadtstaaten des griechischen Festlands im Hellenismus offenbar nichts von ihrer kulturellen Bedeutung ein. Da die Ägäis stets der zentrale Schauplatz der Konflikte zwischen den hellenistischen Supermächten war, ist es auch wenig überraschend, dass sich die drei großen Dynastien alle Mühe gaben, sich in kultureller Hinsicht als Philhellenen zu präsentieren.

Keine hellenistische Dynastie stellte ihren Philhellenismus so offensichtlich zur Schau wie die ptolemäischen Könige von Ägypten. Im Winter 279/278 v. Chr. fand in der Hauptstadt Alexandria zum ersten Mal ein Fest statt, das von da an jedes Jahr gefeiert werden sollte: die Ptolemaieia zu Ehren des Begründers der ptolemäischen Dynastie, Ptolemaios I. Soter (reg. 305–282 v. Chr.). Durch Zufall ist die ausführliche Beschreibung einer ganz außergewöhnlichen Prozession erhalten, die während einer der ersten Ptolemaieia-Feiern stattfand. Der Hauptteil der Prozession sollte eine Rekonstruktion von Dionysos' Rückkehr aus Indien darstellen; mit dabei war eine 6 Meter hohe Statue eines Elefanten mit Dionysos auf dem Rücken, gefolgt von einer ganzen Menagerie exotischer Tiere: Elefanten, Kamele, Leoparden, Geparden, Strauße usw. Äthiopische Tributträger – vermutlich hatte man keine authentischen Inder auftreiben können – präsentierten 600 Elefantenstoßzähne und 2000 Stämme Ebenholz. Insgesamt 57 000 Kavalleristen und 23 000 Fußsoldaten, so heißt es, marschierten bei dem Umzug mit. Und den Abschluss der Prozession bildete eine goldene Statue von Alexander dem Großen auf einem Wagen, den vier Elefanten zogen.

Diese unglaublich geschmacklose Prozession gewährt uns nicht nur eine Ahnung vom spektakulären Reichtum der Ptolemäer, sondern auch davon, wie sie von ihren Untertanen wahrgenommen werden wollten. Die eigene Kultur der Ägypter kam hier praktisch überhaupt nicht mehr vor. Bei der Prozession war auch ein Wagen dabei, auf dem Statuen von Alexander dem Großen und Ptolemaios standen. Neben Alexander fuhr eine Personifikation der Stadt Korinth auf dem Wagen mit und neben Ptolemaios eine Personifikation der Tugend (*areté*). Es folgte ein Karren mit Frauen in kostbaren Gewändern und mit Schmuck behangen, die die griechischen Städte Ioniens und der Inseln darstellten, die Alexander von den Persern befreit hatte. Die Symbolik hier ist schon ein wenig überraschend. Die Personifikation von Korinth sollte ganz klar auf den Korinthischen Bund verweisen – das Staatenbündnis auf dem griechischen Festland, in dessen Namen Alexander 334 v.Chr. in Asien einmarschiert war. Doch dieser Bund war spätestens mit dem Tod Alexanders im Jahr 323 vollkommen bedeutungslos geworden, vielleicht auch schon lange vorher; spätestens jetzt, in den 270er-Jahren, war er ein alter Hut. Indem sie jedoch den Personifikationen der Staaten Griechenlands und der freien griechischen Städte Kleinasiens eine Statue des Ptolemaios zur Seite stellten, wollten die Ptolemäer klarstellen, dass sie Alexanders Politik, die sich für die Freiheit und Autonomie aller Griechen einsetzte, weiter fortsetzten. Dazu passt auch die umfassendere politische Agenda der Dynastie zu Beginn des 3. Jahrhunderts v.Chr., als sich die Ptolemäer nach Kräften um den Ruf als Verteidiger einer freien griechischen Welt bemüht hatten. Im Jahr 287 v.Chr. hatte Athen mit ptolemäischer Hilfe erfolgreich gegen die Herrschaft der makedonischen Antigoniden revoltiert; 25 Jahre lang unterstützten die Ptolemäer aktiv das unabhängige demokratische Regime in Athen.

Ein besonders innovativer und wirkmächtiger Aspekt der Hellenisierung durch die ptolemäische Dynastie war die Einrichtung einer akademischen Einrichtung in Alexandria, die dem Dienst an den Musen geweiht war – daher der Name „Mouseion" – und zu der auch eine gewaltige Bibliothek gehörte. Der wichtigste Gelehrte aus der ersten Akademikergeneration im Mouseion, Kallimachos von Kyrene (im heutigen Libyen), erstellte ein 120 Bände umfassendes kritisches Verzeichnis der gesamten damals existierenden griechischen Literatur, das zugleich als umfassender Bibliothekskatalog diente. Er katalogisierte die Werke nach literarischen Genres, die hier teilweise zum allerersten Mal klar definiert wurden. Später im 3. Jahrhundert v. Chr. verfasste Eratosthenes, ein weiterer Gelehrter des Mouseion, die erste kritische Chronologie der griechischen Geschichte, basierend auf den Siegerlisten der Olympischen Spiele. Der früheste Eratosthenes bekannte Olympiasieger war ein gewisser Koroibos von Elis; er datierte ihn auf 776 v. Chr. Welchen Einfluss Eratosthenes' Arbeit hatte, lässt sich daran ermessen, dass später an der Universität Oxford die früheste Epoche griechischer Geschichte, die man studieren konnte, im Jahr 776 v. Chr. begann. Für die vorolympische Geschichte verwendete Eratosthenes eine Liste spartanischer Könige, anhand derer er die Rückkehr der Herakleiden auf die Peloponnes auf 1104/03 v. Chr. datierte und den Fall Trojas achtzig Jahre zuvor auf 1184/83 v. Chr. Manche modernen Forscher zeigten sich beeindruckt, wie genau Eratosthenes' Datierung war – Troia VIIa wurde ja tatsächlich um 1200 v. Chr. herum zerstört. Aber diese „Genauigkeit" kann kaum mehr als Zufall sein, denn Eratosthenes besaß dafür keinerlei objektive Anhaltspunkte. Für alles, was in seiner Chronologie vor der ersten Olympiade liegt, existierten schlichtweg keine Beweise.

Viele Daten bei Eratosthenes waren ganz offensichtlich kaum mehr als bloße Vermutungen (Homer verortete er zum Beispiel im 11. Jahrhundert v. Chr.). Das eigentlich Wichtige und Innovative an seiner Arbeit war die Methode: Er war der Erste, der der frühen griechischen Geschichte einen chronologischen Rahmen geben wollte, der ausschließlich auf dokumentarischen Quellen beruhte – Listen von Königen und Olympiasiegern, von Priestern und Staatsbeamten. Schon bald entstanden Wörterbücher, Enzyklopädien und Handbücher aller Art, die davon zeugen, wie sich der Umgang mit der Vergangenheit änderte. Die Gelehrten des Mouseion unternahmen zum ersten Mal den Versuch, ihr kulturelles Erbe zu klassifizieren und zu organisieren. Als Nebenprodukt dieser Bemühungen entstand ein fester Kanon griechischer Autoren und Redner, deren Werke als akademisch wertvoll und besonders nachahmungswürdig galten. Einen ersten Hinweis auf die Entstehung dieses Kanons gibt es aus der Zeit Alexanders des Großen, als der attische Staatsmann Lykurg autorisierte Abschriften der Tragödien von Aischylos, Sophokles und Euripides im Stadtarchiv von Athen deponierte und dafür sorgte, dass Schauspieler gesetzlich verpflichtet wurden, sich bei Aufführungen an den offiziellen Text der Tragödien zu halten. Anfang des 2. Jahrhunderts v. Chr. stellte der Gelehrte Aristophanes von Byzanz, der die königliche Bibliothek von Alexandria leitete, diverse Listen besonders wichtiger Autoren zusammen: drei tragische Dichter, neun Lyriker, zehn Redner und so weiter. Aristophanes' Listen kanonischer Autoren waren ungeheuer einflussreich und spielten eine wichtige Rolle dabei, welche griechischen Autoren weiterhin kopiert wurden und bis heute überlebt haben. Doch genau wie Eratosthenes beschlossen hatte, seine historische Chronologie nicht über den Tod Alexanders hinaus fortzuführen, beinhalteten Aristophanes' Listen keinen einzigen hellenistischen Dichter, Redner oder Historiker. Selbst die erfolgreichsten Autoren der hellenistischen Zeit wie Philetas, Theokrit oder Arat galten nie als „kanonisch". Die Römer bezeichneten die von Aristophanes ausgewählten Autoren später übrigens als *classici*, „erstklassig". Somit verdanken wir den Gelehrten des ptolemäischen Alexandria letztlich unser Konzept des „klassischen".

Von ebenso großer, wenn nicht noch größerer historischer Bedeutung war die Arbeit der Naturwissenschaftler und Mathematiker, die im Mouseion tätig waren. Hier stellten die Leistungen der alexandrinischen Gelehrten alles Dagewesene in den Schatten. Die *Elemente*, die Euklid ca. 300 v. Chr. in Alexandria verfasste, wurden in Großbritannien noch Ende des 19. Jahrhunderts als Schulbuch verwendet. Archimedes von Syrakus, eines der größten Genies des Altertums, kennen wir heute noch als den Wissenschaftler, der entdeckte, dass man die Dichte fester Objekte mittels Wasserverdrängung messen kann (*„Heúreka!"* – „Ich habe es gefunden!", soll er damals gerufen haben). Archimedes' wichtigste und innovativste Leistungen lagen jedoch auf dem Gebiet der Geometrie – allein sein Beweis, dass der Wert der Zahl π zwischen $3\frac{1}{7}$ und $3\frac{10}{71}$ liegen musste, hätte ausgereicht, um ihn als Mathematiker ersten Ranges auszuweisen. Mathematische Methoden wandte man auch in der Geographie an. So benutzte der Universalgelehrte Eratosthenes in seinem Buch *Über die Vermessung der Erde* eine Methode von bemerkenswerter Eleganz und Einfachheit, um den Umfang der Erde zu berechnen. Sein Resultat, 39 689 Kilometer, kam dem tatsächlichen Erdumfang von 40 011 Kilometern erstaunlich nah.

Griechische Mathematik und Naturwissenschaften in Bagdad

Nachdem Mitte des 8. Jahrhunderts n. Chr. das Abbasiden-Kalifat die Macht im Nahen Osten übernommen hatte, brachte Kalif al-Mansūr (754–775 n. Chr.) ein gewaltiges Übersetzungsprojekt auf den Weg: Auf Staatskosten ließ er planmäßig zahlreiche mathematische und naturwissenschaftliche Werke der alten Griechen ins Arabische übertragen. Das mit bemerkenswerter wissenschaftlicher Strenge durchgeführte Projekt wurde auch im 9. und 10. Jahrhundert weiter fortgesetzt. Zu den frühesten übersetzten Werken zählten Euklids *Elemente* und das umfangreiche Werk des Klaudios Ptolemaios über mathematische Astronomie, das wir heute meistens unter dem arabischen Namen *Almagest* kennen. Der größte arabische Übersetzer, Hunayn ibn Ishāq (808–873 n. Chr.), der angeblich den gesamten Homer auswendig rezitieren konnte, beschrieb, wie schwierig es war, gute griechische Manuskripte ausfindig zu machen: „Bislang hat noch niemand eine vollständige griechische Handschrift von Galens *Über die Beweise* gefunden ... Auf der Suche danach reiste ich durch den Norden Mesopotamiens, durch ganz Syrien, durch Palästina und Ägypten, bis ich nach Alexandria kam. Schließlich fand ich es in Damaskus, aber nur die Hälfte davon, vollkommen durcheinander und unvollständig."

Die Gelehrten im Bagdad der Abbasiden verwendeten die griechische Mathematik und entwickelten sie so weiter, dass sie den praktischen Bedürfnissen des islamischen Staates entsprach. Ungefähr ein halbes Jahrhundert nach der Übersetzung von Euklids *Elementen* ins Arabische erzählt al-Chwārizmī, ein Mathematiker des 9. Jahrhunderts, Kalif al-Ma'mūn habe ihn „aufgefordert, ein umfassendes Werk über Algebra zu verfassen, sich dabei aber auf die schönen und wichtigen Teile der Rechenkunst zu beschränken, wie sie Menschen benötigen, wenn es um Erbangelegenheiten, Hinterlassenschaften, Aufteilungen, Rechtsstreitigkeiten und den Handel geht." Die genaue Berechnung des Erdumfangs war von besonderem Interesse, da man die Qibla, die Gebetsrichtung, nur bestimmen konnte, wenn man genau wusste, in welcher Richtung von dem jeweiligen Punkt der Erdoberfläche aus Mekka lag und wie weit es entfernt war. Auf diesem Gebiet hatte Eratosthenes' Werk bis Anfang des 11. Jahrhunderts Gültigkeit, als der große persische Wissenschaftler al-Birūni schließlich eine bessere Methode entwickelte.

Die Leistung der arabischen Übersetzer ist von unschätzbarem Wert. Die großen arabischen Philosophen, die im 11. und 12. Jahrhundert in Zentralasien (Avicenna) und in Andalusien (Averroës) wirkten, schöpften allesamt aus den philosophischen Werken des Aristoteles. Im 12. Jahrhundert gelangten die philosophischen und naturwissenschaftlichen Theorien der alten Griechen hauptsächlich durch lateinische Übersetzungen arabischer Werke wieder nach Europa. Noch heute kennen wir mehrere wichtige griechische Werke aus der Mathematik und Medizin, darunter die *Mechanik* des Heron von Alexandria, Teile der *Kegelschnitte* des Apollonios von Perge sowie Galens *Anatomische Verfahren* nur in arabischer Übersetzung.

Die riesige neue Welt, die Alexander mit seinen Eroberungen erschlossen hatte, musste gründlich erforscht werden. Geographen, Botaniker und Ethnographen hatten alle Hände voll zu tun. Megasthenes, ein seleukidischer Botschafter am Hof des indischen Königs Chandragupta, verfasste eine umfassende Geschichte und Geographie von Indien, die die erste bekannte Beschreibung des indischen Kastensystems enthält. Man erkundete das Rote Meer und den Persischen Golf, und die ptolemäischen Elfenbeinjäger zog es bis tief nach Äthiopien und in den Sudan. Die wohl spektakulärste Erkundungsreise aber unternahm Pytheas von Massilia, der um 320 v. Chr. herum die Meerenge von Gibraltar passierte und nördlich von Cádiz die Atlantikküste entlangfuhr. Beim heutigen Land's End in Cornwall angefangen, segelte er im Uhrzeigersinn um die britischen Inseln herum, bis er schließlich ein Land namens Thule erreichte, „wo die Nacht extrem kurz ist, zwei oder drei Stunden nur, sodass zwischen Sonnenuntergang und Sonnenaufgang kaum Zeit vergeht". Wo genau Thule lag, ist immer noch umstritten; höchstwahrscheinlich landete Pytheas entweder auf den Shetland-Inseln oder auf Island. Auf der Rückfahrt über die Nordsee kam Pytheas möglicherweise sogar bis nach Dänemark. Bezeichnenderweise nahm der Historiker Polybios (ca. 200–118 v. Chr.) Pytheas'

Entdeckungen im hohen Norden mit großer Skepsis und unverhohlener Geringschätzung auf. Es wagte auch kaum jemand, in Pytheas' Fußstapfen zu treten – erst mit den römischen Eroberungen im 1. Jahrhundert v. Chr. galt das Europa nördlich der Alpen nicht mehr als *terra incognita*.

Als Pytheas in der Nordsee unterwegs war, befanden sich die gemäßigten Breiten gerade mitten in einer Epoche großer gesellschaftlicher Umwälzungen. Wie wir bereits gesehen haben (S. 117 f.), hatte sich die eisenzeitliche Hallstatt-Kultur Zentraleuropas, die sich vom Rhône-Tal bis zur heutigen Tschechischen Republik erstreckte, im ausgehenden 6. Jahrhundert v. Chr. durch den Kontakt mit den griechischen Handelsstädten an der Mittelmeerküste gründlich verändert. Mitte des 5. Jahrhunderts v. Chr. erlebten die wichtigsten Zentren der Häuptlingstümer im Westen der Hallstatt-Kultur einen dramatischen Zusammenbruch. Einige, wie die große Fürstenresidenz Heuneburg, wurden gewaltsam zerstört; in den Siedlungen, die übrig blieben, ging die Zahl der königlichen Bestattungen und der aus dem Mittelmeerraum importierten Prestigegüter stark zurück. Binnen einer einzigen Generation verschwand ein ganzer Lebensstil.

Die Eliten der westlichen Regionen der Hallstatt-Kultur hatten an der Spitze einer wohlhabenden Agrargesellschaft gestanden, deren Adelszentren und Produktionsstandorte größtenteils an den Handelswegen lagen, die nach Süden führten. Doch die Basis ihres materiellen Wohlstands bildeten die Beziehungen zu ihren nördlichen Nachbarn, und diese waren äußerst instabil. Die Rohstoffe, die die Hallstatt-Eliten gegen mediterrane Luxusartikel eingetauscht hatten – Sklaven, Pelze, Bernstein, Metall –, hatten sie sich größtenteils von den kriegerischen Kelten nördlich der Hallstatt-Zone beschafft. Mitte des 5. Jahrhunderts brach dieses Beschaffungssystem zusammen. Die keltischen Krieger im Marne-Tal, an der Mosel und in Böhmen überrannten die alten Häuptlingstümer im Westen der Hallstatt-Kultur und übernahmen im Zuge dessen auch gleich ihre Handelsverbindungen mit den Griechen und Etruskern.

Diese Krieger aus dem Norden bezeichnet man heute im Allgemeinen als La-Tène-Kelten, nach dem archäologischen Fundplatz La Tène am östlichen Ufer des Neuenburgersees in der Schweiz. In den zentralen La-Tène-Regionen in Nordwesteuropa gab es so gut wie keine großen befestigten Residenzen, und die Bestattungen der La-Tène-Aristokratie spiegeln die alles bestimmende Militärideologie jener Gesellschaft wider: Hier gab man den Toten keine Trinkgefäße mit ins Grab, sondern Kriegswagen und Waffen. Die Häuptlinge sicherten sich ihren Status durch erfolgreiche Raubzüge in immer größeren Entfernungen von ihrer Heimat im Norden. Die Beziehungen, die diese keltischen Gesellschaften zur mediterranen Welt pflegten, unterschieden sich grundlegend von denen der Fürsten in der Heuneburg oder in Vix. Luxusimporte aus dem Süden (insbesondere aus dem etruskischen Italien) gab es nach wie vor, aber ab sofort wurden sie von ihren neuen Besitzern modifiziert und den eigenen Bedürfnissen angepasst: Bronzekrüge aus Italien wurden von örtlichen Metallschmieden umgestaltet und mit keltischen Verzierungen versehen. Insgesamt jedoch ging die Zahl der Importe vom Mittelmeer zurück, und im 4. Jahrhundert waren sie bereits ausgesprochen selten. Stattdessen entwickelten die Kelten ihr eigenes unverwechselbares Repertoire an lokal hergestellten Prestigeobjekten, die mit floralen Motiven, vor allem Palmetten, und mit verschlungenen stilisierten Darstellungen von Menschen und Tieren verziert waren (siehe Tafel 15).

Im Laufe des 4. Jahrhunderts v. Chr. tauchten in immer mehr Regionen in Mittel- und Südeuropa im La-Tène-Stil verzierte Grabbeigaben auf. Diese dramatische Ausweitung der materiellen Aspekte der La-Tène-Kultur – nach Süden bis Norditalien und nach Osten bis auf den Balkan – lässt sich auf verschiedene Weise interpretieren. Der traditionellen Deutung gemäß beweist die Ausbreitung der La-Tène-Kultur, dass dort ein ganzes Volk in Bewegung war; um 400 v. Chr. habe bei den Kelten eine Phase der Migration und der Eroberungen eingesetzt, im Rahmen derer möglicherweise bis zu 300 000 Männer, Frauen und Kinder am Rand der mediterranen Welt eine neue Heimat gefunden hätten. Es gibt aber auch eine andere Sichtweise: Seit Kurzem sind einige Archäologen der Meinung, eine solche Migrationsbewegung habe es überhaupt nicht gegeben; die Ausbreitung keltischer Kunst und keltischer Bestattungsbräuche im 4. und 3. Jahrhundert v. Chr. könne ebenso gut bedeuten, dass nicht-keltische Gesellschaften, die über Handelsbeziehungen die materielle Kultur und die Lebensweise ihrer nordeuropäischen Nachbarn kennengelernt hatten, Elemente der La-Tène-Kelten übernahmen.

Oberflächlich betrachtet, scheint die Frage, ob es nun eine keltische Migration gab oder nicht, der Debatte rund um Al Mina (Syrien) zu ähneln (siehe S. 107–109). Zur Erinnerung: Dort ging es um den Fund griechisch-ägyptischer Töpferwaren in Al Mina, den eine frühere Generation von Archäologen dahingehend interpretierte, dass dort Euböer gesiedelt hätten; die alternative Erklärung lautet, dass die einheimischen Syrer einfach nur große Freunde euböischer Keramik waren. Genau genommen muss kein einziger Euböer jemals Al Mina betreten haben. Archäologische Befunde allein reichen nie aus, um definitive Erkenntnisse über die physischen Bewegungen ethnischer Gruppen zu gewinnen. Dennoch liegen die Dinge bei den Kelten ein wenig anders: Der entscheidende Punkt ist, dass die keltische Migration (anders als die Anwesenheit von Euböern in Syrien) direkt durch zahlreiche historiographische und literarische Schriften der Griechen und Römer dokumentiert ist. Und in diesem Fall ergänzen die schriftlichen und die archäologischen Zeugnisse einander perfekt: Erstere beschreiben die keltischen Invasionen in Italien zu Beginn des 4. Jahrhunderts und in Griechenland zu Beginn des 3. Jahrhunderts, und Letzere belegen für denselben Zeitraum eine stetige Ausweitung der materiellen Kultur der Kelten in Norditalien und auf dem zentralen Balkan.

Was die griechischen und römischen Historiker berichten, entspricht höchstwahrscheinlich im Großen und Ganzen der Wahrheit. Im ersten Jahrzehnt des 4. Jahrhunderts überquerte eine große Gruppe Kelten die Alpen und ließ sich in der Po-Ebene in Norditalien nieder. Keltische Räuberbanden suchten Etrurien und Mittelitalien heim, und ca. 386 v. Chr. plünderten sie sogar Rom. Gleichzeitig zog eine andere Gruppe nach Osten und verbreitete entlang der Donau Angst und Schrecken; Mitte des 4. Jahrhunderts ließen sich die Kelten dauerhaft in Ungarn und Siebenbürgen nieder. Im Jahr 335 v. Chr., dem Jahr, bevor Alexander der Große nach Asien aufbrach, traf sich der junge makedonische König mit einer keltischen Gesandtschaft, die mit Makedonien über ein Bündnis verhandeln wollte. Als Alexander von den Kelten wissen wollte, wovor sie am meisten Angst hätten (er hoffte, sie würden sagen: „vor dir"), da antworteten die Kelten, sie fürchteten im Leben nur eines: dass der Himmel ihnen auf den Kopf falle. Diese flüchtige Begegnung zwischen keltischen Migranten aus den Wäldern Nordeuropas und dem späteren Eroberer Indiens hat etwas durchaus Faszinierendes – es kommt einem vor, als hätten sich hier zwei ganz wichtige Strömungen der Geschichte für einen winzigen Moment berührt, nur um einander dann gleich wieder aus den Augen zu verlieren.

Im Jahr 279 v. Chr. fielen die Kelten der unteren Donauregion schließlich in großer Zahl auf der griechischen Halbinsel ein. Sie plünderten das makedonische und thrakische Tiefland, und trotz des heldenhaften Einsatzes einer eilends zusammengetrommelten griechischen Koalitionsarmee gelang es ihnen, den Thermopylen-Pass zu überqueren und nach Zentralgriechenland vorzustoßen. Am Ende wurde diese gewaltige keltische Armee dann doch noch besiegt, in einer großen Schlacht vor den Toren des Orakelheiligtums von Delphi, die inmitten eines Schneesturms ausgetragen wurde. Kein einziger Kelte, erzählte man sich, sei mit dem Leben davongekommen. Im folgenden Jahr überquerte dann eine andere keltische Armee den Hellespont und überfiel Kleinasien. Die Städte im Westen Kleinasiens erlebten ein furchtbares Jahrzehnt, in dem sie ständig den wahllosen Übergriffen marodierender Keltenbanden ausgeliefert waren, bis sich die Neuankömmlinge Anfang der 260er-Jahre v. Chr. am nördlichen Rand des zentralanatolisches Plateaus niederließen, rund um das heutige Ankara. Diese anatolischen Kelten, die die Griechen als „Galater" bezeichneten, behielten nicht nur viele Traditionen ihrer nordeuropäischen Heimat bei, sondern auch einen Großteil ihrer angestammten

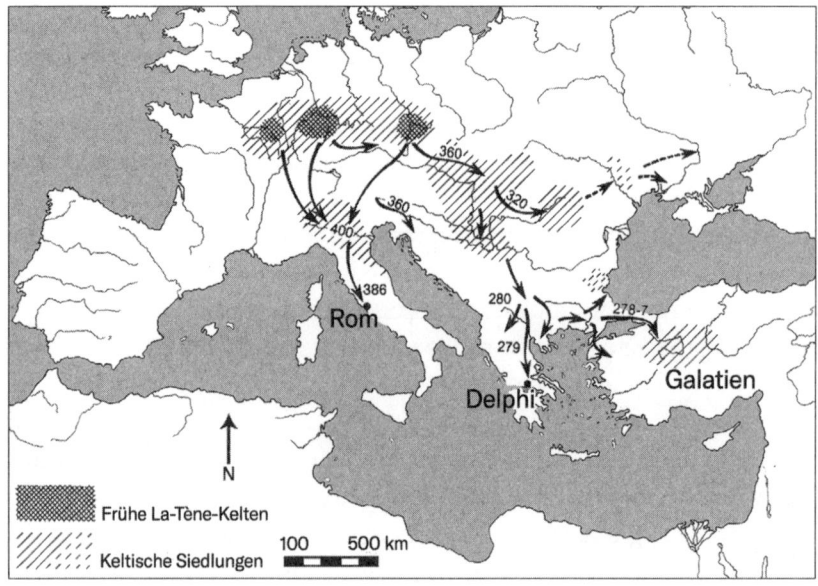

Karte 19. Die Migrationsbewegungen der Kelten.

Sozialstruktur. Anfang des 1. Jahrhunderts n. Chr. erzählt der Geograph Strabon, die Galater, die mitten in der sengenden Hitze der baumlosen anatolischen Steppe lebten, verwendeten für ihre Versammlungen noch immer den Ausdruck *drunemetos*, was wörtlich „heiliger Eichenhain" bedeutet – ganz so, als versammelten sie sich immer noch in den dunklen Wäldern Böhmens oder Galliens. Sogar noch im 6. Jahrhundert n. Chr. gab es in Zentralanatolien Menschen, die Keltisch sprachen.

Die griechische Welt war von der Invasion der Kelten vollkommen überrumpelt. Seit Xerxes' Einmarsch zweihundert Jahre zuvor hatten die Griechen so etwas nicht mehr erlebt. Schon bald wurden die Parallelen zwischen den beiden Invasionen für politische Zwecke instrumentalisiert. Dass es im Jahr 279 gelang, das griechische Festland zu verteidigen, lag in erster Linie an den Aitolern, einem großen, wenn auch ein wenig rückständigen griechischen Volksstamm aus dem Westen Zentralgriechenlands, dessen Angehörige immer wieder als Piraten in Erscheinung traten. Nach dem Sieg über die Kelten nahmen die Aitoler die Schilde der besiegten Barbaren und montierten sie an den Metopen am West- und Südfries des Apollon-Tempels in Delphi – an der Nord- und Ostseite hingen bereits die Schilde der Perser, die die Athener nach ihrem Sieg bei Marathon 490 v. Chr. dort angebracht hatten. Unter aitolischer Schirmherrschaft wurde in Delphi ein neues Fest eingeführt, die Soterien (das „Fest der Rettung"), die sich schließlich zu einem der wichtigsten Ereignisse im griechischen Festkalender entwickelten. Der Aitolische Bund, bis dato ein relativ kleiner Staatenbund, entwickelte sich rasch zu einem der wichtigsten Machtfaktoren der hellenistischen Welt und inkorporierte viele der kleineren zentralgriechischen Nachbarn.

In Kleinasien geschah etwas ganz Ähnliches. Ende des 3. und im 2. Jahrhundert v. Chr. wurde die Hauptlast des schier endlos scheinenden Kampfes gegen die Galater von den Herrschern eines kleinen unabhängigen Fürstentums im Nordwesten Kleinasiens geschultert: den Attaliden in Pergamon. Die Expansion, die den Attaliden am Ende die Kontrolle über die gesamte westliche Hälfte der Halbinsel einbrachte, begann damit, dass Attalos I. von Pergamon (reg. ca. 240–197) die Galater um 240 v. Chr. herum in einer großen Schlacht an den Quellen des Kaikos besiegte. Die Attaliden wussten sich in Szene zu setzen und stilisierten jeden neuen Sieg über die Galater als vorläufigen Endpunkt einer Abfolge bedeutender

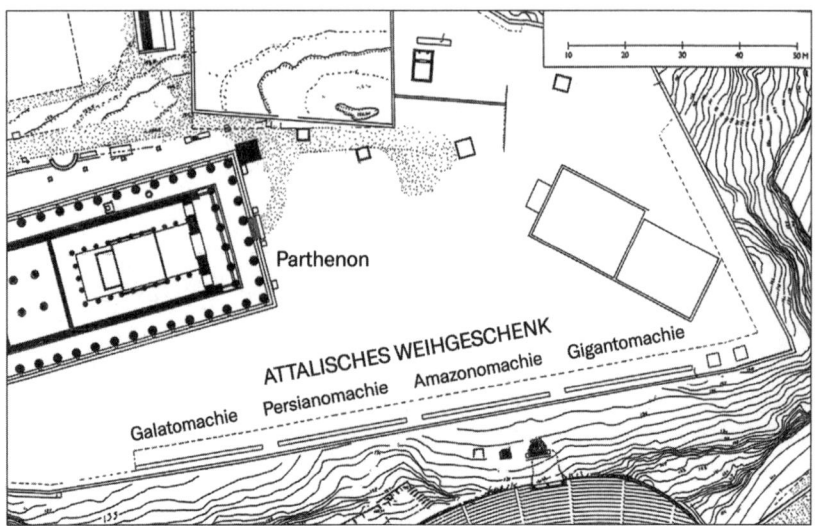

Abb. 20. Das Attalidische Siegesmonument auf der Athener Akropolis, ca. 200 v. Chr.

– mythischer wie historischer – Kriege zwischen Griechen und Barbaren. Um seinen Triumph zu feiern, errichtete Attalos gegen 200 v. Chr. auf der Athener Akropolis ein gigantisches Weihgeschenk (siehe Abb. 20): Südlich des Parthenon ließ er vier jeweils etwa 30 Meter breite Sockel aufstellen, auf denen Statuengruppen thronten, die zeigten, wie die Götter gegen die Giganten kämpfen (Gigantomachie), die Athener gegen die Amazonen (Amazonomachie), die Griechen gegen die Perser (Persianomachie) und selbstverständlich die attalidischen Soldaten gegen die Galater (Galatomachie). Das Monument selbst ist leider nicht erhalten, aber von mehreren Statuen haben römische Kopien überlebt. Nicht zuletzt aufgrund seiner Lage am Fuß des Parthenon sollte dieses Denkmal ganz bewusst an das Skulpturenprogramm im Athen des 5. Jahrhunderts erinnern und insbesondere an die Metopen des Parthenon, auf denen Götter, Lapithen und Griechen diverse Feinde der griechischen Zivilisation abwehrten. Attalos sah sich selbst als legitimen Nachfolger der Sieger von Marathon und Salamis, als letzten der Helden, die Griechenland gegen die Barbaren verteidigt hatten.

Dass er ausgerechnet Athen als Standort für sein Monument auswählte, ist äußerst bezeichnend. Im 2. Jahrhundert v. Chr. besaß Athen wahrscheinlich mehr kulturelles Prestige als jemals zuvor. In den 420er-Jahren v.Chr., als sich der Attische Seebund auf dem Zenit seiner Macht befand, hatten die Athener 10 Prozent der Getreideernte der gesamten griechischen Welt gefordert, als Anerkennung Athens als (selbsternannte) Mutterstadt der ionischen Inseln und Wiege der griechischen Zivilisation. Dreihundert Jahre später hatte der Rest der Griechen es endlich begriffen. Im Jahr 125 v.Chr. stimmte die delphische Amphiktyonie (ein gewissermaßen internationales Gremium, das für die Angelegenheiten des Heiligtums von Delphi zuständig war) dafür, die Athener aufwendig zu ehren; schließlich sei „das attische Volk Quelle und Ursprung aller Dinge, die der Menschheit nützen", und habe „den Menschen, die bis dahin allesamt wie wilde Tiere lebten, die Zivilisation gebracht". Eine zeitgenössische Inschrift aus Maroneia in Thrakien nennt Athen die „Zierde Europas". Die hellenistischen Monarchen übertrafen einander in ihrer demonstrativen Großzügigkeit gegenüber Athen. Im Stadtzentrum entstanden immer neue öffentliche Gebäude, bezahlt von philhellenischen Königen. Allein die Attaliden finanzierten zwei geräumige Wandelhallen oder Stoen, eine an der Athener Agora, die andere am Südhang der Akropolis.

Das Revival Athens im 2. Jahrhundert v.Chr. erinnert uns daran, dass die hellenistische *oikouméne* zwar einerseits von regionalen Supermächten geprägt war, zugleich aber eine Welt wohlhabender autonomer griechischer Städte mit spezifischen lokalen Interessen und einer ausgeprägten Regionalkultur war. In dieser Hinsicht stellten die Eroberungen Alexanders des Großen keine ganz so große Zäsur dar, wie mitunter angenommen. Die Städte führten weiterhin regelmäßig Krieg gegen ihre Nachbarn, und sie konkurrierten um Prestige, indem sie dem panhellenischen Festkalender immer neue Feste hinzufügten und aufwendige öffentliche Gebäude errichteten, sei es auf eigene Kosten oder auf Kosten der Könige. Unter den hellenistischen Monarchien überlebte die Polis nicht bloß, sie blühte regelrecht auf. Wie sich aus zahlreichen überlieferten Dokumenten schließen lässt, wurde die zwischenstaatliche Diplomatie immer komplexer und ausgeklügelter. Im Rahmen ihrer nachhaltigen Anstrengungen, die attische Küste vor Überfällen kretischer Piraten zu schützen, schlossen die Athener Ende des 3. Jahrhunderts v.Chr. einen Vertrag mit der westkretischen Stadt Kydonia (heute Chania). Grundlage des Vertrags war die mythische Verwandtschaft zwischen den beiden Völkern: Die Athener hielten sich für Nachfahren von Ion, einem Sohn des Apollon, und die Kydonier behaupteten, von einem weiteren Sohn des Apollon namens Kydon abzustammen (Apollon hatte viele Söhne). Die griechische Mythologie war so flexibel, dass man so gut wie jede Polis, wenn man sich Mühe gab, mit irgendeiner anderen in Verbindung bringen konnte. Mehrere Städte beschäftigten als Diplomaten professionelle Historiker, die ganz genau erklären konnten, warum beispielsweise die Einwohner von Xanthos in Lykien einen Zuschuss zur neuen Stadtmauer von Kytenion im fernen Zentralgriechenland leisten sollten.

Auf uns wirken diese an den Haaren herbeigezogenen Verwandtschaftsbeziehungen leicht lächerlich, doch die Griechen nahmen sie durchaus ernst. Im Jahr 196 v. Chr. litt die griechische Stadt Lampsakos in der Troas (dem äußersten Nordwesten von Kleinasien) offenbar unter Raubzügen eines Stammes aus Galatien in Zentralanatolien. Die Lampsakener schickten eine Gesandtschaft nach Massilia in Südgallien, um sich dort ein an die Galater adressiertes Empfehlungsschreiben ausstellen zu lassen. Dieser Gesandtschaft haftet etwas zutiefst Bizarres an. Man kann kaum davon ausgehen, dass die anatolischen Kelten, die mitten in Kleinasien lebten, jemals von Massilia gehört hatten, das ja ganz am anderen Ende des Mittelmeers lag. Auch wenn die Massilioten lange Zeit enge Handelsbeziehungen mit den Kelten des Rhône-Tals unterhalten hatten, ist doch allein der Gedanke geradezu absurd, dass ein solches Empfehlungsschreiben die Galater hätte beeindrucken können, die seit über zweihundert Jahren keinerlei Verbindung zu ihrer mitteleuropäischen Heimat mehr hatten. Das eigentlich Interessante hier ist, dass die Lampsakener davon ausgingen, dass die Galater für jene Art von Argumenten zugängig waren, wie sie regelmäßig in der griechischen Verwandtschaftsdiplomatie zur Anwendung kamen, nach dem Motto: „Im Westen pflegen die Kelten seit langer Zeit gute Beziehungen zu Massilia, deshalb habt auch ihr, als Kelten, eine besondere Verbindung zu Massilia. Wir, die Lampsakener, sind Verwandte der Massilioten" – sowohl Lampsakos als auch Massilia waren einst Kolonien der ionischen Stadt Phokaia –, „und deshalb solltet ihr als ‚Verbündete' der Massilioten auch unsere Verbündeten sein (oder zumindest damit aufhören, uns auszurauben)." Was genau die Galater von all dem hielten, wissen wir leider nicht.

Die Gesandtschaft aus Lampsakos, die nach Massilia fuhr, stattete auch der bedeutendsten nicht-griechischen Stadt im westlichen Mittelmeer einen Besuch ab. Rom war zu diesem Zeitpunkt gerade erst dabei, sich zur beherrschenden Macht auf dem griechischen Festland aufzuschwingen. Seit den 280er-Jahren hatten die Römer ihren Einflussbereich auf beiden Seiten der Adria stetig erweitert. Im Jahr 214 v. Chr., als Hannibal Italien verwüstete, ergriff der umtriebige junge König von Makedonien, Philipp V. (reg. 221–179 v. Chr.), die Gelegenheit beim Schopf und versuchte, die östliche Adria wieder unter seine Kontrolle zu bringen. Nach einem mehrjährigen Schattenboxen zwischen den beiden Mächten verbündeten sich die Römer 211 v. Chr. mit dem Aitolischen Bund gegen Philipp. Der nun folgende Krieg war ungewohnt verlustreich und grausam; gemeinsam verkauften die Aitoler und die Römer ganze Städte in die Sklaverei. Kein Wunder, dass die anderen Griechen den Aitolern vorwarfen, sie würden mit den Barbaren zusammen die eigenen Landsleute versklaven. 197 v. Chr. wurde die makedonische Armee schließlich in der Schlacht von Kynoskephalai in Thessalien besiegt und Philipp damit de facto vom griechischen Festland verdrängt. Verständlicherweise wollten sich die Lampsakener nun mit der neuen Supermacht der hellenistischen Welt gut stellen. Und wiederum hatten sie ein komplexes Argument aus der Mythologie parat, mit dem sie diesmal eine verwandtschaftliche Beziehung zwischen Lampsakos und Rom belegen konnten: Die Römer waren Nachfahren der Troer, die nach dem Fall Trojas gegen Ende des heroischen Zeitalters nach Italien übergesiedelt waren. Als Bewohner der Troas, der alten Heimat der Troer, waren die Lampsakener somit Verwandte des römischen Volkes.

Anders als die Galater waren die Römer für eine solche Denkweise ganz und gar nicht unempfänglich. Schon in den ersten Jahren des Kriegs gegen Philipp hatten die Römer gelernt, wie wichtig es war, sich nicht als ausländische Besatzer zu präsentieren, sondern vielmehr als Verwandte und Wohltäter der Griechen. Der Sieger von Kynoskephalai, der römische Feldherr Titus Flamininus, brachte dem Heiligtum von Delphi aufwendige Weihgeschenke dar, auf denen er ganz taktvoll als „Nachfahr des Aeneas" bezeichnet wurde, jenes troischen Helden, auf den letztlich die Gründung Roms zurückging. Im Sommer 196 v. Chr. verkündete Flamininus bei den Isthmischen Spielen, die gesamte griechische Welt sei nunmehr befreit; binnen zwei Jahren wurden sämtliche römischen Truppen aus Griechenland abgezogen. Die Symbolik war clever gewählt: Indem Flamininus ausgerechnet die Isthmischen Spiele in Korinth zum Schauplatz seiner Proklamation auserkor, erinnerte er an Korinths frühere Rolle als Treffpunkt für die griechische Allianz gegen Persien im Jahr 480 v. Chr. und als Sitz des Korinthischen Bundes von Philipp II. Ende des 4. Jahrhunderts. Auch die hellenistischen Monarchen hatten in schöner Regelmäßigkeit die Freiheit aller Griechen verkündet, aber keiner von ihnen hatte sich zu diesem Zweck um solch konkrete Schritte bemüht wie die Römer. Flamininus selbst ließ sich im Gegenzug von den Griechen wie ein ebensolcher hellenistischer Monarch verehren: Er gab eine Goldmünze in seinem eigenen Namen heraus, die auf der einen Seite ein heroisches Porträt seiner selbst im Stil Alexanders zeigte (vgl. Tafel 31b), auf der anderen Seite seinen von einer geflügelten Victoria gekrönten Namen. Der Dichter Alkaios von Messene feierte den Sieg der Römer mit einem prägnanten Vergleich: „Xerxes führte die Schar der Perser nach Hellas; Titus führt ein Heer römischer Krieger ebenfalls dorthin. Jener wollte Europa das Joch der Sklaverei um den Hals legen, dieser das Volk der Griechen von sklavischer Schmach befreien." Es schien fast, als hole die Makedonen nun, nach so langer Zeit, die eigene Vergangenheit ein: Philipp V. von Makedonien galt auf einmal als barbarischer Despot, und Rom trat als Verfechter der griechischen Freiheit auf den Plan.

Nachdem die Römer gezeigt hatten, dass sie durchaus gewillt waren, in fremde Angelegenheiten einzugreifen, konnten ihre griechischen Verbündeten der Versuchung nicht widerstehen, die Römer und ihr Militär um Hilfe zu bitten, um ihre eigenen Interessen zu wahren. Ende der 190er-Jahre v. Chr. war das Attaliden-Reich von Pergamon das Ziel heftiger Angriffe seitens ihrer östlichen Nachbarn, der syrischen Seleukiden: Antiochos III. (reg. 223–187 v. Chr.), ein besonders streitbarer seleukidischer Monarch, versuchte mit aller Kraft, die Herrschaft seiner Dynastie über ganz Kleinasien wiederherzustellen. Auch wenn die Attaliden seit den ersten Tagen des Kriegs gegen Philipp V. Verbündete Roms waren: Dies war nicht Roms Krieg. Der neue Attaliden-König Eumenes II. mochte den römischen Senat mit noch so vielen haarsträubenden Geschichten über die Pläne der Seleukiden für Kontinentaleuropa bombardieren – den Römern war doch letztlich klar, dass Antiochos (anders als Philipp) keine direkte Bedrohung ihrer Interessen darstellte. Und trotzdem bekam Eumenes eine Armee gestellt. Im Jahr 190 v. Chr. überquerte der römische General Scipio Africanus den Hellespont, um Pergamon zu Hilfe zu kommen; er vertrieb Antiochos aus Kleinasien, und der Großteil der westlichen Hälfte der Halbinsel wurde Eumenes' Territorium zugeschlagen. Die Römer hatten offenbar nichts dagegen, Weltpolizei zu spielen, doch die Tagespolitik im östlichen Mittelmeer überließen sie lieber ihren griechischen Verbündeten – zumindest vorerst.

Seit der Regierungszeit Alexanders hatten die griechischen Staaten seine Nachfolger als Götter verehrt. Im Zuge des Aufstiegs Roms zur alles beherrschenden Macht in der griechischen Welt bekamen römische Feldherrn und Magistrate (so auch Flamininus) ähnliche Ehrungen angeboten. Bemerkenswerter war da schon, dass einige griechische Städte in den 190er-Jahren einen Kult zu Ehren einer neuen Göttin einrichteten: Roma, der personifizierten Macht Roms. Die Verehrung von Roma war nicht etwa aus Rom importiert, sondern eine griechische Neuschöpfung, die sich komplett an den religiösen Gepflogenheiten der Griechen orientierte. Einige Staaten gingen in ihrem Bemühen, ihren neuen „gemeinsamen Wohltäter" zu verstehen, noch weiter. In etwa zur selben Zeit, als die Römer Antiochos besiegten, riefen die Bewohner der Insel Chios vor der Küste Kleinasiens ein neues Fest zu Ehren der Göttin Roma ins Leben und demonstrierten die Loyalität ihrer Insel zu Rom zusätzlich dadurch, dass sie eine bildliche Darstellung der Geburt des Romulus, des Gründers von Rom, und seines Bruders Remus weihten (ob es eine Statue, ein Relief oder ein Gemälde war, wissen wir nicht). Die Chioten wollten es den Römern mit allen Mitteln Recht machen und hatten sich sogar mit der römischen Überlieferung zur Gründung der Stadt auseinandergesetzt. Dennoch stand auch hier die Darstellung von Romulus und Remus im römischen Stil mit einem durch und durch griechisch geprägten Fest für Roma in Verbindung.

Ende der 170er-Jahre v. Chr. sah das östliche Mittelmeer rein oberflächlich betrachtet ganz ähnlich aus wie hundert Jahre zuvor. In Makedonien regierte immer noch ein mächtiger König: Perseus (reg. 179–168 v. Chr.), der 179 v. Chr. seinem Vater Philipp V. auf den Thron gefolgt war. Ihm gelang es, einen Großteil des Territoriums und des Prestiges zurückzugewinnen, das Philipp in Kynoskephalai verloren hatte. Das griechische Festland genoss eine recht instabile Freiheit, doch immerhin wurde die gesamte Peloponnes zum ersten Mal in ihrer Geschichte unter dem Dach eines einzigen starken Staatenbundes geeint, des sogenannten Achaiischen Bundes. Auch wenn es Kleinasien an Eumenes II. von Pergamon verloren hatte, war das Seleukiden-Reich unter Antiochos IV. (reg. 175–164 v. Chr.) mit seiner Hauptstadt Antiochia am Orontes (heute Antakya im Süden der Türkei) immer noch der mächtigste Akteur in Asien. All das sollte sich bald ändern.

Nach jeder Intervention hatten die Römer, die „Wohltäter" der griechischen Welt, ihre Truppen aus dem Osten ganz gewissenhaft wieder abgezogen; im Gegenzug erwarteten sie, dass sich die Griechen darum kümmern würden, die verteidigten Gebiete auch zu halten. Perseus missachtete dieses Arrangement, indem er sich bemühte, den Zentralbalkan wieder dem makedonischen Königreich einzuverleiben, vor allem aber, weil er versuchte, die Gunst der Staaten des griechischen Festlands zu gewinnen. Perseus wäre sicherlich nicht in der Lage gewesen, Rom direkt herauszufordern, aber er stellte eine Bedrohung für das Kräftegleichgewicht auf der südlichen Balkan-Halbinsel dar. Im Jahr 171 v. Chr. brachen die Römer auf ein weiteres Ersuchen des skrupellosen Eumenes hin vorsätzlich einen Streit mit Perseus vom Zaun und erklärten Makedonien erneut den Krieg. In der Schlacht von Pydna 168 v. Chr. erlebte Perseus eine vernichtende Niederlage; sein Königreich wurde aufgelöst und der König in Ketten durch die Straßen Roms geführt.

Während Rom mit den Makedonen beschäftigt war, hatte der Seleukiden-König Antiochos IV. die Gunst der Stunde genutzt, um eine hochdramatische Invasion des ptolemäischen Ägypten in die Wege zu leiten. Als er im Sommer 168 Alexandria belagerte, traf er sich mit römischen Botschaftern, die ihn kurz und knapp anwiesen, Ägypten umgehend zu verlassen. Antiochos gab zurück, er brauche Zeit, um sich mit seinen Beratern zu besprechen. Da zog der Anführer der römischen Gesandtschaft, Gaius Popillius Laenas, rund um die Füße des Königs einen Kreis in den Sand und sagte ihm, sie bräuchten eine Antwort, bevor er aus diesem Kreis heraustrete. Angesichts des Schicksals von Makedonien beugte sich Antiochos dem Unvermeidlichen und befahl seinen Armeen, sich zurückzuziehen.

Hatten viele Griechen es anfangs noch beklatscht, dass sich die Römer in ihre Angelegenheiten einmischten, so bekamen diese Übergriffe nun einen immer schaleren Beigeschmack. Ende 167 v. Chr. hatte eine der bisherigen vier Großmächte (die Antigoniden in Makedonien) einfach aufgehört zu existieren, eine weitere (die Seleukiden) war schwer gedemütigt worden, und die übrigen zwei Königshäuser (die Attaliden und die Ptolemäer) besaßen ihre Königreiche im Grunde nur noch, weil die Römer es duldeten. Die neue Supermacht hieß Rom, und das war bald auch dem letzten Griechen klar. Makedonien blieb nach Perseus' Absetzung zunächst ein freier Staat, aber nach einem gescheiterten Versuch, die Monarchie der Antigoniden wiederherzustellen, wurde die Region 148 v. Chr. zur tributpflichtigen Provinz mit einem römischen Statthalter degradiert. Es war die erste römische Provinz östlich der Adria. Als zwei Jahre später eine römische Gesandtschaft versuchte, sich beim Achaiischen Bund in einen internen Streit einzuschalten, wurden die Botschafter in Korinth in aller Öffentlichkeit verhöhnt und gedemütigt. Die Reaktion der Römer folgte auf dem Fuß: Noch im selben Jahr, 146 v. Chr., vernichteten römische Legionen sämtliche Streitkräfte des Achaiischen Bundes, und Korinth, die Wiege des griechischen Widerstands gegen die Perser, eben jene Stadt, in der Flamininus fünfzig Jahre zuvor die Freiheit aller Griechen verkündet hatte, wurde dem Erdboden gleichgemacht.

Polybios beginnt sein Geschichtswerk über den Aufstieg Roms mit der Behauptung, die Eroberungen Alexanders des Großen hätten gar keinen wirklichen Wendepunkt in der Geschichte dargestellt; das Makedonische Reich (bzw. die Reiche) der hellenistischen Zeit sei einfach nur Nummer drei in einer Abfolge kurzlebiger Hegemonien gewesen: „Perser, Spartaner, Makedonen". Aus unserer Sicht ist diese Behauptung doch recht überraschend – nicht zuletzt, weil Polybios statt Athen die Spartaner nennt –, doch sie enthält mehr als nur ein Körnchen Wahrheit. Für Polybios war der entscheidende Punkt, dass sich die hellenistischen Monarchen nie mit den Ländern westlich des griechischen Festlands beschäftigten; die Makedonen ließen Italien, Sizilien, Libyen und Sardinien einfach links liegen, die barbarischen Völker des europäischen Festlands waren ihnen gänzlich unbekannt. Seiner Ansicht nach war die Weltgeschichte bis zum 2. Jahrhundert v. Chr. „verstreut", es gab keine Einheit, die alles zusammenhielt. Und so blieb es am Ende den Römern überlassen, die Welt zu einem einzigen, organischen Ganzen zu machen.

Anfang 86 v. Chr. rief König Mithridates VI. die Griechen auf dem Festland ein letztes Mal zum Widerstand gegen die römische Herrschaft auf. Als der Feldherr Cornelius Sulla vor den Mauern Athens auftauchte, empfing ihn eine attische Gesandtschaft und bat ihn, die Stadt zu verschonen. Sie erzählten Sulla von den Taten des Theseus und vom Heldenmut der Athener während der Perserkriege. Sulla erwiderte kurzerhand, er sei nicht gekommen, um sich über die griechische Geschichte zu informieren, sondern um Athen eine Lektion zu erteilen. Nichts zeigt besser, wie unterschiedlich sich die Geschichte des westlichen und des östlichen Mittelmeeres seit dem 5. Jahrhundert v. Chr. entwickelt hatte. Es wird Zeit, dass wir uns den Ereignissen auf der Apennin-Halbinsel zuwenden.

6 Rom, Karthago und der Westen (500–146 v. Chr.)

„Wo die wilden Wogen Europa und Libyen scheiden" – dieser Vers aus den *Annalen* des römischen Dichters Ennius, geschrieben in den 180er-/70er-Jahren v. Chr., bringt das Thema dieses Kapitels gut auf den Punkt. Die *Annalen* erzählten vom Konflikt zwischen den Römern und den Karthagern in Spanien und insbesondere von einer Seeschlacht in der Meerenge von Gibraltar und der anschließenden Kapitulation der Stadt Gades, die im Jahr 206 v. Chr. dann den Römern zufiel. Wir haben bereits beobachten können, wie der Gegensatz zwischen Asien und Europa zur treibenden Kraft der Vorgänge im östlichen Mittelmeer wurde. Noch um 200 v. Chr. herum hatte Philipp V. von Makedonien verkündet, er sei der „Herrscher über Europa"; wenig später wurde Makedonien zum Alliierten Roms degradiert. Vielleicht spielte Ennius mit seinem Zitat auf die neue Auslegung einer alten Dichotomie an: Ab sofort fand der Kampf zwischen Europa und Libyen (Nordafrika) statt.

Wir haben bereits beobachten können, wie sich die griechische Welt nach den Perserkriegen von 480 v. Chr. veränderte – vom Krieg zwischen Athen und Sparta über die Konflikte zwischen den griechischen Stadtstaaten und den Aufstieg Makedoniens bis hin zu den Eroberungen Alexanders des Großen und den Königreichen seiner Nachfolger. In diese Welt schaltete sich Ende des 3. Jahrhunderts v. Chr. Rom ein. In diesem Kapitel verfolgen wir die römische Geschichte von ihren Anfängen bis zu den Epochen, die wir in den vorangegangenen zwei Kapiteln behandelt haben. Alles beginnt damit, dass Aeneas aus dem brennenden Troja nach Italien flieht und Romulus die Stadt Rom gründet (traditionelles Datum: 753, 751 oder 748 v. Chr.), die er dann als erster König regiert. 509 v. Chr. wurde der letzte König aus Rom verjagt; das Ende der Königszeit markierte zugleich die Geburtsstunde der Römischen Republik. Die innenpolitische Macht lag jetzt bei zwei Konsuln, dem Senat und den Volksversammlungen. Während es innerhalb Roms zu Machtkämpfen zwischen zwei Gruppen kam, die man als Patrizier und Plebejer bezeichnet, weitete Rom seine externe Macht immer weiter aus, angefangen bei den latinischen Stämmen in unmittelbarer Nähe der Stadt, bis es im 3. Jahrhundert v. Chr. weite Teile der Apennin-Halbinsel beherrschte. Der andere wichtige Akteur in dieser Region war das im ausgehenden 9. Jahrhundert von Phöniziern aus Tyros gegründete Karthago. Da Karthago die bei Weitem größte phönizische Stadt war, bezeichneten die Römer die Karthager üblicherweise als *Poeni*, das lateinische Wort für „Phönizier"; das damit verwandte Adjektiv *Punicus* wurde zu „punisch" eingedeutscht. Ab Ende des 6. Jahrhunderts v. Chr. unterhielt Rom diplomatische Beziehungen zu Karthago, und lange Zeit respektierten beide Mächte ihre jeweilige Einflusssphäre. Das änderte sich im 3. Jahrhundert v. Chr., als Römer und Karthager beide verstärkt nach der Macht griffen und ein Konflikt unausweichlich wurde. Aus den drei Punischen Kriegen (264–241 v. Chr., 218–202 v. Chr. und 149–146 v. Chr.) ging Rom als Sieger hervor; das zentrale Nordafrika und Teile Iberiens (das heutige Spanien und Portugal) gehörten nun ebenfalls zum Römischen Reich. In der Zwischenzeit waren die Römer auch in die griechische Welt eingefallen. Die Zerstörung von Karthago und Korinth im Jahr 146 v. Chr. markiert einen wichtigen Wendepunkt in der Geschichte des Mittelmeerraums.

Dieser kurze Abriss der römischen Geschichte entspricht dem üblichen Kenntnisstand der Römer im 1. Jahrhundert v. Chr. Heute haben wir vor allem das Problem, dass es für die Zeit bis 146 v. Chr. (und im Grunde sogar noch etwas später) kaum aufschlussreiche zeitgenössische Quellen gibt. Für die Epoche der römischen Expansion von 220 bis 167 v. Chr. haben wir immerhin den griechischen Historiker Polybios, in dessen eigene Lebenszeit aber nur der allerletzte Teil seiner *Historien* fällt; zudem ist sein Werk nicht vollständig überliefert. Unsere wichtigsten Geschichtswerke sind die von Livius, der Ende des 1. Jahrhunderts v. Chr. schrieb, und Dionysios von Halikarnassos, der ein wenig später aktiv war. Ein Problem hierbei ist, dass Livius' Werk zwar die Ereignisse ab der Gründung Roms bis zu seiner eigenen Zeit behandelte, dass es aber nur bis zum Jahr 295 v. Chr. erhalten ist; Dionysios stellte die Ereignisse bis zum Ausbruch des Ersten Punischen Kriegs dar, doch seine *Römische Frühgeschichte* ist für die Zeit ab 447 v. Chr. nur fragmentarisch überliefert. Zudem ist ein Großteil der überlieferten Abrisse der römischen Geschichte schon deshalb problembehaftet, da spätere Generationen, wie wir sehen werden, die Vergangenheit immer wieder für aktuelle politische Zwecke instrumentalisierten. Andererseits macht ja gerade diese Instrumentalisierung der Vergangenheit die römische Geschichte so interessant. Wir wollen die Erzählungen rund um Aeneas und Romulus daher hier nicht einfach als Mythen abtun, die uns keine Fakten über das frühe Rom liefern. Vielmehr soll es in diesem Kapitel darum gehen, zu welchem Zweck diese Geschichten in der Römischen Republik immer wieder aufs Neue erzählt wurden.

Ein wichtiger Kontext für die verschiedenen Versionen oder Deutungen der Vergangenheit waren die zahlreichen Kulturen und Sprachen, die es auf der Apennin-Halbinsel gab. Schon in der Bronzezeit hatten die Griechen Kontakt mit der Region gehabt, und seit dem 8. Jahrhundert v. Chr. trieben sie mit Italien Handel. Im 5./4. Jahrhundert v. Chr. gab es im Süden der Halbinsel 23 griechische Poleis. Die nördlichsten waren Neapolis (heute Neapel) und das angrenzende Kyme (lateinisch: Cumae); die übrigen befanden sich an der Spitze, am Spann und an der Hacke des italischen „Stiefels". Auf Sizilien existierten weitere 47 Poleis. Die Siedler stammten in erster Linie vom griechischen Festland, und so sprach man dort hauptsächlich Griechisch, im Fall von Neapolis sogar noch zur Zeit des Römischen Reichs. Die Festlandgriechen hatten seit dem 8. Jahrhundert v. Chr. mit den Etruskern gehandelt; Etrurien war ein wichtiger Exportmarkt für Keramik und andere Artikel aus Griechenland. Die Importwaren wurden von den lokalen Eliten für eigene Zwecke verwendet und spielten eine wichtige Rolle bei der Transformation der etruskischen Gesellschaft im 6. Jahrhundert v. Chr. Auch Rom, das in der Mitte zwischen den griechischen Gemeinden in Süditalien und den Etruskern im Norden lag, hatte schon früh Kontakt zur griechischen Welt. Zwar importierten Rom und die umliegenden Siedlungen längst nicht so viele griechischen Handelswaren wie die etruskischen Städte, doch manche Kontakte waren nicht ganz so flüchtig, wie man vielleicht denken könnte. Im 6. Jahrhundert v. Chr. wurde im Heiligtum des Gottes Vulkan nahe dem Forum Romanum als Opfergabe ein in Athen angefertigter Krug deponiert. Das Bemerkenswerte daran ist, dass das Gefäß eine bekannte Szene aus der griechischen Mythologie zierte, in der der griechische Gott Hephaistos auf einem Esel in den Himmel reitet. Mithin muss derjenige, der den Krug hierherbrachte, bereits zu diesem Zeitpunkt Vulkan mit Hephaistos gleichgesetzt haben, was erstaunlich früh wäre. Doch auch wenn es in Rom später absolut üblich war, römische mit griechischen Göttern zu assoziieren, nahmen die Römer ihre Götter stets als römisch wahr und nicht als griechisch.

Die linguistische Landkarte der Apennin-Halbinsel war äußerst komplex. Im 8. Jahrhundert v. Chr. übernahmen die Etrusker das griechische Alphabet, um ihre eigene Sprache zu schreiben (siehe S. 120). Sie waren das erste Volk auf der Apennin-Halbinsel, das eine Schrift verwendete. Spätestens im 6. Jahrhundert verfügten an die zwanzig italische Sprachen

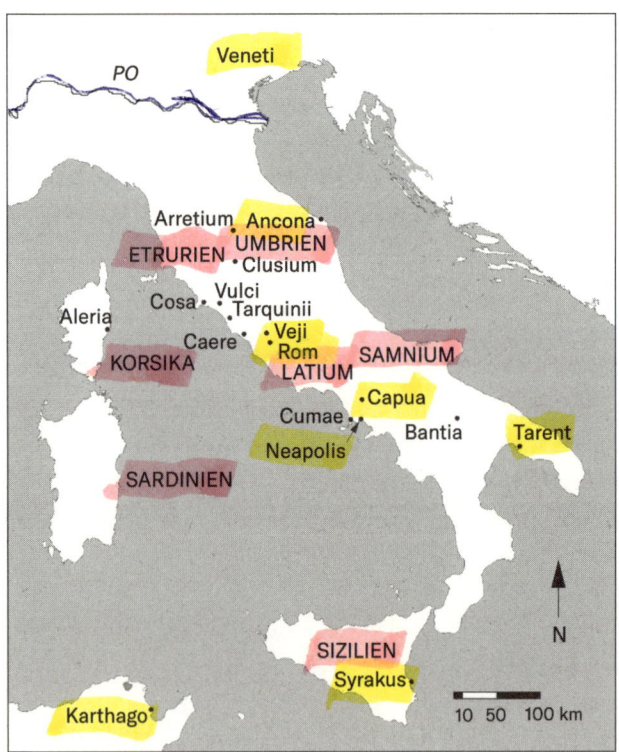

Karte 20. Die Apennin-Halbinsel im 3. und 2. Jahrhundert v. Chr.

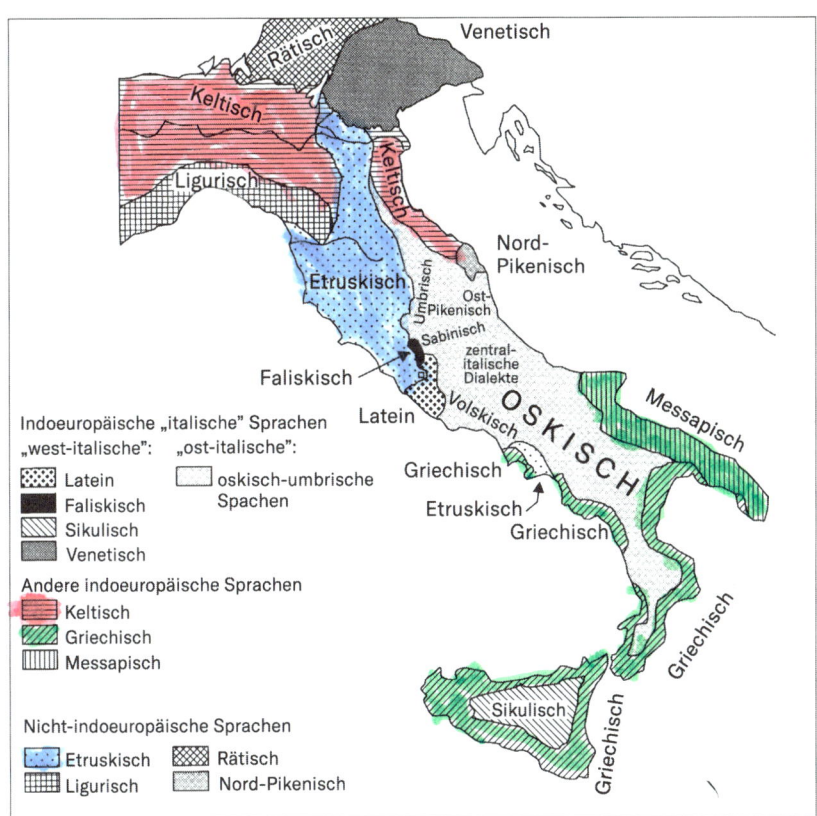

Karte 21. Sprachen auf der Apennin-Halbinsel, ca. 400 v. Chr.

samt den angeschlossenen Dialekten über Alphabete, die größtenteils vom etruskischen Alphabet abgeleitet waren. Es gab drei große Sprachgruppen auf der Apennin-Halbinsel: das Griechische in den Küstengebieten im Süden, das Etruskische im Nordwesten und die oskisch-umbrischen Sprachen, auch sabellische Sprachen genannt, in Mittel- und Süditalien. Dass uns das Etruskische heute noch so obskur erscheint, liegt vor allem daran, dass es (genau wie drei andere, weniger verbreitete Sprachen in derselben Gegend) nicht indoeuropäischer Herkunft war. Die Sprachen der oskisch-umbrischen Gruppe waren die wichtigsten der sogenannten „italischen Sprachen", wie die Linguistik sie heute klassifiziert. Zu den oskisch-umbrischen Sprachen zählten unter anderem das in der Region des heutigen Venedig gesprochene Venetisch (falls es korrekt klassifiziert ist) und Latein. Um 400 v. Chr. war die lateinische Sprache ein eher unbedeutendes Glied dieser Gruppe. Selbst innerhalb der Region Latium war Latein nicht gleich Latein: Um 200 v. Chr. herum war Praeneste dafür bekannt, dass die Leute dort ganz anders sprachen als in Rom.

Dante und die Sprachen Italiens

Die sprachliche Vielfalt des republikanischen Italien erinnert uns einmal mehr daran, dass wir, was jene Zeit betrifft, eigentlich gar nicht von „Italien" sprechen dürfen; das ist auch der Grund, warum wir in diesem Buch meist die geographische Umschreibung „ApenninHalbinsel" verwenden. Eine naturgegebene ethnische Einheit gab es auf der Halbinsel nicht. Die Römer einten das Gebiet nach und nach, ein Prozess, der im 1. Jahrhundert v. Chr. seinen Höhepunkt erreichte. Doch die sprachliche Einheit, die damit einherging, hielt nicht ewig. Um 1300 herum beschrieb der Dichter Dante Alighieri in seiner umfangreichen Abhandlung *De vulgari eloquentia* („Über die Ausdruckskraft der Volkssprache") vierzehn verschiedene Volkssprachen, die zu seiner Zeit auf der Apennin-Halbinsel gesprochen wurden und die sich nicht nur von Region zu Region unterschieden, sondern sogar innerhalb der einzelnen Regionen. Wie die moderne Forschung weiß, haben sich diese Sprachen parallel aus dem gesprochenen Latein heraus entwickelt; im Süden gab es zudem Menschen, die Griechisch oder Albanisch sprachen. Dante suchte eine Begründung dafür, sich eine der vielen Volkssprachen auszusuchen, um hohe Literatur darin zu schreiben, denn dafür erschienen ihm die lateinische Sprache (in der er paradoxerweise diese Abhandlung verfasst hatte) und die zeitgenössischen Volkssprachen Provenzalisch und Französisch zu künstlich. Er plädierte für eine überregionale Volkssprache, wie sie in der Poesie bereits existierte und die eng mit seiner eigenen Muttersprache, dem Toskanischen, verwandt war. Einige Jahre später verwendete Dante in der *Göttlichen Komödie* eine umfassendere und weniger hochtrabende Variante der überregionalen Volkssprache, doch das literarische Toskanisch, in dem im 14. Jahrhundert die Autoren Petrarca und Boccaccio schrieben, die später in der Renaissance kanonisiert wurden, bildete schließlich die Basis der italienischen Sprache, wie man sie heute spricht.

Geschichten über die Frühzeit Roms waren spätestens während der mittleren Zeit der Römischen Republik im Umlauf. Wenn diese Geschichten in und um Rom Bezugspunkte besaßen, etwa in Form uralter Monumente und Rituale, verstärkte das ihre Bedeutung noch. Eine besonders wichtige Gestalt aus der Frühzeit war Euandros – in Vergils *Aeneis* spielt er eine wichtige Rolle; dort tritt er als Vater von Pallas auf und zeigt Aeneas die Gegend, wo später einmal Rom entstehen wird. Dem Mythos zufolge war Euandros sechzig Jahre vor dem Trojanischen Krieg aus Arkadien auf die Peloponnes gekommen, und später hatte er dann auf dem römischen Hügel Palatin die erste Siedlung gegründet, die er angeblich nach der Stadt Pallantion in Arkadien benannte. Außerdem soll er einen großen Herakles-Kult ins Leben gerufen haben. Die Geschichte ging wie folgt: Nachdem Herakles die Rinderherde des Geryon geraubt hatte (eine seiner berühmten zwölf Aufgaben), kam er auf seinem Weg zurück nach Griechenland durch Italien. Ein ortsansässiger Riese namens Cacus stahl ihm die Rinder, aber Herakles besiegte ihn. Zum Dank etablierte Euandros an der Ara Maxima (dem „größten Altar") einen Herakles-Kult. Nachdem er im 2. Jahrhundert v. Chr. wieder aufgebaut worden war, stand dieser Altar wahrscheinlich auf einem monumentalen Sockel, 4 Meter hoch und mit einer Grundfläche von 22 × 32 Metern; während der Republik und sogar noch in der Kaiserzeit huldigte man dort Herakles/Herkules, und die *scalae Caci* („Treppe des Cacus") führten den Palatin empor.

Die Geschichte von Herakles und der Herde des Geryon scheint schon früh weit verbreitet gewesen zu sein. Im 5. Jahrhundert v. Chr. erzählte der griechische Historiker Hellanikos von Lesbos, wie ein der Herde entflohenes Kalb die Halbinsel hinuntergewandert und über die Meerenge nach Sizilien geschwommen war. Herakles war dem Tier auf den Fersen und fragte alle Einwohner, ob sie das Kalb (auf Griechisch *dámalis*) gesehen hätten. Sie antworteten in ihrer eigenen Sprache und sagten dabei immer *vitulus*, das italische Wort für „Kalb", und so nannte Herakles das ganze Land Vitulia, nach eben diesem Kalb. Diese nette Volksetymologie, die impliziert, dass Hellanikos zumindest ein wenig Italisch sprach, ist möglicherweise einer der frühesten Beweise dafür, dass unter den Bewohnern der Apennin-Halbinsel ein gewisses Gefühl für Einheit herrschte. Das Kalb bzw. der Stier als Symbol Italiens tauchte später in den politischen und militärischen Auseinandersetzungen des 1. Jahrhunderts v. Chr. wieder auf.

Nach seiner Flucht aus dem brennenden Troja kam Aeneas schließlich nach Italien, wo er den alten Euandros kennenlernte. Latinus, der als König über mehrere ortsansässige Volksstämme herrschte, forderte Aeneas zum Kampf heraus, schloss dann aber Frieden mit ihm, und um diesen Frieden zu bekräftigen, gab er Aeneas seine Tochter Lavinia zur Frau. Ihr zu Ehren nannte Aeneas seine erste Siedlung in Italien Lavinium. Aeneas' Sohn Ascanius (mitunter auch Julus) gründete in der Nähe von Alba Longa eine weitere Siedlung, in der mehrere Generationen lang seine Nachkommen regierten. Wie wir sehen werden, hatte sich die Verbindung von Aeneas und seiner Familie mit Lavinium und Alba Longa im 4. Jahrhundert v. Chr. bereits im Bewusstsein der Menschen verankert.

Doch wann wurde nun Rom gegründet? Die ältesten Erzählungen darüber stammen von griechischen Autoren, die die Gründung unmittelbar nach dem Trojanischen Krieg ansetzen. Bei Hellanikos von Lesbos findet sich beispielsweise eine akribisch ausgearbeitete Chronologie, nach der Aeneas gemeinsam mit Odysseus nach Italien kam und eine Stadt gründete, die er nach einer Troerin namens Rome benannte. Wir wissen nicht, ob diese griechischen Autoren Geschichten aufgriffen und weitersponnen, die bereits zu diesem Zeitpunkt in Italien kursierten, aber diese Variante der Chronologie, die die Gründung Roms mit dem Fall Trojas verband, war bis zum Ende des 3. Jahrhunderts v. Chr. gang und gäbe. Eine alternative Chronologie verlegte die Gründung Roms auf einen viel späteren Zeitpunkt. Ausgehend von Eratosthenes, der für das Ende des Trojanischen Kriegs das Jahr 1184 v. Chr. errechnet hatte, datierten Ende des 3. Jahrhunderts v. Chr. einige Schriftsteller die Gründung Roms auf Mitte des 8. Jahrhunderts v. Chr. Schlussendlich wurde 753 v. Chr. zum kanonischen Gründungsjahr Roms. Deutsche Schüler merken sich die Jahreszahl gerne mit dem prägnanten Reim: „Sieben – fünf – drei, Rom kroch aus dem Ei." Die Lücke zwischen dem Trojanischen Krieg und dem 8. Jahrhundert v. Chr. füllten die größtenteils anonymen Könige von Alba Longa.

Der letzte König von Alba Longa kam auf den Thron, nachdem er seinen älteren Bruder, den rechtmäßigen Thronfolger, getötet hatte. Er hatte eine Tochter namens Rhea Silvia, die als Vestalin zur Keuschheit verpflichtet war, doch vom Gott Mars verführt wurde. Sie wurde eingekerkert und die Zwillinge, die sie zur Welt brachte, wurden in einem Korb auf dem Fluss ausgesetzt; dieser wurde aber von einem Feigenbaum abgefangen. Eine Wölfin säugte die Jungen in einer nahe gelegenen Höhle, ein Schweinehirt und seine Frau zogen sie groß, und später stießen Romulus und Remus ihren Großonkel vom Thron und gründeten dort, wo sie großgezogen worden waren, eine neue Siedlung. Dieser römische Gründungsmythos hat sehr frühe Wurzeln. Im Lupercal, der „Höhle der Wölfin" auf dem Palatin, wurde Jahr für Jahr ein uraltes Ritual abgehalten, und eine Schilfhütte, von der man sagte, dort habe einst der Schweinehirt gewohnt, wurde in Ehren gehalten und wahrscheinlich noch bis Ende des 4. Jahrhunderts n. Chr. immer wieder restauriert, wenn es nötig war. Natürlich entstanden auch Denkmäler: 296 v. Chr. wurde an der Stelle, wo man den berühmten Feigenbaum verortete, eine Statue der die Zwillinge säugenden Wölfin aufgestellt; dieses Kunstwerk war auch auf den ersten Silbermünzen abgebildet, die in den 260er-Jahren v. Chr. in Rom geprägt wurden. Auch wenn das Standbild nicht erhalten ist, wissen wir, dass es anders aussah als die berühmte Kapitolinische Wölfin, die man auch von dem Logo der Olympischen Spiele 1960 in Rom und von dem des Fußballvereins AS Rom kennt. Diese Statue könnte sogar noch älter sein (6. Jahrhundert v. Chr.) – allerdings legen neue wissenschaftliche Tests nahe, dass sie erst im 13. Jahrhundert entstand; das Standbild ist extrem schwer zu datieren, da es so gut wie keine Vergleichsobjekte gibt. Auch in der griechischen Stadt Chios gab es zu Beginn des 2. Jahrhunderts v. Chr. eine Darstellung der Wölfin mit den Zwillingen (siehe S. 209).

Über Romulus waren diverse Mythen in Umlauf. Unter anderem erzählte man sich, er habe in seiner neuen Stadt eine Art Flüchtlingsheim eingerichtet, wo politische Flüchtlinge und Sklaven Schutz suchen konnten – eine Mischung, die zu einem ganz wesentlichen Merkmal Roms wurde. Denn dass sich unter diesen Flüchtlingen auch Sklaven befanden, entsprach einer wichtigen Verfahrensweise im späteren Römischen Reich: Sklaven, die formal von ihren Herren freigelassen worden waren, erhielten das römische Bürgerrecht. Als Philipp V. von Makedonien im

Jahr 214 v. Chr. eine Stadt in Thessalien (Nordgriechenland) anwies, den übrigen Einwohnern des Landstrichs und anderen Griechen das Bürgerrecht ihrer Stadt zu gewähren, merkte er an, die Tatsache, dass Rom ehemaligen Sklaven sein Bürgerrecht gewähre, sei schuld an der Expansion des Römischen Reichs und der Einrichtung seiner zahlreichen Kolonien gewesen. Keine griechische Polis ging so mit ihren Ex-Sklaven um. Diese römische Praxis ging auf eine Geschichte zurück, laut der der sechste König von Rom, Servius Tullius, der Sohn eines Sklaven gewesen sei und einen Fortuna-Kult gegründet habe, der wegen seiner Flexibilität bei Sklaven äußerst beliebt war. So war Rom von vornherein ein multikultureller Staat, der genau deshalb überall leicht Fuß fassen konnte – ganz anders als Athen, das stolz darauf war, dass all seine Bürger aus Attika stammten. Doch auch in Rom gab es hier verschiedene Meinungen: Im 1. Jahrhundert v. Chr. bezeichneten die Gegner des politischen Populismus die römische Bevölkerung als „Abschaum des Romulus", als den Bodensatz jenes Fasses, das man Rom nenne. Auf der anderen Seite war Romulus' Umgang mit Flüchtlingen im 1. Jahrhundert n. Chr. ein wichtiger Präzedenzfall dafür, dass erstmals Männer, die nicht aus Italien kamen, in den Senat aufgenommen wurden (siehe S. 317).

Anders als Rom hatten die meisten übrigen antiken Städte nur einen mythischen Gründer. Zwar könnte man meinen, dass Rom mit Romulus ursprünglich ebenfalls nur einen Gründer hatte und dass die Assoziation mit Aeneas erst später aufkam. Doch Aeneas, Latinus und Romulus wurden allesamt von der Nachwelt verehrt, nur unter anderen Namen: Aeneas als Pater Indiges, Latinus als Jupiter Latiaris und Romulus als Quirinus. Diese Kulte waren uralt, und ihre Verbindung zu den drei mythischen Gründungsfiguren reichte bis weit in die republikanische Zeit zurück. Auf den ersten Blick mag einem schon seltsam erscheinen, dass Rom – wenn auch indirekt – ausgerechnet auf Aeneas zurückgehen sollte: War Aeneas als Troer nicht ein Feind der Griechen? Kam diese Geschichte vielleicht zu einer Zeit auf, als die Römer besonders Griechen-feindlich waren? In Wirklichkeit galten die Troer im Grunde nie als Griechen-Feinde, geschweige denn als „Barbaren". Der Krieg zwischen den Festlandgriechen und den Troern war der erste große Krieg der griechischen Geschichte, und viele Städte suchten Anschluss an die griechische Welt, indem sie behaupteten, von Troern abzustammen, die nach dem Fall Trojas aus ihrer

Stadt geflohen waren. Das wohl späteste Beispiel für diese Strategie nennt der Historiker Geoffrey of Monmouth, der im 12. Jahrhundert lebte, in seiner *Geschichte der Könige Britanniens*. Er folgt einem Geschichtswerk aus dem 9. Jahrhundert, das berichtete, wie Brutus, der Enkel von Aeneas, verbannt wurde, weil er seine Eltern getötet hatte. Nach langer Wanderung kam er auf eine Insel, wo er die Nachfahren des Riesen Albion tötete und ein neues Königreich gründete. Nach ihm erhielt die Insel den Namen „Britannien". Obwohl Geoffreys Werk schon zu seinen Lebzeiten Kritiker auf den Plan rief, honorierte man seinen Versuch, der frühen britischen Geschichte einen passenden Rahmen zu geben und die abgelegene Insel mit der Quelle der Zivilisation in Verbindung zu bringen. Noch im 18. Jahrhundert gab es in England Altertumsforscher, die seine Deutung akzeptierten.

Rom hatte sieben Könige, der erste war Romulus, der letzte Tarquinius Superbus. Die spätere Überlieferung wusste ganz genau, in welcher Reihenfolge diese Könige regiert hatten und welchen Beitrag zur Entwicklung Roms sie geleistet hatten: Romulus gründete den Senat und organisierte die römischen Stämme. Tarquinius Priscus, der fünfte König, erweiterte Roms Einflussbereich nach Norden und feierte den ersten Triumphzug. Servius Tullius, der sechste König, reformierte das römische Heer und strukturierte die Stadt neu. Erstaunlicherweise hält diese Version der Ereignisse nicht einmal der simpelsten Überprüfung stand: Hätten in den 250 Jahren, die die römische Königszeit gedauert haben soll, nur sieben Könige geherrscht, so hätte jeder Einzelne eine Regierungszeit von rund vierzig Jahren absolvieren müssen – geradezu ein Ding der Unmöglichkeit.

Die moderne Archäologie hat sich alle Mühe gegeben, das Wachstum der Stadt Rom in jener Zeit nachzuzeichnen. Immer wieder ließen sich Forscher dabei jedoch von dem Wunsch leiten, die kanonischen Geschichten zu bestätigen, beispielsweise indem sie bei einer Mauer auf dem Palatin aus dem 8. Jahrhundert v. Chr. kurzerhand erklärten, Romulus habe sie gebaut. Andere haben vollkommen zu Recht darauf hingewiesen, dass man die historische Überlieferung keinesfalls dazu verwenden darf zu beweisen, dass die Institutionen des späteren römischen Staates älter sind, als es das physische Wachstum der Stadt zulässt; vielmehr darf man nur direkt aus den archäologischen Daten seine Schlüsse ziehen, ohne diese von der späteren historischen Überlieferung kontaminieren zu lassen.

Immerhin wissen wir, dass es in der Gegend von Rom im 8. und 7. Jahrhundert v. Chr. erhöhte Aktivitäten gab. Gegen Ende des 7. Jahrhunderts besaß Rom bereits einen städtischen Charakter: Das Gebiet rund um das Forum war umstrukturiert worden, an mehreren Standorten – unter anderem auf dem Kapitol – waren Kultstätten entstanden, und auf dem Palatin waren die Holzhütten Häusern aus Stein gewichen. Damit machte Rom eine ähnliche Entwicklung durch wie diverse zeitgenössische Siedlungen in Etrurien (wie Veji, das wir in Kapitel 2 kennengelernt haben) und Griechenland. Im 6. Jahrhundert v. Chr. wurde um die Stadt herum eine massive Mauer errichtet, die an fast zwei Dutzend Stellen sicher datiert worden ist. Die Stadtmauer war 11 Kilometer lang, lief um alle sieben Hügel Roms herum und umschloss eine Fläche von etwa 425 Hektar. Damit war Rom bereits mehr als doppelt so groß wie jede etruskische Stadt und rangierte auf Augenhöhe mit den großen Stadtstaaten in Süditalien und auf Sizilien. Allein der Bau einer solchen Mauer impliziert für jene Zeit einen einheitlichen Staat mit einem eigenen Heer. In der späteren Überlieferung wurde die Mauer Servius Tullius zugeschrieben, aber man darf auch hier wieder nicht den Fehler machen, Details aus der mythischen Königszeit mithilfe archäologischer Beweise untermauern zu wollen.

Hinzu kommt, dass sich die historische Überlieferung über die sieben römischen Könige nicht mit der etruskischen Überlieferung in Einklang bringen lässt. Ein interessantes Fundstück zu Servius Tullius sind Wand-

Abb. 21. Malerei aus dem „François-Grab" (so benannt nach dem Entdecker) in Vulci. Von links: Caele Vipinas wird von Mastarna befreit, Larth Ulthes ersticht Laris Papathnas Velznach („aus Volsinii"), Pesna Arcmsnas Sveamach („aus Sovana") wird von Rusce getötet, Venthical[...]plsachs (aus einem nicht mehr identifizierbaren Ort) wird von Avle Vipinas getötet, Marce Camitlinas wird gleich Cneve Tarchunies Rumach töten.

malereien aus einem Grab in Vulci in Etrurien, die auf die zweite Hälfte des 4. Jahrhunderts v. Chr. datieren und somit viel älter sind als jede erhaltene römische Quelle. Da die dargestellten Personen sorgfältig beschriftet sind, wissen wir, dass an der einen Wand eine Szene aus der *Ilias* zu sehen ist (die Opferung troischer Gefangener bei der Bestattung des Patroklos) und an der Wand gegenüber eine historische Szene aus Vulci, bei der ebenfalls wehrlose Gegner angegriffen werden. Die Szene aus der *Ilias* enthält Elemente etruskischer Bildsprache und ist ein wunderbares Beispiel dafür, wie die Etrusker Details aus der griechischen Kultur übernahmen und adaptierten; offenbar wollte der Künstler auf eine Parallele zwischen dieser berühmten Szene und Ereignissen der Lokalgeschichte hinweisen. Was dort zu sehen ist, lag zu der Zeit, als die Wandbilder entstanden, bereits zweihundert Jahre zurück (siehe Abb. 21): Die Brüder Avle und Caile Vipinas (auf Lateinisch: Aulus und Caeles Vibenna) und andere Bewohner Vulcis kämpfen gegen eine Gruppe von Männern aus Volsinii, Sovana und Rom. Ein gewisser Mastarna aus Vulci ist abgebildet, wie er Caile Vipinas von seinen Fesseln befreit; ein anderer Mann tötet Cneve Tarchunies Rumach (auf Lateinisch: Gnaeus Tarquinius aus Rom). Die Brüder Vibena aus Vulci waren wichtige historische Persönlichkeiten des 6. Jahrhunderts v. Chr., und Gnaeus Tarquinius könnte mit den zwei Tarquinii verwandt sein, die beide Lucius hießen und die wir als Könige Roms kennen. Im Grab in Vulci sind also zwei historische Episoden dargestellt: die kriegerische Auseinandersetzung zwischen aristokratischen Kampfverbänden und die spätere Befreiung eines der Vibenna-Brüder durch ihren treuen Gefolgsmann Mastarna. Schriftliche Überlieferungen der Etrusker überlebten mindestens bis ins 1. Jahrhundert n. Chr., als der gelehrsame Kaiser Claudius sie studierte. Claudius zufolge behaupteten etruskische Quellen, dass Servius Tullius

> einst der treueste Gefährte des Caelius Vibenna war und an allen seinen Abenteuern teilnahm. Später verließ ihn aber das Glück, und er ging mit den übrig gebliebenen Soldaten der Armee des Caelius aus Etrurien fort und besetzte den Hügel, dem er – nach seinem ehemaligen Heerführer – den Namen Caelius gab. Servius, der auf Etruskisch Mastarna hieß, änderte seinen Namen und trug fortan jenen Namen, mit dem ich ihn hier nenne, und er bestieg den Thron, zum größten Nutzen des Staates.

Diese Geschichte steht, wie Claudius anmerkt, im Widerspruch zu der römischen Überlieferung, Servius sei „der Sohn der Kriegsgefangenen Ocresia" gewesen. Und sie steht in noch größerem Widerspruch zu einer anderen, die wir bereits kennengelernt haben: Servius sei der Sohn einer Sklavin gewesen, die vom Phallus eines Gottes geschwängert wurde. Diese komplexe Reihe von Geschichten veranschaulicht, wie vielfältig die lokalen Überlieferungen in Etrurien waren. Die Wandgemälde in dem Grab in Vulci entstanden zu einer Zeit, als die Region starkem Druck seitens Rom ausgesetzt war, doch die entsprechenden Geschichten erzählte man sich auch noch, als die Römer das Territorium längst erobert hatten. Man kann hieran zweierlei ablesen: erstens auf welch tönernen Füßen die Überlieferung über die römischen Könige stand, die wir uns wohl eher als Anführer aristokratischer Kriegerbanden vorstellen müssen, wie sie in Vulci abgebildet sind, denn als Herrscher mit Thron und Königskrone; und zweitens das Ausmaß, in dem die Römer die Etrusker aus ihrer eigenen Geschichtsschreibung verdrängten. Und diese römische Perspektive wiederum hat noch bis vor Kurzem dafür gesorgt, dass Forscher die römischen und die etruskischen Entwicklungen in dieser frühen Epoche strikt voneinander trennten.

Die Quellen zu Numa, dem zweiten König von Rom, fördern weitere komplexe Bezüge innerhalb der römischen Überlieferungen über die Königszeit zutage. Laut Ennius ging auf Numa die Einrichtung der wichtigsten religiösen Institutionen Roms zurück, und der König befahl, sie nach seinem Tod fortzuführen. Soweit ist dies eine sehr schön geradlinige Geschichte, wenn auch vielleicht ein wenig langweilig. Doch Ennius hat noch ein weiteres Detail in petto: Numa hatte ein Verhältnis mit der Quellnymphe Egeria, und sie sorgte bei ihm für die nötige religiöse Inspiration. Späteren römischen Quellen war die Geschichte mit Egeria offenbar so peinlich, dass sie rationale Erklärungen dafür suchten, aber so lautet diese frühe Überlieferung zu Numa nun einmal. Andere glaubten, Numa könne sogar Jupiter dazu bringen, auf die Erde zu kommen und ihm bestimmte Informationen zu geben. Sein Nachfolger, Tullus Hostilius, fand die Aufzeichnungen, in denen Numa festgehalten hatte, wie man Jupiter überlistet, und probierte es in einer Zeit der Krise aus, nur um dann zusammen mit seinen Söhnen vom Blitz erschlagen zu werden. Diese Mythen zeigen, dass die Beziehungen zwischen Menschen und Göttern nicht einfach irgendwelchen rationalen von Menschen gemachten Gesetzen folgten, sondern dass zum Beispiel Numa eine Macht besaß, die er nicht an seine Nachfolger weitergeben konnte. Religion war mitnichten ein Versuch, hinter das Geheimnis göttlicher Wahrheiten zu kommen, geschweige denn die Götter dazu zu zwingen, etwas zu tun, das den Menschen diente. Sie war ein viel eingeschränkteres System, das von den Sterblichen verlangte, sich den Göttern auf eine angemessenere Weise zu nähern. Zumindest scheint diese Auffassung von Religion im Jahr 181 v. Chr. vorgeherrscht zu haben, als die Römer zufällig Numas Sarg entdeckten. Dieser Sarg enthielt eine ganze Reihe perfekt erhaltener Papyrusrollen. Einige Zeitgenossen behaupteten, diese Rollen enthielten philosophische Schriften, die vom griechischen Philosophen Pythagoras inspiriert waren – was auf keinen Fall stimmen kann, denn Numa lebte 150 Jahre vor Pythagoras. Dennoch könnte die „Entdeckung" dieser Bücher Teil eines elaborierten Plans gewesen sein, mit dem Angehörige der römischen Elite unter dem Deckmantel der Tradition neue religiöse Praktiken einführen wollten. Wie auch immer: Die römischen Behörden beschlossen, die Bücher zu vernichten; sie waren schlichtweg zu gefährlich. Ein Zurück zu den Tagen Numas konnte und durfte es nicht geben.

Der römische Kalender

Die Grundlagen des römischen Kalenders gingen auf die Königszeit zurück. Die Römer glaubten, dass das Jahr unter Romulus zehn Monate gehabt und im März begonnen hatte. Die ersten vier Monate, also März bis Juni, waren nach Göttern benannt (wie Mars und Juno), so behauptete man zumindest. Die Monate fünf bis zehn, Juli bis Dezember, waren ursprünglich nach den Zahlen fünf bis zehn benannt; die Monate fünf und sechs, Quintilis und Sextilis, wurden später nach Julius Caesar und Augustus umbenannt. Doch Romulus' Kalender war nicht besonders durchdacht, sodass Numa, wie es hieß, ein paar wichtige Reformen vornahm: Er baute zwei zusätzliche Monate ein (Januar und Februar), er legte die unterschiedliche Länge der einzelnen Monate fest, und er machte den 1. Januar zum Jahresbeginn.

Es ist schwierig, einen Kalender auf die Zeit abzustimmen, die die Erde braucht, um einmal die Sonne zu umkreisen (365 Tage, 5 Stunden und rund 49 Minuten), doch während der Zeit der Republik konnten sich spontane Anpassungen von Numas Kalender nicht durchsetzen, sodass der Kalender Mitte des 1. Jahrhunderts v. Chr. bereits 67 Tage vom Sonnenjahr abwich. Bei seiner Kalenderreform im Jahr 46 v. Chr. fügte Julius Caesar für diese 67 Tage einen einmaligen Doppelmonat hinzu und ordnete an, dass es von nun an alle vier Jahre einen regulären Schalttag geben werde. Der sogenannte Julianische Kalender blieb im Westen anderthalb tausend Jahre lang inkraft, doch auch dieser Kalender entsprach noch nicht ganz den astronomischen Gegebenheiten – im Jahr 1582 hinkte er dem Sonnenjahr um ganze zehn Tage hinterher. In jenem Jahr verfügte Papst Gregor XIII., dass jene zehn zusätzlichen Tage ausgelassen würden. Außerdem modifizierte er das Schaltjahr-System: Jahre, deren Jahreszahl durch hundert, aber nicht durch vierhundert teilbar waren, würden fortan keine Schaltjahre sein. Weil aber ausgerechnet der Papst diese Reform beschlossen hatte, gab es großen Widerstand dagegen, sogar in katholischen Ländern; in Augsburg kam es zu regelrechten Ausschreitungen. Bei den protestantischen Briten trat der Gregorianische Kalender erst 1752 in Kraft, und die orthodoxe Kirche in Russland und einigen anderen Ländern verwendet heute noch den Julianischen Kalender für die Festlegung ihrer Feiertage; das ist der Grund, warum man dort Weihnachten erst am 7. Januar feiert. Somit ist jeder moderne westliche Kalender, ob nun julianisch oder gregorianisch, eine direkte Fortsetzung des Kalenders der alten Römer.

Die Geschichten über die frühe und mittlere Republik waren, genau wie jene über die Königszeit, stark von späteren Ereignissen beeinflusst. Einzelne Familien hatten eine Menge zu gewinnen, wenn es ihnen gelang, ihre Vorfahren in einem besseren Licht dastehen zu lassen. Ein Grabmal der Fabii, einer der bedeutendsten Familien Roms, enthält ein Fresko mit militärischen Szenen aus dem 3. Jahrhundert v. Chr. Sie zeigen ansonsten unbekannte Ereignisse aus den Kriegen, die Rom gegen die mittelitalischen Samniten führte, möglicherweise unter einem gewissen Fabius, der zwischen 322 und 295 v. Chr. fünfmal Konsul war. Mit Sicherheit wollte die Familie damit die Taten ihrer Angehörigen für die Nachwelt bewahren – oder phantasievoll ausschmücken.

Von großer Bedeutung ist in diesem Zusammenhang auch noch ein anderes Grab in Rom, das der Scipionen, einer im 3. und 2. Jahrhundert v. Chr. besonders einflussreichen Familie. Es wurde im 3. Jahrhundert v. Chr. nach dem Vorbild traditioneller etruskischer Familiengräber errichtet: Obwohl zu dieser Zeit die Einäscherung üblich war, wurden die Scipionen in Sarkophagen bestattet, die in der Reihenfolge ihrer Bedeutung um das Grab des Begründers des Klans, Barbatus (Konsul 298 v. Chr.), herum angeordnet und mit aufwendigen Versinschriften versehen waren. Das Grab wurde Mitte des 2. Jahrhunderts v. Chr. umfassend modernisiert, um es in der Öffentlichkeit bekannter zu machen (siehe Abb. 22). Man verpasste ihm eine prachtvolle Fassade im neuesten Stil, in der ganz prominent Statuen von Mitgliedern der Familie und des Dichters Ennius aufgestellt wurden. Die Inschrift auf dem Sarkophag des Barbatus ist es wert, zitiert zu werden: „Lucius Cornelius Scipio Barbatus, Sohn des Gnaeus, ein tapferer und weiser Mann, dessen Gestalt seiner Tapferkeit vollkommen gleichkam, der bei euch Konsul, Zensor und Ädil war, eroberte Taurasia und Cisauna in Samnium (?), unterwarf ganz Lukanien und führte von dort Geiseln fort." Zwei Zeilen, die diesem Text vorangingen, wurden später gelöscht, möglicherweise weil sie die Behauptung enthielten, Barbatus sei der Grün-

Abb. 22. Grab der Scipionen, Rekonstruktion der Fassade.

der der ganzen Sippe gewesen, und weil spätere Generationen das wohl bestritten, die behaupteten, die Familie sei noch älter. Übrig blieb ein eindrucksvolles Statement einer der führenden Familien Roms über die Bedeutung der männlichen Linie ihrer Sippe, über die äußere Erscheinung des Barbatus, seine öffentlichen Ämter und seine Leistungen in der Kriegsführung. Und sie setzt die große Bedeutung des Volkes von Rom voraus: Der Ausdruck „bei euch Konsul" ist vermutlich ein Zitat aus der offiziellen Grabrede, die üblicherweise im Rahmen der für die Angehörigen der römischen Elite typischen aufwendigen Bestattung gehalten wurde. Der Konkurrenzdruck zwischen den römischen Familien wirkte sich zweifellos auf die Geschichten aus, die man über sie erzählte. Was in der Inschrift über die Feldzüge des Barbatus steht, passt überhaupt nicht zu dem, was Livius über jene Jahre berichtet.

In aristokratischen Familien wie den Scipionen kam den Frauen eine große Bedeutung zu. Zwar gab es für die weiblichen Angehörigen der Elite in der römischen Religion weniger Rollen als in der griechischen, da die (durchweg männlichen) Senatoren die wichtigsten Priesterämter besetzten. Doch die Ehefrauen der Senatoren bildeten eine eigene Körperschaft, deren Aufgabe es war, bei besonderen Gelegenheiten die Götter um Hilfe zu bitten, und bei ausgewählten religiösen Festen kam ihnen ebenfalls eine prominente Funktion zu. Außerdem konnten die Töchter der Senatoren Vestalinnen werden – ein äußerst prestigeträchtiges Amt, von dem es hieß, es sei ursprünglich den Töchtern der römischen Könige vorbehalten gewesen. Nach dem einzigen überlebenden Beispiel, dem Grab der Scipionen, zu urteilen, wurden Frauen nach dem Tod im Familiengrab in einem eigenen Sarkophag bestattet, den ihr Name zierte, allerdings keine Liste ihrer Leistungen.

Wie wichtig der Lebenslauf der männlichen Vorfahren für die nachfolgenden Generationen war, verdeutlich die Inschrift auf dem Sarkophag von Barbatus' Sohn (Konsul 259 v. Chr.): „Die meisten Römer stimmen zu, dass dieser hier der beste der guten Männer war, Lucius Scipio, der Sohn des Barbatus. Er war bei euch Konsul, Zensor und Ädil. Er nahm Korsika und die Stadt Aleria ein und stiftete den Sturmgöttinnen mit Recht einen Tempel." Dass hier Lucius' Abstammung betont wird („der Sohn des Barbatus"), fällt besonders ins Auge, weil es direkt zuvor heißt, *nicht jeder* sei der Meinung gewesen, Lucius sei „der beste der guten Männer" gewesen.

Sich auf die Leistungen von Barbatus zu berufen, war für Lucius der Schlüssel zum politischen Erfolg – eine Tatsache, die uns zu einem ganz wichtigen Aspekt der römischen Politik führt. Weit über die Hälfte aller Männer, die zwischen 179 und 49 v. Chr. Konsuln waren, hatten Väter oder Großväter, die ebenfalls Konsuln gewesen waren; zählt man entferntere Vorfahren mit, steigt die Zahl sogar auf etwa 80 Prozent. Dennoch ist dieser Umstand keinesfalls ein Beleg dafür, dass diesen Männern das Konsulat sozusagen in die Wiege gelegt war, schließlich handelte es sich um ein gewähltes öffentliches Amt. Vielmehr waren Kandidaten dann besonders erfolgreich, wenn sie sich im Wahlkampf auf frühere Leistungen ihrer Familie berufen konnten. Die Griechen hätten darüber nur den Kopf geschüttelt; bei ihnen zählte in der Politik nur, was man selbst geleistet hatte.

In der Römischen Republik des 1. Jahrhunderts v. Chr. ruhte die politische Macht auf drei Säulen: dem Senat, dem Volk und den Magistraten. Auf diese dreiteilige Struktur wiesen vermutlich zuerst griechische Beobachter hin, die aus Rom berichteten und die seit jeher an das politische System der griechischen Stadtstaaten gewöhnt waren, das sich in Ratsversammlung, Bürgerversammlung und Magistraten gliederte. Polybios schrieb Ende des 2. Jahrhunderts v. Chr. über die Organisation der römischen Politik und führte Roms phänomenale Stärke auf das richtige Gleichgewicht zwischen den drei Elementen zurück. So schmeichelhaft Darstellungen wie diese für Rom waren, sie gingen den Römern in Fleisch und Blut über und wurden zu einem zentralen Element ihres Selbstverständnisses. Aber es wäre ein Fehler anzunehmen, dass die politische Landschaft in Rom bereits in der frühen Republik (geschweige denn in der Königszeit) schon so aussah wie zur Zeit Ciceros. Damals gab es ganz andere Strukturen.

In der Frühzeit Roms war die Politik noch nicht von einem Kräftegleichgewicht zwischen Senat, Volk und Magistraten geprägt, sondern von der Polarität zwischen Priester und König/Magistrat. Eine Geschichte, die neben Livius auch einige Schriftsteller der späten Republik wiedergeben, berichtet von einem Konflikt zwischen König Tarquinius Priscus und dem leitenden Augur (Vogelschauer) Attus Navius. Der König wollte institutionelle Reformen durchführen, ohne sich zuvor über den Willen der Götter zu erkundigen, was Navius natürlich überhaupt nicht gefiel. Tarquinius wollte den Augur lächerlich machen und fragte ihn, ob das, woran er gerade denke, geschehen könne. Navius befragte seine Auspizien und bejahte die Frage. Der siegessichere Tarquinius verkündete, er habe daran gedacht, wie es wäre, einen Schleifstein mit einem Messer zu zerschneiden. Der Augur schritt zur Tat, und wundersamerweise gelang es ihm tatsächlich, einen Schleifstein zu zerschneiden. Auf dem Forum erinnerte später eine Bronzestatue – sogar mit dem Schleifstein (als Beweisstück sozusagen) – an Navius' Wundertat, an genau jener Stelle, wo sie geschehen war. Aus dieser Geschichte konnten die Römer nur eine Lehre ziehen: In Rom wurden keinerlei politische oder militärische Entscheidungen getroffen, ohne vorher den Willen der Götter einzuholen. In der republikanischen Zeit gab es kaum römische Priester, die so prominent gewesen wären, dass wir sie, wie Navius, mit Namen kennten. Es kam immer wieder zu Konflikten zwischen kollektiv handelnden Priestern und den Magistraten, doch Wundertaten gab es keine mehr. Anders als in Griechenland, wo die Priester nicht ausschließlich der politischen Elite entstammten und wo auch viele Frauen hohe religiöse Ämter bekleideten, wurden die Priesterämter in Rom zum Monopol der Senatoren (bzw. im Fall der Vestalinnen zu dem von deren Töchtern). Attus Navius hingegen war kein Angehöriger des Senatorenstandes, dem bereits Romulus die Augurenämter übertragen hatte, sondern stammte aus einer armen Familie, und trotzdem galt er als der archetypische Augur der republikanischen Zeit. Ihm gelang sogar noch ein weiteres Wunder: Den Feigenbaum, in dessen Zweigen sich der auf dem Tiber treibende Weidenkorb mit Romulus und Remus verfangen hatte, versetzte er auf das Forum Romanum. In der Zeit der Republik gab es immer wieder Geschichten über frühe Spannungen zwischen Priestern und Politikern – in Angelegenheiten religiösen Rechts besaßen die Priester die höchste Autorität, doch handeln konnten sie nur dann, wenn der Senat sie dazu aufforderte.

Ein zweiter möglicher Unterschied zur späteren Dreigliederung in Senat, Volk und Magistraten betrifft den Senat selbst. Die spätere Überlieferung berichtet übereinstimmend, Romulus habe den Senat gegründet, und Livius attestiert dem Senat auch für die frühe Republik bereits eine wichtige Rolle. Das ist möglicherweise ein Anachronismus, nicht nur für die Zeit des Romulus, sondern sogar noch für das 5. und 4. Jahrhundert v. Chr. Ursprünglich war der Senat wohl kaum mehr als ein Beirat des Königs und später dann der beiden Konsuln, die die politische Macht des Königs übernahmen. Jedes Jahr bestimmten die neuen Konsuln dann, wer in ihrem Beirat sitzen sollte. Zweifellos gehörten manche Männer mehrmals hintereinander diesem Beirat an, aber die Pflicht einer dauerhaften Mitgliedschaft – oder ein Anrecht darauf – gab es nicht. Erst nach der Verabschiedung des *plebiscitum Ovinium* in den 330er-Jahren v. Chr. galt es als Blamage, nicht für den Senat auserwählt zu werden, und der Senat wurde allmählich zu dem, was er in der späten Republik war: ein Gremium, das aus ehemaligen Inhabern öffentlicher Ämter bestand, und dem man auf Lebenszeit angehörte, es sei denn, man wurde vom Zensor, einem hohen Staatsbeamten, wegen Fehlverhaltens seines Postens enthoben. So kam der Senat schließlich zu seinem großen politischen Einfluss.

Spätestens im 2. Jahrhundert v. Chr. konnte jeder ehrgeizige Römer eine politische Karriere anstreben, bei der er eine Reihe von Ämtern durchlief. Das niedrigste Amt war der Quästor, das höchste der Konsul, und jeder dieser Posten hatte spezifische zivile oder militärische Aufgaben und genau definierte Befugnisse. Im 2. Jahrhundert v. Chr. gab es 32 Magistrate, die alle die Befugnis hatten, bestimmte politische Maßnahmen zu ergreifen. All das macht zwar den Anschein einer Regierung, doch in Wirklichkeit handelte es sich lediglich um 32 karrierebeflissene Individuen, die jeweils nur ein Jahr im Amt waren. Ihre Amtsbefugnis definierte sich auf zweierlei Weise: durch *auspicium* (die Befugnis, im Auftrag des Staates die Götter zu befragen) und durch *imperium* (die zivile und militärische Befehlsgewalt). Sowohl *auspicium* als auch *imperium* galten als legitime Fortsetzung der Befugnisse der römischen Könige – als Romulus seine Stadt gründen wollte, suchte er zunächst den Himmel nach günstigen Vorzeichen ab. Wenn beide Konsuln im Amt starben, fielen die *auspicia* an den Senat zurück, der als vorübergehende Maßnahme einen *interrex* einsetzte, der neue Konsulatswahlen abhalten ließ und für den Fortbestand der *auspicia* sorgte. Der Name dieses Beamten, *interrex* („Interimskönig"), verweist direkt auf die Königszeit. Das Wort *imperium* bezeichnete, so glaubten die Römer, die Macht, mit der einst die Könige in Rom regiert und ihre Armeen in den Krieg geführt hatten. Dieses *imperium* ging nun stets aufs Neue auf die beiden gewählten Konsuln über. Sie waren immer abwechselnd mit den Insignien des *imperium* ausgestattet; dass sie zu zweit waren, sollte verhindern, dass ein einzelner Römer allzu mächtig wurde. Ab dem 2. Jahrhundert v. Chr. hatten auch einige weniger bedeutende Magistrate ein *imperium*, das allerdings weniger Kompetenzen beinhaltete als das der Konsuln – für jedes Amt war es genau definiert.

Das Volk von Rom hatte in der Politik ebenfalls einige wichtige Aufgaben. Wenn ein Magistrat mit *imperium* ein *comitium* (Volksversammlung) einberief, durfte das Volk auf informelle Weise auf politische Reden reagieren. Bei *comitia* wählte das Volk die Magistraten, verabschiedete Gesetze und genehmigte politische Maßnahmen. Allerdings waren bei den *comitia* keinerlei Diskussionen oder Debatten vorgesehen, es wurde lediglich abgestimmt. Von zwei bestimmten Arten von *comitia* glaubte man, dass sie bis auf die römische Königszeit zurückgingen. So wichtig die *comitia* auch waren: Die römische Elite des 2. Jahrhunderts v. Chr. sorgte dafür, dass aus Rom keine Demokratie wurde, wie Athen es im 5. und 4. Jahrhundert v. Chr. gewesen war; bei manchen *comitia* waren die Stimmen ausdrücklich zugunsten der wohlhabenden Bevölkerungsschichten gewichtet. Das Funktionieren des Staates hing vom Gleichgewicht zwischen Senat, Volk und Magistraten ab – einem Gleichgewicht, das zumindest teilweise nur möglich war, weil Roms „republikanische" Institutionen in der Königszeit verwurzelt waren.

Die Amerikanische Revolution und das alte Rom

James Madison und Alexander Hamilton, die Autoren der 85 „Föderalistenartikel", die 1787/88 in verschiedenen Zeitungen erschienen und sich für eine Ratifizierung der neuen Verfassung der Vereinigten Staaten stark machten, schrieben unter dem gemeinsamen Pseudonym „Publius". Damit wollten sie an Publius Valerius Poplicola erinnern, den ersten Konsul der Römischen Republik. Heute gehen einige Forscher davon aus, dass solche Anspielungen auf das alte Rom kaum mehr als schmückendes Beiwerk waren; ihre entscheidenden Argumente übernahmen die Gründerväter von den italienischen und englischen Republikanern der vorausgegangenen zweihundert Jahre. Dennoch waren manche Standpunkte der amerikanischen Revolutionäre durchaus von der Auseinandersetzung mit der römischen Geschichte geprägt. An den Hochschulen legte man damals großen

Wert auf die Lektüre lateinischer und griechischer Autoren, und einige Studenten ließen sich auch durchaus davon inspirieren, was sie da zu lesen bekamen. Etwa 40 Prozent der Schriftsteller, die Thomas Jefferson in seinem *Literary Commonplace Book* für 1758–73 aufführte, waren klassische Autoren, und seine große Bibliothek enthielt viele lateinische Texte, in denen er stundenlang schmökerte. Frauen lasen daheim klassische Bücher in Übersetzung und zogen daraus Inspiration für ihre Rolle im Leben. Abigail Adams schrieb ihrem Mann John (Jeffersons großen Rivalen) regelmäßig Briefe, die sie mit „Portia" unterzeichnete, dem Namen von Brutus' Ehefrau, und sie machte sich Gedanken darüber, welche Rechte und Pflichten Frauen im neuen Staat haben sollten.

Die größtenteils von Jefferson verfasste Unabhängigkeitserklärung von 1776 verwandelte die ehemaligen britischen Kolonien in Republiken, und der Dialog mit der Geschichte des Altertums half, die neuen Bastionen der Freiheit von den alten feudalen und monarchischen Regimes in Europas abzugrenzen. Um vor den Gefahren der Tyrannei zu warnen, führte man Alexander den Großen, Julius Caesar und die römischen Kaiser ins Feld; für Jefferson war Tacitus, der große Kritiker des römischen Kaisertums, der „wichtigste Schriftsteller überhaupt".

Es gab aber auch positive Beispiele aus der antiken Politik, an denen sich die Amerikaner orientieren konnten: Der Lykische Bund, der aus 23 griechischen Stadtstaaten bestand, galt als leuchtendes Vorbild in Sachen Konföderationsrepublik. In seiner *Verteidigung der Verfassung der Vereinigten Staaten von Amerika* (1787) bezeichnete John Adams die römische Verfassung, wie Cicero sie skizzierte, als mustergültiges Beispiel dafür, wie ein System der gegenseitigen Kontrolle dazu dienen konnte, Freiheit und Gerechtigkeit zu schützen. Ähnlich beeindruckt zeigte sich Adams von Polybios' Rom-Analyse; eine Übersetzung und Zusammenfassung davon fügte er seiner Sammlung republikanischer Quellen hinzu, die er für die Delegierten des Verfassungskonvents der Vereinigten Staaten veröffentlichte. 1795 sagte Jefferson über das „Experiment", Amerika „auf Basis von Prinzipien der Ehrlichkeit, nicht der bloßen Gewalt" zu regieren: „So etwas hat es seit den Tagen der Römischen Republik nicht mehr gegeben."

Roms Expansion auf der Apennin-Halbinsel zur Zeit der Republik läutete einen Prozess ein, im Laufe dessen der Stadtstaat am Tiber aus dem Schatten der bis dato wichtigsten Akteure – der Griechen, Phönizier und Etrusker – heraustrat und sich zum größten europäischen Reich entwickelte, das jemals existierte. Indem Rom seine Einflusssphäre in Italien erweiterte, legte es den Grundstein für seine Expansion übers Meer – und den Konflikt mit den Karthagern, auf den wir später noch zurückkommen

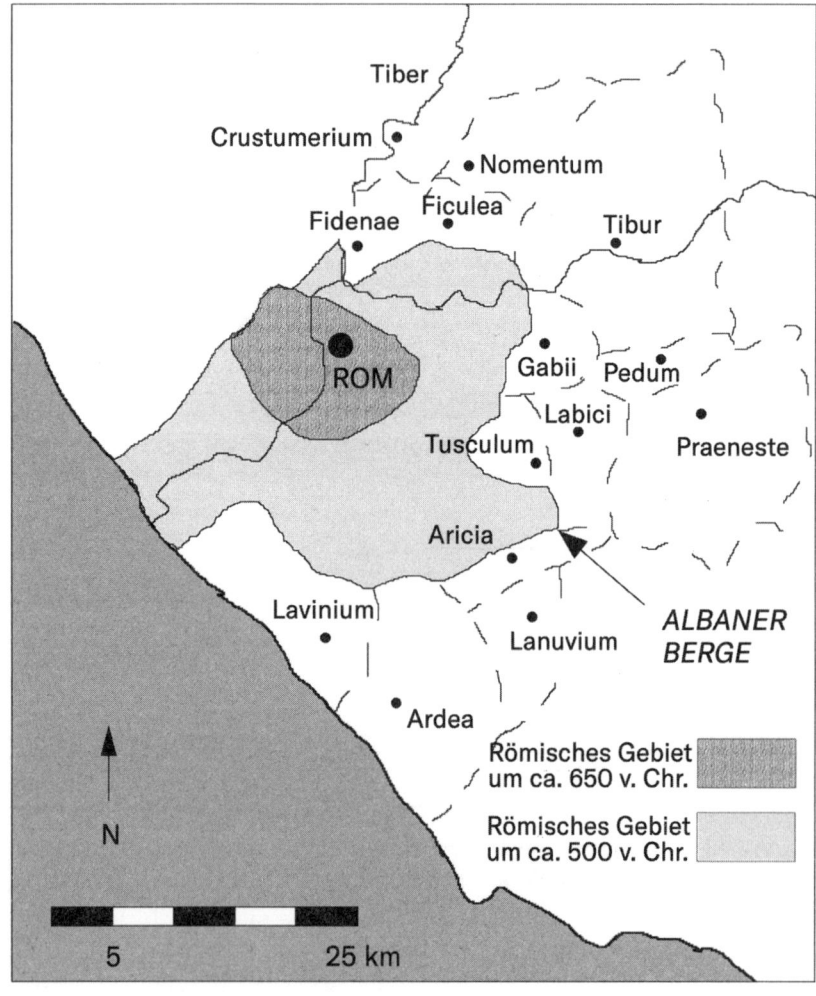

Karte 22. Rom und Latium um 500 v. Chr.

werden. Alles begann im 5./4. Jahrhundert v. Chr., als Rom seine Macht in der unmittelbaren Umgebung, in Latium, konsolidierte. Als die Römer 507 v. Chr. einen Vertrag mit den Karthagern schlossen, benahmen sie sich bereits, als seien sie die Herrscher über ganz Latium, doch schon kurze Zeit später sahen sie sich gezwungen zurückzurudern und ein formelles Bündnis mit den anderen Städten in Latium einzugehen. Dies war die Geburtsstunde des sogenannten Latinischen Bundes.

Dieses Bündnis hielten nicht nur militärische Macht und Eigennutz zusammen, sondern auch das Wissen von der gemeinsamen Vergangenheit. Das 30 Kilometer südlich von Rom gelegene Lavinium galt allgemein als erste Siedlung, die Aeneas in Italien gegründet hatte. Im Süden der Stadt gab es zwei wichtige Heiligtümer. In einem Grabhügel aus dem 7. Jahrhundert v. Chr., wie er in dieser Region äußerst selten vorkommt, wurden ab dem 6. Jahrhundert Opfergaben deponiert; im 4. Jahrhundert v. Chr. wurde er zum Schrein umgebaut. Eventuell galt dieses Monument später als Grab des Aeneas. Unweit davon befand sich ein Heiligtum mit mehreren großen Altären, deren Zahl zwischen dem 6. und dem 4. Jahrhundert v. Chr. von drei auf zwölf anwuchs. Möglicherweise waren sie den Penaten geweiht, den göttlichen Kräften, die Aeneas aus Troja gerettet hatten und denen er nach seiner Landung in Italien hier geopfert hatte. Dieses wichtige Kultzentrum scheint allen Mitgliedern des Latinischen Bundes als Opferstätte gedient zu haben. Der zweite wichtige Ort für den Latinischen Bund waren die Albaner Berge, 25 Kilometer südöstlich von Rom. Der Überlieferung nach hatte Aeneas' Sohn Ascanius auf dem Hügelkamm Alba Longa gegründet. Auch wenn die Stadt selbst längst verschwunden war – angeblich hatte Tullus Hostilius sie zerstört –, wurde bei einem Heiligtum ganz in der Nähe alljährlich das große Fest des Latinischen Bundes gefeiert, zu Ehren von Jupiter Latiaris, des vergöttlichten Latinus.

Im Laufe des 5. Jahrhunderts geriet Rom innerhalb der lokalen Machtstrukturen immer mehr unter Druck, und im 4. Jahrhundert kam es zu einem Aufstand seiner latinischen Verbündeten. Nach einer Reihe kriegerischer Auseinandersetzungen büßte der alte Latinische Bund im Jahr 338 v. Chr. seine militärische und politische Funktion ein; nur die religiösen Feste blieben. Von nun an fielen alle männlichen Einwohner jener Teile Italiens, die von Rom kontrolliert wurden, in eine von vier Kategorien: römische Bürger, römische Bürger ohne Wahlrecht, Latiner und Verbündete. Alle Gemeinden hatten zweierlei gemeinsam: Erstens pflegten sie Beziehungen zu Rom, aber nicht untereinander, und zweitens definierte sich ihre Verpflichtung Rom gegenüber nicht in Form von Steuern oder Abgaben, sondern als Beitrag zum römischen Militär. Ab sofort war Rom bis hinunter zur Bucht von Neapel die alles bestimmende Macht und hatte ein gewaltiges Heer hinter sich.

Zu Beginn des 5. Jahrhunderts v. Chr. umfasste das Territorium der Stadt Rom etwa 900 Quadratkilometer. Kein anderer Stadtstaat in Latium war auch nur annähernd so groß. Die Gesamtfläche der latinischen Stadtstaaten betrug zur gleichen Zeit etwa 2350 Quadratkilometer. Zum Vergleich: Das Territorium von Korinth war damals mit 900 Quadratkilometern ähnlich groß wie das von Rom, und Athens direkter Einflussbereich brachte es sogar auf rund 2400 Quadratkilometer, was dem Gebiet aller latinischen Stadtstaaten in etwa entspricht. Doch bis 338 v. Chr. war das römische Territorium (der sogenannte *ager Romanus*) bereits auf rund 5500 Quadratkilometer gewachsen, und das Gebiet der neuen römischen Bündnispartner umfasste insgesamt ca. 8500 Quadratkilometer. Dieser riesige Einflussbereich bedeutete für Rom vor allem eines: zahlreiche Rekruten für das römische Heer. Doch auch wenn von der Fläche her auf dem griechischen Festland kein zeitgenössischer Stadtstaat an Rom heranreichte: Das Territorium von Syrakus und seinen Bündnispartnern war immer noch doppelt so groß.

Im 4. Jahrhundert begann Rom, außerhalb Latiums zu expandieren, zuerst nach Etrurien im Norden und dann in den Süden hinein. Das Ereignis mit der größten Symbolkraft bei der Eroberung Etruriens war der Angriff auf Veji, Roms gerade einmal 17 Kilometer entfernten nördlichen Nachbarn. Im 5. Jahrhundert v. Chr. war Veji eine bedeutende Siedlung mit einer hohen Festungsmauer; die Stadt hatte im Jahrhundert vor dem Überfall der Römer zwei große Kriege überstanden. Livius schildert den Ablauf dieses letzten Konflikts mit vielen interessanten Einzelheiten: 396 v. Chr. endet die zehnjährige Belagerung Vejis dank der römischen Reaktion auf eine Prophezeiung, die listigen Römer bauen einen Tunnel, der in der Zitadelle von Veji enden soll, die Stadt wird vom Feldherrn Camillus erobert, und die Statue der Juno, der Hauptgottheit der Stadt, wird nach Rom gebracht. Wahrscheinlich hat Livius Recht damit, dass Veji im Jahr 396 von Rom erobert wurde, doch alle anderen Details sind wenig glaubhaft. Er schmückt seine ganze Erzählung der historischen Geschehnisse phantasievoll aus, und es gibt viele bewusste Parallelen zum Mythos vom Fall Trojas: eine zehnjährige Belagerung, intervenierende Götter, eine List – und eine abtransportierte Juno-Statue, die daran erinnert, wie Aeneas die Penaten von Troja nach Latium brachte.

Niebuhr vs. Macaulay

Unsere heutige Skepsis, was die Einzelheiten der Eroberung von Veji betrifft, geht auf den Begründer der modernen kritischen Forschung zur römischen Geschichte zurück. Barthold Georg Niebuhrs *Römische Geschichte*, die erstmals 1811/12 erschien, war sofort ein großer Erfolg und wurde viele Male neu aufgelegt. Niebuhr gilt als der erste moderne Gelehrte, der versuchte, die mythischen Aspekte in Livius' Geschichtswerk beiseitezulassen und herauszufinden, was in den republikanischen Annalen gestanden hatte. Er schreibt: „Die Geschichte der Einnahme von Veji war in den ältesten Annalen offenbar ganz dichterisch: einiges hat Livius gemildert; anderes als Dichtung angedeutet: viel unmögliches schien ihm fälschlich nicht unhistorisch. So lautete die alte Erzählung."

Mit dem Wort Erzählung spielt Niebuhr auf ein wichtiges Element seiner Theorie zur Übertragung von Geschichten außerhalb der annalistischen Tradition an. In Anlehnung an einige frühere Gelehrte wies er darauf hin, solche elaborierten Geschichten über die Frühzeit Roms habe man in Form von Liedern oder Balladen bei Banketten vorgetragen. Diese Theorie hatte im 19. und 20. Jahrhundert zahlreiche Anhänger. Einer davon war Thomas Babington Macaulay, der während der britischen Kolonialherrschaft in Indien vier *Lays of Ancient Rome* („Lieder über das alte Rom") verfasste, mit denen er sich an diese von Niebuhr erwähnten, leider aber eben nicht überlieferten „Lieder" anlehnte. Die *Lays of Ancient Rome* wurden erstmals 1842 veröffentlicht und erfreuten sich immenser Beliebtheit – rund hundert Jahre lang gehörten sie in britischen Schulen zur Pflichtlektüre. Sogar heute noch können viele Briten zumindest die ersten Verse des ersten

Gedichts daraus rezitieren: „Lars Porsena of Clusium / By the Nine Gods he swore / That the great house of Tarquin / Should suffer wrong no more" (in der klassischen Übersetzung von Ferdinand Freiligrath: „Lars Porsena von Clusium, / Bei den Göttern neun schwor er: / ‚Nicht soll das große Haus Tarquins / Unbill erdulden mehr!'"). Dass Macaulays Gedichte mit ihrer romantischen Verklärung der römischen Geschichte so beliebt waren, dass sie Niebuhrs kritischen Umgang mit den Quellen schon bald in den Schatten stellten, ist schon fast ein wenig tragisch.

Bei der Verteidigung Roms gegen einen Überfall der Gallier im Jahr 386 v. Chr. spielte Camillus, der Eroberer von Veji, ebenfalls eine wichtige Rolle. In Zentraleuropa war um 450 v. Chr. die La-Tène-Kultur entstanden, die von einer betont martialischen Ideologie geprägt war. Der Bevölkerungsdruck in ihrer Heimat veranlasste die Angehörigen von drei neu entstandenen Stämmen, die Alpen zu überqueren, um auf der Apennin-Halbinsel zu siedeln. Den Weg dorthin kannten sie dank früherer Kontakte zu Händlern und Söldnern. Sie ließen sich in ehemaligen Siedlungen der Etrusker in der fruchtbaren Po-Ebene nieder und drangen an der Ostküste Italiens bis nach Ancona vor. Einige von ihnen zog es sogar noch weiter nach Süden: Sie besiegten die Römer und plünderten ihre Stadt. Dieses Ereignis pflanzte den Römern eine dauerhafte Angst vor den Galliern ein, doch wie bereits bei der Eroberung von Veji ist fast nichts, was Livius uns über diese „Plünderung" Roms erzählt, glaubwürdig. Dass er Camillus, den Helden der Stunde, mit Romulus vergleicht und ihn einen zweiten Gründer Roms nennt, war höchstwahrscheinlich der Tatsache geschuldet, dass solche Romulus-Vergleiche, wie wir in Kapitel 7 sehen werden, im 1. Jahrhundert v. Chr. hoch im Kurs standen. Kurz nach dem Überfall der Gallier bauten die Römer mit Steinen aus Steinbrüchen in der Nähe des kürzlich eroberten Veji ihre alte Stadtmauer wieder auf, so große Angst hatten sie, dass sich das Ganze wiederholen könnte.

Als sie sich von den Übergriffen der Gallier erholt hatten, setzten die Römer ihre Expansion in Richtung Norden fort, und zu Beginn des 3. Jahrhunderts v. Chr. beherrschte es ganz Etrurien. Bis Mitte des 3. Jahrhunderts hatten die Römer weitere Gebiete im Osten und Süden der Halbinsel erobert und kontrollierten weite Teile von Mittelitalien. Der *ager Romanus* vergrößerte sich damit um den Faktor fünf – von 5500 Quadratkilometern im Jahr 338 v.Chr. auf 26000 Quadratkilometer im Jahr 264 v.Chr. (Karte 23). Das römische Territorium erstreckte sich im Süden bis an die Bucht von Neapel und im Osten über die gesamte Apennin-Halbinsel. Es war ein riesiges Gebiet, das etwa 20 Prozent der Gesamtfläche der Halbinsel ausmachte. Kein griechischer Stadtstaat reichte da heran; stattdessen konnte Rom es von der Größe her nun schon fast mit den griechischen Königreichen im Osten aufnehmen. Zusätzlich zum eigenen Staatsgebiet hatte Rom inzwischen 29 latinische Kolonien (*coloniae*) mit 11000 Quadratkilometern Gesamtfläche gegründet, die die gleichen formellen Rechte besaßen wie im Jahr 338 v.Chr. die alten Mitglieder der Latinischen Bundes.

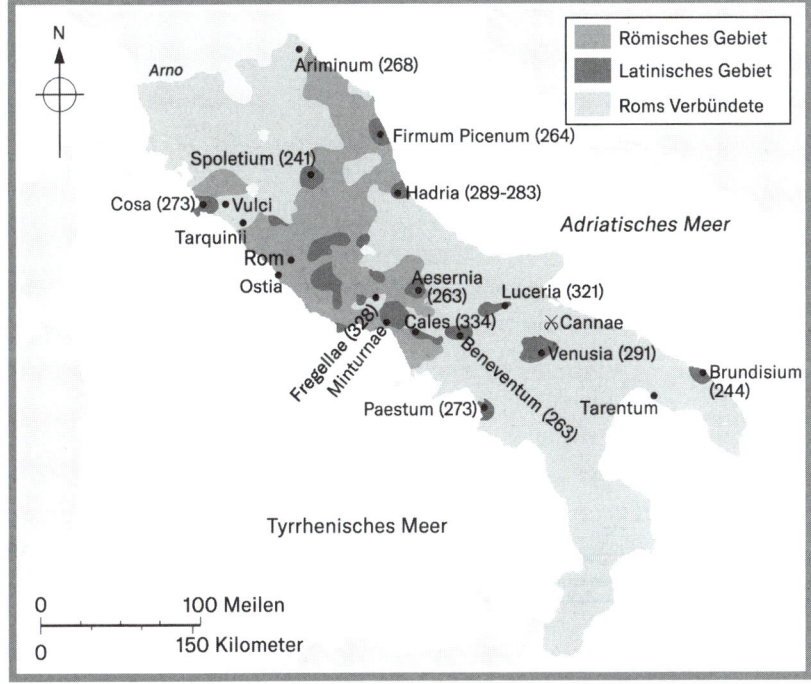

Karte 23. Die römische Vorherrschaft in Italien im Jahr 241 v.Chr.: Das römische Territorium erstreckte sich im Süden bis nach Kampanien hinein und über die Halbinsel bis zur Adria. Den Rest von Italien südlich des Arno kontrollierte ein Netzwerk von latinischen Kolonien und Verbündeten Roms.

Daneben war Rom mit mindestens 125 weiteren Gemeinden verbündet, deren Territorien insgesamt 72000 Quadratkilometer umfassten. Somit maß das gesamte Gebiet, das Rom und seine Verbündeten kontrollierten, 108000 Quadratkilometer. Zahlreiche Bündnisse, die Rom eingegangen war, waren zwar nicht unbedingt in Form von Verträgen formalisiert, bedingten aber dennoch, dass die Bündnispartner Rom militärisch unterstützten – was wiederum Roms Vorherrschaft sicherstellte. Vom Zweiten Punischen Krieg abgesehen, war Rom für die nächsten 160 Jahre die unangefochtene Großmacht in Italien.

In den nun folgenden 120 Jahren, zwischen 264 und 146 v. Chr., expandierte Rom in Italien immer weiter, sowohl nach Süden als auch nach Norden. Nach dem Zweiten Punischen Krieg bekamen die Städte, die sich auf Hannibals Seite geschlagen hatten, die Konsequenzen zu spüren. Capua verlor seine herrschende Klasse, seine Autonomie, das Bürgerrecht und sein gesamtes Territorium. Tarent wurde geplündert und verlor einen Teil seines Stadtgebiets. Alle, die im Krieg die Karthager unterstützt hatten, mussten damit rechnen, dass bestehende Verträge zu ihren Ungunsten geändert wurden und dass sie Teile ihres Territoriums an Rom abtreten mussten. Infolgedessen wuchs insbesondere im Süden der Halbinsel das römische Staatsgebiet noch einmal. Zwischen 268 und 181 v. Chr. wurden zwölf wieder latinische Kolonien gegründet, doch bei der nächsten Welle von *coloniae*, die ab 184 v. Chr. entstanden, handelte es sich bereits um römische Kolonien, in denen alle Bürger das volle römische Bürgerrecht besaßen. Mittels dieser Kolonien konnten die Römer nun auch dem Gebiet zwischen dem Apennin und der Po-Ebene ihren Stempel aufdrücken – einer Gegend, die sie den Kelten zuerst 218 v. Chr. und dann noch einmal während der erbitterten Kämpfe in den 190er-/180er-Jahren v. Chr. abgenommen hatten.

In der römischen Vorstellungswelt existierte Italien als Einheit etwa ab Mitte des 3. Jahrhunderts v. Chr. Im Jahr 268 v. Chr. wurde in Rom ein Triumphzug veranstaltet, der die Eroberung weiterer Gebiete an der Nordostküste Italiens feierte. Damit war die ganze Region südlich des Arno in römischer Hand. Bezeichnenderweise weihte der siegreiche Feldherr in Rom der Gottheit Tellus („Erde") einen Tempel, und ließ darin eine Karte oder Darstellung von *Italia*, der gesamten Apennin-Halbinsel, anbringen. Die politischen Erwartungen, die das für Rom implizierte, waren enorm.

Hundert Jahre später schrieb der einflussreiche Politiker Cato der Ältere sein Geschichtswerk mit dem Titel *Ursprünge*, das den Aufstieg Roms im Kontext aller großen italischen Gemeinden darstellte, vom äußersten Süden der Halbinsel bis zum kürzlich eroberten Gebiet nördlich des Apennins. So stammten die Veneter im Nordosten laut Cato ursprünglich vom troischen Helden Antenor ab, und Ameria in Umbrien, 70 Kilometer nördlich von Rom, war 963 Jahre vor Ausbruch des jüngsten Krieges mit Perseus (171 v. Chr.) gegründet worden, was unserem Jahr 1134 v. Chr. entspricht. Mitte des 2. Jahrhunderts war Italien ein Flickenteppich von Gemeinden, die stolz auf ihre eigene Vergangenheit waren, zugleich aber auch nichts dagegen hatten, wenn Rom den Ton angab.

Rom hatte im 2. Jahrhundert durchaus die Mittel, ganz Italien zu kontrollieren. Im Jahr 186 v. Chr. kam es in der Stadt selbst zu einem großen religiösen Skandal rund um den Bacchus-Kult. Der römische Senat machte sich Sorgen, die sexuellen Ausschweifungen, die man dem Kult des Bacchus (der Entsprechung des griechischen Gottes Dionysos) nachsagte, könnten weiterreichende politische Konsequenzen haben. Konkret befürchtete man in Rom, dass es in ganz Italien Eingeweihte gab, die ein subversives Netzwerk bildeten. Wahrscheinlich waren diese Befürchtungen unbegründet, aber sie gewähren uns einen interessanten Einblick in die politische Paranoia der Römer – offenbar waren sie sich Italiens nicht ganz so sicher, wie es für uns heute in der Rückschau meist den Anschein hat. Und so griff der Staat hart durch. Alle römischen Kolonien und Städte in Italien waren verpflichtet, den Entscheidungen Roms zu folgen, Gemeinden von geringerem Status waren direkt den römischen Konsuln unterstellt. Im Allgemeinen unterlagen in Italien begangene Verbrechen, die die Sicherheit des römischen Staates betrafen – Hochverrat, politische Verschwörungen und dergleichen – der unmittelbaren Zuständigkeit des römischen Senats. Darüber hinaus konnten auch Privatpersonen und Kommunen in Italien, die Schlichtung in Rechtsfragen, Schadenersatz oder Schutz benötigten, den Senat anrufen, und das taten sie auch.

Die auf der ganzen Apennin-Halbinsel gegründeten latinischen und römischen Kolonien spielten bei der Ausdehnung des römischen Einflussbereichs und der Verbreitung römischer Werte ebenfalls eine wichtige Rolle. Traditionell galten diese Kolonien als einheitliche Gebilde, wie ihr Vorbild, die im Jahr 273 v. Chr. an der etrurischen Küste gegründete latini-

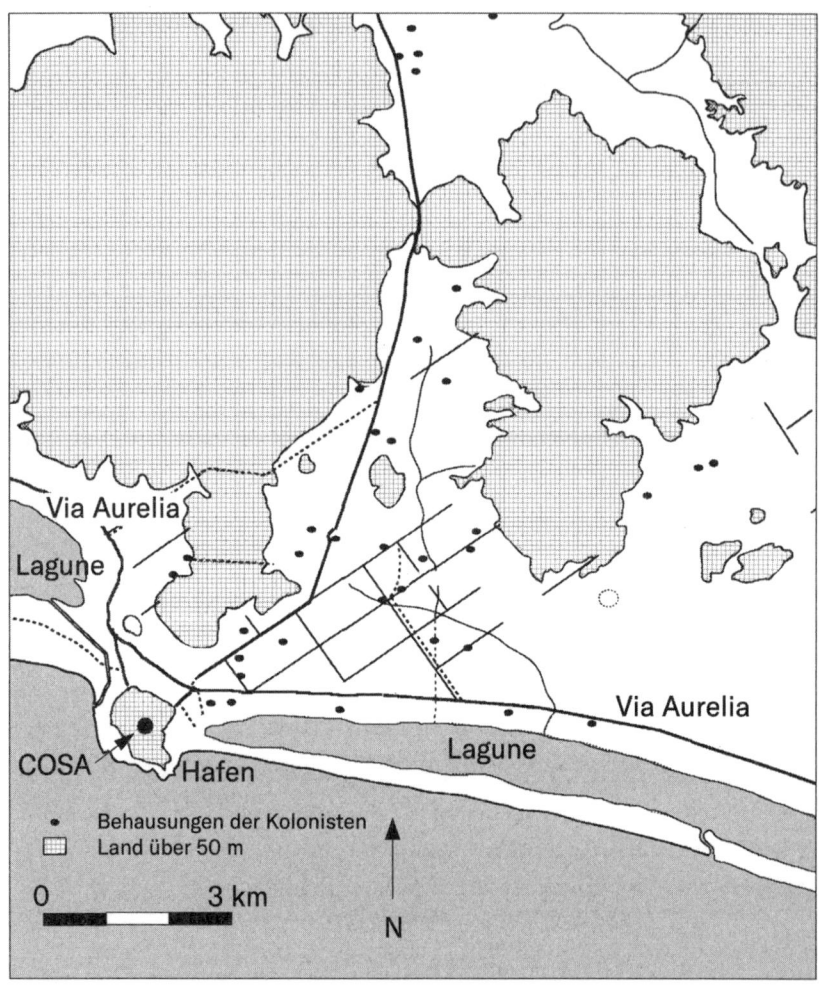

Karte 24. Cosa und sein Territorium. Das Raster nordöstlich der Stadt zeugt von der römischen Landvermessung.

sche Kolonie Cosa. Eine einzelne Vorlage oder Schablone für solche Kolonien gab es allerdings nicht: Man darf weder einfach die entsprechende Praxis einer späteren Epoche auf diese Zeit zurückprojizieren, noch sollte man archäologischen Funden aus Cosa einen Vorbildcharakter für andere Orte attestieren. Trotzdem lässt sich am Fall Cosa gut nachvollziehen, wie eine latinische Kolonie entstand und wie es dort zuging. Nachdem die Römer 280 v. Chr. Vulci, eine der größten Städte der Etrusker, eingenommen hatten, beschlagnahmten sie ein Drittel seines Territoriums und wiesen diese 550 Quadratkilometer der neu zu gründenden Stadt Cosa zu. Das Gebiet wurde in rechteckige Parzellen aufgeteilt und als landwirtschaftliche Nutzfläche an die ungefähr 2500 Menschen verteilt, die als neue Kolonisten in die Stadt kamen (siehe auch Tafel 20). 197 v. Chr. wurden Cosa weitere Kolonisten zugeteilt, einige weiter am Rand gelegene Parzellen wurden vermutlich erst dann besiedelt. Die 13 Hektar große Stadt lag auf einem zuvor unbewohnten Hügel an der Küste. Die nahe gelegene etruskische Siedlung verlor rapide an Bedeutung. Cosa umgab eine eindrucksvolle Wehrmauer mit Türmen – sie erinnerte die Bewohner ständig daran, dass das Land, das sie bewirtschafteten, einst mit Waffengewalt erkämpft worden war. Der Grundriss der Stadt war ebenfalls in Rechtecke aufgeteilt, und die öffentlichen Gebäude waren eventuell jenen in Rom nachempfunden: Das Haus des städtischen Senats und die Comitium-Anlage könnten ganz ähnlich gestaltet gewesen sein wie die entsprechenden Gebäude am Forum Romanum. Die Stadt besaß einen wichtigen Hafen und war auch über Land gut angebunden: Die wahrscheinlich 241 v. Chr. gebaute Via Aurelia führte von Rom aus an der Westküste Italiens entlang und verlief über Cosa bis nach Pisa, dem nächsten großen Hafen an der Küste. Auf dieser Straße, an die weder Vulci noch die anderen alten Etrusker-Städte angebunden waren, gelangten römische Truppen schnell nach Norditalien, doch es gab langfristig auch Auswirkungen im zivilgesellschaftlichen Bereich. Das neue römische Straßennetz in Italien schuf die Grundlage für eine neue Kulturgeographie der Halbinsel.

Die Einrichtung der Kolonien führte zu einer größeren Verbreitung der lateinischen Sprache. Für Cosa war Latein zunächst einmal die Muttersprache der Kolonisten aus Rom und Latium, aber – und das war nicht minder wichtig – Latein war auch die Amtssprache aller Kolonien, deren Institutionen ähnlich organisiert waren wie ihre Gegenstücke in Rom. So wurde das Lateinische in jene Regionen Italiens exportiert, wo man bis dahin andere italische Dialekte oder sogar andere Sprachen (Etruskisch, Griechisch, Keltisch) gesprochen hatte. Da so viele Menschen mit anderer Muttersprache oder einem anderen Dialekt die Sprache lernen mussten, entstanden im Gegenzug diverse regionale Varianten des Lateinischen. Im snobistischen Rom war der Gebrauch eines solch „rustikalen" Lateins bzw. lateinischer Wörter, die anderen italischen oder etruskischen Dialekten entlehnt waren, verpönt. Im 2. Jahrhundert v. Chr. sprach jeder Bewohner der Apennin-Halbinsel, der etwas auf sich hielt, Latein, und es herrschte überall ein erheblicher Druck, es als offizielle Sprache einzuführen. Im Jahr 180 v. Chr. bat die ursprünglich griechische Stadt Cumae, die im 5. Jahrhundert v. Chr. von Oskisch Sprechenden erobert worden war, aber 338 v. Chr. das römische Bürgerrecht erhalten hatte, den Senat um Erlaubnis, ihre öffentlichen Geschäfte teilweise auf Lateinisch abzuwickeln; der Antrag wurde genehmigt, doch die Stadt hätte diese Änderung durchaus vornehmen können, ohne vorher den Senat zu fragen, und offenbar sprach die lokale Elite bereits Latein. Dennoch war man in Cumae auch weiterhin stolz auf die griechische Vergangenheit: Hier hatte einst die Prophetin Sibylle dem Apollon-Orakel vorgestanden, und ihre Orakelsprüche waren bereits in der Königszeit in Form der sogenannten Sibyllinischen Bücher nach Rom gelangt.

Einige lokale Sprachen starben im 3. Jahrhundert v. Chr. aus oder wurden zumindest nicht mehr geschrieben, doch manche blieben auch im 2. Jahrhundert noch wichtig und verschwanden in Schriftform erst gegen Ende des 1. Jahrhunderts v. Chr. Ende des 2. oder zu Beginn des 1. Jahrhunderts v. Chr. wurde die Verfassung der Stadt Bantia (knapp oberhalb des Spanns des italienischen Stiefels) in oskischer Sprache niedergeschrieben. Die hierbei verwendete Variante des Oskischen war stark vom Lateinischen beeinflusst, und einige der in der Stadtverfassung beschriebenen öffentlichen Institutionen orientierten sich ebenfalls an Rom. Doch dass die Politiker von Bantia in so einem Kontext überhaupt die oskische Sprache verwendeten, offenbart den Wunsch, angesichts der Dominanz Roms etwas Eigenes zu bewahren.

Auch andernorts legte man nach der römischen Eroberung Wert auf die eigene lokale Identität. Die Etrusker hielten die Erinnerung an die Vergangenheit ihres Volkes mindestens bis ins 1. Jahrhundert n. Chr. wach. Nach der Niederlage im Bürgerkrieg 80 v. Chr. flüchteten einige Etrusker nach Nordafrika, und gründeten an einem abgelegenen Ort etwa 50 Kilometer südwestlich von Karthago unter ihrem Anführer, der wohl aus Clusium (heute Chiusi) stammte, eine neue Siedlung. In die Grenzsteine sind Wörter in einer Spätform der nordetruskischen Schrift eingemeißelt. Erstaunlicherweise bezeichneten sich die Einwohner dieser Siedlung als

Dardanii, nach Dardanus, dem Gründer von Troja. Die Siedlung sollte nicht weniger als ein zweites Troja sein, doch leider ist sie fast vollständig verschwunden. Manche Etrusker waren, genau wie die Veneter und natürlich die Römer, stolz darauf, von den Troern abzustammen. Obwohl die meisten führenden Etrusker-Familien im 1. Jahrhundert v. Chr. ausstarben, blieb die Erinnerung an die etruskische Geschichte auch in der Region selbst lebendig. In Tarquinii entstand im 1. Jahrhundert n. Chr. eine umfangreiche Inschrift, die darlegte, welche Rolle Tarquinii im 5. und vielleicht noch 4. Jahrhundert v. Chr. gespielt hatte. Die Inschrift enthielt Details dazu, auf welche Weise die Anführer von Tarquinii auf Sizilien und in etruskischen Staaten (Caere und Arretium) militärisch interveniert hatten, und bot Informationen über einen Krieg gegen die Latiner. Der Text war auf Lateinisch verfasst, basierte aber offenbar auf örtlichen Aufzeichnungen auf Etruskisch. Die Inschrift war in der Nähe des großen alten Tempels im Stadtzentrum zu sehen und zeugte davon, dass die Einwohner nach wie vor stolz darauf waren, was Tarquinii vor der Ankunft der Römer alles geleistet hatte.

Bei den Römern galten die Etrusker als wahre Meister darin, aus wundersamen Ereignissen – der Geburt zweiköpfiger Kälber, aus Blitzeinschlägen und dergleichen – die Zukunft zu lesen. Der Senat konsultierte regelmäßig etruskische Haruspizes, die zu entscheiden hatten, welche Maßnahmen der römische Staat als Reaktion auf ein solches Wunder ergreifen sollte. Die Haruspizes, die ihre seherischen Fähigkeiten an ihre Nachkommen vererbten, genossen in Rom ein erstaunlich hohes Ansehen, wenn man bedenkt, dass sie einem anderen Volk entstammten. Das ging so weit, dass der Senat Mitte des 2. Jahrhunderts v. Chr. und noch einmal im 1. Jahrhundert n. Chr. Bestimmungen erließ, um führende etruskische Familien darin zu unterstützen, diese Begabung innerhalb ihrer Sippe gezielt zu fördern; der zweite Erlass wurde von Kaiser Claudius persönlich eingebracht. Roms Beziehungen zu den Göttern hingen also zumindest teilweise von den Fähigkeiten eines Volkes ab, dessen Fremdheit die Römer zu betonen nicht müde wurden.

Die römischen Eroberungen auf der Apennin-Halbinsel und später jenseits des Meeres hatten für die Stadt Rom ihre ganz eigenen Konsequenzen. Ein siegreicher Feldherr durfte in der Hauptstadt nicht nur einen Triumphzug veranstalten, sondern auch ein eigenes Monument errichten.

Die meisten solcher Siegesmonumente waren Tempel wie das erwähnte Tellus-Heiligtum. Tatsächlich wurde die Mehrzahl der republikanischen Tempel von römischen Feldherren gebaut. Wahrscheinlich entstanden sie entlang der Route des jeweiligen Triumphzugs, und die Zeiträume, in denen sie entstanden (vor allem 300–250 und 200–160 v. Chr.), fielen mit den Epochen zusammen, in denen Rom seine größte militärische Expansion verzeichnete. Wie viele solcher Gebäude errichtet wurden, lässt sich an vier Tempeln ablesen, die im Süden des Campus Martius, des Marsfelds, standen (am heutigen Largo di Torre Argentina, siehe Abb. 23). Die vier Tempel standen direkt nebeneinander an der Route der Triumphzüge. Sie wurden zwischen Anfang des 3. und Ende des 2. Jahrhunderts v. Chr. gebaut. Wir wissen nicht genau, wem sie geweiht waren, aber Tempel A wurde möglicherweise 241 v. Chr. von einem gewissen Lutatius Catulus gestiftet, und Tempel B (daneben) weihte offenbar einer von dessen Nachfahren, der ebenfalls Lutatius Catulus hieß, im Jahr 101 v. Chr. dem

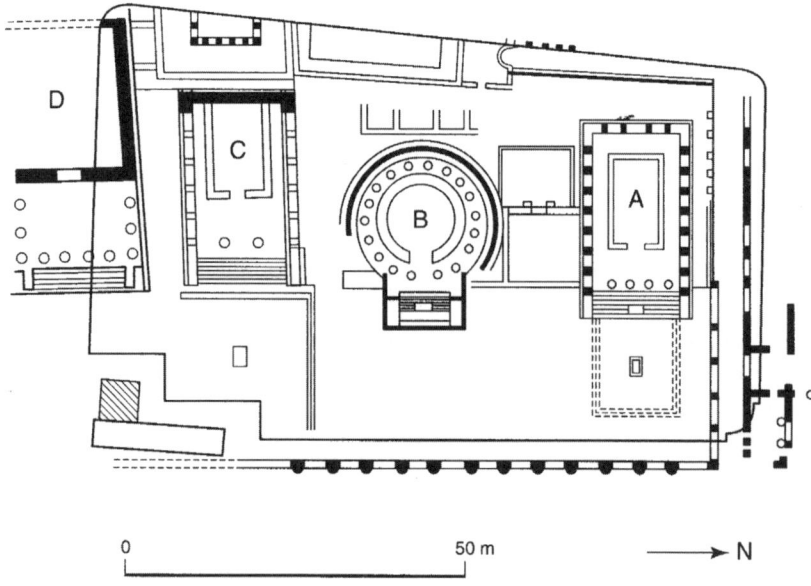

Abb. 23. Die vier Tempel im heiligen Bezirk am Largo di Torre Argentina in Rom. Tempel A wurde möglicherweise 241 v. Chr. geweiht, Tempel B (dem „Schicksal dieses Tages" geweiht) wurde 101 v. Chr. errichtet, Tempel C entstand Anfang des 3. und Tempel D im 2. Jahrhundert v. Chr.

„Schicksal dieses Tages". Dies ist ein schönes Beispiel dafür, wie ein Senator die Leistungen eines entfernten Vorfahren zu würdigen wusste.

Als Stadt war Rom um 200 v. Chr. herum eher unterentwickelt, doch das sollte sich im Laufe des 2. Jahrhunderts ändern. Wie Livius berichtet, musste der prorömische makedonische Prinz Demetrios 182 v. Chr. einigen Spott ertragen: Die Romfeinde an seinem Hof wurden nicht müde, darauf hinzuweisen, wie unansehnlich Rom sowohl im öffentlichen als auch im privaten Bereich daherkam. Im Vergleich zu den großen griechischen Städten hinkte Rom damals tatsächlich deutlich hinterher; am Stadtbild ließ sich keine nachvollziehbare Planung ablesen, und auch die neuen Tempel der siegreichen Militärs standen eher unvermittelt in der Gegend herum. Selbst im Vergleich zu den latinischen Städten in der unmittelbaren Umgebung fiel Rom deutlich ab. So entstand im ausgehenden 2. Jahrhundert v. Chr. in Praeneste (heute Palestrina), 40 Kilometer östlich von Rom, ein gewaltiges neues Heiligtum, das auf kunstvolle Weise in die dramatische Berglandschaft eingepasst wurde. Finanziert wurde es von der örtlichen Elite, die von Roms Eroberungen im Osten mächtig profitiert hatte, und von der Größe her reichte es nahezu an die riesigen Heiligtümer in der Ägäis heran. Bis Mitte des 1. Jahrhunderts v. Chr. gab es in Rom schlicht nichts Vergleichbares. Dennoch erhielt Rom im Laufe des 2. Jahrhunderts v. Chr. endlich auch mehr Monumente. Die Grabstätten der Aristokraten wurden prominenter – so das Grab der Scipionen; es stand wahrscheinlich in der Nähe eines Tempels, den ein Mitglied der Familie zu Ehren der Sturmgötter hatte bauen lassen, und erhielt Mitte des 2. Jahrhunderts v. Chr. eine prächtige neue Fassade. Das römische Stadtzentrum veränderte sich während dieser Zeit ebenfalls, allerdings nicht aufgrund irgendwelcher Aktionen triumphierender Feldherren: 179 und 169 v. Chr. mussten zahlreiche Wohnhäuser an der Nord- und an der Südseite des Forum Romanum prachtvollen Basiliken weichen; obwohl sie mit öffentlichen Mitteln finanziert wurden, trugen diese Gebäude stets den Familiennamen der Zensoren, der Beamten, die sie in Auftrag gegeben hatten. Ab den 160er-Jahren v. Chr. erinnerte das Forum an eine zeitgenössische griechische Agora: Diverse öffentliche Gebäude grenzten mit ihren Säulengängen an einen großen Platz in der Mitte. Nur was Bauten betraf, die zur Zerstreuung der römischen Bevölkerung dienten, blieb die senatorische Elite skeptisch. Theaterstücke und andere Spektakel wurden in notdürftig zusammengezimmerten hölzernen Strukturen aufgeführt. Im 2. Jahrhundert v. Chr. begannen die Römer mit dem Bau eines Theaters aus Stein (möglicherweise waren es auch zwei), aber der Bau wurde nicht vollendet, die Bauruine wieder niedergerissen. Erst 61 v. Chr. entstand in Rom das erste dauerhafte steinerne Theater – anderswo in Italien standen solche Bauten bereits rund hundert Jahre zuvor, und auf Sizilien und in anderen Teilen der griechischen Welt gab es sie bereits seit drei bis vier Jahrhunderten.

Trotzdem gehörte Rom ab Mitte des 3. Jahrhunderts v. Chr. zu den wichtigsten Staaten des Mittelmeerraums. Die innenpolitischen Konflikte waren gelöst, innerhalb der römischen Gesellschaft hatte die Elite fest die Zügel in der Hand, und die politischen Institutionen funktionierten reibungslos. Rom beherrschte inzwischen die ganze Apennin-Halbinsel südlich des Arno, und ihm stand ein riesiges Heer zur Verfügung, das sich aus Rekruten seines gesamten Territoriums speiste. Doch seine südlichen Nachbarn waren von dieser Situation alles andere als begeistert: Sie empfanden die römische Expansion als Bedrohung.

Karthago ist in unserer Geschichte bislang nur am Rand erwähnt worden, doch jetzt ist es an der Zeit, das Gleichgewicht wiederherzustellen und die Beziehungen zwischen Karthago und Rom zu analysieren, und zwar zunächst aus der Perspektive der Karthager. Allzu schnell nimmt man nämlich die Sicht der römischen Sieger ein, die die Karthager durchweg negativ darstellten. Die auf einer Landzunge gelegene Stadt Karthago hatten wahrscheinlich im ausgehenden 9. Jahrhundert v. Chr. phönizische Einwanderer aus Tyros gegründet. Wie andere Kolonien der Phönizier in jener Zeit war die Stadt so gelegen, dass sie sich problemlos an die existierenden Handelsrouten anschließen ließ. Die archaische Siedlung war rund 25 Hektar groß, manchen Schätzungen zufolge sogar 45–60 Hektar, womit Karthago im 6. Jahrhundert v. Chr. von der Fläche her eine der größten Städte am Mittelmeer gewesen wäre. Falls die überlieferten 37 Kilometer stimmen, war die Mauer, die die Stadt umgab, mehr als dreimal so lang wie die damalige römische Stadtmauer. Der Hafen war von Anfang an ein wichtiger Faktor, denn die Karthager pflegten wichtige Handelsverbindungen ins zentrale und westliche Mittelmeer. Ab dem 5. Jahrhundert v. Chr. intervenierte Karthago immer wieder militärisch auf Sizilien, und ab dem 4. Jahrhundert v. Chr. kontrollierte es die Küste Nordafrikas von

Kyrene im Osten bis an den Atlantik im Westen. Die Siedlungen entlang der Küste schlossen vermutlich individuell Bündnisse mit Karthago, genau wie die latinischen Städte mit Rom.

Karthago sah sich selbst als Stadt mit phönizischer Vergangenheit und mit phönizischer Gegenwart. Laut Geschichten, die griechische und römische Autoren wiedergeben, möglicherweise auf Basis phönizischer Quellen, war nach innenpolitischen Machtkämpfen in Tyros die unterlegene Partei zuerst nach Zypern und dann nach Nordafrika geflohen. Hier gestattete der König der ortsansässigen Libyer der Anführerin der Flüchtlinge, Prinzessin Elissa, eine neue Siedlung zu gründen: Karthago (der phönizische Name der Stadt, Qart-Hadašt, bedeutet „neue Stadt"). Als Witwe von Acherbas, einem Priester des Gottes Melkart in Tyros, hatte Elissa diverse Melkart geweihte Gegenstände mitgebracht und gründete in Karthago einen neuen Melkart-Kult (Milk-Qart bedeutet „König der Stadt"). Als der libysche König von Elissa verlangte, ihn zu heiraten, brachte sie sich um, indem sie sich auf einen Scheiterhaufen warf, um ihrem verstorbenen Ehemann treu zu bleiben. Dass Karthagos Gründer aus Tyros kamen, spiegelte sich in einem religiösen Ritual wider: Jahr für Jahr schickten die Karthager Tributgaben an den Melkart-Tempel in Tyros. Als Alexander der Große im Jahr 332 v. Chr. Tyros belagerte, nahm er die karthagischen

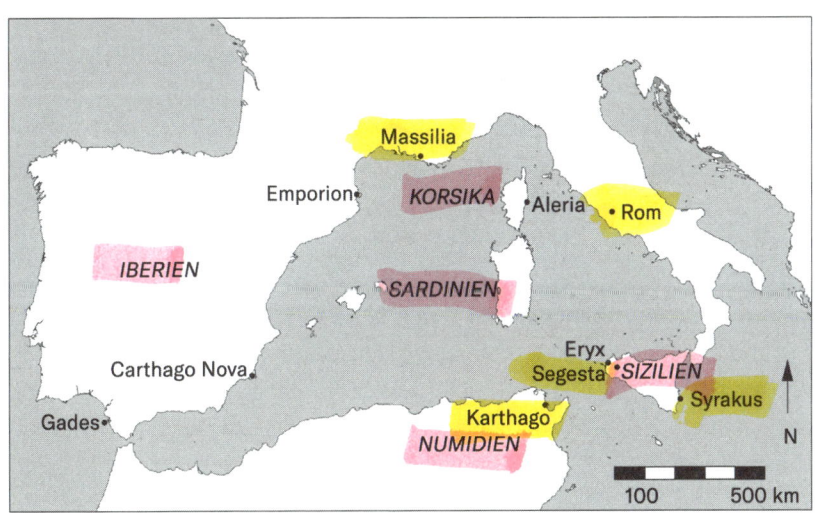

Karte 25. Der westliche Mittelmeerraum im 3. und 2. Jahrhundert v. Chr.

Gesandten gefangen, die Melkart rein zufällig gerade jetzt den jährlichen Tribut überbracht hatten, und er weihte ihr heiliges Schiff einer Gottheit, die er Herakles nannte. Aber obgleich Tyros damals seine politische Freiheit einbüßte, blieb die Verbindung nach Karthago bestehen, und bis zur Zerstörung ihrer Stadt im 2. Jahrhundert v. Chr. schickten die Karthager ihren jährlichen Tribut nach Tyros.

Auch in Karthago wurden Rituale phönizischen Ursprungs zelebriert. Es gab dort ein Heiligtum unter freiem Himmel mit Blick auf einen der Häfen der Stadt, wo Gefäße mit der Asche verstorbener Säuglinge, Kleinkinder und zum Teil auch Tiere bestattet wurden. Dieses Heiligtum bezeichnet man heute als „Tophet", doch da dieser Ausdruck dem Alten Testament entlehnt ist, wurde er wahrscheinlich nicht von den Karthagern benutzt. Weitere Verwirrung stiftet die Tatsache, dass die ganze Stätte heute auch „Salambo" genannt wird, doch das ist einfach nur ein romantischer Name, den die französischen Ausgräber von 1922 dem Ort gaben – nach der Heldin von Flauberts gleichnamigem Roman (siehe S. 257 f). Das Heiligtum geht auf die früheste Zeit der Besiedlung zurück und wurde bis zur römischen Eroberung genutzt. Auf einer Gesamtfläche von 6000 Quadratmetern hat man Spuren von über 20000 Feuerbestattungen sowie 10000 Gedenksteine entdeckt. Auf Letzteren – insbesondere auf denen, die während der Kriege mit Rom entstanden – finden sich zahlreiche Darstellungen, die auf Phönizien anspielen, und viele tragen Inschriften auf Phönizisch, die sich auf die zwei phönizischen Gottheiten Ba'al-Hammon und Tanit beziehen. In mindestens ein Dutzend weiteren phönizischen Siedlungen im Westen gibt es ähnliche, allerdings nicht identische Heiligtümer. Wo er die Bräuche der Karthager beschreibt, erwähnt Ennius, dass es bei ihnen „üblich ist, ihre kleinen Jungen zu opfern". Der pathosgeladene Hinweis auf die „kleinen Jungen" wird kaum eine neutrale ethnographische Beobachtung sein. Man könnte versucht sein, diese Beschreibung kurzerhand dem negativen Blick der Römer auf die Karthager anzulasten und zu leugnen, dass die eingeäscherten Überreste von Kindern von Kinderopfern zeugen, doch es gab tatsächlich ein entsprechendes Ritual, das uns heute ebenso merkwürdig wie abstoßend erscheint: Auf anderen Friedhöfen wurden Kinderleichen begraben und nicht eingeäschert, und durch Inschriften im „Tophet"-Heiligtum wissen wir, dass die Asche von Kindern und Tieren dort als gottgeweihtes Opfer galt. Irgendwie war dieses bedeutende städtische Heiligtum stark mit der Identität Karthagos verbunden, in Bezug sowohl auf seine Vergangenheit in Tyros als auch auf die wachsende Bedrohung durch Rom.

Die Karthager waren nicht nur bestrebt, ihre phönizische Identität aufrechtzuerhalten und weiter auszubauen, sie bedienten sich auch bei den Griechen. Zwischen dem 5. und dem 2. Jahrhundert v. Chr. verwendete man in Karthago an religiösen Gebäuden Dekorationselemente im griechischen Stil, und die Privathäuser waren luxuriöse Abwandlungen von Häusern, wie wir sie ebenfalls aus der griechischen Welt kennen. 396 v. Chr. mussten die Karthager aufgrund ihres gottlosen Vorgehens bei einem Militäreinsatz in Syrakus schwere militärische Rückschläge hinnehmen und wurden von einer Seuche heimgesucht; daher begannen sie, dem Brauch der Griechen folgend, Demeter und Persephone anzubeten, und holten dazu den Rat prominenter Griechen ein, die in der Stadt wohnten. Das große Interesse der Karthager an der griechischen Welt erklärt, warum Aristoteles Karthago als einzigen nicht-griechischen Staat in seiner *Politik* erwähnt und ihn sogar – neben Sparta und Kreta – als eine der Poleis nennt, die seinem Ideal nahekommen.

Ab dem 6. Jahrhundert v. Chr. unterhielt Karthago auch zur Apennin-Halbinsel enge Beziehungen. Besonders interessant sind in diesem Zusammenhang drei goldene Tafeln mit Inschriften, zwei auf Etruskisch und eine auf Phönizisch, die aus einem Heiligtum in Pyrgi stammen, einem der Häfen der etruskischen Stadt Caere. Auf diesen, entstanden um 500 v. Chr. herum, ist verzeichnet, was ein gewisser Thefarie dem Heiligtum gespendet hat – wahrscheinlich eine Statue und einen Tempel. Die zwei etruskischen Texte identifizieren Thefarie als Herrscher von Caere. Mit seinen Spenden dankte er der etruskischen Göttin Uni (bei den Römern Juno), der Hauptgottheit des Heiligtums, die ihm zu seiner drei Jahre währenden Herrschaft verholfen hatte. Bis hierhin passt das alles ganz gut zu dem, was wir über etruskische Städte geschrieben haben. Möglicherweise ist Thefarie sogar der unmittelbare Vorgänger einer der Personen, die in einem der Texte aus Tarquinii erwähnt werden. Erstaunlich ist jedoch, dass die dritte goldene Tafel auf Phönizisch (möglicherweise im zyprischen Dialekt) verfasst ist und den gleichen Text enthält wie die beiden etruskisch beschrifteten Tafeln. Die Erklärung kann nur sein, dass Thefarie der Göttin in Pyrgi sowohl in seiner eigenen Sprache als auch in der

„Muttersprache" der Göttin danken wollte. In der phönizischen Fassung heißt die Göttin Astarte (eine phönizische Gottheit), und der Text merkt an, die Schenkung sei „am Tag des Begräbnisses des Gottes" geschehen – gemeint ist der phönizische Gott Adonis, der Gemahl Astartes. Sogar im etruskischen Text wird die Göttin mit der etruskischen Variante von Astarte bezeichnet: als „Uni-Astra". Die Phönizier hatten großen Einfluss in Etrurien. Der phönizische Ursprung der Uni-Astra ist auf die Bedeutung zurückzuführen, die phönizische Händler von Zypern und insbesondere aus Karthago für Caere hatten, und das Heiligtum von Pyrgi diente ihnen als neutrale Kultstätte. Aristoteles erwähnt in seiner *Politik* ein Handelsabkommen zwischen Karthagern und Etruskern, bei dem sich die beiden Parteien gegenseitig als Bürger ein und derselben Stadt behandelten – ein höchst ungewöhnlicher Vorgang. In Karthago wurde ein wertvolles Elfenbeintäfelchen aus der Zeit um 530–500 v. Chr. ausgegraben, auf dem sich ein Kaufmann auf Etruskisch als „Puinel aus Karthago" vorstellt. Man kann sich ausmalen, wie ein karthagischer Kaufmann, der nicht fließend Etruskisch sprach, beim ersten Treffen mit einem etruskischen Handelspartner diese „Visitenkarte" zückte.

Die engen Verbindungen zwischen Karthago und Etrurien bildeten auch den Kontext für den ersten formellen Kontakt zwischen Karthago und Rom. Im ersten Jahr der Republik (509 v. Chr.) schloss Karthago einen Vertrag mit Rom und möglicherweise auch mit mehreren etruskischen Staaten. Beide Seiten legten fest, nicht gegen die Interessen des anderen zu handeln. Die Karthager versprachen, sich nicht bei den latinischen Bündnispartnern Roms einzumischen, in Latium keine Festung zu errichten und keine Armee über Nacht dort zu stationieren. Die Römer versprachen im Gegenzug, nicht jenseits des Vorgebirges nordwestlich von Karthago das Meer zu befahren und beim Handel mit Karthago und dem von Phöniziern besiedelten Sardinien bestimmte Bedingungen zu befolgen. Rom, das in diesem Vertrag der Juniorpartner war und keine militärischen Ambitionen jenseits des Meeres hegte, wurde vom Handel mit den karthagischen Kolonien an der nordafrikanischen Küste westlich von Karthago ausgeschlossen, und für seine Handelsaktivitäten in den karthagischen Kerngebieten galten bestimmte Beschränkungen; in der karthagischen Zone von Westsizilien durfte Rom jedoch zu den gleichen Bedingungen Handel treiben wie jeder andere. 348 v. Chr. handelten die beiden Staaten einen neuen Vertrag aus. Rom wurde darin noch immer in erster Linie als Machtfaktor in Latium behandelt, doch Karthago versuchte nun, den Handel der Römer mit Sardinien und Nordafrika nicht nur zu kontrollieren, sondern zu verhindern, und ebenso wollte man dort eine Kolonisierung durch Rom unterbinden. Dies ist der erste Hinweis auf einen Ehrgeiz der Römer, Gebiete jenseits des Meeres zu erobern – einen Ehrgeiz, der Rom und Karthago in den Krieg treiben sollte und der dazu führte, dass Rom in die griechische Welt expandierte.

Seit der Antike suchen Historiker nach Gründen dafür, warum Rom so schnell und in einem solchen Maß an Macht gewinnen konnte. Polybios, ein griechischer Patriot, der viele Jahre in Rom lebte, schrieb ein Geschichtswerk über Roms Aufstieg zur Macht. Sein Hauptinteresse galt der Frage, wie es Rom gelungen war, in nur 53 Jahren, von 220 v. Chr. bis zum Ende der makedonischen Monarchie 167 v. Chr., Griechenland zu erobern. Diese Eroberung geschah mitnichten „in einem Anfall geistiger Umnachtung", wie es einmal jemand vom britischen Imperialismus behauptet hat; selbst wenn Rom bestimmte Kriege nicht selber auslöste und sich durchaus bemühte, keine „ungerechten Kriege" vom Zaun zu brechen, kann man Roms Militäraktionen kaum als defensiv bezeichnen. Nach und nach wuchs bei den Römern der Wunsch, die Welt zu beherrschen, und die besonderen Stärken ihrer Verfassung untermauerten diesen Wunsch. Soweit Polybios' Sicht der Dinge. Mit unserem heutigen Kenntnisstand können wir noch ein paar ursächliche Details ergänzen, die eher auf einer unterbewussten Ebene ihre Wirkung taten: Einzelne Senatoren mussten militärischen Ruhm erlangen, um in ihrer Karriere voranzukommen (so im Fall der Scipionen). Zudem barg eine aktive Rolle in einem Krieg nicht nur für die römische Elite, sondern auch für die römische Bevölkerung große finanzielle Anreize. Vor allem aber war Rom gezwungen, die von seinen Verbündeten rekrutierten Soldaten jedes Jahr ins Feld zu schicken, andernfalls hätte es die Besteuerung für ein ganzes Jahr aussetzen müssen. Auf lange Sicht wäre dadurch das Band zerschnitten worden, das Rom und seine Verbündeten zusammenhielt. All diese Ursachen, die direkt mit den grundlegenden Strukturen des römischen Staates zu tun hatten, resultierten darin, dass Rom regelmäßig Krieg führen *musste*.

Aus römischer Sicht war die Expansion Roms viel einfacher zu erklären: Die Römer führten ihren außergewöhnlichen Erfolg und ihren Wohlstand auf ihre Beziehung zu den Göttern zurück, die bei ihnen so eng sei wie bei keinem anderen Volk. In einem äußerst vielsagenden Brief von 193 v. Chr. schrieben die römischen Behörden an die Einwohner von Teos (einer griechischen Stadt an der Westküste Kleinasiens), dass sie deren Bitte akzeptierten, ihre Stadt und das Umland für „heilig" zu erklären und der Hauptgottheit von Teos, Dionysos, größere Ehren zuteilwerden zu lassen. Die Römer begründeten ihre Entscheidung mit den Worten: „Die Tatsache, dass uns die absolute und beständige Ehrerbietung gegenüber den Göttern wichtiger ist als alles andere, beweist die Gunst, die wir von ihnen diesbezüglich empfangen haben." Die Römer setzten voraus, dass jeder von dieser Tatsache wusste. Sie selbst waren der Meinung, dass sie ausschließlich „gerechte Kriege" führten und dass sie deshalb so oft als Sieger daraus hervorgingen, weil sie den Göttern gegenüber eine so große Frömmigkeit an den Tag legten. Schon damals gab es Stimmen, die behaupteten, dass es ein paar Gründe mehr brauchte, um die römische Expansion zu erklären, doch man darf diese Selbsteinschätzung der Römer keinesfalls außer Acht lassen.

Der erste große Konflikt zwischen Rom und Karthago, der Erste Punische Krieg, brach 264 v. Chr. aus. Der Auslöser an sich war kaum der Rede wert, aber die Krise eskalierte, und schon bald ging es dabei um die Kontrolle über ganz Sizilien, wo die Karthager schon lange eigene Gebiete besaßen. In einer frühen Kriegsphase beschlossen die Einwohner von Segesta in der karthagischen Zone in Westsizilien, die gesamte dortige Karthager-Garnison zu massakrieren und zu den Römern überzulaufen. Sie ließen sich bei dieser durchaus riskanten Entscheidung von ihrer Verwandtschaft mit den Römern leiten: Wie wir wissen, behauptete man in Segesta bereits im 5. Jahrhundert v. Chr., die Stadt sei – wie Rom – von Flüchtlingen aus Troja gegründet worden. Jetzt erhielt diese Behauptung eine besondere Bedeutung, da die Bewohner der Stadt genau wussten, wie gut ihr Gründungsmythos zu dem von Rom passte. Die Geschichte findet sich auch noch einmal auf zwei Münzen wieder, die im 1. Jahrhundert v. Chr. in Segesta geprägt wurden.

Dem Triumph der Römer über Karthago und seinen Verbündeten Syrakus im Jahr 241 v. Chr. folgte ein für Karthago äußerst nachteiliger Friedensschluss, im Zuge dessen Rom den Karthagern Sizilien abnahm und zu seiner ersten „Übersee"-Provinz machte. Heute sieht man den Ersten

Punischen Krieg meist als Auseinandersetzung zwischen den beiden Großmächten des westlichen Mittelmeers – sie seien von ihren jeweiligen unmittelbaren Zwängen in den Konflikt hineingetrieben worden. Einer, der auf römischer Seite mitkämpfte, sah das etwas anders: Naevius, der das erste lateinische Epos über ein römisches Thema schrieb, ordnete den Konflikt in einen viel weiteren Kontext ein. Sein Epos beginnt damit, wie die Römer auf Sizilien kämpfen, geht dann aber in eine Rückblende über, wohl weil der römische Befehlshaber an einem sizilischen Tempel Darstellungen von Mythen sieht. Bevor es zum aktuellen Krieg zurückkehrt, spielt ungefähr ein Drittel des Gedichtes in der fernen Vergangenheit: Aeneas flieht aus Troja, kommt nach Karthago, wo er die karthagische Königin kennenlernt, und erreicht schließlich Italien (was Vergil später in seiner *Aeneis* weiter ausführte). Für seine Erzählung vom Punischen Krieg baut Naevius also einen Background auf, in dem Roms Erfolg bereits vorgezeichnet, der Konflikt zwischen Rom und Karthago aber noch nicht unvermeidlich ist.

Flauberts *Salambo*

Als 1862 Flauberts Roman *Salambo* erschien, hatten sich die Leser bereits auf den Nachfolger zu seiner überaus beliebten *Madame Bovary* gefreut. Dass er stattdessen einen historischen Roman herausbrachte, der im alten Karthago spielt, sorgte für lange Gesichter. 1857 hatte Flaubert, der schon lange vom „Orient" fasziniert war, begonnen, fast schon zwanghaft zahllose antike Autoren und moderne Forschungsberichte zu lesen, insgesamt mehr als hundert Bücher, darunter eine vierhundertseitige Abhandlung über eine bestimmte Zypressenart, die er für die Beschreibung eines Tempels brauchte. Er machte sich unzählige Notizen, doch irgendwann kam er nicht mehr weiter, und so unternahm er 1858 eine Reise nach Karthago und zu anderen Orten in Tunesien und Algerien. Hinterher konzipierte er seinen Roman noch einmal vollständig neu. Dennoch sah sich Flaubert nach der Veröffentlichung dem Vorwurf ausgesetzt, er habe ungenau gearbeitet, und er räumte auch ein, sich ein paar kleinere Freiheiten geleistet zu haben. Zwar basiert der Roman auf einer Geschichte aus Polybios, aber er lässt tatsächlich dessen Sympathie für die Karthager vermissen; er präsentiert eine hochkomplexe Darstellung einer fremdländischen und extrem gewalttätigen Gesellschaft. Flaubert stellte seine Geschichte nicht in den großen Kontext der Konflikte mit Rom, sondern siedelte sie nach dem Ersten Punischen Krieg an, als Karthagos Söldner revoltieren. Zentrales Element des Romans ist die Liebesgeschichte zwischen dem Söldnerführer und der karthagischen Priesterin Salambo. Auf den ersten Blick sieht der Roman wie ein typisches Beispiel für den westlichen Orientalismus aus, bei dem Vertreter westlicher Kolonialmächte den „Orient" als „exotisches" Gegenstück zu Europa darstellten, um ihn dadurch letztlich besser beherrschbar zu machen. In Wirklichkeit aber vermied Flaubert viele beliebte Kniffe, die dem Leser die Lektüre erleichtert hätten; so verzichtete er zum Beispiel darauf, edle Römer oder weise griechische Philosophen in die Handlung einzubauen. Stattdessen beschrieb er eine fremdartige Gesellschaft mit fremdartigem Vokabular und fast ohne direkte Rede. Doch die große Gelehrsamkeit, die er vor dem Leser ausbreitete, half wenig, und es stellte sich heraus, dass die französische Sprache der Fremdartigkeit Karthagos nicht wirklich gerecht werden konnte.

Karthago zu beschreiben, ist heute noch problematisch. Manche modernen Forscher geben sich gar keine Mühe, den Klischees der Römer zu entgehen, denen alle Karthager als perfide und niederträchtig galten. Andere wollen so gerne Verständnis für die Karthager aufbringen, dass sie die Befundlage im Zusammenhang mit dem „Tophet" kurzerhand ignorieren. Wieder andere lassen sich von der Tatsache, dass Phönizisch eine semitische Sprache war, zu der rassistischen Behauptung verleiten, die karthagische Literatur würde gegenüber derjenigen eines anderen semitischen Volkes, der Juden, deutlich abfallen. Bis vor wenigen Jahrzehnten galt der Konflikt zwischen Rom und Karthago allzu oft als Kampf zwischen Indoeuropäern und Semiten um die Kontrolle des westlichen Mittelmeerraums. Doch gerade weil Flauberts Roman in keine dieser Fallen tappt, stellt er für den Leser eine echte Herausforderung dar – *Salambo* war damals wenig populär und wird auch heute noch kaum gelesen.

Nach dem Ersten Punischen Krieg versuchte Karthago, seine Position in Nordafrika zu sichern und darüber hinaus in Iberien Fuß zu fassen. Eine führende karthagische Familie ließ sich dort nieder und gründete „Neu-Karthago" (heute Cartagena), das den besten Hafen an der iberischen Mittelmeerküste besaß. Im 7. und 6. Jahrhundert v. Chr. hatten diverse phönizische Kolonien die Südküste der iberischen Halbinsel gesäumt, doch im 5. Jahrhundert hatten sie an Bedeutung verloren. An ihrer Stelle entwickelte sich dort eine indigene, urbane Zivilisation, die in engem Kontakt mit den Griechen stand. Ein Dokument in griechischer Sprache auf einer Bleiplatte aus dem 5. Jahrhundert v. Chr. verzeichnet den Erwerb eines Schiffes durch einen griechischen Kaufmann in der griechischen Stadt Emporion im Nordosten Iberiens; bezeugt wurde die Transaktion von drei Männern mit iberischen Namen. Dieselbe Bleiplatte war bereits früher verwendet worden, um auf Etruskisch eine Transaktion zweier etruskischer Kaufleute in „Matalia" (= Massilia) zu dokumentieren – ein anschauliches Beispiel dafür, wie komplex das Wirtschaftsleben damals schon war. Die örtlichen iberischen Eliten importierten große Mengen griechischer Keramik und anderer Artefakte. Wie die Etrusker funktionierten die Iberer die griechischen Importe für ihre Zwecke um; es entstanden ein eigener iberischer Stil in der Bildhauerei, der auf griechischen Vorbildern basierte (Tafel 17), und eine iberische Schrift, die vom ionischen Griechisch inspiriert war. Auf eben diese Region hatten die Karthager ein Auge geworfen, und als sie versuchten, sie unter ihre Kontrolle zu bringen, lösten sie damit den nächsten Konflikt mit Rom aus.

Der Zweite Punische Krieg brach 218 v. Chr. aus, als Hannibal von Neu-Karthago aus einen Überraschungsangriff auf Italien startete und mit seinen Elefanten über die Alpen marschierte. In den drei folgenden Jahren besiegte er drei römische Armeen. Weite Teile Süditaliens und Syrakus, die größte Stadt Siziliens, liefen zu den Karthagern über, doch Mittel- und Norditalien blieben Rom treu. Am Ende gelang es den Römern, das Blatt zu wenden: Sie besiegten die Karthager in Italien und 202 v. Chr. auch in Nordafrika. Als Resultat blieb das karthagische Territorium in der Folge auf das mittlere Nordafrika beschränkt, und Rom kämpfte die nächsten zweihundert Jahre lang um die Herrschaft über ganz Iberien. Die Karthager stellten die einzige echte Bedrohung für Roms unaufhaltsamen Aufstieg zum Herrscher über den gesamten Mittelmeerraum dar, was auch erklärt, weshalb Polybios an eben diesem Punkt das Gleichgewicht zwischen den drei Elementen der römischen Verfassung verdeutlichte, die Rom seiner Meinung nach zum endgültigen Sieg verhalfen.

In diesen Krieg wurde auch Roms Verbündeter Massilia verwickelt. Die Stadt hatte im 4. und 3. Jahrhundert v. Chr. an Wohlstand eingebüßt, als die La-Tène-Kelten auf den Plan getreten waren, und fortan die Handelsrouten nach Norden störten. Massilias Kaufleute hatten sich nach neuen Handelspartnern umschauen müssen. Ein ägyptischer Papyrus verzeichnet einen Seekredit aus der Zeit zwischen 200 und 150 v. Chr. und erwähnt eine Reise in das „Düfte produzierende Land" an der somalischen Küste. Die Partner waren griechische Ägypter und ein Händler aus Massilia, und die Bürgen des Darlehens waren ein weiterer Massiliote, ein Karthager und ein Italiker. Die internationalen Verbindungen reichten hier noch weiter als bei der erwähnten Bleitafel. Im Zweiten Punischen Krieg errang Massilia gemeinsam mit Rom einen Seesieg über die Karthager; die Stadt gedachte dieses Sieges auf eine Art und Weise, die jeder griechischen Polis zur Ehre gereicht hätte: Sie weihte im Heiligtum von Delphi eine Apollon-Statue.

Während des Zweiten Punischen Kriegs gerierte sich Rom wahrscheinlich weiterhin als von Troern gegründete Stadt, die von einem fremdländischen Feind bedroht wird. Als Hannibal den Römern 217 v. Chr. die zweite schwere Niederlage beigebracht hatte, versuchte der Senat, die Götter zu beschwichtigen, indem er zwei neue Tempel auf dem Kapitol bauen ließ, einen für Mens („Geist/Verstand/Bewusstsein") und einen für Venus Erycina („Venus aus Eryx"). Dass hier eine Gottheit aus Eryx an der Nordwestecke Siziliens eingeführt wurde, bedarf einer Erklärung, zumal zum dortigen Kult die zutiefst unrömische Praxis der Tempelprostitution gehörte. Wir wissen, dass man diesen Kult später mit Troja in Verbindung brachte, und wahrscheinlich war das bereits damals der Fall: Die Stadt war angeblich von Eryx, einem Sohn der Aphrodite (bei den Römern Venus), gegründet worden, Aeneas, ebenfalls ein Sohn der Aphrodite, hatte sie besucht, und das von Troern gegründete Segesta lag ganz in der Nähe. Um diese Assoziationen ging es den Römern wahrscheinlich, als sie im Herzen Roms einen Tempel für Venus Erycina bauten.

Die römischen Historiker an der Wende vom 3. zum 2. Jahrhundert v. Chr. stellten die jüngste Vergangenheit in einen weit gefassten historischen Kontext. Fabius Pictor, einer der führenden Senatoren seiner Zeit, verfasste Ende des 3. Jahrhunderts v. Chr. eine Geschichte Roms. Er begann mit den Erzählungen rund um Herkules und Euandros, dann kamen Aeneas und die Gründung von Alba Longa an die Reihe, und im Anschluss sprang er zu den viel späteren Ereignissen mit Romulus, Remus und der Gründung von Rom im Jahr 748 v. Chr. Fabius Pictor versuchte, das von Eratosthenes für den Trojanischen Krieg errechnete Datum mit dem viel späteren Datum der Gründung Roms in Einklang zu bringen; seine Lösung wurde kanonisch, wenn auch nicht sofort. Die Königszeit und die frühe Republik handelte das Werk recht schnell ab, und es endete mit einem ausführlichen Abriss der Zeit vom Ersten bis zum Zweiten Punischen Krieg. Pictor gilt vielen als der erste römische Historiker, was gegenüber Naevius ein wenig unfair ist und die Tatsache außen vor lässt, dass Pictor auf Griechisch schrieb. Pictor sprach, wie viele andere Römer der Oberschicht, neben Lateinisch auch fließend Griechisch, doch er schrieb nicht etwa auf Griechisch, weil er sich an ein griechisches Publikum richtete: Seine Leser waren gebildete Römer, die seine Anleihen an die stolze Tradition der griechischen Geschichtsschreibung zu schätzen wussten.

Ennius war ein ganz anderer Literat. Er stammte aus Süditalien und behauptete, von Messapos, dem Gründer des lokalen Volksstamms der Messapier, abzustammen. Ennius sagte, er habe „drei Herzen", weil er Oskisch, Griechisch und Latein spreche (er schrieb auf Lateinisch). Auch wenn er in Rom ein Außenseiter war, zählten diverse führende Römer zu seinen Gönnern; die Scipionen stellten vor ihrem Familiengrab sogar eine Statue von ihm auf. Im ersten Abschnitt seines historischen Versepos, der *Annalen* (geschrieben in den 180er-/170er-Jahren v. Chr.), ging es, wie man sich denken kann, um Aeneas, Romulus und die anderen Könige Roms, aber Romulus war hier – wie schon bei Naevius – der Enkel von Aeneas. Somit ließ er die Königszeit von Alba Longa aus, die die große zeitliche Lücke zwischen dem Trojanischen Krieg und der Gründung Roms füllen müsste. Der zweite Abschnitt der *Annalen* beschrieb die republikanische Zeit bis ins frühe 3. Jahrhundert v. Chr. hinein, und die restlichen zwei Drittel behandelten das letzte Jahrhundert bis zu Ennius' Zeit, ließen aber den Ersten Punischen Krieg aus, den Naevius bereits beschrieben hatte. Den Schluss des Werks bildeten die Niederlage der Makedonen im Jahr 197 v. Chr., der Sieg über die Aitoler im Nordwesten

Griechenlands 187 v. Chr. und die anschließenden Kriege bis Anfang der 170er-Jahre v. Chr.

Karthago hatte nach dem Zweiten Punischen Krieg trotz der geographischen und politischen Einschränkungen einen signifikanten wirtschaftlichen Aufschwung erlebt; der zeitgenössische Historiker Polybios bezeichnete es als „reichste Stadt der Welt" (Tafel 18). Aber als Karthago im Jahr 149 v. Chr. Massinissa angriff, den König seines westlichen Nachbarstaats Numidien, hatte Rom endlich wieder Grund, Karthago den Krieg zu erklären: Massinissa war ein Verbündeter Roms. So begann der Dritte Punische Krieg. Der römische Politiker Cato wurde nicht müde, auf die angebliche Grausamkeit der Karthager hinzuweisen. Auch er schrieb die Gründung Karthagos Prinzessin Elissa zu; wie Naevius ordnete er den Konflikt in einen weit zurückreichenden historischen Kontext ein. 146 v. Chr. wurde Karthago besiegt. Die Frau des Anführers der Karthager beging Selbstmord auf dem Scheiterhaufen und demonstrierte damit eindrucksvoll, dass man immer noch Elissas Schicksal gedachte. Die Römer nahmen die Gottheiten der Metropole mit nach Rom und „überließen" Karthago den Göttern der Unterwelt. Sie rissen die Stadtmauern ein, entfernten von allen Häusern die Dächer, um sie unbewohnbar zu machen, und verkauften alle Einwohner Karthagos in die Sklaverei. Auf ähnliche Weise waren die Römer bereits mit einigen Städten in Italien verfahren, unter anderem mit Veji, aber außerhalb Italiens hatte es so etwas noch nicht gegeben. Die Beutestücke, die die Karthager 405 v. Chr. im sizilischen Akragas erbeutet hatten, wurden ihren rechtmäßigen Besitzern zurückgegeben. Immer wieder liest man heute, dass die Römer außerdem noch Salz auf die Felder rund um Karthago streuten, damit dort nichts mehr wachse, doch diese Geschichte hat sich ein Historiker im Jahr 1930 ausgedacht. Um 125 v. Chr. herum begann Rom, das Territorium von Karthago seinen eigenen Bürgern zuzuweisen, und 122 v. Chr. schickte man römische Siedler nach Karthago, doch das Stadtzentrum blieb nach seiner Zerstörung hundert Jahre lang ungenutzt.

Zur gleichen Zeit begehrten 147 v. Chr. die Festlandgriechen gegen Rom auf, aber vergebens. Zur Strafe plünderten die Römer 146 v. Chr. die uralte Stadt Korinth und brachten zahlreiche Stadtstaaten des griechischen Festlandes unter ihre Kontrolle. Korinth erlitt ein ähnliches Schicksal wie Karthago: Alle Statuen und Gemälde wurden aus Korinth fortgeschafft, um in Rom, in den siegreichen Städten Italiens, in den panhellenischen Heiligtümern Griechenlands und sogar in anderen griechischen Städten aufgestellt zu werden. So integrierte man die Erinnerung in ganz neue Kontexte.

Der seit Langem bestehende Konflikt zwischen Karthago und Rom hatte Konsequenzen für die Art und Weise, wie man sich die Welt vorstellte. Seit dem 5. Jahrhundert v. Chr. definierte man drei Kontinente: Europa, Asien und Libyen. Laut Herodot war Libyen nach geographischen Gesichtspunkten weniger groß und weniger bedeutend als Europa, und zwischen Europa und Asien herrschte seit Langem eine fundamentale politische Rivalität. Die Kriege zwischen Rom und Karthago im 3. und 2. Jahrhundert v. Chr. schwächten diese althergebrachte Rivalität etwas ab – Libyen gewann an Bedeutung und bekam auch einen neuen Namen: Im Jahr 146 v. Chr. gaben die Römer dem eroberten karthagischen Territorium den Namen „Africa", ein Wort, das wahrscheinlich auf einen vor Ort tradierten Eigennamen zurückging, und vermieden damit jeden Bezug zu den *Poeni*. Später wurde diese lateinische Bezeichnung für die neue Provinz zum Namen des gesamten dritten Kontinents.

Auch der allgemeine Wissensstand, was Europa betraf, wuchs. Die Griechen hatten trotz ihrer langjährigen Handelsverbindungen zu diversen europäischen Küstengebieten nur wenig Interesse an den Bewohnern der Binnenräume Iberiens und Mitteleuropas an den Tag gelegt. So waren beispielsweise über Massilia kaum Kenntnisse über die Kelten nach Griechenland gelangt. In den Schriften über seine weite Reise nach Britannien und noch weiter nach Norden hatte Pytheas kein Wort über die Kelten im Landesinneren verloren. Das änderte sich mit den römischen Eroberungen nach dem Zweiten Punischen Krieg in etwa auf dieselbe Weise, wie die Eroberungen Alexanders des Großen der griechischen Forschung neue Gebiete in Asien erschlossen hatten. Polybios reiste gemeinsam mit seinem römischen Gönner zweimal nach Iberien und weiter bis mindestens nach Südfrankreich, und sein Gönner stellte dem Historiker mehrere Schiffe zur Verfügung, damit jener die Küste Nordafrikas erkunden konnte. Dadurch war er in der Lage, diese Regionen besser zu beschreiben als alle früheren Autoren, und so wurde die Geographie zu einem integralen Bestandteil der Geschichtsschreibung. Polybios' Forschungsreisen wurden durch die römische Expansion erst möglich, doch andersherum diente das erworbene Wissen auch dazu, die römische Macht zu konsolidieren. Um 100 v. Chr. herum beschrieb der griechische Gelehrte Artemidor von Ephesos (im Westen Kleinasiens) in seinem Werk über die Geographie der Welt ausführlich die Küsten Iberiens, einschließlich der Atlantikküste. Rund hundert Jahre später wurde dieser Abschnitt über Iberien mit einer äußerst detaillierten Karte illustriert, die mindestens einen Teil von Iberien zeigte und ziemlich genaue Details über die Siedlungen im Landesinneren bot (siehe Abb. 24). Diese Karte ergänzte Artemidoros' Erkenntnisse, die sich aus der römischen Eroberung der Region ergaben, um weitere

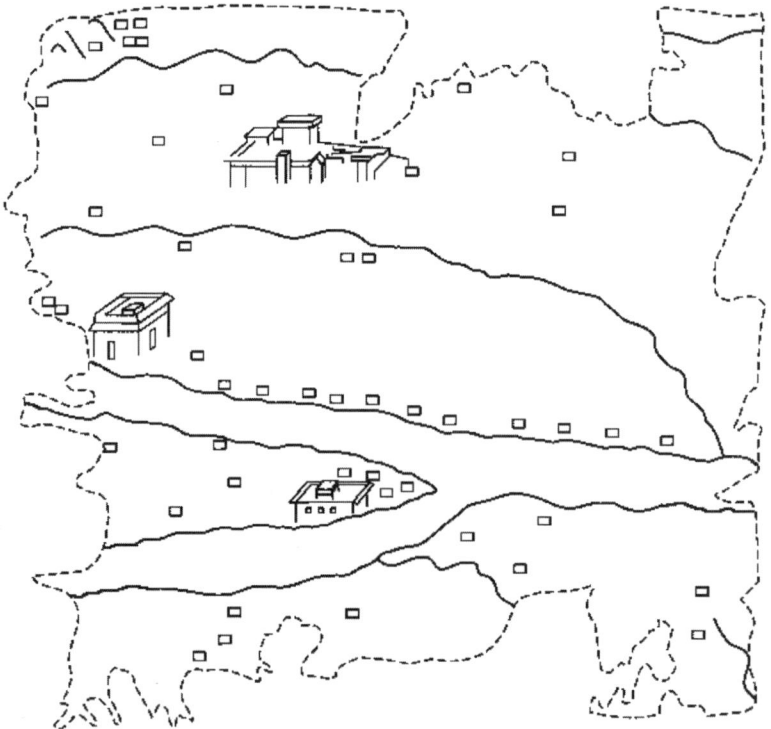

Abb. 24. Teil einer Karte von Iberien im Artemidor-Papyrus. In der Mitte fließt ein breiter Fluss, angedeutet durch zwei parallele Linien; ein zweiter Fluss mündet in diesen. An der Stelle des Zusammenflusses liegt eine befestigte Stadt; oberhalb gibt es noch zwei weitere ummauerte Städte. Die einzeln verlaufenden Linien, wahrscheinlich eher Straßen als Flüsse, sind von kleinen Siedlungen flankiert (rechteckige Felder).

Details der neuen römischen Welt wie Straßen, Städte und kleinere Ortschaften. Iberien war jetzt fest in römischer Hand. Wie wir im folgenden Kapitel sehen werden, hatte auch die römische Expansion in Mitteleuropa im 1. Jahrhundert v. Chr. ganz ähnliche Konsequenzen für den geographischen Wissensstand der Römer.

Der große Rahmen dessen, was in der Zeit von 500 bis 146 v. Chr. geschah, dürfte klar geworden sein: Rom brachte bis 264 v. Chr. ganz Italien südlich des Arno unter seine Kontrolle, führte mehrere Kriege mit Karthago und eroberte innerhalb von Polybios' berühmten 53 Jahren (220–167 v. Chr.) den größten Teil der griechischen Welt. Die beiden Stränge der römischen Expansion kamen 146 v. Chr. zusammen, dem Jahr, als Rom sowohl Karthago als auch Korinth zerstörte – zwei Ereignisse, die ausgesprochen symbolisch für Roms Vorherrschaft in der mediterranen Welt waren. Danach hatte kein Staat westlich des Euphrat mehr die Mittel, sich der weiteren Expansion des Römischen Reichs zu widersetzen. All diese historischen Ereignisse muss man in den Kontext dessen einordnen, wie Römer, Italiker und Karthager auf ihre eigene Vergangenheit zurückblickten. Nichts prägte die Entwicklung und Interaktion der einzelnen Staaten so sehr wie die jeweiligen Vorstellungen und Debatten über die eigene Frühzeit und die entsprechenden Überlieferungen.

7 Rom, Italien und das Römische Reich (146 v. Chr. – 14 n. Chr.)

Bis heute schlafen die meisten Gallier auf dem Boden und nehmen ihre Mahlzeiten auf Strohsäcken ein. Ihre Nahrung ist reichhaltig und enthält Milch und Fleisch aller Art, insbesondere frisches und gepökeltes Schweinefleisch. Ihre Schweine werden im Freien gehalten und sind außergewöhnlich groß, stark und schnell. Ein Mensch, der sich mit ihnen nicht auskennt, sollte diesen Schweinen nicht zu nahe kommen; sogar für Wölfe ist dies gefährlich. Die Häuser der Gallier sind groß und kuppelförmig, werden aus Brettern und Flechtwerk gebaut und mit einem Strohdach gedeckt.

Mit diesen Worten beschrieb der griechische Geograph Strabon zu Beginn des 1. Jahrhunderts n. Chr. die Bewohner Zentralgalliens. Es ist ein eindrucksvolles Bild: ein primitives Volk, das in seltsam aussehenden Häusern aus seltsamen Materialien wohnt und ein Leben führt, das so ganz anders ist als das am Mittelmeer; dessen bestimmender Wirtschaftsfaktor wilde Schweine sind, die sogar Wölfe töten können. Strabon sagt ausdrücklich, dass seine Beschreibung der Gallier größtenteils aus der Zeit stammt, bevor Julius Caesar ihr Land eroberte. Auf den ersten Blick scheinen seine Gallier stark an die Bewohner von Sobiejuchy in Polen tausend Jahre zuvor zu erinnern. In Wirklichkeit aber war sich Strabon sehr wohl bewusst, dass sich die Welt, in der die Gallier lebten, mit der Zeit verändert hatte. Beispielsweise exportierten sie Textilien aus Schafwolle und gepökeltes Wildschweinfleisch nach Rom und in andere Teile Italiens. Die Gallier waren in ein lukratives Fernhandelssystem eingebunden, während die Einwohner von Sobiejuchy überhaupt keine Verbindungen zu anderen Völkern hatten.

In diesem Kapitel untersuchen wir die Zeit von der Mitte des 2. Jahrhunderts v. Chr., als die Gallier von Rom unabhängig waren, bis zum Beginn des 1. Jahrhunderts n. Chr., als Gallien eine von vielen römischen Provinzen war. Das Territorium des Römischen Reichs wuchs während dieser Zeit sowohl im Westen als auch im Osten gewaltig, und das hatte weitreichende Folgen für die Verwaltung und Konzeption dieses Territoriums. Aber zunächst wollen wir uns mit den Auswirkungen der römischen Herrschaft über die Apennin-Halbinsel beschäftigen, bevor wir dann zu den politischen Veränderungen vor Ort in Rom übergehen.

Zu Beginn dieser Epoche hatte der Senatorenstand Oberwasser. Die römischen Senatoren profitierten ganz enorm von der Expansion des Imperiums. Bis zum Ende des Zeitraums, um den es jetzt gehen soll, hatte die senatorische Elite einen tiefgreifenden Wandel durchgemacht. Einzelne Führungspersönlichkeiten waren auf den Plan getreten, es hatte mehrere Bürgerkriege gegeben, die mit Augustus' Sieg über die Streitkräfte von Mark Anton und Kleopatra in der Schlacht bei Actium im Jahr 31 v. Chr. geendet hatten, und mit Augustus hatte ein Kaiser den Thron bestiegen, der von sich selbst behauptete, lediglich ein gewöhnlicher Bürger zu sein. Augustus' Tod im Jahr 14 n. Chr. bietet sich als Endpunkt für diesen Erzählstrang der römischen Geschichte an. Heute definiert man den damaligen politischen Wandel üblicherweise als Wechsel von der Republik zum Kaiserreich. Augustus gab sich, wie viele Politiker, gerne als Traditionalist; hätte er gewusst, dass man die Schlacht von Actium einmal als Einschnitt zwischen zwei historischen Epochen wahrnehmen würde – er wäre entsetzt gewesen.

Das Ausmaß seiner Macht auf der Apennin-Halbinsel stellte Rom vor immer mehr Probleme. Wir haben bereits gesehen, wie viele Kolonien Rom im 3. und 2. Jahrhundert in Italien gründete, wie es den Römern immer wieder gelang, sich in die Angelegenheiten ihrer Verbündeten (und anderer Staaten) einzuschalten, und wie das Lateinische zur prestigeträchtigsten Sprache der Halbinsel avancierte. Dieser Prozess brachte es mit sich, dass das römische Staatsgebiet in Italien immer größer wurde. Jene Städte im Süden der Halbinsel, die den großen Fehler begangen hatten, im Zweiten Punischen Krieg zu Hannibal überzulaufen, wurden aufs Schärfste dafür bestraft: Ihr Territorium wurde ganz oder teilweise von Rom konfisziert.

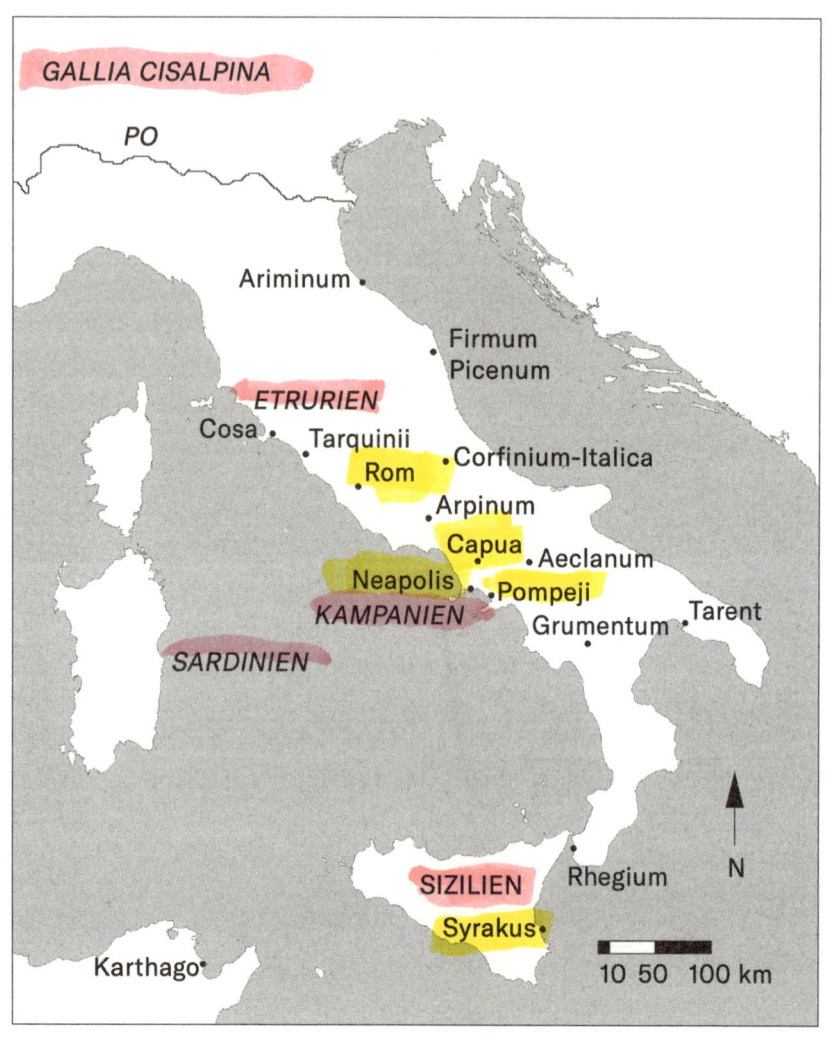

Karte 26. Die Apennin-Halbinsel im 2. und 1. Jahrhundert v.Chr.

Dieses neu erworbene Land war *ager publicus* ("öffentliches Land"), also römisches Staatseigentum, und wurde an römische Bürger verpachtet. Theoretisch lag die Grenze des Grundeigentums, das eine Einzelperson pachten konnte, bei 125 Hektar, und dafür war eine Pacht an den Staat zu zahlen, doch manche Pächter kümmerten sich weder um das eine noch um das andere. Die konventionelle Ansicht lautet, dass viele Römer aus der Oberschicht riesige Ländereien erwarben, und sie von Sklaven bewirtschaften ließen, und dass man in einigen Gegenden vom Ackerbau zur Weidewirtschaft umschwenkte. Im Zuge dessen enteignete die Oberschicht die örtlichen freien Landwirte und wurde selbst unermesslich reich. Diese Analyse fußt jedoch teilweise auf Argumenten von Zeitgenossen, die die damalige Situation reformieren wollten. Außerdem gab es auf der Apennin-Halbinsel, was die landwirtschaftlichen Praktiken und Besitzverhältnisse betrifft, von Region zu Region erhebliche Unterschiede. Dafür, dass es immer mehr arme Leute ohne eigenen Grundbesitz gab, könnte zum Teil auch das allgemeine Bevölkerungswachstum ursächlich gewesen sein. Noch ist kein endgültiges Urteil gefallen, ob die Befunde der archäologischen Untersuchungen, die in verschiedenen Teilen Italiens durchgeführt wurden, diese konventionelle Analyse stützen. Wo auch immer die Ursachen lagen: Wir dürfen davon ausgehen, dass eine Landreform bitter nötig war.

In Rom spitzte sich die Lage zu, als Tiberius Gracchus im Jahr 133 v. Chr. zum Volkstribun gewählt wurde. Er stammte aus einer angesehenen Familie und hatte diverse berühmte Vorfahren: Sein Großvater Scipio Africanus der Ältere hatte Hannibal besiegt und damit den Zweiten Punischen Krieg entschieden, und sein Schwager Scipio Africanus der Jüngere hatte 146 v. Chr. Karthago erobert. Sicherlich wird man schon deshalb von ihm erwartet haben, dass er sich um die höchsten senatorischen Ämter und Auszeichnungen bewerben würde, wie sie in den Inschriften im Grab der Scipionen beschrieben sind. Doch genau das tat Tiberius nicht: Er entschied sich für das Volkstribunat, ein Amt, das sich laut Polybios ganz auf die Wünsche des Volkes konzentrieren sollte. Als Volkstribun gelang es ihm, das politische System Roms auf ganz neuartige Weise für sich zu nutzen, und zwar mit weitreichenden Konsequenzen: Mit den Stimmen des Volkes setzte er gegen den entschiedenen Willen des Senats ein Gesetz durch, das die Einrichtung einer Agrarkommission vorsah, die den Missbrauch rund um den *ager publicus* regeln sollte. Wer sich widerrechtlich *ager publicus* angeeignet hatte, sollte bis zur früher festgelegten Obergrenze sein Land behalten dürfen (sowie etwas mehr für bis zu zwei Söhne); den Rest seines Grundbesitzes sollte die Kommission den landlosen Armen zuteilen. Das römische Volk stand hinter diesem Gesetz, doch die Oberschicht, die massive Einbußen befürchtete, lief dagegen Sturm, zumal es einige durchaus berechtigte Einwände gegen die politische Taktik gab, die Tiberius hier anwendete.

Obwohl Tiberius Gracchus umgebracht wurde – wir werden darauf später noch zurückkommen –, schritt die Agrarkommission zur Tat. Von den Grenzsteinen, die die Kommission in Italien aufstellen ließ, sind vierzehn noch erhalten, hauptsächlich aus der Gegend südlich von Capua. Sie zeugen von der beeindruckenden Detailgenauigkeit, mit der die Grundstücke vermessen und erfasst wurden. Wenige Kilometer von einem der Gebiete entfernt, die die Kommission untersuchte, ließ ein weiterer prominenter Römer, dessen Name nicht überliefert ist, eine aufwendige Straße bauen, die von Rhegium bis nach Capua führte. Außerdem behauptete er, der Erste zu sein, der dafür gesorgt habe, dass die Hirten auf dem *ager publicus* den Ackerbauern wichen, und er errichtete vor Ort ein Forum und mehrere öffentliche Gebäude, vermutlich für die verarmten Landbewohner, die von Tiberius' Reformen profitierten und sich dort ansiedeln sollten.

Im Jahr 123 v. Chr. wurde Tiberius' Bruder Gaius Gracchus seinerseits Volkstribun. Hatte Tiberius in erster Linie versucht, die Lage für römische Bürger ohne Grundbesitz zu verbessern, ergriff Gaius Gracchus nun Maßnahmen, von denen die nicht-römischen Italiker profitierten, die aber zugleich Rom zugutekamen, denn das römische Heer erhielt einen stetigen Nachschub an Rekruten. Gaius modifizierte die Landreform seines Bruders dahingehend, dass ein ganz bestimmter und bedeutender Teil des *ager publicus* nicht an römische Bürger verteilt wurde, sondern an Nicht-Römer. Im Anschluss daran brachte er den Vorschlag ein, den latinischen Verbündeten das volle römische Bürgerrecht anzubieten und auch anderen Italikern mehr Rechte zu verleihen, aber sein Vorschlag scheiterte. 121 v. Chr. initiierte Gaius Gracchus einen Sklavenaufstand, um seine Gesetze durchzusetzen, aber auch dieser scheiterte, und genau wie viele seiner Anhänger wurde er getötet.

Die Ausweitung des römischen Bürgerrechts war jedoch ein Thema, das nicht etwa in Vergessenheit geriet, als Gaius Gracchus starb. Die einzelnen Bündnisverträge zwangen die italischen Verbündeten, Rom jedes Jahr Soldaten zu liefern, und sie waren immer unzufriedener darüber, wie sie im Gegenzug von Rom behandelt wurden. Gaius Gracchus hatte bereits gegen das empörende Verhalten eines jungen römischen Botschafters gegenüber einem bescheidenen Bürger einer latinischen Kolonie und gegen die Übergriffe eines römischen Konsuls gegenüber dem Magistrat eines verbündeten Stadtstaates protestiert. Verglich man die italischen Verbündeten mit den römischen Kolonien, die auf der ganzen Apennin-Halbinsel verstreut lagen, fiel die ungleiche Behandlung besonders ins Auge: Die Einwohner der Kolonien waren römische Bürger, die nicht zum Dienst im römischen Heer verpflichtet und dazu grundsätzlich vor dem Machtmissbrauch römischer Magistraten geschützt waren. Die italischen Verbündeten wollten auch an politischen und legislativen Prozessen in Rom teilhaben, bis hin zur Entscheidung, wer an der Spitze des Römischen Reichs stand. Viele italische Verbündete Roms versuchten daher, dieses unausgewogene Machtgefüge zu beenden und endlich das römische Bürgerrecht zu erlangen. Aber all ihre Bestrebungen liefen ins Leere. Der letzte Strohhalm, an den sie sich klammerten, war der römische Politiker Livius Drusus, der vorschlug, das Wahlrecht auf alle Italiker auszuweiten, doch er hatte keinen Erfolg und wurde ebenfalls ermordet. Im Jahr 91 v. Chr. brach dann ein Krieg zwischen Rom und seinen italischen Verbündeten aus, der sogenannte Bundesgenossenkrieg. Roms Bündnispartner in ganz Mittel- und Süditalien, von Firmum im Norden bis Grumentum im Süden, griffen zu den Waffen. Laut dem Historiker Velleius Paterculus, dessen Vorfahren in diesem Krieg gekämpft hatten, starben während des dreijährigen Konflikts rund 300 000 junge Männer. Auch wenn diese Zahl wahrscheinlich übertrieben ist – der Bundesgenossenkrieg war von großer historischer Bedeutung.

Als der Krieg ausbrach, ging es den Bündnispartnern längst um mehr als um das römische Bürgerrecht: Sie wollten ihren eigenen Staat. Sie richteten einen separaten Senat mit fünfhundert Mitgliedern und Magistraten ein, der in Corfinium tagte, das sie in „Italica" umbenannten. Schleuderkugeln aus Blei, die für den Einsatz gegen die Römer vorgesehen waren, wurden mit den Namen der Magistrate und dem Wort „Itali" (Italiker oder Italer) versehen, was darauf hindeutet, dass sich die italischen Truppen als eine einzige große Streitmacht definierten, die gegen Rom ins Feld zog. Besonders deutlich kann man das Selbstverständnis der Rebellen an den Silbermünzen ablesen, die sie prägten. Vom Umfang her war diese Münzprägung mit derjenigen Roms zehn oder zwanzig Jahre zuvor vergleichbar. Die Münzen entsprachen den Standards der römischen Währung, und die Abbildungen darauf waren mitunter direkte Kopien römischer Münzbilder. Und dennoch waren sie auffallend separatistisch: Die Münzen waren zweisprachig beschriftet, auf Lateinisch und Oskisch, der in Mittelitalien üblichen italischen Sprache. Allein die Verwendung des Oskischen ist bereits ein Anzeichen für den Wunsch, sich von Rom zu distanzieren, und der Text auf den Münzen sagt es ganz explizit: Die Münzbehörde ist mit dem lateinischen Wort *Italia* angegeben und parallel mit dem oskischen Äquivalent *víteliú* oder *vítelliú* (Tafel 31 c). Mit anderen Worten: Die Rebellen waren der Ansicht, dass sie einen italischen Staat gegründet hatten – und zwar den ersten und einzigen, bis unter König Vittorio Emanuele II. im Jahr 1861 das moderne Italien entstand. Die Bilder auf den Münzen sollten eine spezifisch italische Identität beschwören. Auf vielen ist der Kopf der Italia zu sehen, doch interessanter ist in diesem Zusammenhang, dass manche Münzen mit der Aufschrift „Italia" oder „Víteliú" das Bild eines Stiers ziert. Es sieht ganz so aus, als hätten sich die Rebellen hierbei auf die alte Verbindung zwischen dem italischen Wort für „Kalb" (lateinisch: *vitulus*) und dem Namen der Halbinsel berufen (S. 219). Besonders dramatisch wirken Münzen, auf denen ein Stier mit einem seiner Hörner einen Wolf aufspießt. Laut Velleius Paterculus stachelte ein italischer Befehlshaber sein 40 000 Mann starkes Heer vor den Toren Roms mit den Worten an: „Diese Wölfe, die die Freiheit Italiens in Stücke gerissen haben, werden nur verschwinden, wenn wir den Wald, in dem sie sich verbergen, bis auf den letzten Baum abgeholzt haben." Die Münzen zeigen also den italischen Stier, der sich den räuberischen römischen Wolf vornimmt.

Rom ging aus dem Bundesgenossenkrieg als Sieger hervor und bot zunächst all jenen, die sich dem Aufstand nicht angeschlossen hatten, sein Bürgerrecht an. 88/87 v. Chr. erhielten dann aber alle Männer in allen Gemeinden südlich des Po das römische Bürgerrecht. 70 v. Chr. war Rom schließlich in der Lage, eine Münze auszugeben, auf der Roma und Italia einander die Hände schütteln: Die Separatistenbewegung war niedergeschlagen, und beide Seiten hatten sich darauf geeinigt, dass es den Bundesgenossen die ganze Zeit lediglich darum gegangen sei, das römische Bürgerrecht zu erhalten – eine Bitte, die Rom ihnen hinterher ganz großmütig gewährt hatte. Geradezu ein Sinnbild für die Folgen des Bundesgenossenkriegs (und der Ansichten über diesen Konflikt) ist die Familie des Velleius Paterculus (ca. 20 v. Chr. – nach 31 n. Chr.). 120 Jahre nach Kriegsende charakterisiert dieser all seine Vorfahren als pro-römische

Italiker. Er behauptet, von Decius Magius abzustammen, dem Führer der wenigen Bewohner Capuas, die während des Zweiten Punischen Krieges zu Rom gehalten hatten. Velleius' Ur-Ur-Urgroßvater, Minatus Magius aus Aeclanum (östlich von Capua), hob eine Armee aus, um während des Bundesgenossenkriegs für Rom zu kämpfen, und unterstützte Sulla bei der Belagerung von Pompeji. Ihm wurde persönlich das römische Bürgerrecht verliehen, und seine beiden Söhne wurden Senatoren in Rom (an diesem Punkt war es in jenem Zweig der Familie mit den Auszeichnungen allerdings auch wieder vorbei). Velleius' Großvater war einer der führenden Militärs unter Pompeius Magnus, doch im Bürgerkrieg kämpften Velleius' Vater und Onkel auf der Gewinnerseite, der Seite Julius Caesars. Velleius selbst diente in der römischen Armee und wurde anschließend Senator und im Jahr 14 n. Chr. Prätor. Seine im Jahr 30 n. Chr. veröffentlichte *Römische Geschichte* ist das Paradebeispiel eines „loyalistischen Blicks" auf die jüngere Vergangenheit Italiens: Velleius schreibt, beim Bundesgenossenkrieg sei es lediglich um das römische Bürgerrecht gegangen, und er hebt hervor, welche Chancen sich den lokalen italischen Eliten nach Kriegsende in Rom eröffneten.

Die zunehmende Ausweitung des römischen Bürgerrechts infolge des Bundesgenossenkriegs, zunächst auf Loyale wie Velleius' Vorfahren und dann auch auf die Rebellen, führte zu einem enormen Anstieg der Zahl römischer Bürger in Italien. Laut Volkszählungen gab es Mitte des 2. Jahrhunderts v. Chr. zwischen 313 000 und 337 000 erwachsene männliche römische Bürger – zwei Zahlen, die wohl noch um 20 Prozent steigen würden, rechnete man die Römer im Ausland hinzu sowie alle, die bei der Volkszählung übergangen worden waren. Am zuverlässigsten erscheint die Zahl aus einer Volkszählung kurz nach dem Bundesgenossenkrieg, doch selbst diese Bevölkerungszahl von bereits 910 000 liegt wahrscheinlich um 20 Prozent zu niedrig. Mit anderen Worten: Dadurch, dass die italischen Verbündeten das Bürgerrecht erhielten, verdreifachte sich die Zahl der römischen Bürger. Rom war damit größer als jeder andere Staat in der Geschichte. Diese Tatsache brachte indes auch ein paar neue Probleme mit sich. Zum Beispiel gelang es den Zensoren, die für die Durchführung von Volkszählungen zuständig waren, nach 70 v. Chr. nicht zuletzt deshalb immer seltener, diese Arbeit ordnungsgemäß zu erledigen, weil die Ausweitung des Bürgerrechts so umstritten war.

Dass an immer mehr Orten römische Bürger wohnten, beeinflusste auch die Zusammensetzung des römischen Senats. Vor dem Bundesgenossenkrieg stammten die Senatoren größtenteils aus Rom und Latium, danach aus einem viel größeren Gebiet. Vielen, wie den Vorfahren des Velleius, gelang es nicht, zum Konsul aufzusteigen, manchen hingegen schon. Der berühmteste von ihnen ist kein Geringerer als Marcus Tullius Cicero aus dem Städtchen Arpinum, dessen Bewohner bereits hundert Jahre vor dem Bundesgenossenkrieg das volle römische Bürgerrecht erhalten hatten. Der junge Cicero hatte, wie der Vater des Velleius, im Bundesgenossenkrieg auf der Seite Sullas gekämpft. Seinem loyalistischen Hintergrund und seinen erwiesenen Fähigkeiten als Jurist hatte er es zu verdanken, dass er 75 v.Chr. zum Quästor gewählt wurde und damit nach seiner Amtszeit automatisch in den Senat aufgenommen wurde. Männer wie er wurden von der alten Garde der römischen Politik erheblich angefeindet. Doch obwohl sie Cicero als „eingewanderten Bürger" verunglimpften, wurde er 63 v.Chr. Konsul. Dass er ein *homo novus* war, ein „neuer Mann" ohne Vorfahren im Senatorenstand, nutzte Cicero zu seinem Vorteil: Als *homo novus* war er nicht von dem Vorwurf der Korruption betroffen, dem sich die alte Garde ausgesetzt sah. Ciceros rhetorische Fähigkeiten und sein anderweitig erworbener Ruhm dürfen allerdings nicht darüber hinwegtäuschen, dass der Senat schon immer neue Mitglieder aufgenommen hatte. Neu nach dem Bundesgenossenkrieg war, dass ihm mehr und mehr Mitglieder aus ganz Italien angehörten, auch wenn dieser Wandel nicht ganz reibungslos vonstattenging. Ein gewisser Quintus Varius Geminus, der unter Augustus Senator bzw. Prätor wurde, prahlte, er sei „der erste aller Paeligner, der zum Senator ernannt worden ist". Das war durchaus bemerkenswert, denn die Stadt Corfinium, die im Gebiet des Volksstamms der Paeligner lag, war einst die Hauptstadt der Rebellen gewesen.

Nach dem Bundesgenossenkrieg und dem darauffolgenden Bürgerkrieg siedelte der siegreiche Feldherr Sulla seine Veteranen in großer Zahl in Kolonien an, vor allem in Etrurien und Kampanien. Eine dieser Kolonien war Pompeji – mindestens ein paar Tausend Ex-Soldaten siedelte Sulla hier an. Pompeji war eine uralte Stadt, deren Stadtmauern noch aus dem 6. Jahrhundert v.Chr. stammten. Manche Zeitgenossen behaupteten sogar, die Stadt habe ihren Namen von der *pompa* (Triumphzug) des Herkules, nachdem jener sein entlaufenes Kalb über die Apennin-Halbinsel verfolgt hatte. Pompeji hatte früher an der Seite der Samniten gegen Rom gekämpft, wurde dann aber zu Beginn des 3. Jahrhunderts v. Chr. römischer Bündnispartner. Die meisten Einwohner sprachen jedoch nach wie vor Oskisch. 146 v. Chr. halfen pompejanische Truppen den Römern, Korinth zu erobern. Zum Dank erhielt die Stadt vom römischen Feldherrn Mummius ein Geschenk in Form einer Statue oder eines aufwendigen Kunstwerks aus Metall. Pompeji bekam viele solche Geschenke – sie zeugen davon, welch enormer Reichtum durch die Eroberungen im Osten in die Stadt floss. Mitte des 2. Jahrhunderts v. Chr. wurde der Apollo-Tempel am Forum umgebaut, und dabei wurde das Geschenk des Mummius, mit einer Inschrift auf Oskisch versehen, in die Portikus eingebaut; für die öffentliche Verwaltung wurde eine Basilika errichtet, und die Fassaden der Häuser entlang der Hauptstraßen wurden – vermutlich auf Kosten der Stadt – aus Stein neu gebaut. Eine ortsansässige Familie wurde durch ihren Militärdienst für Rom außerordentlich reich. Ihre Stadtvilla, das „Haus des Fauns", wie man es heute nennt, wurde in der zweiten Hälfte des 2. Jahrhunderts v. Chr. um- und ausgebaut und war hinterher einen ganzen Häuserblock lang. Die Villa war, wie man heute noch sehen kann, außerordentlich aufwendig gestaltet. Eine Wand zierte ein wunderbares Mosaik, das Alexanders Sieg über den Perser-König Dareios zeigte. Ähnlich wie die damalige Aristokratie in Rom wollte sich die Familie, die hier wohnte, über den Rest der Bevölkerung erheben, indem sie sich ein Haus baute, das einem hellenistischen Palast glich, mit vielen bildlichen Darstellungen der aktuellen Eroberungen im Osten, die auf Alexander den Großen anspielten.

Doch obwohl die Stadt und einige ihrer Bewohner so reich wurden, schlug sich Pompeji im Bundesgenossenkrieg auf die Seite der Rebellen. Von der Belagerung im Jahr 89 v. Chr. durch Sulla zeugen zahlreiche erhaltene Geschosse aus Blei und Stein, die mithilfe von Wurfmaschinen in die Stadt geschleudert wurden; an manchen Hauswänden hat man sogar noch Spuren der auf Oskisch verfassten Instruktionen zur Verteidigung der Stadt gefunden. Ein Jahrzehnt später, im Jahr 80 v. Chr., siedelte Sulla Veteranen in Pompeji an; die Stadt wurde zur römischen Kolonie mit neuem Namen und einer neuen Gemeindeverfassung (genau wie Cosa und die anderen Kolonien, die im vorigen Kapitel erwähnt wurden). Dennoch blieb parallel zur neuen die alte Verfassung noch eine Generation lang in

Kraft. Eine ganze Weile war die Beziehung zwischen den alteingesessenen Pompejanern und den Neuankömmlingen angespannt; wir wissen, dass es Auseinandersetzungen zwischen den beiden Gruppen darüber gab, wer Zugang zum öffentlichen Raum erhielt und nach welchem Verfahren die Beamten gewählt werden sollten, bis die Angehörigen der alten Elite in den 50er-Jahren v. Chr. schließlich in den Stadtrat der Kolonie aufgenommen wurden. Die offizielle Sprache Pompejis war nun Latein, Oskisch sprachen immer weniger Einwohner. Die zugezogenen Ex-Soldaten lebten wahrscheinlich hauptsächlich auf ihren Agrarbetrieben außerhalb der Stadt; ein paar wohlhabende Veteranen bauten sich vornehme Häuser auf den Überresten der alten Stadtmauer, die ja nun nicht mehr benötigt wurde. Im Osten der Stadt wurden Häuser abgerissen, um ein Amphitheater zu bauen: das älteste bekannte Amphitheater aus Stein. Geweiht wurde es „den Kolonisten".

Die sprachlichen und kulturellen Veränderungen in Pompeji sind typisch für die Veränderungen in ganz Italien. Für Mittel- und Süditalien war der Bundesgenossenkrieg ein echter Wendepunkt. Im nördlichen Teil der Apennin-Halbinsel gewährte Julius Caesar 49 v. Chr. der Provinz Gallia Cisalpina („Gallien diesseits der Alpen") das römische Bürgerrecht; später nannte man diese Provinz Italia Transpadana („Italien jenseits des Po"). Die ganze Halbinsel südlich der Alpen war nun römisch, also das gesamte moderne Italien (ohne Sizilien und Sardinien). Überall auf der Halbinsel setzte sich die lateinische Sprache durch, und römische Institutionen wurden ebenfalls immer häufiger.

Es gab keine offizielle Anweisung, in den verschiedenen Landesteilen Italiens regionale Sprachen oder kulturelle Eigenarten auszumerzen. Ab dem 2. Jahrhundert v. Chr. konnte man überall in Italien Latein hören und traf auf römische Institutionen, doch noch existierte beides problemlos Seite an Seite mit den alten Sprachen und kulturellen Einrichtungen. In Pompeji sprachen die Einwohner nach der Einrichtung der Kolonie noch zwei Generationen lang Oskisch, und in Etrurien begann Latein erst nach dem Bundesgenossenkrieg Fuß zu fassen. Ab Mitte des 1. Jahrhunderts v. Chr. waren zweisprachige Inschriften (Etruskisch/Lateinisch) üblich, und gegen Ende des 1. Jahrhunderts v. Chr. wurde des Etruskische immer seltener gesprochen. Abgesehen vom Griechischen in den alten Städten im Süden, insbesondere in Neapel und Tarent, wurde in Italien nach der

Zeitenwende keine andere Sprache neben Latein mehr im öffentlichen Bereich verwendet; im privaten Umfeld wurden weiterhin einige lokale Sprachen gesprochen. Zwar wurde das Lateinische nicht durch staatliche Maßnahmen gezielt gefördert, aber die wachsende Dominanz dieser Sprache ist dennoch auch eine Folge bestimmter staatlicher Praktiken. Vor dem Bundesgenossenkrieg hatte es im römischen Heer Einheiten gegeben, die komplett aus Angehörigen bestimmter Ethnien bestanden. Damit war nach dem Krieg Schluss, und es fiel somit ein Faktor weg, der maßgeblich dazu beigetragen hatte, dass die lokalen Sprachen erhalten blieben. Die offizielle Sprache des römischen Heers war nun Latein. Auch die städtischen Urkunden der vielen italischen Gemeinden, die nun römisch waren, mit ihren zahlreichen Regeln für die lokalen Magistrate und die örtliche Finanzverwaltung waren auf Lateinisch verfasst; das galt sogar für die griechischsprachige Stadt Tarent. Diese Veränderungen muss man auch vor dem Hintergrund der großen Wirren in Italien sehen, des blutigen Konflikts des Bundesgenossenkriegs und der Ansiedlung italischer Veteranen in Kolonien außerhalb der Halbinsel.

Zugleich gab es Bestrebungen seitens der römischen Elite, eine reine Form des Lateinischen zu bewahren, es zu schützen von dem „verunreinigten" Latein der Immigranten, die nach Rom strömten. Seit Anfang des 1. Jahrhunderts v. Chr. bemühten sich römische Grammatiker, eine korrekte Verwendung des Lateinischen zu definieren, und sie orientierten sich nicht an der aktuellen Sprachpraxis, sondern an logischer Konsistenz. Und nicht nur Bildungstheoretiker sorgten sich um die Sprache: Julius Caesar höchstpersönlich verfasste eine Abhandlung, die sogar Ciceros Zustimmung fand; er machte sich dann für linguistische Definitionen auf Grundlage der Logik stark, mit eindeutigen Regeln, wie man Substantive dekliniert und welchen Wörtern in der Aussprache ein H voranzustellen ist. Es erstaunt, dass Caesar auf seinem Feldzug in Gallien die Zeit fand, diese Abhandlung zu schreiben. In den Händen der professionellen Grammatiker wurde die in neue Formeln gepresste lateinische Sprache zum Rückgrat des Bildungssystems in Italien und im gesamten Westen.

Es gab aber durchaus auch einige regionale Identitäten in Italien, die lebendig blieben. Die Bewohner des etruskischen Tarquinii waren auch im 1. Jahrhundert n. Chr. noch stolz darauf, was ihre Vorfahren alles geleistet hatten, bevor Rom nach der Macht gegriffen hatte (S. 247). Sich als Etrusker zu definieren, war allerdings auch nicht mehr ganz unkompliziert. Maecenas, eine einflussreiche Figur im römischen Kulturbetrieb unter Augustus, war berüchtigt für seinen Hang zum Luxus, und den schrieb man man seinen etruskischen Wurzeln zu. Auf der anderen Seite galt das Gebiet der Sabiner nordöstlich von Rom manchen als letzter verbliebener Hort althergebrachter strenger Tugenden, die in der korrupten Metropole Rom inzwischen verloren gegangen seien. Möglicherweise hatte bereits Cato der Ältere die Tugenden der Sabiner mit einer örtlichen Überlieferung in Verbindung gebracht, die behauptete, die Sabiner stammten von den Spartanern ab, die ja für ihren strengen Lebensstil berühmt waren. Der Dichter Horaz, der unter Augustus schrieb, war stolz auf sein sabinisches Landgut, das für ihn geradezu Sinnbild einer gewissen rustikalen Reinheit war.

Im 2. Jahrhundert v. Chr. gliederte sich das römische politische System im Prinzip in drei Elemente: den Senat, das Volk und die Magistrate. Laut der Analyse des Polybios (siehe S. 231) hielten sich diese drei Elemente bis zu seiner eigenen Lebenszeit erfolgreich im Gleichgewicht. Doch später gingen die Werte und Institutionen, die einzelne Individuen daran hinderten, zu viel Macht zu erlangen, immer mehr verloren. Angehende Politiker nutzten alle zur Verfügung stehenden Mittel, um ihre Position zu verbessern. Viele beriefen sich dabei auf ihre Herkunft – mindestens ab dem 4. Jahrhundert v. Chr. hatten römische Senatoren behauptet, von Vorfahren aus Troja abzustammen, und im 1. Jahrhundert v. Chr. wurden solche Behauptungen besonders wichtig. In einem frühen Stadium seiner Karriere, im Jahr 69 v. Chr., hielt Julius Caesar die Grabrede für seine Tante Julia: Die Familie ihrer Mutter, die Marcii Reges, stammten von Ancus Marcius, einem der römischen Könige, ab, und die Familie ihres Vaters, die Julier, von den Göttern, denn ihr Ahnherr war Julus, der Sohn des Aeneas, und der wiederum war der Sohn der Venus gewesen. „Daher vereint unsere Familie", verkündete Caesar, „die Heiligkeit von Königen, die unter den Sterblichen die höchste Macht besitzen, mit einem Anspruch auf Ehrerbietung, wie er den Göttern anhaftet, die sogar über die Könige herrschen." Die Art und Weise, wie sich Caesar hier auf die Vergangenheit berief, war ganz typisch für jene Zeit. Es behaupteten damals so viele Menschen, von Troern abzustammen, dass sich zwei Gelehrte unabhängig voneinander die Mühe machten, ein ganzes Buch mit dem Titel *Über die troischen Fami-*

lien zu verfassen. Dabei markiert bereits die Tatsache, dass Julia die Ehre einer öffentlichen Bestattung zuteilwurde, im Konkurrenzkampf innerhalb der Elite eine neue Dimension. Dieser Kampf um Macht und Status hatte bereits solche Formen angenommen, dass nun sogar die weiblichen Familienmitglieder in die Auseinandersetzungen einbezogen wurden. Waren die Frauen der Scipionen im 3. und 2. Jahrhundert v. Chr. noch nicht öffentlich in Erscheinung getreten (S. 230), so konnten die weiblichen Angehörigen von Senatoren im 1. Jahrhundert v. Chr. ihrer Familie durchaus einen gewissen Glanz verleihen. Davon, dass er die Öffentlichkeit auf die außergewöhnliche Abstammung seiner Tante hinwies, erhoffte sich der junge Caesar natürlich persönliche politische Vorteile.

Ende des 1. Jahrhunderts v. Chr. wurde Rom von einer einzigen Familie beherrscht: der Familie des Augustus. Wir können problemlos nachvollziehen, wie es dazu kam, indem wir uns die Reihe zunehmend einflussreicher Führungspersönlichkeiten anschauen, die nacheinander aus der Masse hervorstachen – Pompeius, Caesar, Mark Anton und Augustus. Und wir können ihren Erfolg in Bezug auf diverse Faktoren ihrer Machtpolitik analysieren – Ehrgeiz, Gier, bestimmte Fraktionen usw. Doch so pragmatisch dieser Ansatz auch scheint, er lässt einige Punkte außen vor. Wer sich nur auf die einzelnen Führungspersönlichkeiten konzentriert, der vergisst zumeist, wie sehr sie auf die Unterstützung ihrer Truppen angewiesen waren. Die Soldaten stammten zumeist aus den italischen Provinzen, und am Ende ihrer Dienstzeit erhielten sie traditionell ein Stück Land – ein Anrecht, das sie mitunter gewaltsam einforderten. Und der scheinbar pragmatische Ansatz berücksichtigt auch nicht, wie einzelne Politiker ihre eigenen Handlungen rechtfertigten oder unter welchen Bedingungen sie unterstützt oder bekämpft wurden. Bei den damaligen Debatten über die politische Führung ging es auch immer wieder um die Vergangenheit. Das Resultat solcher Debatten war, dass die alten Strukturen bestehen blieben und dass führende Politiker auch weiterhin auf die alten Formen setzten, um Erfolg zu haben.

Welch große Bedeutung die Vergangenheit hatte, wird besonders deutlich im Fall von Tiberius Gracchus: Er wurde 133 v. Chr. zum Volkstribun gewählt, und er nutzte die latente Macht dieses scheinbar unbedeutenden Amtes dazu, vom Volk eine radikale Bodenreform verabschieden zu lassen – entgegen dem ausdrücklichen Willen des Senats. Sowohl Tiberius

Gracchus selbst als auch seine Gegner bemühten damals diverse historische Analogien: Man verglich sein Verhalten mit dem zweier spartanischer Könige, Agis IV. und Kleomenes III., die hundert Jahre zuvor geherrscht hatten. Auch sie reformierten den Grundbesitz und galten danach entweder als Retter des angestammten Systems oder aber als populistische Tyrannen. Ähnlich gingen die Meinungen der Römer über Tiberius Gracchus auseinander. Seine Feinde behaupteten, er habe sich aus dem Attaliden-Reich Pergamon im Westen Kleinasiens ein purpurnes Königsgewand und ein Diadem schicken lassen und wolle König von Rom werden. Da es durchaus legitim gewesen war, den letzten König von Rom, Tarquinius Superbus, abzusetzen, und da ein Tribun bei einem Fehlverhalten die Autorität verlor, die ihn als Person theoretisch schützte, waren viele der Meinung, dass man Tiberius Gracchus ebenfalls absetzen könne.

Das wichtigste Argument gegen Tiberius Gracchus war, dass er vorhabe, Tyrann zu werden, und den entscheidenden Beweis dafür lieferte er, als er einen anderen Volkstribun, der seine Gesetzesvorlagen nicht mittragen wollte, kurzerhand aus dem Amt entfernte – ein beispielloser Vorgang. Als „Tyrann" bezeichnete man einen Alleinherrscher, dessen Macht im Widerspruch zur Verfassung stand, anders als bei einer Monarchie oder den hohen Magistraturen, die auf Grundlage der Verfassung operierten; es war ein Begriff, den ausschließlich die Gegner des jeweiligen Politikers benutzten: Kein Herrscher hätte sich jemals selbst als „Tyrann" bezeichnet. Im Laufe der griechischen Geschichte gab es immer wieder Individuen, die beschuldigt wurden, eine solche verfassungswidrige Alleinherrschaft errichtet zu haben. In der römischen Politik der späten Republik gab es kaum einen schwerwiegenderen Vorwurf. Man erzählte sich, wie ungefähr im 1. Jahrhundert der Republik die Populisten Spurius Cassius, Spurius Maelius und Marcus Manlius die Alleinherrschaft angestrebt hatten und am Ende hingerichtet worden waren. Tiberius Gracchus' Gegner waren sich einig, dass auch dieser Möchtegerntyrann aus dem Weg geräumt werden musste, doch noch zögerten sie, zumal das Amt des Volkstribuns politische Immunität verlieh. Die Lage spitzte sich zu, als eines Tages Scipio Nasica, der als Pontifex Maximus eines der wichtigsten Priesterkollegien Roms leitete, auf den Stufen des Tempels des Jupiter Optimus Maximus auf dem Kapitol hinter Tiberius Gracchus erschien, der gerade versuchte, eine Volksversammlung abzuhalten. Was als Nächstes passierte, ist nicht ganz klar; möglicherweise glaubte Nasica, der Senat habe Gracchus bereits verurteilt; er weihte Tiberius mit der Begründung, dass er sich in Kürze zum Tyrannen aufschwingen werde, mithilfe einer uralten Formel dem Jupiter. Damit war Gracchus' Immunität als Volkstribun aufgehoben, und einer seiner Amtskollegen erschlug ihn. Seine sterblichen Überreste wurden (wie die von vielen seiner Anhänger) in den Tiber geworfen. Nicht alle konnten Nasicas Rolle bei der Ermordung eines Volkstribuns gutheißen, und so war er gezwungen, Rom den Rücken zu kehren und als Botschafter nach Pergamon zu gehen, obwohl der Pontifex Maximus Italien eigentlich niemals verlassen durfte. Doch die tödliche Kraft der Argumente aus der fernen Vergangenheit wog allzu schwer. Der Tod des Tiberius Gracchus war der erste politische Mord in Rom seit 350 Jahren und wurde seinerseits zum Präzedenzfall.

Machiavelli und Rom

Als Niccolò Machiavelli (1469–1527) seine Theorien entwickelte, beschäftigte er sich ausgiebig mit der Geschichte und der politischen Philosophie des alten Rom. Auf den ersten Blick scheinen seine beiden Hauptwerke geradezu widersprüchliche Positionen zu vertreten. In *Der Fürst*, verfasst im Jahr 1513, geht es um das Wesen der Alleinherrschaft: Der Fürst benötigt *Virtù* („Tugend"), um *Fortuna* („Glück" oder „Schicksal") zu trotzen; wenn die Notwendigkeit es diktiert, soll er sich nicht moralisch korrekt verhalten, sondern nur so tun, um nach außen hin tugendhaft zu erscheinen. Diese mit Absicht schockierende Doktrin (die man heute noch mit seinem Namen verbindet) entwickelte Machiavelli im Dialog mit dem alten Rom: Nachdem Hannibal Scipio den Sieg zugebilligt hatte, sprach er von der Macht der *Fortuna* in allen menschlichen Belangen; Cicero hatte Unrecht, als er verkündete, Angst sei eine schlechte Grundlage für dauerhafte Macht; der Kaiser Septimius Severus besaß große *Virtù*, da er die Qualitäten eines „ganz wilden Löwen und eines ganz gerissenen Fuchses" in sich vereinte.

Machiavellis umfangreiche *Abhandlungen über die ersten zehn Bücher des Titus Livius*, die wohl Ende der 1510er-Jahre entstanden, zeichnen zunächst ein völlig anderes Bild. Machiavelli konzentriert sich darin auf die frühen Jahre der Römischen Republik, und als Grundlage diente ihm eine Livius-Ausgabe, die sein Vater vierzig Jahre zuvor gekauft hatte. Machiavelli wollte vor allem untersuchen, wie es kam, dass Rom so mächtig wurde, und daraus Lehren für seine eigene Zeit ableiten. Genau wie Polybios hielt er die gemischte Verfassung für den entscheidenden Faktor, aber nicht etwa, weil sie für Harmonie sorgte, sondern gerade weil die inhärenten Spannungen die Fraktionen im Zaum hielten, die sonst zur Gewalt neigten.

Es gibt allerdings auch Positionen, die sich in beiden Werken finden. Das kompromisslose Menschenbild, das dem *Fürsten* zugrunde liegt, bildet auch die Basis für die *Abhandlungen*. In Letzteren weist Machiavelli Ciceros Kritik an der Ermordung Remus' durch Romulus zurück: Kein vernünftiger Mensch solle „jemals einen anderen dafür tadeln, dass jener bei der Organisation eines Königreichs oder der Gründung einer Republik ungesetzlich handelt". In der römischen Geschichte fanden sich Vorbilder sowohl für den Republikanismus als auch für die Autokratie. Machiavelli beschäftigte sich mit beidem, denn beides war im zeitgenössischen Italien äußerst relevant, als die Herrschaftsform in den einzelnen Landesteilen (nicht zuletzt in seiner Heimatstadt Florenz) ständig zwischen Prinzipat und Republik schwankte. Schon aufgrund der verbreiteten Korruption hielt Machiavelli die Autokratie für seine eigene Zeit für unabdingbar, doch sein Ideal war der Republikanismus. Die Lehren, die man aus der Geschichte ziehen konnte, wurzelten für ihn in den römischen Debatten darüber, wie der Staat zu organisieren und zu führen sei. Machiavelli erklärte ausdrücklich, er wolle diese Lehren, da man sie zu seiner Zeit in der Politik sträflich vernachlässigt habe, detailliert darlegen, genau wie andere Gelehrte Erkenntnisse aus der Antike auf ihre Wissensbereiche angewendet hatten. Allein der Umstand, dass er diese allgemeingültigen Regeln aufgestellt hat, hat dazu geführt, dass viele in ihm den Urvater der Politologie sehen.

Die Behauptung, Tiberius Gracchus habe sich Königsgewand und -krone der Attaliden schicken lassen, kam auf, als das attalidische Königreich nach dem Tod seines letzten Herrschers im Jahr 133 v. Chr. Rom vermacht und

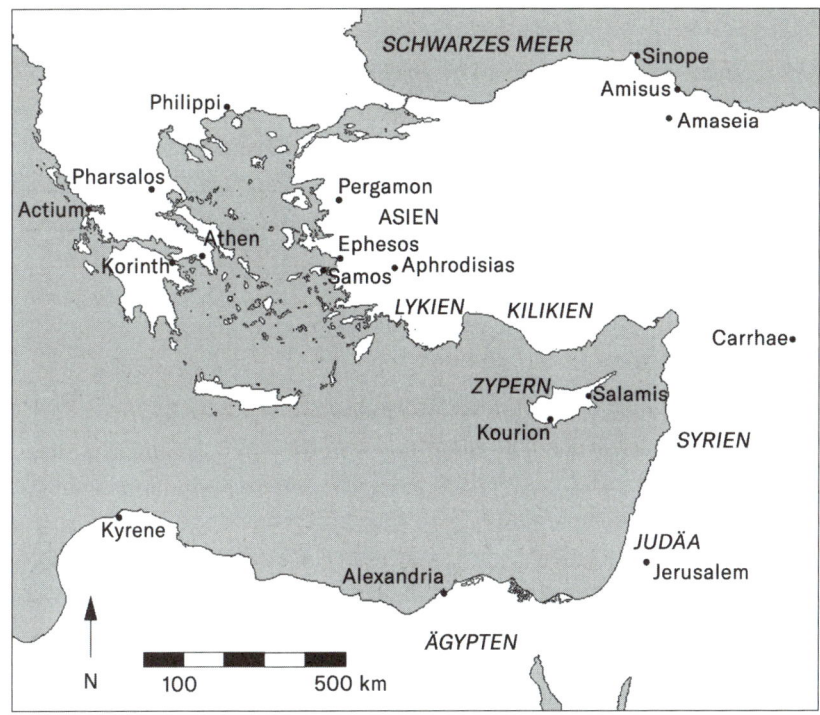

Karte 27. Der östliche Mittelmeerraum im 2. und 1. Jahrhundert v. Chr.

die Provinz Asien daraus wurde. Ausgehend vom Kern dieser neuen Provinz folgte eine weitere Expansion des römischen Herrschaftsbereichs, die bis ins 1. Jahrhundert v. Chr. dauerte: Um 101 v. Chr. begannen die Römer, gegen die in Kilikien an der Südostküste Kleinasiens ansässigen „Piraten" vorzugehen, die angeblich die Lieferung römischer Waren ins östliche Mittelmeer behinderten, und 90 v. Chr. bremste Rom die Expansionsbestrebungen von Mithridates Eupator im Nordosten der Provinz Asien aus.

Mithridates' eigenes Königreich lag an der Nordküste Kleinasiens, mit Hauptstädten in Sinope (heute Sinop) und Amisos (heute Samsun). Als er 120 v. Chr. den Thron bestieg, war er gerade einmal zwölf Jahre alt, doch nach und nach baute er sich eine Machtbasis auf, die für die römische Vorherrschaft im Osten eine ernsthafte Bedrohung darstellte. Genau wie die rebellischen Italiker jener Zeit vertrat Mithridates eine betont negative Sicht der römischen Vergangenheit und Gegenwart. So soll er einmal ge-

283

sagt haben, die Römer, die damit prahlten, die Gründer ihrer Stadt seien von einer Wölfin gesäugt worden, seien selbst eine Rasse von Wölfen, getrieben von einer unstillbaren Gier nach Blut, Macht und Reichtum. 89 v. Chr. überrannte er die Provinz Asien, und 88 v. Chr. befahl er den Statthaltern und Aufsehern einzelner Städte, alle ortsansässigen Römer und Italiker – Männer, Frauen, Kinder und sogar freigelassene Sklaven – zu töten. An einem einzigen Tag wurden mindestens 80 000 Menschen massakriert. Anschließend schrieb Mithridates an einen seiner Statthalter, weil einer dem Massaker entkommen war, der nach wie vor Einfluss hatte und mit Rom in Verbindung stand, dem „gemeinsamen Feind" – eine schöne Umkehrung des griechischen Euphemismus von Rom als „gemeinsamem Wohltäter" aller Menschen (siehe S. 210).

Mithridates präsentierte sich nicht einfach nur als Feind der römischen Wölfe, sondern er stilisierte sich als Herrscher, der seinerseits auf eine lange lokale Geschichte zurückblickte bzw. sogar auf zwei Stränge dieser Geschichte: einen persischen und einen griechischen. Da er väterlicherseits der sechzehnte Nachfahre des Dareios war, des letzten persischen Königs, ernannte er sich selbst im Stil der Perser zum „König der Könige". Mütterlicherseits jedoch war er mit Alexander dem Großen und dem ersten Seleukiden-König verwandt. Als er beschloss, in Asien einzumarschieren, betonte er seine griechische Abstammung und gab sich ganz altmodisch als Befreier, der für die Freiheit der Griechen in Asien kämpfte – ein Schlachtruf, der bis ins 4. Jahrhundert v. Chr. zurückging. Bis zu diesem Zeitpunkt war auf der Rückseite seiner Münzen Pegasus abgebildet gewesen, das geflügelte Pferd des Perseus, des Urvaters der persischen Könige. Danach war auf den Münzen ein Hirsch geprägt, das heilige Tier der griechischen Göttin Artemis, deren Tempel in Ephesos das wichtigste Heiligtum in der Provinz Asien war. Bereits auf den Pegasus-Münzen waren die Porträts von Mithridates stark hellenisiert, und er trug das Diadem als das Symbol seiner Königswürde; auf den Hirsch-Münzen wirkt das Porträt stärker idealisiert und temperamentvoller (Tafel 31d). Auf einigen Münzen der Städte, die ihn unterstützten, verschmolz sein Porträt sogar mit dem Alexanders des Großen, ein Kniff, den kein anderer hellenistischer König anwendete. Es ist frappierend, wie wirkmächtig das Image Alexanders im Osten zu dieser Zeit noch war – 230 Jahre nach dessen Tod und vierzig Jahre nach der Einrichtung der römischen Provinz Asien.

Rom ging erfolgreich gegen Mithridates und gegen die Piraten vor. Der römische Feldherr Gnaeus Pompeius Magnus annektierte die Überreste des hellenistischen Königreichs der Seleukiden, machte daraus die Provinz Syrien, und annektierte zudem Judäa. Die Griechen dankten den siegreichen römischen Generälen auf althergebrachte Weise: So wurde Pompeius von einer Stadt in Kilikien als „gottähnlich" geehrt, genau wie man früher in anderen griechischen Städten die hellenistischen Könige geehrt hatte, und Sulla, der Athen einer pro-mithridatischen Fraktion entrissen hatte, wurde anscheinend in Rom von den Athenern gefeiert. Von der berühmten Statuengruppe auf der Athener Agora, die Harmodios und Aristogeiton zeigte, die im 6. Jahrhundert v. Chr. den vermeintlichen Tyrannen von Athen getötet hatten (Tafel 11), wurde eine Kopie angefertigt und in Rom aufgestellt. Man platzierte sie am Hang des Kapitols, in der Nähe des Heiligtums des Fides Publica (Verlässlichkeit des römischen Staates). Die Griechen dankten Rom also dafür, dass sie den Tyrannen Mithridates gestürzt hatten, indem sie auf einen wichtigen Moment in der attischen Geschichte verwiesen.

Gleichzeitig expandierte Rom auch in Zentraleuropa ganz enorm. Im Jahr 125 v. Chr. kam es einer Bitte des verbündeten Massilia um militärische Unterstützung nach, und innerhalb von zehn Jahren eroberten die Römer einen Großteil Südfrankreichs (die heutige Provence und das Languedoc) und machten eine römische Provinz daraus (Gallia Narbonensis). Der Bau einer Römerstraße sicherte die Landverbindung zwischen Italien und Iberien, das damals ebenfalls erobert wurde; an den lateinischen Namen der Straße, Via Domitia, erinnern heute noch Schilder entlang der modernen Schnellstraße, die derselben Route folgt.

Die Kelten in der neuen Provinz lebten in zahlreichen Kernsiedlungen von recht bescheidener Größe (bis zu 15–20 Hektar), die auf Anhöhen lagen und durch Steinwälle geschützt waren. Zu den Siedlungen gehörten im Gittermuster angelegte Straßen und gewaltige Steintempel. Es scheint, als hätten die Bewohner der Gegend von der griechischen Stadt Massilia und ihren Nachbarorten eine ganze Menge über das Stadtleben gelernt. Diese bereits relativ stark urbanisierte Region passte sich schnell der neuen römischen Ordnung an. Mit Narbo (heute Narbonne) entstand im Jahr 118 v. Chr. eine römische Kolonie, und die meisten alten Kernsiedlungen blieben noch bis in die Zeit der römischen Herrschaft bestehen.

Innerhalb der Mauern gab es verschiedene Bereiche – unter anderem für religiöse Aktivitäten, für Wohnraum, für die industrielle Produktion und für einen Markt – und diese entwickelten sich auch ganz ohne ein funktionierendes Straßennetz. Die Gebäude mit ihren Lehmwänden und Strohdächern erinnern an die von Strabon beschriebenen Häuser. Bibracte war das städtische Zentrum des Territoriums der Haeduer, eines von sechzig keltischen Stämmen, die es damals in Gallien gab. Das Gebiet der Haeduer war riesig – es umfasste rund 20 000 Quadratkilometer und war damit um ein Vielfaches größer als das eines griechischen Stadtstaats und nur geringfügig kleiner als das römische Staatsgebiet im Jahr 264 v. Chr.

Es gab verschiedene Gründe, warum sich Bibracte genau wie die anderen Oppida in Zentraleuropa so gut entwickelte. Die wichtigsten Voraussetzungen dafür waren, dass die Landwirtschaft und die industrielle Produktion intensiviert wurden. Die rasche Zunahme der römischen Macht im Mittelmeerraum im 3. Jahrhundert v. Chr. hatte den Kelten die Möglichkeit genommen, große Raubzüge nach Süden zu unternehmen, und sie konnten sich nun auch nicht mehr bei den Römern als Söldner verdingen. Die Söldner kehrten nach Hause zurück, und das viele Geld, das der Dienst an der Waffe ihnen eingebracht hatte, verwendeten sie dazu, sich große Gefolge aufzubauen und untereinander um die Vorherrschaft zu kämpfen. Zusätzlichen Reichtum brachten ihnen die Intensivierung der lokalen Produktion und der Handel mit Rom ein. Ein guter Gradmesser für die zunehmende wirtschaftliche Komplexität der Welt der Kelten ist die Entwicklung ihrer Währung. Anfangs prägten sie Gold- und Silbermünzen mit hohem Nennwert, die der makedonischen Währung nachempfunden waren. Ab Mitte des 2. Jahrhunderts, als der Kontakt zu Rom ausgebaut wurde, imitierten die keltischen Silbermünzen immer öfter römische Vorbilder, und gegen Ende des 2. Jahrhunderts kam eine weniger wertvolle Bronzemünze hinzu, was auf eine erhöhte wirtschaftliche Aktivität schließen lässt.

Anders als in Zentraleuropa und Iberien verlief die Urbanisierung im übrigen Norden Europas in dieser Zeit eher schleppend. In Britannien gab es kaum urbanisierte Siedlungen, und in der nordosteuropäischen Ebene, etwa in der Region rund um die bereits erwähnte Stätte Sobiejuchy, gab es überhaupt keine. Hier war auch kein landwirtschaftlicher oder technischer Fortschritt zu verzeichnen, wie wir ihn in den Regionen beobachten können, in denen sich Oppida entwickelten, und von hier stammten auch keine Söldner, die hätten heimkehren können.

Der Handel zwischen den Oppidum-Regionen und dem Mittelmeer war ein wichtiger Grund für den Erfolg der Oppida. Dabei waren solche Handelsbeziehungen natürlich nichts Neues; schon im 6. Jahrhundert v. Chr. ließen keltische Häuptlinge Luxusgüter aus der griechischen Welt importieren, wie wir es im Fall von Vix gesehen haben (siehe S. 118). Das Ausmaß dieser Importe war zunächst begrenzt, da sich niemand unterhalb der gesellschaftlichen Schicht der Häuptlinge solche Waren leisten konnte. Aber ab etwa 130 oder 120 v. Chr., als die Provinz Gallia Narbonensis entstand, stieg die Zahl der Importe nach Zentralgallien beträchtlich an. Eine Zeit lang gab es fast so etwas wie eine symbiotische Wirtschaftsbeziehung zwischen Zentralgallien und dem Mittelmeer. Bibracte verfügte im 60 Kilometer entfernten Cabillonum (heute Châlon-sur-Saône) über einen großen Flusshafen. Cabillonum war vom Mittelmeer aus über die Rhône und die Saône leicht zu erreichen. Während der hundert Jahre ab 130/120 v. Chr. wurden mehrere Hunderttausend Weinkrüge nach Bibracte importiert, und ihr Inhalt spielte bei feierlichen Gelagen eine wichtige Rolle.

Der zu dieser Zeit nach Zentralgallien importierte Wein wurde an der Westseite der Apennin-Halbinsel produziert, bis hinunter nach Kampanien. Ein besonders erfolgreicher Wein-Exporteur war die Familie Sestius, deren Besitz sich auf dem Territorium der römischen Kolonie Cosa erstreckte (siehe S. 243–45). In einem Gedicht über die Rückkehr des Frühlings warnt Horaz Lucius Sestius, der 23 v. Chr. zum Konsul ernannt worden war, wie kurz das Leben doch sei, und wenn er dereinst gestorben sei, könne er beim Bankett nicht länger als „König des Gelages" den Weintrinkern vorstehen – eine elegante Anspielung darauf, womit die Familie Sestius so reich geworden war. Weinkrüge mit Stempeln wie „SEST" hat man nicht nur entlang der Küste westlich von Cosa bis hinunter nach Iberien gefunden, sondern auch im Binnenland entlang der Rhône und der Saône, an Orten in Zentralgallien wie Bibracte sowie im Südwesten bis nach Toulouse (Karte 28). Welche Bedeutung dem Handel zukam, lässt sich an einem Schiffswrack aus dem frühen 1. Jahrhundert v. Chr. ermessen, das in der Nähe von Massilia gefunden wurde (siehe auch Tafel 21). Das Schiff, das die Archäologen als *Grand-Congloué 2* bezeichnen, hatte zwischen

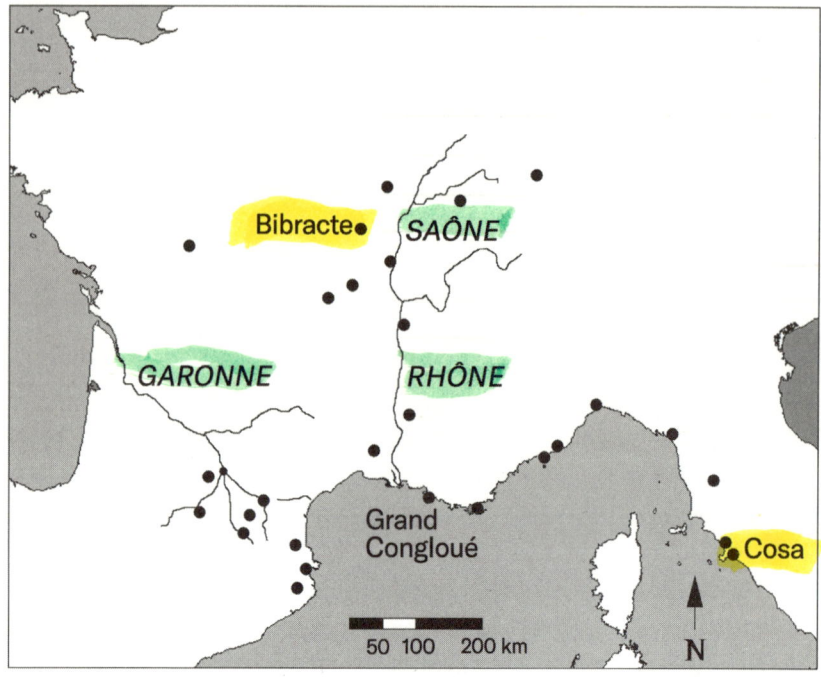

Karte 28. Verbreitung von Sestius-Weinkrügen aus Cosa. Man beachte, wie sehr sich die Verteilung von demjenigen im 6. Jahrhundert v. Chr. (Karte 14) unterscheidet.

1200 und 1500 Weinamphoren geladen, von denen die meisten aus den Weingütern der Familie Sestius stammten. Die Schiffe, die zu jener Zeit eine solche Ladung transportierten, waren viel größer als alle bisherigen, aber durchaus typisch für die neuen Anforderungen des römischen Handelsnetzes.

Die Haeduer aus Bibracte kannten die Römer nicht nur, weil sie deren Wein importierten, sondern auch, weil die Nordgrenze der neuen römischen Provinz gerade einmal 50 Kilometer von der Südgrenze des Haeduer-Gebiets entfernt verlief. Daher war ihnen relativ früh klar, dass die Expansion des Römischen Reichs ihnen die Chance bot, ihre Position gegenüber anderen gallischen Stämmen auszubauen, so wie es Massilia zur selben Zeit tat. Im 2. Jahrhundert v. Chr. verlauteten die Haeduer, sie seien mit den Römern verwandt – eine Behauptung, die sogar der römische Senat in mehreren Fällen akzeptierte. Wir kennen hier zwar keine Einzel-

Tafel 17. Statue einer nobel gekleideten Frau mit einer Weihgabe. Frisur und Kleidung sind lokal, aber die Steinmetzarbeit am Faltenfall und der Kopf sind vom griechischen Vorbildern inspiriert. Dama del Cerro de los Santos, Museo Arqueológico Nacional, Madrid (Inv. 3500). Höhe 1,35 Meter.

Tafel 18. Karthago. Rekonstruktion des Militärhafens. Wasserfarben, ohne Datum, von Peter Connolly nach Zeichnungen von H. R. Hurst und S. C. Gibson.

Tafel 19. Die Landschaft von Sphakia im Südwesten von Kreta wurde in der Antike unterschiedlich genutzt: große bronzezeitliche Siedlung in der Ebene (1), früheisenzeitliche Siedlung auf dem Hügelgipfel (2), griechische Siedlung auf einem niedriger gelegenen Hügel (3) und römische Höfe in der Ebene.

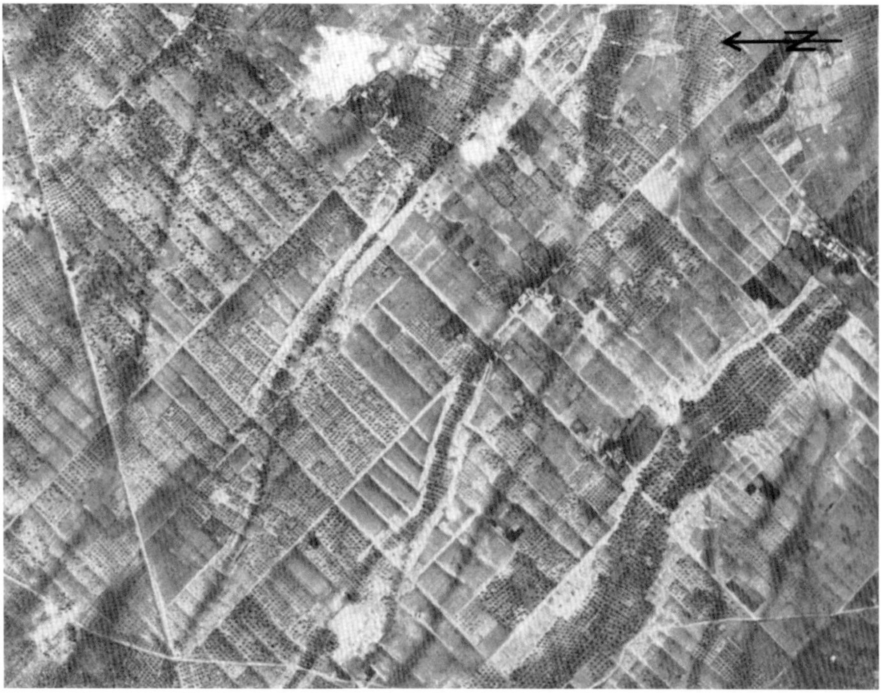

Tafel 20. Römische Landparzellen 100 Kilometer südlich von Karthago, im Territorium von Hadrumetum.

Tafel 21. Unterwasseransicht des Schiffswracks von Madrague de Giens, 1. Jahrhundert v. Chr.

Tafel 22. Blick auf Palmyra von der arabischen Festung aus, Richtung Südost.

Tafel 23. Prozession der Kaiserfamilie auf der Ara Pacis, Rom. Beachtlich ist, dass Augustus (dritte Figur im Vordergrund von rechts) nicht heraussticht. Höhe: 1,55 Meter.

Tafel 24. *Boudicca und ihre Töchter* von Thomas Thornycroft, London.

Tafel 25. Blick auf das Sebasteion, Aphrodisias.

Tafel 26. Die Porta Nigra in Augusta Treverorum (Trier), ca. 160–180 n. Chr.

Tafel 27. Diese Relieflampe, eventuell aus Ägypten, stellt eine Karikatur römischer Bildung dar: ein Esel in einem Stuhl mit einer Wachstafel in der Linken und einem Stock in der Rechten, umrundet von drei Schüler, die als Affen dargestellt sind, vor ihm weitere sechs Affen mit Wachstafeln auf den Knien. 1. Jh. v./n. Chr., Louvre, Paris (Inv.-Nr. Ca 661). Höhe: 12,5 Zentimeter.

Tafel 28. Aeneas verlässt Dido, Buchmalerei aus dem Vergilius Vaticanus (Vatican lat. 3225, fo. 39v).

Tafel 29. Mosaik von Europa mit dem Stier, Lullingstone. Breite: ca. 2,44 Meter.

Tafel 30. Kirche St. Simeon, Qalaimageat, Syrien. Simeon lebte für 37 Jahre (422-459) auf einer Säule. Nach seinem Tod wurde eine Kirche um diese Säule gebaut, deren Sockel hier zu sehen ist.

Tafel 31a. Alexander der Große auf einer Silbermünze (Tetradrachme) des Lysimachos (ca. 2,8 Zentimeter), Avers, 297/296 – 282/281 v. Chr. Ashmolean Museum, HCR7601 (= Sylloge Nummorum Graecorum Ashmolean, Nr. 3723 = AHFC [Christopher J. Howgego, *Ancient History from Coins* (London 1995)], Taf. 6, Nr. 56).

Tafel 31b. Goldmünze (Stater) des Flamininus, Avers, 196 v. Chr. British Museum, London. M. H. Crawford, *Coinage of the Roman Republic* (Cambridge 1974), S. 544, Nr. 548/1a.

Tafel 31c. Silbermünze (Denarius) italischer Rebellen. Der italische Stier nimmt die römische Wölfin auf die Hörner, mit der Legende (Oskisch) „víteliú", ca. 90 v. Chr. H.A. Grueber, *Coins oft he Roman republic in the British Museum* (London 1910), II.327, Nr. 18.

Tafel 31d. Silbermünze (Tetradrachme) des Mithridates (ca. 2,9 Zentimeter), Avers, 89/88 v. Chr. Ashmolean Museum, HCR8002 (= AHFC, Taf. 6, Nr. 57).

Tafel 31e. Silbermünze (Denarius) des Augustus. ein Parther gibt die bei Carrhae verlorenen römischen Standarten zurück, Revers, ca. 19 v. Chr. Ashmolean Museum, HCR7897 (=AHFC, Taf. 13, Nr. 115).

Tafel 31f. Silbermünze (Tetradrachme) jüdischer Rebellen. Zeigt den Tempel von Jerusalem, 134/5 n. Chr., mit der hebräischen Legende „Shimon". Ashmolean Museum, HCR6354 (=AHFC, Taf. 19, Nr. 159).

heiten, doch die Haeduer werden sich wohl darauf berufen haben, dass sie wie die Römer von den Troern abstammten – wir werden noch darauf zurückkommen (siehe S. 339 f.).

Mit der Ankunft Julius Caesars änderte sich für die Gallier alles. Caesar, der bei der Bestattung seiner Tante verkündet hatte, dass er von Königen und Göttern abstammte, wurde 59 v. Chr. Konsul, und in dieser Position gelang es ihm, sich ein fünfjähriges Kommando für einen Auslandseinsatz im Illyricum (einem Teil des heutigen Balkan) und in Gallien übertragen zu lassen. Zwischen 57 und 52 v. Chr. eroberte er ganz Gallien von der bereits bestehenden Provinz Narbonensis bis zum Rhein; er fiel in dieser Zeit sogar zweimal in Britannien ein. Jenseits des Ärmelkanals hatte Caesar wenig Erfolg, doch dafür war sein Triumph in Gallien umso größer. Die Gebiete der Gallier waren die ersten römischen Provinzen fernab vom Mittelmeer oder dem Schwarzen Meer, und sie markierten eine fundamentale Verschiebung im Gleichgewicht des Römischen Reichs in Richtung Norden – unter Augustus sollte sich diese Tendenz weiter fortsetzen.

Das Wissen der Römer über die Geographie und die Gesellschaften Zentraleuropas wuchs im Laufe des 1. Jahrhunderts v. Chr. rasant an. Hatten die früheren griechischen Autoren die Kelten noch links liegen lassen, bot die Expansion des römischen Einflussbereichs den Gelehrten nun ganz neue Anreize. Polybios und Artemidoros von Ephesos hatten im 2. Jahrhundert v. Chr. bedeutende Fortschritte gemacht, was die Geographie der Länder rund ums westliche Mittelmeer betraf, und Poseidonios, ein griechischer Intellektueller aus Syrien, setzte ihre Arbeit fort. Seine *Geschichte*, die im Jahr 146 v. Chr. einsetzte, an eben jenem Punkt, an dem Polybios' Geschichtswerk endete, beschrieb den Verlauf der Expansion des Imperiums bis zu den kriegerischen Auseinandersetzungen der Römer mit Mithridates von Pontus. Leider kennen wir das Werk nur aus zweiter Hand, aber wir wissen, dass es ethnographische Abschnitte über Völker enthielt, mit denen die Römer in dieser Zeit in Kontakt gekommen waren. In der ersten Hälfte des 1. Jahrhunderts v. Chr. unternahm Poseidonios ausgiebige Forschungsreisen, die ihn von Iberien im Westen über Nordafrika bis in die Levante führten. In Gallien bereiste er nicht nur die Provinz Gallia Narbonensis, sondern auch die Gebiete weiter im Norden.

Auf Grundlage dieser Reisen verfasste er eine umfassende Ethnographie der Gallier. Er wies auf die Bauweise ihrer Häuser hin, die so ganz anders aussahen als die Häuser im Mittelmeerraum (das Zitat zu Beginn dieses Kapitels basiert höchstwahrscheinlich auf seinem Werk). Poseidonios war zunächst schockiert ob der weitverbreiteten Angewohnheit der gallischen Krieger, sich die Köpfe besiegter Feinde an die Hauswand zu nageln, musste aber ehrlicherweise zugeben, dass er sich allmählich daran gewöhnte. Außerdem beschrieb er, wie bei ihren Gelagen die strikte Hierarchie der gallischen Gesellschaft zum Ausdruck kam: Wer sich von allen Anwesenden am meisten ausgezeichnet hatte – sei es als Kriegsheld, durch Herkunft oder mittels Reichtum –, saß am mittleren der im Kreis aufgestellten Tische; neben ihm wurde der Gastgeber platziert und zu beider Seiten der Rest der Gäste in der Reihenfolge ihrer gesellschaftlichen Stellung. Hinter ihnen standen die Schildträger, und an einem weiteren Tischkreis gegenüber dem ihrer Herren saßen die Speerträger. Die Getränke wurden in Gefäßen aus Keramik oder Silber herumgereicht; die Platten, auf denen man das Essen servierte, waren aus Keramik, Holz, geflochtenen Weidenfasern, Bronze oder Silber. Die Wohlhabenderen tranken Wein, der (wie bereits erwähnt) aus Italien und Massilia importiert wurde. Anders als in Griechenland, wo man den Wein immer stark mit Wasser verdünnte, konsumierten die Gallier ihn in der Regel ungemischt. Für die Ärmeren gab es ein alkoholisches Getränk aus Weizen, das mit Honig zubereitet wurde und das Korma hieß; heute nennen wir es „Met".

Julius Caesar erweiterte Poseidonios' Ethnographie, wenn auch unter gänzlich anderen Umständen. Caesars *Gallischer Krieg*, der wahrscheinlich 52 oder 51 v. Chr. erschien, basierte auf seinen jährlichen Berichten an den Senat über seine militärischen Fortschritte in Gallien. Das Werk ist in einem so einfachen Latein verfasst, dass es seit vielen Generationen als Schullektüre dient, aber zugleich werden die Leistungen des Autors darin durchaus kunstvoll dargestellt. In den Text eingebettet sind eine Reihe von Beschreibungen der Ureinwohner, denen Caesar begegnete, bzw. Behauptungen über sie. Der berühmte erste Satz – „Gallien ist in seiner Gesamtheit in drei Teile geteilt" – stellt sofort klar, wohin den Feldherrn seine Feldzüge führten (nach Gallien) und dass er dort gegen drei Völker kämpfte – die Belger im Norden, die Aquitanier im Westen und die Gallier in der Mitte (siehe Karte 29). Zwischen deren Territorien verliefen große Flüsse: Die Aquitanier und die Gallier trennte die Garonne, die Belger und die Gallier trennten Marne und Seine. Der Rhein bildete die Gren-

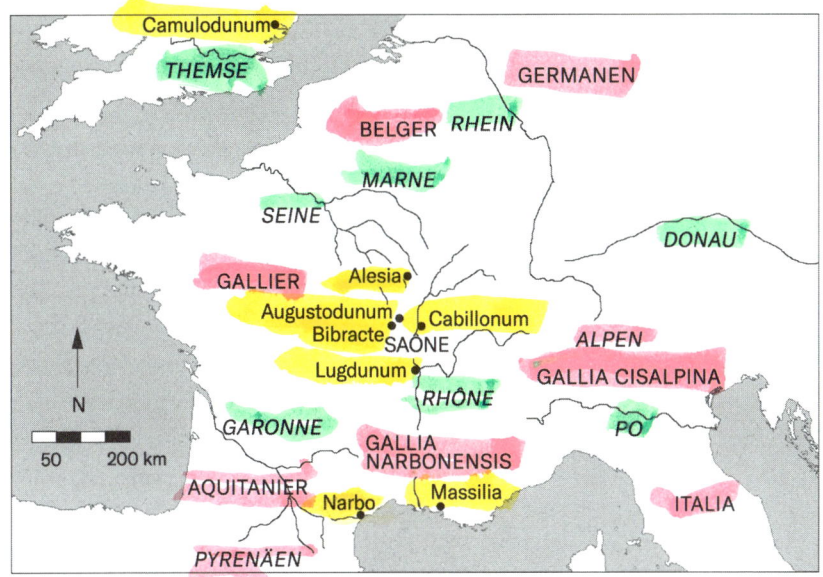

Karte 29. Mitteleuropa um 60 v. Chr.

ze zu den Germanen, auf der anderen Seite lag das Meer. In jedem dieser drei Landesteile waren wiederum viele kleinere Stämme mit vielen unterschiedlichen Sprachen, Institutionen und Gesetzen zu Hause. Doch trotz dieser Unterschiede stellte Caesar Gallien – wie es einem Imperialisten geziemt – als einheitliches, durch die großen Flüsse klar definiertes Gebiet dar; als ein Gebiet, das es wert war, erobert zu werden, mit einer stabilen Bevölkerungsstruktur und klar definierten sozialen Hierarchien.

Eine ganz bemerkenswerte Besonderheit bei den Galliern waren die Druiden. Caesar beschrieb sie als eine der beiden führenden gesellschaftlichen Gruppen in Gallien (die andere Gruppe waren die Ritter). Die Institution selbst stammte offenbar aus Britannien, war aber in Gallien inzwischen fest etabliert. Die Druiden waren für alle religiösen Angelegenheiten verantwortlich und für die Schlichtung privater Streitigkeiten zuständig. Angeführt wurden sie von einem einzelnen Oberdruiden. Sie lernten geheime religiöse Litaneien auswendig, vertraten die Doktrin der Seelenwanderung und gaben der Jugend ihr Wissen über Astronomie und über das Wesen und die Macht der Götter weiter. Das Bild, das Caesar von den Druiden zeichnet, betont die Unterschiede zu den Gegebenheiten in Rom, wo damals der Senatorenstand bei den meisten Priesterschaften den Ton angab. Eine Institution, die dem gesamten religiösen Bereich vorstand, gab es zu jener Zeit in Rom noch nicht.

Caesars Darstellung der Druiden hat durchaus positive Züge, doch wie viel Wahrheit darin steckt, ist schwer zu entscheiden. In Frankreich hilft uns auch die Archäologie nicht weiter, wohl aber in Großbritannien. Auf einem Friedhof in Stanway nahe Camulodunum (heute Colchester) hat man ein faszinierendes Grab entdeckt, das auf etwa 40–50 n. Chr. datiert. Die eingeäscherten Überreste, die wahrscheinlich von einem Mann stammen, wurden zusammen mit feiner Keramik, einem Satz medizinischer Instrumente, einer Gagatperle, einer Pfanne mit Sieb aus einer Kupferlegierung, einem Spielbrett und acht Metallringen mit acht Metallstäben bestattet. In der abschließenden Publikation wurde das Grab einfach als das eines „Arztes" bezeichnet: Die medizinischen Geräte waren von Handwerkern aus der Gegend angefertigt worden und wiesen Parallelen zu solchen im alten keltischen Europa auf; im Sieb befand sich noch ein Stückchen mit Honig gesüßte Artemisia (Beifuß oder Wermut) – eine Pflanzengattung, die man für ihre medizinischen Wirkstoffe schätzte. Aber dieses Grab hat weit mehr zu bieten, als es das Etikett „Arzt" vermuten lässt. Die Art und Weise der Bestattung und die ausgewählten Grabbeigaben zeigen, dass hier ein Mensch von herausragender Stellung die letzte Ruhe fand. Das keltische Spielbrett gilt in der späteren Überlieferung als Zeichen für einen besonders hohen Status. Der Mann war kein Krieger, denn es fehlen die typischen Beigaben (etwa Schild und Speer, wie in einem aufwendigen anderen Grab auf demselben Friedhof). Doch einfach nur ein Arzt war der Tote auch nicht: Die Metallringe und -stäbe und die Gagatperle wurden wahrscheinlich dafür genutzt, die Zukunft vorherzusagen. Die medizinischen Instrumente passen nicht ganz zu dem Bild, das Caesar von den Druiden zeichnet, doch der große Unterschied zwischen diesem Grab und dem des Kriegers entspricht durchaus seiner Schilderung einer zweigeteilten keltischen Elite. Da wir keinen weiteren Nachweis haben, können wir nicht entscheiden, ob unser Toter tatsächlich ein Druide war. Doch zumindest kann man davon ausgehen, dass er derselben elitären Gruppe angehörte wie die Druiden, Wahrsager und Heiler.

Neben den Galliern beschrieb Caesar auch die Germanen, die jenseits des Rheins lebten, der Nordwestgrenze Galliens. Er war stolz darauf, als erster römischer Feldherr den Rhein überquert zu haben, stellte aber zugleich klar, dass es sich nicht lohnen würde, Germanien zu erobern: Die Bevölkerung war zu wenig sesshaft, ihre politischen Bräuche zu unterschiedlich von jenen der Völker am Mittelmeer. Sogar Flora und Fauna waren fremdartig: Caesar beschreibt den riesigen Herkynischen Wald, der sich östlich des Rheins über sechzig Tagesmärsche erstrecke und mit bizarren Tieren bevölkert sei. Dort liefen Elche herum, die die Beine nicht beugen könnten und sich zum Schlafen an Bäume lehnten; Jäger sägten einfach die Bäume an und warteten darauf, dass ein Elch samt Baum umfalle, um das Tier zu fangen. Britannien definierte Caesar als den „dritten Teil des Nordens", nach Gallien und Germanien. Er nennt einen eher abstrakten Gesamtumfang der Insel und schreibt, er habe mithilfe einer Wasseruhr festgestellt, dass die Nächte dort kürzer seien als in Gallien. Bereits Pytheas hatte den Umfang der Insel und die Dauer der dortigen Nächte gemessen, doch anders als jener kümmerte sich Caesar auch um die Ethnographie. Wie in Gallien herrschten auch in Britannien einige durchaus „barbarische" Sitten: Die einheimische Bevölkerung betrieb keinerlei Landwirtschaft, sondern ernährte sich von Milch und Fleisch und trug Tierhäute, und alle Männer färbten sich die Haut mit Waid. Aber Britannien war laut Caesar auch reich an natürlichen Ressourcen und eignete sich durchaus dazu, von den Römern erobert zu werden – das sollte allerdings erst Kaiser Claudius hundert Jahre später erledigen.

Caesars politisches Prestige wuchs durch die Eroberung Galliens so sehr, dass sich seine Gegner ernste Sorgen um die Machtverhältnisse in Rom machten. Anfang 49 v. Chr. führte Caesar sein Heer über den Rubikon, einen Fluss nördlich von Ariminum (heute Rimini), der die Grenze zwischen der Provinz Gallia Cisalpina und Italien bildete. Mit diesem wenig überraschenden Schachzug erhöhte er in seiner Auseinandersetzung mit dem Senat ganz bewusst den Einsatz. „Der Würfel ist gefallen", soll er damals gesagt haben, ein Zitat aus einer griechischen Komödie des Menander. Und er hatte Recht – laut Gesetz durfte auf italischem Boden kein Feldherr irgendwelche Truppen kommandieren. Pompeius, der dank seiner Eroberungen im Osten in Rom ein enormes Prestige genoss, gab den Moralapostel und unterstützte das Vorgehen des Senats gegen Caesar und dessen illegale Aktionen. Im August 48 v. Chr. kam es zu einem Bürgerkrieg zwischen Caesar auf der einen und Pompeius und dessen Unterstützern auf der anderen Seite, der mit Caesars Sieg im nordgriechischen Pharsalos endete. Von dort aus reiste Caesar in die östliche Ägäis, wo er im Herbst Absprachen mit verschiedenen griechischen Gemeinden traf und so seine Position festigte. Der Lykische Bund, der Rom seit über hundert Jahren freundlich gesinnt war, hatte unter Sulla einen formellen Vertrag mit Rom geschlossen und auf dem Kapitol eine Götterstatue geweiht – ganz in der Nähe der Statuen der attischen Tyrannenschlächter, die zur selben Zeit aufgestellt worden waren. Jetzt, im Jahr 48 v.Chr., gelang es den Lykiern, mit Caesar eine weitere für sie vorteilhafte Vereinbarung auszuhandeln. Bevor Caesar 46 v.Chr. nach Rom zurückkehrte, wurde diese Vereinbarung in einem formellen Vertrag festgeschrieben. Offiziell war es ein Abkommen zwischen dem römischen Volk und dem Lykischen Bund, doch die entsprechende Formulierung im Vertragstext macht deutlich, dass es ganz allein Caesars Entscheidung gewesen war, mit den Lykiern zu verhandeln. Grundlage dafür war ein römisches Gesetz, das ihm die Befugnis gewährte, solche Verträge abzuschließen. Noch nie zuvor hatte eine Einzelperson in Rom solche Macht besessen, doch Caesar war schlau genug, das Abkommen hinterher vom Senat ratifizieren zu lassen und seine Suche nach persönlicher Unterstützung im Osten so zu verkaufen, als habe er damit dem römischen Volk einen Gefallen getan.

Als Caesar 46 v.Chr. schließlich nach Rom zurückkehrte, konnte ihm niemand mehr seine herausragende Stellung streitig machen. Die immer höheren Profite, die der Imperialismus abwarf, und der immer verbissenere Wettbewerb innerhalb der Elite hatten zwei wichtige republikanische Prinzipien verschwinden lassen: das Kräftegleichgewicht zwischen Senat und Volk und die Ämterrotation innerhalb des Senatorenstands. Das große Problem für alle Seiten war nun, was man mit Caesar machen sollte – für seine Position musste ein ganz neues politisches Konzept her. Im Anschluss an den Bürgerkrieg ließ sich Caesar 46 v.Chr. zunächst zum „Diktator für zehn Jahre" ernennen und kurz vor dem 15. Februar 44 v.Chr. dann zum „Diktator auf Lebenszeit" (er konnte kaum ahnen, dass er nur noch einen Monat zu leben hatte). Ein Diktator hatte größere Befugnisse als jeder andere Magistrat in Rom. Vor Sulla (82/81 v.Chr.) war dieses Amt zuletzt 202 v.Chr. während des Zweiten Punischen Krieges ausgeübt worden, allerdings nur sechs Monate lang. In gewisser Hinsicht war es durchaus realistisch, das Diktatorenamt für Caesar auf einen so langen Zeitraum auszuweiten; dennoch ging das nur unter der Voraussetzung seiner absoluten Dominanz. War Caesar damit König von Rom? Und wenn ja: Wie würde die Erinnerung an die römische Königszeit die Wahrnehmung von König Caesar beeinflussen?

Diese Themen traten während des Luperkalien-Fests am 15. Februar 44 v. Chr. in den Vordergrund, als Mark Anton Caesar in aller Öffentlichkeit dreimal die Königskrone anbot – sehr zur Verwunderung aller Anwesenden. Die Luperkalien waren eines der ältesten Feste in Rom. Seinen mythischen Ursprung hatte es in einem Wettlauf zwischen Romulus und Remus und ihren jeweiligen Anhängern; erstaunlicherweise gewann damals ausgerechnet Remus das Rennen, der langsamere Zwilling, der Rom nicht gegründet hatte. In der späten Republik lieferten sich Jahr für Jahr zwei Teams einen Wettlauf, der beim Lupercal begann, der Höhle auf dem Palatin, wo die Zwillinge von der Wölfin gesäugt worden waren. Die Teilnehmer rannten splitternackt durch die Straßen Roms und schlugen Zuschauer und Zuschauerinnen, insbesondere junge Frauen, mit Streifen aus Ziegenfell; es war eine geradezu karnevaleske Veranstaltung, die die Fruchtbarkeit zelebrierte und die gemeinschaftliche Identität der Römer beschwor. 44 v. Chr. gab es eine Neuerung: Eine dritte Mannschaft nahm am Rennen teil – die Juliani unter der Leitung von Mark Anton. Das neue Team war eigens zu Ehren von Julius Caesar ins Leben gerufen worden und setzte ihn somit implizit Romulus und Remus gleich. Dies war nur eine von diversen ganz außerordentlichen Ehrungen, die Caesar Anfang 44 v. Chr. zuteilwurden. Beim Wettlauf saß Caesar nahe der Zielgeraden in einem goldenen Stuhl auf der Rednerplattform auf dem Forum Romanum. Mark Anton holte mit dem neuen Team den Sieg, und anschließend überreichte er Caesar die Krone. Die ganze Veranstaltung war so sorgfältig in Szene gesetzt, dass Caesar und Mark Anton auch ihren umstrittenen Höhepunkt geplant haben müssen: Caesar wurde die Krone angeboten, das Symbol der Monarchie, doch er lehnte sie ab, um klarzustellen, dass er zwar bereit war, größtmögliche Macht auszuüben und alle möglichen Auszeichnungen zu empfangen, ja sich sogar mit Romulus und Remus vergleichen zu lassen, aber eben *nicht* als König von Rom. Doch sein Versuch, dies klarzustellen, ging nach hinten los. Wenn überhaupt, dann stiftete Caesar nur noch mehr Verwirrung. Gerüchte gingen um, was denn eigentlich mit der Krone geschehen war: Hatte Caesar sie aufs Kapitol geschickt und verkündet, der einzige König sei Jupiter? Hatte er sie in die Menge geworfen, und hatte Mark Anton daraufhin angeordnet, man solle sie einer Statue von Caesar aufsetzen? Hatte Caesar sie auf einem Thron platziert und damit stillschweigend doch noch angenommen? Möglicherweise mit der Implikation, die Götter hätten ihn zum Monarchen bestimmt? Die ganze Episode hält uns deutlich vor Augen, wie stark einzelne Versuche, politische Macht zu definieren, mit Ritualen und Konzepten aus Roms ferner Vergangenheit verbunden waren.

Auch als Caesar an den Iden des März 44 v. Chr., nur einen Monat nach den Luperkalien, ermordet wurde, hing der Schatten der Vergangenheit über ihm. Verschiedene philosophische Schulen waren sich damals einig, dass es legitim sei, einen Tyrannen zu töten – ein verstörender Konsens, bedenkt man, dass die Tyrannei stets im Auge des Betrachters liegt, und die Folgen für Rom waren nicht abzusehen. Shakespeares Helden Brutus und Cassius, die zu den Verschwörern gegen Caesar zählten, beschäftigten sich beide ausgiebig mit Philosophie. Brutus hing einer politisierten Strömung des Platonismus an, Cassius war Epikureer. Brutus war der Auffassung, dass es legitim war, einen „unrechtmäßigen Monarchen" oder Tyrannen zu töten; Cassius, der sich 48 v. Chr. aus dem politischen Kampf gegen Caesar zurückgezogen und dem Epikureismus zugewandt hatte, fand, dass es die Umstände erforderten, gegen das epikureische Prinzip des Strebens nach Ruhe und Frieden zu verstoßen. Caesar musste weg. Dennoch war Caesars Tod kaum weniger umstritten als sein Leben. Damals wurde auch der Tod des Romulus kontrovers diskutiert. Manche glaubten, Romulus sei friedlich gestorben, als von allen verehrter König von Rom in den Himmel aufgestiegen und lasse sich seither unter dem Namen Quirinus als Gott verehren. Andere behaupteten jedoch, er habe sich in einen so grausamen und despotischen Tyrannen verwandelt, dass die Senatoren ihn töteten, indem sie ihm einzeln die Glieder aus dem Leib rissen; dieser Umstand sei der eigentliche Grund dafür gewesen, dass seine sterblichen Überreste verschwanden (und nicht etwa eine Apotheose). Diesen extrem gegensätzlichen Ansichten über ein Ereignis aus Roms ferner Vergangenheit entsprachen die gegensätzlichen Meinungen über Caesar: War er ein guter Herrscher gewesen, der der vielen Ehren würdig war, die ihm Anfang 44 v. Chr. zuteilwurden? Oder war er ein Tyrann, den man nur durch ein Attentat stoppen konnte? Für Cicero war Caesars

Tod ganz eindeutig ein rechtmäßiger Tyrannenmord. Der Bürgerkrieg, der auf Caesars Tod folgte, endete 42 v. Chr. mit der Schlacht bei Philippi, in der Mark Anton und der Erbe Caesars, der junge Octavius (später Augustus), siegten. Der Senat hatte Caesar allerdings schon vor Philippi formell deifiziert: Er hieß nun *divus Iulius* („der vergöttlichte Julius"), hatte einen eigenen Tempel am Forum und einen eigenen Priester. Ab dem Tod des Augustus im Jahr 14 n. Chr. gehörten diese göttlichen Ehren zum Standardprogramm für verstorbene Kaiser.

Shakespeares römische Dramen

Shakespeares Zeitgenosse Ben Jonson spottete, jener kenne „wenig Latein und noch weniger Griechisch", doch dieses hochnäsige Urteil über jemanden, der nie eine Universität besucht hatte, ignorierte Shakespeares außergewöhnliche Begabung, aus einer Vielzahl antiker und moderner Werke Ideen und Impulse aufzunehmen. Einige Jahre nach *Julius Caesar* (1599) kehrte Shakespeare mit *Antonius und Cleopatra* (1606/07) noch einmal ins 1. Jahrhundert v. Chr. zurück. Beide Dramen behandelten Themen, die in der Endphase des Elisabethanischen Zeitalters vielen auf den Nägeln brannten. Drei Stücke Shakespeares führten die Zuschauer an geradezu exzentrische Schauplätze: *Titus Andronicus* (1589–92) war in verschiedenen Epochen angesiedelt, und die späteren Stücke *Coriolanus* (1608) und *Cymbeline* (1610) spielten in der frühen Republik bzw. im römischen Britannien. Einige Motive finden sich in allen fünf Dramen: das tragische Schicksal des heroischen Individuums, Spannungen zwischen privaten Bindungen und der Verantwortung gegenüber dem öffentlichen Interesse und der fließende Übergang zwischen Rebell und Tyrann. Was vier der fünf Bühnenstücke (und in gewisser Weise auch *Cymbeline*) miteinander verband, war die Stadt Rom, die den politischen, sozialen und moralischen Themen Shakespeares einen gemeinsamen Kontext bot.

Rom hatte für Shakespeare den Vorteil, dass es klassisch genug war, dass man es vorbehaltlos als Schauplatz von Theaterstücken akzeptierte, und dass es ihm zugleich die Möglichkeit bot, unter dem Radar der elisabethanischen Zensur republikanische Ideen auszuloten. Dass man Rom automatisch weder mit irgendwelchen besonderen Tugenden noch mit bestimmten Lastern assoziierte, gab Shakespeare in Bezug auf politische Themen noch mehr Freiraum. Wie Lucy Bailey sagte, die 2009 bei der Royal Shakespeare Company bei *Julius Caesar* Regie führte: „Das Stück wirft Fragen auf, von denen die elisabethanische Gesellschaft geradezu besessen war: Wann wird eine Monarchie zur Tyrannei? Ist es möglich, zu herrschen, ohne Gewalt auszuüben und andere zu unterdrücken? Kann ein Mord gerechtfertigt sein, und kann er die Dinge zum Besseren wenden?"

Shakespeare zeigt, wie Cassius Brutus drängt, gegen Julius Caesar vorzugehen und damit seinem Vorfahren Junius Brutus nachzueifern, der den letzten König aus Rom vertrieben hatte. Er setzt Rom mit der Republik gleich, dem Bollwerk der Freiheit, das mit der Herrschaft eines Einzelnen unvereinbar ist, aber diese in betont maskulinen Begriffen definierte republikanische Ideologie wird während der gesamten Tragödie immer wieder unterminiert. Politische Tugend hängt von intensiver Konkurrenz ab und kann sich dadurch ins Gegenteil verkehren. Brutus' Frau Portia legt eine Courage an den Tag, die der eines Mannes gleicht. Jene, die die Verschwörer verachten, werden ihrerseits zu politischen Akteuren, zum Beispiel wenn Mark Anton Caesar die Krone anbietet. Und kurz bevor Caesar ermordet wird, hält er eine wunderbar republikanische Rede über seine Standhaftigkeit im Angesicht jener, die lediglich persönliche Motive leiten. Sein Gefühl, anderen Römern überlegen zu sein, ist zwar typisch römisch, führt aber letztlich zu seiner Ermordung. Shakespeare hatte die politischen Widersprüche der späten Republik hervorragend durchschaut.

Aus den Verbündeten Mark Anton und Augustus wurden Rivalen, die einen neuen Bürgerkrieg anzettelten. Augustus saß in Rom, während Mark Anton mit seinen Streitkräften den Osten des Imperiums kontrollierte. Kleopatra, die ptolemäische Königin von Ägypten, hatte Caesar, als jener 48 v. Chr. aus der Ägäis nach Alexandria gekommen war, ihre politische Unterstützung (und mehr) angeboten. Genau das Gleiche tat sie nun im Jahr 41 v. Chr. mit Mark Anton. Im Hollywoodfilm *Cleopatra* von 1963 (mit

Elizabeth Taylor und Richard Burton) wird sie ganz korrekt als Nachfahrin makedonischer Könige gezeigt, die in einem Alexandria lebt, dessen öffentliche Architektur griechisch ist, und über ein Land herrscht, dessen Bevölkerung ägyptisch ist. In der alles entscheidenden Seeschlacht bei Actium 31 v. Chr. besiegte Augustus Kleopatra und Mark Anton; ab sofort hatte er keine Konkurrenten mehr und war der mächtigste Mensch in der römischen Welt.

Nach dem Bürgerkrieg hatte Augustus jede Menge Blut an den Händen, namentlich das Blut jener Bürger, die den sogenannten „Proskriptionen" zum Opfer gefallen waren, also für vogelfrei erklärt und gegen Geld getötet worden waren. Wie würden die Historiker der nun folgenden friedlicheren Jahre die unmittelbare Vergangenheit bewerten? Der Politiker Asinius Pollio zog sich, nachdem er im Jahr 39 v. Chr. einen Triumphzug gefeiert hatte, aus dem öffentlichen Leben zurück und widmete sich fortan der Literatur. Er schrieb ein berühmtes Werk über die Geschichte Roms, das 60 v. Chr. einsetzte und mit der Schlacht von Philippi 42 v. Chr., die das Ende der Hoffnungen der Republikaner markierte, schloss. Trotzdem warnte ihn sein Zeitgenosse Horaz, Pollio werde sich mit seinem Geschichtswerk eine Menge Ärger einhandeln. Umso erstaunlicher ist Livius' Werk *Ab der Gründung der Stadt*, das nicht etwa 42 v. Chr. aufhörte, sondern die römische Geschichte bis ins Jahr 9 v. Chr. erzählte, als einer von Augustus' Erben starb (es ist nicht auszuschließen, dass Livius nach einem naheliegenderen Endpunkt gesucht hat). Dass Livius dem Republikaner Pompeius gegenüber Caesar den Vorzug gab, ärgerte Augustus nicht. Insgesamt aber scheint sich Livius in seiner Darstellung der Zeit der Bürgerkriege und der augusteischen Zeit auf Auseinandersetzungen mit ausländischen Feinden konzentriert zu haben – den größten Teil der innenpolitischen Konflikte in Rom ließ er schlichtweg aus. Außerdem brachte er jene Bücher, die Augustus' Aufstieg zur Macht und seine Alleinherrschaft beschrieben, erst nach dessen Tod auf den Markt. Es gab einfach zu viel, das man unter Augustus nicht sagen, geschweige denn schreiben durfte.

Augustus schaffte keine politische oder religiöse Institution ab. Die Strukturen, die seit der Gründung der Republik existierten, hatten weiterhin Bestand, wenn auch in etwas modifizierter Form. Augustus vermied es, Caesars verhängnisvolle Experimente mit dem Amt des Diktators zu wiederholen, Stattdessen entschied er sich für eine etwas bescheidenere

Kombination aus Konsulat bzw. konsularischer Macht und tribunizischer Macht, um seine Position im Staat zu definieren. Unter Augustus bekam auch das Amt des Pontifex Maximus eine neue Bedeutung: Der römische Oberpriester leitete nun alle wichtigen Priesterkollegien und stand allen römischen Kulten vor. Als Pontifex Maximus kontrollierte der römische Kaiser von nun an auch das gesamte religiöse Leben in Rom. Allerdings verhinderte Augustus, dass man ihm den Beinamen „Romulus" verlieh – allzu zweideutig waren hier die Konnotationen. Er tat lieber so, als sei er lediglich ein römischer Bürger. Dass er diese Rolle spielte (und zwar im vollen Bewusstsein, dass es nur eine Rolle war), gab dem Senatorenstand und dem römischen Volk ein wenig von ihrer alten Würde und Bedeutung zurück. Genau hier liegt die Erklärung dafür, dass es Augustus gelang, Rom 45 Jahre lang zu regieren. Er war das Musterexemplar des „guten Kaisers", und jeder seiner Nachfolger, der von diesem Vorbild abwich, tat das auf eigene Gefahr (Tafel 23).

Wie andere einflussreiche Senatoren präsentierte sich auch Augustus als führendes Mitglied seiner Familie. Und wie es bei den Senatoren üblich war, fügte er der Familie durch Adoption neue männliche Erben hinzu. Seine Angehörigen standen ebenfalls im Rampenlicht, allen voran seine Frau Livia. Im Jahr 35 v.Chr. erhielt Livia offiziell das Recht, ihre eigenen Angelegenheiten ohne gesetzlichen Vormund zu verwalten, ihr wurde eine juristische Immunität verliehen, die der eines Volkstribunen entsprach, und in Rom wurden Statuen von ihr aufgestellt. In den 20er-Jahren v.Chr. gab es mit Livia erstmals von einer Frau einen offiziellen Statuen-Typus, der im ganzen Reich Verbreitung fand: Ohne Schmuck und aufwendige Kleider galt sie als das Idealbild der römischen Matrone. Livia baute auch die Rolle der Frau in der römischen Religion aus, wo Frauen traditionell mit solchen Festen in Verbindung standen, die weibliche Tugenden wie Keuschheit und häusliche Harmonie beschworen; sie war die erste Frau, die auf eigene Faust Schreine für diese Kulte bauen und restaurieren ließ. In politischer Hinsicht stand sie stets fest an der Seite ihres Mannes, doch genau dieser Umstand führte zu zahlreichen Spekulationen über Livias ruchlose Machenschaften zugunsten ihrer Blutsverwandten. In Robert von Ranke-Graves' Roman *Ich, Claudius, Kaiser und Gott* ist sie der Inbegriff der aristokratischen Intrigantin. Mitunter gab Augustus sogar öffentlich zu, was für einen großen Einfluss sie hatte. Als er die Bitte der Bevölkerung von Samos um einen privilegierten Status ablehnte, erklärte Augustus, er persönlich sei den Samiern durchaus wohlgesonnen und bedaure sehr, ihr Gesuch ablehnen zu müssen, zumal er gerne seiner Ehefrau einen Gefallen getan hätte, die sich sehr für Samos eingesetzt hatte.

Augustus initiierte in Rom in seinem eigenen Namen und im Namen seiner Angehörigen ein umfassendes öffentliches Bauprogramm. Da nur jemand, der einen Triumph gefeiert hatte, berechtigt war, in Rom öffentliche Gebäude zu errichten, und da jetzt nur noch der Kaiser und die Mitglieder der Kaiserfamilie Triumphe feiern konnten, durften die Senatoren in der Hauptstadt nichts mehr bauen und begannen stattdessen, ihre Heimatstädte in und um Italien zu verschönern. Das Forum Augustum, das Augustus im Zentrum von Rom bauen ließ, ist ein schönes Beispiel dafür, wie der Kaiser mit der Vergangenheit umging (siehe Abb. 25). Der Tempel

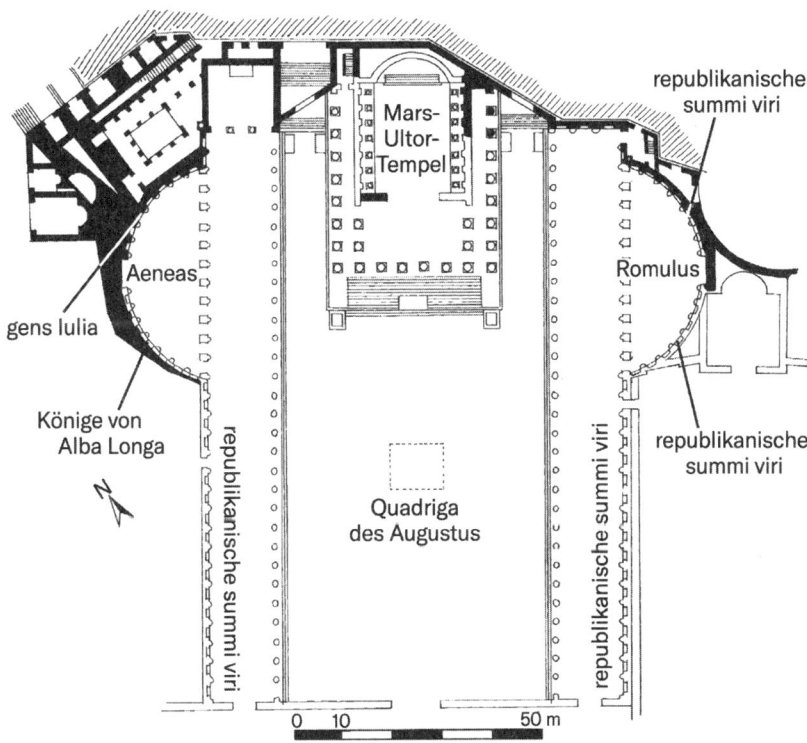

Abb. 25. Grundriss des Augustus-Forums, Rom.

in der Mitte des Forums war Mars Ultor (dem „Rächer") geweiht, was darauf verwies, dass Augustus an den Parthern östlich des Euphrat, die in der Schlacht bei Carrhae 53 v. Chr. die Römer besiegt hatten (Tafel 31e), und an den Mördern Caesars Rache geübt hatte. Doch der Mars-Tempel spielte noch auf etwas anderes an: Auf dem Giebel war der Kriegsgott zusammen mit Venus zu sehen, und beide waren sie je ein Elternteil von Romulus bzw. Aeneas. Die Portiken an den Längsseiten des Forums nahmen dieses Motiv auf und führten es weiter aus: Zwischen den Säulen standen Statuen republikanischer Helden, jeweils mit einer Inschrift versehen, die ihre Leistungen nannte. In einem eingelassenen Halbkreis auf der linken Seite konnte man Statuen der Familie der Julier bewundern, deren Ahnherr Aeneas war, und auf der rechten Seite standen weitere republikanische Helden, als Nachfolger des Romulus. Da Augustus behauptete, nicht nur von Aeneas, sondern auch von Romulus abzustammen, präsentierte der gesamte Forumskomplex die Herrschaft seines Erbauers also ganz folgerichtig als vorläufigen Höhepunkt der römischen Geschichte.

Es wurde einiges dafür getan, die politische Einheit Italiens zu betonen und die Bedeutung des Bundesgenossenkriegs zwei Generationen früher herunterzuspielen. Aufbauend auf Ciceros Rhetorik behauptete Augustus, im Bürgerkrieg habe „ganz Italien (*tota Italia*) mir aus eigenem Antrieb die Treue geschworen und mich als Anführer für den Krieg ausgewählt, den ich bei Actium gewonnen habe" – eine erstaunliche Aussage, bedenkt man, dass beide Konsuln und ein Drittel des Senats nicht ihn, sondern Mark Anton unterstützt hatten. Kurz nach der Schlacht von Actium veröffentlichte Vergil seine *Georgica*, ein Lehrgedicht über die Landwirtschaft. Es enthielt einen Abschnitt, der später als das „Lob Italiens" berühmt wurde. Solche *laudes Italiae* waren damals ein beliebter literarischer Topos. Vergil schreibt, Italien übertreffe an Fruchtbarkeit und Liebreiz alle anderen Regionen der Welt; seine edlen Städte, auf schroffen Felsen gelegen oder an Flüssen, die neben uralten Mauern dahinflössen, seien ebenso unübertroffen wie die Vielfalt der großartigen Völker, die Italien hervorgebracht habe. Vergils Italienlob ist fest in der jüngeren Geschichte verwurzelt: Als Nordgrenze gibt er den Comer See und den Gardasee in der ehemaligen Provinz Gallia Cisalpina an, die erst unter Julius Caesar im Jahr 49 v. Chr. in eine Region Italiens umgewandelt worden war. Und am Ende des Abschnitts beschreibt Vergil ganz selbstbewusst sich selbst, wie er in „römischen Städten" Lehrdichtung aus Griechenland verbreitet, was implizit die Stadt Rom und die Städte Italiens zu einem großen Ganzen vereint.

In den folgenden zehn Jahren arbeitete Vergil an einem Epos, der *Aeneis*. Auch dieses Gedicht ist ganz klar in der Gegenwart verwurzelt: Die Seeschlacht bei Actium wird darin nicht als Schlacht eines Bürgerkriegs beschrieben, sondern als Kampf zwischen West und Ost, zwischen den alten Göttern nicht nur Roms, sondern ganz Italiens gegen die bizarren tierköpfigen Götter Ägyptens – eine Sichtweise Ägyptens, wie sie dem aktuellen politischen Mainstream entsprach. Doch die *Aeneis* ist nicht etwa eine Lobrede auf Augustus, den Nachfahren des Aeneas. In Anlehnung an frühere römische Epiker wie Naevius lässt Vergil den ersten Teil seines Epos in Karthago spielen und schildert die tragische Liebesbeziehung zwischen Aeneas und Dido. Aeneas muss Dido verlassen, um das für ihn vorgesehene Schicksal zu erfüllen und nach Italien zu gehen, und er geht aus der Dido-Episode nicht gerade als strahlender Held hervor (Tafel 28). Als Aeneas Italien erreicht, erzählt ihm der bescheidene König Euandros (siehe S. 219) die Geschichte von Herakles und Cacus und zeigt ihm die Gegend, unter anderem die Lupercal-Höhle und das Kapitol, das bereits damals göttliche Kraft besitzt. Die Szene, als Euandros, der „Gründer der römischen Zitadelle", und Aeneas, der Ahnherr der Römer, den momentan noch wenig spektakulären Standort betrachten, wo später einmal die Stadt Rom stehen wird, ist gespickt mit Vorausdeutungen.

Die *Aeneis* galt quasi sofort als Klassiker. Vergils Dichterkollege Properz jubelte schon vor der Veröffentlichung, das Epos sei größer als Homers *Ilias*. Schon bald hielt es Einzug in den Schulunterricht und verdrängte Naevius und Ennius. Vergil wurde in allen lateinischsprachigen Teilen des Reichs unterrichtet. 36 Graffiti in Pompeji sind Zitate aus der *Aeneis*, und da sich das Bildungssystem auf Schreiben und Grammatik konzentrierte, zitierten 26 von ihnen die ersten Zeilen von Buch 1 und 2. Selbst im abgelegenen Britannien las man Vergil. In Vindolanda, einem römischen Militärstützpunkt beim Hadrianswall, hat man zwei Schreibtafeln mit Versen der *Aeneis* gefunden – wahrscheinlich beschäftigte der Kommandant für seine Kinder einen Erzieher, der mit ihnen dieses Epos durchnahm. In Ägypten und Judäa polierten die Legionäre ihr Latein auf, indem sie Teile der *Georgica* und der *Aeneis* niederschrieben. Aber natürlich kannte man Vergil nicht nur beim Militär, und er wurde nicht immer nur stumpf auswendig gelernt: In einem ganz bemerkenswerten Fall im Südosten Iberiens malte jemand in einer Höhle zahlreiche Verse einer freien Adaption von verschiedenen Stellen der *Aeneis* an die Wand.

Auch nach der Antike blieb Vergil ein fester Bestandteil der Lehrpläne, und seine Werke wurden außergewöhnlich häufig kopiert (siehe S. 388). Er und Homer galten als die größten Dichter der Antike, und gerade Vergil fand man interessant, weil man aus bestimmten Passagen herauszulesen meinte, dass sie das Kommen Christi ankündigten. Dante, den wir im Zusammenhang mit der Wahl der Sprache für seine *Göttliche Komödie* kennengelernt haben, war der vielleicht innovativste Vergil-Rezipient im Mittelalter. Für ihn war Vergil der Erste, der ein gemeinsames Bewusstsein aller Italiener beschwor, „unser größter Dichter" nennt er ihn. In der *Göttlichen Komödie* dient ihm Vergil als Führer durch die Hölle. Vergil ist dort eine recht düstere Gestalt, er muss sich grämen, kein Christ gewesen zu sein, weil er „in der Zeit der falschen, lügenden Götter" gelebt hat. Die volkstümliche Überlieferung in Italien nahm Vergil ganz anders wahr. Er war in der Nähe von Neapel begraben worden, und im 12. Jahrhundert glaubte man, Vergil sei Statthalter von Neapel gewesen und als solcher für eine Reihe von Talismanen verantwortlich, die die Stadt vor der Einnahme durch Feinde geschützt hätten; außerdem habe er die Fliegen aus der Stadt verbannt und den Ausbruch des Vesuvs verhindert. Anekdoten wie diese verbreiteten sich schnell in ganz Europa, und sie zogen weitere Geschichten nach sich. In Frankreich besangen einige Troubadoure Vergil als Zauberer, der einen Garten besitze, in dem es nie regne, und der einen Glockenturm gebaut habe, der sich gemeinsam mit den Glocken bewege. Nach dem 16. Jahrhundert verschwanden diese Legenden aus dem öffentlichen Bewusstsein, doch bis heute können Touristen in Neapel das „Grab des Vergil" bestaunen, das in Wirklichkeit nichts mit dem Dichter zu tun hat.

Unter Augustus erhielt die Stadt Rom endlich jene Größe und Erhabenheit, die König Euandros andeutet. Vergil zeigt, wie Aeneas in Karthago eintrifft und über die dortigen Bauten staunt, über die Mauern, die Zitadelle und das Theater, die die früheren primitiven Nomadenzelte (*magalia*, ein phönizisches Wort) ersetzt haben: „Glücklich seid ihr, deren Mauern sich bereits erheben." Karthago lässt Aeneas an die Stadt denken, die er laut Vorsehung einmal gründen und die Augustus weiter ausbauen wird. Laut Augustus' Biograph Sueton, der mehr als hundert Jahre später schrieb, konnte Augustus sich durchaus mit Recht rühmen, er habe eine Stadt aus Ziegeln vorgefunden und eine Stadt aus Marmor hinterlassen. Ganz so groß war der Kontrast indes nicht. Zwar nahmen sich die öffentlichen Gebäude in Rom zu Beginn des 2. Jahrhunderts v. Chr. noch recht bescheiden aus, doch diesen Zustand fanden die Römer bereits gegen Ende jenes Jahrhunderts nicht mehr akzeptabel. Im Laufe des 1. Jahrhunderts v. Chr. ließen mehrere führende Politiker wie Pompeius und Caesar im Stadtzentrum von Rom monumentale Bauten errichten, und Augustus setzte diesen Trend mit aller Macht fort (das Forum Augustum ist nur eines von vielen Beispielen). Besonders interessant ist Suetons Bemerkung über Augustus' Motivation: Er habe die Stadt verschönert, weil sie „nicht der Würde des Reiches entsprechend ausgebaut war". Sueton greift hier einen Punkt auf, den schon unter Augustus der große Architekt Vitruv angemerkt hatte: Vitruv preist Augustus dafür, dass jener nach dem Bürgerkrieg den Frieden gebracht, den Staat um neue Provinzen erweitert und die Erhabenheit des Reichs durch diverse öffentliche Gebäude untermauert habe. Bis Augustus war Rom in erster Linie der Dreh- und Angelpunkt eines Staates gewesen, der es auf Expansion um jeden Preis abgesehen hatte. Das änderte sich um die Zeitenwende herum. Rom wurde zur Hauptstadt eines Imperiums, das andere Völker eingliederte und dessen Provinzen nicht mehr nur dazu da waren, dass sich die römische Elite an ihnen bereichern konnte. Die Provinzen wurden zu Nutznießern der römischen Herrschaft, und Rom sah sich selbst nicht mehr nur als Kulisse eines ungezügelten Konkurrenzkampfs zwischen einzelnen Politikern, sondern als echte Hauptstadt eines Weltreichs. Keine Frage, dass die Bauten und Denkmäler in der Stadt eines solchen Weltreichs würdig sein sollten.

Mussolini und Rom

Die *Romanità*, eine Idealisierung römischer Werte, war in der zweiten Hälfte des 19. Jahrhunderts im Königreich Italien ein überaus beliebtes Konzept, das auch von den italienischen Faschisten begeistert aufgenommen wurde. Nur die Art und Weise, wie sich die Italiener auf ihre römische Vergangenheit beriefen, veränderte sich im Laufe der Zeit recht stark. Von 1922 bis 1925 diente die *Romanità* als Ideal revolutionärer Aktionen. Benito Mussolini, der ausgerechnet aus einem Dorf in der Nähe des Rubikon stammte, nahm sich Julius Caesar zum Vorbild, der Rom damals aus dem Sumpf der Korruption gerettet habe – nur dass Mussolini selbst, während er seine Männer auf Rom marschieren ließ, mit dem Nachtzug hinterherfuhr. Von 1925 bis 1936 zogen die Italiener immer wieder Rom heran, um ihre expansionistischen Bestrebungen zu rechtfertigen. Als 1925 im Augustus-Mausoleum, in dem damals ein öffentlicher Versammlungssaal untergebracht war, der Faschistenkongress stattfand, verkündete Mussolini: „Die einzige Stadt an den Gestaden des Mittelmeers, schicksalhaft und vom Schicksal getragen, die ein Imperium schuf, ist Rom." Als der Schöpfer eines neuen, stabilen Reichs war nun Augustus das große Vorbild. Von 1936 an galt die *Romanità* auch als Rechtfertigung für Rassismus: Nur „reinblütige" Italiener konnten Nachfahren der Römer sein. Der aufwendige Film *Karthagos Fall* (*Scipio l'Africano*) von 1937 schilderte den Konflikt zwischen Rom und Karthago als Konflikt zwischen Ordnung und Autorität auf der einen und Chaos und Demokratie auf der anderen Seite und zeigte die Karthager als unzivilisierte, semitische Barbaren.

Die Feierlichkeiten anlässlich des 2000. Geburtstags von Vergil (1930) und von Augustus (1937) waren echte Großereignisse. Manche Dichter zogen Vergils „Lob Italiens" in den *Georgica* heran, um ihre Verachtung für die Bourgeoisie – den Gegenpol der ehrlichen Bauernschaft – zum Ausdruck zu bringen. 1934 ließ Mussolini persönlich die schäbigen Häuser rund um das Augustus-Mausoleum abreißen und den Versammlungssaal aus dem Gebäude entfernen. Die Piazza rund um das Mausoleum säumten bald neue Gebäude mit den Darstellungen der Ideale der Faschisten in prachtvollen Reliefs. Daneben platzierte man einen Nachbau von Augustus' Friedensaltar, der ursprünglich an einer anderen Stelle gestanden hatte. Das Projekt, eines von mehreren solcher Projekte in der Hauptstadt, wurde pünktlich zu Augustus' 2000. Geburtstag fertig, begleitet von einer großen Ausstellung mit dem Titel *Mostra Augustea della Romanità*, zu der über eine Million Besucher strömten. Die Ausstellung war wissenschaftlich aufbereitet und von einem Katalog begleitet, der heute noch aktuell ist, aber sie war auch zutiefst politisch. Die entsprechende Botschaft begegnete dem Besucher gleich in der Eingangshalle in Form eines Mussolini-Zitats: „Italiener! Sorgt dafür, dass die ruhmreiche Zukunft die ruhmreiche Vergangenheit übertrifft!" *Romanità* und Moderne gingen hier Hand in Hand, um die Existenz eines dynamischen faschistischen Imperiums zu rechtfertigen.

Das Rom der augusteischen Zeit war eine riesige Stadt. Laut einer Abhandlung über den Wahlkampf, die Ciceros Bruder Quintus zugeschrieben wird, war Rom „ein Staat, in dem die Völker der Welt ein großes Ganzes bilden" – ein Satz, der daran erinnerte, dass schon Romulus Flüchtlingen Asyl gewährt hatte (siehe S. 221f). Modernen Schätzungen zufolge lebten in Rom in der frühen Kaiserzeit fast eine Million Menschen. Im Jahr 5 v. Chr. schenkte Augustus allen Bürgern mit offiziellem Wohnsitz in Rom eine bestimmte Summe Bargeld; 320000 Personen bekamen den Betrag ausbezahlt. Zu diesen muss man die Ehefrauen und Kinder der Bürger hinzuzählen, die in Rom lebenden Sklaven und Freigelassenen sowie all jene Bürger und Nichtbürger aus dem ganzen Reich, die sich nur vorübergehend in der Stadt aufhielten. Rom war eine gewaltige Metropole, und dafür sorgte nicht zuletzt die große Mobilität zwischen Imperium und Stadt. Es ist schwierig abzuschätzen, welche Fläche Rom zu jener Zeit bedeckte, denn für die damaligen geographischen Grenzen des Stadtgebietes haben wir kaum Anhaltspunkte. Nachdem Rom in den 270er-Jahren n. Chr. neu befestigt werden musste, umfasste die neue Stadtmauer ein Gebiet von mindestens 1373 Hektar. Hinzu kamen zahlreiche Vorstädte, die offenbar bis zu 15 Kilometer von Rom entfernt lagen. Doch auch wenn wir für Bevölkerung oder Stadtgebiet keine genauen Zahlen haben: In der frühen Kaiserzeit war Rom die bei Weitem größte Stadt im Römischen Reich; die zweitgrößte Stadt, Alexandria in Ägypten, war gerade einmal halb so groß. Von der Größe her war Rom sogar mit den viel späteren Hauptstädten anderer vorindustrieller Staaten vergleichbar. Je nachdem, ob man das besiedelte Umland teilweise oder ganz mitzählt, war das kaiserzeitliche Rom mindestens so groß wie Chang'an, die Hauptstadt der chinesischen Tang-Dynastie im 8./9. Jahrhundert (das spätere Xi'an), und Edo, die japanische Hauptstadt des 17.–19. Jahrhunderts.

Freud und Rom

Als Sigmund Freud (1856–1939), der Vater der modernen Psychoanalyse, in Wien zur Schule ging, gehörten Latein und Griechisch zu seinen Lieblingsfächern; im Alter von 58 Jahren schrieb er, auf dem Gymnasium seien ihm „die ersten Einblicke in eine untergegangene Kulturwelt" zuteil geworden, „die wenigstens mir später ein unübertroffener Trost in den Kämpfen des Lebens werden sollte".

Als er seine ersten Ideen zum Unbewussten entwickelte, hatte er eine ganz merkwürdige Beziehung zur Stadt Rom. Zwischen 1895 und 1898 bereiste er mehrmals Italien, und ganze fünfmal versuchte er dabei, Rom zu besuchen, doch jedes Mal spürte er eine starke Hemmung, die ihn daran hinderte. In *Die Traumdeutung* (1900) interpretierte Freud dieses seltsame Phänomen dahingehend, dass er als Jude einem endemischen Antisemitismus ausgesetzt war: Als Schüler hatte er sich unweigerlich mit dem Semiten Hannibal identifiziert, und als Erwachsener sah er den Konflikt zwischen Hannibal und Rom als Parallele zum aktuellen Konflikt zwischen dem Judentum und der Organisation der katholischen Kirche; genau wie Hannibal sei es auch ihm nicht bestimmt, Rom zu betreten. Erst nachdem er die *Traumdeutung* veröffentlicht hatte, gelang es Freud, seine Hemmung zu überwinden, und später besuchte er die Ewige Stadt sogar regelmäßig, als eine Art intellektueller Pilger.

Bei der Entwicklung seines Konzepts vom Unbewussten fand Freud immer wieder Analogien zur Ausgrabung antiker Stätten. Er sammelte selbst leidenschaftlich Altertümer und häufte im Laufe seines Lebens eine Sammlung von rund 3000 Objekten an. Diese Artefakte bewahrte Freud nicht etwa in seinen Privaträumen auf, sondern er präsentierte sie in seinem Sprechzimmer und in seinen Arbeitsräumen. Diese Antikensammlung war ein wichtiges Element seiner beruflichen Persönlichkeit. Insbesondere Athene hatte es ihm angetan, als Symbol für Weisheit und rationales Denken: 1938 bestimmte Freud eine Statuette der Athene als einziges Stück, das von Österreich aus nach England geschmuggelt werden sollte, falls die Nazis seine Sammlung konfiszierten. Im Alter von 75 Jahren schrieb er einem Verehrer, „daß ich bei aller gerühmten Anspruchslosigkeit viele Opfer für meine Sammlung griechischer, römischer und ägyptischer Antiquitäten gebracht und eigentlich mehr Archäologie als Psychologie gelesen habe". In *Das Unbehagen in der Kultur* (1930) illustriert Freud seine These, dass Erinnerungen niemals ganz verloren gehen, sondern stets wieder ans Licht gebracht werden können, mit der Geschichte Roms im Altertum, wobei er sich auf einen Band der *Cambridge Ancient History* bezieht. Im Prinzip sei jeder, so Freud, dazu in der Lage, in Rom Spuren jeder einzelnen Epoche zu finden, auch wenn die Ruinen später zum Teil restauriert wurden und sich im Durcheinander der modernen Metropole verstecken. So diente die Archäologie von Rom Freud als Analogie für sein Projekt, den menschlichen Geist Schicht um Schicht freizulegen.

Zwischen der späten Republik und der frühen Kaiserzeit veränderten sich die Beziehungen zwischen Rom und seinen Provinzen. In der Zeit der Republik waren die römischen Statthalter daran beteiligt, zwischen den unterworfenen Völkern zu vermitteln, was manchmal die politische Stabilität in einer Region erhöhte. Rom erwartete von den Statthaltern und ihren Mitarbeitern ein hohes Maß an Ehrlichkeit, und in manchen Fällen wurde diese Erwartung auch erfüllt, doch wie Cicero 60 v. Chr. seinem Bruder, dem neuen Statthalter der Provinz Asien, schrieb, hielt er es schlichtweg nicht für möglich, dass jener drei Jahre in Asien verbringen könne, ohne den dortigen materiellen, finanziellen und auch sexuellen Verlockungen zu erliegen. Eben jene Verlockungen waren es, die so viele Statthalter jedes besonnene Verhalten vergessen ließen. Der Mensch kann nun einmal nicht aus seiner Haut, und so versuchten viele Politiker, die immensen Investitionen, die ihr Wahlkampf in Rom mit sich gebracht hatte, auf Kosten ihrer eigenen Integrität wieder hereinzuholen. Immer wieder missbrauchten sie ihre Stellung. Zypern, das 58 v. Chr. annektiert und in die Provinz Kilikien (Südkleinasien) integriert wurde, sah sich auf einmal auf Gedeih und Verderb den römischen Beamten ausgeliefert. Brutus, der später durch seine Rolle bei der Verschwörung gegen Caesar von sich reden machte, lieh der zyprischen Stadt Salamis zu einem geradezu erpresserischen jährlichen Zinssatz von 48 Prozent große Summen Geld. Um seine Schulden einzutreiben, ließ sich Brutus anschließend einen Senatsbeschluss ausstellen, der seine Forderung stützte, und am Ende lieh sich einer seiner Agenten vom Provinzstatthalter ein paar Reitertruppen aus und belagerte die Stadträte in ihrem Ratsgebäude, wo fünf von ihnen verhungerten. Das ausbeuterische Verhalten der römischen Elite war mitunter ungeheuerlich, und unter dem Druck der Bürgerkriege wurde die Lage oftmals noch schlimmer. Im Jahr 49 v. Chr. belagerte Julius Caesar Massilia, das sich zuvor auf Pompeius' Seite geschlagen hatte, und konfiszierte aus Rache einen Großteil des Territoriums der Stadt. 43 v. Chr. leistete Lykien, ermutigt durch einen Gesandten, der gerade in Rom den zuvor mit Caesar geschlossenen Vertrag formalisiert hatte, militärischen Widerstand gegen Brutus und Cassius, die dort Truppen für einen letzten Feldzug gegen Mark Anton und Augustus aushoben. Doch ab der Zeit des Augustus ging es in den Provinzen im Großen und Ganzen friedlich zu, und die römischen Kaiser trugen ihren Teil dazu bei, dass einigermaßen wirksame Maßnahmen gegen die Exzesse ihrer Beamten in den Provinzen eingeführt wurden.

Die römische Herrschaft wirkte sich auch auf die innenpolitischen Strukturen vieler Städte aus. In Kourion auf Zypern wurden die vormals jährlich gewählten Mitglieder des Stadtrats nun auf Lebenszeit gewählt – eine ganz typische Entwicklung für die Städte im griechischen Osten des Römischen Reichs. Die dortigen Stadträte wurden so umstrukturiert, dass sie mehr dem römischen Senat ähnelten, und andersherum bemühten sich die griechischen Städte, die griechische mit der römischen Welt zu versöhnen. Nach Augustus' Tod im Jahr 14 n. Chr. schwor Zypern dem neuen Kaiser Tiberius einen Treueeid, der zu einer neu eingeführten Reihe von Eiden gehörte, die den von *tota Italia* im Jahr 32 v. Chr. geleisteten Treueschwur auf die Provinzen ausweiteten. Die Zyprer schworen bei einer langen Liste „unserer Götter" – bei der auf Zypern geborenen Aphrodite, bei Kore, Apollon usw., kurz: „all den Ahnengöttern und -göttinnen unserer Insel". Doch sie fügten zu dieser Liste noch zwei Gottheiten hinzu: den vergöttlichten Caesar Augustus als „Nachfahren der Aphrodite" und die ewige Stadt Rom; Augustus' Behauptung, er stamme von Venus ab, der römischen Version von Aphrodite, fiel auf Zypern natürlich auf besonders fruchtbaren Boden. Bei all diesen Gottheiten schworen die Zyprer Tiberius und seiner Familie die Treue; sie hatten ganz richtig erkannt, dass das Imperium eine Familienangelegenheit war, und gelobten, auch neue

Kulte für Roma, Tiberius und die „Söhne von seinem Blut" zu errichten. Die letzte Formulierung hier ist besonders auffällig: Die Zyprer wussten zwar, dass sich Augustus gerühmt hatte, er stamme von Aphrodite ab, doch offenbar war ihnen nicht klar, dass in Rom der Bestand an männlichen Erben ganz oft durch Adoption sichergestellt wurde; den Kult auf die Blutsverwandten des Kaisers zu beschränken, war daher schon fast ein politischer Affront.

Bis zu der Zeit, als Augustus starb, war aus der immer weiter angewachsenen Ansammlung einzelner römischer Provinzen ein einheitliches Reich geworden. Roms erster Kaiser hinterließ einen – leider heute verlorenen – Text, in dem Anzahl und Standorte der Soldaten unter Waffen, die Bilanzen der verschiedenen Staatskassen und die indirekten Steuerrückstände des gesamten Römischen Reichs aufgeführt waren. Schon während der Republik gab es in Rom detaillierte Angaben zu militärischen und finanziellen Belangen, aber die Senatoren versuchten normalerweise gar nicht erst, dieser vielen vereinzelten Informationen Herr zu werden, auch wenn Cicero dies immer wieder einforderte. Bislang hatte es in Rom niemand geschafft, alle militärischen und finanziellen Angelegenheiten des Reichs so in den Griff zu bekommen, wie es Augustus gelang.

Dabei halfen ihm verbesserte Verfahren bei den Volkszählungen, bei denen man die Zahl der römischen Bürger und der Provinzbewohner erfasste. Im Jahr 28 v. Chr., zu Beginn seiner Regierungszeit, wurde die erste echte Volkszählung seit 42 Jahren durchgeführt, denn das bisherige Zensussystem hatte die Folgen der Integration der Italiker außer Acht gelassen. Dabei wurden 4 063 000 römische Bürger registriert. Danach ließ Augustus noch zwei weitere allgemeine Volkszählungen durchführen, 8 v. Chr. und 14 n. Chr., laut derer die Zahl der Bürger weiter stieg, erst auf 4 233 000 und dann auf 4 937 000. Wahrscheinlich zählten dazu auch bereits die 300 000 erwachsenen Männer der ehemaligen Provinz Gallia Cisalpina, die 49 v. Chr. das römische Bürgerrecht erhalten hatten, als das Gebiet offiziell eine Region Italiens geworden war, und die römischen Bürger, die anderswo im Reich lebten, zum Beispiel in den römischen Kolonien. Die augusteischen Zahlen sind gewaltig. Sie betragen das Vierfache der Zahl römischer Bürger in ganz Italien, wie man sie für das Jahr 70 v. Chr. schätzte, woraus man schließen kann, dass zumindest einige Frauen und Kinder mitgezählt wurden. Außerdem führte Augustus für die Volkszählung in den Provinzen einen neuen Modus ein: Nicht mehr nur die römischen Bürger, sondern auch alle anderen Einwohner wurden gezählt und mit ihrem Vermögen registriert. In Ägypten wurde alle vierzehn Jahre eine Volkszählung abgehalten. In anderen Provinzen war eine so strikte Regelmäßigkeit möglicherweise nicht gegeben, aber dennoch erwartete Rom von all seinen Provinzen, dass man dort immer wieder die Bevölkerung zählte. Wir kennen alle die berühmten Worte des Evangelisten Lukas: „Es begab sich aber zu der Zeit, dass ein Gebot von dem Kaiser Augustus ausging, dass alle Welt geschätzt würde. Und diese Schätzung war die allererste und geschah zu der Zeit, da Cyrenius Landpfleger in Syrien war." Natürlich wurde nicht gleichzeitig „alle Welt" registriert. Lukas schrieb zwei, drei Generationen nach diesen Ereignissen, und so verschmilzt bei ihm die universelle Praxis der Volkszählungen in den Provinzen mit einem speziellen Zensus, den Quirinius im Jahr 6 n. Chr. in Syrien und der Region Judäa durchführte, die erst vor Kurzem in die Provinz Syrien integriert worden war (siehe S. 327). Außerdem berichtet Lukas, dass dieser Zensus abgehalten wurde, als Herodes König von Judäa war (37–4 v. Chr.), und dass Galiläa damals zu Judäa gehörte – beides ist falsch. Dank der neuen Institution der Provinz-Volkszählungen war der römische Staat zum ersten Mal im Besitz detaillierter Informationen über die Anzahl der Bewohner des gesamten Imperiums und über deren Vermögensstand.

Unter Augustus reichte das Römische Reich von Iberien im Westen bis Syrien im Osten und von Afrika im Süden bis zum Ärmelkanal im Norden (siehe Karten 30 und 31). Nicht nur Verwaltungsmaßnahmen und Volkszählungen waren nützlich, um den Überblick über das riesige Imperium zu behalten, sondern auch Bilder. Agrippa, Augustus' rechte Hand, sammelte Material für eine große Landkarte, die erst nach seinem Tod 12 v. Chr. in einer Portikus in Rom öffentlich ausgestellt wurde. Die Karte präsentierte den Römern die ganze Welt und die dominante Stellung des Römischen Reichs in dieser Welt. Im Gegensatz zu den alten runden Weltkarten der Ionier war die von Agrippa rechteckig und reichte von Iberien im Westen bis nach Indien im Osten; begleitet wurde sie von einem kurzen Text, der Statistiken über die Größe von Regionen, Meeren und möglicherweise auch Flüssen nannte; eine ähnliche Karte gab es später auch in Gallien, um 300 n. Chr. herum. Im augusteischen Rom konnte man außerdem, in einer anderen Portikus, Darstellungen ausgewählter Völker bestaunen, die ins

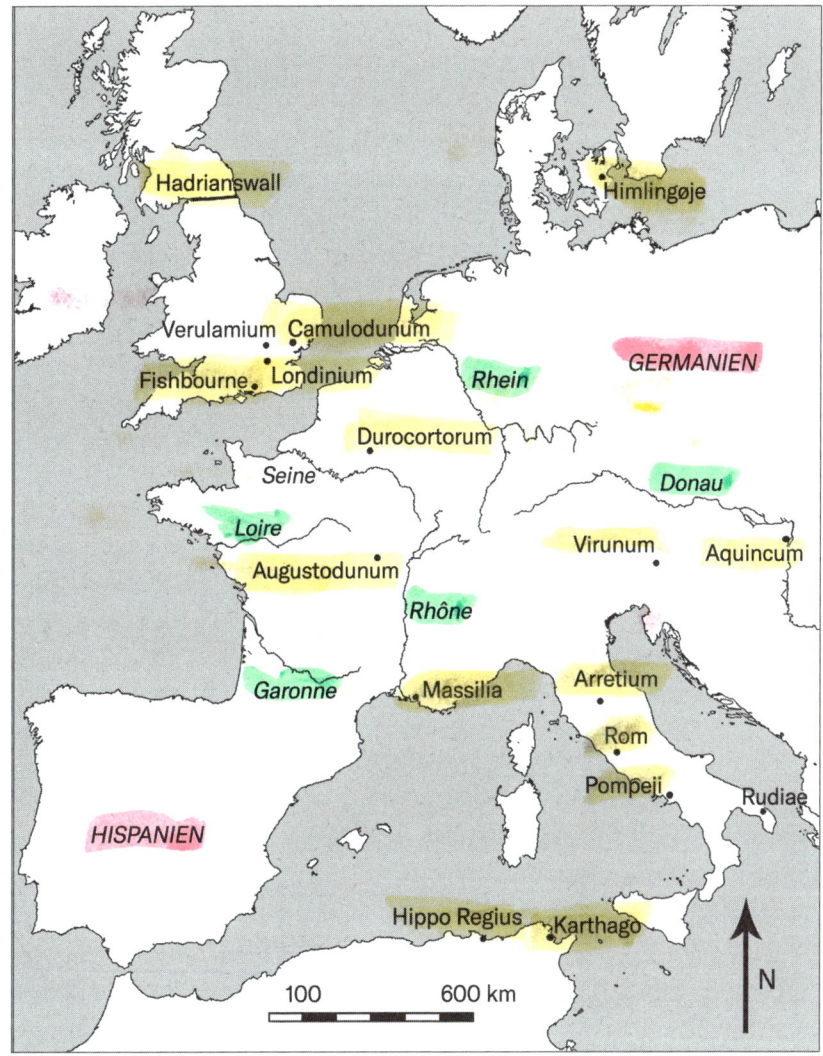

Karte 30. Der Westen des Römischen Reichs im 1. und 2. Jahrhundert n. Chr.

Reich integriert worden waren. Die Einwohner von Aphrodisias (im Westen Kleinasiens) orientierten sich an dieser Portikus in Rom, als sie einen monumentalen Zugang zu einem großen Tempel konstruierten, der dem Augustus geweiht war, dem sogenannten Sebasteion (*sebastós* ist griechisch für *augustus*, „erhaben"). Die Portikus an der Nordseite des Zugangs zeigte

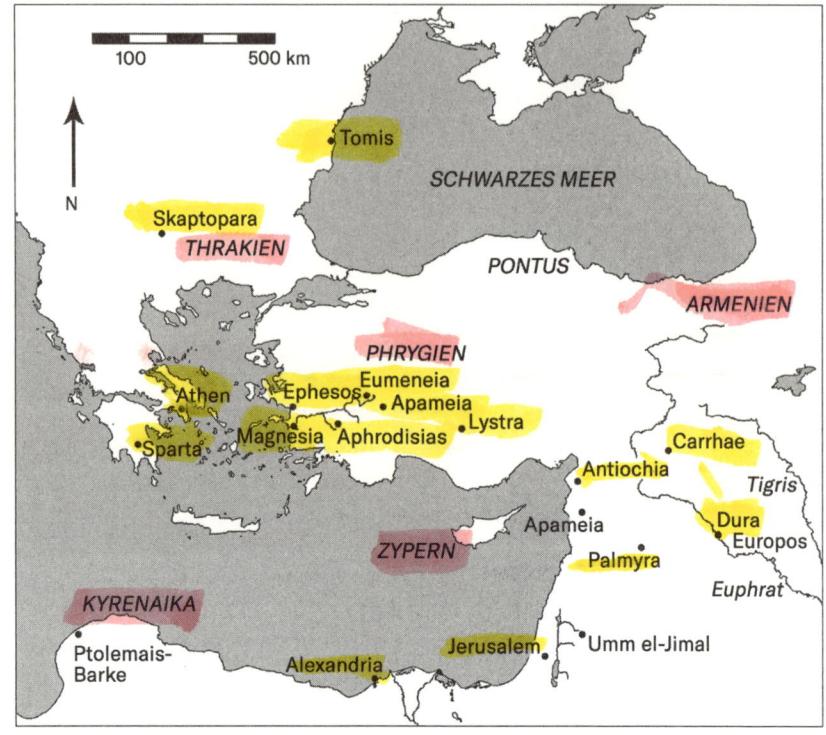

Karte 31. Der Osten des Römischen Reichs im 1. und 2. Jahrhundert n. Chr.

in ihrem mittleren Stockwerk fünfzig Hochreliefs mit Völkern und Orten, die Augustus dem Reich einverleibt hatte, von Arabien und Ägypten über die Länder an der Donau bis nach Nordwestiberien (siehe Abb. 26 und Tafel 25). Es gab viele Möglichkeiten, die Größe des Römischen Reichs physisch darzustellen, doch sie dienten alle demselben Zweck: die geradezu unermessliche Größe des Reichs für den Betrachter nachvollziehbar zu machen.

Ähnliches versuchten manche mit Worten. Strabon verfasste in den letzten Jahren der Regierungszeit von Augustus und unter Tiberius ein geographisches Werk, in dem Rom der Mittelpunkt der Welt ist. Strabon selbst stammte aus Amaseia (heute Amasya in der Türkei) und stand in der Tradition der griechischen Geographen Polybios, Artemidoros und Poseidonios. Seine *Geographie* war ganz traditionell strukturiert: Er begann mit Iberien, beschrieb dann Gallien und Britannien, von dort ging es nach

Italien, Griechenland und Kleinasien und noch weiter nach Osten, nach Persien und Indien, bis er am Ende in Ägypten und Libyen ankam. Das Neue bei Strabon war sein Blick auf die Welt. Bei der Beschreibung Roms betont er, wie einen der Anblick der gewaltigen Monumente in der Stadt alles, was man andernorts vorfindet, sofort vergessen lässt. Er beendet

Abb. 26. Blick durch das große Tor auf den monumentalen Zugang zum Sebasteion in Aphrodisias. Die Portiken auf beiden Seiten zierten insgesamt 190 Relieftafeln mit Szenen rund um das Römische Reich, die griechische Welt und die Kaiserfamilie. Die rechte Portikus (Süd) zeigte im mittleren Stockwerk Figuren aus der fernen griechischen Vergangenheit (wie Leda mit dem Schwan, Pegasus und Bellerophon, Dionysos und Herakles), und im oberen Stockwerk Siege der Kaiser, die vergöttlichten Kaiser und die Götter.

sein Werk über „unsere bewohnte Welt", indem er in aller Kürze berichtet, wie es den Römern gelang, die besten und bekanntesten Teile der Welt zu erobern und zu organisieren. Auch wenn er sich in erster Linie mit Geographie und Ethnographie befasst, nimmt Strabon durchaus auch die politischen Veränderungen zur Kenntnis, die die römische Herrschaft mit sich brachte. Im Kapitel über Gallien zum Beispiel beschreibt er die Gründung der römischen Kolonie Lugdunum (heute Lyon) im Jahr 43 v. Chr. im Landesinneren, wo Rhône und Saône zusammenfließen. Von hier aus, schreibt er, habe Agrippa in den 30er-Jahren v. Chr. das Straßennetz geplant, das alle Regionen Galliens miteinander verband. Hatten die früheren Geographen die Welt noch in Europa und Asien oder in Europa, Afrika und Asien aufgeteilt, so gab es für Strabon nur noch ein großes Reich, in dessen Zentrum sich die Stadt Rom befand.

8 Die Kaiserzeit (14–284 n. Chr.)

Im Jahr 48 n. Chr. kam eine kleine Delegation aus der fernen nordgallischen Tiefebene nach Rom. Die führenden Adligen der nordgallischen Provinzen wollten in Rom endlich auch öffentliche Ämter bekleiden, vor allem wollten sie für den Senat kandidieren dürfen. Natürlich waren die Senatoren von dem Gedanken alles andere als begeistert. Am Ende musste Kaiser Claudius die Angelegenheit entscheiden, und in einer langen Rede befand er schließlich zugunsten der Petition der Gallier:

> *Erschreckt nicht beim Gedanken, dass eine Neuerung eingeführt wird, und haltet sie nicht sofort für gefährlich. Denkt lieber daran, wie viele Neuerungen unser Staat bereits erlebt hat. Überlegt, wie viele Veränderungen unsere Verfassung erfahren hat, angefangen bei der Gründung unserer Stadt. Einst wurde die Stadt von Königen regiert, doch es gelang ihnen nicht, die Herrschaft an einheimische Erben weiterzugeben. Stattdessen nahmen Fremde ihren Platz ein. Romulus wurde von Numa abgelöst, einem gebürtigen Sabiner – ein Nachbar zwar, aber dennoch ein Fremder … Es war eine völlig neue Richtung, als mein Großonkel, der vergöttlichte Augustus, und mein Onkel, Tiberius Caesar, der Blüte aller Kolonien und Gemeinden im Reich Zugang zum Senatsgebäude gewähren wollten, solange es sich um gesunde und wohlhabende Männer handelte.*

Wie wir in den letzten beiden Kapiteln gesehen haben, hatte die Frage, ob und wann Nicht-Römer in den römischen Staat eingegliedert werden sollten, eine lange Geschichte. Nichtsdestoweniger stieß Claudius mit dieser Rede vor dem Senat bewusst eine jahrhundertelang vorherrschende Lehrmeinung um. In den letzten beiden Kapiteln haben wir immer wieder betont, wie tief der Konservatismus im politischen Denken der Römer verwurzelt war, doch Claudius vertrat nun die Ansicht, die Geschichte Roms sei von Anbeginn an von politischen Neuerungen geprägt gewesen. Die wichtigste Lektion, die ihm die Vergangenheit zu bieten hatte, war der Wert des politischen Wandels und der Innovation. Nicht nur hatte es in der römischen Politik immer wieder Quereinsteiger gegeben, die Verfassung selbst war ständigen Veränderungen unterworfen. Der römische Historiker Tacitus, der in seinen *Annalen* Claudius' Rede vor dem Senat wiedergibt, kommentiert diese Rede im Anschluss mit eigenen Worten: „Auch dieser Vorschlag wird einmal alt sein, und das, was wir heute mithilfe von Präzedenzfällen verteidigen, wird eines Tages selbst ein Präzedenzfall sein."

Die Ironie dieser Angelegenheit wird auch Tacitus, der siebzig Jahre nach der Herrschaft des Claudius (41–54 n. Chr.) schrieb, nicht entgangen sein. Tacitus' *Annalen* entstanden gegen Ende der Regierungszeit von Kaiser Trajan (98–117 n. Chr.), als die Republik bereits auf Nimmerwiedersehen verschwunden war. Das Werk beginnt mit den Worten: „Die Stadt Rom wurde von Anfang an von Königen regiert." Es heißt dort tatsächlich *a principio*, „von Anfang an", und nicht etwa „zu Beginn": In Tacitus' Augen war das Prinzipat, die Herrschaft eines einzelnen *princeps* („erster Mann"), ganz klar eine Monarchie, nur eben nicht dem Namen nach. Die seinerzeit revolutionäre Politik des Augustus war zum Präzedenzfall geworden.

Die *Annalen* erzählen die Geschichte Roms unter dem julisch-claudischen Herrscherhaus (Tiberius bis Nero, 14–68 n. Chr.). Anders als zu Tacitus' Zeit war in den Anfangsjahren der Dynastie ein Widerstand seitens der Eliten gegen das Prinzipat noch möglich. Zu Beginn der *Annalen* beschreibt Tacitus, wie der Historiker Cremutius Cordus im Jahr 25 n. Chr. des Hochverrats angeklagt wurde: Er hatte in seinen Schriften die Caesar-Mörder Brutus und Cassius gelobt und Brutus mit den Worten zitiert, Cassius sei der „letzte echte Römer". Cremutius verteidigte sich vor dem Senat und vor Kaiser Tiberius (14–37 n. Chr.). Er behauptete, er habe überhaupt nichts Ungewöhnliches getan und auch niemanden gegen den Staat aufgewiegelt, zumal ja auch viele frühere Historiker – Livius, Asinius Pollio, Messalla Corvinus – Brutus und Cassius in den höchsten Tönen gelobt hätten. Und überhaupt: Die Attentäter seien inzwischen doch wohl lange genug tot, dass es niemandem schade, ihnen die gebührende Ehre zu erweisen? Cremutius wird kaum erwartet haben, mit dieser Strategie bei Tiberius durchzukommen. Der Historiker wurde zum Selbstmord gezwungen, und seine Bücher wurden verbrannt. Im Jahr 25 n. Chr., als es noch Römer gab, die sich an die letzten Tage der Republik erinnern konnten, ließ sich Caesars Ermordung noch nicht als historische Episode abtun. Von den „Tyrannenmördern" ging nach wie vor eine ganz besondere politische und emotionale Anziehungskraft aus. Junia, die Schwester von Brutus und Ehefrau von Cassius, war erst drei Jahre zuvor, 22 n. Chr., gestorben; beim Trauerzug fielen Bilder ihres Bruders und ihres Ehemannes, so Tacitus, „durch Abwesenheit auf". Das umstrittene Gedenken an Brutus und Cassius sollte bei den römischen Kaisern noch mindestens eine Generation lang ein wunder Punkt bleiben; noch im Jahr 65 n. Chr. wurde ein Anwalt ins Exil geschickt, weil er unter den Porträts seiner Vorfahren auch ein Bildnis des Cassius aufbewahrte.

Im Jahr 41 n. Chr., als der wenig beliebte Kaiser Caligula (37–41 n. Chr.) ermordet worden war, gab es einen kurzen Moment, in dem es schien, als sei eine Wiederherstellung der alten Senatsregierung zum Greifen nah. Der jüdische Historiker Josephus, unsere wichtigste Quelle für Caligulas letzte Tage, stellt dessen Mörder als republikanische Idealisten dar, die im Angesicht der Tyrannis versucht hätten, die althergebrachte Verfassung wiederherzustellen und den Römern die Freiheit zurückzugeben. Wie dem auch sei: Es wurde nur allzu schnell klar, dass es für eine Rückkehr zum republikanischen System in der Bevölkerung keinen Rückhalt gab, und die Prätorianergarde, die Leibwächter des Kaisers, ernannte schnell ein weiteres Mitglied der Kaiserfamilie, Claudius, zum Kaiser. Der Tyrannenmord gehörte der Vergangenheit an.

Die neue Ideologie des Prinzipats offenbart sich am deutlichsten in einem eindringlichen Essay des stoischen Philosophen Seneca. Im Jahr 55 n. Chr., nur vierzehn Jahre nach Caligulas Tod, veröffentlichte Seneca eine kurze Abhandlung über die Milde – er adressierte sie an seinen ehemaligen Schüler und Schützling, den neuen Kaiser Nero (54–68 n. Chr.). Es sei, so Seneca, richtig und notwendig, dass der Kaiser absolute Macht besitze. Der Kaiser sei die lebendige Seele des politischen Körpers; ohne ihn würde der Staat im Handumdrehen im Chaos versinken. Zwar kann Seneca sich gerade noch bremsen, Nero als „König" (*rex*) zu bezeichnen, aber er lässt keinen Zweifel daran, dass er Brutus' Angst vor der Autokratie, die diesen letztlich dazu brachte, Caesar zu ermorden, für unangebracht hält: Perfekt sei ein Staat nur dann, wenn er von einem gerechten Monarchen regiert werde. Mit seinem Essay wollte er in erster Linie den neuen Kaiser dazu bringen, seine grenzenlose Macht mit Milde und Zurückhaltung auszuüben, so wie Augustus es getan hatte. Immerhin war das das Beste, worauf ein Angehöriger der römischen Elite hoffen konnte.

Leute wie Seneca und Tacitus begegneten der neuen Weltordnung voll Argwohn und ohne große Illusionen. Tacitus' erstes Geschichtswerk, *Agricola*, das im Jahr 98 n. Chr. erschien, ist eine Biographie seines Schwiegervaters Julius Agricola, der unter der flavischen Kaiserdynastie (Vespasian 69–79, Titus 79–81, Domitian 81–96 n. Chr.) ein ganz bedeutender Feldherr war. Nach einer bemerkenswert erfolgreichen Amtszeit als Statthalter der fernen Provinz Britannien (78–84 n. Chr.) kehrte Agricola nach Rom zurück, nur um dann in den vorzeitigen Ruhestand geschickt zu werden. So demütigend dieser Vorgang auch war, der persönliche Ruhm, den ein Feldherr sammeln durfte, hatte nun einmal seine Grenzen. Egal, wie viel Talent jemand hatte: Niemandes Stern durfte heller strahlen als der des Kaisers. „Ein guter Ruf", schreibt Tacitus, „war genauso gefährlich wie ein schlechter." Agricola akzeptierte das Ende seiner Karriere und bewies damit nicht nur gutes Augenmaß, sondern beinahe so etwas wie Heldenmut: „Alle, die aus Gewohnheit verbotenen Idealen nacheifern, sollen wissen, dass es auch unter schlechten Kaisern großartige Männer geben kann; dass ein Mann, bei dem Pflichtbewusstsein und Diskretion auf Fleiß und Tatkraft treffen, von der Öffentlichkeit nicht weniger geschätzt wird als einer, der gefährliche Wege beschritten hat und den Heldentod gestorben ist, ohne dass der Staat einen Vorteil daraus zog."

Einen großen Teil des *Agricola* nimmt ein Bericht über die römische Herrschaft in Britannien ein, von der ersten Eroberung des südlichen Teils der Insel unter Claudius (43 n. Chr.) bis hin zu den Feldzügen Agricolas in Nordengland und Schottland. Britannien war die letzte große Region Westeuropas, die in das Römische Reich eingegliedert wurde, und diese Eingliederung war ein ebenso langwieriger wie blutiger Prozess. Im Jahr 60 n. Chr. brach im Südosten des Landes unter der britannischen Königin Boudicca eine heftige Rebellion aus. Den Rebellen gelang es, die römische Kolonie in Camulodunum (heute Colchester) und die Städte Londinium (heute London) und Verulamium (heute St. Albans) zu plündern. Der Aufstand endete mit einem Blutbad in den West Midlands, bei dem angeblich 80 000 Britannier den Tod fanden. In den trotzigen Worten, die Tacitus dem – wahrscheinlich fiktiven – schottischen Häuptling Calgacus in den Mund legt, steckt mehr als ein Fünkchen Wahrheit: „Sie brandschatzen, morden und schänden und nennen es ‚Regierung‘. Sie hinterlassen ödes Land und nennen es ‚Frieden‘.“

Boudicca und die Briten

Die streitbare britannische Königin und Heerführerin Boudicca (auch Baudicea oder Boadicea) ist eine historische Gestalt, die in Großbritannien im Laufe der Jahrhunderte immer wieder auf ganz unterschiedliche Weise politisch instrumentalisiert wurde. Während des Kriegs mit Spanien im ausgehenden 16. Jahrhundert wurde die britische Königin Elisabeth I. oft mit Boudicca verglichen; möglicherweise imitierte Elisabeth im Jahr 1588 in ihrer Ansprache an die britische Armee in Tilbury kurz vor der Schlacht gegen die spanische Armada eine Rede von Boudicca, die bei Tacitus überliefert ist. In seinem Gedicht *Boadicea – An Ode* (1782) stilisiert William Cowper die heroische Niederlage Boudiccas gegen die Römer als Geburtsstunde des britischen Imperialismus.

Die wohl bekannteste moderne bildliche Darstellung von Boudicca ist die von Thomas Thornycroft ab 1856 angefertigte bronzene Statuengruppe *Boadicea and Her Daughters*, die seit 1902 in London neben der Westminster Bridge vor dem britischen Unterhaus steht (siehe Tafel 24). Prinz Albert interessierte sich sehr dafür, wie Thornycroft seine Plastik konzipierte, und drängte den Künstler, die Königin auf ihrem Streitwagen so majestätisch und poetisch wie möglich darzustellen (einen „Thron auf Rädern“ wollte er sehen). Und tatsächlich erscheint Boudicca hier als betont würdevolle Kriegerin: Ganz ruhig steht sie mit einem Speer in der Hand auf dem Streitwagen, vor dem sich die Pferde aufbäumen. Die Inschrift an der Vorderseite des Sockels beschreibt Boudicca als britische Patriotin und Nationalheldin: „Boadicea, Boudicca, Königin der Icener, die 61 n. Chr. starb, nachdem sie ihr

Volk gegen die römischen Eindringlinge geführt hatte." Auf der Ostseite des Sockels ist ein Zitat aus Cowpers *Boadicea – An Ode* angebracht: „Regionen, die Caesar nie kannte / Werden deine Nachfahren beherrschen." Thornycrofts Statue lädt den Betrachter dazu an, Boudicca/Boadicea als Vorfahrin von Königin Victoria zu sehen.

Dabei sahen längst nicht alle Briten Boudicca so positiv. In Tennysons Gedicht *Boädicéa* (1859) tritt sie als blutrünstige Fanatikerin auf:

Alle, die ihre gewandten Reden hörten, machte sie ebenso verrückt, wie sie selbst war
In der Nähe der Kolonie Camulodunum, umgeben von jedem zweiten Stamm Britanniens
Schrie und kreischte sie zwischen ihren Töchtern über den Köpfen des wilden Bundes.

Mit dem Bild der verrückten Barbarin, die in Camulodunum die wehrlosen römischen Kolonisten rücksichtslos abschlachtet, wollte Tennyson sicherlich an die Grausamkeiten erinnern, die beim Sepoy-Aufstand im Jahr 1857 den britischen Siedlern in Indien widerfuhren.

Wo Boudicca begraben liegt, wissen wir nicht. Der moderne Mythos, ihre Gebeine lägen unter Gleis 10 am Bahnhof King's Cross, ist nicht weniger plausibel als jede andere Theorie.

Da ist durchaus etwas Wahres dran, aber es ist nicht die *ganze* Wahrheit. Natürlich ließ sich ein so gewaltiges Imperium nur mit überwältigender militärischer Dominanz schaffen – die Eroberung der westlichen Provinzen war das Ergebnis von Plünderungen und Massenmord. Doch zur Zeit der Herrschaft Kaiser Hadrians (117–138 n. Chr.) kam die römische Expansion mehr oder weniger zum Stillstand. Im 2. Jahrhundert n. Chr. erstreckte sich das Römische Reich von den Hügeln im Nordwesten Englands bis zum Nil-Tal und von der portugiesischen Küste bis zur jordanischen Wüste. Militärische Überlegenheit allein ist kein Garant für einen stabilen Frieden, doch genau den hatte Rom erreicht: Vom ausgehenden 1. bis zum 4. Jahrhundert gab es in den römischen Provinzen – von einigen spektakulären Ausnahmen abgesehen – kaum Revolten und Aufstände. Tacitus beschwerte sich zu Recht, wie schwierig ein Historiker es im Prinzipat habe;

und tatsächlich schien die Geschichte Europas gewissermaßen zum Stillstand gekommen zu sein. Der außerordentliche Erfolg und die Stabilität des Römischen Reichs in den ersten drei Jahrhunderten n. Chr. sind ein Umstand, der nach einer Erklärung verlangt. Einen Großteil dieses Kapitels werden wir daher der Suche nach Gründen für diese Stabilität widmen.

Als Erstes wollen wir uns anschauen, wie die römische Herrschaft außerhalb Italiens im Einzelnen funktionierte. Im Großen und Ganzen kann man sagen, dass das Römische Reich gar nicht von den Römern regiert wurde. In jedem Jahr entsandte die Regierung in Rom insgesamt rund 160 Beamte, um mehr als 50 Millionen Provinzbewohner zu verwalten – das waren weniger Beamte, als Athen sie im 5. Jahrhundert v. Chr. zur Verwaltung des Attischen Seebunds entsandt hatte. Die wichtigsten dieser Beamten waren die etwa vierzig Provinzstatthalter, die vom Senat oder vom Kaiser ernannt wurden und jeweils ein bis fünf Jahre im Amt waren. Die Pflichten eines Statthalters waren nicht besonders beschwerlich. Sie beschränkten sich weitgehend auf die Rechtsprechung und die Beilegung von Streitfällen in seiner Provinz. Das Tagesgeschäft eines Statthalters scheint zumeist recht banal gewesen zu sein. So erfahren wir, dass sich um 200 n. Chr. der Statthalter von Asien (Westtürkei) um einen Streik der Bäcker in Ephesos kümmern musste, und im Jahr 254 musste der Statthalter derselben Provinz festlegen, an welchem Tag im Monat ein örtlicher Bauernmarkt abgehalten werden sollte. Die eigentliche Verwaltung des Römischen Reichs oblag den Gemeinden vor Ort.

Das Römische Reich war eine Welt der Städte. Wir wissen von dreihundert Städten allein in der Provinz Asien, im ganzen Reich waren es mit Sicherheit mehrere Tausend. Die Städte – genauer gesagt: ihre lokalen Eliten – waren für die Erhebung und das Eintreiben von Steuern, für polizeiliche Aufgaben in Stadt und Land, für den Bau und die Instandhaltung von Straßen und für die Versorgung der Bürger mit Nahrung und Wasser zuständig. Eine der bedeutendsten Veränderungen zwischen der späten Republik und der frühen Kaiserzeit, was die Verwaltung der Provinzen angeht, war die allmähliche Abschaffung der privaten Steuereintreiber (*publicani*), deren Vorgehen im 1. Jahrhundert v. Chr. unter den Provinzbewohnern so viel Hass und Verbitterung geschürt hatte. Indem die Römer die Steuererhebung an Lokalpolitiker delegierten, nahmen sie sich selbst

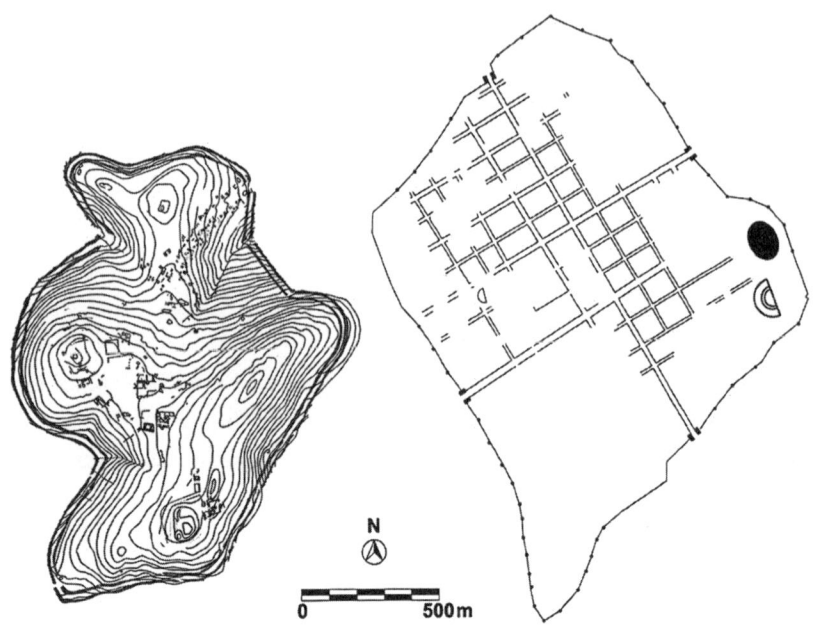

Abb. 27. Bibracte (Mont Beuvray) und Augustodunum (Autun).

aus der Schusslinie und entgingen fortan dem Groll der einfachen Leu-
te. Somit waren die Städte im Römischen Reich mehr als bloße städtische
Ballungsräume: Sie waren die Zahnräder, die dafür sorgten, dass sich die
Verwaltungsmaschinerie des Imperiums ordnungsgemäß drehte.

In der östlichen Hälfte des Römischen Reichs – vor allem in Griechenland, Kleinasien und der Levante – hatte das urbane Leben eine lange Tradition, und unter den Römern blieb das bestehende städtische Netzwerk
größtenteils erhalten. Im Westen, wo zur Zeit der römischen Eroberung
kaum Städte existierten, mussten die urbanen Zentren, die man zur Verwaltung der Provinzen brauchte, von Grund auf neu geschaffen werden.
In der frühen Kaiserzeit wurden viele Römer, meist Kriegsveteranen, in
neuen Musterstädten (coloniae) angesiedelt, die entweder auf unbebau-
tem Gebiet angelegt wurden oder – und das weitaus öfter – bestehende
kleine Siedlungen ersetzten. Anderswo wurden bereits existierende Gemeinden dabei unterstützt, sich nach dem Vorbild der Römerstädte neu zu
organisieren. Ganz typisch war das Vorgehen der Haeduer, eines großen

Keltenstamms im heutigen Burgund. Unmittelbar nach der Eroberung Galliens durch Caesar in den 50er-Jahren v. Chr. begannen sie im Oppidum Bibracte (vgl. Tafel 14) auf dem Mont Beuvray mit umfassenden Baumaßnahmen. Sie ersetzten Stroh- durch Ziegeldächer, pflasterten die Straßen, legten in der Ortsmitte einen Marktplatz an und errichteten große neue Häuser im italischen Stil. Doch der Grundriss der Stadt, mit den gewundenen Straßen und der dichten Ansammlung winziger Häuser, war und blieb äußerst unrömisch. Um 15 v. Chr. herum, eine Generation nach der Eroberung Galliens, wurde den Haeduern klar, dass es so nicht funktionieren würde, und sie entschlossen sich zu einem radikalen Schritt: Sie verließen Bibracte, um „auf der grünen Wiese" eine ganz neue Stadt zu bauen: Augustodunum (heute Autun, siehe Abb. 27). Da sie dort bei Null anfingen, konnten sich die Haeduer bei ihrer Stadtplanung komplett an den Rasterstädten des römischen Italien orientieren: Augustodunum erhielt einen regelmäßigen Grundriss mit zwei kreuzweise angeordneten Hauptstraßen, einem Theater und einem Amphitheater, einer massiven Steinmauer, einem Forum und mehreren Tempeln. Das Ausmaß des Bauprojekts war immens. Augustodunum war von Anfang an auf rund 200 Hektar Fläche mit einer 6 Kilometer langen Ringmauer geplant; sicherlich dauerte es noch rund zwei Generationen, bis der Ort nicht mehr wie eine permanente Baustelle aussah. Aber das eigentlich Bemerkenswerte ist, dass kein römischer Statthalter irgendetwas davon angeordnet hatte. Die Haeduer entschieden auf eigene Faust, dass sie in einer römischen Stadt leben wollten, und nachdem ihr erster Versuch fehlgeschlagen war, waren sie bereit, noch einmal von vorne anzufangen und sich eine ganz neue Stadt zu bauen.

Die Planstädte von Wren und Hawksmoor

Innerhalb einer Woche nach dem Großen Brand von London im September 1666 unterbreitete der berühmte Architekt Christopher Wren dem britischen König Karl II. einen Plan zum Wiederaufbau der zerstörten Teile der Stadt (siehe Abb. 28). Wrens Konzept war deutlich von seinen Kenntnissen der Stadtplanung kaiserzeitlicher Römerstäd-

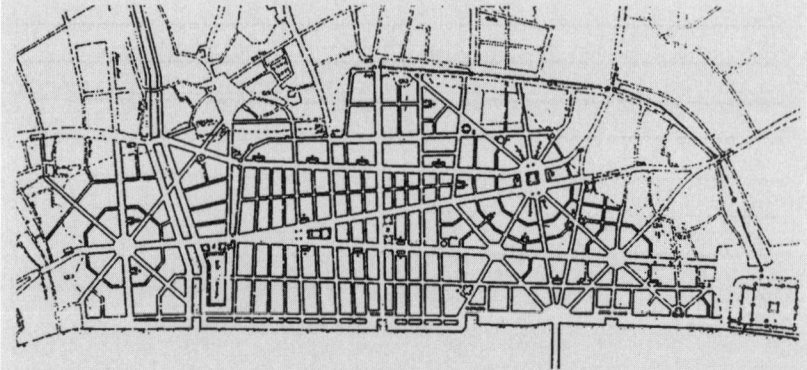

Abb. 28. Christopher Wrens Plan zur Umgestaltung der Londoner Stadtmitte, 1666.

te beeinflusst. Das gesamte Gebiet rund um die Fleet Street sollte nach den Vorgaben des römischen Architekten Vitruv für die „ideale Stadt" umgebaut werden; die Londoner Börse sollte an einem Platz liegen, der dem Forum Romanum nachempfunden wäre (besser gesagt: der doch recht phantasievollen Rekonstruktion des Forum Romanum von Palladio aus dem 16. Jahrhundert), und im Stadtbezirk Billingsgate sollten griechische Stoen über der Themse thronen. Wichtige öffentliche Gebäude (so auch Christopher Wrens neue St.-Pauls-Kathedrale) befanden sich an prominenter Stelle am Ende langer Achsenstraßen. Wrens Plan, London zu „romanisieren", hatte starke politische Untertöne. In seinem ersten *Traktat über Architektur* hatte Wren geschrieben: „Architektur hat stets einen politischen Nutzen; da öffentliche Gebäude das Ornament eines Landes sind, definiert die Architektur eine Nation, zieht Menschen und Handel an; sie veranlasst das Volk, seine Heimat zu lieben – eine Liebe, der alle großen Taten in einem Gemeinwesen entspringen." Die Architekten von Augustodunum hätten ihm da sicherlich zugestimmt.

Auch wenn Christopher Wrens neues „römisches" London nie gebaut wurde, spielten die britischen Architekten weiterhin mit der Idee, die großen Städte des Landes nach römischem Vorbild umzugestalten. Um 1712 entwarf Wrens Schüler Nicholas Hawksmoor (1661–1736) einen umfassenden Plan zur Neugestaltung der Stadtmitte Oxfords nach dem Vorbild einer Römer-Stadt. Hawksmoor war ein ungewöhnlich ehrgeiziger Architekt und ein großer Eklektiker (die Türstürze an vielen seiner Londoner Kirchen waren von der Architektur der alten Perser-Hauptstadt Persepolis inspiriert). Seine Pläne für Oxford lassen einen heute noch staunen: Man sollte die neue Stadt von Osten her durch ein großes Prozessionstor am Ende der heutigen Longwall Street betreten, und im Zentrum von Oxford sollten ein Bürgerforum (*forum civitatis*) und ein Universitätsforum (*forum universitatis*) entstehen. Er fertigte sogar eine Skizze für eine neue Universitätskirche an, direkt neben dem *forum universitatis*, die die Form eines riesigen Peristyltempels haben sollte, nach dem Vorbild des römischen Bacchus-Tempels in Baalbek im Libanon. Wie bei Wrens Entwürfen für London und bei Augustodunum erfüllte auch Hawksmoors Vision für Oxford eine ganz bestimmte politische Funktion: Er wollte die traditionelle Kluft zwischen Stadt und Universität überbrücken, indem er für beide prachtvolle neue öffentliche Räume schuf. Doch das einzige Element von Hawksmoors Entwurf für Oxford, das jemals tatsächlich gebaut wurde, war das Clarendon Building in der Broad Street.

Solche Provinzstädte waren von sehr unterschiedlicher Größe. Im Jahr 6 n. Chr. ergab die Volkszählung des Quirinius für den Großraum der nordsyrischen Stadt Apameia, eine der größeren Städte des Römischen Reichs mit einem Stadtgebiet von rund 250 Hektar, insgesamt 117 000 Bürger, Frauen und Kinder. Alexandria, die größte Stadt des römischen Ostens, hatte mehr als eine halbe Million Einwohner, und die Bevölkerung von Rom dürfte in der frühen Kaiserzeit die Millionengrenze überschritten haben. Doch all das sind Ausnahmen. Die durchschnittliche Römer-Stadt hatte sicherlich eher ein paar Zehntausend als ein paar Hunderttausend Einwohner. Die städtische Bevölkerung von Pompeji in der Bucht von Neapel zählte etwa 12 000, in etwa noch einmal doppelt so viele Menschen lebten in der näheren Umgebung. Viele Städte waren noch kleiner; tatsächlich wird es mitunter schwer gewesen sein, ein großes Dorf von einer kleinen Stadt zu unterscheiden. Die italische Stadt Rudiae, der Geburtsort des Dichters Ennius, zählte zwischen 2000 und 2500 Einwohner. Im Gegensatz dazu hatte das Dorf Umm el-Jimal im Nordwesten Jordaniens (den antiken Namen kennen wir nicht) im Laufe seiner Geschichte zeitweise weit mehr als 2500 Einwohner, ohne dass ihm jemals der Status einer Stadt verliehen wurde. Der entscheidende Unterschied zwischen Rudiae und Umm el-Jimal war nicht die physische Größe, sondern die administrative Funktion. Ähnlich ist es im heutigen Großbritannien: Dort gilt St. Davids in Pembrokeshire (1797 Einwohner, mit Kathedrale) offiziell als „City", die Stadt Reading (230 000 Einwohner, ohne Kathedrale) jedoch nicht. Der kleinste Ort Deutschlands, der das Stadtrecht besitzt, Arnis in Schleswig-Holstein, hat nicht einmal 300 Einwohner.

Der Status der kleinen Gemeinden im Römischen Reich konnte sich im Laufe der Zeit ändern. Die Einwohner von Pallantion auf der Peloponnes, dem mythischen Geburtsort des Helden Euandros, baten Kaiser Antoninus Pius (138-161 n. Chr.) darum, ihrem Dorf den Status einer Stadt zu verleihen – der legendäre Arkadier habe schließlich, so argumentierte man, den Palatin in Rom nach seinem Geburtsort benannt; diesem Wunsch wurde stattgegeben. Für die Einwohner von Pallantion war es eine Frage des Lokalpatriotismus, in einer richtigen Stadt zu wohnen. Allerdings könnten die finanziellen Vorteile ebenfalls beträchtlich gewesen sein: Es gelang ihnen nämlich zugleich, den Kaiser dazu zu überreden, sie von allen Steuern zu befreien.

Wie wir am Ende von Kapitel 5 gesehen haben, bestand die Geschichte des Mittelmeerraums und des Nahen Ostens für den Historiker Polybios aus einer Abfolge von Imperien: Perser, Spartaner, Makedonen und zuletzt die Römer. Doch das Römische Reich unterschied sich in mehrerlei Hinsicht ganz beträchtlich von den Reichen, die ihm im östlichen Mittelmeer und im Orient vorausgingen. Zwei Jahrhunderte persischer Fremdherrschaft hatten auf die Kultur der verschiedenen Völker, denen die Millionen Untertanen der Perser angehörten, so gut wie keine Auswirkungen. Als Alexander der Große im Oktober 331 v. Chr. in Babylon einmarschierte, fand er eine Stadt vor, die sich seit 539 v. Chr., als sie an Kyros gefallen war, im Hinblick auf Verwaltung, materielle Kultur, Sprache und Religion so gut wie gar nicht verändert hatte. In der Zeit der späten Republik war das Römische Reich genau wie das Perser-Reich ein buntes Mosaik unzusammenhängender Kulturen, die kaum mehr verband als die Tatsache, dass sie alle von den Römern beherrscht wurden. Doch im Laufe von etwas mehr als einem Jahrhundert durchlief jedes Steinchen dieses Mosaiks einige tiefgreifende Veränderungen – und schuld war die Herrschaft der Römer. Dabei nahm dieser Transformationsprozess in den westlichen und in den östlichen Provinzen ganz unterschiedliche Formen an. Wir wollen im Folgenden zuerst die westlichen Provinzen (Nordafrika, Iberien, Europa nördlich der Alpen) betrachten (siehe Karte 30), bevor wir uns den östlichen oder „griechischen" Provinzen (Balkan-Halbinsel, Kleinasien, Levante und Ägypten) zuwenden (siehe Karte 31).

Ende des 1. Jahrhunderts n. Chr. hatte die materielle Welt der westlichen Provinzen, von der Architektur über die Kleidung bis hin zur Nahrung, geradezu revolutionäre Veränderungen erfahren. Wir haben bereits gesehen, wie einzelne Gemeinden wie die der Haeduer unter der römischen Herrschaft ein ganz neues Gesicht erhielten. In der westlichen Hälfte des Römischen Reichs vollzogen sich in fast allen Bereichen des Lebens ganz ähnliche Veränderungen, sei es in der Sprache, in den religiösen Praktiken, den Trinkgewohnheiten oder der Namensgebung. Diesen Prozess bezeichnet man im Allgemeinen als „Romanisierung".

Es ist allerdings große Vorsicht geboten, wenn man in Bezug auf die westlichen Provinzen den Begriff „Romanisierung" verwendet. Einige moderne Forscher lehnen dieses Wort ganz und gar ab; in jedem Fall sollte man sich darüber im Klaren sein, wer genau das „Romanisieren" erledigte. In einer ganz berühmten Passage erzählt Tacitus, Agricola habe als Statthalter in Britannien

> die Einheimischen dazu ermuntert und offiziell dabei unterstützt, Tempel, Foren und Villen zu bauen ... Er ließ die Söhne der einheimischen Stammesführer in den freien Künsten unterrichten, sodass jene, die die lateinische Sprache vor Kurzem noch verschmäht hatten, nun bestrebt waren, sie ganz eloquent zu sprechen. So wurde dort auch unsere Kleidung gebräuchlich, und die Toga wurde immer beliebter; nach und nach gab man sich auch dem Laster hin, errichtete Säulenhallen und Bäder und nahm üppige Mahlzeiten zu sich. Die weniger Klugen nannten das „feine römische Sitten", doch es war alles Teil der Sklaverei ...

Dies ist eine typisch scharfzüngige Schlussbemerkung à la Tacitus. Der Gedanke einer vorsätzlichen „zivilisatorischen Mission", ob nun aus aufrichtigen oder zynischen Motiven heraus, hatte einen ebenso langwierigen wie bedauerlichen Einfluss auf die Art und Weise, wie die moderne

Forschung den Prozess untersucht hat, durch den die Provinzen „römisch wurden". Wir wissen, dass in Britannien zum Beispiel immer mehr Tempel, Foren und Villen gebaut wurden, dass immer mehr Menschen Latein sprachen und dass die Söhne der einheimischen Elite nach römischem Vorbild unterrichtet wurden. Und die gallische Römer-Stadt Augustodunum erhielt spätestens während der Herrschaft des Tiberius eine Schule, in der, so Tacitus, dem Nachwuchs der Elite eine ordentliche griechisch-lateinische Bildung zuteilwurde.

Agricola und Indien

Tacitus' Ausführungen im *Agricola*, wie Rom die Elite der Ureinwohner Britanniens „zivilisierte", hatten einen tiefgreifenden Einfluss auf den Imperialismus der Briten im 19. Jahrhundert. In den 1830er-Jahren wurde leidenschaftlich darüber diskutiert, welche Bildung man den indischen Untertanen angedeihen lassen sollte, insbesondere, ob die Inder weiterhin in ihrer Muttersprache unterrichtet werden sollten, oder ob nicht zumindest die höhere Bildung in englischer Sprache zu erfolgen habe. Thomas Babington Macaulay, der spätere Autor der *Lays of Ancient Rome* und mehrerer Werke über die Geschichte Englands, plädierte stark für ein englischsprachiges Bildungssystem, aus Gründen, die jedem Leser des *Agricola* sehr bekannt vorgekommen wären: „Wir müssen tun, was in unserer Macht steht, um eine Klasse zu schaffen, die zwischen uns und den Millionen, die wir regieren, als Dolmetscher fungieren kann; eine Klasse von Menschen, die Inder sind in Bezug auf Blut und Hautfarbe, aber Briten in Bezug auf Geschmack, Ansichten, Moral und Intellekt." Macaulay überträgt hier ganz direkt Tacitus' Idee einer kulturellen Romanisierung in den indischen Kontext. Im Jahr 1838 prognostizierte Charles Trevelyan ganz optimistisch, die nach britischen Vorgaben gebildeten Inder würden „eher Engländer sein denn Hindus, so wie die römischen Provinzbewohner römischer wurden als die Gallier oder die Italiener ... Ich hoffe, die Inder werden bald in derselben Situation sein wie wir, als wir einst den Römern gegenüberstanden."

Um die Jahrhundertwende herum ließ dieser Optimismus langsam nach. Die Assimilation der Völker Indiens in das Britische Empire war doch schwieriger als erwartet. Obendrein hatte sich die Archäologie inzwischen von der These einer kleinen, romanisierten einheimischen Elite im römischen Britannien verabschiedet, die als lokale Partner des Imperiums agiert hätte. Stattdessen argumentierte der berühmte provinzialrömische Archäologe Francis Haverfield (1860–1919), die Ureinwohner Britanniens seien einer weitreichenden Romanisierung unterworfen gewesen: Überall in der Provinz „waren die materielle Kultur [und] die externen Bedingungen des Lebens römisch, und die einheimischen Elemente erlagen fast zur Gänze dem Einfluss der Invasoren aus dem Ausland". An diesen Maßstäben gemessen, war die „Anglisierung" Indiens ein völliger Fehlschlag.

Was die Relevanz der antiken Welt für den britischen Imperialismus betraf, vertrat Lord Dufferin, 1884–88 Vizekönig von Indien, eine deutlich pragmatischere Sicht. Für ihn waren die Griechen und Römer „Menschen, die nicht unsere Sprache sprachen und bei denen Opfergaben und Rituale eine große Rolle spielten, insbesondere bei den Mahlzeiten; Menschen, die ganz andere Götter hatten als wir und die ganz klare Ansichten hatten, wie ihre Toten zu bestatten waren. Mit all dem sollte man vertraut sein, wenn man Indien regieren muss."

Die meisten Historiker gehen jedoch davon aus, dass Agricola – so er denn tatsächlich eine Politik der aktiven „Romanisierung" verfolgte – eine Ausnahme war. Meistens legten die Römer, wenn es darum ging, ihren ungehobelten Untertanen in Westeuropa die Freuden der römischen Zivilisation näherzubringen, keinen allzu missionarischen Eifer an den Tag, im Gegenteil: In seiner *Germania*, einer ethnographischen Abhandlung über die germanischen Volksstämme, die kurz nach dem Agricola entstand, lobt Tacitus viele Aspekte der germanischen Gesellschaft. Und wie wir gesehen haben, entstand die neue Römer-Stadt Augustodunum, weil die Gallier so begeistert von den Insignien des zivilisierten Stadtlebens waren, und nicht, weil eine Regierung ihren Bau anordnete. Dass die römische Zivilisation so groß in Mode war, lag, vereinfacht gesagt, an Roms politischer Dominanz. Die Leute wollten sich römisch verhalten und römisch aussehen, denn Römisch-Sein und Macht gingen Hand in Hand. (Man denke nur an den überwältigenden Einfluss der materiellen Kultur der einzigen modernen Supermacht, der USA, auf die Kleidung, die Ernährung und das Verhalten im Rest der Welt – von Jeans über Coca-Cola bis hin zu Basketball.) Außerdem war der römische Staat stets bereit, Menschen, die wie „echte Römer" aussahen, sprachen und sich benahmen, zu integrieren. Es gab also starke Anreize für die Eliten der westlichen Provinzen, sich sozusagen selbst zu romanisieren.

Dennoch überrascht die Geschwindigkeit, mit dic ortsansässigen Eliten Elemente der römischen Kultur annahmen. Ende der 70er-Jahre n. Chr. wurde in Fishbourne an der Küste von Sussex eine riesige palastartige Villa errichtet, binnen einer Generation nach der römischen Eroberung Britanniens (siehe Abb. 29). Der monumentale, aus Stein gemauerte Komplex bestand aus vier um einen großen Garten herum angelegten Flügeln, die Zimmer waren mit bunten Wandmalereien, Stuckleisten und aufwendigen Bodenmosaiken dekoriert. Der römische Palast von Fishbourne war vom Grundriss und der Dekoration her komplett mediterran; es ist durchaus möglich, dass die Handwerker, die die Villa bauten und ausstatteten, eigens aus Italien importiert wurden. Der Besitzer des Anwesens war jedoch mit ziemlicher Sicherheit ein romanisierter Britannier namens Togidubnus. Dieser Togidubnus gehörte der britannischen Aristokratie an, die hier schon vor der römischen Eroberung das Sagen hatte, und herrschte in den Jahren unmittelbar nach der Eroberung als römischer Klientelkönig über den Süden Britanniens. Eine Inschrift aus Chichester nennt seinen vollständigen Namen und Titel: „Tiberius Claudius Togidubnus, großer König der Britannier". Das Interessante hier sind das römische *praenomen* und *nomen gentile* (Vor- und Familienname), „Tiberius Claudius". Offenbar hatte er als Häuptling zur Zeit der Eroberung die Invasoren unterstützt und zur Belohnung das römische Bürgerrecht erhalten. Togidubnus bedurfte keiner Unterstützung oder Ermutigung seitens Agricolas, um sich an der Küste von Sussex eine Villa im italischen Stil bauen zu lassen: Männern wie ihm war nur allzu klar, dass sie so römisch wie möglich auftreten mussten, wollten sie auch nach der Eroberung noch der Elite angehören, und das möglichst schnell und auf möglichst sichtbare Weise.

Auch in weniger aufwendigen Kontexten können wir dieses Muster beobachten. Tongefäße zur Lagerung, Zubereitung und zum Konsum von

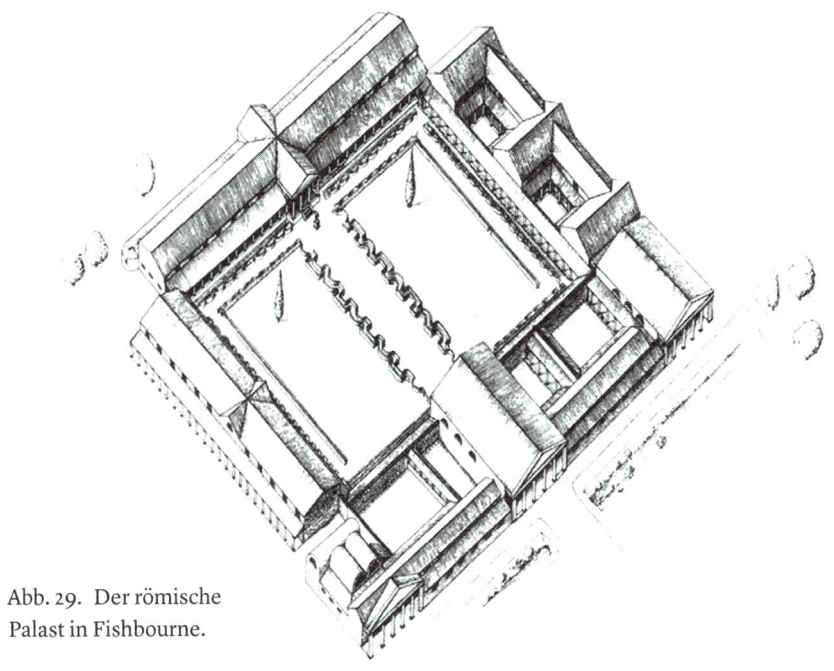

Abb. 29. Der römische
Palast in Fishbourne.

Speisen und Getränken waren überall im antiken Europa verbreitet, keine
andere Objektkategorie war so allgegenwärtig. Daher lassen sich an der
Keramik auch besonders gut kulturelle Veränderungen festmachen, zum
Beispiel was die Ernährungsgewohnheiten betrifft. So fand um die Zeitenwende herum der italische Typus einer flachen Auflaufform aus grobem
rötlichen Ton in den westlichen Provinzen rasche Verbreitung. Die große
Beliebtheit dieses neuen Kochgeschirrs von Spanien bis Britannien spiegelte einen grundlegenden Wandel in der westeuropäischen Küche wider:
Bis dahin war die wichtigste Kohlehydratquelle dort ein Getreidebrei gewesen, den man mit Bier, dem wichtigsten ortsüblichen Getränk, hinun-
terspülte. Doch kein Römer, der etwas auf sich hielt, hätte damals Getreidebrei gegessen – der zivilisierte Mensch aß Brot aus einem Backofen und
nicht Brei aus einem Kochtopf. Das plötzliche Auftauchen der italischen
Auflaufformen im Westen Europas weist höchstwahrscheinlich darauf
hin, dass die aufstrebenden Eliten Spaniens, Galliens und Britanniens zu
jener Zeit in großer Zahl von Brei zu Brot wechselten, um sich mit Kohle-
hydraten zu versorgen. Und auch die Trinkgewohnheiten änderten sich.

Im 6. und 5. Jahrhundert v. Chr. hatten die Eliten der westlichen Hälfte der Hallstatt-Zone nördlich der Alpen ihren elitären Status dadurch bewiesen, dass sie Wein vom Mittelmeer konsumierten, und zu Beginn des 1. Jahrhunderts v. Chr. hatte der griechische Historiker Poseidonios festgestellt, dass die wohlhabenderen Kelten Wein tranken, den sie aus Italien oder Massilia importierten, während die ärmeren Leute entweder mit Honig gemischtes Weizenbier oder schlichtes Gerstenbier tranken. Im Laufe des 1. und 2. Jahrhunderts n. Chr. ging der Bierkonsum in Westeuropa allgemein stark zurück; Ende des 1. Jahrhunderts n. Chr. wurde bereits mehr als die Hälfte des rund um das heutige Besançon getrunkenen Weins in gallischen Weinbergen erzeugt.

Für neue Lebensmittel brauchte man neuartiges Geschirr. Seit Mitte des 1. Jahrhunderts v. Chr. war das Standardgeschirr der Römer die sogenannte Terra Sigillata, ein massenhaft produziertes Tafelgeschirr aus feinglänzender roter Keramik mit kunstvollen Reliefs. Das wichtigste Produktionszentrum dieses Geschirrs war Arretium (heute Arezzo) in der Toskana. Terra Sigillata war in der gesamten mediterranen Welt und in Nordwesteuropa äußerst beliebt. Um die Zeitenwende hatte der Markt für dieses Tafelgeschirr in Gallien solche Dimensionen erreicht, dass die Importeure der lokalen Nachfrage nicht mehr gerecht wurden. Infolgedessen entstanden in Südgallien eigene Werkstätten, die die Terra Sigillata kopierten und eigenes, kostengünstigeres Geschirr produzierten. Die bekannteste dieser Werkstätten lag in La Graufesenque in der Nähe von Millau in Südfrankreich. Das Ausmaß der Produktion in La Graufesenque in der zweiten Hälfte des 1. Jahrhunderts n. Chr. ist schlichtweg atemberaubend: Artikel, die in dieser einen Werkstatt hergestellt wurden, hat man nicht nur in vielen gallischen Provinzen gefunden, sondern auch in Südbritannien und sogar in Nordafrika. Mindestens eine Generation lang gehörte ein preiswertes Tafelservice im römischen Stil aus La Graufesenque auf den Tisch eines jeden zivilisierten gallo-römischen Haushalts.

Wir wissen über den Produktionsprozess in La Graufesenque recht gut Bescheid. Immer wenn eine Charge Tongefäße bereitstand, um gebrannt zu werden, wurden die Namen der Arbeiter, die die Töpfe jener Charge angefertigt hatten, in eine Platte geritzt, die dann zusammen mit den fertigen Gegenständen gebrannt wurde und anschließend ins Archiv der Fabrik wanderte. Mehr als 160 solcher Platten sind erhalten. Sie sind in einer erstaunlichen Mischung aus Latein und Keltisch beschriftet, die zeigt, dass die Arbeiter in La Graufesenque daran gewöhnt waren, zwischen den beiden Sprachen hin und her zu wechseln. Einige der Töpfer auf den Listen trugen noch traditionelle keltische Namen (Cintusmos, Petrecos, Matugenos), andere hatten bereits römische Namen angenommen (Cornutus, Secundus, Albinus). Auch in das Gefäß selbst war der Name des Töpfers eingeritzt, der es hergestellt hatte – und hier wird es besonders interessant: Keiner der keltischen Namen aus den Listen taucht auf den fertigen Gefäßen auf. Stattdessen bekam jeder Töpfer, der noch einen keltischen Namen trug, ein lateinisches Äquivalent verpasst: Cintusmos hieß auf einmal Primus, Petrecos hieß Quartus, und aus Matugenos wurde Felix. Wenn ein Verbraucher Essgeschirr aus La Graufesenque kaufte, fand er darauf also nur den respektablen lateinischen Namen, wie Felix; er ahnte nicht, dass „Felix" in Wirklichkeit ein zweisprachiger Kelte war, der eigentlich Matugenos hieß. Im Grunde tat man in La Graufesenque so, als seien die Angestellten der Fabrik romanisierter, als sie es tatsächlich waren.

Der Fall der pseudo-römischen Töpfer von La Graufesenque ist ein recht ernüchterndes Beispiel, wenn man einschätzen möchte, in welchem Maß die diversen einheimischen Sprachen des Imperiums, im Osten wie auch im Westen, die römische Eroberung überlebten. Offiziell wurden die Angelegenheiten des Römischen Reichs in zwei Sprachen abgewickelt: in den westlichen Provinzen und Nordafrika (außer Ägypten) auf Lateinisch, in Ägypten und im Osten auf Griechisch. Allerdings mussten Dokumente, die für die römische Verwaltung von besonderer Bedeutung waren – beispielsweise Geburtsurkunden, die bewiesen, dass jemand das römische Bürgerrecht besaß, und Testamente – mindestens bis Anfang des 3. Jahrhunderts n.Chr. auch im Osten in lateinischer Sprache verfasst sein. Auf den ersten Blick stützt die schiere Menge der erhaltenen Dokumente aus der Römer-Zeit (Inschriften, Papyri, Schreibtafeln, Töpferstempel) das Bild eines in linguistischer Hinsicht vollständig romanisierten Imperiums, in dem man ausschließlich Latein und Griechisch sprach. Allein aus Kleinasien besitzen wir aus den ersten drei Jahrhunderten n.Chr. zehntausende Inschriften in Stein, von denen die überwältigende Mehrheit griechisch ist; eine viel kleinere, aber dennoch beträchtliche Anzahl ist auf Lateinisch verfasst. Die meisten kleinasiatischen Sprachen – Lykisch, Lydisch, Galatisch, Karisch – fehlen vollkommen. Ganz tief im Landesinneren taucht auf einigen Dutzend zweisprachigen Grabsteinen aus dem 3. Jahrhundert n. Chr. immerhin die phrygische Sprache auf, und wir kennen eine Handvoll pisidischer Texte. Würde man seine Schlussfolgerungen allein aus den dokumentarischen Zeugnissen ziehen, so müsste man zur Erkenntnis gelangen, dass die kleinasiatischen Sprachen spätestens mit der römischen Eroberung ausstarben. Umso erstaunlicher ist es, dass man in der Apostelgeschichte im Neuen Testament lesen kann, wie die Apostel Paulus und Barnabas Mitte des 1. Jahrhunderts n. Chr. in der kleinen römischen Kolonie Lystra eintreffen und die Einheimischen sie dort „auf Lykaonisch" als Götter in Menschengestalt preisen – schließlich ist kein einziges Wort in lykaonischer Sprache überliefert. Offensichtlich gab es sowohl in La Graufesenque als auch in Lystra eine scharfe Trennung zwischen der Sprache der Verwaltung und der öffentlichen Angelegenheiten (Latein und Griechisch) und den Sprachen, die die Menschen tatsächlich im Alltag sprachen (Keltisch, Lykaonisch ...).

Weltsprache Latein

Heute sprechen mehr Menschen Latein als je zuvor – denn Latein ist gewissermaßen die Muttersprache von etwa 700 Millionen Menschen, unter anderem fast aller Einwohner Südamerikas und Westeuropas. Natürlich sprechen die meisten dieser Menschen (wir überspitzen das hier ganz bewusst) einen lokalen Dialekt der lateinischen Sprache, dem sie irgendwann einen eigenen Namen gegeben haben („Italiano", „Español", „Français", „Português", „Occitan"). Dass wir sie kollektiv als „romanische Sprachfamilie" bezeichnen, ändert nichts daran, dass Spanisch, Italienisch usw. im Grunde nichts weiter als moderne Dialekte des Lateinischen sind. Als Spanier könnte man Latein durchaus auch „Altspanisch" nennen.

Hier ist noch einmal das Tacitus-Zitat über die Romanisierung von Britannien:

So wurde dort auch unsere Kleidung gebräuchlich, und die Toga wurde immer beliebter; nach und nach gab man sich auch dem Laster hin, errichtete Säulenhallen und Bäder und nahm üppige Mahlzeiten zu sich.

Die weniger Klugen nannten das „feine römische Sitten", doch es war alles Teil der Sklaverei.

So lautet diese Passage auf Lateinisch:

Inde etiam habitus nostri honor et frequens toga; paulatimque discessum ad delenimenta vitiorum, porticus et balineas et conviviorum elegantiam. Idque apud imperitos humanitas vocabatur, cum pars servitutis esset.

Und hier die gleiche Passage in einer modernen Übersetzung ins mexikanische Spanisch:

Desde entonces, también nuestros hábitos fueron un honor, e frecuente la toga; y paulatinamente se cayó en la seducción de los vicios, los pórticos y los balnearios y la elegancia de los banquetes. Y eso era llamado humanidad entre los imperitos, cuando era parte de servidumbre.

Habitus nostri = *nuestros hábitos* („unsere Kleidung/Tracht"); *paulatim* = *paulatinamente* („allmählich"); *pars servitutis* = *parte de servidumbre* („Teil der Sklaverei") ... Rechtschreibung und Grammatik haben sich in den vergangenen zweitausend Jahren natürlich verändert, aber die Sprache ist unverkennbar dieselbe.

Der wohl eklatanteste Fall kulturellen Vergessens in den westlichen Provinzen des Römischen Reichs ist bei den phönizischen Gesellschaften an der Küste Iberiens und in Nordafrika zu beobachten. Anders als die dezentralisierten, vorliterarischen Gesellschaften des eisenzeitlichen Europa war die Welt der phönizischen Kolonien des südlichen und westlichen Mittelmeerraums eine höchst komplexe Stadtstaatenkultur mit einer blühenden historisch-literarischen Tradition. Zur Zeit der Zerstörung Karthagos 146 v. Chr. wurden ganze Bibliotheken mit phönizischer Literatur aufgelöst und den regionalen Kleinfürsten Nordafrikas ausgehändigt; eine phönizischsprachige Abhandlung über die Landwirtschaft in 28 Büchern aus der Feder eines gewissen Mago nahm man mit nach Italien, um sie ins Lateinische übersetzen zu lassen. Tatsächlich war die phönizische Sprache im Römischen Reich bemerkenswert widerstandsfähig: Noch bis Ende des 1. Jahrhunderts n. Chr. entstanden lange Inschriften auf Phönizisch, kürzere Texte tauchten sogar noch bis ins 3. Jahrhundert hinein auf. Die phönizische Sprache war noch zu Beginn des 5. Jahrhunderts n. Chr. weit verbreitet, nicht nur in den ländlichen Gebieten Nordafrikas, sondern sogar in der Gemeinde des hl. Augustinus in der Stadt Hippo. Und dennoch wurde die Erinnerung an die vorrömische Vergangenheit im phönizischen Afrika genauso wirksam ausgelöscht wie in Gallien. Wir können die Geschichte der Phönizier im Westen vor 146 v. Chr. kaum nachvollziehen; niemand hielt es für wert, sich daran zu erinnern, was die Phönizier vor der Ankunft der Römer so getrieben hatten.

Manche Bewohner der alten westphönizischen Welt feierten das Ende der phönizischen Geschichte sogar: Hundert Jahre, nachdem die Römer Karthago dem Erdboden gleichgemacht hatten, errichtete Julius Caesar an der Stelle der alten phönizischen Stadt eine neue Kolonie für römische Bürger und nannte sie ebenfalls „Karthago". Dieses neue Karthago entwickelte sich schließlich zu einer der größten und wohlhabendsten Städte des römischen Westens. Im 2. oder 3. Jahrhundert n. Chr. behauptete ein kaiserlicher Beamter namens Classicius Secundinus, er habe in Karthago eine uralte Inschrift gefunden, bei der es sich um die Original-Weihinschrift anlässlich des Siegs des römischen Feldherrn Scipio Aemilianus handele, der 146 v. Chr. Karthago zerstört hatte. Secundinus ließ die Inschrift neu einmeißeln und in ihrer ursprünglichen Form wieder aufstellen. So konnten die Bürger des römischen Karthago im 3. Jahrhundert n. Chr. noch immer die Worte des Aemilianus lesen, der einst auf die Ruinen des phönizischen Karthago hinabgeschaut hatte – und auf die Leichen all jener, die gewagt hatten, sich der römischen Macht zu widersetzen. Dies war die einzige „Version" der karthagischen Geschichte, die den Bewohnern des römischen Karthago zur Verfügung stand.

Besonders schwierig lässt sich beurteilen, wie sich die römische Herrschaft in den westlichen Provinzen auf das religiöse Leben auswirkte. Vor der Eroberung durch die Römer scheinen die keltischen Stämme in Nordgallien ihre jeweils eigenen, lokalen Götter verehrt zu haben: Der Gott Mullo zum Beispiel wurde ausschließlich nördlich der Loire zwischen Rennes, Nantes und Le Mans verehrt. Die meisten dieser lokalen Götter überlebten die römische Eroberung, indem sie einer römischen Gottheit (sehr oft Mars oder Merkur) gleichgesetzt wurden. Der Hauptgott der Stammesgruppe der Remi in der Champagne im Nordosten Frankreichs beispielsweise war der Gott Camulos. Im 1. Jahrhundert n. Chr. wurde

Camulos als lokale Manifestation des römischen Kriegsgottes Mars interpretiert, und in dieser neuen Gestalt – als „Mars Camulus" – galt der Gott auch weiterhin als wichtigster Schutzpatron der Remi und ihrer neuen städtischen Siedlung Durocortorum (heute Reims).

Auf den ersten Blick scheint es verlockend, das Überleben einheimischer Gottheiten wie Camulos als Zeichen eines tiefsitzenden Widerstandes gegen die Romanisierung zu deuten, nach dem Motto: Die Remi schnitten sich ganz folgsam ihre Bärte ab, buken Brot, tranken Wein und lernten Latein, doch im Herzen blieben sie Kelten, die Camulos anbeteten. Das Problem bei dieser Sichtweise ist, dass sie gar nicht berücksichtigt, in welchem Ausmaß die Interessen der Remi mit denen der römischen Besatzer übereinstimmten. Einer der vier großen Triumphbögen, die zum imposanten Stadtzentrum von Durocortorum führten, das Mars-Tor, hat die Zeit relativ intakt überdauert. Den mittleren Bogen ziert ein Relief von Mars

Abb. 30. Reliefdekoration an der Decke der Ostarkade der Porte de Mars in Reims: Romulus und Remus werden von der Wölfin gesäugt, umgeben von einem Fries aus Schilden, Helmen, Rüstungen und Waffen.

Camulus, am östlichen Bogen ist die Wölfin abgebildet, die die Zwillinge Romulus und Remus säugt (siehe Abb. 30), am westlichen Leda mit dem Schwan. Dieses Bildprogramm erscheint auf den ersten Blick recht rätselhaft. Offenbar zeigen die beiden seitlichen Bögen Episoden aus den Gründungsmythen nicht etwa der keltischen Remi, sondern der Stadt Rom – Leda und Zeus (als Schwan) zeugten Helena, die den Krieg um Troja auslöste und damit indirekt dafür verantwortlich war, dass Aeneas Rom gründete. Doch welches Interesse hatten die Remi an den römischen Gründungsmythen? Einer plausiblen Hypothese zufolge behaupteten die Remi, sie seien die letzten Nachkommen von Romulus' Bruder Remus, was sie natürlich zu privilegierten Verwandten, wenn nicht sogar zum „Brudervolk" der Römer gemacht hätte – ein Vorgehen, wie wir es im Laufe dieses Buches schon öfter beobachten konnten. Hier können wir eine auffallend kreative Reaktion auf die römische Fremdherrschaft beobachten: Während die Remi das zentrale Element ihrer traditionellen religiösen Praxis (den Camulos-Kult) bewahrten, entwickelten sie zugleich eine Version ihrer mythischen Herkunft, die sie direkt mit dem Machtzentrum des Römischen Reichs verband.

Das bloße Überleben von Elementen einer indigenen, vorrömischen Kultur lässt sich also mitnichten automatisch als Beweis für einen positiven kulturellen Widerstand gegen Rom werten. Was soll man beispielsweise von der folgenden lateinischen Inschrift halten, die 2002 in Southwark in Südlondon entdeckt wurde?

Num(inibus) Aug(ustorum)	Dem göttlichen Willen der Kaiser
Deo Marti Ca	und dem Gott Mars Camulus:
muloTiberini	Tiberinius
us Celerianus	Celerianus
c(ivis) Bell(ovacus)	Bellovacer
moritix	Seefahrer der Londinienser
Londiniensi	
um	

Diese gleichzeitig den Kaisern und dem Mars Camulus gewidmete Weihinschrift datiert auf das ausgehende 2. Jahrhundert n. Chr. und stammt von einem Mann mit römischem Namen: Tiberinius Celerianus aus Caesaromagus Bellovacorum (heute Beauvais) in Nordgallien. Celerianus bezeichnet sich selbst als „Seefahrer der Londinienser" (*moritix Londinien-sium* – Londinium = das heutige London), was wahrscheinlich bedeutet, dass er als Bevollmächtigter einer Reederei arbeitete, die Waren zwischen Londinium und Nordgallien hin und her transportierte. Erstaunlicherweise bezeichnet sich Celerianus als *moritix* – ein altes keltisches Wort für „Seefahrer". Natürlich existierte ein lateinisches Wort, das genau dasselbe bedeutete (*nauta*). Warum benutzte Celerianus den keltischen Begriff? Versuchte er – bewusst oder unbewusst – seine Identität als Kelte zu betonen? Es ist nahezu unmöglich, heute noch herauszufinden, welcher Kultur ein Mann wie Celerianus angehörte oder sich zugehörig fühlte – ein Kelte aus Nordgallien mit römischem Namen, der zugleich eine oberflächlich romanisierte keltische Gottheit seiner Heimat und die römischen Kaiser verehrte und der in der Lage war, eine Weihinschrift in makellosem Latein zu verfassen, dann aber als Berufsbezeichnung ein keltisches Wort verwendete.

Wie wir gesehen haben, gab es in den westlichen Provinzen praktisch keine institutionelle Erinnerung an die eigene vorrömische Vergangenheit. Die dortigen Gesellschaften vergaßen die historischen Ereignisse vor der Eroberung und ersetzten sie durch eine neue, politisch opportune „römische" Vergangenheit; die Remi im Nordosten Galliens scheinen ihre Mythologie auf der Grundlage der (rein zufälligen) Ähnlichkeit der Wörter „Remi" und „Remus" aus Rom importiert zu haben. Nicht nur die lokalen Sprachen verzeichneten einen rapiden Rückgang, sogar örtliche Ess- und Trinkgewohnheiten wurden im Zuge der verbreiteten Einführung „romanisierter" Töpferwaren und Nutzpflanzen, vor allem Weinreben, verdrängt. Das sah in der Osthälfte des Römischen Reichs ganz anders aus. Dort fanden römische Kulturgüter (Villen, Lebensmittel, Namen, Sprache) längst nicht so großen Anklang wie im Westen. Nicht nur sprach man weiterhin überall Griechisch, auch die Erinnerung an die vorrömische Vergangenheit blieb lebendig und besaß nach wie vor eine große kulturelle Bedeutung. Mit einer „Romanisierung" wie im Westen haben die Entwicklungen der ersten drei nachchristlichen Jahrhunderte in den östlichen Provinzen nichts zu tun. Und dennoch darf man den Einfluss der römischen Herrschaft auf die griechischsprachige Hälfte des Imperiums nicht unterschätzen, auch wenn sie weit weniger augenfällig war als in den westlichen Provinzen.

Im 1. Jahrhundert n. Chr. hatte sich das Griechische von der Sprache, die die Griechen in der klassischen Zeit gesprochen und geschrieben hatten, ein ganzes Stück entfernt. Einige Kasus und Modi, insbesondere der Optativ, waren fast verschwunden, und auch die Aussprache hatte sich radikal verändert: Den Buchstaben Beta sprach man jetzt nicht mehr als „b", sondern als „w" aus und das Wort *kaí* („und") als „ke" – wie im Neugriechischen. Im Laufe des 1. und 2. Jahrhunderts n. Chr. jedoch empfanden immer mehr griechische Schriftsteller und Intellektuelle die sogenannte Koine, die „allgemeine" griechische Sprache ihrer Gegenwart, als vulgär und hielten sie für ungeeignet als Literatursprache. Stattdessen orientierten sie sich wieder am „reinen" attischen Dialekt des 5. und 4. Jahrhunderts v. Chr. Umfangreiche Wörterbücher, Grammatiken und Handbücher der klassischen attischen Sprache entstanden, die Autoren und Rednern dabei helfen sollten, die unschönen Modernismen zu vermeiden. Der Mediziner und Autor Galen (129–216 n. Chr.) beklagte sich über die „pestilenzische Pseudo-Gelehrsamkeit" von Schriftstellern, die das veraltete attische Wort *ráphanos* für „Kohl" verwendeten, „als unterhielten wir uns mit Athenern, die vor sechshundert Jahren lebten". Ein älterer Zeitgenosse Galens, Arrian von Nikomedia, verfasste eine siebenbändige *Geschichte Alexanders des Großen*, die sich am Stil Xenophons orientierte, eines Autors, der von Arrians Zeit weiter entfernt war als Shakespeare von unserer. In einem anderen Fall, einer Rede, die in mehreren mittelalterlichen Handschriften dem Schriftsteller Herodes Atticus aus dem 2. Jahrhundert n. Chr. zugeschrieben wird, hat der Autor die Prosa des klassischen Athen so täuschend echt nachgeahmt, dass manche modernen Forscher der Ansicht waren, die Rede sei tatsächlich im Athen des 5. Jahrhunderts v. Chr. entstanden – ein größeres Kompliment hätte es für Herodes kaum geben können.

Dieser „Klassizismus" erfasste schließlich alle Bereiche der griechischen Kultur. Angehörige der griechischen Bürgerelite – insbesondere solche, denen das römische Bürgerrecht gewährt worden war – benannten ihre Kinder nach berühmten Athenern der klassischen Zeit: Titus Statilius Crito, der Hofarzt von Kaiser Trajan, trug den Namen eines Freundes des Philosophen Sokrates, der im 5. Jahrhundert v. Chr. gelebt hatte, und sein Enkel hieß mit *cognomen* Solon, wie der berühmte attische Politiker des frühen 6. Jahrhunderts v. Chr. Sparta, inzwischen ein ruhiges Städtchen auf dem Land, wo Oliven angebaut wurden, zog immer mehr Touristen an. Als Hauptattraktion konnten die Besucher sozusagen live das legendäre spartanische Erziehungssystem, die Agoge, beobachten, das angeblich im 9. oder 8. Jahrhundert v. Chr. von Lykurg eingeführt worden war. Ende des 2. Jahrhunderts n. Chr. hatte Sparta einen eigenen Beamten mit dem einmaligen Titel „Ausleger der lykurgischen Bräuche". Einer recht plausiblen Erklärung zufolge war er in erster Linie so etwas wie ein professioneller Fremdenführer: Er präsentierte den griechischen und römischen Touristen Spartaner beim militärischen Drill, die Besucher durften ihnen beim Ringen und beim Faustkampf zuschauen und bei einem ruppigen Ballspiel namens Sphairistike (das offenbar dem späteren Rugby ähnelte). Eine weitere Attraktion war ein alljährlicher blutiger Wettkampf am Fest der Artemis Orthia, bei dem Epheben (ältere Teenager) versuchen mussten, zu einem Altar zu gelangen, der von Männern mit Peitschen verteidigt wurde. Anscheinend waren Todesfälle bei diesem Ritual keine Seltenheit. „Klassisch" war das alles indes nicht: Viele dieser brutalen Aktionen waren in Wirklichkeit Erfindungen des ausgehenden 1. Jahrhunderts n. Chr., entwickelt eigens für Besucher von außerhalb, die eine ganz bestimmte Vorstellung davon hatten, wie eine Erziehung à la Lykurg auszusehen hatte.

Genau wie im Fall der einheimischen Gottheiten im römischen Gallien ist die Frage, ob die Obsession der Griechen für ihre eigene ferne Vergangenheit einen tief verwurzelten kulturellen Widerstand gegen Rom widerspiegelt, schwer zu beantworten. Mit Sicherheit aber bewahrten sich die Bewohner der griechischen Welt ein viel stärkeres Bewusstsein für die eigene lokale Identität als die Menschen in den westlichen Provinzen. Ab Mitte des 3. Jahrhunderts n. Chr. lancierten die Goten vom Schwarzen Meer eine Reihe verheerender Angriffe auf die römischen Provinzen in Kleinasien und auf dem Balkan. 267/268 n. Chr. überfielen sie sogar Athen – seit den Kriegen gegen Mithridates Anfang des 1. Jahrhunderts v. Chr. war die Stadt nicht mehr angegriffen worden. Unter der Führung eines alternden Historikers und Intellektuellen namens Herennius Dexippos versammelten die Athener in einer abgelegenen Gegend Attikas quasi aus dem Nichts eine Armee von 2000 Mann, der es gelang, den überwiegenden Teil der gotischen Truppen zurückzuschlagen und zu töten. Der bemerkenswerte Widerstand der attischen Bevölkerung von 267/268 lässt sich durchaus damit erklären, dass sich die Bewohner Attikas in kultureller und emotionaler Hinsicht immer noch stark mit ihrer heroischen Vergangenheit verbunden fühlten. Der ausgeprägte Lokalpatriotismus der attischen Bürger, die sich auch nach Jahrhunderten immer noch voll Stolz an die große Zeit von Marathon und Plataiai erinnerten, könnte durchaus dazu beigetragen haben, dass sie in der Lage waren, die gotischen Invasoren zurückzuschlagen. Das war in den Städten des römischen Westens ganz anders, und ganz folgerichtig konnten sich jene kaum gegen die (immer häufigeren) Barbareninvasionen des 3. und 4. Jahrhunderts n. Chr. wehren.

Die Welt, auf die sich die Griechen des zweiten nachchristlichen Jahrhunderts beriefen, war vor allem das vorrömische und vormakedonische Griechenland des 5. und 4. Jahrhunderts v. Chr. Es ist kaum verwunderlich, dass die nicht gerade unproblematische Epoche des Hellenismus, eine Zeit umstrittener Kollaboration mit den römischen Imperialisten und zuweilen des gewaltsamen Widerstands gegen sie, stillschweigend aus der griechischen Historie getilgt wurde. Die römischen Machthaber sahen diese obsessive Nostalgie der Griechen und ihre Sehnsucht nach einer in sicherer Entfernung liegenden Vergangenheit durchaus positiv. Insbesondere Athen wurde von den römischen Kaisern als kulturelles Zentrum der oströmischen Welt demonstrativ bevorzugt, und Mitte des 2. Jahrhunderts n. Chr. war die Stadt so wohlhabend wie schon seit den Zeiten des Attischen Seebunds im 5. Jahrhundert v. Chr. nicht mehr. Zu Beginn der 130er-Jahre machte Kaiser Hadrian Athen zum Zentrum eines neuen religiös geprägten Bündnisses griechischer Städte, des Panhellenion (,,[Vereinigung] aller Griechen"). Das Panhellenion war eine weitgehend zeremoniell ausgerichtete Körperschaft, doch welche Funktionen es genau hatte, wissen wir nicht; was uns an dieser Stelle interessiert, ist aber ohnehin eher die Definition des ,,Griechisch-Seins", die Hadrian bei der Aufnahme neuer Mitglieder als maßgeblich galt. Städte wie Sparta wurden selbstverständlich unhinterfragt aufgenommen; andere hatten es schwerer und setzten alles daran, zu beweisen, dass sie als Nachfahren oder Kolonien alter griechischer Städte auf dem Festland ebenfalls als Kandidaten infrage kamen. Magnesia am Mäander, eine kleine Stadt nahe der Westküste Kleinasiens, wurde durchgewunken, weil die Bewohner ,,Kolonisten der Magnesier" in Thessalien seien, der ersten Hellenen überhaupt, die sich in Asien niedergelassen hätten. Im Jahr 135 bat die Stadt Ptolemais-Barke in Libyen Kaiser Hadrian, in den panhellenischen Verein aufgenommen zu werden. Die Stadt malte sich gute Chancen aus, denn es war allgemein bekannt, dass Barke eine alte Kolonie von Kyrene war, das jedes Jahr zwei Delegierte ins Panhellenion schickte. Der Kaiser jedoch verwies darauf, dass Barke von einem der makedonischen Könige Ägyptens (wahrscheinlich Ptolemaios II. Philadelphos, reg. 282–246 v. Chr.) in „Ptolemais" umbenannt worden war – schon deshalb dürften die Bewohner von Barke nicht den gleichen Status für sich beanspruchen wie ihre Nachbarn in Kyrene, „deren Ahnen alle Griechen sind, und zwar Dorer"; am Ende gab es einen Kompromiss, und Barke durfte pro Jahr immerhin einen Delegierten entsenden.

Dennoch fanden auch einige ganz seltsame Vögel ihren Weg in Hadrians panhellenisches Nest. Die hoch in den Bergen von Kleinasien gelegene obskure Stadt Eumeneia war auf den ersten Blick alles andere als ein idealer Kandidat für eine Mitgliedschaft im Panhellenion. Die Geschichte der Stadt war kurz und nicht allzu ereignisreich: Genau wie Ptolemais hatte sie ihren Namen von einem hellenistischen Monarchen erhalten, in diesem Fall dem Attaliden-König Eumenes II. von Pergamon, der Eumeneia in den 160er-Jahren v. Chr. als Ansammlung militärischer Festungen an der Grenze zu Galatien gegründet hatte. Umso erstaunlicher war es, dass die Bewohner von Eumeneia im 2. Jahrhundert n. Chr. auf einmal auf eine ähnlich respektable Vergangenheit zurückblickten wie eine x-beliebige Stadt auf dem griechischen Festland. Sie seien, behaupteten sie, Nachfahren von Kolonisten aus Argos auf der Peloponnes, die gegen Ende des heroischen Zeitalters nach Kleinasien ausgewandert waren; der Beweis für ihre argivische Abstammung liege im Namen der Stadt: Als die Kinder des Herakles (die Herakleiden) von ihrem Stammsitz auf der Peloponnes verbannt wurden, war einer von Herakles' Söhnen, Hyllos, nach Eumeneia gereist, wo er „gerne bleiben" wollte (griechisch: *eû ménein*). Aufgrund seiner argivischen Herkunft wurde Eumeneia selbstverständlich ins Panhellenion aufgenommen, und fortan nannten sich seine Bewohner auf ihren Inschriften und Münzen stolz „eumenische Achaier" – zweifellos sehr zur Verwunderung der Bürger von Ptolemais-Barke.

Mag sein, dass man denjenigen, der dafür zuständig war, die Aufnahmeanträge für das Panhellenion zu prüfen, hätte feuern sollen. Aber aufschlussreich ist diese Episode dennoch. Es gab nämlich einen ganz praktischen Grund für Hadrian, den kaum haltbaren Anspruch von Eumeneia auf einen Platz in der Geschichte des heroischen Zeitalters zu akzeptieren: In Eumeneia befand sich die wichtigste römische Militärgarnison der Provinz Asien, daher kam der Stadt in der römischen Verwaltung der Provinz eine Schlüsselposition zu. Und wenn solchen wichtigen griechischen Verbündeten Roms eine passende Vorgeschichte fehlte, dann dachte man sich einfach eine aus. Ungefähr zur gleichen Zeit wie Eumeneia wurde ebenfalls im Westen Kleinasiens die Stadt Aphrodisias gegründet. Da Aphrodisias seit dem 1. Jahrhundert v. Chr. den Römern gegenüber eine ganz auffallende Loyalität an den Tag legte, erhielt es den privilegierten Status einer „freien Stadt" und wurde schließlich sogar zur Hauptstadt (*metrópolis*, wörtlich „Mutterstadt") der spätrömischen Provinz Karien ernannt. Doch als einer von Roms engsten Verbündeten in Kleinasien benötigte die Stadt natürlich auch eine entsprechend beeindruckende Ahnentafel. So schmückte man Ende des 1. Jahrhunderts n. Chr. eine neue römische Basilika in Aphrodisias mit Reliefskulpturen, die die neuentdeckten mythischen Gründer der Stadt zeigten: Der Ehrenplatz gebührte einem Bildnis des griechischen Helden Bellerophon mit seinem geflügelten Pferd Pegasus, der dabei gezeigt wurde, wie er das Apollon-Orakel in Delphi befragte (und dabei vermutlich von den Göttern den Auftrag erhielt, Aphrodisias zu gründen). Damit war die Stadt älter als der Trojanische Krieg, und diese „Entdeckung" reichte den römischen Kaisern als Vorwand, um Aphrodisias seinen Nachbarstädten gegenüber zu begünstigen. Dass man Eumeneia und Aphrodisias eine passende Vorgeschichte verpasste, erinnert stark an die Gründung der Polis Messene Mitte des 4. Jahrhunderts v. Chr. (siehe S. 164–166).

Der Osten des Römischen Reichs war nicht annähernd so „romanisiert" wie die westlichen Provinzen. Im Westen führte die Romanisierung zu einer völligen Auslöschung heimischer Sprachen, lokaler Geschichte und vorrömischer Siedlungsformen. Im Gegensatz dazu war der alles beherrschende kulturelle Faktor in den östlichen Provinzen der Klassizismus, die Ausrichtung an einem homogenen Vorbild der griechischen Kultur, die für Rom keine Bedrohung darstellte. Dieser kulturelle Rückbezug auf eine weit zurückliegende Vergangenheit war seinerseits ebenfalls eine Methode, um mit der Realität der römischen Fremdherrschaft umzugehen, aber eben doch eine ganz andere.

Trotz allem beeinflussten die „Romanisierung" im Westen und der „Klassizismus" im Osten nur in sehr begrenztem Maß die römische Regierungspolitik. Viel wichtiger waren hier wie dort die Bedürfnisse und Hoffnungen der Provinzbewohner. Natürlich gab es auch Widerstand gegen diese Prozesse, nicht zuletzt seitens der Eliten eben jener Provinzen. Aber die interessante Frage ist gar nicht so sehr, warum genau sich manche unterworfenen Völker der römischen Herrschaft widersetzten, sondern wieso es im Großen und Ganzen so *wenig* offenen Widerstand gab. Aufstände der Ureinwohner wie der, den Boudicca im Jahr 60 n. Chr. initiierte, waren äußerst rar und verpufften für gewöhnlich innerhalb einer Generation nach der römischen Eroberung.

Die Frage brennt einem besonders auf den Nägeln, wenn es um das eine Volk geht, das immer wieder versucht hat, das römische Joch abzuwerfen: die Juden. Im Jahr 66 n. Chr. zettelten die jüdischen Einwohner Jerusalems einen Aufstand an und ermordeten die gesamte römische Garnison der Stadt. Der sogenannte Jüdische Krieg erfasste bald die gesamte Region, und es kam zu großangelegten ethnischen Säuberungen, bei denen die Juden zahllose Nichtjuden töteten. Eine römische Streitmacht unter dem Statthalter von Syrien, der es um Haaresbreite gelang, Jerusalem den Rebellen wieder zu entreißen, wurde im Herbst 66 n. Chr. von jüdischen Partisanen fast komplett ausgerottet. Die Römer reagierten mit harter Hand. Nach einer fünfmonatigen Belagerung unter dem späteren Kaiser Titus fiel Jerusalem im September 70 n. Chr. Alle Einwohner der Stadt wurden entweder getötet oder versklavt, und der Jerusalemer Tempel, das wichtigste Zentrum des jüdischen Glaubens, wurde niedergebrannt. Eine weitere Revolte in Judäa, der Bar-Kochba-Aufstand im Jahr 132 n. Chr., scheint dadurch entfacht worden zu sein, dass Hadrian an der Stelle Jerusalems die neue römische Kolonie Aelia Capitolina gründen wollte. (Der Vorgang erinnerte fatal an das 2. Jahrhundert v. Chr., als der Plan Antiochos' IV., aus Jerusalem eine griechische Kolonie zu machen, zu einem Aufstand der Juden gegen die herrschenden Seleukiden geführt hatte; siehe S. 191). Dreieinhalb Jahre lang kämpften die Juden unter der Führung des charismatischen Simon bar Kochba darum, Jerusalem zurückzuerobern. Als die Rebellen im Herbst 135 endgültig geschlagen wurden, war Judäa öde und leer – der römische Historiker Cassius Dio behauptet, bei dem Konflikt hätten mehr als eine halbe Million Juden den Tod gefunden.

Doch warum war der Widerstand gegen die römische Herrschaft ausgerechnet in Judäa so heftig? Laut Flavius Josephus, unserem wichtigsten Gewährsmann für den Jüdischen Krieg, war der Aufstand 66 n. Chr. das Werk einiger weniger Unruhestifter auf beiden Seiten. Mehrere römische Statthalter in Judäa hätten sich, so Josephus, ungewöhnlich bösartig und taktlos aufgeführt, und auf jüdischer Seite seien ein paar abgefeimte Banditen und religiöse Fanatiker auf den Plan getreten, um einen Bruch mit Rom zu erzwingen. Doch Josephus selbst war nicht ganz unvoreingenommen. Als prominenter Angehöriger der jüdischen Elite hatte er im ersten Jahr des Krieges auf jüdischer Seite gekämpft, bevor er in römische Gefangenschaft geraten war und prompt die Seiten gewechselt hatte. Nachdem er das römische Bürgerrecht erhalten hatte, verbrachte er den Rest seines Lebens in Rom. So ist seine *Geschichte des jüdischen Kriegs* zumindest zum Teil ein Versuch, sein eigenes Verhalten während des Kriegs und danach zu rechtfertigen. Als Apologet der judäischen Oberschicht, die in Wirklichkeit ganz erheblich in den Aufstand verstrickt war, ist er bestrebt, die Vorgänge als das Werk einiger weniger Extremisten darzustellen, und als Autor, der dem römischen Publikum die „jüdische Situation" nahebringen möchte, schiebt er die Schuld an der Revolte auf römischer Seite ganz diplomatisch einigen boshaften Vertretern Roms in die Schuhe; die römische Herrschaft an sich war selbstverständlich nicht schuld an der Situation.

Das Problem mit dieser Sichtweise ist, dass die Aufstände in Judäa weit mehr waren als bloße Proteste gegen die schlechte Behandlung seitens der Römer – ihr Ziel war die Errichtung eines unabhängigen, selbstverwalteten jüdischen Staates mit Jerusalem als Zentrum. In beiden Fällen prägte der rebellische jüdische Staat Silber- und Bronzemünzen mit aggressiv-nationalistischer Legende in hebräischer Sprache: „JERUSALEM IST HEILIG", „FREIHEIT FÜR ZION", „FÜR DIE ERLÖSUNG ZIONS". Eine 132 n. Chr. zu Beginn des Bar-Kochba-Aufstands geprägte Münzserie zierte das Bild des 62 Jahre zuvor zerstörten Tempels mitsamt der stolzen Worte: „JAHR EINS DER ERLÖSUNG ISRAELS" (siehe Tafel 31 f.).

Die Wurzeln des jüdischen Widerstands reichten ganz eindeutig tiefer, als Josephus zuzugeben bereit ist. Vor dem Jüdischen Krieg hatten die Juden im ganzen Imperium für die Instandhaltung des Jerusalemer Tempels einen freiwilligen Beitrag von 2 Drachmen pro Jahr gezahlt. Nach 70 n. Chr. wurde diese freiwillige Zahlung durch eine spezielle Steuer ersetzt, die ebenfalls alle Juden im Reich entrichten mussten, doch die nun dazu diente, den Kult des Jupiter Capitolinus auf dem Kapitol in Rom zu finanzieren. Besonders interessant daran ist, dass der römische Staat auf die Revolte in Judäa reagierte, indem er kollektiv alle Menschen jüdischen Glaubens bestrafte: Diese erniedrigende „Judensteuer" galt nicht nur für das rebellische Judäa, sondern auch für die großen Diasporagemeinden in Ägypten, Kleinasien und Rom, die mit der Revolte überhaupt nichts zu tun hatten. Hier wird deutlich, dass Rom den Aufstand als dezidiert jüdisches Problem wahrnahm und nicht als ein Problem Judäas. In gewisser Hinsicht hatten die Römer Recht: Die Juden in der Diaspora waren nicht besser in das politische System des Kaiserreichs integriert als die Juden in Judäa. In den Jahren 116/117 n.Chr. kam es in Ägypten, der Kyrenaika und auf Zypern zu plötzlichen Gewaltausbrüchen der jüdischen Minderheit, aber diesmal nicht gegen die römische Regierung, sondern gegen ihre nicht-jüdischen Nachbarn in der Provinz. Wieder war die Reaktion der Römer drakonisch: Kein Jude durfte fortan mehr Zypern betreten; sogar Juden, die wegen des schlechten Wetters gezwungen waren, in einem zyprischen Hafen zu ankern, sollten getötet werden.

Das grundlegende Problem war, dass eine religiöse Assimilation an die römische Herrschaft, wie sie andernorts im Reich stattfand, für Menschen jüdischen Glaubens schlichtweg unmöglich war. Die Kelten in Nordgallien hatten kein Problem damit, ihre eigenen Götter wie Camulos und Mullo mit Mars oder Jupiter gleichzusetzen. Aber der Gott der Juden war mit einem polytheistischen System nun einmal nicht vereinbar. Für sie gab es nur den einen, wahren und allmächtigen Gott, und der hieß nun einmal nicht Jupiter und ließ sich auch nicht mit Jupiter vergleichen. Was Juden von Nichtjuden trennte, ließ sich auch überhaupt nicht verhandeln. Schon die allergrundlegendsten Elemente des Mosaischen Gesetzes (Ernährungsbeschränkungen, Einhalten des Sabbats, Beschneidung) schränkten die Möglichkeit der Interaktion von Juden und Nichtjuden stark ein. Und zu guter Letzt war es für die Juden nicht bloß demütigend, dass die Römer sie unterworfen hatten – es durfte schlichtweg nicht sein, es war ein grundlegender Verstoß gegen das Versprechen Gottes, sein auserwähltes Volk zu beschützen.

Dennoch herrschte im Römischen Reich, wie wir bereits gesehen haben, ein großer religiöser Pluralismus. In den Provinzen war eine erstaunliche Anzahl lokaler Kulte beheimatet, und die meisten dieser Kulte wurden von den römischen Machthabern toleriert. Das vielleicht eindrucksvollste Beispiel religiöser Toleranz seitens Roms ist der Mithras-Kult des 2. und 3. Jahrhunderts n. Chr. Wie der Mithraismus entstand, wissen wir nicht – sicher ist nur, dass an der Wende vom 1. zum 2. Jahrhundert n. Chr. Tempel für den Kult (sogenannte „Mithräen") gebaut wurden und gleichzeitig in weit voneinander entfernten Teilen des Reichs (in Rom, in Judäa, an Rhein und Donau, in Kleinasien) Weihgeschenke an Mithras auftauchten. Im 2. und 3. Jahrhundert war der Kult vor allem unter den römischen Grenztruppen verbreitet; in drei Römer-Kastellen am Hadrianswall – in Housesteads, Rudchester und Carrawburgh – hat man Mithräen gefunden. Der Mithraismus war ein nur für Männer zugänglicher Mysterienkult, dessen Eingeweihte einem von sieben Weihegraden angehörten: „Rabe", „Bräutigam", „Soldat", „Löwe", „Perser", „Sonnenläufer" und „Vater". Jeder dieser Grade wiederum wurde mit einem der sieben Gestirne assoziiert (dem Mond, den fünf mit bloßem Auge sichtbaren Planeten Merkur, Venus, Mars, Jupiter und Saturn sowie der Sonne). Somit entsprach der Weg eines Eingeweihten des Mithraskults durch die sieben Weihegrade einer Reise von Gestirn zu Gestirn, die ihn immer weiter von der Erde wegführte, und zugleich entfernte sich seine Seele immer weiter von der materiellen Welt, bis hin zum Endziel: dem Seelenheil nach dem Tod. Auf einer Bronzetafel aus Virunum (in der Nähe des heutigen Klagenfurt in Österreich) sind alle 34 Mitglieder aufgelistet, die im Jahr 183 n. Chr. der dortigen Mithras-Gemeinde angehörten. In den folgenden achtzehn Jahren wuchs die Gemeinde um ein bis acht neue Mitglieder pro Jahr an, aber von den 97 Männern, die zwischen 183 und 201 n. Chr. der Mithras-Gemeinde von Virunum angehörten, scheinen es gerade einmal sechs bis zum „Vater", dem höchsten und angesehensten Weihegrad, geschafft zu haben.

Man darf aber nicht annehmen, solche Mysterienkulte seien so etwas wie „Untergrundsekten" gewesen. Die meisten Anhänger des Mithraismus waren Soldaten, Sklaven und Freigelassene, manche gehörten den oberen Rängen des Heeres an, und einige Eingeweihte waren sogar Ritter oder Senatoren; in Rom selbst haben sich mehrere Mithras-Heiligtümer besonders gut erhalten. Dennoch unterschied sich der Mithras-Kult radikal von allen anderen griechisch-römischen Religionen. Seinen Darstellungen in den Kultstätten nach zu urteilen, war Mithras eine betont nicht-römische Gestalt: Er trug eine phrygische Mütze, wie man sie mit den östlichsten Regionen des Reichs und dem Perser-Reich assoziierte. Auch die Kultpraxis des Mithraismus wies große Unterschiede zu den griechisch-römischen Ritualen auf. Frauen waren komplett vom Kult ausgeschlossen, und die Kulthandlungen fanden in abgeschiedenen Innenräumen statt (in Privathäusern, Militärlagern, sogar in Höhlen). Das Auffälligste aber war das zentrale Kultbild, das sich im hinteren Bereich eines jeden Mithräums befand und das den Gott Mithras darstellte, wie er einen Stier tötete. Die Vorstellung, dass der Gott selbst ein Tieropfer darbrachte, war eine bewusste pointierte Umkehrung der üblichen griechisch-römischen Kultpraxis, bei der die Menschen zu Ehren der Götter Tiere opferten. Genauso ungewöhnlich war die Tatsache, dass die Heimat des Gottes Mithras außerhalb der Grenzen des Römischen Reichs lag, in einer mythischen Höhle irgendwo in Persien. Während die griechischen und römischen Götter fast immer als Beschützer oder Bewohner eines bestimmten Ortes verehrt wurden (so der kapitolinische Jupiter, die Athene Polias auf der Athener Akropolis, die Artemis von Ephesos), war Mithras geographisch nicht festgelegt und ließ sich keinem bestimmten Ort zuordnen, auch nicht der Stadt Rom.

Wie erwähnt, scheint der Mithras-Kult besonders bei aktiven Soldaten, Sklaven und Freigelassenen beliebt gewesen zu sein – eben jenen Gruppen, die im Römischen Reich am wenigsten in die bürgerliche Welt der griechisch-römischen Religion eingebunden waren. So liegt es nahe, im Mithras-Kult mit seiner Entwurzelung, seiner bewussten Ablehnung der Kultpraktiken der Staatsreligion und seiner Betonung innerer Hierarchien eine Reaktion auf die Realität des Militärdienstes an der Grenze des Römischen Reichs, dem Limes, zu sehen. Vielleicht war der Mithras-Kult einfach etwas, das unter den Bewohnern der Grenzgarnisonen, die viele Hundert Kilometer von den Tempeln ihrer einheimischen Kulte entfernt waren und deren Kameraden aus allen Ecken des Imperiums kamen, so etwas wie Gemeinschaft schuf.

Die Reichsgrenze war eines der markantesten und modernsten Merkmale des römischen Europa. In den einzelnen Regionen nahm diese Grenze unterschiedliche Formen an. Im Osten und Süden, in Mesopotamien, Arabien und Nordafrika, fielen die politischen mit den natürlichen Grenzen zusammen – die Grenze lag meistens dort, wo das kultivierbare Gebiet aufhörte und die Wüste begann. In Kontinentaleuropa bildeten im 1. und 2. Jahrhundert n. Chr. Rhein und Donau die Nordgrenze des Imperiums; Tacitus schreibt, das Reich sei „vom Meer und von weit entfernten Flüssen eingezäunt". Im 2. Jahrhundert n. Chr. wurden Teile der Grenze mittels physischer Barrieren aus Erde, Holz oder Stein noch klarer definiert. Das bekannteste Beispiel für eine solche Grenzbefestigung sind der Hadrianswall im Norden Großbritanniens sowie die großen Teilstücke des Limes an Rhein und Donau.

Man erliegt leicht der Versuchung, das Römische Reich der ersten drei nachchristlichen Jahrhunderte als Staat mit linearen, gut verteidigten Grenzen zu betrachten, der nicht weiter expandieren wollte. Angeblich gab der erste römische Kaiser, Augustus, seinem Nachfolger Tiberius sogar den expliziten Rat: „Belasse das Reich in seinen Grenzen!" Das tatsächliche Verhalten der Kaiser stützt eine solche Sichtweise jedoch kaum. Schon Tiberius schickte 15 n. Chr., im Jahr nach Augustus' Tod, seine Truppen nach Germanien, und es gab nur wenige Kaiser, die nicht zumindest den Versuch unternahmen, dem Reichsgebiet neue Territorien hinzuzufügen. An dieser Stelle hilft es, sich das Europa der ersten drei Jahrhunderte n. Chr. im Geiste in drei verschiedene Zonen zu unterteilen: Die innerste Zone, das „Kernreich" sozusagen, bestand aus den direkt von römischen Beamten verwalteten Provinzen, deren Bewohner an Rom Steuern zahlten und dem römischen Recht und der römischen Gerichtsbarkeit unterstanden. Dahinter lag eine zweite Zone, eine „innere Peripherie" eroberter Territorien (das lateinische Wort hierfür ist *gentes*, „Stämme"), die von Rom regiert, aber nicht direkt verwaltet wurden; hier hatten Klientelkönige und einheimische Verbündete der Römer das Sagen. Üblicherweise kontrollierte der römische Kaiser die Machtfolge in diesen Gebieten; König Herodes von Judäa besaß das sehr seltene Privileg, seinen Nachfolger selbst wählen zu dürfen, ohne sich mit dem römischen Kaiser abzustimmen. Diese innere Peripherie trennte die Kernprovinzen von der dritten Zone, den *gentes externae* („äußere Stämme"), die überhaupt nicht von Rom regiert wurden.

Wenn wir von den „Grenzen" des Römischen Reichs sprechen, meinen wir in der Regel die Grenzen der zweiten Zone: breite, stark militarisierte Landstriche, die sich teilweise über Hunderte Kilometer erstreckten (so in Britannien von York bis nach Newcastle upon Tyne). Die befestigten

Grenzen lagen entweder am äußersten Rand dieser Zone, wie im Falle des Hadrianswalls, oder aber an ihrem inneren Rand, wie im Fall der Donaugrenze im heutigen Ungarn. Besonders sehenswert sind die Befestigungsanlagen, die Kaiser Commodus (180–192 n. Chr.) am Ufer der Donau südlich von Aquincum (heute Budapest) errichten ließ. Die dortigen Türme und Kastelle dienten sicherlich nicht dazu, die Grenze vor militärischen Übergriffen der Barbaren zu schützen – tatsächlich wurden sie unmittelbar nach dem Friedensschluss mit dem Barbarenkönigreich der Jazygen auf der anderen Seite der Donau gebaut, und dieser Friedensvertrag sah vor, dass die Jazygen an bestimmten Tagen die römische Provinz betreten durften, um die dortigen Märkte zu besuchen. Wie wir aus einer Reihe von Bauinschriften erfahren, ließ Commodus „das ganze Flussufer mit brandneuen Türmen und Wachposten befestigen, die so gelegen waren, dass sie den heimlichen Grenzübertritt von Schmugglern verhinderten". Der Donaulimes diente also dazu, den Grenzverkehr zwischen der Provinz und den befreundeten Barbaren nördlich der Grenze zu regulieren. Es ist daher ebenso verblüffend wie nachvollziehbar, dass in der einzigen erhaltenen Landkarte des gesamten Römischen Reichs, der Tabula Peutingeriana (einer spätmittelalterlichen Kopie einer Landkarte aus dem 4. oder 5. Jahrhundert n. Chr.), keinerlei Grenzen eingezeichnet sind; die Straßen verlaufen ohne Unterbrechung über die nominellen „Grenzen" hinweg bis in nicht-römisches Gebiet hinein.

Der Einfluss des Militärs auf die Gesellschaften in den Grenzgebieten war immens. Im 2. Jahrhundert n. Chr. waren in Britannien, wo schätzungsweise 4 Millionen Menschen lebten, 60 000 römische Soldaten stationiert – auf fünfundsechzig Zivilisten kam also ein Soldat. Natürlich gab es in einer Grenzprovinz wie Britannien besonders viele Garnisonen, aber selbst eine friedliche „Kernprovinz" wie Ägypten, die von der Einwohnerzahl her in etwa mit Britannien vergleichbar war (4 bis 5 Millionen), waren permanent an die 10 000 Soldaten stationiert. Im Jahr 238 n. Chr. sandten die Bewohner des thrakischen Dorfs Skaptopara (im heutigen Bulgarien) ein verzweifeltes Gesuch an Kaiser Gordian III. (238–244 n. Chr.). Ihr Dorf war besonders günstig gelegen. Es verfügte über Thermalquellen mit einer ausgezeichneten Heilwirkung, und einmal im Jahr fand nur 3 Kilometer vom Dorf entfernt ein berühmter Jahrmarkt statt. Ranghohe römische Beamte, nicht zuletzt der Provinzstatthalter, kamen regelmäßig in das Dorf, um die Thermalbäder zu nutzen. (Vielen Beamten aus dem sonnenverwöhnten Italien war das Klima auf dem Balkan zu rau. Der Dichter Ovid, der 8 n. Chr. ins Exil nach Tomis am Schwarzen Meer geschickt wurde, litt dort unter Verdauungsstörungen, Schlaflosigkeit, Fieber und Schmerzen an mehreren Stellen des Körpers.) Skaptopara lag jedoch an einer Straße, die zwei Militärlager miteinander verband. Immer wieder stiegen daher Soldaten, die von einem zum anderen Lager unterwegs waren, im Dorf ab, um die heißen Quellen zu nutzen, und die Dorfbewohner kamen nicht umhin, sie ohne Gegenleistung unterzubringen und zu verköstigen. Als Folge dieses ständigen kostenlosen Fremdenverkehrs war das früher einmal recht wohlhabende Dorf inzwischen in große Not geraten. Keiner der Versuche des römischen Statthalters, gegen diese Zustände vorzugehen, hatte gefruchtet, sodass sich die Dorfbewohner nun gezwungen sahen, den Kaiser persönlich um Hilfe zu bitten. Die Antwort des Kaisers war indes wenig hilfreich – er empfahl den Einwohnern des Ortes, sich doch bitte an den Statthalter zu wenden.

Im Alltag der Einwohner von Skaptopara war die Präsenz der römischen Soldaten genauso unübersehbar wie wenig willkommen. Und da war Skaptopara keine Ausnahme. In der militarisierten Zone unmittelbar südlich des Hadrianswalls (in den heutigen Grafschaften Durham und North Yorkshire) hat man keinerlei Städte und nur wenige Landhäuser nachweisen können, und dort, wo Menschen wohnten, sind kaum römische Münzen und Artefakte aufgetaucht; der Großteil der einheimischen Bevölkerung (der Briganten) lebte nach wie vor in traditionellen Rundhäusern, in zunehmend ärmlichen Verhältnissen. Allem Anschein nach hatte die massive Militärpräsenz in Nordbritannien auf die Menschen an der Grenze einen parasitären Effekt; die wirtschaftliche und kulturelle Entwicklung vor Ort kam kurzerhand zum Erliegen.

Eine Episode aus Apuleius' Roman *Der goldene Esel* aus dem 2. Jahrhundert n. Chr. macht deutlich, wie die Interaktionen zwischen Soldaten und Zivilisten üblicherweise aussahen. Irgendwo in Nordgriechenland begegnet der Zenturio einer römischen Legion einem Gemüsebauer, der auf einem Esel reitet. Der Soldat spricht den Bauer auf Lateinisch an und will wissen, wohin jener unterwegs ist. Der Bauer, der kein Latein kann, reitet schweigend weiter; der Soldat fasst dies als Beleidigung auf und schlägt den Mann mit seinem Stab. Er trifft ihn am Kopf, und der Bauer landet am Boden. Nun stellt der Zenturio seine Frage noch einmal, diesmal aber auf Griechisch: „Wohin bist du mit deinem Esel unterwegs?" Der Zenturio spricht also Latein und Griechisch, und er muss davon ausgegangen sein, dass der (griechische) Bauer des Griechischen mächtig ist. Dennoch hat er ihn zunächst auf Lateinisch angesprochen, nur um Gelegenheit zu haben, den Einheimischen wegen seines vermeintlich beleidigenden Verhaltens zu verprügeln. Man ahnt fast, was als Nächstes kommt: Der Zenturio konfisziert den Esel des Bauern für militärische Zwecke. Dass die Römer sich des Besitzes und der Arbeitskraft der Provinzbewohner bemächtigten, war auch im Judäa des 1. Jahrhunderts n. Chr. an der Tagesordnung, wie aus Jesus' Ratschlag in der Bergpredigt hervorgeht: „Und wenn dich einer zwingen will, eine Meile mit ihm zu gehen, dann geh zwei mit ihm!" (Matthäus 5,41).

Wie wir gesehen haben, erstreckte sich die „Grenzzone" fast unmerklich bis in die Länder der *gentes externae* hinein, und wir können beobachten, wie sich die römische Kultur nach und nach immer mehr auf die Lebensweise und die materielle Kultur jener Völker auswirkte. Im Laufe der ersten drei nachchristlichen Jahrhunderte wurden im Nordosten, jenseits des Rhein, römische Rüstungen und Waffen immer beliebter. Im 2. Jahrhundert n. Chr. stoßen wir bei Bestattungen in Dänemark auf die ersten Beispiele des direkt von der lateinischen Schrift abgeleiteten Runenalphabets; die Runen zierten Waffen, Werkzeuge und Prestigeobjekte. Vor allem aber können wir hier die Entstehung lokaler aristokratischer Dynastien beobachten, die ganz demonstrativ importierte römische Luxusobjekte verwendeten. In Himlingøje im Osten von Seeland hat man die Gräber von mindestens dreizehn Mitgliedern ein und derselben Familie entdeckt, die dort von der Mitte des 2. bis Ende des 3. Jahrhunderts n. Chr. bestattet wurden. Die Grabbeigaben sind eine bunte Mischung aus hochwertigen römischen Importartikeln (bronzene Eimer und Schöpfkellen, Trinkgläser und gläserne Trinkhörner) und lokalen Prestigeobjekten (goldene Fingerringe und Armreife). Die Familie in Himlingøje setzte ganz auf die kulturellen Errungenschaften Roms, um sich von ihren Nachbarn mit niedrigerem Status zu unterscheiden.

Die mächtigste *gens externa* hatte ihr Gebiet ganz im Osten, jenseits des Euphrat. Roms Beziehungen zu den großen Kulturen in Zentralasien wa-

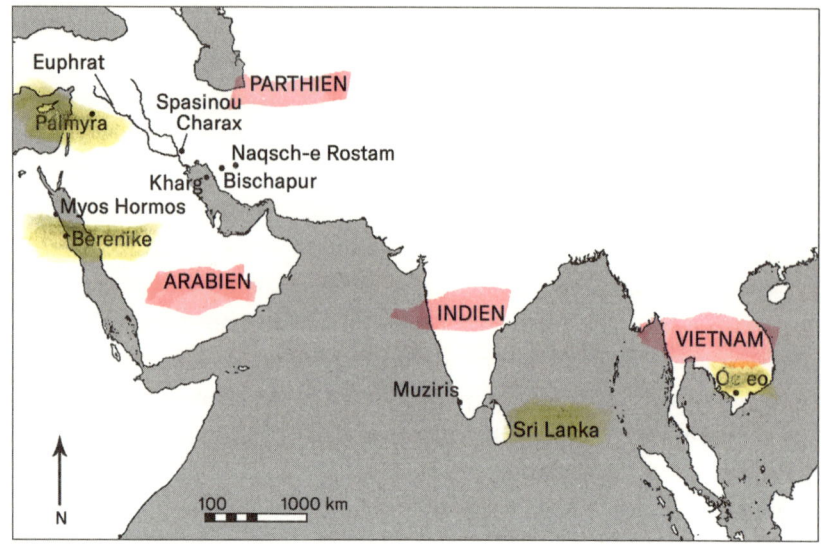

Karte 32. Roms östliche Nachbarn.

ren schon deshalb viel komplexer als diejenigen zu den barbarischen Völkern Nordeuropas, da viele wichtige Luxusgüter des römischen Handels über das Meer aus den Gebieten jenseits der römischen Ostgrenzen kamen – arabischer Weihrauch, afrikanisches Elfenbein, chinesische Seide und indischer Pfeffer. Am wichtigsten war der römische Seehandel zwischen Ägypten und Südindien, der über zwei große römische Handelsstationen an der ägyptischen Küste des Roten Meeres abgewickelt wurde, Myos Hormos und Berenike. Jüngste Ausgrabungen in Berenike gewähren uns erstmalig einen spannenden Einblick in die Abläufe dieses Handels. Man hat dort gewaltige Mengen schwarzer Pfefferkörner ausgegraben; 7,5 Kilogramm Pfeffer befanden sich immer noch in einem riesigen indischen Vorratsgefäß, das aus irgendeinem Grund nicht weitertransportiert wurde. Der römische Indienhandel war bemerkenswert profitabel. In seiner *Naturgeschichte* behauptet Plinius der Ältere, die Inder lieferten Waren für ungefähr 50 000 000 römische Sesterzen pro Jahr, die dann rund ums Mittelmeer für ein Hundertfaches des Einkaufspreises weiterverkauft würden.

Plinius' Zahlen wurden von modernen Historikern lange Zeit routinemäßig als absurde Übertreibung abgetan, doch ein erst kürzlich veröffentlichter ägyptischer Papyrus hat sie auf ganz spektakuläre Weise bestätigt. Das Dokument aus dem 2. Jahrhundert n. Chr. dokumentiert den Transport von Waren über Land von der ägyptischen Küste des Roten Meers bis ins Nil-Tal. Wir erfahren, dass die Waren im südindischen Muziris auf ein römisches Handelsschiff namens Hermapollon verladen und zum Roten Meer verschifft wurden. Die Route der Hermapollon lässt sich relativ genau rekonstruieren: Binnen drei Tagen erreichte das Schiff den Golf von Aden, zwanzig Tage lang war es auf dem Indischen Ozean unterwegs, den Monsunwind im Rücken; dann warteten die Seeleute in Muziris drei bis vier Monate darauf, dass sich der Wind drehte, und zurück ging es nach Berenike, was weitere fünfzig Tage dauerte. Bis die Hermapollon wieder ihren Heimathafen erreichte, vergingen also fast acht Monate. Der Warenwert der Fracht, die das Schiff von Indien zum Roten Meer transportierte, darunter Elfenbein, kostspielige Stoffe und Öl aus Narde vom Ganges, wird im Papyrus mit rund 7 000 000 Sesterzen angegeben. Wer sich fragt, wie viel das war: Für schätzungsweise rund 9 000 000 Sesterzen konnte man eine Stadt von der Größe Pompejis mit allen notwendigen öffentlichen Gebäuden und Einrichtungen ausstatten. Die Hermapollon trug also ein wahres Vermögen übers Meer.

Am östlichen Ende dieser Handelsroute, auf Sri Lanka und in Südindien, hat man im Kontext von Transportkrügen römische Artikel aus Bronze und Glas sowie zahlreiche römische Münzen gefunden. Die Tabula Peutingeriana (siehe S. 353) verzeichnet in der Nähe von Muziris einen „Augustus-Tempel", was auf die Existenz eines dauerhaften römischen Handelspostens in Südindien hinweisen könnte. Es kann gut sein, dass sich Rom in Südasien sogar noch weiter östlich orientierte: Am Handelsposten Óc Eo im Mekong-Delta in Südvietnam hat man zwei römische Medaillons ausgegraben, eines von Antoninus Pius (138–161 n. Chr.) und eines von Mark Aurel (161–180 n. Chr.), und es gibt Hinweise darauf, dass die vietnamesischen Bootsbauer, die zu Beginn des 1. Jahrtausends n. Chr. Einbäume konstruierten, sich mit der Technik ihrer römischen Kollegen auskannten.

Im Gegensatz zum Seehandel ist Roms Handel über Land mit seinen östlichen Nachbarn ziemlich schlecht bezeugt. Wir wissen beispielsweise, dass die Römer große Mengen chinesischer Seide importierten. Seide war das ultimative Luxustextil: In den Liebesgedichten der augusteischen

Poeten laufen deren Angebetete ständig in durchsichtigen Seidengewändern herum, und sogar noch im fernen Holborough südöstlich von London hat man Fragmente von Seide ausgegraben. Ob diese Seide jedoch auf dem Landweg, also über eine „Seidenstraße" in den Mittelmeerraum kam, wird kontrovers diskutiert. Ein direkter Kontakt zwischen Rom und China ist kaum nachzuweisen. Lange Zeit glaubte man, die Chinesen hätten in großem Stil römisches Glas importiert, doch neuere Untersuchungen haben gezeigt, dass der größte Teil dieser Glaswaren in China selbst hergestellt wurde. Bei einem besonders spektakulären Exemplar, einer gegossenen Glasvase mit eingravierten Medaillons der Göttin Athene, die angeblich in einem chinesischen Grab in der Provinz Honan gefunden wurde, hat man inzwischen feststellen müssen, dass sie in Wirklichkeit im 19. Jahrhundert in einer böhmischen Glasfabrik produziert wurde. Ganz ähnlich verhielt es sich mit dem berühmten Hortfund von Ling-shih-hsien in Shanxi: Die sechzehn römischen Bronzemünzen, die auf die Zeit von Tiberius (14–37 n. Chr.) bis Aurelian (270–275 n. Chr.) datieren, haben sich als Stücke aus der Privatsammlung eines neuzeitlichen westlichen Missionars entpuppt. Nur sporadisch sind diplomatische Kontakte zwischen Rom und China bekannt: Chinesische Quellen berichten über die Ankunft einer Delegation des Kaisers „An-tun" (Mark Aurel) im Jahr 166 n. Chr., und im Jahr 226 n. Chr. traf ein römischer Kaufmann namens „Ts'in Lun" am Hof von Kaiser Wu in Nanking ein. Doch historisch gesehen fallen diese Begegnungen kaum ins Gewicht. Die beiden größten Imperien des Altertums, das römische Kaiserreich und das China der Han-Dynastie, gingen völlig unterschiedliche Wege und nahmen keinerlei Notiz voneinander.

Mehrere römische Städte am oberen Euphrat wurden durch den Überlandhandel mit dem Osten reich, allen voran die große Karawanenstadt Palmyra. Auch hier, tief in der syrischen Wüste zwischen Antiochia und dem Euphrat, hat man Fragmente chinesischer Seide gefunden (Tafel 22). Das bedeutet jedoch nicht zwangsläufig, dass es eine „Seidenstraße" über Land gab, die direkt von China nach Syrien führte. 18/19 n. Chr. schickte Germanicus, der Neffe von Kaiser Tiberius, einen gewissen Alexandros als offiziellen Gesandten von Palmyra aus in die Gegend, wo Euphrat und Tigris in den Persischen Golf münden. Allem Anschein nach versuchte Germanicus, zwischen Palmyra und den dortigen Hafenstädten eine offizielle Karawanenroute einzurichten. Im 1. und 2. Jahrhundert n. Chr. entstanden in mehreren Regionen Südmesopotamiens palmyrenische Handelskolonien, und auf der Insel Charg vor der iranischen Küste im Persischen Golf hat man Gräber palmyrenischer Händler gefunden. Wir kennen zahlreiche Inschriften aus Palmyra zu Ehren von Personen, die halfen, Kamelkarawanen von Spasinou Charax (nahe der Tigris-Mündung) nach Palmyra zu führen. Das wahrscheinlichere Szenario ist also, dass die chinesische Seide über die übliche südliche Handelsroute von Indien nach Palmyra kam, also vom Indus-Delta aus auf dem Seeweg in den Persischen Golf gelangte. Dann wurde sie auf Kamele aus Palmyra geladen und über Land entlang des Euphrat nach Syrien transportiert.

Diese wichtige Karawanenroute von Palmyra zum Persischen Golf war auf stabile Beziehungen zu Roms unmittelbarem Nachbarn im Osten, dem riesigen Parther-Reich, angewiesen. Die Parther waren ursprünglich ein Nomadenvolk, das zu Beginn des 3. Jahrhunderts v. Chr. aus den Steppen Zentralasiens in den Norden Irans eingewandert war. Im Laufe des 3. und 2. Jahrhunderts v. Chr. expandierten die Parther nach Süden und Westen in das Territorium der Seleukiden; am Ende der Regierungszeit des parthischen Königs Mithridates II. (124/123 – 88/87 v. Chr.) beherrschten die Parther das gesamte Gebiet des heutigen Iran und einen Großteil Mesopotamiens, einschließlich Babylon. Die Expansion des Parther-Reichs nach Westen führte unweigerlich zum Konflikt mit Rom. Im Laufe des 1. Jahrhunderts v. Chr. provozierte Rom wiederholt Kriege gegen die Parther, allerdings mit geringem Erfolg und unter enormen Verlusten; 53 v. Chr. verlor der römische Feldherr Crassus in der Schlacht von Carrhae im Rahmen einer misslungenen Invasion in Nordmesopotamien sage und schreibe 30 000 Soldaten. Im Jahr 20 v. Chr. schloss Augustus endlich einen Friedensvertrag mit den Parthern, der den Euphrat als Grenze zwischen den beiden Imperien festlegte. Außerdem sah das Abkommen vor, dass die Parther die militärischen Feldzeichen zurückgaben, die sie Crassus dreißig Jahre vorher abgenommen hatten. Für die Römer war das Abkommen mit den Parthern in Wirklichkeit nichts anderes als das Eingeständnis ihres fünfzig Jahre währenden militärischen Versagens im Osten. Doch das hinderte Augustus nicht daran, den Friedensvertrag als heldenhaften Sieg Roms zu feiern. Auf dem Forum Romanum wurde ein Triumphbogen errichtet und auf dem neuen Augustus-Forum ein Tempel für

Mars Ultor, den „Rächer" (siehe Abb. 25). Münzen wurden geprägt, die den Parther-König zeigten, wie er unterwürfig kniet und die bei Carrhae geraubten römischen Feldzeichen zurückgibt (siehe Tafel 31e).

Augustus und seine Nachfolger stilisierten ihr (nie von besonders großem Erfolg gekröntes) Vorgehen gegen die Parther konsequent als Fortsetzung des endlosen Kampfes zwischen der europäischen Zivilisation und den östlichen Barbaren. Im Jahr 61 n. Chr. schufen die Athener zu Ehren Kaiser Neros an der Ostwand des Parthenon eine große Ehreninschrift in vergoldeten Lettern, die Neros ergebnislose Feldzüge im parthischen Klientelreich Armenien (54–63 n. Chr.) feierte. Der Ort war hier von allergrößter Bedeutung, schließlich war der Parthenon ein Denkmal für die Siege der Griechen in den Perserkriegen des 5. Jahrhunderts v. Chr., und Neros Inschrift prangte über dem Attaliden-Monument aus dem ausgehenden 3. Jahrhundert v. Chr., das an die Siege Attalos' I. über die Galater, die „neuen Perser" der damaligen Zeit, erinnerte (siehe Abb. 20 und Tafel 16). Auf ähnliche Weise wurde Nero im Sebasteion von Aphrodisias in Karien porträtiert, wie er eine in sich zusammengesunkene Amazone stützt, die Personifizierung des „barbarischen" Armenien.

Im 2. Jahrhundert n. Chr. versuchten mehrere römische Kaiser noch einmal, die Ostgrenze des Reichs weiter nach Osten zu verlegen. Septimius Severus (193–211 n. Chr.) gelang es tatsächlich, in Nordmesopotamien jenseits des Euphrat zwei neue römische Provinzen einzurichten. Es war das erste Mal, dass Rom gegen die Parther einen dauerhaften Erfolg errang. Von den Siegen seines Vaters ermutigt, wollte Severus' Sohn Caracalla (211–217 n. Chr.) Alexander dem Großen nacheifern und weitere Gebiete im Osten erobern. 214 n. Chr. rekrutierte der Kaiser eine Phalanx makedonischer Soldaten und machte sich auf, der Route Alexanders von Makedonien nach Persien zu folgen. Die Expedition war von Anfang an eine Farce, und sie endete in einer Katastrophe. Wie einst Alexander überquerte Caracalla den Hellespont, der Europa und Asien verband, doch unglücklicherweise kenterte sein Boot auf halbem Weg, und der Kaiser musste von einem seiner Offiziere gerettet werden. Auf den Spuren Alexanders zog Caracalla weiter bis nach Ägypten, bevor er völlig grundlos einen Krieg mit den Parthern vom Zaun brach (216–218 n. Chr.), der sich für die Römer zu einer großen Demütigung auswuchs: Caracalla wurde 217 n. Chr. von seinem eigenen Hofstaat ermordet, und der Krieg endete damit, dass

Rom den Parthern eine große Entschädigung zahlen musste, selbst aber keinen Quadratmeter Territorium hinzugewonnen hatte.

Am Ende könnte es aber doch die Eroberung Nordmesopotamiens durch Septimius Severus gewesen sein, die zum Untergang des Parther-Reichs führte. Anfang des 3. Jahrhunderts n. Chr. erhoben sich die alten persischen Kerngebiete im südlichen Iran gegen die Herrschaft der Parther. Angeführt wurden sie von einer dynamischen neuen iranischen Dynastie: den Sasaniden. Im Jahr 224 n. Chr. tötete der sasanidische König Ardašir I. den letzten Monarchen der Parther auf dem Schlachtfeld, und um 226 n. Chr. herum hatten die Sasaniden das gesamte ehemalige Parther-Reich unter Kontrolle. Die neue Dynastie schlug von Anfang an gegenüber dem Westen einen viel aggressiveren Kurs ein als die Parther. Ardašir lancierte umgehend den ersten einer ganzen Reihe blutiger Überfälle auf die römischen Festungen im nördlichen Mesopotamien. Vor allem aber eroberte er die Häfen an der Mündung von Euphrat und Tigris und bereitete so dem äußerst lukrativen römischen Karawanenhandel über Palmyra ein jähes Ende. Ardaširs Nachfolger, Šapur I. (240–272 n. Chr.), führte die Politik seines Vaters fort und setzte ebenfalls auf eine kompromisslose Expansion nach Westen. Šapur vertrieb die Römer aus Nordmesopotamien und eroberte sogar die nur einen Steinwurf von der Mittelmeerküste entfernte Großstadt Antiochia. Im Jahr 243 n. Chr. wurde der römische Kaiser Gordian III. in einer Schlacht gegen die Sasaniden getötet, und 260 n. Chr. gelang es Šapur, Kaiser Valerian gefangen zu nehmen. Die römischen Kriegsgefangenen wurden zum Bau der neuen Königsstadt Bischapur eingesetzt, hoch oben im Zagros-Gebirge im Westen des Iran; die fein gearbeiteten farbigen Mosaiken in der Stadt wurden mit ziemlicher Sicherheit von römischen Handwerkern in Kriegsgefangenschaft gelegt.

Was den Sasaniden Mitte des 3. Jahrhunderts n. Chr. gelang, war nicht weniger als die spektakulärsten Siege einer fremden Macht gegen Rom seit den Punischen Kriegen fast fünfhundert Jahre zuvor. Besonders bemerkenswert ist, dass Ardašir und Šapur beschlossen, ihrer Siege auf eine Weise zu gedenken, die ausdrücklich an die Erinnerungskultur des persischen Weltreichs der Achämeniden im 6. und 5. Jahrhundert v. Chr. anknüpfte. Die bemerkenswertesten Denkmäler des alten Perser-Reichs waren die oberhalb der Marvdascht-Ebene nahe dem heutigen Shiraz in eine gewaltige Felswand gehauenen Königsgräber von Naqsch-e Rostam. Man kann die kolossalen Gräber der Achämeniden-Könige Dareios I., Xerxes, Artaxerxes I. und Dareios II. heute noch bewundern. Sowohl Ardašir als auch Šapur ließen zwischen diesen Königsgräbern Reliefs in den Fels meißeln, die Ardaširs Thronbesteigung (die Wiederherstellung der Königsherrschaft der Achämeniden) und Šapurs Sieg über Kaiser Valerian (das zeitgenössische Gegenstück zur Eroberung des Westens durch die Achämeniden) darstellten. Vor der Felswand mit den Königsgräbern steht ein großer steinerner Turm, der Ka'be-ye Zartuscht, bei dem es sich wahrscheinlich um einen frühpersischen Feuertempel handelt. In die Basis dieses Monuments aus der Achämeniden-Zeit ließ Šapur eine lange dreisprachige Inschrift meißeln, die auf Parthisch, Mittelpersisch und Griechisch von seinen Siegen im Westen berichtete. Šapur hatte immerhin nacheinander drei römische Kaiser besiegt; nun sorgte er dafür, dass man seiner Leistungen buchstäblich auf Augenhöhe mit denen seiner achämenidischen Vorfahren gedachte. Wir wissen immer noch nicht genau, wie viel die Sasaniden tatsächlich über die Achämeniden und ihr Reich wussten, aber es gibt Hinweise darauf, dass sie alle Länder für sich beanspruchten, in denen einst die Perser herrschten. Šapur II. (309–379 n.Chr.) erklärte in einem Brief an den römischen Kaiser Constantius II. (337–361 n.Chr.): „Das Reich meiner Vorfahren erstreckte sich bis zur Struma und zur Grenze Makedoniens, wie ja auch eure historischen Aufzeichnungen belegen; daher ist es rechtens, dass ich diese Länder für mich beanspruche, zumal ich sogar jene alten Könige an Herrlichkeit übertreffe." Das Sasaniden-Reich war nicht weniger von der Erinnerung an die eigene heroische Vergangenheit geprägt als das Römische Reich.

Als 337 n.Chr. Constantius II. den Thron bestieg, hatte die römische Welt eine religiöse Revolution hinter sich, deren Folgen für die europäische Geschichte bis heute spürbar sind. Constantius' Imperium war jetzt ein christliches Reich. Im Jahr 326 hatte Constantius' Vater, Konstantin I. (306–327 n.Chr.), dem jungen Šapur II. geschrieben, um ihm die Vorteile des christlichen Glaubens nahezubringen und ihn zu bitten, die Christen unter seinen Untertanen zu beschützen. Nach drei Jahrhunderten Verfolgung und Martyrium hatte der Glaube, der zur Zeit des Tiberius als winzige messianische Bewegung unter den Fischern am Ufer des Sees Genezareth seinen Anfang genommen hatte, schließlich sogar die öffentliche Billigung des römischen Kaisers gefunden.

Das Christentum begann als Reformbewegung innerhalb des Judentums. Als Jesus von Nazaret ca. 28–30 n.Chr. in Galiläa und Jerusalem auftrat, richtete er sich in erster Linie an die jüdische Bevölkerung, und noch lange nach der Kreuzigung lehnten viele jüdische Konvertiten das Konzept eines „nicht-jüdischen Christentums" vehement ab. Das entscheidende Ereignis, ab dem sich das Christentum in eine ganz andere Richtung entwickelte als andere jüdisch-messianische Sekten, fand im Jahr 48 oder 49 statt, als die apostolische Synode in Jerusalem beschloss, dass Nichtjuden, die zum Christentum konvertierten, zwar von Götzendienst und Unkeuschheit ablassen und die grundlegenden jüdischen Speisegesetze einhalten, sich jedoch nicht der Beschneidung unterziehen müssten. Mit diesem Beschluss entschied sich die frühchristliche Kirche demonstrativ dafür, auch Nichtjuden aufzunehmen, die nicht sämtliche strikten Regeln des rabbinischen Judentums akzeptieren wollten.

In der zweiten Hälfte des 1. Jahrhunderts n.Chr. grenzten sich Juden und Christen immer schärfer voneinander ab. Spätestens 112, als der Provinzstatthalter Plinius der Jüngere Kaiser Trajan schrieb, um seinen Dienstherrn von den Maßnahmen in Kenntnis zu setzen, die er gegen eine Gruppe von Christen in der Provinz Pontus (im Norden Kleinasiens) eingeleitet hatte, erkannten die Römer das Christentum ganz eindeutig als eine Sekte an, die sich vom Judentum unterschied. Es ist mehr als bezeichnend, dass die Christen offenbar nie die „Judensteuer" entrichten mussten, die im Anschluss an den Fall Jerusalems im Jahr 70 n.Chr. allen Juden im Römischen Reich auferlegt worden war. So ist es kaum überraschend, dass einige frühe Christen – allen voran die Anhänger des häretischen Bischofs Markion (ca. 85–160 n.Chr.) – die jüdische Schrift schließlich komplett ablehnten. Für die Markioniten war Christus der Sohn eines bisher unbekannten Gottes, der nicht mit dem jüdischen Gott des Alten Testaments identisch war. Ihrer Ansicht nach war das Christentum eine völlig neue Religion, die sich auf nichts bezog, was vor Jesu Leben geschehen war. Natürlich stieß diese radikale Verleugnung der jüdischen Wurzeln der Kirche bei vielen anderen Christen auf heftige Ablehnung. Die meisten Christen erkannten die Autorität der heiligen Schriften des Judentums an; ihre Einstellung zum Alten Testament unterschied sich von jener der Juden allein in dem Glauben, dass die biblischen Prophezeiungen in der Person Christi erfüllt worden waren.

Eine der zentralen Debatten innerhalb der frühen Kirche drehte sich um die Frage, inwieweit der christliche Glaube mit der römischen Weltordnung vereinbar war. Der erste Petrusbrief, der irgendwann im ausgehenden 1. Jahrhundert verfasst wurde, vertritt in dieser Hinsicht einen klaren Standpunkt: „Unterwerft euch um des Herrn willen jeder menschlichen Ordnung: dem Kaiser, weil er über allen steht, den Statthaltern, weil sie von ihm entsandt sind, um die zu bestrafen, die Böses tun, und die auszuzeichnen, die Gutes tun ... Fürchtet Gott und ehrt den Kaiser!" Es gab aber auch eine militantere Strömung innerhalb der christlichen Kirche, wie sie uns beispielsweise in der Offenbarung des Johannes begegnet. Die dortige Vision von Rom als Hure Babylon, die bald von Pestilenz, Trauer und Hungersnot heimgesucht werden würde, war kaum dazu angetan, freundschaftliche Beziehungen zwischen Christen und „Heiden" zu fördern. Geschürt wurde eine solche militante Haltung durch die immer heftigeren Christenverfolgungen im 2. und 3. Jahrhundert seitens der römischen Behörden. Aus Plinius' Umgang mit den Christen von Pontus im Jahr 112 geht ganz klar hervor, dass es einerseits als Kapitalverbrechen galt, sich zum Christentum zu bekennen, dass andererseits aber weder Plinius noch Trajan allzu eifrig waren, wenn es darum ging, das entsprechende Gesetz durchzusetzen. Bis Mitte des 3. Jahrhunderts wurden lediglich die freimütigsten Fanatiker mit dem Tod bestraft. Umso größer war der Schock für die Christen, als Kaiser Decius (249–251) im Jahr 249 ein Edikt erließ, das alle Bewohner des Imperiums dazu verpflichtete, den römischen Göttern zu opfern. Die anschließende Christenverfolgung gipfelte unter anderem in der Hinrichtung der Bischöfe von Rom und Alexandria. Auch wenn die Zahl der Massenprozesse und Märtyrertode in den 260er-Jahren wieder nachließ, hatte die zentral organisierte Christenverfolgung doch gezeigt, wie schwierig es war, gleichzeitig ein guter Christ und ein guter Römer zu sein.

Jene Aspekte der christlichen Kirche des 3. Jahrhunderts, die uns heute besonders fremdartig erscheinen – Ehelosigkeit, Enthaltsamkeit, Märtyrertum, Askese und Selbsterniedrigung –, lassen sich größtenteils als Versuch deuten, die etablierten Normen und Werte der römischen Gesellschaft so vehement wie möglich abzulehnen. Welche inneren Konflikte und Ängste dies bei einzelnen Konvertiten hervorrief, kann man der bemerkenswerten Darstellung des Martyriums einer Christin namens Perpetua entnehmen, die im Jahr 203 in Karthago hingerichtet wurde. Perpetua war in vielerlei Hinsicht ein vorbildliches Mitglied der römischen Provinzgesellschaft: Sie war eine römische Bürgerin, die dem örtlichen Adel angehörte, war verheiratet und hatte ein kleines Kind. In der Nacht vor ihrem Tod träumte Perpetua, wie sie im Amphitheater von Karthago mit einem schwarzen Ägypter ringen musste; der Kampfrichter war ein Mann in einem purpurnen Gewand, der einen Zweig mit goldenen Äpfeln in der Hand hielt – den Preis für den Sieger. Als sie aufwachte, wurde ihr klar, dass ihr ägyptischer Gegner der Teufel gewesen war und der in Purpur gewandte Kampfrichter Jesus Christus. Perpetuas Traum gewährt uns einen wertvollen Einblick in das Unterbewusstsein der frühchristlichen Märtyrer. Aus unserer Sicht ist besonders interessant, mit welchen Bildern sie ihr Martyrium unbewusst interpretiert: Amphitheater, Spiele und Kampfrichter waren ganz eindeutig bürgerliche, nicht-christliche Bilder; die goldenen Äpfel waren zu Beginn des 3. Jahrhunderts der Hauptpreis beim „heidnischen" Pythia-Fest in Karthago. Die frühen Christen kamen gar nicht umhin, ihren Glauben innerhalb jener römischen Welt zu definieren, die sie angeblich ablehnten. Im Moment ihres Todes zog Perpetua „ihre Tunika herunter, die an der Seite eingerissen war, um ihre Schenkel zu bedecken; ihr Anstand war ihr wichtiger als ihre Schmerzen". Kurz bevor sie sterben musste, bat sie um eine Haarnadel, um sich ihr offenes Haar hochzustecken. Noch im Angesicht der Menschenmengen im Amphitheater von Karthago verhielt sich Perpetua ganz instinktiv wie eine anständige römische Matrone.

Im 3. Jahrhundert hatte sich die Kirche zu einem hochorganisierten Staat im Staate entwickelt und war im gesamten Imperium präsent. Die internen Auseinandersetzungen mit häretischen Sekten wie den Markioniten hatten dazu geführt, dass sich innerhalb der Kirche eine strenge Hierarchie, ein eigenes Rechtssystem und ein neues Verfahren zur Entscheidung religiöser Streitfragen mittels ökumenischer Kirchenkonzile entwickelt hatten. Auch die Beziehungen der Christen zu ihren nicht-christlichen Nachbarn waren nun zunehmend differenzierter und offener. Die christliche Kirche wusste nicht nur die eigene jüdische Vergangenheit für ihre Zwecke zu nutzen (insbesondere im Hinblick auf die Exegese des Alten Testaments), sondern begann nun auch, die bürgerlichen Kulte und die Ideologie der Städte der römischen Provinzen für sich zu erschließen. Ab der Herrschaft von Septimius Severus (193–211 n. Chr.) prägte die phrygische Stadt Apameia zahlreiche Bronzemünzen, deren Münzbilder die jüdisch-christliche Geschichte von der Arche Noah zeigten. Seine Bedeutung als wichtigster römischer Handelsposten im Inneren Kleinasiens hatte Apameia im Volksmund den Beinamen „Kibotos", „die Truhe", eingebracht. Da das griechische Wort *kibotós* allerdings auch „Arche" bedeutete, waren die Noah-Münzen von Apameia ganz offensichtlich das Ergebnis eines ebenso subtilen wie effektiven Vorgangs, bei dem die Christen von Apameia ihre „heidnischen" Mitbürger davon überzeugt hatten, welche Vorteile die Stadt aus einer Verbindung zur Arche Noah ziehen würde. Laut den Christen hatte Apameia seinen Beinamen nämlich der Tatsache zu verdanken, dass hier nach der Sintflut die Arche gestrandet war (den eigentlichen Standort des Berges Ararat kannte man damals noch nicht). Wie wir bereits weiter vorn in diesem Kapitel gesehen haben, waren die kleinasiatischen Städte stets darauf bedacht, sich als uralte Orte zu präsentieren, deren mythische Vergangenheit noch über den Trojanischen Krieg zurückreichte. Insofern traf die Behauptung, Apameia sei die erste nach der biblischen Sintflut gegründete Stadt gewesen, bei den „Heiden" von Apameia genau ins Schwarze. Die christliche Gemeinde der Stadt hatte den idealen Weg gefunden, ihre Religion auf eine Art und Weise zu legitimieren und bekannt zu machen, die auch Nichtchristen verstehen konnten und zu schätzen wussten.

Wir wissen nicht genau, wie viele Christen es im Römischen Reich in den ersten drei nachchristlichen Jahrhunderten gab. Höchstwahrscheinlich unterschied sich ihre Anzahl nicht nur von Region zu Region ganz erheblich, sondern sogar von Stadt zu Stadt. Im Jahr 251 gehörten dem christlichen Klerus in Rom laut einer zuverlässigen Quelle (Eusebius' *Kirchengeschichte*) 155 Personen an; daraus lässt sich schließen, dass die Zahl der Christen in der Stadt in die Tausende ging. Die einzige Region, bei der wir konkrete Hinweise auf die Ausbreitung des christlichen Glaubens haben, ist einmal mehr das phrygische Hochland in Kleinasien. Das Christentum schlug in Phrygien schon früh besonders tiefe Wurzeln. Die isolierte ländliche Gegend hatte seit hellenistischer Zeit einen hohen jüdischen Bevölkerungsanteil, und der „heidnische" Kult wies in Phrygien bereits starke monotheistische Tendenzen auf, bevor die christliche Kirche auf den Plan trat. Am Oberlauf des Tembris in einem abgelegenen Gebiet im

Norden Phrygiens bekannten sich im Jahr 230 rund 20 Prozent der Bevölkerung auf ihren Grabsteinen ganz offen zum christlichen Glauben; Ende des 3. Jahrhunderts betrug der Anteil der Christen bereits über 80 Prozent. Und ägyptische Papyri aus der Zeit um 400 n. Chr. belegen eine explosionsartige Zunahme charakteristischer christlicher Namen wie David, Matthäus und Johannes. Der Anteil identifizierbarer christlicher Namen in Ägypten stieg von etwa 10 bis 15 Prozent im Jahr 280 auf ca. 50 Prozent nach dem Tod Konstantins im Jahr 337. Knapp hundert Jahre später, im Jahr 425, trugen bereits 80 Prozent der Einwohner einen solchen Namen. Zumindest in den östlichen Provinzen sind die Jahrzehnte am Übergang vom 3. und zum 4. Jahrhundert der entscheidende Wendepunkt; am Ende von Konstantins Regierungszeit hatte die Kirche gewonnen. Das christliche Römische Reich des 4. Jahrhunderts n. Chr. wird das Thema unseres letzten Kapitels sein.

Die Kaiser mussten auch weiterhin an den Nord- und Ostgrenzen des Imperiums kämpfen, und manche steckten dabei herbe Niederlagen ein; 363 n. Chr. starb Kaiser Julian beim Einmarsch in sasanidisches Territorium. Dennoch gelang es den Kaisern des 4. Jahrhunderts, fast das gesamte alte Reichsgebiet zu halten. Einer um das Jahr 298 herum in Augustodunum (heute Autun) gehaltenen Rede kann man entnehmen, dass dort in einer Portikus eine Weltkarte hing, in der junge Männer sehen konnten, welche militärischen Erfolge die römischen Kaiser von Britannien bis zum Euphrat vorzuweisen hatten – Niederlagen waren dort selbstverständlich nicht eingezeichnet.

9 Die Spätantike (284–425 n. Chr.)

Mitte des 4. Jahrhunderts beschloss ein Hausbesitzer im Südosten Englands (nahe dem heutigen Lullingstone, Kent), die Empfangshalle seines Landhauses mit einem neuen Mosaikboden zu versehen. In dessen Mitte war der griechische Held Bellerophon zu sehen, wie er auf dem geflügelten Pferd Pegasus reitet und die Chimäre, ein Mischwesen aus Löwe, Ziege und Schlange, angreift. An einer Seite der Empfangshalle befand sich ein apsisförmiger Speisesaal mit einem noch bemerkenswerteren Mosaik (Tafel 29), das Europa auf dem Rücken des Stiers (also Jupiters) zeigte. Beide Geschichten waren zu dieser Zeit bereits uralt – eine Variante des Bellerophon-Mythos hatte Homer mehr als tausend Jahre zuvor in der *Ilias* verewigt – und unter den gebildeten Schichten im Kaiserreich weithin bekannt. Doch das Europa-Mosaik beinhaltete zusätzlich zwei lateinische Verse, zu deren Verständnis besondere Vorkenntnisse nötig waren: „Hätte die eifersüchtige Juno den schwimmenden Stier gesehen, / wäre es gerechtfertigter gewesen, dass sie zum Haus des Aeolus ging." Die Anspielung auf Juno setzte detaillierte Kenntnisse von Vergils *Aeneis* voraus: Dort fordert Juno den Windgott Aeolus auf, die Schiffe der Troer zu zerstören, allerdings hier ohne einen guten Grund. Rache an ihrem treulosen Ehemann Jupiter wäre ein Motiv gewesen. Das Mosaik bringt auf ebenso geschickte wie humorvolle Weise das konventionelle visuelle Repertoire der Antike mit Vergils klassischem Text zusammen. Ein oder zwei Jahrzehnte, nachdem die Mosaiken entstanden, wurde ein Raum im Haus in eine christliche Kapelle umgewandelt und mit mehreren gemalten Szenen verziert, darunter sechs betende Gestalten (möglicherweise die Familie des Hausbesitzers) und drei große ☧-Monogramme (X und P sind die ersten zwei griechischen Buchstaben von „Christos").

Diese beiden Momentaufnahmen aus Lullingstone stehen sinnbildlich für die Themen, um die es in diesem Kapitel gehen soll: die außerordentliche Stabilität und den Erfolg der griechisch-römischen Kultur, die zumindest in den westlichen Teilen des Römischen Reichs weiterhin maßgeblich war, und die Beziehung dieser Kultur zur neuen Erfolgsreligion, dem Christentum. Nachdem Kaiser Konstantin im Jahr 312 zum Christentum konvertiert war, waren die Christen keine verfolgte Minderheit mehr – er und die Kaiser, die ihm nachfolgten, unterstützten den neuen Glauben in jeder Form. Die Frage, inwieweit das Christentum mit der althergebrachten, traditionellen Kultur vereinbar war, ist heute so umstritten wie eh und je. Wir wollen zunächst untersuchen, wie es kam, dass die zentrale Regierung in Rom immer mehr in das öffentliche Leben eingriff.

Eine Karte des Römischen Reichs hätte im Jahr 284 im Prinzip genauso ausgesehen wie zweihundert Jahre zuvor. Das römische Herrschaftsgebiet erstreckte sich von Britannien bis zum Euphrat, von Rhein und Donau bis zur nordafrikanischen Wüste. Doch jetzt, im 3. Jahrhundert n. Chr., stand der Staat vor einer ganzen Reihe schwerwiegender Probleme. An den Grenzen des Imperiums kam es immer wieder zu Übergriffen, im Osten durch die Sasaniden und im Norden durch „Barbaren", es herrschte eine schwere Inflation, und die Zentralregierung in Rom war ihrerseits extrem instabil: Zwischen 235 und 284 n. Chr. regierten 22 verschiedene Kaiser, von denen die meisten gewaltsam ums Leben kamen. Erst Diokletian, der 284 den Thron bestieg, gelang es, auf der Grundlage der Leistungen seiner unmittelbaren Vorgänger ein neues und einigermaßen dauerhaftes Herrschaftssystem einzurichten. Gegen Ende unserer Epoche verlor der Staat jedoch über immer mehr Territorien die Kontrolle. Im Jahr 409 zogen sich die Römer aus Britannien zurück, und ungefähr zu jener Zeit fiel auch die Villa in Lullingstone einem Brand zum Opfer und wurde aufgegeben.

Das Heer wurde umstrukturiert und in kleinere Einheiten unterteilt, auch wenn die Zahl der Männer unter Waffen insgesamt wahrscheinlich gleich blieb. Im Laufe des 4. Jahrhunderts änderte sich auch der Rekrutierungsprozess: Großgrundbesitzer mussten entweder Soldaten stellen oder eine Ausgleichszahlung leisten. Um gefallene Soldaten zu ersetzen, rekrutierten die Kaiser später im 4. Jahrhundert in großer Zahl Germanen; sie dienten fortan im Heer und bildeten sogar eine eigene Offiziersschicht. Unter Diokletian war der Großteil der Streitkräfte noch entlang der Grenzen stationiert, doch später, mit der Einrichtung flexibler Eingreiftruppen, waren viele Soldaten, wenn sie nicht gerade aktiven Dienst versahen, in Städten untergebracht. Das wiederum hatte enorme Auswirkungen auf die Zivilbevölkerung jener Städte. Einem betont christlichen Bericht zufolge wurde in der Legionsstadt Durostorum (heute Silistra in Bulgarien) ein christlicher Soldat getötet, nur weil er sich weigerte, bei den Saturnalien die Rolle des Saturn zu spielen. Der Zeitpunkt dieses Märtyrertods ist dabei höchst bedeutsam: Während des dreißig Tage währenden Saturnalien-Festes führten sich die Soldaten gerade in den Städten normalerweise auf wie die Wilden. Machtmissbrauch durch Militärangehörige war und blieb im Römischen Reich ein weitverbreitetes Problem (siehe S. 353 f).

Um unter anderem dem gesteigerten Bedürfnis an militärischer Führung Rechnung zu tragen, formalisierte Diokletian das Konzept eines „Kaiser-Teams", bestehend aus zwei Kaisern, die den Titel „Augustus" trugen, und zwei Stellvertretern mit dem Titel „Caesar". So etwas Ähnliches hatte man in Rom früher schon ausprobiert, aber ein zeitgenössischer Lobgesang auf die Kaiser führte einen anderen Präzedenzfall an, der noch weiter zurück lag: das einzigartige Doppelkönigtum in Sparta. Ursprünglich sollte das neue Herrschaftssystem dazu dienen, angesichts der anhaltenden Bedrohungen die Einheit des Römischen Reichs zu gewährleisten. Die Folge war, dass das Reich Ende des 4. Jahrhunderts in eine Ost- und eine Westhälfte aufgeteilt wurde, für die jeweils ein „Augustus" zuständig war. Diese politische Zweiteilung entsprach der sprachlichen Teilung in griechisch- und lateinischsprachige Gebiete (siehe S. 353 f und verstärkte diese noch: In Italien und Zentraleuropa sprach man Latein, in Griechenland, Kleinasien und der Levante Griechisch – ein Muster, das noch mehrere Jahrhunderte fortbestehen sollte.

Was Diokletian mit seiner Reform erreichen wollte, war zutiefst traditionell, aber die Methoden, mit denen er die drängenden Probleme anging, waren es nicht. Er wollte den Staat stabilisieren, indem er sich auf traditionelle Werte berief, aber auf eine höchst interventionistische Weise. Da er sich große Sorgen wegen der Ausbreitung des Manichäismus machte, der eine Generation zuvor im persischen Mesopotamien aufgekommen war, wies Diokletian den Statthalter von Afrika an, alle Anhänger dieser Religion streng zu bestrafen: Die Götter hatten in weiser Voraussicht dafür gesorgt, dass aufrichtige Prinzipien vorgegeben und durch das Urteilsver-

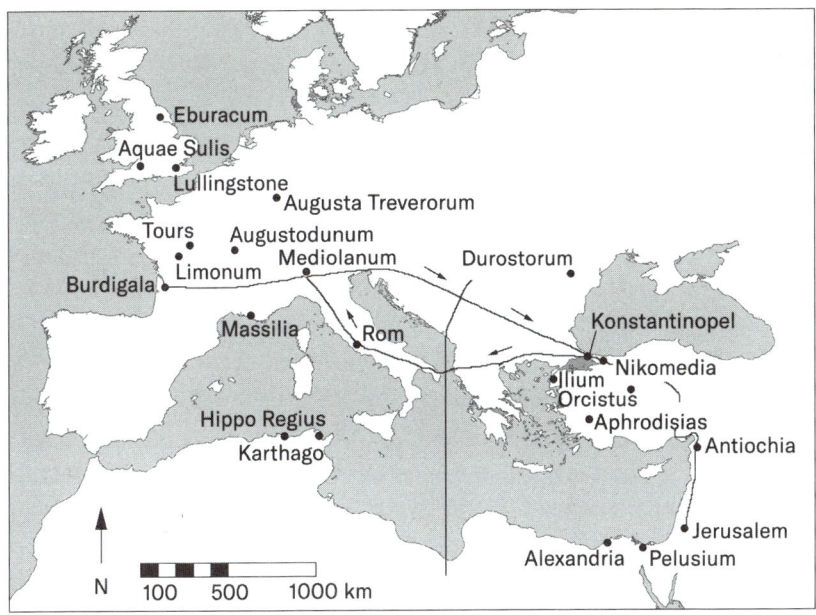

Karte 33. Das Römische Reich um 400 n. Chr. Die vertikale Linie markiert die Teilung in Ost- und Westrom, entlang der alten Grenze zwischen den griechisch- und den lateinischsprachigen Regionen des Reichs. Die Route eines Pilgers, der zwischen Burdigala und Jerusalem unterwegs war, beschreibt zwei der wichtigsten Überlandwege des Reiches.

mögen weiser Männer bewahrt wurden, doch diese neue Sekte versuchte nun zu untergraben, was in grauer Vorzeit entstanden war. Aus genau den gleichen Gründen ging Diokletian als Nächstes gegen die Christen vor. In den Jahren 303 und 304 leitete er immer strengere Maßnahmen ein, die in den Erlass mündeten, dass die gesamte Bevölkerung des Imperiums den traditionellen Göttern opfern musste. Wie schon seine Vorgänger Decius und Valerian Mitte des 3. Jahrhunderts wollte Diokletian in dieser Zeit der Krise erreichen, dass alle an einem Strang zögen; die römischen Götter würden den Staat nur schützen, wenn ausnahmslos jeder im Reich ihnen opferte. Wie seit jeher war die Religion primär auf staatliche Belange ausgerichtet – und das sollte auch in Zukunft so bleiben.

Diokletian richtete auch ein neues Verwaltungssystem ein, das auf den punktuellen Veränderungen einiger seiner unmittelbaren Vorgänger aufbaute. In der frühen Kaiserzeit mischte sich der Staat nur wenig in die Lokalpolitik ein. Weder der Kaiser noch seine Statthalter wollten Ärger. Es sollten Recht und Ordnung herrschen, doch wie genau das erreicht wurde, überließ man einzelnen Städten und Gemeinden. Doch die Probleme, denen sich das Römische Reich im 3. Jahrhundert n. Chr. gegenübersah, offenbarten die Schwachstellen dieses Systems. Diokletian und seine Nachfolger konnten und wollten nicht mehr tatenlos zusehen und schalteten sich in viel größerem Maßstab in die Politik ein als alle Kaiser vor ihnen. Beispielsweise traf Diokletian diverse Maßnahmen, um die Inflation zu bekämpfen, die seit einem Jahrhundert die römische Wirtschaft beutelte. Unter anderem setzte er Höchstpreise für Waren und Löhne im ganzen Reich fest, aus Sorge darüber, dass seine Soldaten höhere Preise zahlten als die Zivilbevölkerung. Das „Preisedikt" ist der am besten bezeugte kaiserliche Erlass überhaupt, doch es war ein völliger Fehlschlag und wurde wahrscheinlich binnen eines Jahres wieder aufgehoben. Dennoch gelang es Diokletian, seine Truppen vor den schlimmsten Auswirkungen der Inflation zu schützen, indem er sie in Rationen bezahlte, die als Steuern erhoben wurden, und ihnen mehr oder weniger regelmäßig Sonderzahlungen in Form von Gold- und Silbermünzen zukommen ließ.

Diokletian teilte die Provinzen in kleinere Gebiete auf und verdoppelte so ihre Anzahl von 48 auf über hundert. Zum Beispiel wurde die alte Provinz Thrakien (Nordostgriechenland und Bulgarien) in vier Provinzen aufgeteilt, darunter eine mit dem Namen Europa, die gerade einmal 22 Gemeinden zählte; der Name dieses winzigen Gebietes westlich des Bosporus griff darauf zurück, wie Homer den Namen verwendete. Die Provinzen wurden zu zwölf größeren Verwaltungsbezirken zusammengefasst, sogenannten Diözesen, zum Beispiel Galliae (Nordfrankreich, Belgien, die Niederlande und ein Teil von Deutschland), Afrika (das mittlere Nordafrika) und Oriens (vom Tigris bis zum Roten Meer). Darüber hinaus erhielten sowohl die Provinzstatthalter als auch die Beamten, die für die neuen Diözesen zuständig waren, jeweils einen großen Personalstab von hundert bzw. dreihundert Mitarbeitern. Die Umstrukturierung der Provinzen und die neue Verwaltungsebene erhöhten die Zahl der Beamten, die der römische Staat bezahlen musste, ganz beträchtlich. Doch man war der Ansicht, dass sich die hohen Kosten schon deshalb lohnten, weil die römischen Behörden nun – so glaubte man zumindest – den Staat besser lenken würden, als es den Städten bislang in Eigenregie gelungen war.

Der militärische Druck auf das Imperium erforderte auch die Einrichtung neuer politischer Zentren. Vor allem aufgrund der militärischen Probleme im Norden und Osten hatten die Kaiser im Laufe des 3. Jahrhunderts viel Zeit außerhalb Roms verbracht: in Augusta Treverorum (heute Trier; Tafel 26), Mediolanum (heute Mailand), Antiochia am Orontes (heute Antakya) und Nikomedia (heute İzmit, beides in der Türkei). Der Kaiser konnte mitsamt den ihm direkt unterstehenden Truppen so viel schneller reagieren, als wenn er in Rom residiert hätte. Um an den Sieg über seinen Rivalen Licinius im Jahr 324 zu erinnern, wollte Kaiser Konstantin ein neues Machtzentrum im Osten begründen. Eine Zeitlang spielte er mit dem Gedanken, es in Ilium (dem alten Troja) einzurichten, doch eine göttliche Vision hielt ihn davon ab, ein „neues Rom" an dem Ursprungsort des alten Rom zu gründen. Stattdessen entschied er sich für Byzanz, eine alte griechische Stadt am Bosporus, der Europa und Asien verbindet. Konstantinopel (heute Istanbul) sollte es in jeder Hinsicht mit Rom aufnehmen können, es aber nicht ersetzen; mit ca. 430 Hektar war es ohnehin nur ein Drittel so groß wie Rom innerhalb seiner Stadtmauern. Dennoch war die Gründung Konstantinopels auf lange Sicht ein äußerst bedeutendes Ereignis in der europäischen Geschichte – immer deutlicher zeichneten sich zwei Reichsteile ab, mit einem Zentrum im Osten und einem im Westen, und die sprachliche und kulturelle Spaltung des Römischen Reichs in eine lateinische und eine griechische Hälfte wurde weiter zementiert.

Die Gründung Konstantinopels war äußerst umstritten. War es eine neue christliche Stadt oder nicht? Die öffentliche Position des Christentums hatte sich seit der Akzeptanz durch Konstantin dramatisch verändert. Konstantin behauptete, er habe den entscheidenden Sieg über einen Rivalen um die Macht im Westen im Jahr 312 dem christlichen Gott zu verdanken. Binnen einem oder zwei Monaten nach der Schlacht tat er sich mit dem für den Osten zuständigen Kaiser Licinius zusammen; gemeinsam gestatteten sie ganz offiziell christliche Versammlungen und den Wiederaufbau von Kirchen. Zu Beginn des Jahres 313 gab Konstantin der Kirche im Westen ihr zuvor konfisziertes Eigentum zurück, spendete den Kirchengemeinden gewaltige Summen, die er der Staatskasse entnahm, und befreite den christlichen Klerus pauschal von den Bürgerpflichten. Das waren bahnbrechende Maßnahmen, die der Öffentlichkeit vermittelten, der römische Staat stehe hinter der christlichen Kirche. Ab sofort genossen nicht mehr die traditionellen Kulte die Gunst des Kaisers, sondern das Christen-tum. Wie der Kaiser in Konstantinopel mit der traditionellen Religion um-ging, ist umstritten: Ließ Konstantin die alten Tempel auf der Akropolis in Frieden, oder radierte er die alten Kulte aus, um eine neue christliche Stadt zu schaffen? Eusebius von Caesarea, der zeitgenössische christliche Biograph des Kaisers, behauptete, Konstantinopel sei durch und durch christlich gewesen; einige wenige „heidnische Götzenbilder" von früher hätten in der Stadt zwar überlebt, aber leidglich als bloße Dekorelemente. Und in mehreren Epigrammen, die offenbar in den 330er-Jahren in Kons-tantinopel entstanden, merkt der Dichter Palladas an, die Statuen griechi-scher Götter in dieser „Christus liebenden" Stadt seien nunmehr christlich und würden daher – im Gegensatz zu anderem Tempelinventar – nicht ein-geschmolzen, um Münzen daraus zu prägen. Zumindest einige Menschen glaubten, Konstantin habe dafür gesorgt, dass dem Christentum in seiner neuen Stadt eine besonders exponierte Position zufiel.

Konstantin ließ in der Stadt einen Palast bauen und ein Hippodrom, in dem sich die Bevölkerung zu Wagenrennen und anderen Darbietungen versammelte und den Kaiser feierte, wenn er sich persönlich blicken ließ.

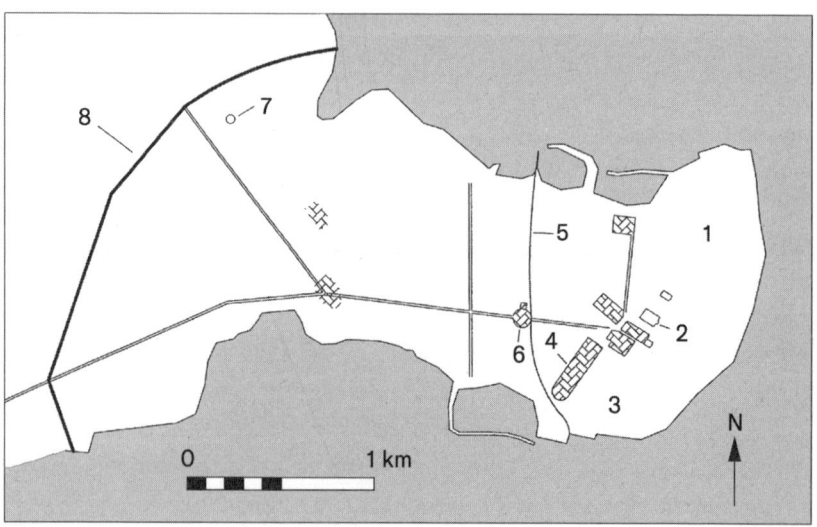

Karte 34. Konstantinopel Mitte des 4. Jahrhunderts n.Chr. 1: Lage der antiken Akro-polis, 2: Hagia Sophia, 3: Palast, 4: Hippodrom, 5: Severische Mauer, 6: Konstantin-Forum, 7: Mausoleum des Konstantin – Heilige Apostel, 8: Konstantinische Mauer.

Die *spina*, die langgestreckte Mauer, die von den Pferdegespannen umrundet wurde, war mit Denkmälern aus der griechisch-römischen Vergangenheit des Imperiums geschmückt, die hier aber eben einen neuen Kontext erhielten. Dort standen unter anderem eine bronzene Schlangensäule, die einst in Delphi aufgestellt worden war, um die Siege der Griechen über die Perser 480/479 v. Chr. zu feiern, und zwei Statuengruppen aus Rom, die an die mythischen Gründer Roms, Aeneas sowie Romulus und Remus, erinnerten – eine Sau mit Ferkeln und die Wölfin, die die Zwillinge säugt. Von diesen Denkmälern hat nur die Schlangensäule zum Teil überlebt: In der Spätantike integrierte man sie in eine Brunnenanlage, 1204 wurde sie von den Kreuzrittern verschont, und später galt sie als Talisman gegen Giftschlangen; bis heute kann man sie an Ort und Stelle in Istanbul bestaunen. In der neuen Stadt wurde auch das Luperkalien-Fest gefeiert, bei dem Julius Caesar damals die Königskrone angeboten worden war, nur dass jetzt statt des Wettlaufs durch die Straßen ein Wagenrennen im Hippodrom veranstaltet wurde. Ab sofort war der Termin dafür beweglich, nur der Zeitraum war festgelegt: kurz vor Beginn der Fastenzeit. Das genaue Datum hing somit vom Termin des Osterfestes ab – weiterhin war es aber etwa der 15. Februar, das ursprüngliche Datum der Luperkalien.

Natürlich ließ Konstantin in Konstantinopel auch Kirchen bauen. Möglicherweise geht auch die Hagia Sophia auf ihn zurück, deren Bau unter seinem Nachfolger Constantius beendet wurde und die schließlich im 6. Jahrhundert durch den Kirchenbau ersetzt wurde, der heute noch steht. Dennoch baute Konstantin hier weniger Kirchen als in Palästina oder Rom. Er ließ auch ein christliches Mausoleum errichten, den Schrein der hl. Apostel, in dem er später selbst bestattet wurde. Im Laufe des 4. Jahrhunderts wuchs die christliche Präsenz in der Stadt. Constantius ließ die sterblichen Überreste dreier berühmter Märtyrer in den Schrein der hl. Apostel umbetten: Timotheus, Lukas und Andreas, die angeblich an der Christianisierung von Byzanz mitgewirkt hatten. Es war das erste Mal, dass Reliquien vom Ort ihrer Bestattung in Kleinasien oder auf dem griechischen Festland entfernt und an einen neuen Aufbewahrungsort gebracht wurden, eine Praxis, die später weit verbreitet sein sollte; im 5. Jahrhundert erwarb Konstantinopel eine große Reliquiensammlung – das wiederum verweist auf das dringende Bedürfnis, die Stadt mit einer betont christlichen Vergangenheit auszustatten.

Die Gesamtzahl der Städte im Reich blieb von der Umstrukturierung der Provinzen und ihrer Einteilung in Diözesen unberührt. Im griechischen Osten gab es etwa tausend Städte, meist mit ziemlich kleiner Fläche, im von Julius Caesar eroberten Gebiet Galliens hingegen gab es nur 78, zu denen aber ländliche Territorien gehörten, die mehr als zehnmal so groß waren wie die der Städte im Osten. In beiden Fällen gab es eine deutliche Kontinuität seit der frühen Kaiserzeit und der Zeit davor. Die gallischen Städte des 4. und 5. Jahrhunderts entsprachen im Großen und Ganzen jenen, die Caesar zur Zeit seiner Eroberung identifiziert hatte. Die Größe und der Grad des Wohlstands einzelner Orte hatten sich jedoch im Vergleich zu früheren Jahrhunderten dramatisch verändert. Dabei gab es Gewinner, aber auch einige Verlierer. Massilia beispielsweise war in der späten Kaiserzeit wieder ein Knotenpunkt im überregionalen Seehandel und wurde so wohlhabend wie damals, bevor es sich im Bürgerkrieg zwischen Pompeius und Caesar im 1. Jahrhundert v. Chr. auf die falsche Seite geschlagen hatte.

Der wichtigste Faktor bei der Entwicklung einzelner Städte war der Wandel des römischen Regierungssystems. Weil die neuen Bürokraten vor Ort rekrutiert wurden, ihre Posten vererben durften und von der zivilen Ämterlaufbahn befreit waren, waren es vor allem einheimische Familien, die mit ihrem Talent und ihren Ressourcen das neue System stützten. Diese Familien waren schon früher die Grundpfeiler ihrer jeweiligen Gemeinden gewesen. Wozu diese Entwicklung führte, lässt sich sehr schön an den öffentlichen Skulpturen in Aphrodisias ablesen, einer bedeutenden Stadt im Südwesten Kleinasiens. Im 1. bis 3. Jahrhundert gaben in der Lokalpolitik führende Mitglieder örtlicher Familien den Ton an; sie wetteiferten darum, die Stadt durch Spenden zu unterstützen. Während dieser Zeit verewigten sich die Würdenträger in Form von mehreren Hundert Porträtstatuen in ortsüblicher griechischer Tracht. Damit war im 4. Jahrhundert Schluss: Die öffentlich aufgestellten Statuen zeigten nun keine einheimischen Bürger mehr, sondern Kaiser und hochrangige römische Beamte. Dass es mit der Freigebigkeit privater Mäzene ein Ende hatte, kann man in weiten Teilen des westlichen Reichs nachvollziehen, in Iberien, Gallien und Britannien. Die lokalen Eliten steckten ihr Geld nun lieber in große Landhäuser, und sie finanzierten den Bau von Kirchen. Im Zuge dessen gingen beispielsweise in Britannien, wo größere Städte ein relativ neues Phänomen waren, im 4. Jahrhundert zahlreiche öffentliche Einrichtungen verloren; von den fünfzehn großen öffentlichen Thermenanlagen, die im 1. und 2. Jahrhundert entstanden, waren im Jahr 300 nur noch neun in Betrieb, hundert Jahre später waren alle geschlossen.

Immerhin profitierten jene Städte, in denen ein Provinz- oder Regionalstatthalter seinen Sitz hatte, von der Zuwendung und dem Privatvermögen des Statthalters. Karthago, der Sitz des Regionalstatthalters der Diözese Afrika, erreichte zu Beginn des 5. Jahrhunderts mit etwa 320 Hektar seine größte Ausdehnung, und es gab viele aufwendige Gebäude. Aphrodisias, dem die bürgerlichen Mäzene verloren gingen, wurde Sitz der Statthalter der neuen Provinz Karien, die im 4. und zu Beginn des 5. Jahrhunderts umfangreiche Baumaßnahmen durchführten. Diese Baumaßnahmen sollten das traditionelle Image der Stadt aufrechterhalten; um die Stadt herum entstand eine prestigeträchtige Befestigungsmauer, große öffentliche Gebäude (Thermen, Theater, Stadion) wurden renoviert oder umgestaltet, und zwei monumentale Tore wurden restauriert.

Als Folge dieser Veränderungen innerhalb der politischen Führung des Römischen Reichs entstanden neue Eliten, die nicht auf lokaler, sondern auf (über)regionaler Ebene operierten. Das höchste Prestige genossen die Beamten am Kaiserhof. Einige Familien konnten ihre Position über mehrere Generationen behaupten, bei anderen ging es schneller bergauf und wieder bergab. Ein gutes Beispiel für Letzteres ist die Karriere des Ausonius. In seiner Heimatstadt Burdigala (heute Bordeaux), die mittlerweile Augustodunum als wichtigstes Zentrum für höhere Bildung im Westen den Rang abgelaufen hatte, lehrte er viele Jahre Literatur und Rhetorik. Als Ausonius beinahe sechzig Jahre alt war, berief Kaiser Valentinian ihn an den kaiserlichen Hof, als Lehrer für seinen Sohn Gratian. 375 bestieg Gratian den Thron, und Ausonius und seine Familienangehörigen erhielten hohe kaiserliche Ämter. Für kurze Zeit war seine Sippe die einflussreichste Familie im gesamten westlichen Reich. Doch als Gratian 383 ermordet wurde, zog sich Ausonius auf seine Ländereien bei Burdigala zurück, und seine Familie verschwand wieder im Dunkel der Geschichte. Ausonius war auch ein bekannter Dichter. Sein besonderes Interesse galt der Zeit des Kriegs um Troja, und er verfasste Grabinschriften für die damaligen Helden. Er schrieb aber auch über die Gegenwart, beispielsweise zwanzig Gedichte über berühmte Städte in der Reihenfolge ihrer Wichtigkeit – Rom und Konstantinopel führten die Liste an, doch auch fünf gallische Städte waren dabei, nicht zuletzt Ausonius' Heimatstadt Burdigala. Bei seinem erfolgreichsten Gedicht, *Mosella*, gelang es ihm, die klassische mit der zeitgenössischen Literatur zu verbinden, indem er die Mosel im Stil von Vergils *Georgica* besang. Wie viele klassisch gebildete Menschen war Ausonius sowohl in der klassischen Vergangenheit als auch in der zeitgenössischen Welt zu Hause.

Eine weitere Veränderung, die sich auf die Städte des Reichs auswirkte, betraf das römische Straßensystem. Das gesamte Reich durchzogen große Verkehrsadern, von Eburacum (heute York) über Mediolanum und Konstantinopel bis nach Alexandria. Diese gingen auf die frühe Kaiserzeit zurück und dienten in erster Linie militärischen und staatlichen Zwecken, wurden aber natürlich auch von Privatpersonen benutzt. Im Jahr 333 reiste ein reicher Pilger auf den Römerstraßen von Burdigala nach Jerusalem und wieder zurück, und die erhaltenen Aufzeichnungen über seine Reise nennen genaue Details der Route (sie ist auf Karte 33 eingezeichnet). Bei einer Reise hatte man drei verschiedene Optionen für eine Rast bzw. Übernachtung: Städte, Gasthäuser und Stationen, wo man die Pferde tauschen konnte. Die längste Strecke zwischen zwei solchen Einrichtungen betrug ungefähr 20 römische Meilen (30 Kilometer), meistens gab es alle 8 bis 10 Meilen eine Möglichkeit zum Zwischenstopp. Bei einem Tempo von etwa 20 römischen Meilen pro Tag war unser Pilger etwa acht Monate unterwegs. Zwar war es recht ungewöhnlich, dass jemand solch eine lange Reise auf sich nahm, doch die großen Überlandrouten erleichterten den Weg von einem zum anderen Ende des Römischen Reichs ungemein. Und die Menschen und Waren, die dort unterwegs waren, machten die Städte, die an diesen Routen lagen, reich.

Ein weiteres Thema, das die Städte betraf, war ihre Beziehung zum Christentum. Um 325 herum beantragte die Gemeinde Orkistos in Zentralasien (150 Kilometer südwestlich des heutigen Ankara) bei Kaiser Konstantin, ihr das Stadtrecht zu verleihen, das es einst schon einmal genossen hatte. Die Bewohner legten dar, damals sei Orkistos eine richtige Stadt gewesen, mit ordentlichen Magistraten, Stadträten und einer großen Zahl von Bürgern; es liege an einer Kreuzung, an der vier große Straßen zusammenliefen, und biete allen, die in öffentlichen Angelegenheiten unterwegs waren, eine Herberge; man verfüge über reichlich frisches Wasser und ein

Forum, das gesäumt sei von Statuen führender Bürger von früher. Das war alles ein wenig übertrieben. Orkistos befand sich an der kleineren der beiden Hauptstraßen, die durch Kleinasien führten, und es besaß auch keinerlei bemerkenswerte Gebäude. Erstaunlicherweise behaupteten die Bewohner nicht, dass Orkistos in mythischer Vorzeit eine besondere Rolle gespielt habe, etwa dass es von jemandem wie Herakles gegründet worden sei – eine Behauptung, wie sie mehr als siebenhundert Jahre lang zum diplomatischen Standardrepertoire griechischer Städte gehört hatte. Stattdessen wiesen die Bürger von Orkistos darauf hin, dass sie allesamt „Anhänger der heiligsten Religion" waren, also des Christentums. Dass Konstantin dieses Argument reichte, um Orkistos das Stadtrecht zu verleihen, ist bezeichnend für die neue Welt, die das neuerdings so prestigeträchtige Christentum geschaffen hatte.

Der christliche Glaube gewann an Einfluss, aber die offizielle Religion des Römischen Reichs war das Christentum noch nicht. Am besten lassen sich die Entwicklungen im 4. Jahrhundert nachvollziehen, wenn man sich dessen Beziehung zu den traditionellen Kulten ansieht, die jeweils auf ganz unterschiedliche Weise auf die Vergangenheit zurückschauten. Die traditionellen Kulte wurden auch im 4. Jahrhundert noch praktiziert, mancherorts sogar noch im 5. Jahrhundert. Konstantin selbst ließ nur wenige traditionelle Tempel zerstören, im Grunde nur jene, die man mit Apollonios von Tyana in Verbindung brachte, einem Wunderheiler des 1. Jahrhunderts, der in Konkurrenz zu Christus stand. Die ihm nachfolgenden Kaiser stellten die Tempelgebäude rechtlich unter Schutz, auch wenn in den Gebäuden ab 389 keine Rituale mehr praktiziert werden durften. 391/392 verbot Kaiser Theodosius alle „heidnischen" Opfer und ließ sämtliche Tempel schließen. Doch auch dieses Verbot war noch nicht das Ende der griechisch-römischen Religion, denn zu dieser Zeit hatte Theodosius keine Kontrolle mehr über den Westteil des Reichs, und der westliche Kaiser Eugenius führte sogar einige Elemente der traditionellen Kulte wieder ein. Als Rom 408/409 von den Goten belagert wurde, konsultierte der Stadtpräfekt etruskische Wahrsager und feierte zusammen mit dem Senat auf dem Kapitol die althergebrachten Riten. Manchmal initiierten übereifrige Bischöfe allerdings direkte Aktionen gegen einzelne Tempel. Im Anschluss an ein provokantes Unternehmen des Bischofs von Alexandria stürmte der wütende Mob im Jahr 391 das große Serapis-Heiligtum der

Stadt und zerstörte es. Da das Heiligtum als kulturelles Zentrum eine erhebliche Bedeutung genoss, war diese Tat ein ganz besonderer Erfolg für die christlichen Hardliner. Im 5. Jahrhundert wurden dann immer mehr Tempel zerstört oder – wie der Parthenon in Athen oder der Aphrodite-Tempel in Aphrodisias – in Kirchen umgewandelt; der erste Tempel in Rom, aus dem eine Kirche wurde, war das Pantheon, und das sogar erst im Jahr 609. Im Laufe des 4. Jahrhunderts hatten es die alten Kulte zunehmend schwer, und 420 verkündete der christliche Priester Isidor aus Pelusium (in der Nähe des heutigen Suez): „Der Glaube der Griechen, der so viele Jahre den Ton angab und dabei für solche Schmerzen sorgte, so viel Geld ausgab, so oft die Waffen schwenkte, ist von der Erde verschwunden."

Die Traditionalisten des 4. Jahrhunderts gingen ganz anders mit der Vergangenheit um als die Christen. Sie traten weiterhin für eine Vision der römischen Geschichte ein, der sich auch Cato der Ältere oder Vergil angeschlossen hätten. Eine anonyme Abhandlung mit dem Titel *Der Ursprung des römischen Volkes* begann mit Picus und Faunus, die noch vor Aeneas' Ankunft über Latium herrschten, dann ging es weiter mit Ascanius, den anderen Königen von Alba Longa und den Königen von Rom; auf die römischen Diktatoren folgte schließlich eine Liste der Kaiser bis Licinius (324 n. Chr.). Wie bereits Tacitus ging der Autor davon aus, dass Rom im Grunde schon immer von Autokraten regiert worden war. Es war auch genau vermerkt, wie lange jeder Herrscher im Amt gewesen war, beispielsweise Aeneas: 30 Jahre, Romulus: 38 Jahre, Augustus: 56 Jahre, 4 Monate und 1 Tag. Dennoch bietet das Werk keinen allgemeinen chronologischen Überblick. Man sollte an dieser Stelle anmerken, dass die Zählung *ab urbe condita* („von der Gründung der Stadt an") von den Römern weniger genutzt wurde als zum Beispiel von den Gelehrten des 19. Jahrhunderts. Das lag nicht zuletzt daran, dass man sich nicht genau einigen konnte, wann Rom denn nun gegründet worden war. Eine zweite anonyme Abhandlung aus dem 4. Jahrhundert zum gleichen Thema konzentrierte sich ganz auf die Frühzeit Roms, von den Königen Latiums bis zur Gründung der Stadt durch Romulus. Dazwischen ging es um Herkules, Cacus und die Ara Maxima und um Aeneas in Italien. Ein solcher Blick auf die Vergangenheit hatte durchaus etwas Vertrautes, war aber auch extrem eingeschränkt. Es war ein Tunnelblick, der sich auf eine einzige Stadt konzentrierte; dass diese Stadt Rom war, machte es nicht besser.

Die Christen nahmen die Vergangenheit ganz anders wahr – auch wenn ihr Ansatz natürlich ebenfalls tendenziös war, war er doch viel umfassender und breiter angelegt. Die *Chronik* des Eusebius von Caesarea war eine der bemerkenswertesten intellektuellen Leistungen jener Zeit. Das baldige Standardwerk bot nicht weniger als eine komplette weltgeschichtliche Chronologie von der Geburt Abrahams bis zur Gegenwart. Die erste Auflage endete wahrscheinlich ungefähr im Jahr 311, die letzte ging bis zum 20. Regierungsjahr Konstantins (325/326). Der griechische Originaltext ist leider verloren, aber ein Teil war in den 380er-Jahren von Hieronymus ins Lateinische übersetzt worden, ein anderer Teil ins Syrische und dieser syrische Text dann ins Armenische. Im ersten Teil der *Chronik* ging es darum, welche Informationsquellen dem Autor für eine Darstellung der gesamten Weltgeschichte zur Verfügung standen. Eusebius hatte sich zum Ziel gesetzt, Moses und die jüdischen Propheten in Bezug auf die Geburt Christi zu datieren und diese Daten mit der historischen Überlieferung von Chaldäern, Assyrern, Medern, Lydern, Persern, Ägyptern, Griechen, Makedonen (einschließlich der Nachfolger Alexanders des Großen) und Römern abzugleichen; da die Geschichte der von Rom besiegten Völker im Westen quasi ausradiert worden war, überrascht es wenig, dass Eusebius sie außen vor lässt. Der zweite Teil der *Chronik* bestand aus einer Darstellung der verschiedenen Chronologien in einer Tabelle, die alle möglichen historischen Daten und Ereignisse enthielt. Dieser Überblick stand in einer Tradition, die auf Hellanikos von Lesbos zurückging und bei der nach Olympiaden datiert wurde, doch Eusebius' Ansatz war in zweierlei Hinsicht neu: In Anlehnung an das Werk eines früheren christlichen Autors mit Namen Julius Africanus fügte Eusebius der traditionellen griechischen Chronologie die jüdische und christliche Geschichte hinzu, und er benutzte erstmals eine Tabellenform, die den Leser in die Lage versetzte, die Geschichte verschiedener Völker direkt miteinander zu vergleichen und nachzuvollziehen, was an unterschiedlichen Orten zur gleichen Zeit geschehen war. Der Ausgangspunkt von Eusebius' Chronologie war die Geburt Abrahams. Die Geschichte von Abraham über Moses und die Propheten bis zur Geburt Christi bildete das Grundgerüst für alle anderen Ereignisse; die ganz offensichtlich früheren Chronologien des Nahen Ostens und Ägyptens werden Eusebius zunächst Sorgen bereitet haben, aber es gelang ihm dennoch, sie in seine abrahamitische Grundkonstruktion einzupassen. Die von Eratosthenes etablierte Ära vor dem Fall Trojas taucht bei Eusebius ebenfalls auf, aber er datiert einige Ereignisse der jüdischen Geschichte sehr viel früher. Kekrops wurde 375 Jahre vor dem Fall Trojas König von Attika, doch laut Eusebius bestieg dessen Vorgänger den attischen Thron, als Moses 35 Jahre alt war; die Geburt Abrahams lag zu jenem Zeitpunkt sogar schon 460 Jahre zurück. Und das Ereignis „Europa, Tochter des Phoinix, vereinigt sich mit Zeus" lag 572 Jahre nach der Geburt Abrahams. Dass die biblische Geschichte angeblich so weit zurückreichte, hatte in einer Welt, in der man den Wert religiöser Überlieferungen nach ihrem Alter bemaß, ganz deutliche apologetische Implikationen zugunsten des Christentums. Dass Europa von Zeus nach Kreta getragen wurde – für viele Griechen der Ursprungsmythos schlechthin –, datierte hier lange nach dem eigentlichen Beginn der Weltgeschichte. Und da das Christentum, wie Eusebius in einem anderen Text argumentierte, direkt auf Abraham zurückging, war es sogar älter als das später durch Moses reformierte Judentum.

Chronologien der Vergangenheit

Wenn wir darüber schreiben, wie Eusebius von Caesarea die Geburt Abrahams und die Vereinigung von Europa mit Zeus datierte, geben wir die jeweilige Jahreszahl mit „2016 v. Chr." bzw. „1444 v. Chr." an, doch Eusebius selbst zählte die Jahre ganz anders. Die Sitte, von der Geburt Christi an rückwärts zu zählen („v. Chr." oder „v. u. Z."), kam erst im 17. Jahrhundert auf und wurde Ende des 18. Jahrhunderts allgemein gebräuchlich. Eusebius zählte die Jahre ab der Geburt Abrahams bis zu seiner Gegenwart. Obwohl er auch die Geburt Christi notierte, sah er keine Veranlassung, erst ab da mit dem Zählen zu beginnen. Auf die Idee, ein Jahr als „Anno Domini" (bzw. mit „n. Chr.") anzugeben, kamen erst spätere Generationen. In dem Jahr, das wir heute als „526 n. Chr." bezeichnen, stellte Dionysius Exiguus, der im ägyptischen Alexandria schrieb, eine neue Grundlage für die Berechnung der korrekten Daten für das Osterfest auf. Er wollte die vor Ort in Alexandria gebräuchliche Zeitrechnung vermeiden, die mit dem „gottlosen Christenverfolger" Diokletian begann; daher ging er dazu über, in seinen Schriften die Jahre ab der „Menschwerdung Gottes" anzugeben, die er dann wiederum mit der römischen Chronologie abglich. Dennoch hatte Dionysius Exiguus' Werk keine historische Bedeutung. Daten ab der „Menschwerdung Gottes" (ein Jahr vor dem heute gebräuchlichen „n. Chr.") verwendete man für allgemeine chronologische Zwecke erst ab Bedas *Kirchengeschichte des englischen Volkes* im 8. Jahrhundert.

Der große Renaissance-Gelehrte Scaliger griff Eusebius' Forschungsergebnisse wieder auf. In seinem *Neuen Werk über die Korrektur der Chronologie* (1583) beschäftigte er sich mit den gebräuchlichsten Kalendern der Antike und der Gegenwart (Bücher 1–4), vermerkte wichtige Tage von der Schöpfung bis in die neuere Zeit (Bücher 5–6), zitierte Texte und Übersetzungen jüdischer, äthiopischer und byzantinischer Traktate über Kalender (Buch 7) und zog Schlussfolgerungen für eine zeitgenössische Kalenderreform (Buch 8). Das Buch basierte auf Arbeiten aus dem vorangegangenen Jahrhundert zu diesen Themen, war aber äußerst originell und scharfsinnig. Zum Beispiel argumentierte Scaliger auf der Grundlage der Mondfinsternis, die der Niederlage des persischen Königs Dareios III. gegen Alexander den Großen in Gaugamela vorausging, die Schlacht müsse am 20. September 331 v. Chr. stattgefunden haben und nicht, wie Eusebius errechnet hatte, 328 v. Chr. (Genau genommen nennt Scaliger ein Datum aus seinem eigenen komplexen Datierungssystem, das unserem Jahr 331 v. Chr. entspricht.) Dieses Datum gilt noch heute und ist eine wichtige Stütze unserer Chronologie der griechischen Geschichte. Im Jahr 1606 gab Scaliger zudem die lateinische Übersetzung von Eusebius' chronologischer Tabelle heraus. Mit den Mitteln des Humanismus und seinen Mathematik- und Hebräischkenntnissen konnte er zeigen, dass Eusebius und dessen zeitgenössische Anhänger falsch gelegen hatten, wenn sie behaupteten, dass man sich in Sachen Chronologie lediglich an der Bibel orientieren müsse; er bewies, dass man auf der Suche nach der Wahrheit alle Autoritäten kritisch hinterfragen müsse, auch die Bibel und Eusebius. Scaligers Methoden veranschaulichen ganz hervorragend die großen Errungenschaften des Humanismus in der Renaissance.

Auf Eusebius geht auch eine neue Art der Geschichtsschreibung zurück. Flavius Josephus, unsere wichtigste Quelle für den Jüdischen Krieg von 66–70 n. Chr., schrieb später die *Jüdischen Altertümer*, eine Geschichte des jüdischen Volkes von der Schöpfung bis zum Ausbruch des Kriegs. Angeregt durch Josephus, verfasste Eusebius die allererste christliche *Kirchengeschichte*. Das Werk begann mit der Geburt Christi „im 42. Jahr der Herrschaft des Augustus und dem 28. Jahr nach der Unterwerfung Ägyptens und dem Tod von Mark Anton und Kleopatra, durch den die Dynastie der Ptolemäer in Ägypten ein Ende fand", und endete mit der Vereinigung des gesamten Reichs unter dem christlichen Kaiser Konstantin. Auch wenn Eusebius seine Darstellung in dem Jahr beginnt, das wir heute 2 v. Chr. nennen, behauptet er, das Christentum sei so alt wie die Welt, da es lediglich eine Wiederherstellung der vor Mose praktizierten Religion sei und da die Ankunft des Messias im Alten Testament prophezeit worden sei. Dennoch ist dieses Werk vor allem eine Geschichte des Christentums als Institution; es zählt die bekannten Inhaber der wichtigsten Bischofssitze auf und folgt einer inhärenten Orthodoxie, die Häresien und Spaltungen innerhalb der Kirche ausblendet. Dabei geht Eusebius ganz anders vor als die früheren griechisch-römischen Historiker: Hatten jene ihre Quellen zumeist mit eigenen Worten wiedergegeben (genau wie wir in diesem Buch), besteht Eusebius' *Kirchengeschichte* zu großen Teilen aus wörtlich zitierten Dokumenten und Texten früherer Autoren. Für die christliche Kirche und die Wahrheit, die sie vertrat, war es von größter Wichtigkeit, dass all diese Belege gültig und nachvollziehbar waren.

Alle Kaiser nach Konstantin waren Christen, mit Ausnahme von Julian (360–363). Als er noch Thronfolger und nominell Christ war, erhielt Julian 354 von Kaiser Constantius die Anweisung, Nikomedia zu verlassen und zu ihm nach Mediolanum zu kommen. Aber statt sich direkt dorthin zu begeben, machte Julian einen Umweg und besuchte die historische Stätte von Troja. Dort führte ihn Pegasios herum, der örtliche Bischof, der trotz seines christlichen Glaubens den Kult der Göttin Athene unterstützte und der Ansicht war, man müsse die Helden Achilleus und Hektor „genauso verehren, wie wir die Märtyrer anbeten" – manchen Christen gelang es, auch weiterhin Elemente der vorchristlichen Vergangenheit in ihren Glauben zu inkorporieren. Als Julian Kaiser geworden war, ließ er keinen Zweifel daran, dass er voll und ganz der alten römischen Religion anhing. Er förderte die traditionellen Kulte und reformierte sie behutsam, damit sie für die Christen weniger Angriffsfläche boten. Die Christenverfolgung ließ er zwar nicht wieder aufleben, doch er verbot den Christen, als Lehrer zu arbeiten: Sie waren kaum geeignet, Schülern Homer und Hesiod nahezubringen, wenn sie die Götter ablehnten, die durch deren Werke geehrt wurden. Alle Versuche von Christen, die klassische Literatur zu übernehmen, ohne ihre religiösen Werte zu akzeptieren, erschienen Julian inakzeptabel, ja geradezu absurd. Was die religiöse Praxis anbelangt, ließ Julian besonders gerne groß angelegte Tieropfer zelebrieren, zum Beispiel in Antiochia am Orontes vor dem Beginn eines Feldzugs gegen die Sasaniden. Er versuchte sogar, den Tempel in Jerusalem wieder aufzubauen, damit die Juden dort wieder opfern konnten. Möglicherweise wollte er so einen Keil zwischen die Christen und die Juden treiben; anders als die Christen brachten die Juden ihrem Gott gerne Opfer dar, wenn es ihnen gestattet war, und sie vollzogen ihre Tieropfer auf eine Weise, die den traditionellen griechisch-römischen Opfern sehr ähnlich war. Laut Kyrill, dem damaligen Bischof von Jerusalem, wurde die Grundsteinlegung für den neuen Tempel jedoch durch ein verheerendes Erdbeben verhindert, das die Region heimsuchte. Als Julian auf seinem Feldzug im Osten starb, ging sein großer Traum von der Wiederbelebung der „heidnischen" Religion mit ihm zugrunde. Und die Juden sollten bald mehr denn je von der kaiserlichen Gesetzgebung gegängelt werden.

Auch wenn Julians Politik gescheitert war, scheinen Ende des 4. Jahrhunderts einige Aspekte der traditionellen römischen Religion noch lebendig gewesen zu sein. Ein Beispiel: In Aphrodisias gab es eine Bildhauerwerkstatt, die – möglicherweise durch ein Erdbeben – um das Jahr 500 herum zerstört wurde, als dort gerade eine Skulptur von Europa und dem Stier entstand. Die Statuette wurde mit großer Kunstfertigkeit aus einem Stück zweifarbigen Marmors gehauen, und zwar so, dass eine weiße Europa auf einem dunkelblauen Stier thronte. Daneben arbeiteten die Bildhauer an mehreren Figurinen anderer bekannter Gestalten aus der Mythologie, der Gottheiten Artemis, Asklepios und Aphrodite. Viele Jahrhunderte lang hatten Künstler solche Stücke angefertigt; sie waren ein integraler Bestandteil des kulturellen Gedächtnisses des griechischen Ostens, und man fand sie in Privathäusern wie auch in öffentlichen Gebäuden. In der Levante wurden noch die nächsten zweihundert Jahre über zahlreiche

Fußböden mit Mosaiken geschmückt, die Szenen aus der klassischen Mythologie zeigten.

Doch wie viel hatte dieses kulturelle Gedächtnis damals noch mit einer spezifisch religiösen Identität zu tun? Darüber wird heute noch heftig diskutiert. Wir haben das Wort „heidnisch" bei der Beschreibung früherer Epochen möglichst vermieden, da das Christentum erst im Laufe des 3. Jahrhunderts so einflussreich wurde, dass sich die Christen gegenüber denjenigen abgrenzen mussten, die die griechisch-römischen Götter oder andere traditionelle Gottheiten anbeteten. Zu jener Zeit wiesen mehrere Befürworter des Christentums auf einen grundsätzlichen Konflikt zwischen „Heiden" und Christen hin. Anscheinend waren die sogenannten „letzten Heiden" Roms an der Wende vom 4. zum 5. Jahrhundert dem Christentum gar nicht unbedingt feindlich gesonnen, manche von ihnen waren sogar selbst Christen – sie bewunderten einfach nur die klassische Kultur, ohne aber die „heidnischen" Götter anzubeten. Die einen Christen gingen mit brutaler Gewalt gegen die traditionellen Kulte vor, die anderen versuchten, eine gemeinsame Basis zu finden. Es gab also beides, Konfrontation und Assimilation.

Bis ins 5. Jahrhundert hinein stritten sich „Heiden" und Christen, wie man mit der klassischen griechisch-römischen Kultur umgehen sollte. „Heidnische" Senatoren in Rom beteiligten sich vielfach an der Verbreitung und Korrektur alter Texte. Zum Beispiel geht unser heutiger Livius-Text auf ein gemeinsames Projekt der verwandten Sippen der Nicomachi und Symmachi zurück, die an der Wende vom 4. zum 5. Jahrhundert das gesamte Geschichtswerk des Livius neu edierten; spätere Fassungen dieser Manuskripte enthalten teilweise noch deren „Signatur": „Ich, Nicomachus Flavianus, Senator, dreimaliger Stadtpräfekt [von Rom], habe den Text in Enna korrigiert"; in Enna auf Sizilien besaß die Familie ein Landgut. Solche Editionen waren mitnichten ein Element koordinierter Propagandaaktionen hartgesottener „Heiden", um ihre Kultur für die Nachwelt zu bewahren. Doch schlicht Privatsache waren sie auch nicht. Die römischen Senatoren waren bekannt für ihre großen Privatbibliotheken. Auch wenn Kritiker den Senatoren vorwarfen, sie würden die vielen Bücher, die sie besaßen, gar nicht lesen, gab es doch einige, die dies ausgiebig taten. In der Inschrift auf ihrem gemeinsamen Grabmal ehrte Paulina ihren im Jahr 384 verstorbenen Ehemann Vettius Agorius Praetextatus für seine „Gelehrsamkeit" – seine

Fähigkeit, die Texte weiser Männer zu verbessern, indem er deren griechische und lateinische Manuskripte, Prosa wie auch Dichtung, korrigierte. Paulina verglich diese Transformation von Texten mit der viel umfassenderen und bedeutsameren Transformation einzelner Individuen durch die Initiation in Mysterienkulte. Praetextatus war ein angesehener „Heide", und Paulina glaubte, sie selbst sei von ihrem Mann „transformiert" und so vor dem Tod bewahrt worden. Dass Angehörige der Elite ihre Zeit damit verbrachten, klassische Manuskripte zu korrigieren, war also eine in kultureller Hinsicht nicht ganz unbedeutende Tatsache. Man sollte aber auch beachten, welche Texte sie dazu auswählten. Christen lasen sowohl säkulare als auch christliche Texte, aber „Heiden" lasen ausschließlich säkulare Texte und interpretierten sie auf Basis ihrer eigenen religiösen Prämissen.

Die Haltung gegenüber der klassischen Kultur war in den 420er- und 430er-Jahren ein hochbrisantes Thema. Zu jener Zeit waren bereits alle Senatoren Christen, aber der Umgang mit der klassischen Literatur blieb problematisch. Macrobius' *Saturnalia*, die in den 430er-Jahren entstanden, spielten im Jahr 384, zur Zeit der Kämpfe zwischen der alten Religion und dem Christentum. Das Werk hatte die Form einer Sammlung fiktiver Gespräche während des Saturnalien-Fests zwischen prominenten „Heiden" der damaligen Zeit wie Praetextatus, Symmachus und Nicomachus Flavianus. Sie unterhalten sich über frivole wie auch über ernste Themen, zum Beispiel über die Saturnalien und den römischen Kalender, doch die meiste Zeit geht es um Vergil. Die Gesprächsteilnehmer bezeichnen Vergil als Meister philosophischen und religiösen Wissens und nennen ihn sogar Pontifex Maximus – eben diesen Titel hatte der christliche Kaiser Gratian gerade abgelehnt. Vergil galt nicht nur als Autor einer klassischen Schullektüre, sondern als Quelle präziser religiöser Informationen. Die *Saturnalia* werden mitunter als nostalgischer Text interpretiert, der an eine verlorene Ära erinnert, eine Zeit, als es noch möglich schien, die römische Religion als Alternative neben dem Christentum zu bewahren. In Wirklichkeit ist Macrobius' Text viel interessanter: Wir wissen, dass der Autor selbst Christ war, und er hätte das Buch nicht unter seinem eigenen Namen veröffentlichen können, hätte es als antichristlich gegolten. Stattdessen sah man die *Saturnalia*, in denen das Christentum nicht einmal erwähnt wird, als Meditation über den Wunsch einer früheren Generation, die römische Religion wiederzubeleben.

Die Überlieferung antiker Texte

Woher wissen wir überhaupt, was die antiken Autoren geschrieben haben? Schließlich besitzen wir keine antiken Manuskripte, die direkt aus der Feder dieser Autoren stammen. Für griechische Autoren versuchte die Bibliothek in Alexandria, maßgebliche Textfassungen zu erstellen (siehe S. 194–196). Die Nicomachi und Symmachi taten das Gleiche für Livius, mit großem Erfolg: Ihr Text ist einem anderen Manuskript aus derselben Epoche, dem frühen 5. Jahrhundert, weit überlegen. Doch wie können wir nachvollziehen, wie die ursprünglichen Texte aussahen? In einigen Fällen haben antike Texte (oder, was weitaus häufiger der Fall ist, Teile solcher Texte) tatsächlich bis heute überlebt: auf Papyri griechischer Autoren, die in Ägypten gefunden wurden, oder den Schreibtafeln aus Vindolanda, die Vergil-Verse enthalten. Wenn wir jedoch ausschließlich auf solche Zufallsfunde angewiesen wären, besäßen wir so gut wie keine antike Literatur mehr. Lediglich zwei Texte sind weitgehend vollständig als antike Manuskripte erhalten: Vergil hat in drei Handschriften aus dem 5. bis 7. Jahrhundert überlebt (siehe auch Tafel 28). Und die altgriechische Bibel, Altes und Neues Testament, ist in Abschriften aus dem 4. Jahrhundert überliefert: einer Handschrift, die bis zum 19. Jahrhundert im Katharinenkloster auf dem Sinai aufbewahrt wurde, dem Codex Sinaiticus (von dem sich der Hauptteil heute in der British Library befindet), und auf einer Handschrift in Rom, dem Codex Vaticanus. Es ist kein Zufall, dass ausgerechnet zwei der größten literarischen Klassiker des Altertums in antiken Handschriften erhalten sind; dass dies bei der *Ilias* und der *Odyssee* nicht der Fall ist, ist insofern doch ziemlich überraschend.

Bei anderen Texten sind wir vor allem von dem abhängig, was nach der Antike weitergetragen wurde. Manche Texte sind nur erhalten, weil sie in andere Sprachen übersetzt wurden, ins Syrische und Armenische, wie wir es bei Eusebius gesehen haben, oder ins Arabische, wie es bei vielen wissenschaftlichen Werken der alten Griechen der Fall ist (siehe Kapitel 5). In den meisten Fällen wurde das Original jedoch in den mittelalterlichen Kathedralen und Klöstern immer wieder aufs Neue abgeschrieben. Die entscheidende Epoche hier war die

Karolinger-Zeit (751–887), als man sich plötzlich wieder für die klassische Vergangenheit interessierte: Am Hof Karls des Großen gab es eine hervorragende klassische Bibliothek, in der sich die Äbte und Bischöfe bedienen konnten. Direkt aus jener Zeit sind zwar nur wenige Handschriften erhalten, doch sie bildeten die Grundlage für zahlreiche Kopien, die ab dem Jahr 1000 entstanden. Was Livius betrifft, so ist es ein großes Glück, dass in der Karolinger-Zeit ausgerechnet die Ausgabe der Nicomachi und Symmachi kopiert wurde und zum Ausgangspunkt unserer mittelalterlichen Manuskripte wurde. Bei anderen, mitunter auch ganz bedeutenden Autoren, ist die Überlieferungslage viel schwieriger. So sind die meisten von Tacitus' historischen Werken verloren gegangen: Die Bücher 1–6 der *Annalen* haben nur in einem einzigen Manuskript von ca. 850 überlebt; die Bücher 11–16 und die ersten fünf Bücher der *Historien* sind ebenfalls nur in einer einzigen Handschrift erhalten, die Mitte des 11. Jahrhunderts angefertigt wurde.

Falls nun der Eindruck entstanden ist, die römische Religion habe in jener Zeit noch eine relative Stabilität genossen, so trügt der Schein. Seit 312, als der Kaiser erstmals als Patron des Christentums aufgetreten war, gewann der christliche Glaube gegenüber der römischen Religion immer mehr an Bedeutung. Die Senatoren gerieten zunehmend unter Druck, zum Christentum zu konvertieren, und die kaiserliche Gesetzgebung kriminalisierte allmählich mehr und mehr Aspekte der „heidnischen" religiösen Rituale. Zwar wurden weiterhin die althergebrachten religiösen Feste gefeiert, doch nur, weil sie von den christlichen Behörden zu bloßer „Unterhaltung" uminterpretiert und damit akzeptabel wurden, und im Jahr 389 verloren sie ihren formellen Status als Feiertage. Zum Beispiel beging man in Rom nach wie vor die Luperkalien, doch ohne die früheren Opfer, und die Männer, die nackt durch die Straßen Roms zum Forum liefen, waren keine Senatoren mehr, wie zur Zeit Caesars, sondern Menschen von niederem Status, die dafür einen Obolus bekamen. Im Rahmen einer Polemik gegen den „geistlichen Ehebruch" mancher Christen kritisierte der römische Bischof Gelasius (492–496) führende Römer dafür, dass sie glaubten, das Luperkalien-Fest sei gut für ihr Seelenheil. Für die christlichen Anhänger des Fests waren die Luperkalien indes eine ganz harmlose Feier, eine Art Karneval, der in Rom einfach zur Tradition gehörte und an die alten Zeiten von Euandros und Romulus erinnerte.

Inzwischen wurden traditionelle Feste immer öfter durch christliche ersetzt. Ab 321 hatte der Sonntag den Status eines Feiertags, und im Jahr 389, als die „heidnischen" Feste ihren geschützten Status verloren, wurde festgelegt, dass zusätzlich zu den Sonntagen auch in der gesamten Osterzeit keine Gerichtsverhandlungen stattfinden durften. Mitunter wurden christliche Feste vorsätzlich auf Tage gelegt, an denen die römische Religion ein eigenes Fest beging. Noch im 4. Jahrhundert feierte man am 25. Dezember den Geburtstag des Sonnengottes; nach dem Julianischen Kalender fiel auf diesen Tag die Wintersonnenwende, und die Tage wurden wieder länger. Im 4. Jahrhundert legte die römische Kirche den 25. Dezember als Geburtsdatum Christi fest. Bis dahin hatte man dieses Ereignis an verschiedenen Daten gefeiert, doch um gegenüber den Christen im Osten des Reichs, die für eine Unterordnung Christi unter Gottvater plädierten, die theologische Bedeutung Christi zu bekräftigen, entschied sich die römische Kirche für den 25. Dezember. Von Rom aus fasste das Weihnachtsfest zunächst in anderen westlichen Kirchen Fuß und schließlich auch in den meisten Kirchen im Osten. Immerhin ließ sich das Datum sogar mit einer Bibelstelle begründen: Der Prophet Maleachi hatte das Kommen der „Sonne der Gerechtigkeit" vorausgesagt. Und nicht zuletzt konnte das neue christliche Fest so dem beliebten „heidnischen" Fest die Stirn bieten.

Es gab noch ein weiteres römisches Fest, dem die Christen etwas entgegensetzen wollten: Im ganzen Römischen Reich feierte man mit großer Begeisterung die Kalenden des Januar (den 1. Januar). An diesem Tag begann für die Römer das neue Jahr, sie machten einander Geschenke und veranstalteten ausgiebige Festessen, bei denen der Wein in Strömen floss. Den christlichen Bischöfen war das ein Dorn im Auge. Augustinus hielt einst eine zweieinhalb Stunden lange Predigt, nur um seine Gemeinde daran zu hindern, die Kirche zu verlassen, um sich irgendwelchen ausschweifenden Festlichkeiten hinzugeben.

Das Christentum hatte sich im 4. Jahrhundert viel rascher ausgebreitet als noch im 3. Jahrhundert, sowohl was seine geographische Ausdehnung als auch die Zahl seiner Anhänger betrifft. Eine Fluchtafel aus dem 4. Jahrhundert aus der heiligen Quelle in Aquae Sulis (heute Bath) bat „dich, Göttin", also Sulis/Minerva, um Hilfe, den Dieb aufzuspüren, der sechs Silbermünzen aus einem Geldbeutel gestohlen hatte, „wer auch immer er sei, ob Heide oder Christ, ob Mann oder Frau, ob Junge oder Mädchen, ob Sklave oder frei geboren". Die letzten drei Alternativpaare gehören zum früheren Standardrepertoire der Inschriften auf Fluchtafeln. Da der Zweck der Aufzählung darin bestand, alle denkbaren Kategorien von Menschen zu erfassen, denen der Dieb angehören konnte, weist die auffällige neue Variante „ob Heide oder Christ" darauf hin, wie viele Christen es im Britannien des 4. Jahrhunderts bereits gab.

Einer der Mechanismen, durch die sich das Christentum ausbreitete, war eine aktive – und inzwischen auch ganz legale – Missionierung. Martin von Tours (in Mittelfrankreich) ist ein extremes Beispiel dafür, was damals alles möglich war. Martin (gestorben 397) war ein Zeitgenosse von Ausonius, aber anders als jener war er kein Gallier. Er stammte gebürtig aus Pannonien (heute Ungarn) und war in Norditalien aufgewachsen, wo er in der römischen Armee diente. Er war noch Soldat und trug einfache Militärkleidung, als er einem Bettler die Hälfte seines Umhangs schenkte. Nach dem Ende seiner Dienstzeit wurde aus ihm ein wandernder Bettelmönch und am Ende der Bischof von Tours. Er war nicht nur für seine Wunderheilungen und Totenerweckungen bekannt, sondern auch für sein aggressives Vorgehen gegen die ländlichen „heidnischen" Kulte. Als er einmal im Territorium der Haeduer versuchte, einen römischen Tempel zu zerstören, musste er sich gegen den wütenden, gewalttätigen Mob durchsetzen. Tatsächlich fanden mehrere Kulte in jener Gegend in der Zeit Martins ein Ende, und ihre Kultbilder wurden absichtlich zerstört. Die spätere lokale Überlieferung assoziierte Martin auch mit dem Ort Bibracte, dem alten Zentrum der Haeduer; Ende des 4. Jahrhunderts entstand dort auf den Ruinen eines Tempels, dessen Statuen zertrümmert worden waren, eine Kapelle für den hl. Martin. Sein Biograph Sulpicius Severus, der in Martins letzten Lebensjahren schrieb, stand vor dem Problem, wie man in angemessener Weise über einen so bemerkenswerten Menschen berichten sollte. Selbst wenn Homer wieder zum Leben erwacht wäre: Er hätte keine angemessenen Worte gefunden. Martins Wundertaten, seine Gespräche mit Heiligen und mit Dämonen – all das war genauso echt wie die Wunder und die Dialoge, die in den Evangelien Christus zugeschrieben wurden.

Sulpicius hatte eine klassische Bildung genossen, aber die Basis für die Lebensbeschreibung Martins war die Bibel. Martin von Tours war ein neuer Apostel, und die vielen dramatischen Details seines Lebens fügten sich nahtlos in jene etablierte Erzählung ein, die dazu diente, das Christentum zu verbreiten.

Zu Beginn des 5. Jahrhunderts hatte jede größere Stadt im Römischen Reich einen eigenen Bischof und mindestens eine Kirche. Von Zeit zu Zeit wurden große regionale Bischofskonzile veranstaltet, auf denen über Fragen der christlichen Lehre entschieden wurde: In Nicäa trafen sich im Jahr 325 über dreihundert Bischöfe vor allem aus dem Osten, im Jahr 381 in Konstantinopel fast zweihundert und in Ephesos im Jahr 431 über zweihundert. Im Westen gab es ähnliche Versammlungen: Im Jahr 314 kamen in Arelate (heute Arles) 33 westliche Bischöfe zusammen, im Jahr 359 in Ariminum (heute Rimini) waren es mehr als vierhundert, darunter jeweils drei Bischöfe aus Britannien. Die Bischöfe genossen in ihren Städten inzwischen ein hohes Ansehen. Sie stammten immer häufiger aus der lokalen Aristokratie; in dieser Hinsicht war Hilarius von Poitiers, der seinerzeit wichtigste Bischof Galliens und ein hochgebildeter Mann aus einer vornehmen Familie, ein typischeres Beispiel als Martin von Tours. Immer öfter übernahmen die Bischöfe auch eine politische Rolle, indem sie ihre Stadt gegenüber der Zentralregierung vertraten. Als die Einwohner von Antiochia am Orontes im Jahr 387 drastische Vergeltungsmaßnahmen fürchteten, weil Aufständische Statuen des Kaisers zerstört hatten, waren es der Bischof und die Mönche und nicht etwa Magistrate und Stadtrat, die den Kaiser um Gnade für ihre Stadt ersuchten – mit Erfolg. Mächtige Bischöfe sollten vielerorts noch jahrhundertelang den Ton angeben.

Um 400 herum gab es auch immer mehr Klöster. Die monastische Bewegung war in Ägypten unter Antonius (251–256) und Pachomios aufgekommen. Als Letzterer im Jahr 346 starb, hatte er angeblich dreitausend Anhänger; Anfang des 5. Jahrhunderts waren es bereits mehr als doppelt so viele. Von Ägypten aus breitete sich das Konzept der Mönchsklöster schnell nach Palästina und dann weiter nach Kleinasien aus, doch anderswo war die Entwicklung deutlich schleppender. Der Pionier im Westen war Martin: Schon kurz nach dem Ende seiner Militärlaufbahn versuchte er, in Norditalien ein Kloster einzurichten. Dort blieb es beim Versuch, doch in Ligugé nahe Limonum (heute Poitiers) hatte er mehr Glück, und

372 gründete er ein weiteres Kloster in Marmoutier bei Tours, wo er kurz zuvor Bischof geworden war. In Marmoutier führte Martin zusammen mit achtzig Mönchen ein asketisches Leben. Ihre Kleidung war nicht aus heimischer Wolle, sondern aus besonders rauem Kamelhaar, das aus Ägypten, der Heimat des Mönchtums, importiert wurde. Die Mönche hatten keinerlei persönlichen Besitz, und die einzige Arbeit, die sie verrichteten, bestand darin, Texte zu kopieren. Damals gab es durchaus noch Diskussionen darüber, ob Mönche denn nichts anderes tun sollten als zu beten und Texte zu transkribieren, doch beides gehörte auch Jahrhunderte später noch zu den üblichen Tätigkeiten von Mönchen.

Im 4. Jahrhundert nutzten viele Christengemeinden den Heiligenkult, um sich eine eigene christliche Vergangenheit zu verpassen. Die wichtigsten Personen dieses Kultes waren zu Beginn all jene, die in der Zeit vor Konstantin den Märtyrertod gestorben waren, also auf Geheiß der römischen Behörden hingerichtet worden waren. Fast alle Einträge im Kalender der Kirche von Rom für das Jahr 354 waren Gedenktage für Märtyrer, die einzigen Ausnahmen waren der Tag von Christi Geburt in Bethlehem und der Tag, an dem Petrus erster Bischof von Rom wurde. Zu 22 Gelegenheiten wurde 52 Menschen gedacht, die so gut wie alle in Rom gestorben und begraben waren, außer einem Märtyrer und zwei Märtyrerinnen aus Nordafrika, Cyprian (Bischof von Karthago), Perpetua und Felicitas, die im Jahr 203 getötet wurden. Alle Märtyrer waren im 3. Jahrhundert gestorben, mit Ausnahme von Petrus und Paulus, deren Kult im Jahr 258 umstrukturiert worden war. Der Blick auf die Vergangenheit, den dieser Kalender verkörperte, ging also bis zu den ersten Anfängen des Christentums in Rom zurück, konzentrierte sich aber in erster Linie auf die Ereignisse des 3. Jahrhunderts.

Tertullian, der in Karthago zu der Zeit schrieb, als Perpetua und Felicitas getötet wurden, beendete seine Schrift *Apologeticum* mit einer deutlichen Warnung an die Obrigkeit: das Blut derer, die sie töteten, sei der Same des Christentums. Dies war durchaus kein unstrittiger Punkt. Die Aussicht auf einen blutigen Tod in der Arena war keine besonders gute Werbung für eine religiöse Sekte. Die Anführer der Christen waren dagegen, dass Gläubige aktiv den Märtyrertod anstrebten, und sie etablierten sogar angemessene Formen der Buße für Christen, die der Anweisung der Behörden Folge leisteten, den römischen Göttern zu opfern. Erst nach dem Ende der Christenverfolgung entwickelten sich Kulte für die Getöteten. Zwar waren die ersten christlichen Heiligen allesamt Märtyrer, doch im 5. Jahrhundert wurde der Heiligenkult auf besonders charismatische Christen ausgeweitet, die friedlich verstorben waren.

Martin ist ein frühes Beispiel für diesen neuen Typus des Heiligen (ein Beispiel aus dem Osten siehe Tafel 30). Nach Martins Tod verfasste Sulpicius Severus diverse Briefe und Dialoge, in denen sich Geschichten über Martins Wundertaten, seinen Kampf gegen das „Heidentum" und seine asketischen Ideale fanden. In einem Brief behauptete er, Martin sei nach seinen endlosen Leiden ein unblutiges Martyrium zuteilgeworden. In der Abtei von Ligugé in der Nähe von Martins alter Kirche wurde kurz nach dessen Tod ein neuer Schrein gebaut, und in Tours ließ sein bischöflicher Nachfolger im Jahr 430 über Martins Grab eine kleine Kapelle errichten. Einen ersten Aufschwung erlebte der örtliche Martins-Kult ab den 460er-Jahren, mehr als fünfzig Jahre nach Martins Tod. Seine größte Verbreitung fand er im 6. Jahrhundert, als der Franken-König Chlodwig Martin zu seinem Schutzpatron erklärte.

Mit dem Bau von Kirchen vielerorts im 4. Jahrhundert entstanden neue religiöse Topographien und damit ein neuer Blick auf die Vergangenheit. Als der anonyme Pilger aus Burdigala im Jahr 333 Palästina, wie es damals hieß, besuchte, hatte die Region bereits eine erstaunliche Wandlung durchgemacht – nicht zuletzt deshalb, weil Konstantin in den neun Jahren, seit er auch den Osten des Reichs kontrollierte, enorme Ressourcen in die Region gepumpt hatte. Zweihundert Jahre, nachdem Hadrian Athen zu neuem Glanz verholfen hatte, war das kaiserliche Interesse anderswohin gewandert (trotz der denkwürdigen Episode in der Apostelgeschichte, in der Paulus in Athen predigt). Konstantin riss den Tempel des Jupiter Capitolinus in Jerusalem nieder, den Hadrian nach dem Bar-Kochba-Aufstand errichtet hatte, und er ließ mindestens vier Kirchen bauen: eine in Bethlehem, wo Christus geboren worden war, eine auf Golgotha, wo Christus gekreuzigt und begraben worden war (siehe Abb. 31), eine auf dem Ölberg, von wo aus Christus in den Himmel aufgestiegen war, und eine in Mamre (nahe dem heutigen Hebron), wo Abraham Gott in Gestalt von drei Männern erschienen war, die ihm prophezeiten, er werde der Stammvater vieler Nationen sein. Dass Konstantin genau diese Standorte für seine Kirchen wählte, war der christlichen Überlieferung zu jenen Orten geschuldet.

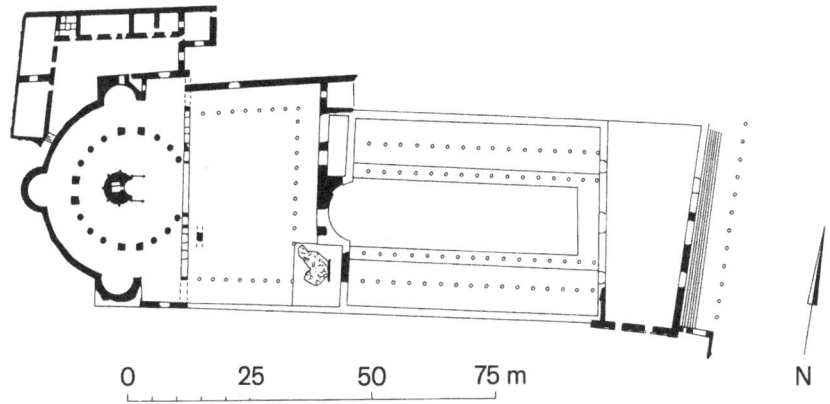

0   25   50   75 m   N

Abb. 31. Grundriss der Kirche vom heiligen Grab (Jerusalem), wie sie von Konstantin errichtet wurde. Links: das Monument, das den Schrein umschließt, der über dem (wie man glaubte) Grab Christi erbaut war. Mitte: ein offener Hof. Rechts: eine Basilika, deren Grundriss wegen späterer Bauten nicht exakt nachvollziehbar ist.

Was Mamre betrifft, so glaubte Konstantin, einer der drei Männer sei Christus gewesen, sodass sich Gott hier erstmals der Welt gezeigt habe. Seine Schwiegermutter Eutropia hatte ihn gewarnt, sie habe selbst gesehen, wie Mamre durch „heidnische" Zeremonien entweiht worden sei; dass Konstantin hier dennoch eine Kirche errichten ließ, erinnert uns daran, dass Eusebius die Geburt Abrahams als Ausgangspunkt seiner Chronologie der Welt wählte.

Die Aufzeichnungen des Pilgers aus Burdigala zeigen, wie man Palästina damals wahrnahm. Die Beschreibung der Reise nach Palästina und zurück besteht aus wenig mehr als einer bloßen Liste der Zwischenstationen, doch einmal in Palästina angekommen, ergeht sich der Autor in ausführlichen Berichten über die historische Bedeutung der Orte, die er dort besucht. Der Pilger scheint sich für die gesamte biblische Geschichte zu interessieren, und er sucht mehr als fünfzig biblische Stätten auf, 32 aus dem Alten und 21 aus dem Neuen Testament. In Jerusalem erwähnt der Pilger die Teiche Salomos, Salomos Palast (siehe S. 69), den salomonischen Tempel und darin einen Altar, an dem man noch das Blut des Christen Zacharias sieht; er hält fest, die Juden dürften dort jedes Jahr einen Stein mit Loch salben, trauern und sich die Kleider zerreißen. In Jericho sieht er das Haus der Hure Rahel, die eine wichtige Rolle in der Geschichte von Josua und dem Fall der Mauern von Jericho spielt (siehe S. 67). Betont positiv äußert sich der Pilger über Konstantins vier Kirchen, er erwähnt aber auch Sehenswürdigkeiten, die keine Gebäude sind, etwa den Baum, auf den Zachäus kletterte, um Christus zu sehen, die Stelle, an der Christus im Jordan getauft wurde, oder den Ort, wo der Prophet Elija zum Himmel entrückt wurde. Der Autor interessiert sich kaum für die zeitgenössischen Juden und überhaupt nicht für die nicht-biblische Geschichte und andere Kulte der Region. Er erwähnt mit keinem Wort, dass es in Jerusalem einen Tempel des Jupiter Capitolinus gab. Wie für viele spätere Pilger ist die Vergangenheit für den Pilger aus Burdigala komplett biblisch, aber eben durch die Brille eines Christen gesehen. Das Land, das die Juden seit jeher als ihr heiliges Land ansahen, war nun das heilige Land der Christen.

Es ließen sich damals schon deshalb ganz schnell und unproblematisch neue Topographien der Vergangenheit schaffen, da die Juden im damaligen Palästina fast keinen politischen Einfluss hatten. Andernorts gab es handfeste Kämpfe um die Erinnerungskultur, beispielsweise im Tempel und Orakel von Apollon in Daphne nahe Antiochia am Orontes. Die Ortsansässigen erzählten sich über die Entstehung dieses Schreins folgende Geschichte: Eines Tages stieß Seleukos I. (308–281 v. Chr.) bei der Jagd auf einen Baum, von dem er glaubte, es sei jener, in den sich die Nymphe Daphne, die Tochter des Flussgottes Peneios, verwandelt hatte, um Apollon zu entkommen, als dieser ihr nachstellte. Als Seleukos' Pferd mit dem Huf scharrte, legte es eine goldene Pfeilspitze mit dem Namen Apollons darauf frei; dies bestätigte die Annahme, dass der Gott diesen Ort auch weiterhin aufsuchte. Die Geschichte von Apollon und Daphne, die man (nicht nur) in ganz Griechenland kannte, erzählte man sich in Antiochia auch noch im 3. und 4. Jahrhundert. Hier wurde sie jedoch mit einem lokalen Kult in Verbindung gebracht, ganz so, wie man es in Griechenland mit den Geschichten rund um Götter und Helden schon lange tat. Mitte des 3. Jahrhunderts fand in Antiochia ein gewisser Babylas den Märtyrertod und wurde dort begraben, doch im Jahr 353 ließ Gallus, der damals in Antiochia ansässige Caesar von Kaiser Constantius, dessen sterbliche Überreste ins 9 Kilometer entfernte Daphne überführen. Dort errichtete er ein Mausoleum für Babylas, das sich für die Christen zu einem wichtigen Kultzentrum entwickelte.

Im Jahr 362 war Julian, Gallus' Bruder, der inzwischen Kaiser war, entsetzt über den Mangel an Frömmigkeit, der in Antiochia herrschte. Er warf den Bewohnern vor, das Fest des Apollon vernachlässigt zu haben. Julian ließ den Tempel und die Statue des Apollon in Daphne restaurieren und versuchte auch, dem Orakel neues Leben einzuhauchen und die alte heilige Quelle wieder in Gang zu bringen. Doch die Quelle war längst versiegt. Als man ihm mitteilte, das liege daran, dass hier der Märtyrer Babylas bestattet worden war, ließ er dessen Überreste in ihr ursprüngliches Grab in Antiochia zurückbringen. Doch als der Transport mit dem Leichnam die Stadtgrenze überschritt, fing das Dach des Tempels auf mysteriöse Weise Feuer, und die antike Apollon-Statue wurde zerstört. Julian war außer sich. Als es den Justizbehörden nicht gelang, den oder die Brandstifter ausfindig zu machen, bestrafte der Kaiser kollektiv alle Christen, indem er ihre wichtigste Kirche schloss und all ihr Hab und Gut konfiszierte.

Wie man diese Episode zu deuten hatte, war zwischen Christen und Nichtchristen äußerst umstritten. Der „Heide" Libanius und der Christ Chrysostomos, die beide in Antiochia lebten, hatten ganz unterschiedliche Ansichten darüber. Libanius schrieb unmittelbar nach den Ereignissen einen Trauergesang über die Zerstörung des Tempels und ihre schrecklichen Folgen für die traditionelle Religion. Johannes Chrysostomos interpretierte den Tempelbrand zwanzig Jahre später als Zeichen göttlicher Vergeltung für Julian und seine antichristliche Politik, und er erwähnte, wie die Präsenz des Leichnams des Babylas in Daphne in moralischer Hinsicht das „Klima" verbessert habe: Seither hielten die Zügellosen und Verkommenen dort ihre Triebe unter dem strengen Blick ihres Lehrmeisters besser im Zaum. Der Fall von Babylas und Daphne ist ein ausgezeichnetes Beispiel dafür, auf welch unterschiedliche und widersprüchliche Weise man versuchte, religiöse Orte in der Erinnerung der Menschen zu verankern, indem man verschiedene Ereignisse aus der Vergangenheit hervorhob.

Wenn man sich mit den religiösen Veränderungen, Zugeständnissen und Konflikten des 4. Jahrhunderts beschäftigt, sollte man sich stets die gewaltigen Unterschiede zwischen der griechisch-römischen Religion und dem Christentum in Erinnerung rufen. Die griechisch-römische Religion kannte keine heiligen Texte, und ihre Tempel dienten nicht dazu, dass sich dort eine Gemeinde versammelte. Und sie besaß nicht nur männliche und weibliche Gottheiten, sondern auch männliche und weibliche Priester. Die Christen verehrten immerhin männliche und weibliche Märtyrer und auch ein paar Prophetinnen, aber im 4. Jahrhundert gab es ausschließlich männliche Priester und Bischöfe. In puncto geschlechtsspezifischer Autorität eiferte das Christentum dem Judentum als (patriarchalisch ausgerichtete) Buchreligion nach.

Um das Jahr 400 herum gewährt uns Augustinus einen betont christlichen Blick auf die religiösen und kulturellen Veränderungen der vergangenen rund hundert Jahre. Am Wendepunkt zwischen der westlichen Welt der Antike und der des Mittelalters entwickelte Augustinus äußerst einflussreiche Standpunkte zur klassischen Vergangenheit und zur Gegenwart. Tausend Jahre lang waren seine Schriften die wohl wichtigsten lateinischen Texte im Westen. Kurz nach der Anfertigung des Mosaiks von Lullingstone, mit dem dieses Kapitel begann, genoss der junge Augustinus (geboren 354) in Nordafrika eine ganz traditionelle Bildung. Wie es für Jungen in seinem Alter seit Jahrhunderten üblich war, wurde er von *grammatici* unterrichtet, und er liebte es, Vergil zu lesen. Er weinte um die tote Dido und beeindruckte die Lehrer mit einer Rede, wie sie die eifersüchtige Juno gehalten haben könnte, als sie zusah, wie Aeneas Karthago verließ und nach Italien übersetzte. Im Anschluss an sein Rhetorikstudium legte er einen kometenhaften Aufstieg hin. Er unterrichtete Rhetorik in Karthago und in Rom, bevor er im Jahr 384 in Mediolanum (Mailand) Professor für Rhetorik wurde. Augustinus beherrschte den üblichen Lehrplan und vor allem die lateinische Sprache in einem außergewöhnlichen Maß. Selbst die klügsten Köpfe taten sich damit schwer. Zwei Jahre lebte Augustinus bereits in Mediolanum, als er feststellen musste, dass sich die Einheimischen immer noch über seine afrikanische Aussprache lustig machten. Und in Nordafrika sprachen die Bewohner einiger abgelegener Städte noch zu Beginn des 5. Jahrhunderts hauptsächlich Phönizisch.

Im Zuge seiner erfolgreichen Laufbahn im Fach Rhetorik kam Augustinus zu einem neuen Verständnis des Christentums. Im Jahr 391 wurde er in Hippo (heute Annaba in Algerien) zum Priester und 395 zum Bischof geweiht. Als Bischof konnte er sich voll und ganz auf seine rhetorische Begabung verlassen; seine lateinischen Predigten waren so bekannt, dass heute noch Hunderte davon erhalten sind. Etliche dieser Predigten hat man vor nicht allzu langer Zeit in mehreren Bibliotheken entdeckt, und zwischen 1981 und 2009 erschienen sie in gedruckter Form. Viele richteten sich an seine aktuelle Gemeinde, und es ging darin um Fragen der Lehre oder der religiösen Praxis. Zwei dieser Predigten hatte Augustinus an den Gedenktagen der afrikanischen Märtyrer Cyprian, Perpetua und Felicitas gehalten. Die letzteren beiden wurden, so Augustinus, nicht nur als Frauen, sondern als Ehefrauen im Besonderen bzw. im Fall von Perpetua als Mutter geehrt und sollten in diesen Rollen allen anderen als Vorbild dienen. Augustinus sprach über Perpetuas Vision von dem schwarzen Ägypter, die sich in ihrem Sieg über den Teufel erfüllt habe; sowohl Perpetua als auch Felicitas hätten triumphiert, obwohl sie dem schwachen Geschlecht angehörten. In anderen Predigten ging es um die Notwendigkeit, die Einheit der Kirche sicherzustellen, infolge eines kaiserlichen Erlasses, der eine lange bestehende Kirchenspaltung beenden sollte. Hin und wieder wartete Augustinus mit Argumenten auf, um die verbliebenen Anhänger der alten römischen Religion vom christlichen Glauben zu überzeugen. Mitunter verließ Augustinus Hippo, um im heutigen Norden Tunesiens und Nordosten Algeriens zu predigen. In einigen Gegenden, die er besuchte, hatte das Christentum erst vor Kurzem Fuß gefasst. Als er in Tignica (heute Ain Tounga in Tunesien) predigte, fiel Augustinus auf, dass die gesamte Gemeinde aus Kindern „heidnischer" Eltern bestand. Andernorts musste er sich eingestehen, dass es ihm nicht gelungen war, einige gebildete Nichtchristen zu bekehren – je gebildeter die Menschen waren, desto problematischer war es offenbar, sie für das Christentum zu begeistern. In Boseth (im Medjerda-Tal in Tunesien) predigte er zweimal vor einer Menge, der einige gebildete „Heiden" angehörten, die vermutlich eigens zu diesem Anlass eingeladen worden waren. Sie glaubten, die Seele müsse durch bestimmte Rituale gereinigt werden, die die traditionellen Götter besänftigten und so den Aufstieg zur höchsten Gottheit ermöglichten. Wie konnten die Christen dagegen argumentieren? Schließlich schrieben sie selbst Christus und den Märtyrern, die in ihrem Kalender einen wichtigen Platz einnahmen, eine solche vermittelnde Rolle zu. Augustinus' Antwort lautete, es gelte, die Sicht der „heidnischen" Philosophen auf die Seele zu modifizieren; bei jenen sei die Seele nicht göttlich, und die Praktiken, mit denen sie glaubten, ihre Seele läutern zu können, waren vom menschlichen Stolz geprägt. Er predigte auch vor Christen, die glaubten, die römische Religion stelle einen alternativen, aber eben doch akzeptablen Weg zu Gott dar. Mit dieser Argumentation versuchten sich manche Nichtchristen in Rom herauszureden, die auch weiterhin auf „heidnische" Praktiken setzten. Doch da waren sie bei Augustinus an der falschen Adresse. Es gab nur einen Weg zum wahren Gott, und der führte über die christliche Kirche.

Im Jahr 397, zwei Jahre, nachdem er Bischof geworden war, beschloss Augustinus, eine Art spiritueller Autobiographie zu verfassen, in der er darlegte, wie er selbst zu Christus gefunden hatte. Die *Bekenntnisse* muten erstaunlich modern an und bieten auch heute noch eine spannende Lektüre. Augustinus erzählt darin von seinem Leben, beschreibt seine Bekehrung zum Christentum und endet mit dem Tod seiner Mutter Monika im Jahr 387 auf der Heimreise nach Nordafrika. Augustinus schreibt darüber, wie er durch eine Abhandlung Ciceros die Philosophie kennenlernte, später dann zum Manichäismus fand, einer teilweise von persischen Ideen inspirierten Religion, die einen ewigen Kampf zwischen Gut und Böse propagierte und die Diokletian auszumerzen versucht hatte, und wie er sich später einer Strömung des Christentums anschloss, die stark von Platon beeinflusst war. Nachdem er das alles in Buch 1–9 erzählt hat, entwickelt er in Buch 10 eine durchaus originelle Theorie der *memoria*, des Erinnerns. In den ersten Büchern hatte er seine persönlichen Erinnerungen an all die Irrwege niedergeschrieben, die er im Leben beschritten hatte, bis er zum Christentum konvertiert war. Doch Sinn und Zweck der *Bekenntnisse* war, den Leser zu Gott zu führen: Wie kann es jedem Einzelnen gelingen, zu Gott zu finden – und dadurch zu einem glücklichen Leben, das jenseits dessen liegt, was der gewöhnliche Mensch mit seinen Sinnen wahrnehmen kann? Augustinus argumentiert, das gehe nur, wenn man sich an etwas erinnere, das man verloren habe: An Gott zu denken bedeute, sich an die Freude zu erinnern, die der Mensch kannte, bevor Adam und Eva aus dem Paradies vertrieben wurden. Augustinus' *memoria*-Theorie verbindet Vergangenheit, Gegenwart und Zukunft. Als Bedingung für Wissen und Verständnis erklärt die Erinnerung Augustinus' Vergangenheit, offenbart seine volle Identität und vermittelt ihm und seinen Lesern Gottes Gegenwart. Die Vorstellung, dass sich die volle Bedeutung von Erinnerungen nur in einem religiösen Kontext erschließen lässt, war auch für Augustinus' Umgang mit dem kulturellen Gedächtnis von großer Bedeutung.

Während er die *Bekenntnisse* schrieb, beschäftigte sich Augustinus auch mit der klassischen Bildung. Hatte der junge Augustinus um Dido geweint, so gelangte er nun, in den *Bekenntnissen,* zu der Erkenntnis, dass ihn diese Leidenschaft für seine eigentliche spirituelle Haltung blind gemacht hatte. Deshalb hatte er zu Vergil ein ambivalentes Verhältnis, obwohl er die *Aeneis* auswendig kannte und der Ansicht war, dass sie in viel besserem Latein verfasst war als die lateinische Fassung der Bibel. In *Über die christliche Lehre* schreibt er ausführlich über die Beziehung der Christen zur klassischen Kultur. Das wichtigste Werk war natürlich die Bibel. Es reichte ihm aber nicht, die Heilige Schrift als Autorität zu akzeptieren – wie andere Bücher auch, war die Bibel ein komplexes Werk und erforderte ausgefeilte Techniken literarischer Interpretation. Dazu bedurfte es einer umfassenden Kenntnis des Hebräischen und der Geschichte des Nahen Ostens, die jemand, der sich lediglich mit den Klassikern beschäftigt hatte, gar nicht besaß. Doch Augustinus vertrat nicht die Ansicht, dass man ausschließlich die Bibel studieren solle oder dass ein guter Christ kein außerbiblisches Wissen benötige. Stattdessen argumentierte er, Kultur sei ein soziales Phänomen, eine Erweiterung der Sprache. Selbst die „heidnische" Religion sei ein soziales Konstrukt, bei dem die Opfer als Kommunikationsmittel zwischen Menschen und Dämonen dienten. In der Literatur stelle die alte Religion keine Gefahr für die Christen dar. Im Gegensatz zu der in Macrobius' *Saturnalia* transportierten Ansicht wecke die Beschreibung traditioneller Opferrituale bei Vergil weder religiöse Gefühle bei den „Heiden", noch müssten sich Christen davor fürchten, durch die Vergil-Lektüre vom rechten Weg abzukommen. Die „heidnischen" Götter seien einfach „traditionelle von Menschen geschaffene Formen, die an die Bedürfnisse der menschlichen Gesellschaft angepasst sind, auf die wir in diesem Leben nicht verzichten können", und als solche könne man sie auch als Christ für sich nutzbar machen. Auf diese Weise wurden Vergil und die anderen lateinischen Klassiker auf einen Schlag für ungefährlich erklärt und konnten so auch noch im christlichen Mittelalter als Grundlage der europäischen Bildung dienen.

Augustinus machte sich auch über Rom, das Römische Reich und die Beziehung des Reichs zum christlichen Glauben Gedanken. Er hätte Rom wie der Evangelist Johannes als Hure Babylon deuten können (siehe S. 364), oder er hätte das Reich als Werk göttlicher Vorsehung ansehen können und den Kaiser als den Stellvertreter Gottes auf der Erden, wie Eusebius es getan hatte. Stattdessen entschied er sich für einen dritten Weg: Er griff das biblische Motiv der zwei Staaten auf, eines Gottesstaats und eines irdischen Staats. Mit diesem Thema setzte er sich bereits auseinander, als die Stadt Rom im Jahr 410 von den Goten geplündert wurde. Es ist eine Ironie der Geschichte, dass Augustinus die damaligen Vorgänge in Rom und Italien nur aus der Ferne wahrnahm, aus dem politisch stabilen Nordafrika; nicht weniger ironisch ist, dass sich keine zwanzig Jahre später die aus Polen stammenden Vandalen durch ganz Gallien und Iberien kämpften, 429 in Nordafrika einfielen und 439 Karthago eroberten. In den Jahren 410/411 hielt Augustinus vier Predigten über die Plünderung Roms, bei denen seine Zuhörerschaft aus römischen Flüchtlingen bestand, die auf dem Papier Christen waren, aber in Wirklichkeit dem alten Glauben anhingen. Dass er sich immer wieder mit solchen Zweiflern und Zauderern abgeben musste, war der ausschlaggebende Faktor dafür, dass Augustinus den *Gottesstaat* schrieb, der in einzelnen Abschnitten zwischen 413 und 425 erschien.

Von Geschichtswerken wie dem des Livius und einigen Gesetzestexten abgesehen, war der *Gottesstaat* der längste argumentative Text in lateinischer Sprache, der jemals verfasst wurde. Die komplexe Struktur des Werks fasste Augustinus in einem Brief zusammen, der eine Abschrift des *Gottesstaats* begleitete, die er seinem Freund Firmus, einem Nichtchristen, sandte. Die ersten fünf Bücher richten sich gegen jene, die behaupten, die Götter (bzw. Dämonen) anzubeten, mache in diesem Leben glücklich, die fünf folgenden Bücher gegen jene, die glauben, dies mache im nächsten Leben glücklich. Dann beschreiben drei Gruppen von jeweils vier Büchern den Ursprung des Gottesstaats, seine Entwicklung und das Ende, das ihm dereinst bevorsteht. Für seine Argumentation musste sich Augustinus eingehend mit der römischen Kultur und Geschichte beschäftigen. Im ersten Abschnitt (in dem er bestreitet, die römische Religion mache in diesem Leben glücklich) beschreibt er ausführlich, was in Rom vor der Ankunft Christi alles schief lief. Die Götter hatten eigentlich keinen Grund zuzulassen, dass Troja zerstört wurde, und sie dachten gar nicht daran, Romulus' Mord an seinem Bruder Remus zu rächen. Unter den Königen führte der Machthunger Roms zu jeder Menge Blutvergießen, und doch befand sich die Grenze Roms am Ende gerade einmal 20 römische Meilen von der eigentlichen Stadt entfernt – zu Augustinus' Zeit hatten sogar die meisten nordafrikanischen Städte ein größeres Stadtgebiet. Die Zeit nach der Plünderung Karthagos im Jahr 146 v. Chr. sei, so betont Augustinus, ebenfalls maßgeblich von Gewalttaten geprägt gewesen, von den Gracchen über Augustus bis hin zum Massaker an den Römern in Asien durch Mithridates. Alle diese Katastrophen ereigneten sich, während in Rom die „heidnischen" Götter verehrt wurden. Später räumt Augustinus ein, dass einige bedeutende Römer wie etwa Julius Caesar durchaus gewisse Tugenden besaßen – ein Punkt, auf dem die „Heiden" damals immer wieder herumritten –, aber sie seien, so Augustinus, trotz ihrer Tugenden nicht in der Lage gewesen, die moralische Korruption einzudämmen. Und im Direktvergleich mit den Heiligen könne man bei Leuten wie Caesar ja im Grunde auch nicht wirklich von „Tugenden" sprechen.

Die zweite Hälfte des *Gottesstaats*, in der es um Ursprung, Geschichte und Endziel der beiden Staaten geht, umreißt auf Grundlage der Berichte in der Bibel die Menschheitsgeschichte von der Schöpfung bis zur Zeit Davids und Salomos. Dann skizziert Augustinus zunächst die Geschichte des irdischen Staates bis hin zur Ankunft Christi. Als zentrale Beispiele für einen solchen Staat dienen ihm die Assyrer und anschließend die Römer. Augustinus übernimmt den chronologischen Rahmen von Eusebius, den er in der lateinischen Übersetzung des Hieronymus kannte und der die zeitlichen Bezüge zwischen der biblischen Erzählung und anderen Kulturen aufgezeigt hatte. Demzufolge wurden in der Zeit nach dem Auszug der Israeliten aus Ägypten die Kulte der „falschen Götter" nach Griechenland eingeführt, und Europa wurde von Phönizien aus nach Kreta verschleppt (wobei laut Augustinus die „Heiden" zu seiner Zeit bereits der Ansicht waren, dass Europa von einem kretischen König entführt wurde und die Geschichte von Zeus und dem Stier lediglich ein Volksmärchen sei). Augustinus datiert Aeneas' Ankunft in Italien auf die Zeit, als Menestheus König von Athen war, Polyphides König von Sikyon, Turtanu König von Assyrien und Abdon Richter Israels, genau wie es bei Eusebius steht. Diese sorgfältig ausgearbeitete Parallelgeschichte der beiden Staaten endet mit der Ankunft Christi und der Kirche. Ab da sind beide eins, und sie werden es sein, bis das Jüngste Gericht sie wieder trennt. Bemerkenswert ist, dass Augustinus Rom als rein menschliche Institution darstellt, deren Rolle im Prinzip jeder andere Staat hätte einnehmen können.

Das zentrale Thema dieses Buchs war, wie man sich in der klassischen Antike an die Vergangenheit erinnerte. Natürlich gedachten die Menschen auch schon vorher der Taten ihrer Vorfahren, wie wir es bei den Beispielen aus der Bronzezeit gesehen haben. Doch ab dem frühen 1. Jahrtausend v. Chr. kristallisierten sich zwei Erinnerungsstränge heraus, die besonders wichtig wurden. Der bedeutendere der beiden, der zunächst auf die griechische und später dann auf die römische Kultur einen enormen Einfluss ausübte, verband die Gegenwart mit dem Krieg um Troja und den direkt daraus folgenden Ereignissen. Als die Völker, die bis dahin nur an der Peripherie der griechischen Welt existiert hatten, ebenfalls zu dieser Welt dazugehören wollten, machten sie die Vergangenheit der Griechen kurzerhand zu ihrer eigenen. Später war dann die Irrfahrt des Aeneas vom brennenden Troja über Karthago bis nach Italien für Menschen in der gesamten römischen Welt immer wieder ein zentraler Bezugspunkt. Der steile Aufstieg von Rom zu Augustinus' „irdischem Staat", der bei Aeneas und Romulus seinen Anfang hatte, war Teil des neuen ideologischen Pakets, das vom christlichen Europa übernommen wurde. Der andere Erinnerungsstrang bezog sich auf die Geschichte des Volkes Israel und wurde im 6. Jahrhundert v. Chr. durch das Exil der Israeliten in Babylon konsolidiert. Diese Erinnerungen waren für die Juden die treibende Kraft, die zum Teil für ihr Aufbegehren gegen die römischen Herrscher verantwortlich war. Dennoch war dieser Erinnerungsstrang exklusiv den Juden vorbehalten – bis die Christen ihn teilweise für sich beanspruchten und er schließlich bei Augustinus zum Bestandteil der Geschichte des Gottesstaats wurde.

Erinnerungen definierten, einten und spalteten die Völker der Antike, doch es gab noch weitere wichtige Faktoren, allen voran die Sprache. Zweifellos erklärt der Umstand, dass sich das Griechische zur alles dominierenden Sprache im östlichen Mittelmeerraum entwickelte, dass die ersten christlichen Texte (unter anderem das Neue Testament) nicht auf Aramäisch, der Sprache Jesu, verfasst wurden, sondern auf Griechisch. Im Gegenzug stieg das Lateinische zur wichtigsten Sprache des Westens auf. In der frühen Kaiserzeit war die römische Elite stolz darauf, ebenso fließend Latein wie Griechisch zu sprechen, aber diese Zweisprachigkeit war auf die oberen Zehntausend beschränkt und war nicht von Dauer. Christliche Texte wurden schon früh ins Lateinische übersetzt, und selbst ein so gebildeter Mann wie Augustinus war des Griechischen kaum noch mächtig. Die Teilung des Reichs in Ostrom und Westrom, die zuerst unter Diokletian erfolgte und dann wieder ab Ende des 4. Jahrhunderts, entsprach dieser tief verwurzelten sprachlichen Zweiteilung.

Im Osten blieb die kaiserliche Regierung bis ins 7. Jahrhundert an der Macht, und die dortigen Städte florierten. Doch die Sasaniden stellten nach wie vor eine Bedrohung dar, und zu Beginn des 7. Jahrhunderts gelang es ihnen, einen Großteil des Oströmischen Reichs zu erobern. Doch den Römern gelang es noch einmal, zurückzuschlagen, und im Anschluss an ihre Niederlage waren die Sasaniden so geschwächt, dass sie von einer neuen Koalition arabischer Stämme überrannt wurden; diese wurden von 622 ab von Mohammed angeführt, bis zu dessen Tod im Jahr 632. Die rasch wachsende Macht der Araber läutete eine neue Epoche in der Geschichte des Nahen Ostens und Europas ein.

Am Felsendom in Jerusalem lassen sich sämtliche Veränderungen ablesen, die sich damals im Osten ereigneten. Um 640 herum brachten die Araber Jerusalem unter ihre Kontrolle. Im Rahmen seiner Verkündigung des Islam als ideologische Grundlage der arabischen Herrschaft ordnete der neue Umayyaden-Kalif Abd al-Malik im Jahr 72 der Hidschra (der Flucht Mohammeds nach Medina), also unserem Jahr 691/692, den Bau des Felsendoms an. Dieses außergewöhnliche achteckige Gebäude ist keine Moschee, denn es ist kein Ort des Gebets. Seinen Namen hat der Felsendom daher, dass er um ein freigelegtes Stück Felsgestein des Tempelbergs herum errichtet wurde. Eben jenen Felsen hatte auch der Pilger aus Burdigala beschrieben, als Objekt, das den Juden heilig war, die die Zerstörung ihres Tempels beklagten; mindestens seit dem 3. Jahrhundert v. Chr. glaubten die Juden, dass Abraham auf dem Tempelberg seinen Sohn Isaak hatte opfern wollen. Der Felsendom dominierte das Jerusalemer Stadtbild und markierte symbolisch die Eroberung Jerusalems durch die neuen Herrscher. Doch für die Muslime hatte er auch noch eine andere Bedeutung. Seit jeher galt Jerusalem für sie als wichtiger religiöser Ort. Frühen Überlieferungen zufolge war Mohammed eines Nachts auf mystische Weise von Mekka nach Jerusalem entrückt worden. Am Felsen teilte ihm der Erzengel Gabriel mit, dort sei Gott in den Himmel aufgefahren, nachdem er die Erde geschaffen habe, und habe dort seinen Fußabdruck hinterlassen. Außerdem würde auf dem Tempelberg dereinst das Jüngste Gericht abgehalten werden. Wegen der herausragenden Bedeutung Jerusalems im jüdischen und christlichen Denken spielten die Stadt und insbesondere der Tempelberg eine ganz besondere Rolle beim Anfang und Ende alles Seins. Erst in viel späteren Überlieferungen (die aber heute öfter zitiert werden als die früheren), ab dem 11. Jahrhundert, galt der Felsen als Ort, an dem Mohammed selbst in den Himmel aufgefahren war und seinen Fußabdruck hinterlassen hatte.

Im Felsendom kann man zwei gewaltige Mosaiktexte bestaunen, die sich auf insgesamt 240 Metern entlang der Innen- und Außenseite der achteckigen Arkade im Inneren des Gebäudes erstrecken. Sie stammen aus dem Jahr 691/692 und zählen damit zu den frühesten datierbaren muslimischen Texten. Beide kombinieren diverse Koranverse zu eindrucksvollen Aussagen über die neue Religion. Der Text auf der Innenseite der Arkade beginnt mit den Worten: „Im Namen des barmherzigen und gnädigen Gottes. Es gibt keinen Gott außer Gott allein. Er hat keinen Teilhaber ... Mohammed ist Gottes Diener und sein Gesandter." Adressat dieser Behauptung waren nicht in erster Linie „heidnische" Polytheisten, sondern Christen: „Der Messias Jesus, der Sohn Marias, ist nur der Gesandte Gottes und sein Wort, das er Maria vermittelt hat, und Geist von ihm. Darum glaubt an Gott und seine Gesandten und sagt nicht ,drei'!" Jesus galt im Islam als Gesandter Gottes, und den Tag seiner Geburt, den seines Todes und den, an dem er dereinst wieder auferstehen wird, respektierten die Muslime ebenfalls, aber „es ziemt sich nicht für Gott, sich ein Kind zuzulegen". Solche Aussagen hatten natürlich einen betont polemischen Charakter. Der Felsendom zeigt sehr schön, wie frühere Überlieferungen von Juden und Christen, den ersten „Völkern des Buchs", adaptiert und in den Islam integriert wurden. Doch zugleich demonstriert er den Anspruch des Islam, eine radikal neue Religion zu sein.

Im Westen kam es bereits um das Jahr 425 herum zu einer Zersplitterung der kaiserlichen Macht. Britannien war verloren gegangen, die Vandalen standen kurz davor, Nordafrika zu überrennen, und Teile von Gallien und Iberien würden schon bald von barbarischen Verbündeten Roms kontrolliert werden. Als Rutilius Namatianus 417 von Rom nach Gallien heimsegelte, schrieb er ein Gedicht, in dem er die Größe Roms pries und dem Feldherrn Constantius zum Sieg über die Goten in Iberien gratulierte. Der Nichtchrist schreibt, dank Roms Tempeln sei er nie weit vom Himmel entfernt, und er weist auf den doppelten Ursprung des römischen

Volkes hin, mit Venus als Mutter des Aeneas und Mars als Vater des Romulus. Als er die Westküste Italiens entlangsegelt, bemerkt Rutilius hocherfreut, dass dort immer noch alte römische Rituale zelebriert werden, und er schimpft auf Mönche und Juden. Mit melancholischem Unterton kommentiert er den Wandel und den Verfall der Orte, die sein Schiff passiert, wie Pyrgi oder „das verlassene Cosa mit den verwahrlosten Mauern seiner alten und von niemandem bewachten Ruinen", aber die ferne Vergangenheit ist und bleibt trotz allem sein fester Bezugspunkt. In Pisa, wo er einst im Palast des Kaisers gedient hat, erinnert er beinahe liebevoll daran, wie alt die Stadt ist: Pisa sei bereits vor Aeneas' Ankunft in Italien gegründet worden, als Kolonie von Elis, der Heimat der Olympischen Spiele. Rutilius ist ganz eindeutig der Ansicht, er verlasse das Zentrum (Rom), um in die Peripherie (Gallien) zurückzukehren. Er glaubt mithin immer noch, dass er mittendrin ist im „klassischen Europa", dessen Entstehung wir in diesem Buch beschrieben haben. Dabei steht er längst an der Schwelle zu einer neuen Welt – einer Welt, in der sich die Peripherien zu eigenständigen Zentren entwickeln werden. Ende des 5. Jahrhunderts wird Gallien Rom bereits in vielerlei Hinsicht überholt haben.

Der Blick auf die Vergangenheit, den man in dieser neuen Welt pflegte, variierte im Westen von Region zu Region. Im Jahr 804 gründete Herzog Wilhelm von Aquitanien und Toulouse in einer abgelegenen Gegend Südgalliens ein Kloster, das heute als Saint-Guilhem-le-Désert bekannt ist. Beim Kampf gegen die Araber, die er aus Gallien vertreiben half, hatte er großen Ruhm erworben, doch sein Leben beschloss er als Mönch. Wilhelms Cousin Karl der Große vermachte dem Kloster ein Fragment des Wahren Kreuzes. Als sich im 12. oder 13. Jahrhundert ein Wilhelm-Kult entwickelte, restaurierte man einen christlichen Sarkophag aus dem 4. Jahrhundert, um die Reliquien des Klostergründers darin aufzubewahren; für seine Schwestern Albana und Bertana richtete man einen Sarkophag aus dem 6./7. Jahrhundert her, und in die Fassade des Haupttors der Kirche wurden römische Büsten eingebaut. Trotz der massiven politischen Veränderungen war die Region immer noch in der Lage, eine Verbindung zu ihrer eigenen römischen Vergangenheit herzustellen. In Britannien lagen die Dinge ein wenig anders. Hier war die Romanisierung längst nicht so ausgeprägt wie in Gallien. Hin und wieder behauptete jemand, die Britannier stammten von den Troern ab, aber die Urbanisierung war schon vor dem Ende der römischen Herrschaft wieder zusammengebrochen. Im 8. Jahrhundert sinnierte ein englischer Dichter wahrscheinlich in Bath über die Ruinen, die er vor sich sah – ein Sinnbild für den kompletten Kollaps einer Kultur. Und er malte sich aus, wie es dort einst zugegangen war:

Schön ist dieser Ort, auch wenn das Schicksal ihn zerstörte,
Die Häuser der Stadt fielen in sich zusammen, das Werk
Von Riesen ist dahin. Fort sind die Türme,
Die Dächer sind nicht mehr, das verriegelte Tor ist zerbrochen,
Der Frost steckt im Pflaster, die Decken stehen offen,
Zerrissen und verfallen und angenagt vom Zahn der Zeit ...
Eifrige Maurer, im Rundbau geschult,
Verbanden die Rahmen mit eisernen Klammern.
In die öffentlichen Gebäude mit den luftigen Giebeln schien das Licht.
Viele waren Bäder, erfüllt mit dem fröhlichen
Geschrei der Menschen, die ihr Vergnügen hier fanden,
Bis das allmächtige Schicksal das alles veränderte.
Mord und Totschlag waren allgegenwärtig, ebenso die Pest,
Und der Tod raubte all diese tapferen Männer.
Bald waren die Kriegssäle verlassen,
Die Stadt zerfiel, ihre Werksleute starben,
Ihre Armeen waren am Ende. Und so sind diese Hallen
Nun leer, und das geschwungene rote Dach wirft
Seine Ziegel von sich, verfallen ist es, zugrunde gerichtet,
Zerschmettert zu Trümmerhaufen, wo vor langer Zeit
Eine Horde von Helden, glorreich, mit Gold geschmückt,
In glänzender Pracht, stolz und gerötet vom Wein,
In ihrer Rüstung erstrahlend, Edelsteine und Schätze betrachtete,
Silber, Geschmeide, Reichtum und Juwelen,
In dieser strahlenden Stadt mit ihren weiten Feldern.
Dort standen steinerne Häuser, und warmes Wasser
Schoss mit breitem Strahl hervor aus einer Mündung in der Wand,
Hell umrandet, wo zum bequemen Gebrauch
Heiße Bäder in der Mitte für die Menschen bereitstanden.
Warmes Wasser ergoss sich über den hellgrauen Stein,
Hin zum runden Becken und hinunter in die Bäder.

Danksagung

Wir danken allen, die dieses Buch oder einzelne Kapitel daraus gegengelesen haben: Michael Crawford, John Day, Peter Hainsworth, Irene Lemos, Elizabeth Nixon, Lucia Nixon (deren wertvolle Beiträge im gesamten Buch Spuren hinterlassen haben), Miranda Nixon, John North, Cynthia Shelmerdine, Philip Thonemann, Sarah Thonemann und Roger Tomlin.

Des Weiteren sind wir Lucy Bailey, Helen Barr, Nicholas Cole, John Day, Michael Dobson, Peter Hainsworth, Clive Holmes, Marie-Chantal Killeen, Bernard O'Donoghue, Nicholas Shrimpton und Jennifer Yee zu Dank verpflichtet, die uns mit diversen Exkursen zur klassischen Vergangenheit Europas weitergeholfen haben.

Daneben möchten wir all jenen danken, die uns dabei geholfen haben, die Vorlagen für die Abbildungen und Tafeln zu beschaffen: William Van Andringa, John Baines, Maureen Basedow, Henry Hurst, Irene Lemos, Simon Loseby, Elizabeth Nixon, Lucia Nixon, Miranda Nixon, Damian Robinson, Eduardo Sánchez-Moreno, Bert Smith, Cyrielle Thomas, Andrew Wilson, Greg Woolf. Wir danken auch allen, die Illustrationen beisteuerten, die es am Ende leider doch nicht in das Buch geschafft haben. Und wir danken Ancurin Ellis-Evans dafür, dass sie das Register erstellt hat. Der Auszug aus *The Ruin* auf Seite 408 stammt aus R. F. Leslie (Hrsg.), *Three Old English Elegies* (Exeter, Neuausgabe 1988).

Abschließend möchten wir festhalten, dass unsere gemeinsame Arbeit wunderbar harmonisch war und von viel Humor geprägt.

Literaturhinweise

Im Folgenden möchten wir nicht einfach die Quellen oder die in diversen Sprachen verfassten wissenschaftlichen Werke aufzählen, die unserem Text zugrunde liegen. Was wir stattdessen bieten, ist ein Überblick über relevante Publikationen in englischer und deutscher Sprache, darunter auch ein paar historische Romane, von denen wir hoffen, dass sie die Leser interessieren und mitreißen. Es sind auch ein paar Übersetzungen wichtiger antiker Texte enthalten, dazu Online-Ressourcen und denkwürdige Orte, die einen Besuch wert sind.

Einführung

Diverse kluge Köpfe haben untersucht, wie sich Gesellschaften über ihre Vergangenheit Gedanken machen und sie nutzen. Paul Connerton, *How Societies Remember* (Cambridge 1989) und James Fentress und Chris Wickham, *Social Memory* (Oxford 1992) sind wegweisende Studien allgemeiner Art. Welche Rolle Monumente für das kollektive Gedächtnis bilden, untersuchen Susan E. Alcock, *Archaeologies of the Greek Past: Landscape, Monuments and Memory* (Cambridge 2002), Ruth M. Van Dyke und Susan E. Alcock (Hrsg.), *Archaeologies of Memory* (Oxford 2003) und Lucia F. Nixon, „Chronologies of Desire and the Uses of Monuments: Eflatunpınar to Çatalhöyük and Beyond", in David Shankland (Hrsg.), *Anthropology, Archaeology and Heritage in the Balkans and Anatolia, or The Life and Times of F. W. Hasluck (1878–1920)* (Istanbul 2004).

Drei anregende Einführungen zur kulturellen Rezeption der klassischen Vergangenheit in jüngeren Epochen sind Mary Beard und John Henderson, *Kleine Einführung in die Altertumswissenschaft* (Stuttgart 2015), Simon Goldhill, *Who Needs Greek? Contests in the Cultural History of Hellenism* (Cambridge 2002) und vom selben Autor *Love, Sex and Tragedy: How the Ancient World Shapes our Lives* (London 2004). Richard Jenkyns, *The Victorians und Ancient Greece* (Oxford 1980) und *Dignity and Decadence: Victorian Art and the Classical Inheritance* (London 1991) untersuchen die viktorianische Literatur und Kunst. Anthony Pagden (Hrsg.), *The Idea of Europe from Antiquity to the European Union* (Cambridge 2002) erforscht, wie sich die Idee von Europa bis in die Gegenwart immer wieder verändert hat.

1 Die Ägäis: Minoer, Mykener und Troer (ca. 1750–1100 v. Chr.)

Das siebte Kapitel von Barry Cunliffe, *Europe Between the Oceans: 9000 BC–AD 1000* skizziert mit großer Klarsicht die Bronzezeit von Großbritannien bis zum Nahen Osten. Gut verständliche Darstellungen der Entdeckung des bronzezeitlichen Griechenland bieten William A. MacDonald und Carol G. Thomas, *Progress into the Past: The Rediscovery of the Mycenaean Civilisation* (Bloomington ²1990) und J. Lesley Fitton, *The Discovery of the Greek Bronze Age* (London 1995). Cynthia W. Shelmerdine (Hrsg.), *The Cambridge Companion to the Aegean Bronze Age* (Cambridge 2008) ist der beste Einzelband für Kreta und das griechische Festland in jener Epoche.

Zum Leben des Ausgräbers von Troja siehe Justus Cobet, *Heinrich Schliemann: Archäologe und Abenteurer* (München 2007); Schliemanns Ausgrabungen in Troja beschreibt Hervé Duchêne, *The Golden Treasures of Troy: The Dream of Heinrich Schliemann* (London 1996). Ein informativer und gut illustrierter kurzer Abriss der Arbeit von Sir Arthur Evans ist Ann Brown, *Arthur Evans and the Palace of Minos* (Oxford 1983); Alexandre Farnoux, *Knossos: Unearthing a Legend* (London 1996) ist ebenfalls ein attraktiv gestalteter Band. Joseph A. MacGillivray, *Minotaur: Sir Arthur Evans and the Archaeology of the Minoan Myth* (London 2000) geht mehr ins Detail.

Zu modernen Reaktionen auf Knossos siehe Pierre Vidal-Naquet, *Atlantis: Geschichte eines Traums* (München 2006), eine kritische Analyse zur Rezeption von Platons Mythos von Atlantis, sowie Theodore Ziolkowski, *Minos and the Moderns: Cretan Myth in Twentieth Century Literature and Art* (Oxford 2008).

Zwei Online-Quellen bieten eine gute Einführung in die ägäische Bronzezeit: Jeremy B. Rutter, *Prehistoric Archaeology of the Aegean*, http://www.dartmouth.edu/~prehistory/aegean/ (2000) ist eine allgemeine systematische Einführung in das bronzezeitliche Griechenland; Lucia Nixon und Simon Price, *Archaeology for Amateurs: The Mysteries of Crete*, http://crete.classics.ox.ac.uk (2002 für einen Online-Kurs erstellt, aber inzwischen frei verfügbar) deckt die gesamte Geschichte Kretas ab, von der Bronzezeit bis zum Ende des 19. Jahrhunderts.

Was den vorderasiatischen Kontext betrifft, so bietet Marc Van De Mieroop, *A History of the Ancient Near East, ca. 3000–323 BC* (Malden, Mass./Oxford ²2007), Kap. 6–9, eine hervorragende Einführung zum gesamten Nahen Osten. Eine verlässliche illustrierte Geschichte Ägyptens ist John Baines und Jaromir Málek, *Bildatlas der Weltkulturen: Ägypten* (Augsburg 2000). Trevor R. Bryce, *The Kingdom of the Hittites* (Oxford ²2005) ist der beste Ausgangspunkt für das hethitische Königreich in Kleinasien. William L. Moran, *The Amarna Letters* (Baltimore/London 1992) beinhaltet eine englische Übersetzung des Briefwechsels zwischen dem ägyptischen Pharao Echnaton und verschiedenen Herrschern im Nahen Osten. Der verstorbene Leiter der Ausgrabungen in Troja, Manfred Korfmann, skizziert seine Ansichten zu einer uralten Frage in: „Was there a Trojan War?", Archaeology, 57 (2004), online verfügbar unter https://archive.archaeology.org/0405/etc/troy.html. Mit dieser Frage beschäftigt sich auch Michael Siebler in *Troia: Mythos und Wirklichkeit* (Stuttgart 2001).

Es gibt viele schöne bronzezeitliche Stätten, die einen Besuch lohnen. Der *DuMont*

Kunst-Reiseführer Kreta von Lambert Schneider bietet viele interessante Informationen über die Archäologie auf der Insel (Ostfildern ⁴2011). Speziell zu Sphakia siehe die Webseite von Lucia Nixon, Jennifer Moody, Simon Price und Oliver Rackham, *The Sphakia Survey: Internet Edition*, http://sphakia.classics.ox.ac.uk (2000). Der beste Führer zum griechischen Festland einschließlich Mykene, Tiryns und Pylos ist Christopher Mee und Antony Spawforth, *Greece: An Oxford Archaeological Guide* (Oxford 2001). Zu den Ausgrabungen in Troja gibt es eine eigene offizielle Webseite: http://www.ufg.uni-tuebingen.de/juengere-urgeschichte/forschungsprojekte/aktuelle-forschungsprojekte/troia.html. Der einstige Leiter der Ausgrabungen, Manfred Korfmann, und sein Mitarbeiter Dietrich Mannsperger haben einen eigenen Band über Troja geschrieben: *Troia. Ein historischer Überblick und Rundgang* (Stuttgart 1998).

2 Mittelmeer, Levante, Mittel- und Westeuropa in der frühen Eisenzeit (1100–800 v. Chr.)

Zum Nahen Osten in dieser Zeit siehe Marc Van De Mieroop, *A History of the Ancient Near East, ca. 3000–323 BC* (Malden, Mass./Oxford ²2007), Kap. 11f. Das beste aktuelle einführende Werk zu den Phöniziern ist Maria Eugenia, *The Phoenicians and the West: Politics, Colonies and Trade* (Cambridge ²2001). Die Geschichte und Archäologie Israels ist ein höchst kontroverses Thema. Kathleen M. Kenyon, *The Bible and Recent Archaeology* (Neuauflage; London 1987), ist ein moderner Klassiker; besonders interessant hier: Kap. 4f. Eine klare Analyse der biblischen Texte bieten J. Maxwell Miller und John H. Hayes, *A History of Ancient Israel and Judah* (London ²1999). William G. Dever, *What did the Biblical Writers Know and When Did They Know It? What Archaeology Can Tell Us About the Reality of Ancient Israel* (Grand Rapids, MI / Cambridge 2001) verwendet auf äußerst sachkundige Weise archäologische Befunde, um die biblischen Berichte über die frühe israelitische Geschichte zu belegen. Israel Finkelstein und Neil A. Silberman, *Keine Posaunen vor Jericho: Die archäologische Wahrheit über die Bibel* (München 2006) baut ebenfalls auf archäologischen Befunden auf, kommt dabei aber zum Schluss, dass die biblischen Erzählungen die Sachlage nicht stützen; die Behauptung der Autoren, die Schichten einiger wichtiger Standorte aus der Zeit Salomos müssten auf Grundlage neuer Radiokarbondaten neu datiert werden, wird bislang nicht von dritter Seite unterstützt.

Die besten Einführungen in die griechische Welt jener Epoche sind Robin Osborne, *Greece in the Making, 1200–479 BC* (London / New York 1996; ²2009), Kap. 2, und Jonathan M. Hall, *A History of the Archaic Greek World c. 1200–479 BCE* (Oxford 2007), Kap. 3. Zu Lefkandi ist die allererste Publikation der Ausgrabung der „Toumba" nach wie vor informativ: Mervyn Popham, E. Touloupa und L. Hugh Sackett, „The Hero of Lefkandi", Anticity, 56 (1981), S. 169–174. Die Fundstätte als Ganzes präsentieren Christopher Mee und Antony Spawforth in *Greece: An Oxford Archaeological Guide* (Oxford 2001) auf S. 337–341.

Zu Italien, Rom und den Etruskern siehe Tim Cornell, *The Beginnings of Rome: Italy and Rome from the Bronze Age to the Punic Wars (c. 1000–264 BC)* (London 1995), Kap. 2, Graeme Barker und Tom Rasmussen, *The Etruscans* (Oxford 1998), Kap. 2, sowie Friederike Bubenheimer-Erhart, *Die Etrusker* (Darmstadt 2017). Es gibt zwei ausgezeichnete Einführungen zu Zentraleuropa: Anthony Harding, „Neuordnung in Europa nördlich des Mittelmeeres 1300–600 v. Chr." in Barry Cunliffe (Hrsg.), *Illustrierte Vor- und Frühgeschichte Europas* (Frankfurt am Main 1996), S. 312–340, und Barry Cunliffe, *Europe Between the Oceans: 9000 BC–AD 1000* (New Haven / London 2008), S. 228–269.

In Israel gibt es zahlreiche sehenswerte Stätten. Ein ausgezeichneter Reiseführer ist Jerome Murphy-O'Connor, *Das Heilige Land. Ein archäologischer Führer* (München 1981). Zur Geschichte des Jerusalemer Tempels siehe Simon Goldhill, *The Temple of Jerusalem* (London 2004). Derselbe Autor beschäftigt sich in *Jerusalem: City of Longing* (Cambridge, Massachusetts 2008), Kap. 2, mit der gesamten Stadt. Die relevanten Bücher der Bibel sind Josua, Richter, Samuel und Könige.

Zu Etrurien inklusive Veji siehe Kapitel 3. Auf Sardinien gibt es viele Stätten der Nuraghen-Kultur; die phönizische Stätte Nora ist ebenfalls einen Besuch wert.

3 Griechen, Phönizier und das westliche Mittelmeer (800–480 v. Chr.)

Der beste Ausgangspunkt für die Geschichte und Archäologie der griechischen Welt in dieser Zeit ist Robin Osborne, *Greece in the Making, 1200–479 BC* (London/New York ²2009); einen weiteren guten Überblick bietet Jonathan Hall, *A History of the Archaic Greek World, ca. 1200–479 BCE* (Oxford 2007). Die orientalisierende Kultur des 8. und 7. Jahrhunderts v. Chr. untersucht Walter Burkert in *Die Griechen und der Orient: Von Homer bis zu den Magiern* (München ³2009).

Die klassischen Werke über die Ausflüge der Griechen und Phönizier ins westliche Mittelmeer sind John Boardman, *Kolonien und Handel der Griechen: Vom späten 9. bis zum 6. Jahrhundert v. Chr.* (München 1989), und Maria Eugenia Aubet, *The Phoenicians and the West: Politics, Colonies, and Trade* (Cambridge ²2001).

Der berühmteste Führer zum antiken Etrurien ist George Dennis, *The Cities and Cemeteries of Etruria* (1848); er wurde 1985 von Pamela Hemphill (Princeton) neu herausgegeben. Das erstmals 1932 erschienene Reisetagebuch *Etruskische Stätten* von David Herbert Lawrence (Zürich 2007) ist ebenfalls informativ. Den Einfluss der Griechen auf die etruskische Zivilisation zeichnen Graeme Barker und Tom Rasmussen in *The Etruscans* (Oxford 1998) nach; sie geben auch praktische Ratschläge zur Lokalisierung von Fundstätten (S. 297–328).

Eine attraktive Einführung in die Geschichte und Kultur der Perser bietet der von John Curtis und Nigel Tallis herausgegebene Band *Forgotten Empire: The World of Ancient Persia* (London 2005), Katalog einer Ausstellung im British Museum.

Es gibt zahlreiche deutsche Übersetzungen der *Ilias* und der *Odyssee*. Die Übertragung beider Epen im Hexameter von Johann Heinrich Voß aus dem 18. Jahrhundert gilt ihrerseits längst als Klassiker. In den vergangenen Jahren sind bemerkenswerte Neuübersetzungen der *Ilias* erschienen: von Raoul Schrott (München 2008) und von Kurt Steinmann (München 2017). Steinmann hatte bereits zuvor die *Odyssee* übersetzt (München 2007). Prosaübersetzungen beider Epen gibt es von Gerhard Scheibner (Berlin 1972 und 1986).

Ein lebendiges Bild der aristokratischen griechischen Kultur im 7. und 6. Jahrhundert v. Chr. zeichnen die dichterischen Fragmente, die Martin L. West im Band *Greek Lyric Poetry* (Oxford 1999) gesammelt hat, sowie der Roman *Das Lied des Simonides* von Mary Renault (München 2003). Zur bildenden Kunst jener Zeit siehe Robin Osborne, *Archaic and Classical Greek Art* (Oxford 1998).

Viele der in diesem Kapitel erwähnten Stätten sind einen Besuch wert. Eretria auf der Insel Euböa ist von Athen aus leicht erreichbar. Ein aktueller Führer ist Pierre Ducrey u. a., *Eretria: A Guide to the Ancient City* (Fribourg 2004). Sowohl Eretria als auch die sehenswerte Ausgrabungsstätte in Korinth sind in dem ausgezeichneten Führer *Greece: An Oxford Archaeological Guide* von Christopher Mee und Antony Spawforth (Oxford 2001) enthalten. Empfehlenswert ist außerdem der *DuMont Kunst-Reiseführer Peloponnes* (Ostfildern ³2011). In Italien sind die etruskischen Stätten Tarquinii, Veji (Isola Farnese), Cerveteri (Caere) und Volsinii (Orvieto) zu empfehlen: Abgesehen von den genannten allgemeinen Werken lohnt sich Robert Leighton, *Tarquinia: An Etruscan City* (London 2004). Für ganz Unerschrockene empfiehlt sich ein Besuch von Persepolis in der Nähe von Shiraz im Südwesten des Iran, eine der schönsten antiken Ausgrabungsstätten überhaupt. Detaillierte Informationen gibt es in Alireza Shapur Shabazi, *Persepolis: die altpersische Residenzstadt* (Darmstadt 2013).

4 Griechenland, Europa und Asien (480–334 v. Chr.)

Die beste einbändige Geschichte, die diese Zeit abdeckt, ist Simon Hornblower, *The Greek World 479–323 BC* (London ³2002). Robin Osborne (Hrsg.), *Classical Greece: 500–323 BC* (Oxford 2000) ist ebenfalls hilfreich. Herodots *Historien* – die nicht nur die griechische Welt beschreiben – sind, was Charme, Weisheit und Lesbarkeit betrifft, nach wie vor unvergleichlich. Es gibt eine gute deutsche Übersetzung von Heinz-Günther Nesselrath (Stuttgart ⁵2017). Das Buch *Meine Reisen mit Herodot: Reportagen aus aller Welt* des polnischen Journalisten Ryszard Kapuściński (München ⁵2007) ist eine spannende, provokante und ganz persönliche Antwort auf Herodots Werk. Tom Holland, *Persisches Feuer: Ein vergessenes Weltreich und der Kampf um Europa* (Reinbek ⁴2011) ist eine aktuelle Geschichte der Perserkriege.

Zum klassischen Athen gibt es den gut lesbaren Band *Democracy, Empire, and the Arts in FifthCentury Athens*, herausgegeben von Deborah Boedecker und Kurt A. Raaflaub (Cambridge, Mass. / London 1998). Den Parthenon und die Akropolis untersucht die brillante Mary Beard in *Der Parthenon* (Stuttgart 2009); ein wenig wissenschaftlicher, aber immer noch lesbar ist Jeffrey M. Hurwit, *The Athenian Acropolis* (Cambridge 1999). Thukydides' *Geschichte des Peloponnesischen Krieges* mag auf den ersten Blick weniger attraktiv erscheinen als Herodots *Historien* (wie Thukydides selbst in der Einleitung zu seinem Werk bekennt), doch viele Leser empfinden seine analytische Darstellung als scharfsinniger und intellektuell befriedigender. Eine gute deutsche Übersetzung von Helmuth Vretska und Werner Rinner ist bei Reclam erhältlich (Stuttgart 2000).

Die hilfreichste Einführung in die Geschichte Spartas ist Paul Cartledge, *The Spartans: An Epic History* (London 2002); das Nachleben der Spartaner zeichnet Elizabeth

Rawson in *The Spartan Tradition in European Thought* (Oxford 1991) nach. Ein besonders gutes Werk zu den nördlichen Nachbarn der Griechen ist John Wilkes, *The Illyrians*
(Oxford 1992); die Thraker stellt Ralph Field Hoddinott, *The Thracians* (London 1981),
vor. Von den zahlreichen Büchern über das klassische Makedonien ist Eugene Borza,
In the Shadow of Olympus: The Emergence of Macedon (Princeton 1990) hervorzuheben.

Die Parthenon-Skulpturen im British Museum sind ein Muss für jeden London-Be-
sucher. Pflichtprogramm für Griechenlandreisende ist ein Besuch der Athener Akropolis – den Parthenon zu sehen, ist immer noch ein überwältigendes Erlebnis; das Archäologische Museum und das neue Akropolis-Museum in Athen sind beides Häuser der
Superlative. Die heilige Insel Delos, das Zentrum des Attischen Seebundes, lässt sich
von der Kykladen-Insel Mykonos aus leicht erreichen. Und Vergina, die antike makedonische Hauptstadt Aigai, ist genauso einen Besuch wert, vor allem wegen der Funde aus
den makedonischen Königsgräbern (nicht zuletzt aus Grab II, bei dem es sich ziemlich
sicher um das Grab von Philipp II. von Makedonien handelt).

5 Alexander der Große und die hellenistische Welt (334–146 v. Chr.)

Über das Leben und die Feldzüge Alexanders des Großen gibt es nach wie vor nichts,
was der großartigen Biographie von Robin Lane Fox gleichkäme: *Alexander der Große:
Eroberer der Welt* (Stuttgart ⁴2005). Die Roman-Trilogie von Mary Renault – *Feuer vom
Olymp* (1970), *Ein Weltreich zu erobern* (1974) und *Tödlicher Tanz* (1986) – erzählt die
Geschichte von Alexander bis zu seinen Nachfolgern.

Die beste allgemeine Darstellung der hellenistischen Königreiche ist Frank Wal-
banks Buch *Die hellenistische Welt* (München 2002), inzwischen ergänzt durch den nütz-
lichen von Andrew Erskine herausgegebenen *Companion to the Hellenistic World* (Oxford 2003). Eine leicht verständliche Einführung in die Wissenschaft und Mathematik
der hellenistischen Zeit bietet Geoffrey Lloyd, *Greek Science after Aristotle* (New York /
London 1973).

Kunst und Architektur behandelt Peter Green in dem reich illustrierten Band *Alexander to Actium: The Hellenistic Age* (London 1990). Die maßgebliche Studie zu den Herr-
scherporträts ist Ronald R. R. Smith, *Hellenistic Royal Portraits* (Oxford 1988); siehe
auch den Band *Hellenistic Sculpture* desselben Autors (London 1991).

Die keltische La-Tène-Kultur und die Geschichte der keltischen Migrationen stellt
Barry Cunliffe, *Die Kelten und ihre Geschichte* (Bergisch Gladbach 1987) dar.

Die Ankunft der Römer im hellenistischen Osten (die Walbank in *Hellenistic World*
nur knapp behandelt) wird ausführlicher von Erich Gruen in *The Hellenistic World and
the Coming of Rome* (Berkeley, L. A. / London 1984) behandelt.

Die sehenswerteste der im Text erwähnten Stätten ist sicherlich Pergamon (heute
Bergama) in der Westtürkei, die Hauptstadt der Attaliden. Ein hilfreicher Führer hierfür
ist George E. Bean, *Kleinasien: Die ägäische Türkei von Pergamon bis Didyma* (Stuttgart
1987). Ein Besuch in Priene, ebenfalls in der Westtürkei, gibt einem ein Gefühl für den
Grundriss und den Aufbau einer kleinen hellenistischen Stadt; siehe Frank Rumscheid
und Wolf Koenigs, *Priene: Führer durch das „Pompeji Kleinasiens"* (Istanbul 1998).

6 Rom, Karthago und der Westen (500-146 v. Chr.)

Es gibt verschiedene erschöpfende Darstellungen und Analysen der Epoche. Tim Cornell, *The Beginnings of Rome: Italy and Rome from the Bronze Age to the Punic Wars (c. 1000-264 BC)* (London 1995) ist der beste moderne Band über die Frühgeschichte Roms. *The Cambridge Ancient History*, Bd. 8: *Rome and the Mediterranean to 133 BC* (Cambridge ²1989) ist besonders wertvoll für das, was direkt danach kam. Harriet Flower (Hrsg.), *The Cambridge Companion to the Roman Republic* (Cambridge 2004) ist eine gute Einführung in eine Vielzahl von Themen. Für eine Analyse der römischen Religion bis Mitte des 2. Jahrhunderts v. Chr. siehe Mary Beard, John North und Simon Price, *Religions of Rome*, 2 Bde. (Cambridge 1998), Bd. 1, S. 1-113. Zur lateinischen Sprache siehe James Clackson und Geoffrey Horrocks, *The Blackwell History of the Latin Language* (Malden, Mass. / Oxford 2007), S. 37-76, und Wilfried Stroh, *Latein ist tot, es lebe Latein!: Kleine Geschichte einer großen Sprache* (Berlin 2007). Darüber, was die Römer in verschiedenen historischen Epochen über Romulus zu sagen hatten, berichtet Augusto Fraschetti, *The Foundation of Rome* (Edinburgh 2005).

Buch 6 von Polybios' *Der Aufstieg Roms* (Wiesbaden 2010 in der klassischen Übersetzung von Adolf Haakh und Heinrich Kraz) ist der antike Bericht über die Stärken der römischen Verfassung. Der Roman *Lavinia* von Ursula K. Le Guin (New York 2008) bietet ein interessantes Bild des frühen Latium mit Lavinias Augen und mit einem durch die Zeit reisenden Vergil.

Zum römischen Kalender siehe Mary Beard, John North und Simon Price, *Religions of Rome*, 2 Bde. (Cambridge 1998), Bd. 2, S. 60-77 (mit einigen wichtigen Dokumenten in englischer Übersetzung). Bonnie Blackburn und Leofranc Holford-Strevens, *The Oxford Companion to the Year* (Oxford 2003), S. 669-692, und Leofranc Holford-Strevens, *Kleine Geschichte der Zeitrechnung und des Kalenders* (Stuttgart 2008), Kap. 3, bieten eine sehr gute Orientierung.

Zu den Etruskern siehe Kapitel 3. Zwei ausgezeichnete Einführungen in das Zentraleuropa jener Zeit sind Barry Cunliffe, „Die Gesellschaften Westeuropas während der Eisenzeit 800-140 v. Chr.", in seiner *Illustrierten Vor- und Frühgeschichte Europas* (Frankfurt am Main 1996), S. 375-399, und vom selben Autor *Europe Between the Oceans: 9000 BC-AD 1000* (New Haven / London 2008), S. 317-363.

Zur Stadt Rom ist Claudia Moatti, *In Search of Ancient Rome* (London / New York 1993) eine gute illustrierte Einführung. Der beste archäologische Führer ist *Rome* von Amanda Claridge aus der Reihe *Oxford Archaeological Guides* (Oxford 1998); auf S. 3-9 sind die Stätten aufgezählt, die in diesem Kapitel eine Rolle spielen. In Rom kann man auch wichtige Funde aus Etrurien bewundern: Die Goldtafeln von Pyrgi und vieles mehr findet man im Museo Nazionale Etrusco di Villa Giulia. Etruskische Stätten, die zu besuchen sich lohnt, sind unter Kapitel 3 aufgeführt. In Karthago haben die von der UNESCO geförderten internationalen Ausgrabungen (trotz der modernen Stadt) viel Sehenswertes zutage gefördert - Informationen auf http://www.commune-carthage.gov.tn. Zu den Hintergründen des Konflikts zwischen den beiden Mittelmeermächten siehe Klaus Zimmermann, *Rom und Karthago* (Darmstadt ³2014).

7 Rom, Italien und das Römische Reich (146 v. Chr. – 14 n. Chr.)

Maßgebliche Darstellungen und Analysen der Epoche finden sich in *The Cambridge Ancient History*, Bd. 9: *The Last Age of the Roman Republic 146–43 BC*, und Bd. 10: *The Augustan Empire 43 BC–AD 69* (Cambridge 1994 und 1996). Zur Religionsgeschichte siehe Mary Beard, John North und Simon Price, *Religions of Rome*, 2 Bde. (Cambridge 1998), Bd. 1, S. 114–210. Denis Feeney, *Caesar's Calendar: Ancient Time and the Beginnings of History* (Berkeley 2007) stellt auf ganz brillante Weise die Chronologie der Römer vor und damit ihren Sinn für die Vergangenheit. Claude Nicolet, *Space, Geography, and Politics in the Early Roman Empire* (Ann Arbor 1991) hat zu den Wechselbeziehungen zwischen dem römischen Imperialismus und den Konzepten und der Organisation von Raum Pionierarbeit geleistet. Andrew F. Wallace-Hadrill, *Rome's Cultural Revolution* (Cambridge 2008) ist eine wunderbare Analyse der „kulturellen Zweisprachigkeit" der späten Republik. Zur Diskussion rund um den Tod von Tiberius Gracchus und Caesar siehe Timothy P. Wiseman, *Remembering the Roman People: Essays on Late Republican Politics and Literature* (Oxford 2008), S. 177–234.

Zeitgenössische Analysen der Spannungen, die zum Ende der Römischen Republik führten, bietet Sallust in *Der Krieg mit Jugurtha* und *Die Verschwörung des Catilina*, beides übersetzt von Karl Büchner (Stuttgart 1986). Vergils *Aeneis* wurde unzählige Male übersetzt. Eine sehr gute deutsche Prosaübersetzung ist die in der Sammlung Tusculum erschienene von Gerhard Fink (Düsseldorf/Zürich 2007).

Das politische Leben in der Mitte des 1. Jahrhunderts v. Chr. hat auf ganz exzellente Weise Robert Harris eingefangen, in seiner Romantrilogie über das Leben Ciceros: *Imperium*, *Titan*, *Dictator* (München 2006, 2009 und 2015).

Wer Rom besucht, sollte zu Amanda Claridge, *Rome* aus der Reihe *Oxford Archaeological Guides* (Oxford 1998) greifen; S. 9–14 beschäftigen sich mit den Stätten in Rom, die in diesem Kapitel erwähnt werden. Einen ganz anderen Ansatz hat Willemijn van Dijk, *Via Roma: Die Geschichte Roms in 50 Straßen* (München 2017).

Bibracte (Mont Beuvray im südlichen Burgund) ist ein eindrucksvoller Ort und besitzt eines der schönen Museen zur keltischen Zivilisation (http://www.bibracte. fr). In Autun (dem antiken Augustodunum) gibt es ebenfalls ein gutes Museum. Entremont (nördlich von Aix-en-Provence) und Mailhac (in der Nähe von Béziers) sind schöne Beispiele für Oppida des 2. Jahrhunderts v. Chr.; siehe Henry Cleere, *Southern France* (Oxford 2001), S. 75, 126–129. Das „Druidengrab" von Stanway kann man im Colchester Castle Museum (https://cimuseums.org.uk/visit/venues/colchester-castle) bestaunen, das seinerseits auf den Fundamenten des Tempels von Kaiser Claudius errichtet wurde. Zu Pompeji gibt es mehrere gute archäologische und historische Einführungen: Joanne Berry, *Pompeji* (Frankfurt am Main 2008), Roger Ling, *Pompeii: History, Life and Afterlife* (Stroud 2005), Alison E. Cooley, *Pompeii* (London 2003) und Filippo Coarelli (Hrsg.), *Pompeji. Archäologischer Führer* (Augsburg 1998). Das beste Buch über Pompeji ist jedoch nach wie vor Mary Beard, *Pompeji: Das Leben in einer römischen Stadt* (Stuttgart 2011). Eine nützliche Webseite ist http://www.pompeiisites.org.

Zu Vergil im Mittelalter siehe das erstmals 1872 auf Italienisch erschienene Buch *Virgil im Mittelalter* von Domenico Comparetti (Leipzig 1875).

Quentin Skinner, *Niccolò Machiavelli zur Einführung* (Hamburg ⁶2013) arbeitet heraus, wie viel Machiavelli dem klassischen Humanismus verdankte (eine nicht unumstrittene These).

Zu den besten Büchern über Shakespeare und Rom gehören Robert S. Miola, *Shakespeare's Rome* (Cambridge 1983) und Coppélia Kahn, *Roman Shakespeare: Warriors, Wounds, and Women* (London 1997).

Zu Sigmund Freud siehe Claudia Benthien, Hartmut Böhme und Inge Stephan (Hrsg.), *Freud und die Antike* (Göttingen 2011). Seine Sammlung antiker Artefakte wird in Lynn Gamwell und Richard Wells (Hrsg.), *Sigmund Freud and Art* (London 1989) vorgestellt. Einen Teil dieser Sammlung kann man im Londoner Freud-Haus besichtigen (http://www.freud.org.uk). In seinen früheren Lebens- und Arbeitsräumen in Wien hat man ebenfalls ein Museum eingerichtet (http://www.freud-museum.at).

8 Die Kaiserzeit (14–284 n. Chr.)

Die beste einbändige Einführung zum Römischen Imperium ist Colin Wells, *Das Römische Reich* (München 1994). Stichhaltige Informationen und Analysen finden sich in der *Cambridge Ancient History*, Bd. 10: *The Augustan Empire* 43 BC–AD 69, Bd. 11: *The High Empire* AD 70–192 und Bd. 12: *The Crisis of Empire* AD 193–337 (Cambridge 1996, 2000 und 2005). Fergus Millar, *Government, Society, and Culture in the Roman Empire* (Chapel Hill, NC/London 2004), ist eine gute Sammlung von Aufsätzen über die Verwaltung und Kultur der römischen Provinzen.

Tacitus' *Annalen* sind in einer guten modernen Übersetzung von Erich Heller erhältlich (Düsseldorf/Zürich 1997). *Agricola* und *Germania* sind in einem Band in der Übersetzung von Karl Büchner erschienen (Stuttgart ³2018).

Die Frage der „Romanisierung" der westlichen Provinzen behandelt Greg Woolf, *Becoming Roman: The Origins of Provincial Civilization in Gaul* (Cambridge 1998). Das Problem des Überlebens der Muttersprachen der Bewohner der westlichen Provinzen untersucht James Adams auf meisterhafte Weise in *Bilingualism and the Latin Language* (Cambridge 2003).

Ein wichtiger jüngerer Band zur Geschichte des römischen Britannien ist David Mattingly, *An Imperial Possession: Britain in the Roman Empire* (London 2006). Ebenfalls lohnenswert ist Richard Hobbs und Ralph Jackson, *Das Römische Britannien* (Darmstadt 2011). Zu Boudicca und ihrem Nachleben stellt Richard Hingley und Christina Unwin, *Boudica: Iron Age Warrior Queen* (London / New York 2005) einen guten Ausgangspunkt dar. Die Vindolanda-Tafeln vom Hadrianswall, die im British Museum zu sehen sind, kann man sich auch online anschauen: http://vindolanda.csad.ox.ac.uk.

Die kriegerischen Auseinandersetzungen zwischen Römern und Juden verfolgt Martin Goodman, *Rome and Jerusalem: The Clash of Ancient Civilizations* (London 2007). Ein informativer Band zu Parthern und Sasaniden ist Maria Brosius, *The Persians: An Introduction* (London / New York 2006). Siehe außerdem Josef Wiesehöfer: *Das frühe Persien: Geschichte eines antiken Weltreichs* (München ⁵2015).

Das imposanteste römische Monument in Britannien ist natürlich der Hadrians-wall (http://hadrianswallcountry.co.uk/). Ein Besuch in Fishbourne ist ebenfalls sehr zu empfehlen (http://www.sussexpast.co.uk); siehe Barry Cunliffe, *Fishbourne: Rom in Britannien* (Bergisch Gladbach 1971). In Frankreich lohnen Bibracte und Autun einen Besuch (siehe Kapitel 7); die römischen Überreste in Reims beschreibt James Brom-wich in *The Roman Remains of Northern and Eastern France: A Guidebook* (London / New York 2003) auf S. 312-323, und einen kurzen Überblick der Fundstätte in La Graufesen-que gibt es in Henry Cleere, *Southern France* (Oxford 2001), S. 45-47. Die Funde vom Gräberfeld von Himlingøje befinden sich im Nationalmuseum in Kopenhagen (http://www.nationalmuseet.dk). Nicht verpassen darf man die wunderschöne Fundstätte Aphrodisias und das außergewöhnliche Skulpturenmuseum mit den Reliefskulpturen aus dem Sebasteion (http://www.nyu.edu/projects/aphrodisias).

9 Die Spätantike (284-425 n. Chr.)

Einer der Pioniere des Studiums der Spätantike war Peter Brown. Sein kürzlich nachge-drucktes Werk *The World of Late Antiquity: AD 150-750* (London 2004) ist ein anregender und wunderschön illustrierter Essay. Die beste kurze Einleitung zum Thema ist Averil Cameron, *Das späte Rom* (München 1994). Eine vollständige Dokumentation dieser Pe-riode bieten *The Cambridge Ancient History*, Bd. 12: *The Crisis of Empire: AD 193-337* und Bd. 13: *The Late Empire: AD 337-425* (Cambridge 2005 und 1998). Eine Darstellung der religiösen Umwälzungen im 4. Jahrhundert n. Chr. findet sich bei Mary Beard, John North und Simon Price, *Religions of Rome*, 2 Bde. (Cambridge 1998), Bd. 1, S. 364-388.

Zur Bedeutung von Eusebius als Chronograph und Historiker siehe Arnaldo D. Mo-migliano, *The Classical Foundations of Modern Historiography* (Berkeley 1990), Kap. 6, und Anthony Grafton und Megan Williams, *Christianity and the Transformation of the Book: Origen, Eusebius, and the Library of Caesarea* (Cambridge, Mass. / London 2006). Zur Frage der Zeiteinteilung im Allgemeinen siehe die hervorragenden Bände Bonnie Blackburn und Leofranc Holford-Strevens, *The Oxford Companion to the Year* (Oxford 2003), S. 762-790, und Leofranc Holford-Strevens, *The History of Time: A Very Short In-troduction* (Oxford 2005).

Peter Brown, *Augustinus von Hippo* (Frankfurt am Main ³1982) ist die klassische Bio-graphie. Eine gute Übersetzung von Augustinus' *Bekenntnissen* hat Kurt Flasch vorge-legt (Stuttgart 2009), der *Gottesstaat* ist nach wie vor in der klassischen Übersetzung von Wilhelm Thimme erhältlich (München 2007).

Ein informatives Werk zur Überlieferung antiker Texte ist Leighton D. Reynolds und Nigel G. Wilson, *Scribes and Scholars: A Guide to the Transmission of Greek and Latin Literature* (Oxford ³1991). Zum Codex Sinaiticus bietet die Webseite http://www.codex-sinaiticus.org/de Bilder der 800 erhaltenen Seiten dieser Bibel, von denen heute einige in der British Library, der Russischen Nationalbibliothek, dem Katharinenkloster im Sinai und der Universitätsbibliothek Leipzig aufbewahrt werden.

Für Rom empfehlen wir einmal mehr Amanda Claridge, *Rome, Oxford Archaeologi-cal Guides* (Oxford 1998), S. 22-27 stellen die Stätten dieses Kapitels vor. Die am besten erhaltene römische Stadt in Deutschland ist Trier: siehe Edith M. Wightman, *Roman Trier and the Treveri* (London 1970), S. 71–123, und Frank Unruh, *Trier: Biographie einer römischen Stadt* (Darmstadt 2017). Zu archäologischen Stätten in Deutschland siehe Joachim von Elbe, *Die Römer in Deutschland. Ausgrabungen, Fundstätten, Museen* (Berlin 1980). In Frankreich gibt es mehrere große römische Landhäuser; zu Montaurin (Midi-Pyrénées) und Loupian (südwestlich von Montpellier) siehe Henry Cleere, *Southern France, Oxford Archaeological Guides* (Oxford 2001). Zu Saint-Guilhem-le-Désert ziehe man den kurzen gleichnamigen Band von Frédérique Barbut (Rennes 2001) zurate; praktische Informationen findet man auf der Webseite der Gemeinde: http://www.saint-guilhem-le-desert.com. In Spanien gibt es diverse Städte mit wichtigen frühchristlichen Gebäuden wie Tarragona, Mérida und Ampurias und ein großes römisches Landhaus in Carranque; siehe den Band *Spain* von Roger Collins aus der Reihe *Oxford Archaeological Guides* (Oxford 1998). Zur Villa in Lullingstone siehe Michael Fulford, *Lullingstone Roman Villa, Kent* (London 2003); Informationen zum Besuch der Stätte findet man unter http://www.english-heritage.org.uk/visit/places/lullingstone-roman-villa/; die Gemälde befinden sich im British Museum.

Zu Konstantinopel bzw. Istanbul siehe Hilary Sumner-Boyd und John Freely, *Istanbul: Ein Führer* (München 1986); die Überreste der Schlangensäule kann man heute noch dort sehen. Zu Palästina siehe Kapitel 2 sowie Oleg Grabar, *The Dome of the Rock* (Cambridge, Mass. / London 2006). Zu den wunderbaren späten Mosaiken in der Levante ziehe man das erkenntnisreiche Buch von Glen W. Bowersock, *Mosaics as History: The Near East from Late Antiquity to Islam* (Cambridge, Massachusetts 2006) zurate.

Für die folgenden Epochen gibt es mehrere ausgezeichnete Bücher. Zu Ostrom siehe Mark Whittow, *The Making of Orthodox Byzantium, 600–1025* (London 1996), zu Westrom Peter Brown, *Der Schatz im Himmel: Der Aufstieg des Christentums und der Untergang des römischen Weltreichs* (Stuttgart 2017). Bryan Ward-Perkins, *Der Untergang des Römischen Reiches: Und das Ende der Zivilisation* (Stuttgart 2007) betont die großen Störungen jener Epoche. Julia Smith, *Europe after Rome: A New Cultural History 500–1000* (Oxford 2005) stellt die Dynamiken des Frühmittelalters heraus. Chris Wickham, *Das Mittelalter: Europa von 500 bis 1500* (Stuttgart 2018) untersucht sowohl die Turbulenzen als auch die großen Errungenschaften jener Zeit.

Überblick über die historischen Daten

Alle Daten vor etwa 700 v. Chr. sind geschätzt und hypothetisch. Rund um die historischen Daten des 2. Jahrtausends v. Chr. in der Ägäis gibt es widerstreitende Forschungsmeinungen, die zu einer „hohen" und einer „niedrigen" Chronologie geführt haben; wir haben uns für einen Kompromiss zwischen beidem entschieden.

	Westen	Ägäis	Naher Osten
1900 v. Chr.		1900–1750 Kreta: Altpalastzeit	
1800 v. Chr.		1750–1430 Kreta: Neupalastzeit	
1500 v. Chr.			1550–1070 Ägypten: Neues Reich
			1530–1155 Staat der Kassiten in Südmesopotamien
		1430–1350 Mykener an der Vorherrschaft von Knossos beteiligt	1420–1200 „Neues Königreich" der Hethiter in Kleinasien
1400 v. Chr.		nach 1400–1200 Paläste auf dem griechischen Festland (Mykene, Tiryns, Pylos, Theben)	1400–1050 Staat der Assyrer in Nordmesopotamien
		1350 Ende der mykenischen Palastzeit auf Kreta (nur in Chania Ende erst 1200)	
		1350 1300 Troja Schicht VIh	
1300 v. Chr.	1300–700 Späte Bronzezeit in Westeuropa: Urnenfelderkultur	1300–1210 Troja Schicht VIIh	
1200 v. Chr.		1200–1070 Nachpalastzeit in Griechenland	1200 „Eroberung" Kanaans durch die Israeliten (traditionelles Datum)

Westen	Ägäis	Naher Osten
1100 v. Chr.	1070–900 Früheisen-zeit in Ägäis	1070–712 Ägypten: Drit-te Zwischenzeit (keine Einheitsregierung)
1000 v. Chr.		1010–970 David, König von Israel
	950 Lefkandi: „Toumba"-Monument	970–930 Salomo, König von Israel
		969–936 Hiram I., König von Tyros
900 v. Chr.	900–700 Früheisen-zeit oder Villanova-Kultur in Mittelitalien	
		883–610 Neuassyrisches Reich
800 v. Chr.	800–750 Erste phöni-zische und griechische Kolonien im westli-chen Mittelmeer	800–700 Entstehung von Poleis auf dem griechischen Festland; Orientalisierende Zeit in der griechischen Welt
	770 Gründung von Pithekoussai (Bucht von Neapel)	776 Traditionelles Datum der ersten Olympischen Spiele; 775 Früheste griechi-sche Alphabetschrift	775 Gründung von Al Mina (Syrien)
	753 Ein traditionel-les Datum für die Gründung Roms durch Romulus	
	730 „Nestorbecher" in Pithekoussai	
700 v. Chr.	700–475 Etruskische Kultur in Mittelitalien	700 Hesiod, Theogonie
		700–650 Ilias und Odyssee werden niedergeschrieben
		ca. 620 Altes Testa-ment, erste Version
		616–608 Babylonier und Meder erobern das Assyrer-Reich

Westen	Ägäis	Naher Osten
600 v. Chr. 600 Gründung von Massilia (Marseille) 600–500 Hellenisierung der Westhallstatt-Häuptlingstümer in Westeuropa		605–539 Neubabylonisches Königreich
	582–573 Einrichtung der panhellenischen Spiele in Delphi (582), Isthmia (ca. 582) und Nemea (573)	586 Eroberung Jerusalems durch Nebukadnezar; Gefangenschaft der Juden in Babylon
		550–330 Persisches Reich im Nahen Osten: Kyros (550–530), Kambyses (530–522), Dareios (522–486), Xerxes (486–465); ca. 550 Altes Testament, zweite Version
		539 Perser erobern Babylon
		525 Perser erobern Ägypten
507 Vertreibung des letzten römischen Königs; Gründung der Römischen Republik	508/507 Demokratische Reformen von Kleisthenes in Athen	
500 v. Chr. 500 Fürstliche Grabstätte von Vix (Châtillon-sur-Seine)	499–494 Ionischer Aufstand gegen Persien 490 Schlacht von Marathon 480–478 Xerxes fällt in Griechenland ein 478 Gründung des Attischen Seebunds 461 Allianz von Athen mit Argos	

	Westen	Ägäis	Naher Osten
500 v. Chr. (Fortsetzung)	450 Beginn der La-Tène-Zeit in Zentraleuropa (endet um 50 v. Chr.)	458 Aischylos, Orestie	
		447–433 Bau des Parthenon in Athen	
		431–404 Peloponnesischer Krieg zwischen Athen und Sparta	
		420er-Jahre Herodot, Historien; Hellanikos von Lesbos, Hera-Priesterinnen von Argos	
		415–413 Sizilienexpedition der Athener	
400 v. Chr.	396 Rom erobert Veji	ca. 400 Thukydides, Geschichte des Peloponnesischen Krieges	401 Xenophon, Anabasis
	386 Die Gallier greifen Rom an	386 Königsfrieden auf dem griechischen Festland	
		382 Besetzung der thebanischen Kadmeia durch die Spartaner	
		371 Theben besiegt Sparta in der Schlacht bei Leuktra	
		369 Gründung von Messene	
		359–336 Herrschaft Philipps II. von Makedonien	
	338 Rom unterwirft den Latinischen Städtebund	338 Philipp besiegt Athen und Theben in der Schlacht von Chaironeia	
		336–323 Herrschaft Alexanders III. („des Großen") von Makedonien	

Westen	Ägäis	Naher Osten
400 v. Chr. (Fortsetzung)	335 Alexander zerstört Theben	
		334 Alexander fällt in Asien ein
		332 Gründung von Alexandria
		331/330 Einnahme der persischen Königs-hauptstädte
		327–325 Alexander fällt in Indien ein
ca. 320 Reise des Pytheas von Massilia		323 Tod Alexanders in Babylon
	310 Tod Alexanders IV.	
	306 Antigonos der Einäugige zum König proklamiert	
300 v. Chr.	301 Schlacht bei Ipsos; Tod des Antigonos	305–282 Herrschaft von Ptolemaios I. (Ägypten)
	ca. 287–211 Archi-medes von Syrakus (Mathematiker)	ca. 285–194 Eratosthe-nes von Kyrene (Leiter der Bibliothek von Alexandria)
264–241 Erster Puni-scher Krieg; Sizilien wird Roms erste „Übersee"-Provinz	279 Kelten fallen in Griechenland ein	279/278 Erste Ptolemai-eia-Feier in Alexandria
	ca. 240–197 Herrschaft von Attalos I. (attalidi-sches Königreich: Pergamon)	223–187 Herrschaft von Antiochos I. (seleukidi-sches Königreich: Asien)
218–202 Zweiter Puni-scher Krieg (Hannibal überquert die Alpen)	221–179 Herrschaft von Philipp V. (antigonidi-sches Königreich: Makedonien)	
200 v. Chr.	197–158 Herrschaft von Eumenes II. (attali-disches Königreich: Pergamon)	

Westen	Ägäis	Naher Osten
200 v. Chr. (Fortsetzung)	190 Schlacht bei Magnesia; Ende der Seleukiden-Herrschaft in Kleinasien	
	179–168 Herrschaft von Perseus (antigonidisches Königreich: Makedonien)	175–164 Herrschaft von Antiochos VI. (seleukidisches Königreich: Asien)
	168 Schlacht von Pydna; Ende des Antigoniden-Reichs in Makedonien	167 Unterdrückung der jüdischen Religion durch Antiochos IV.; Beginn des jüdischen Widerstands (Kontext des Buchs Daniel und des 1. und 2. Buchs der Makkabäer)
149–146 Dritter Punischer Krieg	148 Einrichtung der römischen Provinz Makedonien	
146 Eroberung von Karthago; Einrichtung der römischen Provinz Afrika	146 Eroberung von Korinth; Erweiterung der Provinz Makedonien nach Südgriechenland	
133 Tiberius Gracchus' Volkstribunat		
123/122 Gaius Gracchus' zwei Volkstribunate		
100 v. Chr.	91–89 Bundesgenossenkrieg; Italiker werden römische Bürger	
	89–63 Konflikt der Römer mit Mithridates VI. von Pontus; 86 Römer erobern Athen	
55/54 Caesar fällt in Britannien ein		
52 Caesar vollendet Eroberung Galliens		

	Westen	Ägäis	Naher Osten
100 v. Chr. (Fortsetzung)	49–44 Caesar dominierende Figur in Rom; 44 Ermordung Caesars		
	31 v. Chr.–14 n. Chr. Augustus Kaiser (erst ab 27 v. Chr. „Caesar Augustus" genannt)		
	19 Tod Vergils		37–4 Herodes König von Judäa
Zeitenwende			6 Volkszählung des Quirinius
	14–68 julisch-claudische Dynastie: Tiberius (14–37), Caligula (37–41), Claudius (41–54), Nero (54–68)		ca. 30 Kreuzigung Jesu
	43 Römer fallen in Britannien ein	Ende der 40er-/50er-Jahre Paulus missioniert in der griechischen Welt	
	60/61 Boudicca-Aufstand in Britannien		66–70 Jüdischer Krieg in Judäa; Zerstörung des Tempels
	69 Vierkaiserjahr: Galba, Otho, Vitellius, Vespasian		
	69–96 Flavische Dynastie: Vespasian (69–79), Titus (79–81), Domitian (81–96)		80er-Jahre? Apostelgeschichte
	78–84 Agricola Statthalter von Britannien		
	96–98 Nerva Kaiser		
100 n. Chr.	98–117 Trajan Kaiser		
	98 Tacitus' Agricola		
	ca. 110–120 Tacitus' Annalen		
	117–138 Hadrian Kaiser	131/132 Einrichtung des Panhellenion	132–135 Bar-Kochba-Aufstand in Judäa

	Westen	Ägäis	Naher Osten
100 n. Chr. (Fortsetzung)	138–192 Antoninische Dynastie: Antoninus Pius (138–161), Mark Aurel (161–180), Lucius Verus (gemeinsame Herrschaft, 161–169), Commodus (180–192)		
	193–235 Severische Dynastie: Septimius Severus (193–211), Caracalla (211–217), Elagabal (218–222), Alexander Severus (222–235)		
200 n. Chr.	235–284 Soldatenkaiser		
	249 Christenverfolgung unter Decius		240–272 Herrschaft von Šapur I. (Persien)
		267/268 Goten überfallen Athen	260 Kaiser Valerian von Šapur I. gefangengenommen
	284–305 Diokletian Kaiser		
300 n. Chr.	303–304 Große Christenverfolgung		
	306–337 Konstantin Kaiser		
		324 Gründung von Konstantinopel	
	337–361 Constantius II. Kaiser		
	354–430 Augustinus (395–430: Bischof von Hippo, 397/400: Bekenntnisse, 413–425: Gottesstaat)		
	360–363 Julian Kaiser		363 Julian stirbt auf Feldzug in Persien
	ca. 371–397 Martin Bischof von Tours		
	379–395 Theodosius I. Kaiser		
400 n. Chr.	410 Plünderung Roms		

Bildnachweis

Abbildungen

Abb. 1   C. W. Shelmerdine (Hrsg.), *The Cambridge Companion to the Aegean Bronze Age* (Cambridge 2008), S. 142, Abb. 6.1.

Abb. 2   Sir A. Evans, *The Palace of Minos*, Bd. 2 (London 1928), S. 9, Abb. 4.

Abb. 3   J. L. Davis (Hrsg.), *Sandy Pylos: An Archaeological History from Nestor to Navarino* (Austin, Tex. 1998), S. 82, Abb. 41 (Zeichnung: J. C. Wright).

Abb. 4   Korrigiert nach J. Chadwick u. a., *Corpus of Mycenaean Inscriptions from Knossos*, Bd. 1 (Cambridge 1986), S. 236f.

Abb. 5   J. D. S. Pendlebury, *A Handbook to the Palace of Minos at Knossos* (London 1933), Taf. 8.1.

Abb. 6   Lord W. Taylour, *The Mycenaeans* (London ²1990), S. 51, Abb. 26.

Abb. 7   © Christoph Haußner, München.

Abb. 8   M. R. Popham, P. G. Calligas und L. H. Sackett (Hrsg.), *Lefkandi II: The Protogeometric Building at Toumba*, Teil 2: *The Excavation, Architecture and Finds* (London 1993), Taf. 5 und M. R. Popham und I. S. Lemos, *Lefkandi III: The Toumba Cemetery. The Excavations of 1981, 1984, 1986 und 1992–94* (London 1996), Taf. 4.

Abb. 9   A. Jockenhövel, *Germania* 52 (1974), S. 20, Abb. 2 und S. 22, Abb. 4.

Abb. 10 I. Morris, *Burial and Ancient Society* (Cambridge 1987), S. 66.

Abb. 11 J. W. Shaw, *Kommos: A Minoan Harbor Town and Greek Sanctuary in Southern Crete* (Athen 2006), S. 42, Abb. 31.

Abb. 12 W. Kimmig, *Die Heuneburg an der oberen Donau* (Stuttgart 1983), S. 89.

Abb. 13 L. H. Jeffery, *The Local Scripts of Archaic Greece* (Oxford 1990, überarb. Ausg.), Taf. 47, Nr. 1. Mit freundlicher Genehmigung des L. H. Jeffery Archive, Centre for the Study of Ancient Documents, University of Oxford.

Abb. 14 *Hesperia* 43 (1974), S. 2.

Abb. 15 Zeichnung von Ann Searight aus J. Curtis und N. Tallis, *Forgotten Empire: The World of Ancient Persia* (London 2005), S. 65. Zeichnung © The Trustees of the British Museum.

Abb. 16 J. F. Cherry u. a., *Landscape Archaeology as Long-Term History: Northern Keos in the Cycladic Islands from Earliest Settlement until Modern Times* (Los Angeles 1991), S. 6.

Abb. 17 J. M. Hurwit, *The Athenian Acropolis* (Cambridge 1999), S. 153.

Abb. 18 W. B. Dinsmoor Jr., *The Propylaia to the Athenian Acropolis I: The Predecessors* (Princeton 1980), Taf. 6.

Abb. 19 C. Rapin, *Fouilles d'Aï Khanoum VIII: La trésorerie du palais hellénistique d'Aï Khanoum* (Paris 1992), Taf. 5.

Abb. 20 A. Stewart, *Attalos, Athens, and the Akropolis: The Pergamene „Little Barbarians"* *and their Roman and Renaissance Legacy* (Cambridge 2004), S. 196.

Abb. 21   T. J. Cornell, *The Beginnings of Rome* (London 1995), Abb. 16a.

Abb. 22   F. Coarelli, *Dialoghi di archeologia* 6 (1972), S. 64, Abb. E.

Abb. 23   N. Rosenstein und R. Morstein-Marx (Hrsg.), *A Companion to the Roman Republic* (Oxford 2006), Abb. 4.2.

Abb. 24   Abgewandelt nach B. Kramer, „The Earliest Known Map of Spain (?) and the Geography of Artemidorus of Ephesus on Papyrus", *Imago Mundi* 53 (2001), S. 115–120 auf S. 118, Abb. 2.

Abb. 25   M. Beard, J. North und S. Price, *Religions of Rome*, Bd. 2 (Cambridge 1998), S. 81.

Abb. 26   Zeichnung: New York University Excavations at Aphrodisias.

Abb. 27   C. Goudineau und C. Peyre, *Bibracte et les Eduens: A la découverte d'un peuple gaulois* (Paris 1993), Taf. X und G. Woolf, „Urbanization and its Discontents in Early Roman Gaul", in E. Fentress (Hrsg.), *Romanization and the City, JRA Supplement* 38 (Portsmouth, RI 2000), S. 118.

Abb. 29   B. Cunliffe, *Fishbourne Roman Palace* (Stroud 1998), S. 99.

Abb. 30   Zeichnung von Narcisse Brunette (1808–95) aus F. Lefèvre und R. Legros, *La Porte Mars de Reims, Bulletin du Groupe d'études archéologiques Champagne-Ardennes* (Reims 1985, Sonderausgabe).

Abb. 31   M. Biddle, *The Tomb of Christ* (Stroud 1999), S. 67, Abb. 63.

Karten

Karte 1   M. Van De Mieroop, *A History of the Ancient Near East, c. 3000-323 BC* (Oxford ²2007), S. 132.

Karte 5   M. R. Popham, P. G. Calligas und L. H. Sackett (Hrsg.), *Lefkandi II: The Protogeometric Building at Toumba*, Teil 2: *The Excavation, Architecture and Finds* (London 1993), Taf. 1.

Karte 6   M. Van De Mieroop, *A History of the Ancient Near East, c. 3000-323 BC* (Oxford ²2007), S. 210.

Karte 7   M. Van De Mieroop, *A History of the Ancient Near East, c. 3000-323 BC* (Oxford ²2007), Karte 12.1 auf S. 241.

Karte 8   J. Hall, *A History of the Archaic Greek World ca. 1200-479 BCE* (Oxford 2007), Karte 3.1 auf S. 44.

Karte 13   M.-P. Rothé und H. Tréziny, *Marseille et ses alentours, Carte archéologique de la Gaule* 13/3 (Paris 2005), S. 232, Abb. 178. Grundkarte: mit freundlicher Genehmigung von Simon Loseby.

Karte 14   B. Cunliffe (Hrsg.), *Prehistoric Europe: An Illustrated History* (Oxford 1994), S. 345.

Karte 19   B. Cunliffe, *The Ancient Celts* (Oxford 1997), S. 71.

Karte 21   Aus: T. J. Cornell, *The Beginnings of Rome: Italy and Rome from the Bronze Age to the Punic Wars (c. 1000-264 BC)* (London 1995), Karte 2.

Karte 22   T. J. Cornell, *The Beginnings of Rome: Italy and Rome from the Bronze Age to the Punic Wars (c. 1000-264 BC)* (London 1995), Abb. 22.

Karte 23   J. Boardman, J. Griffin und O. Murray (Hrsg.), *The Oxford History of the Classical World* (Oxford 1986), S. 388.

Karte 24   G. Barker und T. Rasmussen, *The Etruscans* (Oxford 1998), Abb. 103.

Karte 29   D. Manacorda, *Journal of Roman Studies* 68 (1978), S. 127, Abb. 3.
Karte 34   S. Bassett, *The Urban Image of Late Antique Constantinople* (Cambridge 2004), S. 23, Abb. 3.

Tafeln

Taf. 1   Sir A. Evans, *The Palace of Minos*, Bd. 3 (London 1930), Taf. XVI, gegenüber S. 47.
Taf. 2   *Annual of the British School at Athens* 25 (1921–23), Taf. 18.
Taf. 3   Mit freundlicher Genehmigung von The Department of Classics, University of Cincinnati.
Taf. 4   Institute of Nautical Archaeology.
Taf. 5   H. H. Nelson (Hrsg.), *Medinet Habu*, Bd. 1: *Earlier Historical Records of Ramses III* (Chicago 1930), Taf. 37 (mittlerer Abschnitt).
Taf. 6   © The Trustees of the British Museum. Alle Rechte vorbehalten.
Taf. 7   Ian Cartwright. Mit freundlicher Genehmigung von Irene Lemos.
Taf. 8   Ian Cartwright. Mit freundlicher Genehmigung von Irene Lemos.
Taf. 9   AICT / Allan T. Kohl.
Taf. 10   Museum of Classical Archaeology, Cambridge.
Taf. 11   Deutsches Archäologisches Institut, Rom, Schwanke, Neg. 1984.3297.
Taf. 12   Peter Thonemann.
Taf. 13   © MSM 65502 Vic-en-Bigorre.
Taf. 14   © René Goguey / Recherches d'Archéologie Aérienne. Mit freundlicher Genehmigung von Vincent Guichard.
Taf. 15   © The Trustees of the British Museum. Alle Rechte vorbehalten.
Taf. 16   AICT / Allan T. Kohl.
Taf. 17   Museo Arqueológico Nacional, Madrid.
Taf. 18   © Peter Connolly über akg-images. Foto (5TU-K1-Y3-1-B): akg-images / Peter Connolly.
Taf. 19   Lucia Nixon.
Taf. 20   A. Caillemer und R. Chevallier, „Die römische Limitation in Tunesien", *Germania* 35 (1957), S. 45–54, Taf. 8.1. Foto: Institut géographique national.
Taf. 21   Foto (1986d02525): © CNRS Photothèque / Chêne, Antoine.
Taf. 22   Lucia Nixon.
Taf. 23   AICT / Allan T. Kohl.
Taf. 24   Peter Thonemann.
Taf. 25   Peter Thonemann.
Taf. 26   AICT / Allan T. Kohl.
Taf. 27   © 2005 RMN / Hervé Lewandowski.
Taf. 28   © the Vatican Library (Biblioteca Apostolica Vaticana).
Taf. 29   Photo: English heritage.
Taf. 30   Elizabeth Nixon.
Taf. 31   a, d–f: Ashmolean Museum, University of Oxford; b/c: © The Trustees of the British Museum. Alle Rechte vorbehalten.

Register